Johannes Bähr
WERNER VON SIEMENS

Johannes Bähr

WERNER VON SIEMENS
1816–1892

Eine Biografie

C. H. Beck

Mit 183 Abbildungen und 3 Karten (© Peter Palm, Berlin)

© Verlag C.H.Beck, München 2016
Gesetzt aus der Minion Pro und der TheSans bei Fotosatz Amann, Memmingen
Druck und Bindung: CPI – Ebner & Spiegel, Ulm
Umschlagentwurf: Kunst oder Reklame, München
Umschlagabbildung: Werner von Siemens um 1872, Foto nachträglich koloriert, Siemens Historical Institute
Gedruckt auf säurefreiem, alterungsbeständigem Papier
(hergestellt aus chlorfrei gebleichtem Zellstoff)
Printed in Germany
ISBN 978 3 406 69820 0

www.chbeck.de

Inhalt

9   Einleitung

    Kapitel 1
15 **Herkunft, Kindheit und Jugend**
    Eine Familie mit bürgerlicher Tradition 15 – Idyllische Kindheit und überschattete Jugend 22 – Schuljahre 31

    Kapitel 2
39 **Frühe Weichenstellungen**
    Der junge Leutnant 39 – Die Tragödie von Menzendorf 48 – Getrennte Wege der Waisen 57

    Kapitel 3
63 **«Das verdammte Geld»**
    Erste Experimente 63 – «Erfindungsspekulation» 70 – Vormund für drei Brüder 83

    Kapitel 4
91 **«Halskes Werkstatt»**
    Alles auf eine Karte 91 – Der erste Siemens-Zeigertelegraf 98 – Unternehmensgründung 104

    Kapitel 5
115 **Telegrafenlinien für Preußen**
    In Revolution und Krieg 115 – Die ersten Fernlinien 126 – Erfolglos im Ausland 137 – Die «Nottebohm-Krise» 143

Kapitel 6
151 «Familiengenius»
Der Brüder-Bund **151** – Mit Vernunft zur Liebe **157** – Heirat und Umzug **164** – Russland oder Frankreich? **168** – Aufschwung im Krimkrieg **174**

Kapitel 7
187 Im Schatten
Mathildes Erkrankung **187** – Auf der Suche nach neuen Geschäftsfeldern **191** – Schwierige Anfänge in London **199** – Mathildes Tod **208**

Kapitel 8
217 «Einer großen Zeit entgegen»
«Für ein einiges und mächtiges Deutschland» **217** – Neue Liebe **226** – Die Dynamomaschine **235** – Untergang oder Weltfirma **242**

Kapitel 9
257 Megaprojekte
Die Indo-Europäische Telegrafenlinie **257** – Privatgeschäfte und Familie **274** – Transatlantikkabel **281** – Siemens Brothers & Co. Ltd. **293**

Kapitel 10
299 Im Zenit
Der Unternehmer und seine Prinzipien **299** – Lobbyist für den Patentschutz **313** – Familienleben mit Antonie **321** – Neue Zeiten: Telefone und elektrische Beleuchtungen **329** – Die ersten elektrischen Bahnen **341**

Kapitel 11
353 «Die errungene Position behaupten»
Die Herausforderung durch das Edison-System **353** – Berlin versus London **373** – Übergang zum Großunternehmen **385**

Kapitel 12
393 **Das Vermächtnis**
Die neue Generation **393** – Förderer der Forschung **404** – Geadelt wider Willen **412** – Die letzten Jahre **419**

429 **Zielstrebig in einer Zeit des Wandels – ein Fazit**

441 **Anhang**
Anmerkungen **443** – Quellen- und Literaturverzeichnis **542** – Abbildungsnachweis **563** – Personenregister **564** – Ortsregister **573**

Einleitung

Werner von Siemens hat als Unternehmer, Erfinder und Techniker dazu beigetragen, dass sich die Welt in seiner Zeit so tief greifend veränderte wie kaum jemals zuvor. Der 1816 geborene Gründer der heutigen Siemens AG wuchs heran, als die Industrie aufkam. Mit der Ausbreitung von Dampfmaschinen und Eisenbahnen begann eine bis dahin beispiellose Epoche technischer Innovationen. Werner von Siemens hat als Pionier der Elektrotechnik eine Branche mitbegründet, ohne die unsere heutige Welt nicht vorstellbar ist. Auch andere Erfinder haben damals die neuen naturwissenschaftlichen Erkenntnisse über die Prinzipien der Elektrizität genutzt, doch nur wenige haben das wirtschaftliche Potenzial dieser neuen Technik so erfolgreich erkannt, und nur wenige Industrielle waren so frühzeitig auch international tätig.

Heute ist Werner von Siemens so bekannt wie kaum ein anderer deutscher Unternehmer aus der Zeit der frühen Industrialisierung. Dies liegt nicht allein daran, dass das von ihm gegründete Unternehmen zu den großen Marken der elektrotechnischen Industrie zählt, sondern auch an seinen Leistungen als Erfinder, Verbandsgründer und Förderer. Als «Vater der Elektrotechnik» wurde er schon bald nach seinem Tod zur Ikone einer nationalen Erinnerungskultur, die wissenschaftliche und technische Leistungen höher bewertete als unternehmerische. Dieses Bild begann in den vergangenen Jahrzehnten zu verblassen und mit ihm das Interesse der Öffentlichkeit an Werner von Siemens. Nennenswerte Biografien über ihn wurden in den letzten 70 Jahren nur noch von Leitern des Siemens-Archivs beziehungsweise des SiemensForums verfasst.[1]

Dabei ist die Beschäftigung mit Werner von Siemens heute ausgesprochen lohnenswert, wenn man sich seiner Lebensgeschichte in all ihren Facetten und ohne Verklärung nähert. Den Ansätzen der heutigen historischen Forschung entsprechend, bietet die vorliegende Biografie erstmals ein Gesamtbild der Persönlichkeit, unter Einbeziehung des familiären, geschäftlichen und gesellschaftlichen Umfelds.² Neben dem Unternehmer und Erfinder wird der Bürger Werner von Siemens zu beschreiben sein, der Ehemann, Bruder, Familienvater und Nachbar, aber auch der Abgeordnete, der Vereinsvorsitzende und das Mitglied der Akademie der Wissenschaften. Um die zeitlichen Zusammenhänge zu verdeutlichen, ist die Darstellung in Kapitel für einzelne Lebensabschnitte gegliedert, die so weit wie möglich Unterkapitel zu unterschiedlichen Tätigkeitsbereichen umfassen.

Einen Schwerpunkt bildet das für Werner von Siemens außerordentlich wichtige Verhältnis zu seinen Geschwistern, das geradezu als Schlüssel zu seiner Biografie gelten kann. Er selbst hat sich stets als Teil eines Geschwisterbunds verstanden. Besonders gilt dies für die enge Beziehung zu den Brüdern Wilhelm und Carl, in denen man seine wichtigsten Lebensbegleiter sehen kann. Beide prägen auch die Entwicklung der Unternehmen Siemens & Halske und Siemens Brothers, an denen sie beteiligt waren. Privates und Geschäftliches gingen im Verhältnis zwischen den Brüdern Werner, Wilhelm und Carl Hand in Hand. Die Loyalität untereinander war ein wichtiger Faktor für den geschäftlichen Erfolg und hat Werner von Siemens' Vorstellungen von einem Familienunternehmen entscheidend beeinflusst.

Die engen Verbindungen zwischen den Brüdern sind bisher in keiner Werner-von-Siemens-Biografie systematisch beleuchtet worden. Als der Nationalökonom Richard Ehrenberg 1906 die erste Darstellung zur Geschichte der Siemens-Firmen verfasste, war ihm noch bewusst, dass es sich um «Unternehmungen der Brüder Siemens» handelte.³ Später rückte dieser Zusammenhang in den Hintergrund. Erst in den vergangenen Jahren wurde er durch die von Martin Lutz verfasste Carl-von-Siemens-Biografie wiederentdeckt. Diese Biografie zeichnet zugleich ein neues Bild der Brüder, indem sie deren Wirken in den Kontext der Globalisierung im 19. Jahrhundert stellt.⁴ In den vergangenen Jahren hat auch die aus der historischen Anthropologie entstandene Verwandtschaftsgeschichte die Familie Siemens als Untersuchungsfeld entdeckt. David Warren Sabean sieht in der Form dieser familiären Beziehungen ein Beispiel für ein «kinship»-System, das der Entwicklung der deutschen Wirtschaft im 19. Jahrhundert förderlich war.⁵ Gleichwohl ist immer noch wenig bekannt, wie sich denn der Zusammenhalt zwischen den Siemens-Brüdern und innerhalb der gesamten Familie gestaltete. Die vorliegende Biografie geht diesen Fragen sowohl in Bezug auf Werner von Siemens als auch in Bezug auf den familiären Kontext nach.

Einen zweiten Schwerpunkt bildet das Verhalten als Erfinder- und Eigentümerunternehmer in einer neuen, wissensgestützten Branche. Werner von Siemens gehörte noch zu den Unternehmern der frühen Industrialisierung in Preußen. Die Firmen waren damals – wie auch Siemens & Halske – durchweg Eigentümer- bzw. Familienunternehmen. Untypisch hingegen war der beschrittene Weg zur Unternehmensgründung. Werner von Siemens gründete als Offizier ohne Erfahrung in der Fabrikation zusammen mit dem Mechaniker Johann Georg Halske eine Werkstatt, um einen von ihm erfundenen Telegrafenapparat zu vermarkten. Sein Aufstieg als Unternehmer ging mit dem einer neuen Branche einher, die auf naturwissenschaftlichen Erkenntnissen beruhte. Dies erforderte ein anderes Vorgehen als in älteren Industriezweigen, vor allem größere Bereitschaft zur Internationalisierung des Geschäfts und eine Abwägung der Risiken, die mit dem Einsatz noch nicht ausgereifter Techniken verbunden waren. Mit dem Übergang zum Großbetrieb und der Etablierung der elektrotechnischen Industrie entstanden veränderte Rahmenbedingungen, die in vielem ein Umdenken erforderten. Das im Rückblick vorherrschende Bild von Werner von Siemens als Industriefürst stammt aus dieser späten Zeit, wird jedoch seiner gesamten Biografie nicht gerecht.

Wie sehr sich das Wirken des Werner von Siemens generellen Erklärungsmustern entzieht, zeigen die unterschiedlichen Bewertungen einzelner Aspekte seines Handelns in der historischen Forschung. Jürgen Kocka hat in seiner klassischen Studie über die Entwicklung der betrieblichen Organisation bei Siemens & Halske herausgearbeitet, dass Werner von Siemens auch dann noch an den Mustern einer eigentümergeführten Personengesellschaft festhielt, als das Unternehmen für einen derartigen Rahmen längst zu groß geworden war.[6] Ein ganz anderes Bild zeichnet die technik- und wissenschaftsgeschichtliche Forschung. Hier wird Werner von Siemens als weitsichtiger Unternehmer beschrieben, der als Erfinder der Dynamomaschine das Potenzial der Starkstromtechnik frühzeitig erkannt und in der Forschungsförderung zukunftsweisende Neuerungen durchgesetzt hat.[7]

Die vorliegende Biografie stützt sich hauptsächlich auf Briefe von und an Werner von Siemens. Die dichte Überlieferung und die Aussagekraft dieser Quellen sind für die unternehmerhistorische Forschung ein Glücksfall. Allein die Korrespondenz zwischen Werner von Siemens und seinen Geschwistern umfasst rund 6500 Briefe. Die große Zahl erklärt sich vor allem durch den ständigen Austausch mit den Brüdern Wilhelm und Carl, die das Geschäft der Siemens-Firmen in London und St. Petersburg leiteten. Die Brüder teilten sich in ihren Briefen geschäftliche Angelegenheiten und technische Fragen ebenso mit wie private Vorgänge und Einschätzungen. Dass ein derartiger Quellenfundus aus dem 19. Jahrhundert erhalten blieb, ist selten und wohl nur dadurch zu erklären, dass das heutige Siemens Historical

Institute über eines der ältesten deutschen Unternehmensarchive verfügt. Schon die ersten umfassenden Darstellungen zur Siemens-Geschichte stützten sich auf die Briefe des Unternehmensgründers.[8] Viele von ihnen wurden in den von Conrad Matschoss (1916) und Friedrich Heintzenberg (1953) herausgegebenen Editionen veröffentlicht.[9] In beiden Sammlungen fehlen jedoch die korrespondierenden, nicht weniger aufschlussreichen Briefe an Werner von Siemens. Inzwischen ist die Basis der erfassten und transkribierten Briefwechsel breiter geworden. Dank der vom Siemens Historical Institute veranlassten Digitalisierung können die Briefe gezielter und umfassender ausgewertet werden. Diese Möglichkeiten wurden nun erstmals für eine Werner-von-Siemens-Biografie genutzt. Ergänzend zu den Briefen konnten die einschlägigen Aktenbestände der Siemens Corporate Archives und die Unterlagen des Archivs der Siemens-Familienstiftung in Goslar ausgewertet werden. Korrespondierende Überlieferungen in staatlichen Archiven existieren nur in geringem Umfang in den Beständen des Geheimen Staatsarchivs Preußischer Kulturbesitz.

In den mittlerweile in 19. Auflage erschienenen *Lebenserinnerungen* hat Werner von Siemens eine eigene Darstellung seines Werdegangs und seiner Persönlichkeit hinterlassen, die nach seinem Tod lange Zeit die vorherrschende Erzählung seiner Biografie blieb.[10] Die meisten Biografen haben sich stark an die Darstellung in den *Lebenserinnerungen* angelehnt oder diese ganz ungebrochen übernommen. Innerhalb des Unternehmens hatte die Autobiografie geradezu den Rang eines Dogmas. «Man will in Siemensstadt nichts wissen, was irgendwie gegen die Worte der ‹Lebenserinnerungen› verstösst», musste der Technikhistoriker Franz Maria Feldhaus 1940 feststellen.[11] Vergleicht man die Beschreibungen in den *Lebenserinnerungen* mit den überlieferten Briefen zu den jeweiligen Ereignissen, dann ist unübersehbar, dass es sich bei der Autobiografie nicht um eine Chronik handelt. Werner von Siemens verfolgte mit ihr das für einen Memoirenschreiber durchaus legitime Ziel, Botschaften zu vermitteln und sein Leben so zu deuten, wie er von der Nachwelt gesehen werden wollte. Als Selbstverortung des Verfassers sind die *Lebenserinnerungen* eine Quelle von größtem Wert. Wie dieses Leben verlaufen ist, lässt sich den Briefen jedoch zuverlässiger entnehmen.

Die große Verbreitung der *Lebenserinnerungen* dürfte dazu beigetragen haben, dass die Zahl der Biografien zunächst recht überschaubar blieb und in keinem Verhältnis zum Bekanntheitsgrad des «Vaters der Elektrotechnik» stand. Als zum 100. Geburtstag am 13. Dezember 1916 erstmals eine Werner-von-Siemens-Biografie erscheinen sollte, wurde der Ingenieur und Technikhistoriker Conrad Matschoss beauftragt, «zunächst für die Kreise der Ingenieure ein Bild der großen Lebensarbeit darzustellen».[12] Auch in der folgenden Zeit war die Literatur über Werner von Siemens von der Heroisierung des Erfinders und Technikers geprägt.[13] Der Bruder, Ehemann und Familienvater rückte erst Jahrzehnte später durch die Biografie von Conrad Wandrey (1942), die mit der ersten Eheschließung endet, und die von Friedrich Heintzenberg herausgegebene Briefsammlung (1953) in den Blick.[14] Die in den vergangenen fünf Jahrzehnten erschienenen Werner-von-Siemens-Biografien von Sigfrid von Weiher (1970) und Wilfried Feldenkirchen (1992) stellten wiederum ganz den Erfinder und Unternehmer in den Vordergrund.[15] Zum 200. Geburtstag von Werner von Siemens zeichnet die vorliegende Biografie auf Basis der Briefe ein neues, zeitgemäßes Bild, das erstmals die gesamte Persönlichkeit dieses Mannes vermittelt. Dabei wird deutlich, dass die älteren Darstellungen mancher Ergänzungen und Korrekturen bedürfen, und dass gerade die Vielseitigkeit von Werner von Siemens das Besondere an ihm war.

Dass diese Biografie in der vorliegenden Form erstellt werden konnte, ist auch eine Teamleistung. Dr. Martin Lutz gilt mein herzlicher Dank für die vielen hilfreichen Hinweise, mit denen er die Arbeit an diesem Manuskript begleitet hat. Für die hervorragende Unterstützung bei den Archivrecherchen gebührt Dr. Ewald Blocher, Johannes Dill, Max Gedig und Konstantin Götschel ganz besonderer Dank. Ohne ihren unermüdlichen Einsatz würde diesem Buch viel fehlen. Sehr dankbar bin ich auch Dr. Christoph Wegener, dem Leiter des Siemens Historical Institute und Initiator dieses Buchprojekts. Dr. Frank Wittendorfer, dem Leiter der Siemens Corporate Archives, gebührt mein Dank für wichtige Hinweise zur Quellenlage und die ausgezeichnete archivarische Betreuung des gesamten Projekts. Sabine Dittler danke ich vielmals für die Unterstützung bei der Fertigstellung des Manuskripts, Christoph Frank für die Illustration aus dem reichen Fundus des Siemens-Bildarchivs und Ute Schiedermeier für die Aufbereitung weiterer Briefbestände. Dr. Sebastian Ullrich vom Verlag C.H.Beck hat die Drucklegung dieses Buchs mit großem Engagement und weiterführenden Anregungen betreut.

Domäne Menzendorf im Mecklenburgischen.

Kapitel 1
Herkunft, Kindheit und Jugend

Eine Familie mit bürgerlicher Tradition

Werner von Siemens wurde am 13. Dezember 1816 in Lenthe bei Hannover, mitten auf dem norddeutschen Land, als Ernst Werner Siemens geboren. Da er den Adelstitel erst in seinen letzten Lebensjahren verliehen bekam, wird hier von ihm als Werner Siemens die Rede sein. Spätere Bilder von Werners Geburtshaus, dem Pächterhaus des Oberguts in Lenthe, zeigen ein stattliches Gebäude. Das wird es auch in der damaligen Zeit gewesen sein, diente es doch zur Bewirtschaftung eines Ritterguts, dessen Geschichte bis ins Mittelalter zurückreicht. Werners Eltern, Christian Ferdinand Siemens und Eleonore Siemens geb. Deichmann, waren freilich nicht vermögend, und die Zeiten waren schlecht. Der Vater hatte das Gut ohne viel Kapital gepachtet, die Bewirtschaftung hatte unter den Folgen der Napoleonischen Kriege gelitten, und in Werners Geburtsjahr war es in ganz Mitteleuropa zu Missernten und Hungersnöten gekommen. Werner war das vierte von insgesamt 14 Kindern seiner Eltern. Die Familie hatte ein Jahr vor seiner Geburt einen gleichnamigen Sohn im Alter von zweieinhalb Monaten verloren. Der Name wurde an ihn als den nächstgebore- nen Sohn weitergegeben.[1] Sein erster Vorname Ernst, den er in offiziellen Dokumenten stets neben seinem Rufnamen führte, war, wie damals üblich, der Name des Taufpaten. Die Taufe fand am 13. Januar 1817 statt. «Gevatter» (Pate) war Rittmeister Ernst von Poten, ein Schwager der Mutter.[2] Trotz der schwierigen materiellen Verhältnisse zogen Werners Eltern ihre Kinder mit Liebe und Fürsorge auf. Der Vater wird in Werners *Lebenserinnerungen* als «kluger, hochgebildeter Mann» beschrieben, die Mutter hatte literarische Interessen.[3] In einer bürgerlichen Familie war die Erziehung der

linke Seite: Karte von Norddeutschland um 1850

Kinder von größter Bedeutung. Daran ließen es Werners Eltern nicht fehlen. Sie vermittelten ihren Kindern die bürgerlichen Tugenden: Fleiß, Rechtschaffenheit, Ordnungsliebe, Pflichtbewusstsein, Gewissenhaftigkeit und Hilfsbereitschaft.[4]

Es war in Werners Generation recht ungewöhnlich, dass ein Industrieller aus einer Gutspächter-Familie hervorging. Die meisten Unternehmer seiner Zeit stammten von Fabrikanten, Kaufleuten oder Bankiers ab.[5] Auch Werners Vorfahren hatten nicht immer auf dem Land gelebt. Die Familie besaß eine lange bürgerliche Tradition, auf die sie stolz war.[6] Über viele Generationen hinweg waren die Vorfahren als Handwerker, Kaufleute und Ratsherren geachtete Bürger der Stadt Goslar. Diese Tradition ging in die Leitbilder und Werte ein, die Werner und seinen Geschwistern im Elternhaus vermittelt wurden. Ein Symbol für die Herkunft der Familie ist das Siemens-Haus in Goslar, das der Kaufmann, Brauer und Stadthauptmann Hans Jürgen Siemens Ende des 17. Jahrhunderts errichten ließ. Es ist eines der größten und prächtigsten Bürgerhäuser der früheren Reichsstadt. Am Portal ließ der Erbauer seinen Leitspruch anbringen: «ORA & LABORA HANS SIMENS ANNO 1693».[7] Die gut dokumentierte Ahnenreihe der Familie Siemens reicht bis zur ersten Erwähnung des Namens im Jahr 1384 zurück. Damals ließen in Goslar Henning Symons und seine Frau Catharina eine Hypothek auf ein Grundstück eintragen.[8] Die Nachfahren arbeiteten als Schuhmacher, Bierbrauer, Händler und Kaufleute. Als Ahnherr der Linie, aus der Werner hervorging, gilt Ananias Siemens, der im 16. Jahrhundert lebte. Damals stieg die Familie in die Oberschicht Goslars auf. Bis zum Ende des 18. Jahrhunderts stellte sie dort vier Bürgermeister. In einem 1935 erstmals erschienenen und seither mehrfach überarbeiteten Stammbaumbuch findet sich die Genealogie der Nachfahren von Ananias Siemens dokumen-

Eintragung der Geburt und Taufe von Werner Siemens im Kirchenbuch von Lenthe (Zweitschrift)

Pächterhaus des Oberguts in Lenthe, undatiert

tiert. Alle Namensträger, also die von einem männlichen Siemens abstammenden Mitglieder der Familie, werden darin mit einer nach Geburtsjahr und Familienzweig vergebenen Stammbaumnummer geführt. Ananias Siemens trägt die Nr. 1, Werner von Siemens die Nr. 244.⁹

Wie kam es, dass Werner nicht in einem stolzen Bürgerhaus aufwuchs, sondern im Pächterhaus eines landwirtschaftlichen Gutes? Schon 1715 hatte dieser Zweig der Familie begonnen, sich auf die Landwirtschaft zu verlegen. Ein Sohn des Erbauers des Siemens-Hauses erhielt damals die Pacht des vor den Toren Goslars gelegenen Guts Ohlhof, die 110 Jahre lang in der Familie Siemens blieb.¹⁰ Bald kamen weitere Pachten hinzu. Die Männer der beiden folgenden Generationen wurden fast durchweg Pächter von Gütern und Domänen (Staatsgütern). Sie entgingen dem durch Brände und Misswirtschaft bedingten Niedergang der Stadt Goslar in dieser Zeit und nutzten die Chancen, die sich durch einen tief greifenden Strukturwandel in der Landwirtschaft eröffneten. Diese Umorientierung führte allerdings zu einem gewissen Abstieg innerhalb des Wirtschaftsbürgertums. Auch wenn Gutspächter durchaus angesehen und nicht selten recht wohlhabend waren, konnten diese Generationen der Familie nicht mehr so große Vermögen erwirtschaften wie ihre Vorfahren als Kaufleute, und sie hatten auch nicht den Einfluss von Ratsherren.

Eine Familie mit bürgerlicher Tradition **17**

Werner hat in den *Lebenserinnerungen* eine eigene Deutung seiner Herkunft hinterlassen. Er entstamme, so heißt es hier, «einer seit dem Dreißigjährigen Kriege am nördlichen Abhange des Harzes angesessenen, meist Land- und Forstwirtschaft treibenden Familie».[11] Dies ist nicht falsch, aber auch nicht die ganze Wahrheit. Landwirte waren die Vorfahren erst rund hundert Jahre vor seiner Geburt geworden, und als Pächter waren sie im Grunde Agrarökonomen gewesen. In der norddeutschen Landwirtschaft bildeten die Guts- und Domänenpächter etwa ab Mitte des 18. Jahrhunderts einen neuen Stand – angesiedelt zwischen den adeligen Gutsherren und den Bauern.[12] Sie verkörperten einen neuen Typ des Landwirts, der damals mit der Herausbildung einer marktorientierten Landwirtschaft entstanden war.[13] Die meisten Pächter stammten wie Werners Vorfahren aus dem Bürgertum. Sie zeichneten sich sowohl gegenüber den adeligen Gutsbesitzern als auch gegenüber den staatlichen Domänenverwaltungen durch eine stärkere Gewinnorientierung und betriebswirtschaftliche Rationalität aus. In den Pächtern dieser Zeit sah schon Gustav von Schmoller, einer der bedeutendsten Nationalökonomen des 19. Jahrhunderts, «wohlhabende bürgerliche Unternehmer».[14]

Werners Großvater Johann Georg Heinrich Siemens ist dafür ein gutes

Wahlspruch an der Tür des Siemens-Hauses, 2013

Siemens-Haus in Goslar, undatiert

Beispiel. Er war auf dem Gut Ohlhof aufgewachsen, pachtete das Gut Schauen bei Wernigerode und später die Domäne des Grafen Stolberg-Wernigerode in Wasserleben, einem heutigen Ortsteil der Gemeinde Nordharz.[15] Als Domänenpächter trug er den Titel ‹Amtmann›, den auch verdiente Gutspächter in der Regel nach fünf Jahren erhielten.[16] Einige Angaben zu seinem Vermögen finden sich in einem Brief des Schwiegersohns Ferdinand von Grote, der auch die bürgerlichen Tugenden dieses Mannes rühmt:

> «Der Amtmann Joh. Georg S. hat, als er 1762 zu Schauen Pächter wurde, nur mit 2000 Talern angefangen, späterhin zwar 8000 Taler geerbt, also 10 000 Taler; als er aber 1792 die Pacht verließ, hatte er 40 000 Taler im Vermögen, sich also 30 000 Taler durch die Schauensche Pacht erworben in 30 Jahren und eigentlich noch mehr, wenn man die Summe für die sehr gute Erziehung seiner 12 Kinder, besonders seiner vielen Söhne, berücksichtigt, an die er sehr viel gewendet haben muß. Es war ihm zu gönnen, denn er war ein redlicher Mann.»[17]

Johann Georg Heinrich war seinen Söhnen ein Vorbild. Fünf der sieben Söhne wurden Guts- und Domänenpächter, vier von ihnen erhielten den

Eine Familie mit bürgerlicher Tradition

Johann Georg Heinrich Siemens, undatiert

Titel ‹Amtmann›. Eine Tochter, Werners Tante Sabine, heiratete den Besitzer des Guts Schauen, den Reichsfreiherrn Ferdinand von Grote.[18]

Werners Vater Christian Ferdinand war das jüngste der insgesamt 15 Kinder von Johann Georg Heinrich und seiner Frau Sophie Elisabeth. Er wuchs auf den von seinem Vater bewirtschafteten Gütern Schauen und Wasserleben auf.[19] Im Frühjahr 1804 schickten die Eltern den nunmehr 16-Jährigen auf die Klosterschule Ilfeld, ein altsprachliches Vorzeige-Gymnasium, das eng mit der Universität Göttingen verbunden war. Dass bei so vielen Kindern auch der jüngste Sohn eine derartige Ausbildung erhielt, sagt viel über den Stellenwert der Bildung in der Familie aus. Schon nach eineinhalb Jahren musste Christian Ferdinand Ilfeld verlassen, weil sein Vater gestorben war. Ein als Vormund eingesetzter Verwandter ermöglichte es ihm, sich im Frühjahr 1806 an der Universität Göttingen einzuschreiben – in dieser Zeit war das Abitur noch keine obligatorische Voraussetzung für ein Studium. Christian Ferdinand studierte drei Semester lang Kameralwissenschaft, eine Verbindung aus Nationalökonomie, Agrarökonomie und Verwaltungswissenschaft. Was er in den folgenden Jahren gemacht hat, bleibt im Dunkeln. Werners *Lebenserinnerungen* nach hat sich sein Vater damals «den schwachen Versuchen schwärmender Jünglinge» angeschlossen, gegen

Christian Ferdinand Siemens, undatiert

die napoleonische Herrschaft Widerstand zu leisten.[20] Etwa ab 1810 ist Christian Ferdinands Werdegang wieder bekannt. Er arbeitete nun als Ökonom auf der Domäne Bokeloh bei Wunstorf, rund 20 Kilometer westlich von Hannover.[21] Die Domäne gehörte zur Pacht des Amtsrats Ludwig Deichmann im nahe gelegenen Poggenhagen, einem heutigen Ortsteil von Neustadt am Rübenberge. Deichmann bewirtschaftete dort das Gut der Grafen von Schwiecheld.[22]

Die älteste Tochter des Pächters, die damals 18-jährige Eleonore Deichmann, hatte es Christian Ferdinand angetan. Es gelang ihm, eine Beziehung mit der angeblich sehr umworbenen jungen Frau einzugehen.[23] Eleonore war, wie Werners Bruder Wilhelm später über seine Mutter berichtete, von «zarter Gestalt». Sie hatte eine «gute allgemeine Ausbildung genossen, war hochherzig und opferwillig» und «von einem sehr sanften, liebenswürdigen Charakter».[24] Das Paar heiratete am 11. Juni 1812 in der Kirche von Bordenau, zu deren Gemeinde Poggenhagen gehörte.[25] Es war wohl eine «Notheirat», da drei Monate später das erste Kind, der nach seinem Großvater benannte Sohn Ludwig, geboren wurde.[26] In der Familie Siemens wurden die Umstände dieser Heirat später verschwiegen, auch von Werner. Offenbar passte es nicht zum Selbstverständnis der Familie, dass das Paar geheiratet und ein

Eine Familie mit bürgerlicher Tradition

Familie Deichmann (in der Mitte Eleonore), Schattenschnitt, undatiert

Kind bekommen hatte, ohne zuvor eine bürgerliche Existenz begründet zu haben.[27] Eleonore und Christian Ferdinand mussten freilich nicht zur Eheschließung gezwungen werden. Beide haben aus Liebe geheiratet. Alle überlieferten Briefe und Schilderungen sprechen dafür, dass sie eine gute, partnerschaftliche Ehe führten und bis zum Tod liebevoll miteinander verbunden waren.

Idyllische Kindheit und überschattete Jugend

Nach der Geburt des Sohns Ludwig wohnte die junge Familie zunächst bei den Deichmanns auf Gut Poggenhagen.[28] Christian Ferdinand bewarb sich nun um die Pacht eines Guts, unterstützt von seinem Schwiegervater und dessen Umfeld. Der Verpächter des Guts Poggenhagen, Oberkommissär Haccius, wies ihn darauf hin, dass für das Obergut in Lenthe ein Pächter gesucht wurde, und verfasste auch gleich ein Empfehlungsschreiben an den

Besitzer dieses Guts, den hannoverschen Staats- und Kabinettsminister Ernst Ludwig Julius von Lenthe. Darin wies er auf die Rechtschaffenheit Ludwig Deichmanns hin und stellte dessen Schwiegersohn «das Zeugnis eines besondern Edelmuts und einer beständigen Geradheit des Charakters» aus.[29] Von Lenthe war einer der bedeutendsten Minister des Kurfürstentums Braunschweig-Lüneburg gewesen, das damals in Personalunion vom britischen Königshaus regiert wurde. Zehn Jahre lang, von 1795 bis 1805, hatte er die Deutsche Kanzlei am Londoner Hof geleitet.[30] Das Empfehlungsschreiben von Haccius machte bei von Lenthe offenbar Eindruck. Schon zwei Wochen später, am 19. Februar 1813, konnte Christian Ferdinand den Pachtvertrag unterschreiben. Darin verpflichtete er sich für die Dauer von zehn Jahren, eine Pacht von jährlich 2700 Talern zu zahlen und die übliche Kaution in gleicher Höhe zu hinterlegen. Hinzu kamen 1000 Taler für die Übernahme des Mobiliars.[31] Welcher heutige Wert diesen Summen entsprechen würde, lässt sich nicht zuverlässig berechnen. Zweifellos handelte es sich um einen recht hohen Betrag. Nach einer von der Deutschen Bundesbank erstellten Statistik würde die Kaufkraft von 2700 Talern des Jahres 1813 heute der Kaufkraft von rund 93 000 Euro entsprechen.[32]

Als Christian Ferdinand zum 1. Juni 1813 die Pacht des Oberguts in Lenthe übernahm, schien die junge Familie auf einem guten Weg. Mit der Fürsprache seines Schwiegervaters und der Familie von Lenthe hatte Christian Ferdinand gute Aussichten, später einmal ein geachteter Amtmann zu werden, wie sein Vater und mehrere seiner Brüder. Im April 1814 wurde die Tochter Mathilde geboren, ein Jahr später der nach wenigen Wochen verstorbene Sohn Werner und im Dezember 1816 Ernst Werner. Zwei weitere Söhne, Hans und Ferdinand, kamen in den nächsten Jahren hinzu. Lenthe, das heute eine Ortschaft der Stadt Gehrden ist, hatte damals rund 300 Einwohner.[33] Die Familie Siemens lebte im Nebenhaus des Oberguts, konnte aber wohl auch das Hauptgebäude nutzen, da die Familie Lenthe – in deren Besitz sich das Gut heute noch befindet – nicht dort wohnte.[34] Werner wuchs hier mit seinen Geschwistern unbeschwert auf. Aus den ersten sieben Lebensjahren hat er in seinen Memoiren lediglich eine Episode geschildert, die als solche belanglos ist, aber über die Wahrnehmung und das Selbstverständnis des Verfassers so viel aussagt, dass er sie wohl mit Bedacht an den Anfang seiner *Lebenserinnerungen* gestellt hat. Als Werner etwa fünf Jahre alt war, wurde seiner älteren Schwester Mathilde im Pfarrhaus von Lenthe das Stricken beigebracht. Eines Tages soll ihr ein angriffslustiger Gänserich an der Pforte des Pfarrhofs den Zugang zur Strickstunde versperrt haben. Mathilde wurde gebissen und wusste sich nicht zu wehren. Werner erhielt daraufhin vom Vater den Auftrag, den Gänserich mit einem Stock zu vertreiben. Unter Aufbringung allen Muts gelang es ihm, der Schwester den Weg frei zu kämpfen. Fast 70 Jahre später schrieb er dazu: «Unzählige Male hat mich in späteren schwierigen Lebenslagen der Sieg über den Gänserich unbewußt dazu angespornt, drohenden Gefahren nicht auszuweichen, sondern sie durch mutiges Entgegentreten zu bekämpfen.»[35] Dem Leser wird mit dieser Episode eine weitere Botschaft vermittelt, die sich wie ein Leitmotiv durch die *Lebenserinnerungen* zieht: Werner hatte die Geschwister zu beschützen, und er führte diese Aufgabe nach besten Kräften aus. Der Vater hatte ihn beauftragt, nicht den vier Jahre älteren Bruder Ludwig, der es eigentlich eher mit dem Gänserich hätte aufnehmen können. Nicht Ludwig ist der auserkorene Beschützer, sondern Werner.

Dass Werner und seinen älteren Geschwistern frühzeitig Aufgaben übertragen wurden, ergab sich nicht nur aus der wachsenden Zahl von Kindern, sondern auch aus den wirtschaftlichen und finanziellen Problemen, die auf den Eltern lasteten. Als Christian Ferdinand die Pacht des Guts Lenthe erhielt, herrschte Krieg. Lenthe gehörte damals noch zu dem von Napoleon geschaffenen Königreich Westphalen. Wenige Monate später fand die Völkerschlacht von Leipzig statt, die Landwirte mussten die durchziehenden Heere versorgen, ihre Pferde wurden häufig vom Militär requiriert. Christian Ferdinand geriet bald mit der Zahlung des Pachtgelds in Rückstand. Ernst Ludwig Julius von Lenthe zeigte sich angesichts der äußeren Umstände nachsichtig und gewährte dem Pächter Aufschub.[36] Nachdem der Krieg und die französische Herrschaft vorbei waren, besserte sich die Ertragslage. Zwei Missernten trieben in den Jahren 1816/17 die Preise für Roggen und Weizen hoch, was den Landwirten gute Einkünfte sicherte, aber eine Hungersnot zur Folge hatte. Doch dann kehrte sich die Entwicklung der Agrarpreise, die damals das entscheidende Konjunkturbarometer war, um. Es setzte ein dramatischer Preisverfall ein, da während der Napoleonischen Kriege überall in Europa die Anbauflächen vergrößert worden waren. Zusätzlich zur Überproduktion drückten einige gute Ernten auf die Preise. Insgesamt gingen die Roggen- und Weizenpreise in Deutschland zwischen 1817 und 1825 um 60 bis 70 Prozent zurück.[37] Während die breite Bevölkerung von den gesunkenen Preisen profitierte, gerieten die Produzenten in Not. Von Ostpreußen bis Ostfriesland ging ein großer Teil der Grundbesitzer in Konkurs. Gutspächter wie Christian Ferdinand mussten versuchen, durch geschickte Kalkulation und verbesserte Produktionstechniken den Kostendruck aufzufangen.

Christian Ferdinand hatte in Lenthe noch mit weiteren Widrigkeiten zu kämpfen. Die von ihm bewirtschafteten Felder erlitten wiederholt hohe

Wildschäden. Nach einer Verwüstung der Rapsfelder im Winter 1819/20 klagte er gegen das Forstamt Wennigsen auf Schadensersatz und brachte damit die Behörden in Hannover gegen sich auf.[38] Das noch relativ junge, auf dem Wiener Kongress entstandene Königreich Hannover wurde wie das frühere Kurfürstentum aus London regiert, vom britischen König Georg III. Seine Behörden waren daran interessiert, dem britischen Adel attraktive Jagdreviere zu bieten. Damals hieß es, im Königreich Hannover wäre es strafbarer, einen Hirsch zu töten als einen Menschen.[39] Christian Ferdinands Klage gegen das Forstamt führte zu einem Rechtsstreit, der sich über mehrere Jahre hinzog. Das Verhältnis zwischen Werners Vater und den Behörden war nun zerrüttet, und auch die Beziehung zum Gutsbesitzer und dessen Verwalter hatte sich eingetrübt. Nach dem Tod Ernst Ludwig Julius von Lenthes im Jahr 1814 war das Gut an seinen Sohn, Kammerrat Friedrich Ernst Otto von Lenthe, übergegangen.[40] Dieser war dem Pächter gegenüber weniger nachsichtig als sein Vater. Das wurde deutlich, als es um eine Verlängerung des zehnjährigen, Ende Mai 1823 auslaufenden Pachtvertrags ging. Der Gutsbesitzer wollte bei einer Verlängerung den Pachtzins erhöhen. Zu einer höheren Zahlung war Christian Ferdinand zunächst nicht bereit.[41] Im Dezember 1822 lenkte er ein, vermutlich weil seine Frau inzwischen ein weiteres Kind erwartete und er noch keine neue Pacht gefunden hatte. Er bot an, bei einer Verlängerung des Vertrags um weitere zehn Jahre einen Pachtzins von 3100 Talern – statt bisher 2700 Talern – zu zahlen.[42] Von Lenthe und sein Verwalter Hagemann lehnten ab. Nun geriet Werners Vater schwer unter Druck. Sein Schwiegervater Ludwig Deichmann, der ihm den nötigen Rückhalt hätte bieten können, war verstorben. Der Familie Siemens drohte der soziale Abstieg durch den Verlust ihres Heims – eine Vorstellung, die für den so sehr auf Rechtschaffenheit bedachten Christian Ferdinand unerträglich gewesen sein muss.

Dass es so weit kam, wird man nicht nur der Agrarkrise und den Hirschen aus dem nahen Deistergebirge anlasten können. Christian Ferdinand hatte auch seinen Teil dazu beigetragen. Die ihm widerfahrene Behandlung durch die Obrigkeit empfand er als zutiefst ungerecht. Aus Kränkung hierüber hatte er sich auf den erwähnten Rechtsstreit um einen eher geringfügigen Betrag eingelassen und dabei seine Möglichkeiten überschätzt. Die Pacht für das Obergut Lenthe hatte er einst erhalten, weil er dem Gutsbesitzer als edelmütiger und beständiger Charakter empfohlen worden war. Dieser Kredit war nun verspielt. Der Gutsbesitzer wollte dem widerborstigen Pächter selbst für einen höheren Pachtzins keinen neuen Vertrag geben. Conrad Wandrey bescheinigt dem Vater in seiner Werner-von-Siemens-

Biografie, dass dieser «etwas von der niederdeutschen Sturheit des Rechtsfanatikers Michael Kohlhaas» hatte.[43]

Im März 1823 hetzte Christian Ferdinand auf der Suche nach einer neuen Pacht durch Holstein, Schleswig und Mecklenburg.[44] Offenbar war er nach den jahrelangen Konflikten fest entschlossen, das Königreich Hannover zu verlassen. In Menzendorf östlich von Lübeck wurde er schließlich fündig. Der Pächter der dortigen Domäne, Andreas Meyer, war überschuldet und suchte einen Nachfolger, um aus dem Vertrag entlassen zu werden.[45] Die Pacht betrug 1840 Taler – deutlich weniger als in Lenthe –, doch musste Christian Ferdinand einen Betrag von 10 650 Talern aufbringen, um die Kaution für die Pacht, den Abstand für das übernommene Inventar und angefallene Anwaltsgebühren zu zahlen. Wie ihm dies gelang, bleibt unklar, auch wenn man berücksichtigt, dass er die für Lenthe hinterlegte Kaution in Höhe von 2700 Talern nach dem Auslaufen des dortigen Vertrags zurückerhielt.[46] Offenbar bekam er von seiner älteren Schwester Sabine Grote Geld vorgestreckt, die inzwischen als verwitwete Reichsfreifrau bei ihrem Bruder August in Kölleda lebte und eine stattliche Pension bezog. Ein Darlehen erhielt er auch von der Familie seines Schwagers Georg Mehliß, der ein angesehener «Hofmedicus» in Clausthal war.[47]

Am 6. Mai 1823 trat Andreas Meyer sein Pachtrecht für die Domäne Menzendorf an Werners Vater ab.[48] Das Domänenamt war mit dem Wechsel einverstanden, hier hatte man den Eindruck gewonnen, dass der neue Pächter «ein ordentlicher vernünftiger und in der Landwirtschaft sehr unterrichteter Mann» war.[49] In einem längeren Brief an seinen ältesten Bruder Johann Georg, der es inzwischen als Pächter der Domäne Hayn bei Stolberg im Harz zum Oberamtmann gebracht hatte, berichtete Christian Ferdinand am 11. Mai 1823 von der Übernahme der neuen Pacht. Aus jeder Zeile spricht die Erleichterung darüber, dass es ihm gelungen war, als «Versorger von 6 Kindern u. der wackersten Frau», eine rettende Lösung zu finden: «Ich bin nun aus der ängstlichen Lage, nicht zu wissen, wohin die Meinigen zu führen.» In diesem Glücksgefühl pries er die Domäne Menzendorf als ein wahres Elysium. Dass sich der letzte Pächter überschuldet hatte, gab Christian Ferdinand nicht zu denken. Er war überzeugt, dass «dies reizende Ländchen nebst dem Eutinschen der glücklichste Winkel des Erdbodens ist».[50]

Der Abschied der Familie vom Obergut, dem Ort von Werners früher Kindheit, gestaltete sich belastend, ja ausgesprochen hässlich. Christian Ferdinand hatte während seiner Suche nach einer neuen Pacht die Bewirtschaftung des Guts vernachlässigen müssen. Auch dadurch waren wohl weitere Pachtschulden entstanden. Gutsbesitzer von Lenthe und Oberverwalter Ha-

Brief von Christian Ferdinand Siemens zum Umzug nach Menzendorf, 1. Mai 1823

gemann waren entschlossen, diese Schulden einzutreiben, bevor der scheidende Pächter das Land verließ.[51] Von Lenthe schaltete die königliche Justizkanzlei in Hannover ein, um eine Zwangsversteigerung zu erreichen. Am 28. Mai 1823 wurde in den *Hannover'schen Anzeigen* bekannt gemacht, dass auf dem Obergut Lenthe eine Einrichtung «meistbietend gegen Barzahlung bei der Abnahme» verkauft würde: «Secretairs, Sophas, Tische, Stühle, Commoden, Bettstellen, Kupfer, Zinn und allerlei Haus- u. Küchengeräth.»[52] Der Erlös wurde von der königlichen Justizkanzlei beschlagnahmt, um daraus das rückständige Pachtgeld zu bezahlen.[53] Die Auseinandersetzungen um andere Ansprüche, auch um die Renovierung der Pächterwohnung in Lenthe, zogen sich noch lange hin.

Christian Ferdinand war daran gelegen, in Lenthe als rechtschaffener Mann in Erinnerung zu bleiben. Anfang Juni 1823, anlässlich der Schlüsselübergabe an den neuen Pächter, schrieb er einen Brief an den Verwalter Hagemann, in dem er diesen bat, «eines Mannes immer im Guten gedenken zu wollen, dem sie das Zeugnis geben werden: daß Rechtlichkeit und noch ein anderes Recht von zarter Natur, das vor Gott nur allein gelten wird, seine Richtschnur haben sein sollen und dem es an menschlicher Teilnahme und Uneigennützigkeit nicht gefehlt hat.»[54] Für Christian Ferdinand hatte dieses Selbstbild große Bedeutung. So wollte er gesehen werden, als ein rechtschaffener Mann, der zum Opfer unrechtmäßiger Verhältnisse geworden war. Das desaströse Ende seiner fast zehnjährigen Tätigkeit in Lenthe konnte Christian Ferdinand aus einem derartigen Selbstverständnis heraus als Akt der Befreiung deuten.[55] Sein Sohn Werner machte sich diese Sicht später zu eigen. Auch er verstand es, den bitteren Abschied von Lenthe als Aufbruch in die Freiheit darzustellen.[56] Es war allerdings ein ärmlicher Umzug in das gelobte Mecklenburg. Nach der Zwangsversteigerung des Haushalts konnte die Familie Siemens nicht mehr viel mitnehmen, als sie am 17. Juni 1823 Lenthe verließ.[57]

Kinder von Christian Ferdinand und Eleonore Siemens[58]

	Geburtsdatum	Geburtsort	Sterbedatum	Sterbeort
Ludwig Georg	1.9.1812	Poggendorf	Jan. 1871 (?)	(unbekannt)
Mathilde Georgine	17.4.1814	Lenthe	25.8.1878	Kiel

Werner	24.8.1815	Lenthe	7.10.1815	Lenthe
Ernst Werner	13.12.1816	Lenthe	6.12.1892	Berlin
Hans Dietrich	3.12.1818	Lenthe	28.3.1867	(unbekannt)
Ferdinand Julius	24.7.1820	Lenthe	8.9.1893	(unbekannt)
Sophie Henriette	22.9.1821	Lenthe	13.10.1821	Lenthe
Carl Wilhelm	4.4.1823	Lenthe	19.11.1883	Sherwood/ Kent
Friedrich August	8.12.1826	Menzendorf	24.5.1904	Dresden
Carl Heinrich	3.3.1829	Menzendorf	21.3.1906	Menton
Franz Ernst	5.2.1831	Menzendorf	23.4.1840	Menzendorf
Walter	12.1.1833	Menzendorf	11.6.1868	Tiflis
Auguste Caroline Sophie	29.12.1834	Menzendorf	6.12.1922	Probstdeuben
Otto	7.11.1836	Menzendorf	10.10.1871	Tiflis

Menzendorf [alte Schreibweise: Mentzendorf], in Luftlinie rund 20 Kilometer östlich von Lübeck gelegen, ist ein überschaubares Angerdorf. Die Gemeinde hat heute rund 300 Einwohner und war auch damals kleiner als Lenthe. Die Domäne war freilich ein stattliches Gut mit 119 Kühen und 14 Pferden.[59] Die Familie Siemens konnte in das geräumige, alleinstehende Pächterhaus einziehen, das im Stil eines norddeutschen Bauernhauses mit einem tiefgezogenen Reetdach errichtet worden war. Menzendorf gehörte damals zum Fürstentum Ratzeburg, einem Teil des Großherzogtums Mecklenburg-Strelitz. Von dessen Kernland mit der Residenzstadt Neustrelitz war das an Lübeck grenzende Gebiet um Ratzeburg und Schönberg durch das Großherzogtum Mecklenburg-Schwerin getrennt. In Mecklenburg-Strelitz, einem der kleinsten und ärmsten Staaten des Deutschen Bundes mit damals

Pächterhaus der Domäne Menzendorf, 1910

rund 75 000 Einwohnern, herrschten noch spätfeudale Verhältnisse; die adeligen Gutsbesitzer hatten hier großen Einfluss.[60] Im Fürstentum Ratzeburg gab es dagegen nur wenige Rittergüter. Das bewirtschaftete Land gehörte etwa zu gleichen Teilen dem Landesherrn und freien Bauern. Auch die von Christian Ferdinand gepachtete Domäne Menzendorf war ein Staatsgut, das der Domänenverwaltung des Großherzogs in Neustrelitz unterstand.

Das Domänenamt wird nach den schlechten Erfahrungen mit dem letzten Pächter von Menzendorf gewisse Erwartungen in Christian Ferdinand gesetzt haben. Doch die Verhältnisse waren weiterhin ungünstig. Die Agrarpreise sanken auf einen Tiefstand. 1824 lag der Weizenpreis in Deutschland nur noch bei einem Viertel des Niveaus von 1817.[61] Bereits im Herbst 1825 wurde Christian Ferdinand verwarnt, weil er mit der Pachtzahlung in Rückstand war. Die Domänenverwaltung erwog, gegen ihn eine Vollstreckung (Exekution) durchzuführen, wurde aber von der örtlichen Behörde gebeten, davon abzusehen.[62] In den folgenden Jahren verbesserte sich die Ertragslage auf Menzendorf, doch zu einem wirklichen Aufschwung kam es nicht, obwohl die Agrarkrise beendet war und die Erzeugerpreise anzogen. Als eine Dürre erneut zu einer schlechten Ernte führte, schüttete Christian Ferdinand im September 1827 in einem Brief an die Schwester Sabine sein Herz aus. «Mein Ringen mit dem Schicksal ist leider noch nicht vorbei», heißt es hier. Nur die «Rückkehr auf einige Jahre alter Preise» könne ihn aus den Schulden bringen.[63] Die Zeilen zeigen einen gramgebeugten Mann, dem das Unglück an den Fersen zu haften schien. Die anhaltende Bedrängnis zehrte inzwischen am Selbstwertgefühl des Familienvaters: «Es beugt mich tief, ich komme mir selbst verächtlich vor.»[64]

Die bereits erwähnten Darlehen von Sabine Grote und der Familie Mehliß beliefen sich im September 1827 auf insgesamt 5000 Taler.[65] Die anderen, durchweg gut gestellten Geschwister und Schwäger griffen Christian Ferdinand offenbar nicht unter die Arme. Unterstützung dürfte aber von Eleonores inzwischen verwitweter Mutter Eleonore («Helene») Deichmann gekommen sein.[66] Sie zog zur Familie ihrer Tochter nach Menzendorf. «Gesund sind wir, aber Heiterkeit ist in unserem Hause nicht», schrieb Christian Ferdinand in seinem Brief an Sabine Grote vom 14. September 1827.[67] Werner schilderte diese Zeit in seinen *Lebenserinnerungen* anders: «Es waren glückliche Jugendjahre, die ich in Menzendorf mit meinen Geschwistern, ziemlich wild und frei mit der Dorfjugend aufwachsend, verlebte.»[68] So wird er als Junge dieses ländliche Idyll durchaus erlebt haben. Doch anders als in Lenthe war Werner nun in einem Alter, in dem ihm nicht mehr entging, dass der Vater oft verzweifelt war und in der Familie die «Heiterkeit» fehlte. In einem Brief an seine Braut Mathilde Drumann aus dem Jahr 1852 beschrieb Werner seine Kindheit denn auch ganz anders als in den *Lebenserinnerungen*:

> «Namentlich meine Jugend war von Kindheit an verbittert. Ich fühlte zu tief die Sorgen meiner geliebten Eltern mit ihnen. Die aus ihnen entstehenden häuslichen Leiden im elterlichen Hause und der Gram meiner über alles geliebten Mutter erstickten bald in mir die meinem Alter angemessene jugendliche Unbefangenheit und Heiterkeit, und mein philiströser Ernst ward zum Gespött meiner Mitschüler.»[69]

Schuljahre

In Mecklenburg-Strelitz war 1812 die Schulpflicht eingeführt worden. Auf dem Land ließ sich diese nicht durchsetzen, da es dort nicht genug Schulen gab und der Weg in die nächste Stadt häufig zu weit war. So war es nicht un-

Bürgerschule in Schönberg, um 1920

gewöhnlich, dass Werner und seine Geschwister zunächst von ihrer Großmutter Helene Deichmann zu Hause unterrichtet wurden. Als die älteren Kinder größer waren, übernahm der Vater für ein halbes Jahr den Unterricht. Christian Ferdinand legte den Schwerpunkt auf Weltgeschichte und Völkerkunde. Nach Werners Erinnerungen soll er «geistreich und originell» unterrichtet haben.[70] Tatsächlich war der Unterricht durch den Vater wohl eher ein Notbehelf, weil die nächstgelegene Schule, die Bürgerschule in Schönberg, fast sechs Kilometer entfernt lag. Erst im Juni 1828 wurde Werner dort eingeschult. Als Elfjähriger war er nun in der Lage, den weiten Schulweg täglich zwei Mal zu Fuß zurückzulegen.[71] Die Bürgerschule in Schönberg am Oberteich war eine relativ moderne Lehranstalt, die erst zwei Jahre zuvor eröffnet worden war.[72] Als Schüler aus dem Umland hatte Werner hier keinen leichten Stand. In den *Lebenserinnerungen* berichtete er, dass er sich damals in «einer Art Kriegszustand mit den Stadtschülern» befunden habe und den Weg nach Hause gelegentlich mit einer als Lanze eingelegten Bohnenstange freikämpfen musste.[73] Mit einem Schulkameraden, einem Sohn des Hotelbesitzers Spehr, verstand er sich gut. Auch haben ihm die Menzendorfer Dorfjungen wiederholt gegen die «Stadtschüler» geholfen, aber viele Freunde hatte er nicht, und in der Bürgerschule galt er wohl als Außenseiter, weil er vom Land kam.[74]

Schon zu Ostern 1829 verließ Werner die Bürgerschule in Schönberg. Sein Vater hatte sich entschlossen, auf der Domäne einen Hauslehrer einzustellen. Über die Gründe für diese Entscheidung lassen sich nur Vermutungen anstellen. Am wahrscheinlichsten dürfte sein, dass nun auch die nächstjüngeren Söhne Hans und Ferdinand einen qualifizierten Unterricht erhalten sollten, der Schulweg für sie aber noch zu weit war. Als Hauslehrer wurde der Theologiestudent Christoph Sponholz eingestellt. Er erwies sich als gute Wahl. Werner hatte den Unterricht noch 60 Jahre später als «im höchsten Grade anregend und anspornend» in Erinnerung.[75] Sponholz unterrichtete unkonventionell, verstand es, seine Schüler zu Leistungen zu motivieren, und las ihnen außerhalb des Unterrichts Geschichten vor, was unüblich war. Allerdings hatte der Hauslehrer auch eine andere Seite, von der die Familie Siemens nichts ahnte. Sponholz war vermutlich depressiv. Nach rund einem Jahr in Menzendorf ging er eines Nachts aus dem Haus und beging Selbstmord. Christian Ferdinand stellte daraufhin einen neuen Hauslehrer ein. Mit ihm machte Werner keine guten Erfahrungen. Der Lehrer soll ein älterer, kränklicher Herr gewesen sein, mit altbackenen Unterrichtsmethoden, die so gar nichts mit denen seines Vorgängers gemein hatten und nicht zu begeistern vermochten. Nach zwei Jahren bei der Familie Siemens starb dieser Hauslehrer an Lungenschwindsucht.[76]

Inzwischen hatte Werners bereits recht ansehnliche Zahl von Geschwistern weiter zugenommen. Zwischen 1826 und 1831 wurden drei Brüder geboren: Friedrich, Carl und Franz. Werner hatte nun acht Geschwister, von denen sechs jünger waren als er. Dass die Eltern an ihre älteren Kinder verstärkt Verantwortung für die jüngeren Geschwister delegierten, war naheliegend, ja unumgänglich. Doch Christian Ferdinand tat dies auf eine besondere Art. Wenn eines der kleineren Kinder einen Fehler begangen hatte, wurden auch die Größeren bestraft. In Werners *Lebenserinnerungen* heißt es dazu: «Das lastete namentlich auf mir als dem ältesten und hat das Gefühl der Verpflichtung, für meine jüngeren Geschwister zu sorgen, schon früh in mir geweckt und befestigt».[77] Tatsächlich war nicht er der älteste Sohn, sondern sein Bruder Ludwig, doch Werner nahm das «Gefühl der Verpflichtung» bereitwillig an. Rückblickend räumte er ein, sich gar ein «Strafrecht» über die Geschwister angemaßt zu haben.[78]

Nachdem der zweite Hauslehrer gestorben war, wollte Christian Ferdinand keinen weiteren einstellen. Werner und sein nächstjüngerer Bruder Hans sollten nun eine höhere Schule besuchen. Damit ging Werners Jugend in der idyllischen Landschaft von Menzendorf im Alter von 15 Jahren zu Ende. Ein Jahr zuvor, am 27. März 1831, war er in der Pfarrkirche von Lübsee, einem heutigen Ortsteil von Menzendorf, konfirmiert worden.[79] Nach Ostern 1832 zog er zum damaligen Schuljahresbeginn gemeinsam mit Hans nach Lübeck, um das dortige humanistische Gymnasium, das Katharineum, zu besuchen.[80] Das seit 1531 bestehende Katharineum war eines der renommiertesten Gymnasien Norddeutschlands und damals die einzige höhere Schule im Raum Lübeck. Zu Werners Zeit drückten dort auch Ernst Curtius und Theodor Storm die Schulbank, später folgten Heinrich und Thomas Mann.[81] Die Schule war die Lehranstalt des höheren Bürgertums der Hansestadt, aber auch viele Familien aus dem Umland schickten ihre Kinder auf das Katharineum.[82] Dass Christian Ferdinand trotz der finanziellen Bedrängnis und der großen Kinderzahl seinen Söhnen Werner und Hans eine derartige Ausbildung zukommen ließ, entsprach seinem nach wie vor ungebrochenen Selbstverständnis als gebildeter Bürger. Nachdem sich der älteste Sohn Ludwig nicht als geeignet für eine höhere Schule erwiesen hatte, sollten Werner und Hans eine ähnliche Bildung erfahren, wie sie ihrem Vater auf der Klosterschule Ilfeld zuteilgeworden war. Die beiden Brüder bestanden die Aufnahmeprüfung am Katharineum. Sie wurden nun in Lübeck in der privaten Schülerpension Starky untergebracht, und auch jetzt musste Werner Verantwortung übernehmen.[83] Der Vater hatte ihm die Aufsicht über den jüngeren Bruder übertragen.[84] Im Unterricht wurden Werner die Lücken seines bisher erlernten Wissens aufgezeigt. Besonders in Mathematik lag er zurück, da die Hauslehrer von diesem Fach nicht viel verstanden hatten. Auch wurde erkannt, dass er ein schwaches Gehör hatte – ein Leiden, das sich später noch verstärken sollte. Das erste Halbjahreszeugnis fiel entsprechend aus: «Dieser Schüler hat gar keine Schule», heißt es dort, «er kann auch seines schwachen Gehörs wegen dem Vortrage nicht folgen und bedarf daher noch immer einer besonderen Nachhilfe.» Werner wurde ein «Mangel an Elementarkenntnissen» bescheinigt, aber im Betragen erhielt er gute Noten.[85]

Dem nächsten Zeugnis zufolge, das er zu Weihnachten 1832 erhielt, lag Werner in Mathematik immer noch zurück. Er «rechne ohne alle Form», wurde hier vermerkt.[86] Erst zu Ostern 1833 wurden ihm im Zeugnis Fleiß und Fortschritte bescheinigt («angestrengt in der Mathematik»).[87] Im Katharineum unterrichtete man damals in einem sogenannten Parallelsystem nach

Klassenzimmer im Katharineum, Zeichnung von Anton Scheuritzel, undatiert

Leistungsgruppen. Ein Schüler konnte gleichzeitig in Mathematik Primaner und in Latein Tertianer sein. Nachdem Werner den Rückstand in Mathematik aufgeholt hatte, wurde er in diesem Fach in eine höhere Parallelklasse versetzt.[88] Für die humanistische Bildung, die ihm sein Vater zugedacht hatte, konnte er sich allerdings nicht begeistern. Mit Latein und Griechisch tat er sich schwer.[89] In der Sekunda wählte er Griechisch ab und nahm stattdessen Privatunterricht in Mathematik und Feldmessen.[90] Er hatte das Glück, als Privatlehrer einen fähigen jungen Offizier zu finden, den Feldmesser Ferdinand von Bültzingslöwen, der ihn auch als Persönlichkeit beeindruckt haben dürfte.[91]

Anders als sein jüngerer Bruder Hans, der im Gymnasium den Spitznamen «der tolle Hans» erhielt, erwies Werner sich als ein pflichtbewusster, disziplinierter Schüler.[92] Von außerschulischen Erlebnissen aus dieser Zeit berichtete er später nicht, es dürfte sie auch kaum gegeben haben. Sein Bruder und er waren in Lübeck wohl weitgehend auf sich gestellt, Freundschaften mit anderen Schülern kamen nicht zustande. Werner erwähnt in seinen *Lebenserinnerungen* lediglich einen Versuch, sich mit einem Mitschüler anzufreunden, der für ihn in einer bitteren Enttäuschung endete.[93] Man kann aus dieser Episode schließen, dass es die Brüder Siemens in Lübeck auch außerhalb der Schule nicht leicht hatten. Bei ihren Klassenkameraden aus dem stolzen Bürgertum der Hansestadt galten sie vermutlich als «Landeier».

Werner blieb zwei Jahre auf dem Katharineum. Vor seiner Versetzung in die Prima nahm der Vater ihn und den Bruder Hans zu Ostern 1834 aus dem Gymnasium. Möglicherweise gab die angespannte finanzielle Situation der Familie hierfür den Ausschlag. Ein Abgang nach der Sekunda war damals jedoch nicht so ungewöhnlich, wie es im Rückblick erscheinen mag, besonders nicht für Schüler, die einen praktischen Beruf anstrebten. Auch für ein Studium ließ sich das Abitur immer noch durch eine Eingangsprüfung bei der Universität ersetzen.[94] Werners Bruder Hans kehrte nun nach Menzendorf zurück, um seinem Vater bei der Arbeit auf der Domäne zu helfen. Er hatte sich auf dem Gymnasium nicht leichtgetan, die Landwirtschaft schien ihm eher zu liegen. Bei Werner verhielt es sich anders. Der Vater war stolz auf dessen Leistungen in Mathematik.[95] Dass er auf der Domäne mitarbeiten sollte, wurde nie erwogen, und anders als sein Bruder Hans hatte Werner große Pläne: Er wollte sich an der Berliner Bauakademie einschreiben.[96]

Die nach dem Vorbild der Pariser École Polytechnique entstandene Bauakademie, eine Vorgängerin der Technischen Hochschule Berlin-Charlottenburg, bildete Baumeister und Feldmesser für den preußischen Staat aus. Aus ihr war auch Preußens Stararchitekt Karl Friedrich Schinkel hervorgegangen, der nun die Oberbaudirektion leitete.[97] Wären Werners Eltern vermögend gewesen, hätte einer erfolgreichen Bewerbung an der Bauakademie wohl kaum etwas im Weg gestanden, zumal das Abitur auch hier keine obligatorische Voraussetzung war. Aus Werner wäre dennoch nicht zwangsläufig ein Baumeister geworden, schließlich wurden an der Akademie auch die naturwissenschaftlichen Fächer unterrichtet, die ihn später so faszinierten. Doch die familiären Verhältnisse ließen ein derartiges Studium nicht zu.

Ferdinand von Bültzingslöwen wusste Rat und rettete seinen Privatschüler damit, wie Werner später schrieb, «aus dieser Not».[98] Der Feldmesser hatte seinen eigenen Vater im Alter von 13 Jahren verloren, die Mutter schon vier Jahre zuvor.[99] Dass er dennoch seinen Berufswunsch erfüllen konnte, verdankte er einem Verwandten, der ihn damals auf eine Kriegsschule schickte. Die preußische Armee verfügte über Ausbildungsstätten für den Offiziersnachwuchs, die den Vergleich mit Hochschulen nicht zu scheuen brauchten. Bültzingslöwen empfahl Werner, in das preußische Ingenieurkorps einzutreten, einen bautechnischen Verband, der als Vorläufer der

Pionierkorps gilt.[100] Wer beim Ingenieurkorps als Offiziersanwärter angenommen wurde, konnte die Königliche vereinigte Artillerie- und Ingenieurschule in Berlin besuchen und erhielt dort bei festem Sold eine technisch-naturwissenschaftliche Ausbildung. Die Bewerber mussten allerdings erst einmal eine strenge Eingangsprüfung bestehen.[101] Werners Vater stimmte von Bültzingslöwens Vorschlag zu. War damit doch wenigstens ein Kind sicher versorgt, bei Aussicht auf eine gute berufliche Perspektive. Auch hegte der historisch interessierte Domänenpächter eine große Bewunderung für die preußische Armee.[102] Werner sah dies nüchterner, Preußens Gloria lockte ihn nicht. Er bewarb sich beim Militär, weil es für ihn die einzige Möglichkeit war, die für seinen Wunschberuf erforderliche technische Ausbildung zu erhalten. Eine militärische Karriere hat er nie angestrebt. Auch später war für ihn der Dienst in der Armee stets Mittel zum Zweck.

Kapitel 2
Frühe Weichenstellungen

Der junge Leutnant

Nach Ostern 1834 machte sich Werner auf den Weg nach Berlin, um sich für eine Ausbildung zum Offizier des preußischen Ingenieurkorps zu bewerben. Sein Vater brachte ihn noch bis Schwerin, von dort aus erreichte der 17-Jährige nach mehrtägiger Wanderung die preußische Hauptstadt.[1] Die Familie hatte über die große Verwandtschaft Kontakte, die bis in die höchsten Kreise der preußischen Armee reichten und die es nun zu nutzen galt. Werner suchte zunächst die Familie von Huet auf, die über mehrere Generationen hinweg mit der Familie Siemens versippt war.[2] Georg von Huet, ein pensionierter Oberst des Artilleriekorps, ermöglichte es Werner, beim Chef des Ingenieurkorps, General Georg von Rauch, vorzusprechen.[3] Von Rauch konnte Werner keine Hoffnungen machen. Im Ingenieurkorps gab es bereits zu viele Bewerber um eine Aufnahme als Offiziersanwärter und ein Studium an der Artillerie- und Ingenieurschule. Doch der alte Haudegen meinte es gut mit dem jungen Verwandten der Huets. Er gab Werner den Rat, sich bei der Artillerie zu bewerben. Die Chancen seien dort größer als beim Ingenieurkorps.[4]

Durch die Vermittlung Georg von Huets konnte Werner sein Anliegen nun dem Kommandeur der 3. (Schlesischen) Artillerie-Brigade, Oberst Wilhelm von Scharnhorst, einem Sohn des berühmten Heeresreformers, vortragen. Dabei erwiesen sich die familiären Verbindungen ein weiteres Mal als vorteilhaft.[5] Oberst Scharnhorst war in Bordenau bei Poggenhagen geboren und aufgewachsen. Werners Großvater Ludwig Deichmann, der Pächter des Guts Poggenhagen, war praktisch ein Nachbar der Scharnhorsts gewesen. Als der Oberst dies den Papieren entnahm, wollte er dem Enkel sei-

Linke Seite: Werner Siemens als Sekondeleutenant, um 1842/43

nes früheren Nachbarn eine Chance geben. Es war keine allzu große Chance, da nur vier der 16 Bewerber aufgenommen wurden. Dennoch war Werner überzeugt, dass er sein Ziel erreichen würde. Erstmals zeigt sich hier ein Charakterzug, der für seinen weiteren Werdegang von größter Bedeutung war: Hatte er sich einmal ein bestimmtes Ziel vorgenommen, war er davon nicht abzubringen und fest entschlossen, alle Widerstände zu überwinden.

Werner hatte rund drei Monate Zeit, sich auf die Prüfungen vorzubereiten, von Juli bis Oktober 1834. Einen Teil des Sommers verbrachte er bei der Familie seines Onkels Gottlieb Siemens, der es zum Rittergutsbesitzer und Amtmann in Rhoden gebracht hatte, einem heutigen Ortsteil von Osterwieck im nördlichen Harzvorland. Anschließend ging er gemeinsam mit seinem zweieinhalb Jahre jüngeren Vetter Louis nach Halberstadt, wo er sich auf die Prüfung vorbereitete.[6] Währenddessen setzte sich sein Vater beim Landesherrn, dem Großherzog von Mecklenburg-Strelitz, dafür ein, dem Sohn die Befreiung vom mecklenburgischen Militärdienst zu gewähren und den Eintritt in die preußische Armee zu genehmigen. Das Gesuch Christian Ferdinands an Großherzog Georg lässt einigen Stolz auf die Fähigkeiten des Sohns erkennen: «Derselbe hat sich mit angestrengtem Fleiß und auch mit Talent zum Mathematiker gebildet», heißt es hier über Werner, «und es ist mir ganz unmöglich ihm auf andere Weise eine derartige Ausbildung zu verschaffen.»[7] Der Großherzog gab dem Gesuch statt, da der Kleinstaat Mecklenburg-Strelitz dem jungen Siemens keine vergleichbare Ausbildung bieten konnte.

Die Aufnahmeprüfung fand Anfang Oktober 1834 in Magdeburg statt. Werner wurde außer in seinem Lieblingsfach Mathematik, das er durch die Privatstunden in Lübeck sicher beherrschte, auch in Geschichte, Geografie und Französisch geprüft. In diesen Fächern stand es um ihn kritischer, da er vom Gymnasium offenbar keinen guten Kenntnisstand mitbrachte.[8] Dennoch bestand er die Prüfung – angeblich durch einen kuriosen Zufall[9] – und gehörte damit zum kleinen Kreis derjenigen, die eine Ausbildung zum Offizier der preußischen Artillerie beginnen konnten; diese ging mit einem dreijährigen Aufenthalt auf der Artillerie- und Ingenieurschule einher.[10]

Zum 1. November 1834 trat Werner als Freiwilliger in die 9. Fußkompanie in Magdeburg ein, wo sich damals die stärkste Festung Preußens befand. Vorerst hatte er innerhalb der Kompanie einen Sonderstatus, da er noch keine 18 Jahre alt war. Bis er dieses Alter am 13. Dezember 1834 erreicht hatte, wurde er getrennt von seiner Einheit und in ziviler Kleidung von einem besonderen Exerziermeister auf dem Magdeburger Domplatz ge-

Magdeburg, um 1840

drillt.[11] Dann erst war er den anderen neu aufgenommenen Offiziersanwärtern gleichgestellt. Werner musste nun als Kanonier die Grundausbildung durchlaufen. Es fiel ihm offenbar leicht, die damit verbundenen Strapazen zu ertragen. Später dachte er an die Rekrutenzeit «mit Vergnügen» zurück.[12] In seinen *Lebenserinnerungen* deutete Werner an, warum er diese Zeit in guter Erinnerung behalten hat: «Ist der Dienst vorbei, so ist die Grobheit vergessen und das kameradschaftliche Gefühl tritt wieder in sein Recht.»[13] Die «Kameradschaft» war für den 18-Jährigen eine neue Erfahrung. Bis dahin hatte er nur innerhalb seiner Familie Rückhalt erlebt.

Vier Monate nach seinem Eintritt in die Armee wurde Werner wie üblich zum Bombardier, dem untersten Dienstgrad der preußischen Artillerie, befördert.[14] Der junge Offiziersanwärter wurde nun von der Fußkompanie zur reitenden Kompanie seiner Brigade nach Burg bei Magdeburg versetzt.[15] Dort machte er eine weitere neue Erfahrung, die ihm Auftrieb gab: Es entstand eine enge Freundschaft mit William Meyer, einem Kameraden aus seiner Brigade, die beide zeit ihres Lebens verbinden sollte. Es gab durchaus auch Freundschaften mit anderen Brigadekameraden, mit Carl Soltmann[16] und Karl Hausmann[17], aber keine von ihnen reichte auch nur annähernd an die Verbindung mit Meyer heran. Meyer hatte, wie Werner später schrieb, «eine wenig ansehnliche Figur, war in keiner Weise hervorragend oder talentvoll», doch beeindruckte er ihn durch «sein gerades ungeschminktes Wesen und seine unbeeinflußte Aufrichtigkeit und Zuverlässigkeit».[18] Es waren, nicht zufällig, genau die Eigenschaften, die in der Familie Siemens in

Werner Siemens (rechts) und William Meyer, um 1844

Menzendorf einen hohen Stellenwert genossen, die Werners Vater gern zugeschrieben wurden und die dieser von seinen Kindern erwartete. William Meyer, der eigentlich Adolph Wilhelm Meyer hieß, war vermutlich ein Jahr älter als Werner, genau lässt sich dies nicht mehr feststellen. Er kam aus einer Offiziersfamilie, sein Vater diente als Premier-Lieutenant in der hannoverschen Armee. Meyer hatte das Gymnasium in Celle besucht und war im April 1834 – sieben Monate vor Werner – in die preußische Armee eingetreten.[19] Dass die beiden Freunde manches gemeinsam hatten, wird schon aus Meyers Biografie deutlich. Er stammte wie Werner aus dem Königreich Hannover, hatte wie dieser ein Gymnasium besucht und musste sich ebenfalls Sorgen um seine Eltern machen, die dann frühzeitig starben.[20] Beide verband der sehnliche Wunsch, die Artillerie- und Ingenieurschule besuchen zu können. Meyer war es vermutlich, der damals für Werner den Spitznamen «Krauskopf» aufgebracht hat, in Anspielung auf dessen Lockenpracht, die sich nur mit großer Mühe und unter häufiger Verwendung von Bierhefe zu einer Frisur glätten ließ, wie sie das militärische Reglement vorschrieb.[21]

Im Herbst 1835 waren die beiden Freunde am Ziel ihrer Wünsche angelangt. Werner wurde zum 1. November, genau ein Jahr nach seinem Eintritt

Vereinigte Artillerie- und Ingenieurschule in Berlin, Unter den Linden 74, Stahlstich von Finden, 1883, nach einer Zeichnung von Eduard Gärtner

ins Militär, auf die Artillerie- und Ingenieurschule nach Berlin kommandiert, William Meyer schon einen Monat früher.[22] Drei Jahre lang erfuhr Werner nun eine technisch-naturwissenschaftliche Ausbildung, die für seinen weiteren Werdegang von entscheidender Bedeutung werden sollte. Er selbst zählte diese Jahre rückblickend «zu den glücklichsten meines Lebens».[23] Die 1816 gegründete Vereinigte Artillerie- und Ingenieurschule befand sich im Zentrum Berlins, in einem von Schinkel entworfenen Gebäude an der Ecke Unter den Linden/Wilhelmstraße. Schon das Umfeld, das Machtzentrum des preußischen Staats, dürfte den jungen Offiziersanwärter beeindruckt haben. Auch genossen die Schüler der Artillerie- und Ingenieurschule Freiheiten, wie sie beim Militär selten waren. Hinzu kam für Werner die Erfahrung, dies zusammen mit einem engen Freund erleben zu dürfen. William Meyer und er waren fast unzertrennlich, sie «lebten und studierten zusammen» und bezogen ein gemeinsames Quartier in der Charitéstraße 4.[24]

Werner konnte sich nun intensiv mit neuem Wissen beschäftigen, von dem er sicher war, dass es ihn voranbrachte. Für den jungen Offiziersanwärter war der Unterricht in den systematischen Naturwissenschaften geradezu eine Offenbarung. Mathematik, Physik und Chemie wurden an der Artillerie- und Ingenieurschule von Professoren der Berliner Hochschulen, besonders der damals noch jungen Friedrich-Wilhelms-Universität, der heutigen Humboldt-Universität, gelehrt. Sie erschlossen Werner eine faszinierende neue Welt. Ein Blick auf die Lehrpläne zeigt allerdings, dass die Artillerie- und Ingenieurschule nicht unbedingt das akademische Arkadien war, als das es in Werners *Lebenserinnerungen* erscheint. Unterrichtet wurde in Mathematik, Physik, Chemie, Französisch und Geschichte, ab dem zweiten Jahr zusätzlich in Deutsch und Geografie, fast gleichgewichtig aber auch in Artillerietechnik, Artilleriezeichnen, Taktik, Kriegskunst und Pferdekenntnis. Der theoretische Unterricht fand von Oktober bis Juni statt, während im Sommer praktische Übungen anstanden, bei denen die Schüler Entfernungen schätzen, Befestigungsarbeiten und Schießübungen durchführen mussten.[25] Insgesamt sah der Lehrplan 40 Unterrichtsstunden pro Woche vor. Die rund 160 Offiziersanwärter, die zu Werners Zeit die Schule besuchten, mussten am Ende jeder Klasse eine Prüfung ablegen: nach dem ersten Jahr das Fähnrich-Examen, nach dem zweiten Jahr das Armeeoffizier-Examen und nach dem dritten Jahr das Artillerie- bzw. Ingenieuroffizier-Examen.[26]

Die Ausbildung in den militärtechnischen Fächern, die breiten Raum im Lehrplan einnahm, erwähnte Werner später mit keinem Wort. Umso mehr hob er die Qualität des naturwissenschaftlichen Unterrichts hervor, obwohl Physik und Chemie erst ab dem zweiten Schuljahr und dann nur in überschaubarem Umfang auf dem Lehrplan standen. Physik und Chemie – das waren die Fächer, die er auf dieser Schule als seine Welt entdeckte. Die naturwissenschaftliche Ausbildung war es, die er sich auch im Nachhinein zugeschrieben sehen wollte: zwar nicht an einer Universität, aber doch bei später höchst renommierten Universitätsprofessoren. Die drei Dozenten, die Werner in den *Lebenserinnerungen* als seine Lehrer an der Artillerie- und Ingenieurschule nennt, waren durchweg Naturwissenschaftler von Rang: der Mathematiker Martin Ohm, der Physiker Gustav Magnus und der Chemiker Gottlieb Erdmann.[27] Andere Dozenten, etwa den in der Artillerie- und Ingenieurschule sehr beliebten Lehrer für Artilleriezeichnen Meno Burg, einer der wenigen preußischen Offiziere jüdischen Glaubens, erwähnt er nicht.[28] Für Werner war der Unterricht bei diesen Professoren eine Chance, sich fundierte naturwissenschaftliche Kenntnisse anzueignen. In diesem Zusammenhang zeigte sich ein weiteres Merkmal seiner Persönlichkeit: ein geradezu unbändiger Drang, die Gesetze der Physik und der Chemie zu erkunden. Bei seinen Kameraden auf der Artillerie- und Ingenieurschule hatte der gleiche Unterricht keine derartige Wirkung, auch nicht bei seinem Freund William Meyer. Dieser interessierte sich zwar für die

Naturwissenschaften, sein Leben scheint sich dadurch jedoch nicht verändert zu haben.

Wie Werner und William Meyer die Freizeit während ihrer Ausbildung in Berlin verbrachten, ist weitgehend unbekannt. In Werners *Lebenserinnerungen* heißt es hierzu nur, diese Jahre seien «ohne wesentliche äußere Erlebnisse» verlaufen, er habe «alle mir frei bleibende Zeit meinen Lieblingswissenschaften Mathematik, Physik und Chemie gewidmet».[29] Dass er damals wie ein überaus fleißiger Student gelebt hat, ist durchaus vorstellbar. Die Artillerie- und Ingenieurschule verfügte über eine Bibliothek mit mehreren tausend Bänden. Für das kulturelle und gesellschaftliche Leben in der preußischen Metropole hat sich Werner offenbar ebenso wenig interessiert wie für die Berlinerinnen. Selbst den in der Oranienburger Vorstadt entstandenen Eisengießereien und Maschinenbauanstalten von August Borsig und Franz Anton Egells, den Schrittmachern der Industrialisierung in Berlin, scheint er keine Beachtung geschenkt zu haben. Auch von der Eröffnung der ersten preußischen Eisenbahnlinie zwischen Berlin und Potsdam im Herbst 1838 berichtete er weder in seinen damaligen Briefen noch in den *Lebenserinnerungen*.

Aus einem mahnenden Brief des Vaters geht freilich hervor, dass sich Werner in seiner Freizeit nicht ausschließlich den Naturwissenschaften widmete. Er beteiligte sich rege an den zahlreichen Duellen, die zwischen den jungen Offiziersanwärtern ausgetragen wurden, nicht nur als Sekundant,

«Parade unter den Linden im Jahr 1837», Gemälde von Franz Krüger, 1839

sondern auch als Duellant. Die Häufigkeit, mit der dies geschah, sprach sich bis nach Menzendorf herum. Christian Ferdinand, der sich während seines Studiums in Göttingen selbst duelliert und seinen Kindern gelegentlich davon berichtet hatte,[30] war entsetzt. Am 17. April 1837 schrieb er an Werner: «Deine Schlägereien sind ein bisschen häufig u. ich sollte Dich fast ein bisschen als Zänker in Verdacht haben u. Euer Comment ist lächerlich. Das nimmt ja Deine halbe Zeit weg u. mögte (sic) Dir beim Examen nicht gut bekommen.»[31] Tatsächlich fiel Werner beim Militär, anders als im Gymnasium, durch ein ungestümes Temperament auf, das später in Berichten von Vorgesetzten mehrfach beanstandet wurde.[32] Im ersten Jahr auf der Artillerie- und Ingenieurschule zettelte er einen Aufstand seiner Kameraden gegen die «Tyrannei der Fähnriche» an und hatte sich daraufhin mit einem «Stubenältesten» zu duellieren – mit William Meyer als Sekundant. Bei Duellen zwischen Offiziersanwärtern ihres Jahrgangs wurden Werner und Meyer häufig zu Sekundanten gewählt.[33] Rückblickend schrieb Werner den Duellen eine erzieherische Wirkung zu. Sie hätten als «Heilmittel» gegen den oft rüden Ton gewirkt und zu einem «gesitteten Umgangston unter den jungen Leuten» beigetragen.[34] Tatsächlich waren die «Schlägereien» der Offiziersanwärter nicht nur dem Zeitvertreib und dem Testosteronspiegel dieser jungen Männer geschuldet. Bei den Duellen handelte es sich um ein Standesritual, einen ursprünglich den adeligen Offizieren vorbehaltenen «Ehrenkult». Schon bei bloßen Beleidigungen konnten die Offiziere ihre Ehre, die Teil der Standesehre war, nur durch ein Duell wahren. Zu Werners Zeit ging es unter den bürgerlichen Offizieren nicht mehr anders zu als unter den adeligen, auch dies ein Ausdruck der Emanzipation des Bürgertums, denn duellieren konnte sich nur, wer satisfaktionsfähig war.[35]

Werners Vater sorgte sich angesichts der häufigen Duelle weniger um die Gesundheit als vielmehr um die Leistungen seines Sohns. «Hast Du denn keine Examen Aengste?»,[36] heißt es in dem bereits erwähnten Brief. Doch diese Sorge war unbegründet. Werner bestand alle drei Examina, nach eigenen Angaben «mit eisernem Fleiße».[37] Am 28. September 1836, nach knapp elf Monaten in Berlin, wurde er zum Portepeefähnrich befördert, und weitere elf Monate später, am 28. August 1837, erhielt er den untersten Offiziersrang eines Sekondeleutnants (Seconde-Lieutenants); Unteroffiziere gab es in der preußischen Armee damals noch nicht. Nach Bestehen des letzten Examens wurde er am 21. Dezember 1838 schließlich auch Artillerieoffizier.[38] Dem Rang nach blieb er weiterhin Sekondeleutnant. Seine Ernennung zum Offizier war mit gesellschaftlichen Verpflichtungen am königlichen Hof verbunden. Um die Zugehörigkeit des Offizierskorps zur Hofgesellschaft zu demonstrieren,

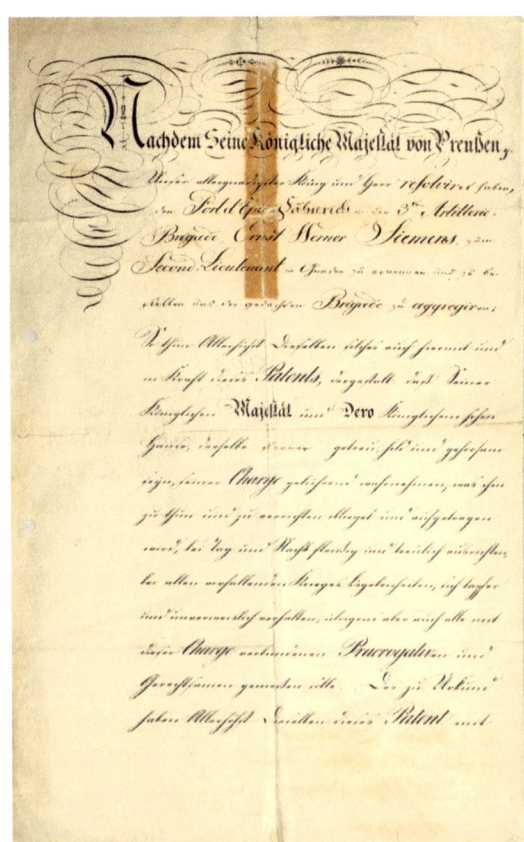

Leutnantspatent für Werner Siemens, 1837

wurden auch die jungen Leutnants der Artillerie- und Ingenieurschule zu großen Festen ins Schloss eingeladen.[39]

Die dreijährige Ausbildung an der Artillerie- und Ingenieurschule war Anfang November 1838 abgeschlossen. Werner musste nun zu seiner Einheit nach Magdeburg zurückkehren, was ihm nicht leichtgefallen sein dürfte – zumal noch mehrere Jahre beim Militär vor ihm lagen. Der Besuch der Vereinigten Artillerie- und Ingenieurschule war mit der Verpflichtung verbunden, anschließend mindestens sechs Jahre in der preußischen Armee zu dienen.[40] Wenige Monate vor seinem Abschied aus Berlin kam Werner im Sommer 1838 zu Besuch nach Menzendorf, in Begleitung seines Freundes William Meyer. Er genoss den Respekt, der ihm als Offizier im Ort und in den Nachbardörfern entgegengebracht wurde.[41] Zweifellos waren seine Eltern sehr stolz auf ihn, der nunmehr 21-jährige Werner war ein Mann von Stand geworden.

Die Tragödie von Menzendorf

In Menzendorf hatte Werners Vater bereits 1832 einen neuen Pachtvertrag für die Domäne mit einer Laufzeit von 20 Jahren abgeschlossen. Die Pacht betrug nun angeblich nur noch 1200 Taler, rund ein Drittel weniger als bisher.[42] Die Agrarpreise waren in den Jahren zuvor auf ein kostendeckendes Niveau gestiegen, die Krise der Landwirtschaft schien überwunden.[43] Nach Abschluss des neuen Pachtvertrags gingen die Preise jedoch wieder für einige Jahre zurück. Christian Ferdinand geriet erneut mit der Zahlung des Pachtzinses in Rückstand, 683 Taler standen 1833 aus, und die Domänenverwaltung war nun entschlossen, härter gegen den Pächter vorzugehen. Christian Ferdinand wurde sogar angewiesen, Menzendorf zu räumen. Bei einer Vorladung legte er eine Art Offenbarungseid ab, er erklärte, größere und raschere Zahlungen nicht länger leisten zu können. Nur gegen Verpfändung seines gesamten Besitzes wurde ihm daraufhin erlaubt, als Pächter auf der Domäne zu bleiben.[44]

Im Juni 1834 ordnete das Großherzoglich Hohe Cammer- und Forst-Kollegium an, Christian Ferdinands Pachtrückstände in Höhe von mittlerweile 1450 Talern zwangsweise (per «Execution») einzutreiben. In einem Bittbrief flehte Werners Vater die Behörde an, davon abzusehen, da eine Execution «einzig nur den Erfolg haben würde, meine zahlreiche Familie bestimmt zu Grunde zu richten». Wieder einmal brachte er das Klagelied von den widrigen Umständen vor, die sich geradezu gegen ihn verschworen hätten. Vier Saaten seien verloren gegangen, der Boden würde selbst auf die stärkste Düngung oft nicht mehr ansprechen, die Schafe würden aussterben, die Kühe keinen Ertrag geben, hinzu kämen noch Mäusefraß und Dürre.[45] Im November 1834 wurde Christian Ferdinand erneut die Zwangsvollstreckung angedroht, unmittelbar vor der Geburt des dreizehnten Kindes, der Tochter Sophie.[46] Wegen der zahlreichen Kinder des Pächters und seiner Beteuerungen, eine gute Ernte zu erwarten, nahm die Behörde in Neustrelitz noch einmal von Zwangsmitteln Abstand.[47] Dort hatte man inzwischen erkannt, dass Christian Ferdinand das erforderliche Kapital und auch das nötige Geschick fehlten. So heißt es in einem Vermerk der Behörde vom 25. Mai 1835 über die Verhältnisse in Menzendorf:

> «Wieder ein Beweis, daß es mit der Landwirtschaft nicht geht, wenn die Geldmittel, das Betriebs-Capital, fehlen. Man sah es dem Siemens bei seinem Hiersein schon an, daß er bei aller ökonomischen Theorie u. Weisheit

sich gedrückt fühlte. Sein Geldbeutel reicht wohl zu der neuen Einrichtung auf dem schweren kalten Boden nicht hin.»[48]

Christian Ferdinand war damals gewiss kein Einzelfall. Viele Landwirte waren überschuldet, und sofern sie keinen Kredit von Verwandten erhielten, gab es nur die Möglichkeit, sich Geld zu Wucherzinsen zu leihen. Christian Ferdinand hatte sich bis dahin mit Darlehen der Verwandtschaft beholfen. Als die Familie Mehliß das geliehene Geld im Juli 1836 zurückforderte, musste Werners Schwester Mathilde die Verwandten anflehen, es ihrem Vater noch zu belassen.[49]

Wie in Lenthe ist Christian Ferdinands Scheitern auch in Menzendorf nicht allein durch «widrige Umstände» zu erklären. Der spätere Pächter der Domäne Menzendorf legte in einem Schreiben an die Domänenverwaltung dar, dass sein Vorgänger Siemens trotz des moderaten Pachtzinses selbst in guten Jahren in Rückstand geraten war. Christian Ferdinand habe es «noch verkehrter» angefangen als sein gescheiterter Vorgänger Meyer, indem er auf Schafe setzte statt auf Kühe. Schafe hätten nicht zu den Menzendorfer Böden gepasst und dem Boden Dung entzogen.[50] Der erneute Rückgang der Agrarpreise zwischen 1832 und 1836 traf Christian Ferdinand deshalb so hart, weil er nie eine Kapitaldecke hatte aufbauen können und offenbar grobe Fehlentscheidungen bei der Bewirtschaftung der Domäne getroffen hatte. Beides hätte ein Landwirt in einer Naturalwirtschaft verkraften können, nicht aber ein Domänenpächter. Sieht man in der Domänenpacht mit Gustav von Schmoller die «hohe Schule für alle fähigeren Landwirte»[51], dann ist Werners Vater sicher nicht den Letzteren zuzurechnen. Dieser gebildete Mann mit seinen hohen moralischen Maßstäben gehörte zu den Verlierern des Agrarkapitalismus.

Seine schwierige Lage hielt Christian Ferdinand nicht davon ab, Werner gelegentlich Geld zukommen zu lassen. Vor allem aber schickte er ermahnende Briefe nach Berlin. Werner sollte den Ansprüchen und Prinzipien seines Vaters gerecht werden, bis hin zu Form und Stil der Briefe. Am 24. November 1835, unmittelbar nach Werners Einritt in die Artillerie- und Ingenieurschule, schrieb ihm sein Vater: «Sei nur recht fleissig und zwar auf die rechte Art, besonders was den schriftlichen Ausdruck betrifft, worin du unerhört zurück warst, und vergiss nie Ordnung u. Eintheilung mit Feinen Kräften, it est Geld. Ein Paar fehlende Thaler können Dich zum Hundsfott für Dein Lebelang machen …»[52] Dass ihm selbst die Taler bitter fehlten, ließ Christian Ferdinand unerwähnt. Werner wird sich dennoch einen Reim darauf gemacht haben. In seinen Briefen spottete der Vater gerne über andere, auch über nahe Verwandte. Offenbar klammerte er sich angesichts seines beruflichen Misserfolgs noch stärker an seine Wertvorstellungen und sein verbliebenes Selbstwertgefühl.

Im November 1836 erhielt Werner aus Menzendorf die Nachricht, dass er einen weiteren Bruder bekommen habe.[53] Mit diesem jüngsten Bruder Otto hatte er nun elf Geschwister, neun Brüder und zwei Schwestern. Mehrere von Werners jüngeren Geschwistern waren inzwischen zu Jugendlichen herangewachsen. Hans, der nächstjüngere Bruder, arbeitete seit seinem Abgang vom Katharineum auf der Domäne Menzendorf mit. Noch mehr begeisterte sich Werners Bruder Ferdinand für die Landwirtschaft. Er absolvierte ab Juni 1834 eine dreijährige landwirtschaftliche Lehre auf Gut Prischendorf im Großherzogtum Mecklenburg-Schwerin.[54] Danach arbeitete er wie Hans auf der Domäne Menzendorf.

Wilhelm, der nächstjüngere Bruder, galt als ein begabter Junge. Er sollte eine weiterführende Schule besuchen, nachdem er zunächst wie seine Brüder von Hauslehrern unterrichtet worden war. Eine klare Neigung zu einem bestimmten Beruf hatte Wilhelm nicht, doch ließ er ein gewisses kaufmännisches Talent erkennen und konnte sich eine spätere Tätigkeit als Kaufmann vorstellen. Die Eltern schickten ihn auf die Großheimsche Realschule in Lübeck, eine Kaufmanns- und Handelsschule nach dem Vorbild der britischen commercial academies.[55] In Lübeck wohnte seit Kurzem der jüngste Bruder der Mutter, der Kaufmann Ferdinand Deichmann. Bei ihm und seiner Frau Auguste wird Wilhelm in Lübeck gewohnt haben. Der Onkel hatte vielleicht bei der Entscheidung mitgewirkt, Wilhelm auf die Großheimsche Realschule zu schicken.[56]

Wilhelm verließ die Realschule im Alter von 15 Jahren. Seine Eltern und sein Onkel beschäftigten sich nun damit, was aus ihm werden sollte. Alle Bemühungen Ferdinand Deichmanns, Wilhelm in Lübeck unterzubringen, waren vergebens.[57] Wie schon bei Werners Eingangsprüfung als Offiziersanwärter schalteten die Eltern nun einen entfernteren Verwandten ein. In einem Brief vom 26. Juli 1838 teilte die Mutter Werner mit: «Wir haben an unseren Vetter in Cöln geschrieben, vielleicht kommt Wilhelm da an.»[58] Der Vetter in Köln war kein Geringerer als Wilhelm Ludwig Deichmann, der damals das führende Bankhaus des Rheinlands, den A. Schaaffhausen'schen Bankverein, leitete. Der Bankier enttäuschte seine Verwandten in Menzendorf nicht und war bereit, den jungen Mann als Lehrling aufzunehmen.[59] In Köln hätte Wilhelm eine ganz andere Welt kennengelernt. Die Familie Schaaffhausen, in die Wilhelm Ludwig Deichmann eingeheiratet hatte, war eine der reichsten des Landes. Christian Ferdinand und Eleonore waren froh über das Angebot und fest entschlossen, Wilhelm nach Köln zu schicken. Doch dann kam Werner zu Besuch nach Menzendorf und war anderer Meinung.[60] Werner hatte sich für seine jüngeren Geschwister seit frühester Jugend verantwortlich gefühlt. Nun hielt er es für seine Aufgabe, auch über den beruflichen Werdegang eines Bruders zu entscheiden. Die Vorstellung, dass Wilhelm ins Bankfach gehen würde, passte ihm nicht.[61] Der junge Bruder sollte etwas aus Werners Sicht «Nützliches» lernen, Techniker oder Ingenieur werden. In seinen *Lebenserinnerungen* bekannte sich Werner dazu, die «Abneigung der preussischen Offiziere gegen den Kaufmannsstand» zu teilen.[62] Trotz der großen kaufmännischen Tradition seiner Familie hielt er an dieser Antipathie zeitlebens fest. Aus der Abneigung des Offiziers wurde später die Abneigung des Technikers und Industriellen gegen Kaufleute und Bankiers. Auf Wilhelm, der noch keine eigenen Pläne hatte, machte Werners Wort Eindruck. In Menzendorf kam es daraufhin zu längeren Gesprächen. Es dürfte Eleonore und Christian Ferdinand nicht leichtgefallen sein, das Angebot des Kölner Vetters abzulehnen. Doch Werner setzte sich durch. Die Eltern trauten ihm zu, dass er, der gut ausgebildete Offizier aus Berlin, die Möglichkeiten des jungen Bruders besser beurteilen konnte als sie selbst.[63]

Dieser Vorgang ist für Werners Verhältnis zu seinen Brüdern recht bezeichnend. Er liebte die Geschwister und fühlte sich in der Pflicht, für sie zu sorgen, leitete daraus aber auch das Recht ab, sie auf den Weg zu führen, den er für den richtigen hielt. Er nahm Wilhelm nun in persönliche Obhut und holte ihn zu sich nach Magdeburg, wo er inzwischen wieder stationiert war. Statt in Köln das Bankfach zu erlernen, besuchte der 15-Jährige die Handels- und Gewerbeschule in Magdeburg. Wenige Monate später lobte der Vater in einem Brief an Werner diese Entscheidung und erklärte sie auch für moralisch richtig: «Ueber Wilhelm freue ich mich sehr u. hätte nicht zu erinnern, dass er mehr Neigung zur Technologie als zum Handel hat. Schaffen ist sicherer u. ehrenvoller als Schacher …»[64]

Seiner älteren Schwester Mathilde fühlte sich Werner zu jener Zeit noch verbundener als seinen Brüdern. Sie stand ihm dem Alter nach näher als die anderen Geschwister und fühlte sich ihrerseits zu ihm besonders hingezogen. «Mein Liebling, mein süßer Werner», heißt es in einem Brief, den sie ihm nach Berlin schrieb, nachdem sie länger nichts mehr von ihm gehört hatte.[65] Mathilde lebte seit Anfang April 1837 in Göttingen, in der Obhut ihrer Tanten Friederike von Poten – der Gattin von Werners Paten Ernst von Poten – und Auguste Goltermann.[66] Vermutlich sollte sich Mathilde dort die hauswirtschaftlichen Kenntnisse aneignen, die von einer künftigen Ehefrau und Mutter erwartet wurden. Göttingen hatte auch als Heiratsmarkt mehr

Die Tragödie von Menzendorf

Mathilde Himly geb. Siemens und ihr Mann Carl Himly, um 1840

zu bieten als die mecklenburgische Provinz. Mathilde verliebte sich in den Chemiker Carl Himly und er sich in sie. Himly hielt im Mai 1837 in Menzendorf um Mathilde an und bekam Christian Ferdinands Segen.[67] Wenige Wochen zuvor war Himlys Vater, ein bekannter Göttinger Medizinprofessor, unter mysteriösen Umständen gestorben.[68] Am 3. Oktober 1838 heiratete das Paar, und alles deutete darauf hin, dass den beiden eine glückliche Ehe beschieden sein würde. Auch Jahre später beschrieb Mathilde ihren Gatten als den Mann, «der meine innigste Liebe u. höchste Achtung verdient u. besitzt u. mich im höchsten Grade wieder liebt.»[69]

Christian Ferdinand und Eleonore wussten nunmehr fünf ihrer zwölf Kinder auf einem guten Weg. Mathilde war glücklich verheiratet, Werner hatte es zum Offizier gebracht, Wilhelm besuchte die Handels- und Gewerbeschule in Magdeburg, Hans und Ferdinand arbeiteten zur Zufriedenheit ihres Vaters in der Landwirtschaft.[70] Gleichwohl gestaltete sich das Familienleben nicht harmonisch. Zur ständigen Bedrohung der wirtschaftlichen Existenz kamen weitere Belastungen. Werners Mutter, die als eine Frau von zarter Konstitution geschildert wird, kränkelte.[71] Und als wäre dies nicht genug, spielte sich in Menzendorf noch ein weiteres Drama ab. Zwischen Christian Ferdinand und dem ältesten Sohn Ludwig kam es zu schweren Konflikten und schließlich zum Zerwürfnis. Ludwig soll schon als Kind schwierig gewesen sein.[72] Anders als die nächstjüngeren Söhne Werner und

Hans besuchte er keine höhere Schule, sondern musste dem Vater bei der Bewirtschaftung der Domäne helfen.[73] Ende September 1836 verließ Ludwig Menzendorf, um als Inspektor auf einem anderen Gut zu arbeiten.[74] Neun Monate später schrieb Christian Ferdinand an Werner: «Ludwig lebt wie der liebe Gott in Frankreich bei braven wohlhabenden Leuten, 2 hübschen über muntern Töchtern […] Mit meinem Magister wirtschafte ich viel lieber u. besser. Er ist nicht faul, er betrügt mich nicht.»[75] Offenbar hatte es schon vor Ludwigs Weggang Konflikte zwischen dem Vater und dem ältesten Sohn gegeben. Als Ludwig dann leichtfertig Schulden machte, für die Christian Ferdinand bürgte, um den Ruf seines Ältesten zu wahren, wurde der Ton schärfer. Im Frühjahr 1838 spottete der Vater nach einem Besuch Ludwigs in Menzendorf: «Er ritt auf einem schöneren Pferde weg u. kam auf einem Esel wieder».[76] Etwa ein Jahr später kam es zum Eklat.[77] Die einzige dazu überlieferte Darstellung findet sich in Wandreys Werner-von-Siemens-Biografie aus dem Jahr 1942: «Und bei seiner [Ludwigs] letzten Anwesenheit [in Menzendorf] muß es gewesen sein, daß er sich an der Kasse des Vaters vergriff, wahrscheinlich um neue Schulden zu decken, die er den Eltern verheimlichen wollte, und um seinem kläglichen Schamgefühl die Vorwürfe zu sparen, die er zu gewärtigen hatte. Jetzt war das Maß voll. Christian Ferdinand verwies den Sohn für immer des Hauses und sprach auf einem nachgelassenen Zettel, dem einzigen testamentarischen seiner Hand, die Enterbung aus.»[78]

Wie glaubwürdig diese Darstellung ist, lässt sich nicht nachprüfen, da Wandrey keine Quelle angegeben hat. Möglicherweise hat Wandrey auch vorgeschobene Vorwürfe der Familie gegenüber Ludwig wiedergegeben. Sicher ist nur, dass Ludwig von seinem Vater verstoßen und fortan auch von seinen Geschwistern gemieden, ja totgeschwiegen wurde. Ludwig war zweifellos ein schwieriger Charakter, doch sagt diese archaische Bestrafung viel über die Moral der Eltern und der Geschwister aus. Dass es in einer derart großen Familie ein «schwarzes Schaf» gibt, war auch damals nicht ungewöhnlich und musste nicht zur Verstoßung führen. Für den Moralisten und Gerechtigkeitsfanatiker Christian Ferdinand scheint es aber unerträglich gewesen zu sein, dass eines seiner Kinder vom Pfad der Tugend abwich. Er stellte im Zweifelsfall seine Wertvorstellungen über die Vaterliebe und die stets bekundete Zusammengehörigkeit der Familie. Schon vor der Verstoßung Ludwigs scheute er nicht davor zurück, den ältesten Sohn den anderen Kindern als abschreckendes Beispiel vor Augen zu halten und seinen ständigen Ermahnungen dadurch zusätzlich Nachdruck zu verleihen. An Werner schrieb der Vater am 27. April 1838: «Gott sei Dank, Du bist doch nicht wie Ludwig… Der wird mal betteln gehn!»[79]

Werner wollte nicht werden wie Ludwig. Dazu bedurfte es keiner Ermahnungen des Vaters. Je stärker Ludwig die Erwartungen der Eltern enttäuschte, umso mehr sah sich Werner in der Pflicht, sie zu erfüllen. Aus seiner Sicht war es als zweitältester Sohn seine Aufgabe, die durch Ludwig entstandene Scharte auszubügeln, Nützliches und einen Beitrag zur Versorgung der Familie zu leisten. Die Verstoßung Ludwigs wird ihn vollends darin bestärkt haben, dass es so endet, wenn sich ein Sohn nicht konform verhält. Werner hat die Ausgrenzung des älteren Bruders nicht nur akzeptiert, sondern daran auch nach dem Tod des Vaters konsequent festgehalten. Seine jüngeren Brüder verhielten sich ähnlich. Nur die Schwester Mathilde, die vom Alter zwischen Ludwig und Werner stand, hoffte zunächst auf eine Versöhnung. Eindringlich bat sie Werner in einem Brief vom 25. Juli 1839, mit Ludwig wieder Kontakt aufzunehmen: «Die gute Mutter hing doch so sehr an ihm, darum dürfen wir ihn nicht verstoßen, er ist kein verstockter Sünder.»[80] Doch Werner sah dies anders. Für ihn hatte der Zusammenhalt der Familie einen hohen Stellenwert und die Liebe zu den Geschwistern einen noch höheren. Aber selbst diese war in seinen Augen untrennbar mit der Einhaltung fester Regeln verbunden, wie das traurige Los Ludwigs belegt. Noch in seinen *Lebenserinnerungen* schwieg Werner den älteren Bruder tot, Ludwig wird hier mit keinem Wort erwähnt.

Der Konflikt zwischen Christian Ferdinand und Ludwig hat Werners kranke Mutter zweifellos schwer belastet. Doch die Tragödie, die nun ihren Lauf nahm, hatte andere Ursachen – und sich schon länger angebahnt. Eleonore war seit der Geburt des jüngsten Kindes Otto im November 1836 – ihrer vierzehnten Geburt – nicht mehr zu Kräften gekommen. Christian Ferdinand musste Werner schon im April 1837 mitteilen, dass es um die Mutter sehr kritisch stand: «Deine Mutter, die immer kränkelte, hat seit vier Wochen sehr schwer u. gefährlich am Nerven Fieber gelegen.»[81] Ihr Mann konnte Eleonore keine große Stütze sein, er lag im folgenden Jahr wieder mit der Zahlung des Pachtzinses zurück und versank darüber in Depressionen. Im September 1838 schrieb er an Werner: «Ich verliehre auch den letzten Rest von Lust u. Muth zum Leben.»[82] Seinem Sohn Wilhelm gab er zu Weihnachten gleichwohl noch ermahnende Worte mit auf den Weg: «Sei wirthlich und sparsam.»[83]

Am 8. Juli 1839 starb Eleonore an einem Blutsturz, im Alter von nur 47 Jahren.[84] Werner war zu dieser Zeit in Magdeburg bei seiner Einheit. Er erfuhr vom Tod der Mutter aus einem Brief des Vaters, der auch an den ebenfalls in Magdeburg lebenden Wilhelm gerichtet war:

«Mit fast gebrochenem Herzen muss ich Euch den Tod Eurer edlen reinen Mutter melden. Die edelsten Organe waren zerstört, an Besserung war keine Hoffnung ... Eine reinere Seele treffe ich nicht wieder. Meine Kleinen machen mir das Herz bluten, und ob ich gleich den Fall lange vor Augen gehabt, ist mir noch alles dunkel um mich her.»[85]

Als Christian Ferdinand dies schrieb, lag er seit Wochen mit hohem Fieber darnieder. Bei der Beisetzung auf dem Friedhof der Kirche zu Lübsee bei Menzendorf wirkte er wie ein gebrochener Mann.[86] Christian Ferdinand hielt sich mit dem Mut der Verzweiflung am Leben, um seine kleinen Kinder nicht einem ungewissen Schicksal zu überlassen. Am 16. Juli 1839, wenige Tage nach dem Tod Eleonores, schrieb er erschütternde Sätze an Werner: «Denn zum ersten Mal in meinem Leben bin ich bange um dieses. Denn ich muss durchaus 70 Jahre alt werden (schrecklich zu sagen) sonst lasse ich hülflose Waisen zurück.»[87] Da der Vater und die Großmutter sich nicht um alle in Menzendorf heranwachsenden Kinder kümmern konnten, sollten einige von ihnen in die Obhut anderer gegeben werden. Die Lübecker Verwandten, Eleonores Bruder Ferdinand Deichmann und seine Frau Auguste, nahmen die kleine Sophie zu sich.[88] Der 12-jährige Friedrich war bereits in Lübeck, wo er seit Januar 1838 die Bürgerschule des Katharineums besuchte. Carl (10 Jahre) war dafür noch zu jung.[89] Auch für Ferdinand (19 Jahre) und Hans (21 Jahre) fand sich nicht so schnell eine geeignete Lösung. Christian Ferdinand schimpfte in seinen Briefen über die Söhne, die ihn in Menzendorf umgaben, sein schlechter Gesundheitszustand scheint seine aufbrausende Art noch verstärkt zu haben. Carl laufe herum «wie ein Esel», teilte er Werner mit. Wenn er Carl und Hans erst einmal los wäre und sich «wenigstens über ihre Faulheit nicht länger zu ärgern habe», wolle er «wohl wieder etwas aufleben». Von Friedrich, der sich auf der Schule in Lübeck schwertat und im ersten Jahr nicht versetzt wurde, sei «gar nichts zu erwarten».[90] Die Siemens-Kinder hatten nicht nur den Verlust der Mutter zu verschmerzen, sondern auch einen kranken, verbitterten und jähzornigen Vater zu ertragen. Die ausgleichende Mutter fehlte überall. In seinen *Lebenserinnerungen* schrieb Werner: «Die Liebe zu ihr war das feste Band, das die Familie zusammenhielt.»[91]

Christian Ferdinand musste wegen des Todes seiner Frau und seiner eigenen Erkrankung die Bewirtschaftung der Domäne vernachlässigen. Auch die mithelfenden Söhne konnten nicht verhindern, dass die Pachtrückstände bis Weihnachten 1839 auf 1635 Taler stiegen. Inzwischen ging das Domänenamt in Schönberg davon aus, dass der kranke Pächter nicht mehr lange leben würde. Die Behörde wollte vorsorglich eintreiben, was von ihm

Die Tragödie von Menzendorf

Grab von Eleonore und Christian Ferdinand Siemens in Lübsee, 2016

noch zu holen war.⁹² Am 5. Januar 1840 drohte die Domänenverwaltung erneut, Menzendorf unter Zwangsverwaltung zu stellen. Einer der mithelfenden Söhne – Hans oder Ferdinand – wurde für den 14. Januar zur Vernehmung vorgeladen.⁹³ Der Vater war nicht mehr imstande, vernommen zu werden. Zwei Tage später, am 16. Januar 1840, starb Christian Ferdinand, fünf Monate nach seiner Frau, im Alter von 52 Jahren. Mathilde, die sofort nach Menzendorf fuhr, schrieb Werner wenige Tage später, «ein Lungenschlag» habe den Vater «aus den Armen seiner Kinder gerissen», er sei ohne Schmerz und Bewusstsein gestorben.⁹⁴ Christian Ferdinand wurde neben Eleonore auf dem Friedhof von Lübsee beigesetzt.

Was aus den in Menzendorf verbliebenen Kindern werden sollte, war nach dem Tod des Vaters zunächst völlig offen. Die Jüngsten, darunter der erst dreijährige Otto, wurden weiterhin von ihrer Großmutter Helene Deichmann betreut. Ob die Kinder und ihre Großmutter auf der Domäne Menzendorf bleiben konnten, war freilich ungewiss. Christian Ferdinand hatte Schulden in Höhe von rund 2000 Talern hinterlassen, die beglichen werden mussten, um eine sofortige Räumung zu vermeiden. Schon im April 1840 traf die Familie ein weiterer Schicksalsschlag. In Menzendorf starb der neunjährige Franz, Werners drittjüngster Bruder. Zu den Ursachen und Umständen seines Todes sind keinerlei Angaben überliefert.[95] Innerhalb von acht Monaten hatte Werner beide Eltern und einen Bruder verloren.

Getrennte Wege der Waisen

Seinen Geschwistern in Menzendorf konnte Werner nach dem Tod der Eltern nicht helfen. Er hatte in Magdeburg Dienst zu leisten und konnte mit seinem bescheidenen Salär als Sekondeleutnant weder die Geschwister nennenswert unterstützen noch einen Beitrag zur Schuldentilgung leisten. Als Vormund für die kleinen Geschwister kam er nicht in Betracht, da er nach dem damaligen Recht im Großherzogtum Mecklenburg-Strelitz erst mit 25 Jahren volljährig wurde.[96] Dabei fühlte sich Werner dafür zuständig, die jüngeren Geschwister zu beschützen und zu versorgen. Einige Jahre später schrieb er, dies der Mutter «nicht lange vor ihrem Tode» versprochen zu haben.[97] Nach dem Verlust der geliebten Eltern muss es für den jungen Offizier unerträglich gewesen sein, den Geschwistern in dieser Notlage nicht helfen zu können. Briefe von ihm sind aus dieser Zeit nicht überliefert. Die *Lebenserinnerungen* vermitteln den Eindruck, dass Werner von Siemens über die Tragödie von Menzendorf auch später nicht viel schreiben wollte oder konnte.[98]

Werners jüngeren Geschwistern halfen damals andere, besonders der Pächter der benachbarten Domäne Wahrsow, Johann Gustav Ekengreen, der nicht mit der Familie verwandt war, sowie zwei Brüder der verstorbenen Mutter, der Gutsbesitzer Eduard und der Kaufmann Ferdinand Deichmann. Aus der großen Familie Siemens kam offenbar keine Unterstützung. Dabei wären zumindest zwei der älteren Brüder Christian Ferdinands, der Rittergutsbesitzer Gottlieb Siemens in Rhoden und der Amtmann August Siemens in Kölleda, wohl dazu in der Lage gewesen. Warum das Netzwerk der Familie Siemens in dieser elementaren Notsituation versagte, bleibt ein Rätsel. Eduard und Ferdinand Deichmann lebten freilich beide in Lübeck und damit viel näher bei Menzendorf als die Brüder Christian Ferdinands. Zudem galt es, ihre Mutter zu versorgen, Werners Großmutter Helene Deichmann, die seit dem Tod ihres Mannes in Menzendorf lebte.

Von den zwölf Kindern Christian Ferdinands und Eleonores waren beim Tod der Eltern erst zwei volljährig: der verstoßene Sohn Ludwig und die in Göttingen verheiratete Tochter Mathilde. Für die anderen Kinder musste ein Vormund eingesetzt werden. Das Großherzogliche Justizamt in Schönberg bestellte noch im Januar 1840 Eduard Deichmann und Johann Gustav Ekengreen zu Vormündern. Während sich Deichmann weitgehend auf seine formalen Verpflichtungen als Vormund beschränkte,[99] wurde der Nachbar für die Siemens-Kinder zum Retter in der Not. Ekengreen war ein Menschenfreund, der spontan alles in seinen Kräften Stehende unternahm, um den minderjährigen Waisen zu helfen. Er wollte «diese große Familie nicht dem Elende Preis gegeben» sehen.[100] Später gründete er eine Stiftung zur Unterstützung verwahrloster und verwaister Kinder im Fürstentum Ratzeburg.[101]

Nach der Übernahme der Vormundschaft für die Siemens-Kinder sorgte Ekengreen dafür, dass die Kinder und ihre Großmutter auf der Domäne Menzendorf bleiben konnten. Er zahlte die Pachtrückstände in Höhe von knapp 2000 Talern und erklärte sich gegenüber der Domänenverwaltung bereit, die Bewirtschaftung des Guts zu übernehmen. Dadurch erreichte er die Zustimmung zur Übertragung der Menzendorfer Pachtrechte auf die Siemens-Kinder.[102] Unter Ekengreens Anleitung hatten dann die beiden landwirtschaftlich erfahrenen Brüder Werners, Hans und Ferdinand, die Aufgabe, die Pachtschulden ihres Vaters abzuarbeiten und aus der heruntergewirtschafteten Domäne einen rentablen Betrieb zu machen. Ekengreen wollte aus den Erträgen das Geld wieder hereinbekommen, das er zur Abdeckung der Schulden vorgeschossen hatte. Nach gelungener Sanierung konnten die Pachtrechte zu einem Preis abgegeben werden, der es den Siemens-Kindern ermöglichte, über ein kleines Erbe zu verfügen. Hans und Ferdinand mussten in Menzendorf eine wahre Herkules-Arbeit leisten. Einen Eindruck davon vermittelt ein Brief, den Hans am 26. September 1841 aus Menzendorf an seinen Bruder Wilhelm schrieb:

> «Der Kram hier war gänzlich in Verfall; Vater hätte sich kein Jahr mehr halten können. Pacht war beinahe 2000 Thaler rückständig, Zinsen lange nicht bezahlt, das Vieh gänzlich aus der Reihe, der Acker seit langer Zeit nicht gehörig bestellt, kurz um es mangelte allenthalben.»[103]

Werners jüngste Brüder Otto und Walter blieben zunächst unter der Obhut ihrer Großmutter in Menzendorf. Carl kam nach Ostern 1840 auf die Bürgerschule des Katharineums in Lübeck, die sein älterer Bruder Friedrich bereits seit zwei Jahren besuchte.[104] Beide konnten in der Hansestadt gegen ein geringes Kostgeld bei ihrem Onkel Ferdinand Deichmann und dessen Frau Auguste wohnen. Die Schwester Sophie, die bereits seit dem Tod der Mutter bei den Verwandten in Lübeck lebte, wurde von dem kinderlosen Ehepaar adoptiert.[105] So lebten nach dem Tod von Franz vier der minderjährigen Geschwister Werners in Menzendorf und drei in Lübeck. In seiner

Eleonore («Helene») Deichmann
geb. Scheiter, undatiert

Nähe hatte Werner von den acht jüngeren Geschwistern nur Wilhelm, der in Magdeburg die Handels- und Gewerbeschule besuchte. Auf ihn konzentrierte sich nun seine ganze Entschlossenheit, für die jüngeren Brüder zu sorgen. Er scheute keine Mühe, Wilhelm eine bessere Ausbildung zum Techniker zuteilwerden zu lassen, als sie die Gewerbeschule bieten konnte. Nach Werners wissenschaftlichem Verständnis von Technik setzte dies vor allem gute Kenntnisse in Mathematik voraus. Wilhelm erhielt deshalb von seinem großen Bruder Privatunterricht in Mathematik und meldete sich in der Handels- und Gewerbeschule aus dem Mathematikunterricht ab, um dort stattdessen mehr Stunden in Englisch zu nehmen. Die brüderlichen Mathematikstunden fanden morgens von fünf bis sieben Uhr statt, bevor Wilhelms Schulunterricht und Werners Dienst in der Kaserne begannen.[106] Wilhelm erwies sich als dankbarer Schüler. Er wollte die Erwartungen des großen Bruders erfüllen und war zu Werners Freude auch mathematisch begabt. Zwischen beiden entstand in jener Zeit eine enge Verbindung. An den morgendlichen Mathematikstunden nahm auch Wilhelms Freund und Schulkamerad Louis Schwartzkopff teil, der später eine der bedeutendsten deutschen Lokomotivfabriken gründete.[107]

Ostern 1841 verließ Wilhelm die Handels- und Gewerbeschule in Magdeburg nach zweieinhalb Jahren mit einem guten Abgangszeugnis. Werner wollte nun, dass der inzwischen 18-jährige Bruder eine naturwissenschaftliche Ausbildung an einer höheren Schule erhielt. Da für ein längeres Studium an einer Universität oder einem Polytechnikum die Mittel fehlten, veranlasste Werner, dass Wilhelm in die Obhut seiner Schwester und seines Schwagers nach Göttingen kam.[108] Dort konnte er bei den Himlys wohnen und unter der Anleitung von Carl Himly studieren. Der Studienaufenthalt sollte zunächst nur einige Monate dauern, Vormund Eduard Deichmann bewilligte dann eine Verlängerung auf ein Jahr.[109] Wilhelm hörte an der Universität Göttingen Himlys Vorlesungen in Chemie und angewandter Physik, nahm aber auch an anderen naturwissenschaftlichen Lehrveranstaltungen teil.[110] Werner ließ es sich nicht nehmen, dem Bruder die Schwerpunkte des Studiums nahezulegen: «Dein Hauptstudium muss jetzt Mathematik, besonders angewandte, ferner Physik und Zeichnen sein. Sehr gut wäre es, wenn Du einen Vortrag über praktische Maschinenkunde und Maschinentheile hören könntest.»[111] Noch bevor das Studienjahr zu Ende ging, hatte Werner feste Vorstellungen vom weiteren Werdegang des Bruders. Wilhelm sollte Maschinenbau-Ingenieur werden.[112] Das war durchaus weitsichtig gedacht, der Maschinenbau war eine Leitbranche der Industrialisierung in Deutschland. Werner hatte auch schon eine Lehrstelle für seinen Bruder ins Auge gefasst, bei der Gräflich Stolberg'schen Maschinenfabrik in Magdeburg. Der Direktor dieses Unternehmens erklärte sich bereit, Wilhelm einzustellen.[113] Wilhelm widersetzte sich Werners Vorschlag nicht, obwohl er inzwischen am Studentenleben in Göttingen Gefallen gefunden hatte. Er kehrte nach Magdeburg zurück und begann dort im Frühjahr 1842 eine zweijährige Ausbildung zum Maschinenbau-Ingenieur.[114]

Unterdessen gelang es Werners Brüdern Hans und Ferdinand unter der Anleitung von Ekengreen, die Produktivität der Domäne Menzendorf zu steigern und Erträge zu erwirtschaften. Im Herbst 1842 war man so weit, dass an einen Verkauf der Pacht gedacht werden konnte. Ekengreen verlangte einen Abstand von 20 000 Talern – doppelt so viel wie Christian Ferdinand einst gezahlt hatte –, fand aber im ersten Anlauf keinen derart finanzkräftigen Interessenten.[115] Im Juli 1843 hatte Ekengreen schließlich einen solventen Käufer gefunden. Er konnte die Menzendorfer Pacht zu einem Preis von 18 000 Talern an diesen abgeben.[116] Aus dem Erlös wurde später ein Erbe auf die Siemens-Geschwister verteilt. Nach 20 Jahren war nun die mit so großen Erwartungen begonnene und so tragisch endende Menzendorfer Zeit der Familie Siemens abgeschlossen.

Die Großmutter Helene Deichmann hatte Menzendorf bereits im

Herbst 1842 mit ihren beiden Enkeln Otto und Walter verlassen. Gemeinsam zogen sie in eine Wohnung in Lübeck, nicht weit entfernt von dem Haus, in dem Ferdinand und Auguste Deichmann mit den von ihnen aufgenommenen Siemens-Kindern Friedrich, Carl und Sophie wohnten. Friedrich und Carl waren inzwischen herangewachsen und sollten Kaufleute werden.[117] Anders als die adoptierte Sophie lebten sie bei den Deichmanns nur als Dauergäste. Im Haus der Familie fand sich offenbar wenig Platz für die beiden Schüler.[118] Friedrich und Carl mag auch dies bewogen haben, das Katharineum zu verlassen und eigene Wege zu gehen. Carl wollte zur See fahren und fand einen Kapitän, der bereit war, ihn mitzunehmen.[119] Friedrich entschied daraufhin, ebenfalls als Schiffsjunge anzuheuern.[120] Am 21. Februar 1843 schrieb Wilhelm aus Hamburg an Werner: «Friedrich und Carl sind mit Leib und Seele Seemann, Friedrich besonders. Sattelt gewiß nie wieder um.»[121]

Werner dürfte von dieser Aussicht nicht begeistert gewesen sein. Seine Schwester Mathilde war entsetzt und empfand «Todesangst» um Friedrich, während sie sich den praktischer veranlagten Carl durchaus als Seemann vorstellen konnte.[122] Werner hatte keinen Einfluss darauf, was aus den jüngeren Geschwistern in Lübeck und Menzendorf wurde. Obwohl er seit Ende 1841 auch nach mecklenburgischem Recht volljährig und damit unbeschränkt geschäftsfähig war, blieb die Vormundschaft für die jüngeren Geschwister bei Ekengreen und Eduard Deichmann. Erst im November 1845 bevollmächtigte Ekengreen Werner, die Aufgaben eines Vormunds für drei der jüngeren Brüder zu übernehmen.[123] Der Kreis der Geschwister driftete so wenige Jahre nach dem Tod der Eltern und als Folge dieser Schicksalsschläge auseinander. Nach dem Verkauf der Menzendorfer Pacht hatten sie kein Elternhaus mehr und keinen Ort, an dem sie immer wieder zusammenkommen konnten. Ein Ersatz hierfür war nicht in Sicht. Mathilde und Carl Himly lebten in Göttingen in beengten Verhältnissen, Werner wohnte zumeist in Kasernen, sonst in bescheidenen Privatquartieren, und zu Ludwig, der inzwischen Inspektor auf einem Gut in Mecklenburg geworden war, bestand kein Kontakt.[124] Bedenkt man, dass Friedrich und Carl zur See fuhren, Hans und Ferdinand sich in Mecklenburg nach Arbeit umsahen, sprach damals wenig dafür, dass es in Zukunft eine enge Verbindung zwischen den Geschwistern geben würde.

Kapitel 3
«Das verdammte Geld»

Erste Experimente

Nachdem Werner von der Berliner Artillerie- und Ingenieurschule zu seiner Einheit in Magdeburg zurückgekehrt war, hatte er zunächst kaum Gelegenheit, die erworbenen naturwissenschaftlichen Kenntnisse praktisch anzuwenden. Das Reglement sah vor, dass er zunächst ein Jahr in der Kaserne wohnen musste. Erst im Herbst 1839 konnte er zusammen mit William Meyer ein Privatquartier in der Stadt mieten, in das auch sein Bruder Wilhelm einzog. Nun begann sich Werner mit chemischen und physikalischen Experimenten zu beschäftigen.[1] Das Interesse an praktischen naturwissenschaftlichen Erkenntnissen ließ ihn seit dem Besuch der Artillerie- und Ingenieurschule nicht wieder los. Ob er damals bereits geplant hat, durch Erfindungen einmal für die jüngeren Geschwister sorgen zu können, muss offen bleiben. Aussagen hierzu sind von ihm aus jener Zeit nicht überliefert.

Werners erste Experimente waren noch recht dilettantisch und hätten leicht in einem Unglück enden können. Angeregt durch erfolgreiche Versuche seines fünf Jahre älteren Vetters Adolf Siemens, einem Offizier der königlich-hannoverschen Artillerie, wollte er zunächst ein neues Zündmittel erfinden. Adolf Siemens war es gelungen, sogenannte Reib- oder Friktionsschlagröhren zu konstruieren. Diese Erfindung konnte die für das Abfeuern von Geschützen verwendeten Lunten ersetzen.[2] Werners Suche nach einem neuen Zündmittel war kein derartiger Erfolg beschieden. Er experimentierte mit einem Brei aus Phosphor und Kali. Eines Tages stellte sein Bursche den Topf mit der gefährlichen Substanz zum Trocknen auf den Ofen, während Werner seinem Dienst in der Kaserne nachging. Als er zurückkam, genügte

Erfindung der Galvanoplastik durch Moritz Hermann von Jacobi, 1837, Holzstich nach einer Zeichnung von Jean Edouard Dargent, nachträglich koloriert

eine leichte Berührung des Rührholzes, um eine Explosion auszulösen, die das Zimmer verwüstete, die Fensterscheiben zertrümmerte und Werners rechtes Trommelfell zerriss.[3] Als eine Folge dieses missglückten Experiments nahm Werners angeborene Schwerhörigkeit weiter zu, schon ein Jahr vor dem Spektakel in seinem Stadtquartier war sein linkes Trommelfell bei einer Schießübung geplatzt.[4]

Zur Persönlichkeit und Konstitution des jungen Offiziers, der sich nun nebenbei als Erfinder versuchte, sind aus der damaligen Zeit nur wenige Äußerungen überliefert, sie vermitteln jedoch ein gewisses Bild. In einem Brief seiner Schwester Mathilde aus dem Jahr 1842 wird Werner als ein «sehr, sehr braver u. recht gescheiter Mensch, nur leider nicht der Kräftigste» beschrieben.[5] Auf einem Bild jener Jahre, das ihn in Uniform zeigt, macht er eine gute Figur, aber schon rein äußerlich entsprach er mit seinem «Krauskopf» und der eher schmächtigen Gestalt nicht gerade dem Klischee eines preußischen Offiziers. Eine andere Quelle sind die Beurteilungen seiner Vorgesetzten bei der 3. Artillerie-Brigade. Demnach zeichnete sich Werner bei der Armee wie schon im Gymnasium durch ein hohes Maß an Disziplin aus. «Hat sich moralisch gut betragen und ist eifrig im Dienste», bescheinigte ihm der Abteilungskommandeur 1841.[6] In diesen Beurteilungen wurde aber auch wiederholt auf die aufbrausende, ungestüme Art des Sekondeleutnants Siemens hingewiesen, die wohl ein Erbe des Vaters war. So schrieb der zuständige Brigadier 1841 in seinen Bemerkungen über Werner: «Dieser Offizier wird mehrfach durch seine Heftigkeit zu Übereilungen verleitet und verrät noch Unkenntnis der dienstlichen Formen.»[7] Es ergibt sich das Bild eines jungen Mannes, der auch beim Militär recht eigene Wege ging und – wie Werner selbst später schrieb – «allen Verlockungen des Offizierslebens siegreich widerstand»,[8] der sehr diszipliniert war, sich in seiner Freizeit mit chemischen Formeln beschäftigte und einem Bruder Privatunterricht gab, aber auch aufbrausend werden konnte und sich nach wie vor an Duellen beteiligte, worauf noch einzugehen sein wird.

Der Kreis der Freunde blieb überschaubar. Wichtiger als neue Bekanntschaften war Werner das vertraute Zusammensein mit seinen Mitbewohnern Wilhelm und William Meyer. Noch verwunderlicher für einen jun- gen Offizier war, dass er offenbar keine Liebschaften unterhielt. Zumindest findet sich in der Korrespondenz der Geschwister, die auch in solchen Fragen recht offenherzig geführt wurde, keinerlei Hinweis auf eine amouröse Verbindung. Gelegenheit dazu hätte er sicher gehabt. Werner und William Meyer waren häufiger bei «Frau Direktor» Heyse, der Witwe des früheren Direktors der Höheren Töchterschule in Magdeburg, eingeladen. Sie war

Werner Siemens als Artillerieoffizier, um 1842/43

bemüht, jungen Offizieren Partnerinnen zu vermitteln.[9] Dass Werner sich für Frauen durchaus interessierte, belegt ein Brief an William Meyer vom 17./19. August 1840. Damals war er wegen seines Gehörschadens im Soleheilbad Schönebeck zur Kur. Eine junge Frau aus Magdeburg hatte es ihm dort so angetan, dass er sich in sie «barbarisch verlieben könnte und dann auch wohl sogar heiraten könnte!». Derartigen Gefühlen nachzugeben, lag Werner jedoch fern, er setzte mehr auf Disziplin und nüchternes Kalkül: «Du weißt ja, daß ich doch nie heiraten werde – besonders wenn das Mädel kein Geld hat.»[10] Schon bald fühlte er sich bei diesem Kuraufenthalt von den Frauen geradezu verfolgt und klagte darüber, dass ihm grundlos mehrere Verlobungen nachgesagt worden seien. «Hol der Teufel das ganze Weibervolk», schrieb er an Meyer, und: «Es scheint, als will man mich mit Gewalt ins Ehejoch spannen; aber prost non!»[11]

Im September 1840 wurde Werner nach Wittenberg versetzt, was er sehr bedauerte. Nach der glücklichen Zeit in Berlin war ihm schon Magdeburg mit seinen rund 50 000 Einwohnern zu provinziell. «Magdeburg ist doch ein fatales Nest», schrieb er einmal an Wilhelm.[12] Er hatte damit gerechnet, in nicht allzu ferner Zeit nach Berlin zurückkehren zu können.[13] Nun musste er stattdessen in einer Provinzstadt mit knapp 10 000 Einwohnern dienen und sich dafür von Wilhelm und Meyer trennen. Noch in seinen *Lebenserinne-*

Erste Experimente

rungen beklagte Werner, dass er in Wittenberg «die zweifelhaften Freuden des Lebens in einer kleinen Garnisonstadt genießen mußte».[14] Das Kasernenleben an einem solchen Standort war ihm ein Graus. Während seine Kameraden sich die Zeit mit Kartenspielen und Trinkgelagen vertrieben, flüchtete sich Werner in «wissenschaftlich-technische Studien», wie er seine Versuche nannte.[15]

Die Experimente, die er nun anstellte, waren immer noch bescheiden, hatten aber schon eine andere Qualität als die missglückte Suche nach einem neuen Zündmittel. Die Anregung für seine neuen Arbeiten stammte wiederum aus der Verwandtschaft, nämlich von seinem Schwager, dem Chemiker Carl Himly. Dieser beschäftigte sich intensiv mit der Daguerreotypie, dem ersten fotografischen Verfahren, das der französische Maler Louis Daguerre wenige Jahre zuvor erfunden hatte. Erstmals konnten Gebäude, Landschaften und bald auch Menschen vollkommen realistisch abgebildet werden.[16] Schon im Oktober 1839 erschienen Presseberichte, wonach es Himly gelungen war, Lichtbilder auf Metallplatten herzustellen, die wasserfest waren und nicht verwischen konnten.[17] Werners Schwager hatte Daguerres Technik durch die Entwicklung eines Goldüberzugs verbessert. Sein Verfahren verband die Daguerreotypie mit der Galvanotechnik, einer Form der Elektrolyse, die der Physiker und Ingenieur Moritz Hermann von Jacobi wenige Jahre zuvor entdeckt hatte.[18]

Werner hatte bei einem Besuch in Göttingen von diesen neuen Techniken erfahren und gemeinsam mit seinem Schwager einige Versuche angestellt. Besonders interessierte ihn das Vergoldungsverfahren.[19] Ihn ließ die Vorstellung nicht mehr los, mit dieser Beobachtung einer recht lukrativen Erfindung auf der Spur zu sein. Schon nach wenigen Wochen gelang es Werner, einen aus «Neusilber» – einer Legierung aus Kupfer, Zink und Nickel – hergestellten Teelöffel zu vergolden, indem er diesen in einen Becher mit einer unterschwefligsauren Goldlösung tauchte, die mit einer galvanischen Kette aus einem Zinkpol und einem Kupferpol verbunden war.[20] In den *Lebenserinnerungen* nannte er diesen Erfolg «eine der größten Freuden meines Lebens».[21] Nach dem Teelöffel vergoldete Werner seine Taschenuhr. Am 20. Dezember 1840 schrieb er an die Schwester in Göttingen, «dass Jedermann meine vergoldete Uhr für ächt Gold hält u. dass ich sie schon seit 6 Wochen trage ohne ihr dadurch geschadet zu haben».[22] Bei aller Freude über die gelungene Vergoldung war er sich bewusst, dass hieraus leicht ein Problem entstehen konnte. Da er durch die Vergoldungsmethode Himlys wohl mehr als nur angeregt worden war, musste er mit dem Vorwurf rechnen, «abgekupfert» zu haben. Über die Schwester bat er den Schwager, ihm

Erteilung des preußischen Patents für das Vergoldungsverfahren, 29. März 1842

mitzuteilen, «ob er glaubt dass meine Vergoldung auch die Seinige ist und ob er fürchtet das sein Geheimnis gelüftet wird wenn auch ich in Berlin oder Wien etwas dafür zu lukriren versuche».[23] Himlys Antwort ist nicht bekannt, doch Werner befasste sich fürs Erste nicht weiter mit der Vergoldung. Der Schwager vermarktete indessen sein Verfahren der «Vergoldung auf nassem Wege» recht erfolgreich. In London konnte er die Rechte für Großbritannien und Frankreich zum Preis von 14 000 Reichstalern verkaufen.[24]

Werner reichte erst Anfang 1842 ein Gesuch auf Erteilung eines preußischen Patents für sein Vergoldungsverfahren ein. Am 29. März 1842 erhielt er auf dieses Verfahren sein erstes Patent.[25] Er konnte sich nun als Erfinder bezeichnen, allerdings waren seit Absolvierung der Artillerie- und Ingenieurschule inzwischen über drei Jahre vergangen – viel Zeit für einen Mann seines Alters, dem sein Talent für Technik und Naturwissenschaften bewusst geworden war. Allein zwischen der Entdeckung seines Vergoldungsverfahrens und der Patentanmeldung war mehr als ein Jahr verstrichen. Weshalb die Patentanmeldung nicht früher erfolgte, bleibt unklar. Auffällig ist, dass Werner die Patentanmeldung erst vornahm, nachdem Carl Himly die Rechte

Erste Experimente

für sein Vergoldungsverfahren in London verkauft hatte. Die Beschreibung, die er bei der Patentanmeldung einreichte, war nicht weit von der Erfindung Himlys entfernt.[26] Möglicherweise musste Werner deshalb seinem Schwager den Vortritt bei der Verwertung lassen. Wahrscheinlich waren es aber vor allem äußere Zwänge, die einer früheren Patentanmeldung entgegengestanden hatten. Es bedurfte vieler Versuche und einiger Zeit, die Entdeckung zu einem brauchbaren, patentfähigen Verfahren zu entwickeln. Werner konnte als Offizier nur in seiner Freizeit diesen Arbeiten nachgehen, auch hatte er kein Labor wie der Privatdozent Himly, und es fehlten ihm immer wieder die nötigen Mittel. Aus einem Brief, den er im Juni 1841 an Wilhelm schrieb, geht hervor, dass die Versuche aus Geldmangel nicht recht vorankamen: «Das verdammte Geld ist doch der Knüppel, den man stets am Halse trägt.»[27]

Die vorgesetzten Offiziere in Wittenberg urteilten über den Sekondeleutnant Siemens durchaus zwiespältig. Der Kommandeur der Abteilung hob in einem Bericht Werners wissenschaftliche Bildung hervor, erwähnte aber auch, dass er «unangemessene Reden» gegen einen Hauptmann geführt habe und dafür mit drei Tagen Stubenarrest bestraft worden sei.[28] Weniger glimpflich endete eines der Duelle, an denen Werner im gleichen Jahr teilnahm. Auch in Wittenberg duellierten sich die jungen Offiziere fleißig, um ihre Standesehre unter Beweis zu stellen. Versuche des Königs und einer von ihm eingesetzten Kommission, die Duelle der Offiziere durch die Einführung von Ehrengerichten zu unterbinden, hatten bisher kaum etwas bewirkt.[29] In der Regel wurden Duellanten und Sekundanten gar nicht erst angezeigt. Kam es dennoch zu einer Anzeige, hatten die Beteiligten zwar drakonische Strafen zu erwarten, doch wurden sie dann sehr rasch begnadigt.

Werner wurde damals – es muss wohl im Frühsommer 1841 gewesen sein – angezeigt, weil er als Sekundant eines Artillerieoffiziers an dessen Duell mit einem Infanterieoffizier teilgenommen hatte. Der Infanterieoffizier wurde nur leicht verletzt, erstattete aber Anzeige. Daraufhin hatte sich Werner vor einem Kriegsgericht zu verantworten, das ihn zu fünf Jahren Festungshaft verurteilte.[30] Die Haft musste er nicht sofort antreten, man wartete offenbar ab, bis sich die Kanzlei des Königs damit befasste. Im Januar 1842 ging Werner noch immer seinem Dienst nach. An Wilhelm schrieb er, dass die «Einkerkerung» wegen einer Reise des Königs vielleicht bis Ostern verschoben würde.[31] Erst Ende April kam er dann tatsächlich in Haft. Er wurde nun im berüchtigten Gefängnis der Festung Magdeburg, der Zitadelle, eingekerkert. Viele Häftlinge mussten dort unter harten Bedingungen Zwangs-

Offiziershafthaus in der Zitadelle Magdeburg, undatiert

arbeit leisten und auf Stroh in den Kasematten schlafen. Einem Offizier, der wegen der Teilnahme an einem Duell inhaftiert war, wurde allerdings eine andere Behandlung zuteil, hatte er nach Ansicht der meisten Militärs doch nur die Standesehre verteidigt. Werner war in Magdeburg ein Häftling erster Klasse und wurde schon sehr bald begnadigt. Bereits drei Wochen und einen Tag nach seiner Inhaftierung kam er frei.[32]

In den *Lebenserinnerungen* hat Werner die Beschreibung seiner Festungshaft in Magdeburg mit einer Legende ausgeschmückt, die eine Zeit lang zum festen Bestandteil der Siemens-Literatur wurde. Demnach habe er sich vor dem Haftantritt in einer Magdeburger Chemikalienhandlung eingedeckt und in der Zelle ein kleines Laboratorium eingerichtet, um die erwartete Haftdauer von etwa einem halben Jahr für Versuche nutzen zu können. Dort sei ihm dann die – bereits beschriebene – Vergoldung eines neusilbernen Teelöffels geglückt. Nach einem Monat habe er die erfolgreichen Versuche in der Zelle gegen seinen Willen beenden müssen, weil die königliche Kabinettsordre eintraf, die seine Begnadigung verfügte. Vergeblich habe er den Festungskommandanten ersucht, die Zelle noch etwas länger nutzen zu dürfen.[33] Bei näherer Betrachtung steht außer Zweifel, dass es sich bei dieser Darstellung um eine Legende handelt. Von der geglückten

Erste Experimente **69**

Vergoldung des Teelöffels hatte Werner bereits in seinem Brief an Mathilde Himly vom 20. Dezember 1840 stolz berichtet, die Festungshaft in Magdeburg begann dagegen erst im April 1842. Auch war ihm schon vor der Inhaftierung das Patent auf sein Vergoldungsverfahren erteilt worden.[34] Die zeitliche Diskrepanz ist so groß, dass man hier nicht von einer Erinnerungsschwäche ausgehen kann. Was mag ihn bewogen haben, sich mit einer derartigen Legende zu schmücken? Die plausibelste Erklärung ergibt sich, wenn man diese Episode als Parabel deutet, ähnlich der Schilderung von der Vertreibung des Gänserichs vor dem Pfarrhaus in Lenthe. Das Narrativ vom Erfinder, dem in einer Gefängniszelle eine große Entdeckung gelingt, vermittelt eine Botschaft, die sich Werners Biografie sehr wohl entnehmen lässt: dass Hindernisse für ihn dazu da waren, überwunden zu werden, und dass er selbst unter widrigen Bedingungen in der Lage war, Höchstleistungen zu vollbringen.

«Erfindungsspekulation»

Werners Befürchtung, nach der Haft in das ungeliebte Wittenberg zurückkehren zu müssen, erwies sich als grundlos. Er wurde zur «Lustfeuerwerkerei» der preußischen Artillerie nach Spandau kommandiert, um dort «Instruktionsarbeiten» auszuführen.[35] Dieser Auftrag war aus Sicht der Militärs durchaus sinnvoll. Werners Vorgesetzte hatten offenbar erkannt, dass er wegen seiner naturwissenschaftlich-technischen Kenntnisse in Spezialeinheiten nützlichere Dienste erbringen konnte als bei der Festungsartillerie. Die Feuerwerker in der Spandauer Zitadelle waren dafür zuständig, den Festen des königlichen Hofes Glanz zu verleihen.[36] Doch schon nach vier Monaten war Werners Einsatz in Spandau beendet. Zum 1. Oktober 1842 wurde er zur «Handwerkskompagnie» seiner Brigade in die Königliche Artilleriewerkstatt nach Berlin beordert.[37] Diese Einheiten der preußischen Armee hatten sowohl eine militärische als auch eine technische Formation. Neben Offizieren und Soldaten gehörten Handwerker verschiedener Berufe, vor allem Schmiede, Tischler und Stellmacher, einer derartigen Kompagnie an.[38] Werners Vorgesetzte hatten mit dieser Versetzung eine weitsichtige Entscheidung getroffen. Eine militärische Karriere stand dem Sekondeleutnant in der Artilleriewerkstatt nicht mehr offen, aber das hatte er auch nie vor. Eine Tätigkeit als «Betriebsoffizier» in dieser Werkstatt war aus seiner Sicht die beste Position, die er bei der preußischen Armee erhalten konnte.

Artilleriewerkstatt am Kupfergraben in Berlin, undatiert

Der Dienst beim Militär war für ihn immer nur ein Mittel, das allein dem Zweck diente, ihm gute technische und naturwissenschaftliche Kenntnisse zu verschaffen. Beurteilungen der Vorgesetzten aus den folgenden Jahren lobten immer wieder seine «Moralität», Pflichttreue und Pünktlichkeit. Darüber hinaus wurde festgestellt, er habe, «bei seiner vorzugsweisen Neigung zu wissenschaftlichen Studien, wenig militärisches Geschick».[39]

Mit der Kommandierung zur Artilleriewerkstatt war Werner nach Berlin zurückgekehrt, das während der Jahre an der Artillerie- und Ingenieurschule zu «seiner Stadt» geworden war, auch wenn er, wie er später bekannte, von den Berlinern eine schlechte Meinung hatte.[40] Bis zu seinem Lebensende wohnte er nun in Berlin. Die Artilleriewerkstatt befand sich neben der in der Zeit Friedrichs des Großen errichteten Artilleriekaserne Am Kupfergraben 1–3, im Zentrum der preußischen Hauptstadt, gegenüber der heutigen Museumsinsel.[41] In den Bürgerhäusern dieser Straße wohnten auch Professoren der nahe gelegenen Universität. Der Physiker und Chemiker Gustav Magnus, der zu Werners Dozenten auf der Artillerie- und Ingenieurschule gehört hatte, war 1840 in das Haus Am Kupfergraben 7 gezogen, wo sich nun auch sein Privat-Laboratorium befand; der Philosoph Georg Wilhelm Friedrich Hegel hatte bis zu seinem Tod im Jahr 1831 Am Kupfergraben 4 gewohnt.[42] Werner bezog am 1. Oktober 1842 ein Dienstzimmer in der Artilleriekaserne. Von seinen Magdeburger Wohnungsgenossen war er nun schon zwei Jahre getrennt. Beiden war es auch jetzt unmöglich, ihm zu folgen. Wilhelm hatte ein halbes Jahr zuvor seine Ausbildung in der Gräflich Stolberg'schen Maschinenfabrik in Magdeburg begonnen, und William Meyer befand sich in Haft, weil er im Sommer 1842 bei einem Duell seinen Kontrahenten erschossen hatte. Nach etwa einem Jahr kam er Anfang Juli 1843 frei.[43]

In Berlin fand Werner nun erstmals einen zahlungskräftigen Interessenten für seine Rechte an dem patentierten Vergoldungsverfahren. Bis dahin hatte er lediglich von einem Juwelier in Magdeburg den geringfügigen Betrag von 50 Louisdor für die Anwendung des Verfahrens erhalten.[44] In Berlin gab es ein Unternehmen, das auf diesem Gebiet tätig war und an das er nun herantreten konnte, ohne Urlaub nehmen zu müssen. Schon am 18. November 1842 schloss er einen Vertrag mit der Neusilberfabrik J. Henniger & Co. ab. Darin wurde vereinbart, unter Anwendung von Werners patentiertem Vergoldungsverfahren «auf gemeinschaftliche Rechnung eine Fabrik für Metallniederschläge auf galvanischem Wege» zu errichten.[45] Zu dieser Fabrik, die nach Werners *Lebenserinnerungen* die erste «Anstalt für Vergoldung und Versilberung» im Deutschen Bund war, sind keine Unterlagen überliefert.[46] Werner hatte hier vermutlich nur eine Gewinnbeteiligung vereinbart, da er über kein Kapital verfügte und sich als Offizier nicht gewerblich betätigen durfte. Nach Richard Ehrenberg musste er sich später vom Inhaber der Neusilberfabrik J. Henniger & Co. Geld leihen und diesem im Herbst 1845 aus Geldmangel seine Beteiligung gegen eine Abstandszahlung abtreten.[47]

Werner gab sich mit diesem Erfolg nicht zufrieden, sondern suchte nach weiteren Verwertungsmöglichkeiten für das Patent. Sein Beruf erwies sich dabei als ein nur schwer zu überwindendes Hindernis. Wegen seiner dienstlichen Verpflichtungen in der Artilleriewerkstatt war es ihm unmöglich, längere Zeit zu verreisen, um Interessenten in anderen Städten zu finden. Doch bot sich dann eine Lösung an, durch die zugleich ein drohender Konflikt mit Wilhelm vermieden werden konnte. Wilhelm fand die Ausbildung in der Gräflich Stolberg'schen Maschinenfabrik nicht so faszinierend, wie Werner gehofft hatte. Um die Jahreswende 1842/43 trug er sich mit der Absicht, eine Lehre als Goldschmied zu beginnen, offenbar beflügelt von den Vergoldungskünsten seines Bruders und seines Schwagers. Bei Mathilde Himly fand Wilhelm Verständnis, Werner hingegen war aufgebracht. Er soll das Vorhaben seines Bruders als einen «Plan förmlich zu hausieren» bezeichnet haben, konnte Wilhelm aber nicht zwingen, in der Maschinenfabrik zu bleiben.[48] Das Ergebnis war ein für beide Brüder vorteilhafter Kompromiss. Sie vereinbarten, dass Wilhelm einige Monate auf Reisen gehen sollte, um Werners Patent zu vermarkten. Der Direktor der Maschinenfabrik, der Wilhelm wohl gewogen war, stellte ihn für diese Zeit von der Arbeit frei.

Einem Brief Wilhelms aus Hamburg vom 21. Februar 1843 ist zu entnehmen, dass er seit zwei Tagen durch die Hansestadt streifte, um Interessenten für das Vergoldungsverfahren seines Bruders zu finden.[49] Das Ergebnis war deprimierend. Erst nach vielen vergeblichen Bemühungen konnte Wilhelm wenigstens ein kleines Geschäft abschließen.[50] Er hatte sogleich eine Vorstellung, wie er das eingenommene Geld sinnvoll investieren konnte. Im Hamburger Hafen hatte er gesehen, dass Überfahrten ins britische Kingston upon Hull zu günstigen Preisen angeboten wurden. Da Wilhelm ohnehin schon lange nach England wollte, war er fest entschlossen, sein Glück dort zu versuchen. Lieber würde er nach Neuseeland gehen als nach Magdeburg zurückzukehren, schrieb er Werner.[51] Obwohl Werner seinem Bruder zunächst vorgeschlagen hatte, nach Holland weiterzureisen, war er mit dessen Vorhaben einverstanden. Er wünschte Wilhelm «neues Glück und offene Augen in England», gab ihm einige Tipps mit auf den Weg und nahm bei Ferdinand Deichmann in Lübeck einen Kredit von 100 Talern auf, um die Reise seines Bruders zu finanzieren.[52]

Am 10. März 1843 reiste Wilhelm nach London ab.[53] Er kam dort zunächst im East End unter, «nur mit ein Paar Pfund Sterling in der Tasche und ohne Freunde», wie er später einmal berichtete, «wohl aber ausgerüstet mit dem festen inneren Vertrauen, auf einstmaligen Erfolg».[54] Es müssen überwältigende Eindrücke für den jungen Mann gewesen sein, der nie zuvor im Ausland gewesen war und sich nun in der größten Stadt der Welt mit rund zwei Millionen Einwohnern befand. London war damals die Weltmetropole schlechthin, Hauptstadt eines Weltreichs, Zentrum des führenden Industrielandes und Weltfinanzzentrum. Wilhelm hielt sich hier dennoch nur kurz auf. Er wusste sehr genau, wohin er wollte: zu George Richards Elkington in Birmingham. Das Unternehmen Elkington, Mason & Co. war in Großbritannien und vermutlich auch weltweit der führende Hersteller auf dem Gebiet der Galvanotechnik und der Vergoldung. Wilhelm, der die englische Sprache nur wenige Jahre in der Schule gelernt hatte, ging in den folgenden Wochen bemerkenswert geschickt und unbefangen vor. Mit Empfehlungsschreiben gelang es ihm, Elkington sein Anliegen zu übermitteln.[55] Der Unternehmer zeigte sich wenig beeindruckt, war der Ansicht, dass seine Patente bereits das von Wilhelm angebotene Verfahren umfassten und dass dieser einen zu hohen Preis verlangen würde.[56] Eine Durchsicht der Patente Elkingtons ergab, dass diese tatsächlich auch das von den Siemens-Brüdern

George Richards Elkington,
Gemälde von Samuel West, 1865

verwendete Verfahren beinhalteten. Wilhelms Mission drohte zu scheitern, doch er gab nicht auf und erhielt schließlich eine Chance. Elkington wollte herausfinden, ob das Siemens-Verfahren zu besseren Ergebnissen führen würde als das in seiner Firma bisher angewendete. Nachdem Wilhelm dies bei einem Versuch bewiesen hatte, zahlten ihm Elkington und sein Mitinhaber Josiah Mason die Kosten für die Beantragung eines britischen Patents, das am 25. Mai 1843 erteilt wurde. Elkington und Mason erwarben die Rechte daraufhin zum Preis von 1600 Pfund – das entsprach einem Gegenwert von rund 11 000 Reichstalern –, abzüglich der Ausgaben für das Patent in Höhe von 110 Pfund.[57] Der 20-jährige Wilhelm hatte mit diesem Geschäft eine höchst bemerkenswerte Leistung vollbracht, die gleich mehrere Kompetenzen verlangte. Nach der Rückkehr aus England wurde er von seinen Geschwistern denn auch gebührend gefeiert. «Goldfisch» und «Crösus» nannte ihn Mathilde Himly in einem Brief an Werner.[58] Die Siemens-Brüder waren fürs Erste der finanziellen Sorgen enthoben.

Wilhelm dürfte es nicht leichtgefallen sein, in die Stolberg'sche Maschinenfabrik nach Magdeburg zurückzukehren. Dort blieb er bis Ende 1843, um seine Ausbildung abzuschließen, und versuchte, das Beste daraus zu machen. Nach dem «Wunder von Birmingham» waren Werner und Wilhelm überzeugt, weitere derartige Erfolge erzielen zu können. Warum sollte man den vermögenden britischen Industriellen nicht noch andere Erfindungen in ähnlicher Weise verkaufen können? Wilhelm nutzte seine mittlerweile guten Kenntnisse im Maschinenbau, um einen neuen Regulator für Dampfmaschinen zu konstruieren. Dampfmaschinen waren der Motor der Industrialisierung. Sie liefen damals allerdings noch mit unregelmäßiger Geschwindigkeit, weshalb immer wieder nach Lösungen gesucht wurde, die Dampfmenge durch eine Regeleinrichtung (Regulator) zu steuern.[59] Der von Wilhelm mit Werners Unterstützung konstruierte «chronometrische Regulator» bestand nach der Beschreibung eines der besten Kenner der Dampfmaschinentechnik, des Ingenieurs und Technikhistorikers Conrad Matschoss, aus «einem frei schwebenden Kreispendel», von dem aus «eine Schraube gedreht wurde, während die Dampfmaschine eine auf dieser Schraube sitzende Mutter im gleichen Sinn drehte».[60] Zunächst als «Differenzregulator» bezeichnet, wurde die Erfindung in England als «chronometrical governor» vorgestellt.[61] Die entscheidende Idee zu dieser Konstruktion stammte zweifellos von Wilhelm, dem Maschinenbau-Experten unter den Brüdern, auch wenn Werner an der Entwicklung des Apparats wesentlich beteiligt war. Für den Bau ihres Regulators benötigten die beiden Brüder das feinmechanische Know-how des Berliner Uhrmachers Ferdinand Leonhard, den sie im Herbst 1843 hinzuzogen.[62] Am 17. März 1844 vereinbarte Werner mit Leonhard, in Preußen, Frankreich und England Patente auf den Regulator anzumelden und diese gemeinsam zu verwerten, wobei Leonhard in Preußen und Frankreich zu einem Drittel, in England zu einem Fünftel am Ertrag zu beteiligen war.[63] Die Verwertung in England würde Wilhelm übernehmen.

Für Werner war Wilhelm inzwischen nicht nur ein enger Vertrauter und begabter Verkäufer, sondern auch ein gleichwertiger Partner auf technisch-naturwissenschaftlichem Gebiet und sein wichtigster Berater in allen Fragen. Beide standen miteinander in laufender Korrespondenz, wobei die Briefe nicht selten Versuchsanordnungen glichen. Nachdem Wilhelm seine Ausbildung in Magdeburg abgeschlossen hatte, reiste er im Januar 1844 zum zweiten Mal nach England. Er vereinbarte mit dem Ingenieur Joseph Woods eine enge Zusammenarbeit, der ein britisches Patent auf den Regulator beantragte. Dieses Patent wurde am 18. April 1844 erteilt,[64] doch der Erfolg vom Vorjahr ließ sich nicht wiederholen. Es fand sich kein zahlungskräftiger Interessent, zumal Wilhelm die Rechte für die geradezu utopische Summe von 36 000 Pfund verkaufen wollte.[65] Im Mai 1844 reiste Werner nach London, um Wilhelm und Woods zu unterstützen. Es war seine erste Auslandsreise, im Alter von 27 Jahren. Doch auch er konnte das Blatt nicht wenden, zumal seine Englischkenntnisse ungleich schlechter waren als die des Bruders. Auf der Rückreise fuhr Werner über Brüssel und Paris, wo er sich die französische Industrieausstellung ansah.[66]

In Preußen erhielten Werner und Wilhelm erst am 22. Oktober 1844 ein Patent auf den Regulator.[67] Ein wirtschaftlicher Erfolg wurde diese Erfindung auch hier nicht. Der Siemens-Regulator hat sich, wie Werner rückblickend schrieb, im Maschinenbau «keinen allgemeinen Eingang verschafft».[68] Schon wenige Jahre später gab es mit der Präzisionssteuerung von George H. Corliss eine weitaus leistungsfähigere Konstruktion.[69] Werner und Wilhelm ließen sich durch diesen Rückschlag nicht entmutigen. Im Gegenteil: Die beiden Brüder verfielen nun in «Erfindungsspekulationen».[70] Sie waren überzeugt, dass mit der Zahl ihrer Erfindungen auch die Wahrscheinlichkeit zunahm, dass eine von ihnen erneut ein größeres Vermögen einbringen würde. Das Geld, das Elkington für das Vergoldungsverfahren gezahlt hatte, ging langsam, aber sicher zur Neige. Die vielen Versuche, die Reisen und die Unterstützung der Geschwister kosteten mehr, als Werner aus dem bescheidenen Salär eines Sekondeleutnants zahlen konnte. Wilhelm wiederum hatte keinerlei feste Einnahmen, aus denen er seinen Unterhalt in London hätte bestreiten können. Dennoch war er überzeugt, in England gute Perspektiven zu haben, und beabsichtigte, sich dort auf Dauer niederzulassen. Es muss dahingestellt bleiben, ob Wilhelm sich dies bereits von seiner ersten Reise nach London erhofft hatte, wie sein Biograf, der britische Schriftsteller William Pole, schrieb.[71] Jedenfalls war er schon im März 1843 nicht auf Betreiben Werners, sondern aus freien Stücken nach England gereist. Dort blieb er nun auch aus eigenem Entschluss. Aus Wilhelm wurde William, doch von Werner und den anderen Geschwistern wurde er nach wie vor «Wilhelm» genannt, weshalb er auch im Folgenden weiterhin mit seinem deutschen Vornamen bezeichnet wird.

Um möglichst rasch Erfindungen verwerten zu können, beobachteten Werner und Wilhelm neue Entwicklungen in vielen Bereichen, über die sie sich in Fachzeitschriften wie dem *Polytechnischen Journal* informieren konnten. Beide arbeiteten jetzt nicht nur mit anderen Erfindern zusammen – Ferdinand Leonhard in Berlin und Joseph Woods in London –, sondern sie erhielten nun auch Angebote von anderen Erfindern, deren Konstruktionen zu verbessern und die Rechte gemeinsam zu vermarkten. So wird es wohl im Fall des anastatischen Druckverfahrens gewesen sein, mit dem sich die Brüder Siemens etwa ab Anfang 1844 intensiv beschäftigten. Dieses Verfahren ermöglichte es, Vervielfältigungen von älteren Drucksachen und Kupferstichen herzustellen.[72] 1840 hatte der aus Erfurt stammende Erfinder Carl Friedrich Baldamus ein verbessertes Verfahren für den anastatischen Druck entwickelt. Baldamus wurde dann Sekretär im preußischen Generalstab. Werner lernte ihn über das Militär kennen und freundete sich mit ihm an.[73] Bisher war es Baldamus nicht gelungen, eine Schnellpresse für die Anwendung seiner Erfindung zu konstruieren. Werner konnte dieses Problem gemeinsam mit dem Uhrmacher Leonhard lösen. Im Februar 1845 vereinbarten Baldamus und Werner, die Rechte am anastatischen Druckverfahren gemeinsam zu verwerten.[74] Zuvor hatten beide bereits Wilhelm eine Vollmacht für die Verwertung der Rechte im Ausland erteilt.[75] Nach einigen Verbesserungen an der Schnellpresse konnte Wilhelm Anfang Mai 1845 gute Nachrichten nach Berlin melden. Er hatte über Londoner Kontakte vier Pressen verkauft, nach Alexandria, Kalkutta, Bombay und Madras – es dürfte das erste Überseegeschäft der Brüder gewesen sein –, und plante, eine Vertriebsgesellschaft zu gründen.[76] Die Schnellpresse hatte allerdings den Nachteil, dass es nach 150 bis 200 Druckvorgängen zu einer Verwischung des Umdrucks kam und die Arbeit unterbrochen werden musste.[77] Letztlich war die Presse kein kommerzieller Erfolg. Weder in Preußen noch in England ließen sich die Rechte verkaufen. Wilhelm fand jedoch einen amerikanischen Interessenten, einen Verleger namens Smith, der für die Erfinder in den USA ein Patent beantragte und das Recht erhielt, dort die Lizenzen zu verkaufen.[78] Das US-Patent Nr. 4239 wurde am 25. Oktober 1845 auf «C. F. Baldamus and F. W. Siemens, of Berlin, Prussia» für «Improvement in anastatic printing» ausgestellt.[79] Das dadurch geschützte Verfahren war in den USA nur kurz in Gebrauch, es erfuhr dort aber eine bemerkenswerte Anwendung. Nach der Annexion von Texas Ende 1845 und dem anschließenden Beginn des Krieges mit Mexiko ließ die amerikanische Regierung mit dem von Baldamus und Werner patentierten Druckverfahren Faksimiles der Declaration of Independence vom 4. Juli 1776 herstellen.[80]

Während Werners Verbindung zu Baldamus nur von kurzer Dauer war, setzte sich die Zusammenarbeit mit dem Uhrmacher Ferdinand Leonhard auf anderem Gebiet fort. Durch eine Erfindung Leonhards angeregt, begann Werner im Juli 1846, sich intensiv mit der Telegrafentechnik zu beschäftigen. Darauf wird im folgenden Kapitel näher einzugehen sein.[81] Werners Interesse galt in dieser Zeit auch einem Vernickelungsverfahren für gravierte Kupferplatten, der Verbesserung eines Stromunterbrechers für Induktionsapparate (Neefscher Hammer bzw. Wagnerscher Hammer) und der Konstruktion eines Funkenfängers für Lokomotiven.[82] Wilhelm wiederum erfand eine «physikalische Luftpumpe», für die er ein Patent erhielt, das verkauft werden konnte.[83] Gemeinsam mit Werner gelang es ihm, aus gemahlener Kieselerde (Quarzsand), Kalkstein und Wasserglas künstliche Steine her-

UNITED STATES PATENT OFFICE.

C. F. BALDAMUS AND F. W. SIEMENS, OF BERLIN, PRUSSIA.

IMPROVEMENT IN ANASTATIC PRINTING.

Specification forming part of Letters Patent No. **4,239**, dated October 25, 1845.

To all whom it may concern:

Be it known that we, CARL FRIEDRICH BALDAMUS, of Berlin, in the Kingdom of Prussia, and F. W. SIEMENS, of the same place, have invented Improvements in Producing and Multiplying Copies of Designs and Impressions of Printed or Written Surfaces; and we do hereby declare that the following is a full and exact description thereof.

Our invention of improvements in producing and multiplying copies of designs and impressions of printed or written surfaces consists in the process whereby we obtain transfers or reversed fac-similes on metallic surfaces from designs or writings in lithographic ink and from prints and printing in general; and as this process is applicable to the reprinting of old works we propose to term it "anastatic printing." The improvement for obtaining transfers or reversed fac-similes consists of several distinct operations, and will be best understood by a simple description of each.

First. The surface to receive a reversed copy of the design or print may be of brass, steel, iron, copper, zinc, or other convenient metal; but we prefer zinc to any other metal in consequence of the greater facility of management which it admits. It may be used as plates or cylinders, and in each case requires to be perfectly homogeneous and to present a clean surface. We prefer polished surfaces, and prepare the plate by grinding it with emery and water, applied by means of a cloth rubber, so as to produce fine parallel lines from end to end or from side to side, but not crossing each other more than can be avoided. When the surface has acquired a uniform appearance we rub the dirt and water off with clean blotting-paper and polish the plate with another cloth and dry emery, or with fine emery-paper, in the same parallel direction as before, taking care not to touch the surface with the hand or any dirty or oily substance. We next rub off all dust and dirt with clean blotting-paper until it is perfectly clean and free from oxide and presents a surface polished in a parallel direction for receiving the ink.

Second. The design or writing to be copied and printed must be executed in ink of a saponaceous or fatty nature—such as common lithographic or printing ink—and may be on any clean well-sized paper. These may be transferred either when quite new or when many years old, or after traveling from one country to another. The designs or printed papers, which throughout this specification we call "originals," are then charged with any convenient acid, which we prefer to be nitric. Any originals so fresh as to yield an impression to a piece of clean paper when pressed firmly together by means of a burnisher we treat thus: We lay the written or printed side on a clean piece of blotting-paper and wet the upper side equally by means of a soft brush with a mixture of one part of nitric acid of 1.362 specific gravity and eight parts of water, by weight. So soon as the acid has completely soaked through the originals we lay it between sheets of blotting-paper and remove the excess of dilute acid by gentle pressure, and if the acid has equally penetrated the originals we lay its written surface on the cleaned metallic surface, place double blotting-paper over it, and pass it under considerable rolling pressure, which causes the acid to attack the metal where unprotected by the writing, drawing, or printing, &c., on the originals and produce what we call a "negative etching." The original may be thus pressed between two metallic surfaces without any blotting-paper when it is desired to obtain a reversed counterpart from each side. The originals may be immediately removed, and a reversed impression should be perceived in all parts of the plate distinct from the etched surface. Prints of more than two months old have their ink more indurated and require a modification of the above treatment of transferring, which may be effected as follows: We first lay a sheet of blank white paper in the bottom of a flat porcelain or glass vessel large enough to contain the original, and then lay as many originals alternately with blank ones as we require to transfer; but if the original is thick and strong the intermediate papers may be omitted. We next pour over the whole mass a sufficient quantity of nitric acid of about 1.362 specific gravity to soak through the mass of paper, and then cover the basin or vessel with a plate of glass and let it remain for from twelve hours to seven days, according to the age and nature of the print, for which

US-Patent auf das anastatische Druckverfahren, 1845

zustellen. Beiden wurde für diese Erfindung ein bayerisches Patent erteilt.[84] Größere Beachtung fand Werners erster, 1845 im *Polytechnischen Journal* erschienener Artikel «Über die Anwendung der erhitzten Luft als Triebkraft». Ausgehend von einer derartigen Konstruktion in England, von der ihm Wilhelm berichtet haben dürfte, versuchte er darzulegen, dass es möglich sei, die Dampfmaschinen in Zukunft durch «Luftmaschinen» zu ersetzen. Er erklärte «diese Erfindung für eine der bedeutsamsten unserer Zeit» und gab zu bedenken, «welcher Gewinn der gesamten Menschheit aus einer jedenfalls sehr beträchtlichen Verminderung des Verbrauchs an Brennmaterial erwachsen würde …».[85] Im selben Jahr hielt er in der Polytechnischen Gesellschaft einen Vortrag über die Messung von Geschossgeschwindigkeiten durch Funken.[86] Dazu hatte er wohl in der Artilleriewerkstatt Versuche angestellt, von denen er sich über die militärische Anwendung hinaus einen Nutzen versprach. Die Geschwindigkeitsmessung gehörte eine Zeit lang zu den Gebieten, mit denen er sich besonders intensiv beschäftigte.

Eher kurios waren Werners Bemühungen, Schießbaumwolle herzustellen, die im Sommer 1845 begannen. Den *Lebenserinnerungen* zufolge führte er diese Experimente durch, weil ihm wegen der Unterschrift unter eine Erklärung einer freiheitlichen Bewegung die Rückversetzung zur Festungsartillerie nach Magdeburg drohte.[87] Weitere Erfindungen wären dann kaum mehr möglich gewesen. Zu dieser Zeit arbeiteten mehrere Chemiker unabhängig voneinander an der Herstellung einer Schießbaumwolle (Zellulosenitrat), die das Schießpulver ersetzen sollte. Werner dürfte über seinen Schwager Himly davon erfahren haben, dieser schickte ihm wahrscheinlich auch eine Versuchsanleitung.[88] Die so angestellten Versuche konnte er seinen Vorgesetzten gegenüber als kriegswichtig ausgeben. Werner schickte ein Stück Schießbaumwolle an Kriegsminister Hermann von Boyen, der sie umgehend erproben ließ, vom Ergebnis beeindruckt war und den Erfinder beauftragte, die Versuche in der Pulverfabrik Spandau im großen Stil weiterzuführen. Dabei stellte sich rasch heraus, dass die Schießbaumwolle nicht geeignet war, das Schießpulver zu ersetzen.[89] Eine Versetzung nach Magdeburg hatte Werner aber nicht mehr zu befürchten.

All die genannten Erfindungen brachten Werner und Wilhelm kaum Geld ein. Beide hatten die Hoffnung, dass sich dies bald ändern würde. Überhaupt war bei beiden viel Enthusiasmus im Spiel, ja es bestand geradezu eine Faszination für die Anwendung ihres naturwissenschaftlichen Wissens und die neuen Möglichkeiten der Technik – eine Leidenschaft, die sie mit vielen Zeitgenossen teilten. Für Werner und Wilhelm waren diese Jahre in erster Linie Lehrjahre. Auf die damals erworbenen Erfahrungen

Mitbegründer der Physikalischen Gesellschaft, in der Mitte sitzend Emil du Bois-Reymond, 1842

und Erkenntnisse konnten sie später zurückgreifen. Auch wurden sie durch ihre «Erfindungsspekulationen» in der Fachwelt bekannt und konnten manch nützliche Verbindung knüpfen. Werner verstand recht gut, seine Versuche und Erfindungen publik zu machen. Erstmals zeigte sich, dass die Kommunikation eine seiner Stärken war. Im Laufe des Jahres 1845 erschienen seine ersten Veröffentlichungen, zwei Artikel im *Polytechnischen Journal* – über die Luft als Triebkraft und über den Differenzregulator – sowie ein Beitrag in *Poggendorffs Annalen der Physik und Chemie*.[90] In der Physikalischen Gesellschaft zu Berlin hielt er am 3. Oktober 1845 einen Vortrag über die «Anwendung des elektrischen Funkens zur Geschwindigkeitsmessung» und am 17. April 1846 einen Vortrag «Über variable Expansion bei Dampfmaschinen, und ein neues Drosselventil».[91]

Der Physikalischen Gesellschaft zu Berlin gehörte Werner seit ihrer Gründung am 14. Januar 1845 an. Diese Mitgliedschaft bedeutete ihm viel, die hier versammelten Naturwissenschaftler waren das Umfeld, von dem er wahr- und aufgenommen werden wollte.[92] Die Gesellschaft war aus dem physikalischen Kolloquium von Gustav Magnus hervorgegangen, der Werner einst auf der Artillerie- und Ingenieurschule in Physik unterrichtet hatte. Magnus wurde 1845 zum ordentlichen Professor für Physik und Technologie an der Friedrich-Wilhelms-Universität berufen, nachdem er dort elf

Magnus-Haus am Kupfergraben in Berlin, um 1910

Jahre lang als außerordentlicher Professor gelehrt hatte. Die treibenden Kräfte bei der Gründung der Gesellschaft waren indes jüngere Naturwissenschaftler wie der 25-jährige Physiker Gustav Karsten und der 27-jährige Physiologe Emil du Bois-Reymond, denen der Rahmen eines professoralen Kolloquiums nicht mehr genügte.[93] Die Mitglieder, deren Zahl rasch anstieg – nach einem Jahr waren es bereits 53 Personen –, trafen sich alle zwei Wochen zu Vorträgen über neue naturwissenschaftlich-technische Erkenntnisse, an die sich intensive Diskussionen anschlossen. Es war, wie Werner rückblickend schrieb, ein «mächtig anregender Kreis».[94]

Zur innovativen Ausrichtung der Gesellschaft trug bei, dass sie kein exklusiver akademischer Zirkel war wie das physikalische Kolloquium von Magnus. Unter den Mitgliedern des ersten Jahres befanden sich Vertreter verschiedener naturwissenschaftlicher Disziplinen, aber auch sechs Offiziere und sechs Mechaniker.[95] Wie Werner in diesen Kreis gekommen war, lässt sich nicht mehr eindeutig feststellen. Er selbst nannte in diesem Zusammenhang später die Physiker Magnus, Dove und Rieß, die im Unterschied zu den Gründern der Physikalischen Gesellschaft damals schon zum wissenschaftlichen «Establishment» zählten.[96] Für den Artillerieoffizier Siemens war die

Erste Veröffentlichung von Werner Siemens, 1845

Mitgliedschaft in dieser Gesellschaft jedenfalls von unschätzbarem Wert. Hier konnte er sich über neue Entwicklungen informieren und wichtige Kontakte knüpfen. Nicht zuletzt waren die Vorträge, die er dort hielt, ein Stück Eigenwerbung.

Längst verstand sich Werner nicht mehr in erster Linie als Artillerieoffizier, sondern als Erfinder mit wissenschaftlichem Anspruch. Er hätte damals jederzeit den Militärdienst verlassen können. Im Oktober 1844 war die Bindungsfrist abgelaufen, zu der sich Absolventen der Artillerie- und Ingenieurschule verpflichten mussten.[97] Allein die materielle Sicherheit, die er als Offizier genoss, hielt ihn davon noch ab. An Wilhelm schrieb er im Oktober 1845: «Um meinen Abschied werde ich einkommen, sobald ich irgend das Gehalt entbehren kann, was freilich bei den vielen, durch die Brüder veranlaßten Ausgaben nicht viel sagen will.»[98] Die Briefe aus diesen Jahren vermitteln den Eindruck, dass sich Werner und Wilhelm eine Zeit lang verschworen hatten, unbedingt an ihrer gemeinsamen Sache, der «Erfindungsspekulation», festzuhalten. Wilhelm lehnte mehrfach ihm angebotene Stellen ab, obwohl er im Unterschied zu Werner keine festen Einkünfte hatte.[99] Die Königlich preußische Seehandlung, die damals nicht nur die Staatsbank, sondern auch der größte Arbeitgeber des Landes war, erwog angeblich, Werner und Wilhelm die Leitung ihrer Maschinenfabrik in Berlin-Moabit zu übertragen.[100]

Das Erbe, das die Vormünder den Geschwistern nach Erstellung der Abschlussbilanz für Menzendorf im Jahr 1845 zukommen ließen, war überschaubar. Jedes der elf Geschwister erhielt rund 700 Taler.[101] Wilhelm erhielt außer der Unterstützung durch Werner und Mathilde Himly Vorschüsse von seinem britischen Partner Joseph Woods und von Bernhard Hebeler, dem preußischen Generalkonsul in London.[102] Doch all dies genügte auf Dauer nicht. Ab Herbst 1845 führte Wilhelm Auftragsarbeiten für britische Eisenbahngesellschaften durch. Er beurteilte nun die Erfolgschancen seiner «Erfindungsspekulation» zunehmend skeptisch. Auch Werner bereitete die finanzielle Situation Sorgen. Im Mai 1846 schilderte er die Lage in geradezu dramatischer Weise: «Jetzt kann es aber nicht lange mehr so hingehen, denn die Quellen sind alle bis auf den Grund versiegt.»[103] Wilhelm zog als erster der beiden Brüder die Konsequenzen und trat noch im selben Jahr in eine Maschinenfabrik ein, um seinen Lebensunterhalt zu sichern. Die geschäftliche Verbindung zwischen den Brüdern war damit erst einmal beendet.[104] Werner war bewusst, dass auch er nun einen neuen Weg einschlagen musste. Zum gegenseitigen Trost schrieb er an Wilhelm: «Mögen unsere sich jetzt trennenden Wege uns einzeln zu demselben, von uns erstrebten, Ziele führen!»[105]

Vormund für drei Brüder

Werners Ausgaben hatten sich vor allem dadurch erhöht, dass er nun für mehrere seiner jüngeren Brüder zu sorgen hatte. Zunächst zog 1843 der 14-jährige Carl zu ihm nach Berlin. Carl hatte zu Beginn dieses Jahres die Schule in Lübeck verlassen und auf einem Schiff angeheuert. Nun wollte er nichts mehr von der Seefahrt wissen und besuchte unter Werners Obhut ein Berliner Gymnasium. Ein Jahr später zog der noch jüngere Walter bei Werner ein; zuletzt hatte er bei der Großmutter in Lübeck gelebt. Der 17-jährige Friedrich, der andere «Seefahrer» unter den Geschwistern, zeigte keine Neigung abzuheuern, obwohl der große Bruder in Berlin ihm nahelegte, sich weiterzubilden. Offenbar hat Werner damals für Friedrichs Zukunft eine Art Plan entwickelt. Friedrich reagierte darauf in einem Brief vom 8. März 1844 mit jugendlicher Unbefangenheit: «Vielen Dank, lieber Werner, für Deinen lieben Brief, worin Du Deine väterliche Fürsorge für mich so sehr ausgedrückt hast und mir den Weg gezeigt hast, wie ich meine Zukunft so ziemlich sichern kann. Ich werde mich auch bemühen, ihm so gut wie möglich zu folgen, nur muß ich bedauern, daß ich so lange auf dem Schiffe bin, es mir unmöglich ist, zu studieren …»[106] Im Februar 1845 schrieb Friedrich von Lübeck aus einen Brief an Werner, der erkennen ließ, dass sich seine Leidenschaft für die Seefahrt abgekühlt hatte, nachdem er bei einem Sturm in der Nordsee fast untergegangen wäre. Werner reagierte sofort und lud Friedrich ein, nach Berlin zu kommen, um sich bei der preußischen Kriegsmarine zu bewerben.[107] Friedrich war von dem Vorschlag angetan.[108] Er kam im März 1845 nach Berlin, wurde jedoch nicht als Kadett in die Kriegsmarine aufgenommen. Daraufhin blieb er bei seinen Brüdern und arbeitete schon bald bei Werners Versuchen mit.[109]

Innerhalb von nur zwei Jahren war damit ein neuer Zusammenhalt zwischen den Brüdern entstanden. Für Werner war dies so wichtig, dass er die finanzielle Belastung, die ihm hieraus erwuchs, bereitwillig in Kauf nahm. Am 10. November 1845 bevollmächtigte ihn Ekengreen, die Aufgaben eines Vormunds für Friedrich, Carl und Walter wahrzunehmen.[110] Werner war nun auch formal das Oberhaupt über drei seiner minderjährigen Brüder und nahm damit unter den Geschwistern die Stellung ein, zu der er sich seit seiner Jugend gleichermaßen berufen wie verpflichtet gefühlt hatte. Vorbei waren die Jahre, in denen die Vormünder über den Werdegang der kleineren Siemens-Kinder zu entscheiden hatten. Werner musste jetzt freilich auch für den Unterhalt der ihm anvertrauten Geschwister aufkommen. Mit feinem Gespür für die neue Rollenverteilung schrieb die inzwischen 80-jährige Großmutter Helene Deichmann im August 1845 an Carl: «Dem guten Werner müßt Ihr alle recht dankbar für seine Liebe sein und ihn als Vater ehren!»[111]

Die Wohngemeinschaft der Brüder Siemens erforderte zunehmend mehr Raum. In der Kaserne konnte Werner zunächst noch mit Carl leben. 1844 mietete er eine Wohnung am Luisenplatz 9 in der Friedrich-Wilhelm-Stadt. Auch diese wurde zu klein, nachdem Friedrich hinzugekommen war.

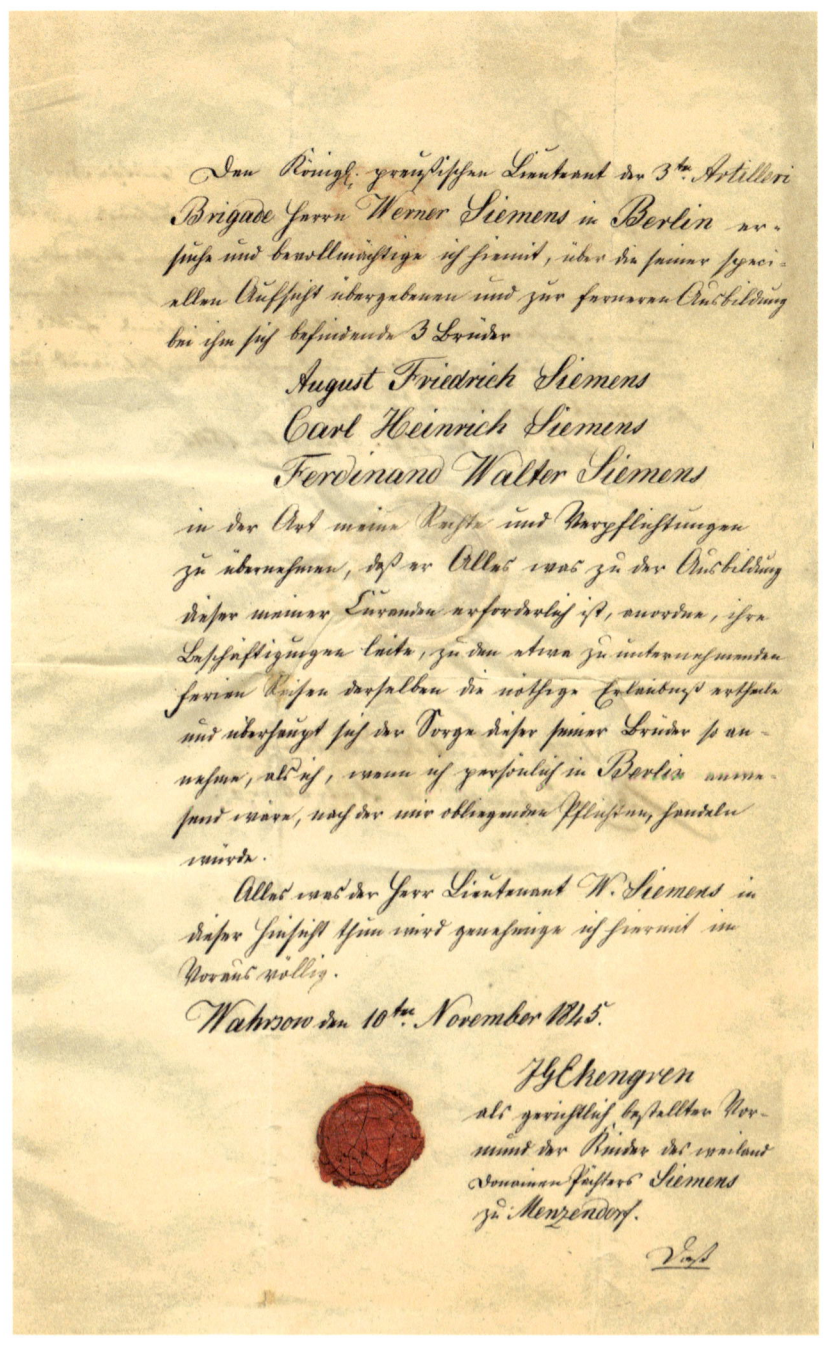

Vollmacht an Werner Siemens für die Vormundschaft über seine Brüder Friedrich, Carl und Walter, 10. November 1845

Ende September 1845 zogen die Brüder in eine Vierzimmerwohnung im Haus Luisenstraße 39, nahe der heutigen Charité, um.[112] Friedrich und Carl erhielten nun privaten Mathematikunterricht, wie Werner und Wilhelm in ihrer Schulzeit. Offenbar gehörte dies inzwischen zu Werners festen Vorstellungen von Erziehung. Drei Mal in der Woche gab ein Leutnant Roloff den beiden Jungen vor Schulbeginn, morgens von sechs bis acht Uhr, Mathematikstunden, in den Schulferien sogar täglich.[113]

Der Unterhalt für die Brüder, die Miete für die neue Wohnung und der private Mathematikunterricht führten bei Werner zu einer wachsenden finanziellen Belastung, besonders nachdem das Vermögen aus Wilhelms Vertrag mit Elkington vom Mai 1843 aufgebraucht war. Sein bescheidenes Gehalt erhöhte sich in dieser Zeit nicht, und weitere Erfindungen brachten nur wenig ein. Schon Carls Konfirmation im März 1845 konnte er nur mit Mühe bezahlen.[114] Ein Jahr später schreibt Werner an Wilhelm: «Früher hätte ich es nicht für möglich gehalten, daß wir uns so lange mit unseren großen Ausgaben für die Geschwister durchschwindeln könnten.»[115] Der Unterhalt für die jüngeren Brüder ging nun auch zulasten Wilhelms, der von Werner nicht mehr im früheren Umfang unterstützt werden konnte.

Am gesellschaftlichen und kulturellen Leben in Berlin nahm Werner in dieser Zeit praktisch nicht teil. Er ging nur zu Veranstaltungen, die seinen wissenschaftlichen Kenntnissen und Interessen förderlich waren, wie zu den Vorträgen in der Physikalischen Gesellschaft. Seinen Briefen aus dieser Zeit lassen sich keine Hinweise auf eine Beschäftigung mit politischen und sozialen Fragen entnehmen, obwohl in Berlin mit dem raschen Bevölkerungswachstum die sozialen Spannungen, Hunger und Elend zunahmen. Auch auf die wachsende Unzufriedenheit des liberalen Bürgertums mit dem preußischen Obrigkeitsstaat und die Forderungen der stärker werdenden Nationalbewegung ging Werner nicht ein. Er dürfte freilich gewusst haben, wie es um die Meinungsfreiheit eines preußischen Sekondeleutnants bestellt war. Für seine Anschauungen berufliche Nachteile zu erleiden, galt es unbedingt zu vermeiden, würde er damit doch die Weiterführung der Erfindungen und die Versorgung der Brüder aufs Spiel setzen. Einschlägige Erfahrungen hatte Werner im Sommer 1845 gemacht. Damals war er mit einigen Kameraden bei einem Spaziergang im Tiergarten in den dortigen Zelten, einem beliebten Versammlungs- und Vergnügungsort, in eine Kundgebung der freireligiösen Bewegung der Lichtfreunde geraten. Die Redner beklagten, von der Amtskirche ausgegrenzt zu werden, forderten Gewissens- und Lehrfreiheit. Werner hielt dies für unterstützenswert und unterschrieb gemeinsam mit seinen Kameraden eine Erklärung, in der Religion als «freie Sache des einzelnen» bezeichnet wurde. Rund 170 Personen unterschrieben diesen Aufruf, unter ihnen Beamte, Kaufleute, Unternehmer und Offiziere. Zu den Unterzeichnern gehörte auch der Apotheker und spätere Schriftsteller Theodor Fontane.[116] Derartige freiheitliche Forderungen dürften Werners Überzeugung entsprochen haben. Da er sich bei dieser Gelegenheit auch öffentlich dazu bekannte, werden seine Sympathien der liberalen bürgerlichen Opposition gegolten haben.[117] Ähnlich sahen es wohl Werners Vorgesetzte. Nachdem die Unterschriftenliste in der Presse veröffentlicht worden war, sollte er, wie bereits erwähnt, mit einer Rückversetzung zu seiner Einheit nach Magdeburg bestraft werden.[118] Damit hätte er wegen einer freien Meinungsäußerung alle Möglichkeiten verloren, die sich ihm als Betriebsoffizier der Artillerie-Werkstatt boten.

Eine eigene Familie zu gründen, kam für Werner nicht in Betracht, solange jüngere Brüder bei ihm wohnten, die er zu versorgen und zu erziehen hatte. Zuvor schien es vorübergehend Liebschaften gegeben zu haben. In einem Brief Mathilde Himlys an Werner vom 7. Juli 1843 ist von «Deiner Minna» die Rede, womit höchstwahrscheinlich eine Kusine im thüringischen Kölleda gemeint war.[119] Es kann sich dabei allerdings auch um einen Scherz der Schwester gehandelt haben, eine feste Beziehung mit Minna hatte Werner jedenfalls nicht.[120] Weitere Anspielungen lassen sich den Ratschlägen entnehmen, die er im selben Monat von Henriette Heyse, der «Frau Direktor» aus Magdeburg, erhielt.[121] Sie empfahl Werner, den sie ihren «Sohn» nannte, «wieder einmal in die seelenvollen Augen einer gewissen Antonie» zu blicken, und riet: «Antonie oder Louise muss die Begleiterin ihres Lebens heißen.»[122] Für eine Antonie oder eine Louise hatte Werner aber weder Zeit noch Geld. Dazu beschäftigten ihn seine Versuche und Erfindungen viel zu sehr, während des Dienstes wie in der Freizeit; die Wohnung teilte er in den folgenden Jahren mit seinen Brüdern, und das knappe Gehalt benötigte er für deren Unterhalt wie auch für die Versuche. Als Frau Heyse Werner im September 1845 in Berlin besuchte und erneut versuchte, ihn mit Antonie zu verkuppeln, erhielt sie eine überaus deutliche Antwort: «Ich hab ihr zu ihrem Verdruss gesagt, dass ich zum Verliebtsein und Verheirathen keine Zeit hätte.»[123] Dass sich sein Leben so gestaltete, störte Werner nicht, er sah darin eine Herausforderung. Auch das hatte Wilhelm mit ihm gemein. Obwohl sich dieser in London um keine Brüder kümmern musste, ging auch er keine Beziehung oder gar Ehe ein. An Werner schrieb er im Juni 1846: «Ich liebe die Arbeit, und möglichst viel Beschäftigung ist das Einzige, was mich glücklich macht.»[124]

Die beiden jüngsten Siemens-Brüder, Walter und Otto, hatten unter dem frühen Tod der Eltern besonders gelitten. Sie waren erst in der Obhut ihrer geliebten Großmutter geblieben und wurden dann getrennt, Walter kam zu Werner, Otto zur Familie Himly. Beide waren schwierig. Werner machte sich um Walter Sorgen und musste erfahren, dass dieser Mitschüler bestahl.[125] Mathilde Himly hatte inzwischen vier eigene Kinder und war mit der Erziehung des kleinen Bruders überfordert. Über Otto schrieb sie, er besitze «durchaus nichts, was man Charakter nennen könnte», sei faul und würde lügen.[126] Werner und Mathilde waren geradezu besessen von der Furcht, dass die beiden jüngsten Brüder so werden könnten wie Ludwig, der verstoßene älteste Bruder.[127]

Vor diesem Hintergrund dürfte es für einige Unruhe gesorgt haben, dass Ludwig selbst ganz überraschend wieder auftauchte. Im Juni 1846 meldete er sich aus Woldenberg in der Neumark mit einem Brief an Eduard Deichmann als dem einzigen Verwandten, «der es nicht verschmäht, sich noch mit mir zu beschäftigen und mir zu schreiben». Ludwig teilte mit, inzwischen ein geläuterter Sünder mit besten Aussichten zu sein. Er stehe vor der Hochzeit mit der 18-jährigen Tochter eines pensionierten Hauptmanns, überlege, ein Gut in der Nähe von Woldenberg zu pachten, und bat um einen Vorschuss auf sein Erbteil.[128] Eduard Deichmann war als Vormund der jüngeren Geschwister offenbar mit Ludwig in Kontakt geblieben. Die Läuterung klang glaubwürdig, und Deichmann wird natürlich gewusst haben, dass die von Christian Ferdinand ausgesprochene Enterbung nicht rechtskräftig war. Gleichwohl ließ er sich Zeit, Mathilde Himly und Werner von diesem Brief zu berichten. Die Geschwister tauschten sich erst ab Februar 1847 darüber aus.[129] Wilhelm schrieb an Werner: «Es freut mich sehr, dass Ludwig ein Ehrenmann geworden ist, u. wenn Deine Nachfrage günstig ausfällt so werde ich mich glücklich schätzen die Zahl meiner Geschwister wieder voll zählen zu können.»[130] Ähnlich sah es Mathilde.[131] Werner wartete dagegen erst einmal die «Nachfrage» ab. Gleich drei Mitglieder der Familie – Hans, Ferdinand und ihr Vetter Louis aus Rhoden – fuhren nach Woldenberg, um sich mit Ludwig zu treffen und sich über ihn zu erkundigen. Das Ergebnis teilte Werner Anfang April Wilhelm mit:

> «Die Nachrichten schienen eben nicht sehr günstig über ihn zu lauten, da er noch nicht verheirathet, auch nicht ansässig war, wie er an Eduard geschrieben haben soll. Ferdinand und Louis trafen ihn. Er hat ihnen gesagt, er wäre verlobt und wolle pachten; doch seine Aeusserungen haben theilweise sehr zweifelhaft gelautet. Wir müssen jedenfalls erst noch nähere Erkundigungen über ihn einziehen. Er hat sich längere Zeit in Berlin aufgehalten, unter anderem bei Keller Brennerei gelernt.»[132]

Damit verliert sich die Spur des verstoßenen Bruders. Ludwig blieb ausgegrenzt, in den Briefwechseln der Geschwister gibt es keinen Hinweis auf einen weiteren Kontakt. Werner erhielt erst wenige Wochen vor seinem Tod einen Hinweis auf Ludwigs Verbleib. Der Gutspächter Adolf Deichmann aus Perleberg schrieb ihm am 14. Oktober 1892, dass Ludwig Inspektor auf dem Sydow'schen Gut bei Woldenberg gewesen und dort Ende September («zu Michaelis») 1847 weggegangen sei.[133] Aus der angekündigten Hochzeit war also nichts geworden, möglicherweise hatte Ludwig diese nur vorgegaukelt, um einen Vorschuss zu bekommen. Nach dem Weggang aus Woldenberg hat er zunächst in Perleberg gelebt. Er habe damals viel von seinen Geschwistern erzählt und auch Werners Adresse in Berlin gekannt, wusste Deichmann zu berichten. Im Juni 1848 habe Ludwig Perleberg verlassen. Danach hat ihn auch dieser Verwandte aus dem Blick verloren.[134]

Ludwig ist wahrscheinlich Anfang 1871 gestorben. Werner erhielt am 14. Februar 1871 von Karl Deichmann, einem Bruder Adolf Deichmanns, einen Anteil an Ludwigs Erbe ausgehändigt. Eine Ehefrau oder Kinder kann dieser demnach nicht hinterlassen haben. Werner sah sich genötigt, das Erbe anzunehmen, «um öffentliche Proklame zu vermeiden».[135] Er wollte keinen Heller davon behalten und einigte sich mit seinen Geschwistern darauf, das Geld anonym zu spenden.[136] Allerdings konnten sich die Geschwister Ludwigs Anteil am väterlichen Erbe, das er ihnen mit seinem eigenen Erbe vermacht hatte, nicht so leicht entledigen. Mit juristischer Hilfe fand man schließlich eine Lösung, bei der sich Werner und seine Geschwister nicht als Erben Ludwigs legitimieren mussten.[137] Dass sie einen verstoßenen Bruder hatten, sollte auch nach dessen Tod nicht bekannt werden.

Kapitel 4
«Halskes Werkstatt»

Alles auf eine Karte

Am 13. Dezember 1846 wurde Werner Siemens 30 Jahre alt. Nach Feiern war ihm nicht zumute, er hatte aus seiner Sicht zu wenig erreicht und litt ständig unter Geldnot. Dass sein Freund William Meyer, der im Frühjahr nach Berlin versetzt worden war, ihm eine Tasse mit der Aufschrift «Schier dreißig Jahre bist Du alt» geschenkt hatte, machte es nicht besser.[1] Die schwermütige Stimmung hielt in den folgenden Wochen an. An Wilhelm Drumann, seinen späteren Schwiegervater, schrieb Werner: «Das verflossene Jahr war mir durchaus unglücklich. Fast alle meine Unternehmungen scheiterten, die unglücklichen Geldverhältnisse lähmten meinem Bruder in England die Hände, und wir kamen, mit Schulden belastet, an den Rand des Verderbens.»[2] Bei Drumann hatte er Schulden, aber auch bei seinen Vettern Louis und Johann Georg sowie bei seinem Bruder Hans. Wenn sie alle ihm nicht geholfen hätten, schrieb Werner im Januar 1847, «müsste ich schon lange banquerott gemacht haben».[3] Der elf Jahre ältere Vetter, Justizrat Johann Georg Siemens, lebte noch nicht lange in Berlin. Er hatte sich als Notar und Anwalt am Preußischen Obertribunal niedergelassen.[4] Louis Siemens, der Sohn des Rhodener Gutsbesitzers Gottlieb Siemens, und Werners Bruder Hans arbeiteten gemeinsam in einer Brennerei in Westpreußen. Beide waren inzwischen offenbar bessergestellt als Werner. Im November 1846 musste Werner auch Johann Gustav Ekengreen, den Vormund der jüngeren Geschwister, um ein Darlehen von 300 Reichstalern bitten.[5] Unter dem Druck der Schulden suchte er nach weiteren Verdienstmöglichkeiten. Als ihm die Mitarbeit an einer neuen statistischen Zeitschrift angeboten wurde, hatte er die Hoffnung, im kommenden Jahr «einiges Geld durch Schreiben zu ver-

Linke Seite: Die erste Werkstatt in der Schöneberger Straße 19 in Berlin, undatiert

dienen».⁶ Am letzten Tag des Jahres 1846 wollten Werner und die bei ihm wohnenden Brüder früh zu Bett gehen, «da wir keine Veranlassung hatten, uns dem alten Jahre erkenntlich zu zeigen oder das neue Jahr freudig oder auch nur mit besonderen Hoffnungen zu bewillkommnen».⁷ Schließlich besuchten sie doch noch den Freund William Meyer. Gemeinsam trank man Grog und versuchte, die Misserfolge des vergangenen Jahres zu vergessen.⁸

Werner war sich bewusst geworden, dass es nicht weitergehen konnte wie bisher. Die kosten- und zeitintensive Verfolgung vieler verschiedener Erfindungsprojekte hatte keinen Erfolg gebracht. Gleichwohl ließ er sich durch die erlittenen Rückschläge nicht entmutigen und war dabei, neue Pläne zu schmieden. Den Entschluss, sich neu zu orientieren, muss er unmittelbar vor dem 30. Geburtstag, wenn nicht gar an diesem Tag selbst gefasst haben. Am 14. Dezember – einem Tag nach dem Geburtstag – teilte er diese Entscheidung dem Bruder in London mit: «Ich bin jetzt fest entschlossen, mir eine feste Laufbahn durch die Telegraphie zu bilden, sei es bei oder außer dem Militär.»⁹ Noch deutlicher formulierte er dies wenige Wochen später in seinem Neujahrsbrief an Wilhelm:

> «Ich habe mich im alten Jahre aller sanguinischen Hoffnungen aller der vielen, sich theils durchkreuzenden Pläne erledigt und will, mit Deinem Rathe übereinstimmend, alle meine Kräfte dem einen Ziele, der galvanischen Telegraphie, und was daran hängt und dazu nützt, widmen! Ich will suchen, mich mit aller Anstrengung aus der verzweifelten Lage, in der ich mich jetzt befinde, herauszuarbeiten und wünsche mir selbst Ausdauer und Gesundheit dazu!»¹⁰

Werner setzte nun alles auf eine Karte: die elektromagnetische («galvanische») Telegrafie. Seine Rechte an anderen Erfindungen gab er nach und nach ab.¹¹ Mit der Telegrafentechnik war er durch den Uhrmacher Ferdinand Leonhard in Verbindung gekommen, mit dem er zuvor bereits beim Regulator zusammengearbeitet hatte. Leonhard hatte 1844 einen elektromagnetischen Telegrafen erfunden und war vom preußischen Kriegsministerium beauftragt worden, für dessen Erprobung eine Versuchsstrecke zwischen Berlin und Potsdam zu bauen. Wenige Wochen vor Eröffnung der Linie hatte Leonhard erhebliche Probleme mit der Fertigung seines Telegrafenapparats. Wie aus einem Brief Werners an Wilhelm vom 15. Juli 1846 hervorgeht, ließ sich der Uhrmacher damals von Werner beraten. «Ich fand Leonhard vor etwa 14 Tagen in grossen Schwulitäten, weil sein neu construirter Telegraph Fehler machte, die er nicht ergründen konnte. Da mir die Quelle derselben gleich klar war, so gab ich ihm den Weg an, wie er sie vermeiden

Werner Siemens an einem Wheatstone-Telegrafen im Garten des Fabrikanten Soltmann, undatiert

könnte. Der Aerger über meine Dummheit oder mindestens Unklugheit veranlasste mich jedoch über die Telegraphie weiter nachzudenken [...].»[12] Als Werner diesen Brief schrieb, war es ihm bereits in bemerkenswert kurzer Zeit gelungen, sich ein neues Konstruktionsprinzip für Telegrafen auszudenken, das eine seiner wichtigsten Erfindungen wurde: «Ich kam zu wirklich glänzenden Resultaten, die mir eine Umgestaltung des ganzen Systems und eine viel allgemeinere Anwendung in sichere Aussicht stellen.»[13]

In den *Lebenserinnerungen* schrieb Werner, er habe im Sommer 1846 im Garten des Berliner Mineralwasserfabrikanten und Hofrats Soltmann, mit dessen Familie er befreundet war, einen Wheatstone-Telegrafen gesehen. Dabei habe er die Probleme dieses Apparats sofort erkannt.[14] Der Mineralwasserfabrikant interessierte sich für alle technischen Neuerungen seiner Zeit und hatte ein Einfuhrpatent auf den Telegrafenapparat Wheatstones erhalten.[15] Es ist daher sehr wahrscheinlich, dass Werner diesen Apparat bei den Soltmanns sah.[16] Der Anstoß zu seiner Beschäftigung mit der Telegrafie kam aber eindeutig von Leonhard bzw. von den Problemen, die dieser Anfang Juli 1846 beim Bau seines Zeigertelegrafen hatte. Werner verhehlte in den *Lebenserinnerungen* auch nicht, dass sein Interesse an der

Alles auf eine Karte

Nadeltelegrafen von Charles Wheatstone, undatiert

Telegrafie entscheidend auf «die Beteiligung an den Versuchen Leonhards» zurückging.[17]

Werners Erfindung basierte auf dem neun Jahre zuvor in England von Charles Wheatstone und William Fothergill Cooke entwickelten Nadeltelegrafen. Dieser Apparat hatte ein Sender- und ein Empfängergerät, die durch ein Kabel miteinander verbunden waren. An beiden Geräten drehte sich eine von einem Elektromagneten und einem Zahnrad angetriebene Nadel über einem Buchstabenblatt. Durch den Telegrafiestrom konnte die Nadel auf einem bestimmten Buchstaben des Sendegeräts festgehalten werden, auf dem dann auch die Nadel des Empfängergeräts stehen blieb. Die Konstruktion hatte den Nachteil, dass der Strom durch eine handgetriebene Kurbel erzeugt wurde und die Funktionsfähigkeit des Apparats damit in hohem Maße von den Bewegungen des Telegrafisten abhing. Oft gelang es den Telegrafisten nicht, Stromimpulse von ausreichender Stärke zu erzeugen, und wenn sie die Kurbel zu schnell drehten, blieben die Nadeln hängen.[18] Nach

Zeigertelegraf von Werner Siemens von 1847 (Nachbau)

zwei Wochen intensiver Beschäftigung mit diesem Problem entwickelte Werner von Siemens ein neues Konstruktionsmodell, indem er den Lauf zweier miteinander korrespondierender Telegrafen durch den Einsatz eines sogenannten Neef'schen Hammers elektrisch synchronisierte. Drückte man beim sendenden Telegrafen eine Buchstabentaste, unterbrach dies den Stromfluss, und der Zeiger des Empfangsgeräts stoppte auf dem gleichen Buchstaben.[19] Werner konnte diese Erfindung in so kurzer Zeit nur gelingen, weil er sich bei seinen Versuchen der vergangenen Jahre auch mit dem Prinzip der Selbstunterbrechung des Stroms beim Neef'schen Hammer beschäftigt hatte. Dieses Wissen konnte er nun für die Konstruktion eines neuen Zeigertelegrafen nutzen.

Um sich die Bedeutung des Zeigertelegrafen zu vergegenwärtigen, bedarf es eines Blickes auf die Anfänge der Telegrafentechnik. In den 1840er Jahren fand auf diesem Gebiet ein tief greifender Umbruch statt: der Übergang von der optischen zur elektrischen Telegrafie. Bei den optisch-mechanischen Telegrafen wurden Zeichen durch schwenkbare Signalarme übermittelt, die an hohen Masten angebracht waren («Flügeltelegraf»). In dieser Technik war Frankreich führend. Dort war schon zur Zeit Napoleons ein Netz von optischen Telegrafenlinien errichtet worden, das ausschließlich für politische und militärische Zwecke genutzt wurde.[20] In Preußen wurde die optische Telegrafie erst sehr viel später, aber ebenfalls durch den Staat ein-

Königlich-preußische Telegrafeninspektoren an der optischen Telegrafenstation Dahlem, 1835

geführt. 1833 konnte hier eine Linie von Berlin über Köln nach Koblenz in Betrieb genommen werden. Die Bauleitung hatte ein Major im Generalstab, Franz August O'Etzel, der ein Jahr nach Fertigstellung der Linie zum «Königlich-preußischen Telegraphendirektor» ernannt wurde.[21] Wegen ihrer großen militärischen Bedeutung unterstand die Staatstelegrafie dem preußischen Generalstab. Als Depeschen durften nur politische und militärische Nachrichten übermittelt werden.[22]

Schon 1833 führten die Physiker Carl Friedrich Gauß und Wilhelm Weber in Göttingen erste Versuche mit elektrischer Telegrafie durch, die gegenüber der optischen Telegrafie den entscheidenden Vorteil einer von Wetter und Tageslicht unabhängigen Nachrichtenübermittlung hatte. Die ersten elektromagnetischen Telegrafenapparate wurden fast gleichzeitig von Erfindern in mehreren Ländern gebaut: Carl August von Steinheil, Paul Schilling von Cannstatt, Charles Wheatstone, William Fothergill Cooke und Samuel F. B. Morse. In den USA konnte Morse 1838 den ersten brauchbaren elektrischen Schreibtelegrafen und den nach ihm benannten Code vorführen.[23] Dass diese neue Technik innerhalb von zehn Jahren die optische Telegrafie verdrängte, war nur durch die Eisenbahn möglich, die sich damals als Schlüsseltechnologie von England aus in Kontinentaleuropa und in den USA ausbreitete. Die Eisenbahngesellschaften konnten Telegrafenkabel entlang ihrer Linien verlegen lassen und waren auf telegrafisch übermittelte Zeitsignale angewiesen, um die von ihnen erstmals eingeführten überregionalen Standardzeiten an alle Stationen zu übermitteln. England, das Mutterland der Eisenbahn, wurde auch zum Pionierland der elektrischen Telegrafie. Hier wurde die neue Kommunikationstechnik von privaten Eisenbahngesellschaften und nicht vom Staat eingeführt. Nach und nach sicherte sich dann ein kommerzieller Telegrafendienst, die Electric Telegraph Company, ein Monopol.[24]

In Preußen beobachtete Telegrafendirektor Franz August O'Etzel das Aufkommen der elektrischen Telegrafie in England recht genau. Im Januar 1841 beauftragte er den Hamburger Mechaniker Hannibal Moltrecht, eine Versuchsstrecke zwischen Berlin und Potsdam zu bauen. Aus Gründen, die nicht bekannt sind, kam dieses Projekt nicht voran.[25] Im Oktober 1844 richtete Ferdinand Leonhard, Werners damaliger Partner bei der Verbesserung und Verwertung des Differenzregulators, eine Eingabe an das Preußische Kriegsministerium. Er teilte darin mit, einen verbesserten Telegrafenapparat erfunden zu haben, und bat darum, die Ausführung der Versuchslinie zwischen Berlin und Potsdam übertragen zu bekommen.[26] Beim Militär hatte Leonhard einen guten Ruf. Zwei Jahre zuvor war es ihm gelungen, für die Artillerie eine Uhr zur Geschwindigkeitsmessung von Geschossen zu bauen, die auf die tausendstel Sekunde genau lief.[27] Inzwischen war beim preußischen Generalstab eine eigene Telegrafenkommission unter der Leitung O'Etzels gebildet worden. Diese genehmigte Leonhards Antrag und stellte die erforderlichen Mittel bereit.[28] Die Kabel einer elektrischen Telegrafenleitung konnten oberirdisch oder unterirdisch verlegt werden. Unter den Pionieren dieser Technik wurde es bald zur Glaubensfrage, welche Variante größere Vorteile bot. Das Verlegen oberirdischer, an Telegrafenstangen befestigter Kabel war nicht so teuer wie der Bau einer unterirdisch geführten Linie. Die oberirdischen Leitungen konnten aber leicht durch Unwetter und Vandalismus beschädigt werden. O'Etzel wollte die Versuchsstrecke zunächst oberirdisch bauen lassen, schwenkte dann aber unter dem Eindruck von Berichten Wheatstones über die Wetteranfälligkeit derartiger Leitungen um und bestand auf einer unterirdischen Verlegung.[29] Ein derartiges Projekt hatte es bisher noch nicht gegeben, auch nicht in England. Das entscheidende Problem war die Isolierung. Leonhard musste ein Material finden, mit dem der Kupferdraht vor der Nässe des Bodens geschützt werden konnte. Da ihm dies nicht gelang, musste die Versuchslinie schließlich doch oberirdisch gebaut werden. Im August 1846 konnte sie mit Telegrafenapparaten von Leonhard in Betrieb genommen werden.[30] Preußen lag beim Bau von elektrischen

Telegrafenlinien inzwischen nicht nur hinter England zurück, sondern auch hinter den USA und Österreich.[31]

Der erste Siemens-Zeigertelegraf

Werner war zunächst unklar, wie er sich mit dem von ihm erfundenen Zeigertelegrafen eine neue, einträgliche Existenz aufbauen konnte. Für den Bau des Apparats war er auf das Know-how eines Feinmechanikers angewiesen. Er schloss sich deshalb mit Leonhard zusammen. Wenig später kam August Kramer, ein Mathematik- und Physiklehrer aus Mühlhausen in Thüringen, nach Berlin, um einen von ihm erfundenen Telegrafenapparat den Mitgliedern der preußischen Telegrafenkommission und einigen renommierten Wissenschaftlern vorzuführen. Kramer bot die Rechte an diesem Apparat Leonhard und Werner zum Kauf an.[32] Bei den Verhandlungen pries Werner die Fähigkeiten seines eigenen Telegrafen, von dem es erst einige Zeichnungen gab: «Cramer verlor etwas die Contenance, als er von den Leistungen meines Telegraphen etwas erfuhr. Kurz, er verkaufte an Leonhard für 500 Thaler, seine Erfindung und verpflichtete sich zu zweijähriger Geheimhaltung.»[33] Werner und sein Partner Leonhard glaubten, den Konkurrenten zu einem günstigen Preis ausgeschaltet zu haben. Kramer machte sich aber daran, einen neuen Zeigertelegrafen zu bauen, für den er dann größere Aufträge von Eisenbahngesellschaften erhielt.[34] Der verbesserte Apparat Kramers beruhte wie Werners Erfindung auf dem Prinzip der Selbstunterbrechung des Stroms.[35]

Werner und Leonhard waren nach dem Mitte August 1846 erfolgten Kauf des ursprünglichen Kramer-Telegrafen überzeugt, mit den Rechten an diesem Apparat ein Geschäft machen zu können. Darüber kam es zwischen den beiden Partnern allerdings bald zu einem Konflikt.[36] Man einigte sich darauf, dass Leonhard ein Patent für den Kramer-Apparat beantragen, aber keine Rechte an dem von Werner erfundenen Telegrafen erlangen sollte.[37] Einen Bruch mit Leonhard konnte sich Werner nicht leisten, solange er den Uhrmacher für den Bau seines Telegrafen benötigte. Doch im Herbst 1846 gerieten die Arbeiten an diesem Apparat ins Stocken, weil Leonhard mehrere Wochen in Thüringen beschäftigt war.[38] Als Werner im Dezember beschloss, sich fortan auf die elektromagnetische Telegrafie zu konzentrieren, stand für ihn fest, dass Leonhard dafür nicht der geeignete Partner war. Er wollte sich nun von ihm trennen und sah sich nach einem anderen «Mechanicus» um.[39]

Auch in dieser Situation erwiesen sich die Verbindungen als außerordent-

Emil du Bois-Reymond, undatiert

lich nützlich, die Werner über die Physikalische Gesellschaft geknüpft hatte. Er war mit einem der leitenden Köpfe dieser Gesellschaft, dem Physiologen Emil du Bois-Reymond, gut bekannt.[40] Dieser empfahl ihm den Feinmechaniker Johann Georg Halske.[41] Du Bois-Reymond ließ seine Instrumente von der Werkstatt für chemische und mechanische Apparate herstellen, die Halske seit 1843 zusammen mit Friedrich M. Bötticher in der Karlstraße 5a betrieb.[42] Bötticher & Halske führten für Naturwissenschaftler der Berliner Universität anspruchsvolle Konstruktionen mit höchster Präzision aus. Halske war kein Mechaniker im heutigen Sinn, sondern ein wissenschaftlicher Geräte- und Instrumentenbauer. Ebenso wie Bötticher und Leonhard gehörte er der Physikalischen Gesellschaft an. Die präzisionsmechanischen Werkstätten im Berlin dieser Zeit – wie Hirschmann, Pistor und Bötticher & Halske – stellten einen neuen Typ «mechanischer Ateliers» dar, der sich mit der naturwissenschaftlichen Forschung an der Friedrich-Wilhelms-Universität entwickelt hatte und wesentlich zu deren Aufschwung beitrug. Diese Geräte- und Instrumentenbauer waren keine spezialisierten «Erfinderhandwerker» wie der Uhrmacher Leonhard, sondern führten Auftragsarbeiten für ein breites Spektrum naturwissenschaftlich-technischer Geräte aus. Sie verstanden diese Tätigkeit als Herausforderung an ihr Können und hatten den Ehrgeiz, perfekte Lösungen

Johann Georg Halske, 1855

zu finden. Du Bois-Reymond machte keinen Hehl daraus, dass viele seiner Apparate durch Halske «ihre letzte Gestalt» erhielten.[43]

Obwohl Halske und Bötticher der Physikalischen Gesellschaft angehörten, kannte Werner sie bis dahin nicht. Du Bois-Reymond brachte ihn nun mit beiden zusammen. Rückblickend schrieb dieser über das Treffen: «Es blieb mir vorbehalten, meines Freundes Siemens Aufmerksamkeit auf meinen Freund Halske als auf eine für seine Zwecke wohl geeignete Persönlichkeit zu lenken, ja beide Männer am letzten Tage des Jahres 1846 einander zuerst gegenüber zu stellen.»[44] Werner befand sich dabei in der schwächeren Position. Er musste Halske für sein Vorhaben gewinnen, während dieser nicht darauf angewiesen war, den Siemens-Telegrafen zu bauen. Der erfahrene Präzisionsmechaniker war zunächst recht skeptisch, als Werner ihm das Konstruktionsprinzip seiner Erfindung beschrieb. Es bedurfte einiger Überzeugungskraft, um die Bedenken zu zerstreuen. Wie ihm dies gelang, schilderte Werner in seinen *Lebenserinnerungen*: «Da Halske anfänglich Zweifel hegte, ob mein Apparat auch funktionieren würde, so stellte ich mir selbst aus Zigarrenkisten, Weißblech, einigen Eisenstückchen und etwas isoliertem Kupferdraht ein paar selbsttätige Telegraphen her, die mit voller Sicherheit zusammengingen und standen.»[45] Vermutlich geschah dies am 2. Januar 1847. In einem Brief an Wilhelm teilte Werner mit, an diesem Tag mit Halske und Bötticher bei einem Treffen in deren Werkstatt einig geworden zu sein.[46] Die Werkstatt Bötticher & Halske hatte nun den Auftrag, den Siemens-Telegrafen zu bauen. Zudem wurde vereinbart, dass Werners Bruder Friedrich in der Werkstatt mitarbeiten sollte.[47] Wie seine Korrespondenz aus den folgenden Wochen zeigt, besserte sich Werners Stimmung nach dem Vertrag mit Bötticher & Halske schlagartig. Er war sich nun sicher, dass sein Telegrafenapparat gebaut würde und dass sich die Ausführung in besten Händen befand. Mit seinem früheren Partner Leonhard einigte er sich auf eine Auflösung des Vertrags.[48]

Konflikte wie mit Leonhard waren bei der Zusammenarbeit mit Halske nicht zu erwarten. Halske hatte den Siemens-Telegrafen als Auftragnehmer zu bauen, nicht als gleichberechtigter Partner des Erfinders. Auch war der Feinmechaniker selbst kein Erfinder, sein Ehrgeiz lag darin, Konstruktionen perfekt auszuführen. Vor dem Hintergrund der Erfahrungen mit Leonhard enthielt der Vertrag zwischen Werner und der Werkstatt Bötticher & Halske strenge Auflagen. Die beiden Mechaniker konnten den Vertrag jederzeit kündigen, mussten sich aber verpflichten, in diesem Fall den Apparat acht Jahre lang – die damals übliche Laufzeit eines preußischen Patents – nicht für andere Auftraggeber oder auf eigene Rechnung herzustellen. Ferner behielt sich Werner die Rechte am Bau von Telegrafenlinien und am Auslandsgeschäft vor. Die beiden Mechaniker mussten auch noch zusagen, die «ersten Anfertigungskosten» auszulegen, weil Werner dafür das Geld fehlte.[49]

Werner beschäftigte sich fortan so intensiv wie möglich mit dem Zeigertelegrafen, trieb dieses Projekt voran und bearbeitete die Telegrafenkommission des Generalstabs, um sich deren Unterstützung zu sichern. Mit dieser Fokussierung ging er ein hohes Risiko ein. Wenn sich sein Telegrafenapparat in der Praxis nicht bewährte, konnte er sich nicht mehr so schnell auf eine andere Erfindung verlegen. Mathilde Himly war über dieses Verhalten ihres Bruders geradezu entsetzt. Anders als Werner lebte sie inzwischen in gesicherten Verhältnissen. Ihr Mann hatte den lange ersehnten Ruf erhalten und war seit März 1846 ordentlicher Professor für Chemie an der Universität Kiel. Mathilde wünschte sich Ähnliches für Werner. Sie schrieb, dass Carl Himly versuchen werde, ihm mit Unterstützung Alexander von Humboldts zu einer Professur zu verhelfen.[50] Vermutlich handelte es sich eher um Wunschdenken, da Werner ja kein Studium vorweisen konnte. Doch zeigte er sich an solchen Aussichten gar nicht interessiert, für ihn hatte der Zeigertelegraf Vorrang. Vergeblich beschwor Mathilde ihren Bruder, seine Fixierung auf diesen Apparat aufzugeben:

Der erste Siemens-Zeigertelegraf

> «Dir scheinen die steten Sorgen u. stete Angst u. Not lieber! Du sagst Du mußt jetzt Deinen Telegraphen-Plan verfolgen, um nicht unkonsequent zu werden! Hieße das nicht Eigensinn, sobald Dir das Schicksal etwas Angenehmeres bietet? Unmöglich kann ich glauben, daß Dir der Beruf bis an den Tod zu telegraphieren zusagt.»[51]

Für Werner wog das Interesse an der Ausführung und Vermarktung seines Telegrafen schwerer als die Vorteile einer sicheren Position als Professor. Anders als sein Schwager Carl Himly wollte er sein Wissen unternehmerisch nutzen. Das damit verbundene Risiko schreckte ihn nicht ab, er sah in erster Linie die Chance, die sich ihm bot. Beispiele aus der damaligen Zeit zeigen, dass Werners Selbstständigkeitsstreben nicht nur individuell angelegt war, sondern auch einer verbreiteten Neigung von Technikern entsprach. Aus Gestaltungsdrang zogen Techniker in mehreren bekannten Fällen eine Existenz als selbstständiger Unternehmer einer Beamtenposition vor.[52]

Nach dem Abschluss des Vertrags mit Bötticher & Halske rechnete Werner damit, dass sein Zeigertelegraf innerhalb von zwei Monaten fertiggestellt sein würde. Schon vorher wollte er die Telegrafenkommission überzeugen, um die Genehmigung zum Bau einer Versuchsstrecke zu erhalten.[53] In einer Eingabe an die Kommission vom 22. Januar 1847 erläuterte er seine Erfindung eines «Zeigertelegraphen mit Selbstunterbrechung» und bat, diesen Apparat nach der Fertigstellung zu prüfen.[54] Von Etzel (bis 1846: O'Etzel) befürwortete Werners Anliegen und vermittelte ihm einen Vortrag vor dem Chef des Generalstabs.[55] Werners Status als Offizier war dabei sicher hilfreich, dürfte aber nicht allein den Ausschlag gegeben haben.

Es dauerte dann fast sechs Monate, bis der erste Siemens-Zeigertelegraf fertiggestellt war. Für Werner war dies eine Zeit höchster Anspannung, weil sich nun zeigen musste, ob sich seine Erfindung ausführen ließ oder ob ihm ein Fehler unterlaufen war. «Ich bin übrigens jetzt in meiner kritischen Lage keines Nachdenkens fähig», schrieb er damals an Wilhelm.[56] Anfang April musste Werner zudem aus der Wohnung in der Luisenstraße 39 in ein provisorisches Quartier in der Albrechtstraße umziehen.[57] Walter, der jüngste seiner vier Schützlinge, bedurfte noch einer ständigen Betreuung und schien ihm deshalb in einer anderen Umgebung besser aufgehoben. Er gab ihn nach Ostern 1847 auf das Realgymnasium des Waisenhauses in Halle/Saale.[58] Carl hatte inzwischen die Schulzeit beendet und sich unter Anleitung des großen Bruders intensiv mit Chemie beschäftigt. Werner konnte ihm eine gut dotierte Stelle bei der Zementfabrik Haslinger & Schorndorff in Berlin-Moabit vermitteln.[59] Für Werner bedeutete Carls Anstellung freilich keine finanzielle Entlastung, weil nun sein Bruder Ferdinand bei ihm unterkam und unterhalten werden musste.[60]

Am 1. Mai 1847 konnte das Gesuch auf Erteilung eines preußischen Patents für den Siemens-Zeigertelegrafen eingereicht werden, das sich auch auf eine mit diesem Apparat verbundene Druckvorrichtung bezog, an der Halske inzwischen arbeitete.[61] Nun begann eine eingehende Prüfung durch die Behörden. Für Werner war es ein Wettlauf gegen die Zeit. Durch Veränderungen im familiären Umfeld geriet er finanziell noch stärker unter Druck. Sein Vetter Louis erwarb damals ein Gut in Langenreichenbach bei Torgau und benötigte Geld, um die fällige Anzahlung leisten zu können. Werner musste einen Teil des von seinem Bruder Hans erhaltenen Darlehens an Louis abgeben und war «wieder ziemlich abgebrannt».[62] Zwei Monate später kaufte Hans in Woldegk bei Neubrandenburg ein Grundstück mit Brennereieinrichtung. Er drängte nun darauf, dass Werner seine bei ihm aufgenommenen Schulden in Höhe von 1200 Talern beglich.[63]

Ende Juni 1847 hatte Halske den ersten Siemens-Zeigertelegrafen fertiggestellt, allerdings immer noch ohne Drucker. Wenige Tage später wurde der Probebetrieb auf der oberirdischen Versuchsstrecke zwischen Berlin und Potsdam aufgenommen. Bereits am 8. Juli erfolgte eine Besichtigung durch die Telegrafenkommission, deren Ergebnis Werner schlagartig in Hochstimmung versetzte. An Wilhelm schrieb er einen Tag später, die Kommission sei «ganz entzückt» gewesen, sein Prinzip habe sich «glänzend bewährt» und das Patent sei ihm zugesichert worden.[64] Seine Hoffnungen ruhten nun vor allem auf Friedrich Nottebohm, der als Mitglied der Telegrafenkommission, Referent der Patentkommission und Direktor der Berlin-Anhaltischen Eisenbahn-Gesellschaft gleich mehrere Schlüsselpositionen einnahm.[65] Nottebohm hatte innerhalb der Telegrafenkommission nicht zu den Befürwortern des Siemens-Telegrafen gehört. Nun lobte er Werners Apparat in den höchsten Tönen.[66] Über Nottebohm konnte Werner Verhandlungen mit der halbstaatlichen Berlin-Anhaltischen Eisenbahn-Gesellschaft aufnehmen, die ein Teilstück ihrer Linie zwischen Berlin und Köthen mit elektrischen Telegrafen und Läutewerken zur Erzeugung akustischer Signale ausstatten wollte.[67]

Die Siemens-Telegrafen liefen auf der Versuchsstrecke zwischen Berlin und Potsdam weiterhin recht gut. Leonhard musste seine Apparate dort abbauen und scheiterte weiterhin mit seinen Bemühungen, eine brauchbare Isolierung für eine unterirdische Leitung zu finden.[68] Werner war dies wohl eine Lehre. Er suchte nach einem geeigneteren Isolationsmaterial und wurde mithilfe seines Bruders Wilhelm fündig, der ihm aus England eine Probe

Guttapercha schickte. Dabei handelte es sich um eine kautschukartige Masse, die aus dem Guttaperchabaum in Malaysia gewonnen wurde. Werner konnte rasch feststellen, dass sich Guttapercha für die Isolation unterirdisch verlegter Kupferdrähte besser eignete als Kautschuk oder Gummi.[69] Am 28. August 1847 schloss er im Auftrag der Telegrafenkommission einen Vertrag mit der Berliner Gummi- und Wollmosaikwarenfabrik Louis Fonrobert & Pruckner. Das Unternehmen sollte mit Guttapercha überzogenen Kupferdraht für eine Versuchsstrecke von einer Meile Länge liefern.[70] Guttapercha war auch in Großbritannien noch nicht lange bekannt. Die East India Company hatte den Stoff dort 1843 eingeführt, zwei Jahre später wurden die Eigenschaften von Guttapercha durch einen Vortrag vor der Royal Society for the Encouragement of Arts, Manufacture & Commerce einem größeren Kreis britischer Naturwissenschaftler und Ingenieure bekannt. Wilhelm hat vermutlich in diesem Zusammenhang davon erfahren.[71] 1846 wurde in London bereits eine Gesellschaft gegründet, die den Handel mit Guttapercha monopolisierte, die Gutta Percha Company.[72] Auch wenn Wilhelm an der Entwicklung des Siemens-Telegrafen keinen Anteil hatte, so verhalf er durch den Hinweis auf Guttapercha seinem Bruder zu einem technischen Vorsprung beim Bau unterirdischer Telegrafenleitungen, der sich als außerordentlich wichtig erweisen sollte. Werners deutsche Wettbewerber hatten keine Möglichkeit, an dieses auch in England noch recht neue Wissen zu gelangen.

Unternehmensgründung

Werner erwog inzwischen, seinen Abschied vom Militär zu nehmen.[73] Vermutlich bewogen ihn das erfolgreiche Anlaufen des Probebetriebs und die Aussicht auf einen Auftrag der Berlin-Anhaltischen Eisenbahn-Gesellschaft dazu, nun an die Gründung eines Unternehmens zu denken. Im Rückblick erscheint diese Überlegung folgerichtig, doch war sie keineswegs selbstverständlich. Techniker, die in der damaligen Zeit Firmen gründeten, hatten in der Regel zuvor in einem Unternehmen gearbeitet. Sie verfügten über praktische Erfahrungen und ein gewisses Kapital.[74] Da Werner beides fehlte, wäre es für ihn naheliegend gewesen, seine Rechte am Zeigertelegrafen ähnlich wie bei seinem ersten Patent auf das Vergoldungsverfahren an einen Unternehmer zu verkaufen. Warum er anders handelte, erschließt sich aus seinen Briefen nicht, und später gab es für ihn keinen Grund, dies zu erklären. Bei seiner Entscheidung spielten sicherlich materielle Erwartungen und Zwänge

Läutewerk von 1847

eine wichtige Rolle. Da ihm die vorangegangenen Erfindungen nicht das erhoffte Auskommen ermöglicht hatten, wollte er den Zeigertelegrafen dauerhaft und einträglich vermarkten. Dafür musste eine Fertigung aufgebaut werden, für die er einen Partner mit dem erforderlichen Know-how benötigte. Werner war zudem ein anwendungsorientierter Erfinder, den Nutzen neuer Konstruktionen hielt er für ebenso wichtig wie die Erfindung selbst. «Der Werth einer Erfindung liegt in ihrer practischen Durchführung», schrieb er später einmal an seinen Bruder Carl.[75] So gesehen war es für ihn folgerichtig, den Zeigertelegrafen in einem eigenen Unternehmen zu verwerten.

Nun gab es freilich ein Hindernis: Werner konnte als Betriebsoffizier der Artilleriewerkstatt nicht zugleich Unternehmer sein. Er musste sich entscheiden, was ihm nicht leichtfiel. Das Risiko, das er mit einem Ausscheiden aus dem Staatsdienst eingehen würde, war ihm sehr bewusst. In dieser Zeit des Abwägens erreichte ihn ein Angebot des Telegrafendirektors von Etzel, ihn zur Telegrafenkommission zu kommandieren.[76] Dadurch eröffneten sich neue Perspektiven; Werner nahm das Angebot ohne Zögern an. Von Etzel hatte sich zu diesem Schritt nicht aus Begeisterung für den Siemens-Telegrafen entschieden. Der Telegrafendirektor stand unter Druck, da der Kriegsminister das Kriegsdepartment aufgefordert hatte, ihm einen geeigneten Offizier «als Hülfsarbeiter bei den im Werke begriffenen Verhandlungen über die Anlage elektromagnetischer Telegraphen namhaft zu machen».[77] Am 9. August 1847 schlug das Kriegsdepartment den Leutnant Siemens vor.[78]

Werner wurde freilich nur zum Dienst bei der Kommission kommandiert, er gehörte dieser nicht an wie Etzel und Nottebohm.[79] Gleichwohl konnte er in dieser Position manches auf dem Gebiet der Staatstelegrafie bewirken und weitere Verbindungen knüpfen. Die neue Tätigkeit war für ihn noch aus einem anderen Grund eine große Chance: Er musste jetzt nicht mehr als Betriebsoffizier in der Artilleriewerkstatt präsent sein und hatte reichlich Zeit, sich mit der Verwertung seiner Erfindung zu beschäftigen. Die schwierige Entscheidung zwischen einer sicheren Position im Staatsdienst und einer unternehmerischen Tätigkeit mit allen damit verbundenen Risiken konnte er nun vertagen. An Wilhelm Drumann schrieb er damals: «Doch das Glück ist trügerisch, ich werde mir deswegen auch den Staatsdienst so lange offen halten, bis meine Privatstellung ganz gesichert ist.»[80]

Noch im selben Monat entschied Werner, mit Halske die Gründung eines gemeinsamen Unternehmens anzugehen. Erst einmal sollten dort nur Telegrafen, Läutewerke für Eisenbahnen und Drahtisolierungen mit Guttapercha hergestellt werden. Auch über den Namen der Firma hatte Werner schon nachgedacht: «… nennen wir uns einfach: Maschinen-Bau-Anstalt, um die Hand ganz frei zu behalten».[81] Das Unternehmen sollte also weder den Namen Siemens erhalten noch als Telegrafen-Bauanstalt bezeichnet werden. Die Gründe dafür liegen auf der Hand: Es sollte nicht zu erkennen sein, dass einer der geschäftsführenden Gesellschafter bei einer Kommission des Generalstabs diente, die für das Geschäftsfeld der Firma zuständig war. Werner konnte sich freilich immer noch vorstellen, seine Pläne zu ändern, falls ihm eine leitende Stelle in der preußischen Staatstelegrafie angeboten würde.[82] Doch diese Aussicht war unrealistisch.

Ein weiteres Problem war die Finanzierung der Unternehmensgründung. Werner fehlte dafür das Geld. Nach eigenen Angaben hatte er im August 1847 2000 Taler Schulden.[83] Nun musste eine Werkstatt gemietet, Werkzeuge, Drehbänke und Materialien mussten beschafft und Arbeiter eingestellt werden. Der Finanzbedarf wurde mit einem Betrag in Höhe von 5000 bis 10 000 Talern veranschlagt. Bedenkt man, dass das Jahreseinkommen eines gelernten Arbeiters in Berlin zu dieser Zeit höchstens bei 300 Talern lag, dann war dies ein durchaus stattlicher Betrag, den Werner und sein Partner Halske nicht aufbringen konnten.[84] Die Kapitalbeschaffung war damals das größte Problem für Unternehmensgründer. An Fremdkapital

Johann Georg Siemens, undatiert

konnten sie nur durch Privatdarlehen in Form von Hypothekarkrediten oder durch die Beteiligung eines Finanziers als Gesellschafter gelangen.[85] Werner hatte zunächst ein Angebot des Gummifabrikanten Pruckner, der die Guttapercha-Isolierungen herstellte, ihm Geld zu leihen. Dann bot ihm sein Vetter Johann Georg Siemens ein Darlehen von 10 000 Talern gegen eine Beteiligung am Unternehmen an. Der Justizrat verdiente gut, als Sachwalter nahm er monatlich 200 bis 300 Taler ein.[86] Werner wollte sich darauf zunächst nicht einlassen: «Kann ich ohne ihn durchkommen, so ziehe ich das vor», schrieb er noch am 10. August 1847 an Wilhelm.[87] Doch damit verschätzte er sich. Schon zwei Wochen später nahm er das Angebot des Vetters an. Beide vereinbarten, dass aus dem Darlehen das Grundkapital des Unternehmens bestritten werden sollte und Johann Georg eine Beteiligung am Gewinn erhielt.[88] Werner konnte für das Darlehen keine Sicherheiten bieten, nur die Zusage einer Beteiligung an zukünftigen Gewinnen. Johann Georg ging dieses Risiko nicht nur aus verwandtschaftlicher Solidarität ein. Er war vom Erfolg des Unternehmens überzeugt und wollte wohl auch erreichen, dass die Familie Siemens hier über die Kapitalmehrheit verfügte. An seine Tante Sabine Grote schrieb er: «Gefahr ist bei diesem Unternehmen in keiner Weise […] ich muß wünschen, das ganze Unternehmen der Familie zu konservieren.»[89]

Am 7. Oktober 1847 erteilte der preußische Finanzminister endlich ein

Unternehmensgründung

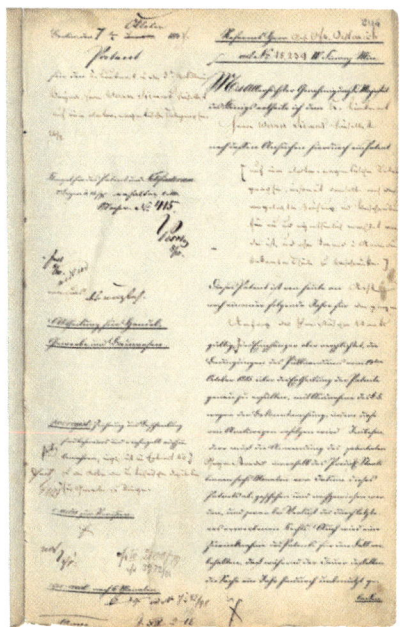 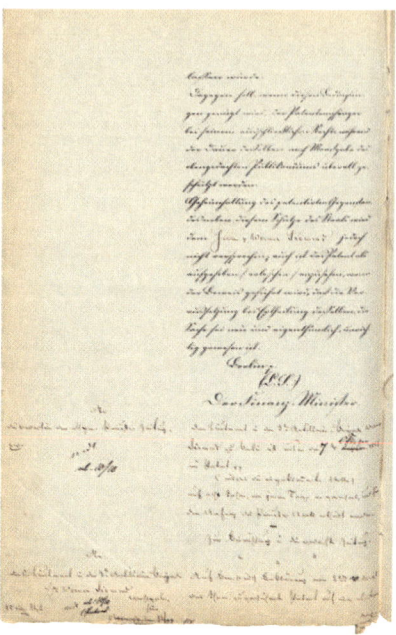

Erteilung des preußischen Patents für den Zeigertelegrafen an Werner Siemens, 7. Oktober 1847

Patent auf den Siemens-Zeigertelegrafen. Der Apparat durfte nun acht Jahre lang nur von seinem Erfinder oder mit dessen Zustimmung hergestellt werden.[90] Schon einige Wochen zuvor hatten Werner und sein Partner Halske Wohnungen in der Schöneberger Straße 19 gemietet, ganz in der Nähe des Anhalter Bahnhofs, des Endbahnhofs der Berlin-Anhaltischen Eisenbahn, von deren Betreibergesellschaft sie sich Aufträge erwarteten. Wilhelm erfuhr davon durch einen Brief vom 15. September 1847. Darin schrieb Werner im Hochgefühl eines vielversprechenden Neubeginns: «Nach langem Suchen ist endlich ein passendes Quartier für unsere neue Werkstatt gefunden und gemiethet, mit den Fenstern nach dem Anhaltischen Bahnhofe hinaus. Da ich die Acquisition dieser Bahn für sicher halte […], so hat diese Lage manches Bequeme für uns.»[91] Die beiden Unternehmensgründer hatten nach einer Möglichkeit gesucht, in einem Haus sowohl Räume für die Werkstatt als auch für ihre Wohnungen mieten zu können. In der Schöneberger Straße 19 konnten sie für 300 Taler Miete im Jahr drei Stockwerke beziehen. Die Werkstatt wurde im ersten Obergeschoss eingerichtet, auf einer Fläche von 150 Quadratmetern. In das Erdgeschoss zog Werner ein, in das zweite Obergeschoss

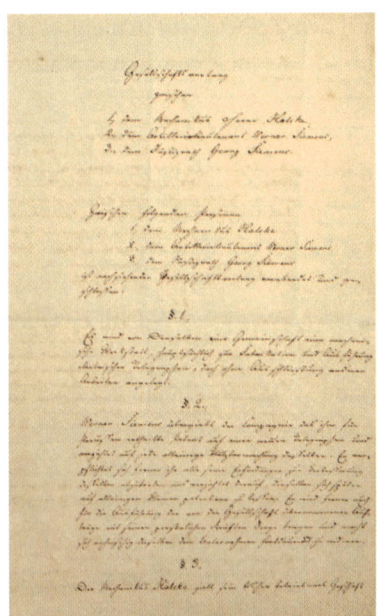

Gesellschaftsvertrag, 1. Oktober 1847

die Familie Halske.[92] Das Haus wurde später als ansehnliches Bürgerhaus mit großen, freundlichen Räumen und hohen Fenstern beschrieben. Es war wie der Anhalter Bahnhof erst wenige Jahre zuvor in der Friedrichsvorstadt, am südlichen Stadtrand Berlins, gebaut worden.[93]

Als nächster Schritt erfolgte die Gründung des Unternehmens durch einen Gesellschaftsvertrag zwischen Halske, Werner und Johann Georg mit Datum vom 1. Oktober 1847. Darin wurden die Unterzeichner zu Gesellschaftern bestimmt und der Unternehmenszweck beschrieben: «Es wird von Denselben in Gemeinschaft eine mechanische Werkstatt zur Fabrikation und Ausfertigung elektrischer Telegraphen, doch ohne Ausschließung anderer Arbeiten angelegt.» Das Unternehmen wurde somit als Werkstatt gegründet, was nicht nur seiner anfänglichen Größe, sondern auch der Art der Fertigung entsprach. Es hatte die Rechtsform einer Personengesellschaft und entsprach der späteren Gesellschaftsform einer «offenen Handelsgesellschaft» (oHG). Werner und Halske wurden mit jeweils 40 Prozent am Gewinn beteiligt, Johann Georg mit 20 Prozent (§ 6). Die Geschäftsleitung oblag «den Herren Halske und Werner Siemens gemeinschaftlich», wobei Halske für die Leitung der «inneren Fabrikation» und Werner für die der «Arbeiten außerhalb der Werkstätten» zuständig sein sollte (§ 7).[94] Zwischen den Gesellschaftern war ferner vereinbart worden, dass Werner seine Rechte auf den Zeigertelegrafen einbrachte und Johann Georg die benötigten Geldmittel in Höhe von 10 000 Talern als Darlehen mit einer Laufzeit von acht Jahren beschaffen würde.[95]

Nach Werners Angaben nahm die Werkstatt am 12. Oktober 1847 den Betrieb auf.[96] An diesem Datum wurde später traditionell die Gründung von Siemens & Halske gefeiert. Durch zeitgenössische Quellen ist die Betriebsaufnahme an diesem Tag nicht belegt. Mit Sicherheit lief die Fertigung freilich in den Tagen nach der Patenterteilung am 7. Oktober an. Am 11. Oktober schrieb Werner an Wilhelm: «Über mir feilt und quiekt es schon bedeutend.»[97] Dabei kann es sich um die Vorbereitungen zur Eröffnung des Betriebs gehandelt haben oder auch schon um mehr. Gesichert ist lediglich die Errichtung des Unternehmens durch den Gesellschaftsvertrag vom 1. Oktober, der als eigentlicher Gründungstag anzusehen ist und in den ersten Jahrzehnten auch als solcher begangen wurde.[98] Zur Zahl der Mitarbeiter ist erst für Dezember 1847 eine Angabe überliefert. Wie aus einem Brief Werners an Wilhelm hervorgeht, waren zu diesem Zeitpunkt zehn Arbeiter in der Werkstatt beschäftigt.[99] Bedenkt man, dass es noch gar keine Einnahmen gab, war dies eine recht hohe Zahl.[100]

Im Gesellschaftsvertrag war das Unternehmen lediglich als «mechanische Werkstatt» erwähnt worden. Daraus ging nicht hervor, unter welcher Bezeichnung man nach außen hin auftreten wollte. Für dieses diffizile Problem mussten die Gesellschafter noch eine Lösung finden. Der Name «Siemens» kam nicht in Betracht, solange Werner Offizier bei der Telegrafenkommission des Generalstabs war. Die Gesellschafter vereinbarten daher, dass nach außen hin nur Halske als Eigentümer des Unternehmens auftreten sollte.[101] Den rechtlichen Vorschriften war Genüge getan, wenn bei einer Personengesellschaft der Name eines persönlich haftenden Gesellschafters im Firmennamen erschien.[102] Wie bei Firmen im Handwerk üblich, wurde die Neugründung nur mit diesem Namen bezeichnet, als «Halske» oder «Werkstatt Halske».[103] Halske schied zum 1. Oktober 1847 aus der gemeinsam mit Bötticher geführten Werkstatt aus.[104] Neun Tage später reichte er beim Königlichen Gewerbe-Steueramt die Anmeldung eines gewerblichen Betriebs ein.[105] Erst am 4. Dezember meldete er auch beim Berliner Polizeipräsidium einen selbstständigen Gewerbetrieb als «Mechanikus» an.[106] Den Namen «Siemens» sucht man in beiden Anmeldungen vergeblich. Erst vier Jahre nach der Gründung des Unternehmens wurde daraus die Telegraphen-Bauanstalt Siemens & Halske.

Die Zusammenarbeit mit Halske und dessen Bereitschaft, sich an der Firmengründung unter seinem eigenen Namen zu beteiligen, ermöglichten

Ansicht des Hinterhauses Schöneberger Straße 9, in dem sich die erste Werkstatt befand, undatiert

es Werner damals, Unternehmer zu werden und dennoch Offizier zu bleiben. Wer war dieser Mechaniker, auf den Werner setzte, und warum war Halske zu dem riskanten Schritt der Unternehmensgründung bereit? Um dies zu erklären, bedarf es eines Blickes auf seine Biografie. Johann Georg Halske wurde am 30. Juli 1814 in Hamburg als drittes von vier Kindern eines Zuckermaklers und späteren Zigarrenhändlers geboren.[107] Mit elf Jahren wurde er zu Verwandten nach Berlin gegeben, wo er von 1826 bis 1829 das Berlinische Gymnasium zum Grauen Kloster besuchte, die älteste und renommierteste Lehranstalt der preußischen Hauptstadt. Als 15-Jähriger musste Halske das Gymnasium verlassen, weil sein Vater gestorben war. Das humanistische Gymnasium und der frühe Tod des Vaters – dies waren Erfahrungen, die er mit Werner teilte. Doch verlief sein weiterer Werdegang anders. Er absolvierte eine Lehre in der Werkstatt des Präzisionsmechanikers Wilhelm Hirschmann, bei dem er auch später arbeitete, bis er sich mit der Gründung

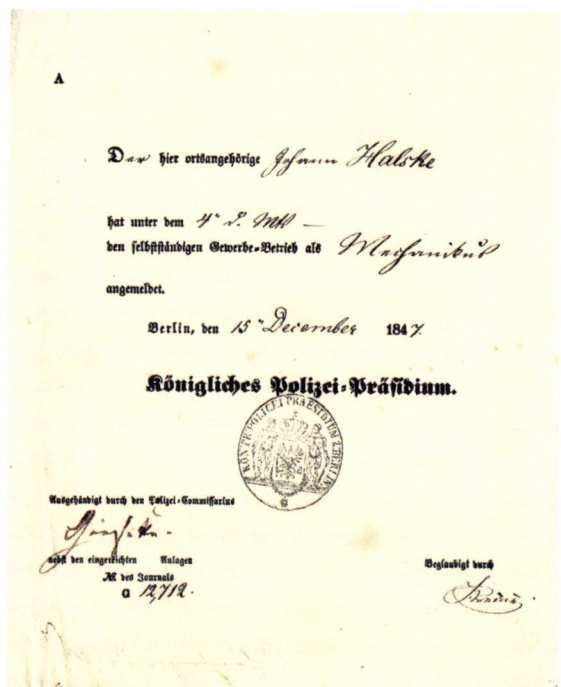

Gewerbeanmeldung von Johann Georg Halske, 4./15. Dezember 1847

der Werkstatt Bötticher & Halske selbstständig machte. Halske war seinem Naturell nach eher risikoscheu. Dass er das Wagnis einging, ein Pionierunternehmen auf dem noch recht neuen Gebiet des Telegrafenbaus zu gründen, entsprach eigentlich nicht seiner Art. Zusätzlich zur Begeisterung für den Siemens-Zeigertelegrafen und zum großen Vertrauen in die Fähigkeiten seines Partners dürften auch private Gründe eine Rolle gespielt haben. Halske hatte im Dezember 1845 die Berliner Handwerkertochter Henriette Schmidt geheiratet. Als er mit der Arbeit am Siemens-Telegrafen begann, war seine Frau schwanger, und seine Mutter war ein halbes Jahr zuvor in der ehelichen Wohnung eingezogen.[108] Als werdender Vater, der in beengten Verhältnissen lebte, drängte es ihn wohl nach einem neuen Betätigungsfeld, das höhere Einkünfte versprach. Er war auch ehrgeizig und hatte möglicherweise das Gefühl, dass seine Arbeit bisher zu wenig Beachtung gefunden hatte.[109]

Die Form des gegründeten Unternehmens war in mehrfacher Hinsicht eine eigentümliche Konstruktion, die nur durch Werners spezielle Situation als vermögensloser Offizier zu erklären ist. Durch den Gesellschaftsvertrag war eine offene Handelsgesellschaft mit drei haftenden Gesellschaftern entstanden, die nach außen hin wie ein Handwerksbetrieb als Einzelunternehmen mit einem Inhaber firmierte. Die Eigenmittel bestanden ausschließlich aus einem Verwandtendarlehen. Wie hoch das Grundkapital in den ersten Jahren war, lässt sich nicht ermitteln. Da es sich um eine Personengesellschaft mit persönlich haftenden Gesellschaftern handelte, musste kein festes Grundkapital ausgewiesen werden.[110] Johann Georg hat schließlich nicht so viel Geld beschafft, wie im Gesellschaftsvertrag vereinbart worden war. Die entscheidende Anschubfinanzierung hat er aber geleistet. Bis Anfang November 1847 gingen von ihm 5000 Taler ein.[111] Der Gesamtbetrag wurde in der Bilanz des Unternehmens für die Zeit vom 1. Oktober 1847 bis zum 1. Januar 1850 mit 6842 Talern und 20 Silbergroschen ausgewiesen.[112]

Dass die Telegraphen-Bauanstalt Siemens & Halske als «Werkstatt Halske» entstanden war und bis Ende 1851 unter dieser Bezeichnung firmierte, war später kein Geheimnis, ist aber inzwischen in Vergessenheit geraten.[113] Werner selbst nannte die Firma in einem Brief an Wilhelm vom 27. Dezember 1848 «Halskes Werkstatt» und fügte als Erläuterung für den Bruder in England hinzu: «Es ist meinem Interesse noch zuwider als Miteigenthümer der Werkstatt genannt zu werden.»[114]

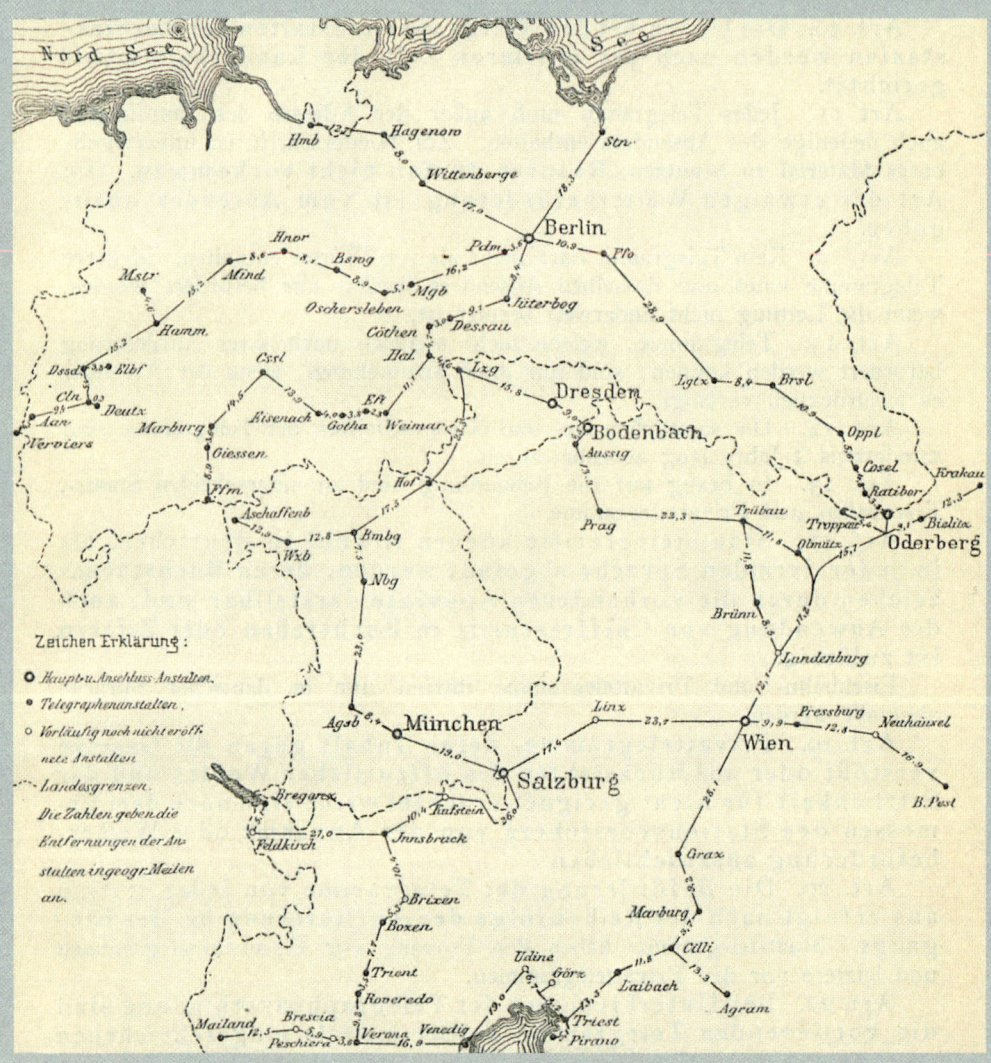

Kapitel 5
Telegrafenlinien für Preußen

In Revolution und Krieg

Viel Umsatz machte die Werkstatt Halske zunächst nicht, und Einnahmen hatte das Unternehmen erst ab Februar 1848.[1] Werner befand sich daher nach wie vor in Geldnot, auch Halske dürfte schon besser verdient gehabt haben, doch zwischen den beiden geschäftsführenden Gesellschaftern und Wohnungsnachbarn stimmte die Chemie. «Halske ist ein durchaus braver und talentvoller Mensch, mit dem ich sehr gut fertig werde», schrieb Werner wenige Wochen nach Inbetriebnahme der Werkstatt.[2] Die Arbeiten konzentrierten sich zunächst auf den Bau des ersten Teilstücks der unterirdischen Versuchsstrecke im Damm der Anhalter Bahn. Noch vor Einbruch des Winters konnte der Versuchsbetrieb auf dieser kurzen Strecke nach Schöneberg aufgenommen werden. Die Telegrafen und Läutewerke liefen völlig störungsfrei, ja sogar «über Erwartung schön und sicher», schrieb Werner am 20. Dezember 1847 begeistert an Wilhelm.[3]

Nach dem erfolgreichen Anlaufen des Versuchsbetriebs erteilte die Telegrafenkommission Werner den Auftrag, die unterirdische Linie an der Anhalter Bahn bis Großbeeren zu verlängern.[4] Im Verlauf der Arbeiten stellte sich heraus, dass die Guttapercha-Ummantelung die Drähte nicht vollständig isolierte und Guttapercha bei Feuchtigkeit hydrierte. Werner ging vorübergehend dazu über, die Drähte mit Kautschuk zu überziehen, konnte aber auch auf diese Weise keine vollkommene Isolierung erreichen und arbeitete nun an Verbesserungen der Guttapercha-Anwendung. Er bat Wilhelm, ihm dichtere, trocken bearbeitete Guttapercha zu schicken. Gemeinsam mit Halske konstruierte er eine Schraubenpresse, durch die erwärmte Guttapercha unter Anwendung hohen Drucks nahtlos und wasserdicht um einen

Linke Seite: Liniennetz des Deutsch-Österreichischen Telegraphenvereins, 1. Oktober 1850

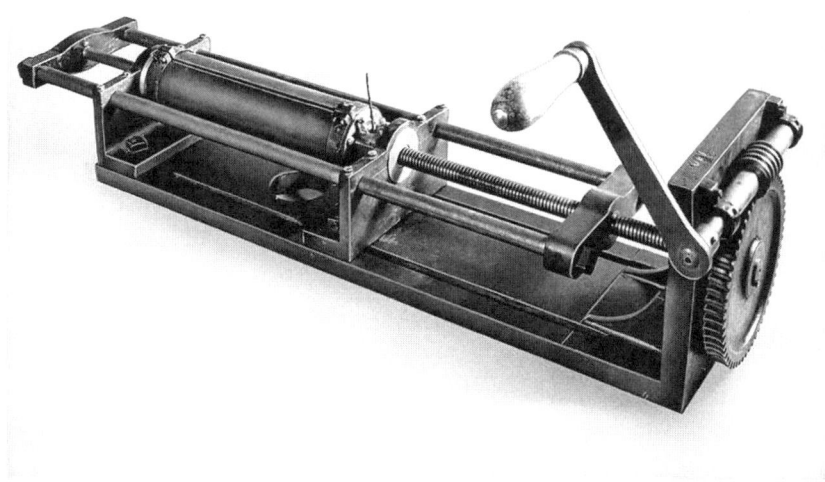

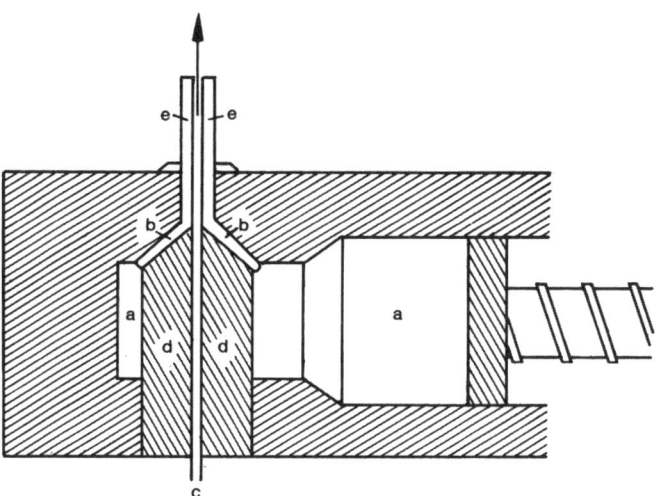

dd - Mundstück, c - Kupferdraht, ee - Guttapercha-Hülle
aa - mit Guttapercha gefüllter Hohlraum des Pressenzylinders (8 Fuß lang, 8 Zoll Durchmesser), bb - ringförmiger Kanal.

Guttapercha-Presse von 1847 (Nachbau) und Schnitt durch deren Zylinder

Kupferdraht gepresst werden konnte.[5] Die Arbeiten an der Versuchsstrecke wurden zum Testfall für die Guttapercha-Technik und führten zu einem guten Ergebnis.[6] Im Frühjahr 1848 war die erste unterirdisch verlegte Telegrafenlinie zwischen Berlin und Großbeeren fertiggestellt.[7] Durch die Verbesserung der Guttapercha-Isolierung erbrachten die Siemens-Telegrafen auf dieser Strecke beste Ergebnisse. Für Werner war dies ein wichtiger Erfolg, weil die Linie als eine Referenz für das Unternehmen und seinen Telegrafen gelten konnte.[8]

Noch während das Kabel nach Großbeeren verlegt wurde, verhandelte Werner über einen Auftrag zum Bau von Eisenbahntelegrafen im Königreich Hannover. Er war dringend auf neue Aufträge angewiesen, da inzwischen die Geldquellen seines Vetters Johann Georg zu versiegen drohten.[9] Am 11. März 1848 konnte er Wilhelm mitteilen: «In Hannover ist der Sieg unser!»[10] Noch offen war zu diesem Zeitpunkt, wer die Aufträge für die geplanten Fernlinien der preußischen Staatstelegrafie erhalten würde. Werner rechnete fest damit und hatte auch schon den Aufbau eines Telegrafennetzes für die Post im Blick.[11] Er konnte der Telegrafenkommission allerdings keine Vorgaben machen, schließlich war er nicht einmal Mitglied, sondern nur zum Dienst bei dieser kommandiert. Auch konnte die Kommission ihm nicht einfach einen Großauftrag zuschanzen, weil Wettbewerber und Öffentlichkeit dies als Begünstigung ausgelegt hätten.[12] Da Werner seit den ersten Versuchen auf der Strecke der Potsdamer Bahn keine Zweifel hatte, dass sein Zeigertelegraf allen anderen überlegen war, schlug er der Kommission vor, das am besten geeignete System durch einen Wettbewerb zu ermitteln. Schon im September 1847 war er entschlossen, eine «Konkurrenzaufstellung für alle möglichen Instrumente zu provozieren».[13] Die Kommission stimmte diesem Vorschlag einige Wochen später zu und schrieb für März 1848 einen Wettbewerb aus.[14] Nachdem die erste unterirdische Linie von Berlin nach Großbeeren in Betrieb genommen war, legte die Kommission fest, dass der Wettbewerb hier ausgetragen würde.[15] Schließlich war ihr am Bau unterirdischer Linien gelegen. Werners Siegesgewissheit dürfte dadurch weiter zugenommen haben, mussten sich die Konkurrenten doch auf seiner Hausstrecke beweisen.

Am 15. März hatten sich neun Telegrafenkonstrukteure in Berlin eingefunden, um ihre Apparate auf der Versuchsstrecke zu präsentieren und sich dem Urteil der Jury zu stellen. Unter ihnen befanden sich August Kramer mit seinem neuen Zeigertelegrafen, der Hamburger Mechaniker und Fabrikant Hannibal Moltrecht, der Brite William Fardely, der zwischen Wiesbaden und Kastel die erste elektrische Telegrafenlinie Kontinentaleuropas verlegt hatte, und sein Landsmann Jacob Brett mit einem Telegrafenapparat, der drucken konnte.[16] Ferdinand Leonhard, der noch zwei Jahre zuvor der Favorit der Telegrafenkommission gewesen war, konnte keinen eigenen Apparat präsentieren. Er starb wenige Monate später.[17]

Für Werner waren Ort und Zeitpunkt des Wettbewerbs günstig. Die Erfolge auf der Versuchsstrecke nach Großbeeren und der Auftrag aus Hannover hatten ihn beflügelt, er war überzeugt, eine «ziemlich sichere Aussicht» auf den Sieg zu haben.[18] Der Telegrafenwettbewerb nahm jedoch einen unvorhersehbaren Verlauf. Am 18. März 1848, dem vierten Tag der Vorführungen, brach in Berlin der sogenannte Barrikadenaufstand aus. Nach erbittert geführten Straßenkämpfen zwischen den Aufständischen und dem Militär waren am nächsten Morgen mehr als 300 Tote zu beklagen.[19] Die angereisten Telegrafenkonstrukteure verließen fluchtartig die Stadt, die Kommission brach den Wettbewerb ab und stellte ihre Arbeit vorübergehend ein.[20] Die politische Entwicklung der folgenden Wochen führte dazu, dass Werner seine eigene Tätigkeit bei der Telegrafenkommission und in der neuen Telegraphen-Bauanstalt für rund fünf Monate unterbrach.

Der Barrikadenaufstand in Berlin war Teil einer europäischen Revolutionsbewegung, die von den Monarchen Reformen und Freiheitsrechte forderte. Die Revolutionäre wollten die reaktionären Regimes beseitigen, die nach den Napoleonischen Kriegen in ganz Kontinentaleuropa entstanden waren. Dabei verbanden sich die liberalen Forderungen nach Pressefreiheit, freien Wahlen und einer parlamentarischen Regierungsform mit nationalen Freiheitsbewegungen und mit dem sozialen Protest der nach einem Hungerwinter notleidenden Unterschichten. Das Revolutionsjahr begann im Februar 1848 mit Barrikadenkämpfen in Paris. Aufgebrachte Bürger und Arbeiter zwangen dort den «Bürgerkönig» Louis Philippe zur Abdankung, eine provisorische Regierung rief die zweite französische Republik aus. Die von Frankreich ausgehende Revolutionswelle erreichte schon bald Süddeutschland und das Rheinland. Hier wurde mit der Forderung nach politischer Partizipation des Bürgertums auch der Ruf nach nationaler Einheit immer lauter. Am 13. März brach in Wien die Revolution aus. Der österreichische Staatskanzler Fürst von Metternich wurde gestürzt.[21]

Werner und sein Bruder Wilhelm waren über die französische Februarrevolution sehr unterschiedlicher Meinung.[22] Zwischen beiden Brüdern bestand in politischen Fragen ein tiefer Dissens, in dem sich die Unterschiede zwischen ihrem jeweiligen politischen Umfeld widerspiegelten. Im Vereinigten Königreich bestand eine parlamentarische Demokratie, das Bürgertum hatte sich hier verbriefte Grundrechte gesichert, Preußen war dagegen trotz

Barrikadenkämpfe in Berlin, Breite Straße, 18./19. März 1848

der beginnenden Industrialisierung immer noch ein absolutistisch regierter Militärstaat. Wilhelm mokierte sich in seinen Briefen an Werner über die rückständigen Verhältnisse in Preußen. Werner hatte wiederum wenig Verständnis für die «antipreußischen Gefühle» Wilhelms.[23] Dem guten Verhältnis zwischen den Brüdern tat dies keinen Abbruch. Politik war für beide nicht das Wichtigste.

Der preußische König Friedrich Wilhelm IV. und seine Berater hatten geglaubt, durch Zugeständnisse an die Liberalen eine Revolution wie in Paris und in Wien vermeiden zu können. Als am 18. März 1848 eine Demonstration vor dem Berliner Schloss stattfand, ließ der Monarch Reformen verkünden. Er versprach, Pressefreiheit zu gewähren, den Landtag einzuberufen, eine freisinnige Verfassung einzuführen und sich an die Spitze der deutschen Nationalbewegung zu stellen. Die Demonstranten hörten es gern, doch als dann Militär aufzog und den Schlossplatz zu räumen begann, brach ein Chaos aus, und es fielen – angeblich aus Versehen – zwei Schüsse. In der Stadt breitete sich nun die Nachricht aus, dass das Militär auf das Volk schie-

In Revolution und Krieg

ßen würde. Rasch wurden Barrikaden errichtet, um den Soldaten die Straßen zu versperren. Bürger aus unterschiedlichen Schichten, hauptsächlich aber Handwerksgesellen und ungelernte Arbeiter, bewarfen die Soldaten von den Barrikaden und aus Häusern heraus mit Steinen. Das Militär ging gegen die Aufständischen mit großer Brutalität vor, konnte sich jedoch nicht durchsetzen. Um einen Waffenstillstand zu erreichen, ließ der König schließlich alle Truppen aus Berlin abziehen.[24]

Werner hat damals nicht auf den Barrikaden gestanden, wohl aber seine Brüder Friedrich und Carl. Beide waren schon dabei, als auf dem Schlossplatz die verhängnisvollen Schüsse fielen.[25] Als Artillerieoffizier musste Werner froh sein, nicht einer der Berliner Einheiten anzugehören, die an den Kämpfen beteiligt waren, etwa vor dem Kasernengelände am Kupfergraben.[26] Anders als sein Konkurrent August Kramer, der wegen des Telegrafenwettbewerbs in Berlin war und in der Nacht des 18. März Todesängste litt,[27] lief er unerschrocken durch die Stadt, aus Sorge um die Brüder, aber auch als interessierter Beobachter. Welche Eindrücke er damals gewann, lässt sich seinem Brief an Wilhelm Drumann vom 24. März entnehmen:

> «Die Unruhe um meine Brüder, die ich mit im Kampfe wußte, trieb mich heraus auf die Straßen. Unerkannt und unangefochten durchwanderte ich einen großen Teil der Stadt und überstieg unzählige Barrikaden. Hier, in unmittelbarer Berührung mit dem aufgestandenen Volke, lernte ich es erst kennen und achten. Ich sah, daß es nicht allein der sogenannte Pöbel war, der sein Leben dem oft fürchterlich prasselnden Kugelregen preisgab, sondern daß fast alle Stände und Klassen der Gesellschaft teilnehmen an dem von beiden Seiten mit größter Erbitterung und Tapferkeit geführten Kampfe.»[28]

Seine Erlebnisse am 18. März führten bei Werner zu einer, wenn auch nur vorübergehenden Begeisterung für die Revolution. Es beeindruckte ihn, dass freiheitsliebende Bürger auf den Barrikaden gestanden hatten und nicht ein plündernder Mob.[29] In einem Brief an Wilhelm vom 20. März stimmte er nun in dessen Freude über den revolutionären Wandel in Europa ein:

> «Ich beeile mich lieber Bruder, Dir auch meinen ersten Gruß aus freiem Lande zu überbringen! Gott, welche Änderung seit zwei Tagen! Die beiden aus Versehen gethanen Schüsse auf dem Schlossplatz haben Deutschland mit einem Sprunge um ein Menschenalter fortgeschoben! […] Mit Thränen im Auge habe ich die gesunde, kräftige Logik der Leute aus den untersten Klassen angehört, und die Ueberzeugung habe ich gewonnen, dass kein Volk reifer für die Freiheit sein kann. […] Kann man jetzt nicht stolz darauf sein, ein Deutscher zu heissen?»[30]

Wie die meisten deutschen Liberalen verband Werner die Hoffnung auf eine freiheitliche Verfassung mit der auf die Entstehung eines Nationalstaats. Erstmals ist in seinen Briefen nun von «Deutschland» die Rede. Damit befand er sich im Einklang mit dem am 22. März 1848 veröffentlichten Aufruf des Komitees zur Gründung der *National-Zeitung,* dem sein Vetter und Mitgesellschafter Johann Georg angehörte. Programmatisch traten diese Liberalen für Pressefreiheit, Reformen und ein «starkes, einiges Deutschland» ein.[31] Dass Werner Offizier der Armee war, die bei den Straßenkämpfen viele Berliner Bürger erschossen hatte und auch seine Brüder nicht verschont hätte, stellte für ihn offenbar kein Problem dar. In seinen Briefen findet sich trotz der Bekenntnisse zur Freiheit kein kritisches Wort über das brutale Vorgehen des Militärs.[32] Auch ging er in der folgenden Zeit nicht auf innere Distanz zu seinem Arbeitgeber. Vielmehr wurde die Bindung an das preußische Militär noch enger, da er nun mit wohlwollender Unterstützung des Kriegsministers zum ersten und einzigen Mal in seinem Leben ein militärisches Kommando übernahm. Seine unternehmerische Tätigkeit rückte damit vorübergehend in den Hintergrund.

Die Märzrevolution hatte zu einer Stärkung der deutschen Nationalbewegung geführt. Erstmals wurde eine gesamtdeutsche Nationalversammlung gewählt, die am 18. Mai 1848 in Frankfurt am Main zusammentrat. Dieses Parlament tagte unter der schwarz-rot-goldenen Fahne der Nationalbewegung in der Paulskirche und hatte die Aufgabe, eine gesamtdeutsche Verfassung auszuarbeiten. Der Deutsche Bund wurde im Juli 1848 durch die Einsetzung eines Reichsverwesers als nationale Zentralgewalt ersetzt. Auch in anderen Ländern erhielten nationale Einigungsbewegungen durch revolutionäre Erhebungen Auftrieb. In Oberitalien und in Ungarn fanden Aufstände gegen die österreichische Vorherrschaft statt, in der preußischen Provinz Posen bildete sich ein polnisches Nationalkomitee, das vergeblich die Wiederherstellung eines polnischen Staates erreichen wollte. In Schleswig-Holstein kam es gar zu einem Krieg zwischen Dänemark und dem Deutschen Bund, weil hier zwei Nationalbewegungen aufeinanderprallten. Der König von Dänemark regierte auch die Herzogtümer Schleswig, Holstein und Lauenburg. Diese Herzogtümer mit ihrer überwiegend deutschsprachigen Bevölkerung wollten eng miteinander verbunden sein, doch gehörte Holstein im Unterschied zu Schleswig zum Deutschen Bund. Im März 1848 erhoben sich die Stände beider Herzogtümer gegen die dänische Herrschaft. Sie bildeten eine schleswig-holsteinische Regierung, die daranging, ein Heer aus Freiwilligen aufzustellen und mehrere deutsche Staaten, vor allem Preußen, um militärischen Beistand gegen Dänemark zu ersuchen. In der deutschen Öffentlichkeit löste der Aufstand eine Welle nationaler Begeisterung aus. Viele junge Männer, zumeist Studenten, gingen als Kriegsfreiwillige nach Holstein und Schleswig. Am 4. April 1848 zog dann eine überwiegend aus preußischem Militär bestehende Armee unter dem Kommando des Generals Friedrich von Wrangel gegen Dänemark in den Krieg. Nachträglich wurde der Feldzug vom Deutschen Bund zur Bundesexekution erklärt.[33]

Werner meldete sich schon vor dem Eingreifen preußischer Truppen als Freiwilliger zur schleswig-holsteinischen Armee. Er ließ sich dazu vom preußischen Kriegsminister persönlich von seinem Dienst bei der Telegrafenkommission beurlauben. Anders als später mitunter dargestellt, wurde er nicht als Offizier der preußischen Armee in diesen Krieg kommandiert.[34] Was veranlasste Werner, in den für sein junges Unternehmen so wichtigen Wochen und Monaten nach dem Berliner Telegrafenwettbewerb ohne Not in einen Krieg zu ziehen? Entscheidend war dabei sicher die nationale Euphorie, die sich schon in seinen Schilderungen des Berliner Barrikadenaufstands zeigte. Werner und seine Geschwister waren im Geist der deutschen Nationalbewegung erzogen worden, ihr Vater hatte ein Faible für deutsche Geschichte und dürfte oft von den Befreiungskriegen gegen Napoleon berichtet haben.[35] So ist es nicht verwunderlich, dass Werners Brüder Wilhelm, Friedrich und Carl ihm als Freiwillige der schleswig-holsteinischen Armee nach Kiel folgten. «Natürlich werden weder ich noch meine Brüder die Hände feige in den Schoß legen, wenn das Vaterland ruft!», schrieb Werner am 26. März an Wilhelm Drumann.[36]

Für die Siemens-Brüder gab es aber noch einen weiteren Grund, sich an der Verteidigung Kiels zu beteiligen: Dort lebte seit zwei Jahren die Familie Himly, bei der ihr jüngster Bruder Otto aufwuchs. Nach Werners Angaben schrieb ihm seine Schwester Mathilde damals in großer Angst.[37] Diese Sorge war durchaus berechtigt. In Kiel gab es noch keinen Marinestützpunkt. Der Hafen galt als Schwachstelle in der Front gegen Dänemark, das über eine schlagkräftige Flotte verfügte. Die im Aufbau befindliche schleswig-holsteinische Marine und die preußische Marine, die lediglich aus einer Segelkorvette bestand, hatten dem nichts entgegenzusetzen. Von der Kieler Förde aus konnten Kriegsschiffe den Hafen und die Innenstadt unbehelligt beschießen. Aus Furcht davor brachten viele Bürger ihre Frauen und Kinder vorsorglich aus der Stadt. Auch Mathilde zog bei Kriegsbeginn mit den Kindern vorübergehend nach Lübeck.[38] Eine wichtige Rolle bei Werners Einsatz zur Verteidigung Kiels spielte jedoch Mathildes Ehemann, der Chemieprofessor Carl Himly. Mit ihm zusammen bereitete er noch vor der Abreise nach Kiel einen Coup vor.[39] Die beiden Schwäger hatten sich vorgenommen, eine

Sperre aus Seeminen mit elektrischer Zündung zu entwickeln, um die dänische Flotte von einem Angriff auf Kiel abzuhalten. Eine derartige Konstruktion hatte es bisher noch nicht gegeben.[40] Nachdem Werner in Kiel eingetroffen war, machten sich die beiden Erfinder ans Werk. Himly hatte Sprengpulver und wasserdichte Pulverfässer beschafft, die im Wasser versenkt wurden und durch Guttapercha-isolierte Leitungsdrähte mit galvanischen Batterien an Land verbunden waren. Um die Minen zu zünden, musste nur eine Verbindung zwischen den Polen der Batterien hergestellt werden.[41] Ob und wie lange die Minensperre funktionierte, hing wesentlich von der Qualität der Guttapercha-Isolierung ab, die Werner auf diese Weise erstmals unter Wasser erproben konnte. So diente sein Einsatz zur Verteidigung Kiels nebenbei dazu, neue Erkenntnisse für die Telegrafentechnik zu gewinnen.

Die Minensperre vor Kiel wurde auf der Höhe der Seebadeanstalt Düsternbrook in der Schifffahrtsstraße durch die Förde verankert.[42] Werner schien es nun ratsam, die der Stadt vorgelagerte Festung Friedrichsort unter Kontrolle zu bringen. Andernfalls wäre es dänischen Kriegsschiffen möglich gewesen, von der Förde in Höhe von Friedrichsort aus Kiel zu beschießen. Einen Haken allerdings gab es: Die Festung hatte noch eine dänische Besatzung. Da die schleswig-holsteinische Armee in Kiel nicht über genügend Mannschaften verfügte, um Friedrichsort erstürmen zu können, schlug Werner dem Stadtkommandanten vor, die Bürgerwehr einzusetzen. Ihre Mitglieder dürften großen Respekt vor den Fähigkeiten eines preußischen Artillerieoffiziers gehabt haben. Sie stellten sich bereitwillig unter Werners Kommando.[43] Dass er bei der preußischen Armee einen technischen Spezialauftrag ausführte, noch nie ein militärisches Kommando innegehabt hatte und seit zehn Jahren nicht mehr befördert worden war, konnten die Kieler Bürger nicht wissen. Mit rund 200 Männern machte sich Werner in der nächsten Nacht an die Festung Friedrichsort heran, die ohne Widerstand eingenommen werden konnte. Die Männer der Bürgerwehr ließen sich allerdings nicht lange von zu Hause fernhalten.[44] Werner fand einen Ersatz, wobei er Einfallsreichtum, Überredungskunst und Organisationsvermögen bewies. Er zog durch die Bauerndörfer der Probstei, einer gegenüber von Friedrichsort liegenden Landschaft, um dort eine neue Mannschaft für die Festung anzuwerben. Allein aus Schönberg, dem Hauptort der Probstei, folgten ihm 50 Freiwillige.[45] Einer von ihnen war der Lehrer Iwar Peterson Edert. Er hinterließ Aufzeichnungen, die Werners Darstellung in den *Lebenserinnerungen* ergänzen und in vielem bestätigen. Der Lehrer erinnerte sich, dass «der damalige Artillerie-Hauptmann Werner Siemens» am

10. April 1848 in Schönberg erschien, um Freiwillige zu werben, und ihm die jungen Männer bereitwillig folgten: «Als der Hauptmann uns die missliche Lage geschildert und die Notwendigkeit der Verteidigung des Kieler Hafens dargelegt hatte, versprachen wir alle zu kommen [...]».[46]

Innerhalb weniger Tage konnte Werner auf diese Weise 150 Freiwillige anwerben.[47] Nach Ederts Angaben waren es sogar mehr als 200. Sie hätten sich «Probsteier Freikorps» genannt.[48] In Kampfhandlungen wurde das Freikorps in Friedrichsort nicht verwickelt. Übereinstimmend wird in den Berichten Werners und Ederts aber eine Detonation geschildert, die durch das unbeabsichtigte Auslösen einer Mine zustande kam. Es handelte sich um ein Pulverfass, das Werner zum Schutz des Festungstors in einem Schacht vor der Festung versenken ließ. Weil ein Angriff dänischer Kriegsschiffe drohte, hatte er seinen Bruder Friedrich angewiesen, die Zündleitung fertigzumachen. Durch einen herabfallenden Zweig kam es überraschend zur Detonation.[49] Die dänischen Kriegsschiffe, deren Besatzungen das Spektakel aus nächster Nähe erlebten, drehten um. Die dänische Marine verzichtete fortan auf Angriffe gegen Kiel und begnügte sich damit, den Ausgang der Förde zu blockieren.

Nachdem die Armee Wrangels Mitte April 1848 nach Norden vorgerückt war, wurde Werner in Friedrichsort von einem aktiven preußischen Offizier abgelöst. Er erhielt den Befehl, mit dem Freikorps Probstei nach Flensburg an die Front zu ziehen. Nun ging es um einen Kampfeinsatz. Werner setzte von Flensburg aus am 25. April seinen Bruder Wilhelm als Bevollmächtigten ein und hinterließ Verfügungen für den Todesfall.[50] Doch dann beorderte ihn General von Wrangel zurück und übertrug ihm die Verteidigung der Häfen von Kiel und Eckernförde. Da die Eckernförder Bucht für die Verlegung einer Seeminensperre zu breit war, ließ Werner dort Artilleriestellungen errichten. Er war nun nicht mehr im Sonderurlaub und als Kriegsfreiwilliger im Einsatz, sondern als Offizier der Armee Wrangels, der ihn zum offiziellen Festungskommandanten von Friedrichsort ernannt hatte.

Die Brüder Wilhelm und Friedrich hatten Kiel inzwischen verlassen, Carl arbeitete nun bei Carl Himly als Assistent in dessen Labor.[51] Werner blieb noch einige Zeit in Friedrichsort, allerdings nicht mehr ganz freiwillig, er wäre andernfalls zu seiner Brigade nach Magdeburg zurückversetzt worden.[52] Wieder einmal erwog er, seinen Abschied vom Militär zu nehmen, doch dann wurde er von der Telegrafenkommission für den Bau der nunmehr beschlossenen Linie nach Frankfurt am Main angefordert. Mitte August, etwa zehn Tage vor dem Waffenstillstand von Malmö, konnte er nach Berlin zurückkehren.[53] Der Waffenstillstand bedeutete für Preußen eine schwere Schlappe. Großbritannien, Russland und Frankreich hatten unmissverständlich klargemacht, dass sie eine preußische Vorherrschaft über die Ausgänge von Nord- und Ostsee nicht hinnehmen würden. Friedrich Wilhelm IV. lenkte unter diesem Druck ein, die Armee Wrangels musste trotz der militärischen Erfolge aus Schleswig und Holstein abziehen. Beide Herzogtümer blieben unter der Herrschaft des dänischen Königs. Nicht anders endete die zweite Phase des Krieges, der im Februar 1849 wieder aufflammte. Werner nahm an diesem Krieg nicht mehr teil, doch sein militärischer Einsatz in Holstein hatte nun konkrete Folgen. Am 5. April 1849 wurden das dänische Linienschiff *Christian VIII.* und die Fregatte *Gefion* beim Angriff auf Eckernförde von den Strandbatterien in Brand geschossen, die Werner dort aufgestellt hatte.[54] Die Bilder von der Explosion des Linienschiffs, bei der ein Teil der Besatzung ums Leben kam, gehören zu den eindrücklichsten dieses Krieges.

Explosion des dänischen Linienschiffs *Christian VIII.* im Gefecht bei Eckernförde, 5. April 1849, Illustration aus der *Leipziger Zeitung*

Die ersten Fernlinien

In Berlin hatte die Telegrafenkommission am 13. Juni 1848 ihren Abschlussbericht über den drei Monate zuvor ausgetragenen Wettbewerb zwischen den Konstrukteuren vorgelegt. Obwohl die Versuche wegen des Barrikadenaufstands vorzeitig abgebrochen worden waren, hatten die Mitglieder der Kommission genügend Eindrücke gewonnen. Sie kamen zu dem Ergebnis, dass die Telegrafenapparate von Kramer und Siemens am besten geeignet waren. Beide würden «fast gleich günstig, leicht zu handhaben und sicher erscheinen».[55] Großen Eindruck hatte auch der Morse-Apparat gemacht, da er die übermittelten Zeichen druckte, was mit dem Siemens-Telegrafen noch nicht gelang. Der Kommissionsbericht bescheinigte dem Morse-Telegrafen «unstreitig wichtige Vorzüge», gab aber zu bedenken, dass die Konstruktion kompliziert war und die Telegrafisten wegen der Chiffrierung erst für die Bedienung geschult werden mussten.[56] Der Bericht empfahl, zwei Fernlinien bauen zu lassen, eine von Berlin nach Frankfurt am Main und eine von Berlin nach Köln. Bei der technischen Ausstattung der Linien sollten beide Sieger des Wettbewerbs zum Zuge kommen, die Linie nach Frankfurt sollte mit Siemens-Telegrafen betrieben werden, die Linie nach Köln mit Kramer-Telegrafen. Zusätzlich sollten auf einer der Linien Morse-Apparate aufgestellt werden, um weitere Erfahrungen zu gewinnen und Telegrafisten mit diesem System vertraut zu machen. Die Fernlinien waren so weit wie möglich unterirdisch zu verlegen.[57] Am 24. Juli 1848 genehmigte König Friedrich Wilhelm IV. per Kabinettsordre den Bau der beiden Fernlinien und die dafür veranschlagten Ausgaben in Höhe von 250 000 Reichstalern. Abweichend vom Bericht der Telegrafenkommission sollte die Kölner Linie nun bis zur belgischen Grenze bei Aachen weitergeführt werden.[58]

Werner war damit ein Großauftrag sicher. Angesichts der Siegesgewissheit, die er vor dem Wettbewerb geäußert hatte («Ich zweifle nicht, daß ich siegen und dadurch die telegraphische Angelegenheit in Preußen ganz in die Hände bekommen werde.»[59]), blieb das Ergebnis freilich hinter seinen Erwartungen zurück. Der Kramer-Apparat wurde ebenso gut bewertet wie der Siemens-Telegraf, und dem Morse-Telegrafen wurden große Vorzüge bescheinigt. Anders verhielt es sich bei der Kabeltechnik. Mit der Guttapercha-Isolation konnten Werner, Halske und ihr Vertragspartner, die Gummifabrik Fonrobert & Pruckner, nach Ansicht der Telegrafenkommission eindeutig das beste Verfahren für den Bau unterirdischer Linien bieten.[60] Dass eine unterirdische Verlegung vorteilhafter war, stand für die Kommission nach den Erfahrungen während der Märzrevolution außer Frage. Verschiedentlich waren oberirdisch verlegte Eisenbahntelegrafen von Aufständischen gewaltsam beschädigt worden.[61]

Einen entscheidenden Vorsprung gegenüber den Wettbewerbern hatte Werner also nicht aufgrund seines Zeigertelegrafen, sondern weil er zusammen mit seinen Partnern ein System anbieten konnte, einen Telegrafenapparat *und* Guttapercha-isolierte Kabel. Dieser Vorteil machte sich bemerkbar, als bald darauf über die Aufträge zur Verlegung der Kabel auf den geplanten Fernlinien entschieden wurde. Halske und Werner erhielten sowohl den Auftrag für die Frankfurter Linie als auch den für die Verlegung der Linie nach Köln und Aachen, auf der Kramers Telegrafenapparate zum Einsatz kommen sollten.[62] Wie schon beim Bau der Versuchsstrecke war Werner auch bei der Errichtung der Fernlinien in dreifacher Weise beteiligt: als Telegrafenoffizier und Bauleiter im Staatsdienst, als Mitinhaber des beauftragten Telegrafenherstellers, der Werkstatt Halske, und als Vertragspartner des Kabellieferanten Fonrobert & Pruckner mit einer Gewinnbeteiligung. Seine Funktionen als Offizier und als Unternehmer ließen sich kaum auseinanderhalten.[63]

Bei der preußischen Staatstelegrafie hatte es inzwischen einige Veränderungen gegeben. Die Telegrafenkommission war aufgelöst worden, nachdem sie im Juni 1848 den Abschlussbericht über den Wettbewerb vorgelegt hatte. Ihr langjähriger Leiter Franz August von Etzel war bereits zuvor aus gesundheitlichen Gründen in den Ruhestand versetzt worden. Der starke Mann bei der Staatstelegrafie war nun deren technischer Leiter, Regierungsrat Friedrich Nottebohm.[64] Er hatte auch die Oberleitung über den Bau der Fernlinien nach Frankfurt und Aachen. «Nottebohm ist jetzt Alleinherrscher im Telegraphenfache», schrieb Werner am 25. Juli 1848 an Wilhelm.[65] Dem Regierungsrat verdankte er es, dass er wenige Wochen später wieder zur Staatstelegrafie kommandiert wurde, um die Linie nach Frankfurt zu bauen und die Kabel auf der Linie nach Köln bzw. Aachen zu verlegen.[66] Das Verhältnis zwischen Nottebohm und Werner trübte sich allerdings rasch ein. Nottebohm wollte als Erbauer der Telegrafenlinien nach Frankfurt und Aachen gelten. Aus seiner Sicht war der Leutnant Siemens nur der zuständige «Oberingenieur». Tatsächlich nahm Werner aber aufgrund seiner dreifachen Rolle als Telegrafenoffizier, Unternehmer und Erfinder bei diesen Projekten eine Schlüsselposition ein.[67]

Die Telegrafenlinien nach Frankfurt und Aachen mussten in einer recht kurzen Frist verlegt werden. Nach den ursprünglichen Planungen sollten beide Verbindungen Ende 1848 fertiggestellt sein.[68] Werner stürzte sich mit ganzer Kraft auf den Bau der Linie nach Frankfurt. Die Verlegung der Kabel und die Errichtung der Telegrafenstationen erforderten von ihm ständige Präsenz vor Ort. Er führte nun, wie er am 26. September 1848 an Wilhelm schrieb, ein «Nomadenleben auf den Eisenbahnen».[69] Da er nicht gleichzeitig die Verlegung der Kabel auf der Linie nach Aachen leiten konnte, schlug er vor, diese Aufgabe seinem alten Freund William Meyer zu übertragen. Meyer hatte sich bis dahin nie mit der Telegrafie beschäftigt, doch war er Offizier und bot so die Gewähr, dass die Aufsicht über die Verlegung beim Militär blieb. Meyer wurde von Nottebohm angefordert und zum Telegrafeningenieur befördert.[70] Er arbeitete sich rasch in diese Aufgabe ein.

Beim Bau der Linie nach Frankfurt konnte das Kabel auf dem größten Teil der Strecke unterirdisch verlegt werden, unter dem Gleisbett der Bahnstrecke nach Halle/Saale und weiter bis Eisenach. Von dort an musste die Verlegung oberirdisch erfolgen, weil die Eisenbahnlinie zwischen Eisenach und Frankfurt am Main noch im Bau war.[71] Die Gesamtlänge belief sich auf 674 Kilometer (89,5 preußische Meilen).[72] Da die Linie über das Territorium mehrerer deutscher Staaten führte, musste Preußen für den Bau eine Reihe von Staatsverträgen abschließen. Auch vor diesem Hintergrund ist es gut zu verstehen, dass Werner die deutsche Kleinstaaterei überwunden sehen wollte. Wie die Arbeiten im Einzelnen durchgeführt wurden, ist nicht bekannt. Werners Briefe aus dieser Zeit spiegeln aber den großen Druck wider, unter dem er stand. Sie wurden seltener und wirken gehetzt. Zum Jahreswechsel teilte er Wilhelm mit: «Sylvester werde ich wohl wie Weihnachten auf der Landstrasse verbringen. Morgen geht es wieder fort.»[73] Einem Brief vom 21. Januar 1849 an den Bruder Carl ist zu entnehmen, dass Werner in den vergangenen drei Monaten nur vier Tage in Berlin gewesen war.[74]

Schon bald zeigte sich, dass eine Fernstrecke andere Anforderungen an die Isolierung unterirdisch verlegter Telegrafendrähte stellte als die kleine Versuchsstrecke nach Großbeeren. Werner musste die Guttapercha-Ummantelung erneut verbessern. Durch Vulkanisation der Guttapercha gelang es ihm, diese gegen Witterungseinflüsse noch widerstandsfähiger zu machen.[75] Bei den Arbeiten an der Frankfurter Linie gab es weitere Probleme. Als die Siemens-Telegrafen auf der Teilstrecke zwischen Halle und Erfurt nicht funktionierten, holte Nottebohm Werners Konkurrenten Kramer zu Hilfe, eine Demütigung für den «Oberingenieur». Kramer soll drei Tage lang experimentiert haben, konnte das Problem aber nicht lösen. Schließlich gelang es Werner, eine elektrostatische Aufladung als Ursache auszumachen.[76] Zusätzlich zu diesen technischen Problemen gab es weitere Herausforderungen. Während der Verlegung der Kabel durch Thüringen kam es dort zu revolutionären Unruhen. Die Aufständischen sahen in der neuen Telegrafenlinie des preußischen Militärs eine Gefahr und gingen mit Spaten und Schaufeln daran, das Kabel zu beschädigen.[77] Bei der oberirdischen Verlegung zwischen Eisenach und Frankfurt mussten Telegrafenstangen auch auf privaten Grundstücken aufgestellt werden, nicht selten gegen heftigen Widerstand der Grundbesitzer. Werner musste feststellen, dass eine preußische Staatstelegrafenlinie im liberalen Hessen nicht gern gesehen war, da sie vielen als Expansionsinstrument Berlins galt. Immerhin wurde der Telegrafendienst auch in den hessischen Stationen von preußischen Beamten ausgeübt.[78]

Ende Januar 1849 war die Linie zwischen Berlin und Frankfurt am Main fertiggestellt, drei Wochen später, um den 20. Februar herum, wurde der reguläre Betrieb aufgenommen.[79] Depeschen zwischen beiden Städten konnten nun in weniger als einer Stunde übermittelt werden. Bei ihrer Fertigstellung war diese Verbindung die längste elektromagnetische Telegrafenlinie Europas. Den Dienst auf den Stationen versahen Beamte, die zu einem großen Teil aus der optischen Telegrafie stammten und umgeschult worden waren.[80] Bei Halske ging nun die erste Zahlung der Telegrafenverwaltung ein.[81] Werners finanzielle Lage begann sich zu entspannen, doch seine Einkünfte blieben überschaubar. Die Arbeit an der Linie konnte er nicht als Unternehmer abrechnen, und der Preis für die Telegrafenapparate lag weit unter seinen ursprünglichen Vorstellungen. Im Juli 1847 hatte Werner noch geglaubt, einen Zeigertelegrafen für 600 Taler verkaufen zu können. Tatsächlich lag der Preis für die größeren Apparate bei 200, für die kleineren bei 100 Talern.[82] Die Gewinnspanne war mit 50 Prozent recht ansehnlich, doch verteilte sich der Gewinn im vereinbarten Verhältnis auf die drei Gesellschafter des Unternehmens. Werner rechnete vor Erstellung der Linien nach Frankfurt am Main und Aachen mit einem Gewinn von höchstens 5000 Talern. Nach Richard Ehrenberg, der 1906 die erste Geschichte der Siemens-Unternehmen veröffentlicht hat, lag der tatsächliche Ertrag noch niedriger.[83]

Wichtiger als der finanzielle Gewinn war für Werner, dass er nun eine technische Referenzleistung vorweisen konnte, auch im Ausland. Rechtzeitig zur Fertigstellung der Frankfurter Linie erschien ein namentlich nicht gezeichneter Artikel Wilhelms in der britischen Fachzeitschrift *Mechanics' Magazine*, der auf Werners Erfolge hinwies, Halske nur kurz nannte und Nottebohm gar nicht. Nachdem das *Polytechnische Journal* eine deutsche Übersetzung veröffentlicht hatte,[84] bekam Werner den Zorn seines Dienstherrn zu spüren. Er bat Wilhelm daraufhin, bei zukünftigen Veröffentlichungen die Verdienste Halskes gebührend zu erwähnen und auf Nottebohm «etwas Weihrauch» zu streuen.[85]

Erste Sitzung der Deutschen Nationalversammlung in der Frankfurter Paulskirche, 18. Mai 1848, kolorierter Holzstich nach einer zeitgenössischen Zeichnung von Jean Nicolas Ventadour, um 1890

Rund fünf Wochen nach Inbetriebnahme der Telegrafenlinie zwischen Berlin und Frankfurt zeigte sich, warum die Arbeiten an diesem Projekt unter einem derart großen Zeitdruck gestanden hatten. Die Nationalversammlung in der Frankfurter Paulskirche verabschiedete am 27. März 1849 eine Reichsverfassung, die einen deutschen Kaiser als Staatsoberhaupt vorsah. Da sich inzwischen eine «kleindeutsche» Lösung der deutschen Frage – ein von Preußen dominierter Nationalstaat ohne Österreich – durchgesetzt hatte, wählten die Abgeordneten einen Tag später mit knapper Mehrheit den preußischen König Friedrich Wilhelm IV. zum Kaiser. Das Ergebnis der Wahl in Frankfurt wurde durch die neue Telegrafenlinie in derselben Stunde in Berlin bekannt, allerdings nur der Regierung und dem Militär.[86] In der Öffentlichkeit blieb dieser Erfolg der neuen Kommunikationstechnik unbemerkt, da die Zeitungen noch keinen Zugang zu telegrafischen Depeschen hatten. Erst ab Ende Mai 1849 erschienen in der Berliner Presse telegrafische Meldungen.[87]

Friedrich Wilhelm IV. nahm die Wahl zum Deutschen Kaiser nicht an. Er war ein überzeugter Vertreter des Gottesgnadentums und empfand es als Beleidigung, von einem Parlament die Kaiserkrone angetragen zu bekommen. Einem Vertrauten gegenüber hatte er diese schon lange vor der Wahl als einen «imaginären Reif, gebacken aus Dreck und Letten» bezeichnet, an dem der «Ludergeruch der Revolution» hänge.[88] Mit der Ablehnung der Kaiserkrone waren die Frankfurter Reichsverfassung und die Bestrebungen zur Einigung Deutschlands gescheitert. In Sachsen, in der Pfalz und in Baden kam es in den folgenden Monaten zu Aufständen. Nach deren Niederschlagung durch preußische Truppen begann eine Epoche, die als «Ära der Reaktion» bezeichnet wird. Der Deutsche Bund wurde wiederhergestellt, die Parlamente wurden aufgelöst und die von der Nationalversammlung verkündeten Grundrechte beseitigt.

Werners anfängliche Begeisterung für die Revolution war schon im Juli 1848, vier Monate nach dem Berliner Barrikadenaufstand, verflogen. An Wilhelm schrieb er damals von Friedrichsort aus, dass die Stimmung in Berlin und ganz Preußen sich gewandelt habe. Durch das «unpolitische Benehmen der Frankfurter Linken, das den Preussenstolz beleidigt hat», würde sich das Preußentum nun wieder mit Macht erheben. Nach wie vor hoffte er auf einen deutschen Nationalstaat, doch sollte dieser entstehen, indem «Deutschland mithin mehr oder weniger preussisch wird».[89] Seine veränderte Einstellung gegenuber der Revolutionsbewegung verstärkte sich noch nach der Rückkehr aus dem deutsch-dänischen Krieg. Werner mokierte sich nun über die «Republikaner» und verachtete die «Demokraten», die sich nicht mit liberalen Freiheitsrechten und einer konstitutionellen Monarchie begnügen, sondern soziale Grundrechte, ein allgemeines Wahlrecht und die Ausrufung einer Republik forderten.[90] Für Werner symbolisierte die «blutrothe» Fahne der Demokraten die Gefahr eines politischen und sozialen Chaos, die es mit allen Mitteln zu bekämpfen galt.[91] Durch den Gegensatz zwischen Liberalen und Demokraten hatten die alten Kräfte leichtes Spiel.[92] General von Wrangel rückte im November 1848 mit den aus Schleswig und Holstein abgezogenen Garderegimentern in Berlin ein. Alle politischen Clubs und Vereine wurden verboten, die Preußische Nationalversammlung wurde aufgelöst und über die Stadt der Belagerungszustand verhängt.[93] Werner hat die Niederschlagung der Revolution durch seinen früheren Oberkommandierenden nicht näher kommentiert. Doch dürfte er seinen Kameraden aus dem deutsch-dänischen Krieg nähergestanden haben als dem Demokratischen Club. Was er über sein Volk nun an den Bruder in England schrieb, kann man durchaus so deuten: «Der Deutsche muss erst Hiebe kriegen, wenn er vernünftig handeln soll.»[94]

«Wrangels neue Straßenreinigungsmaschine in Berlin», zeitgenössische Karikatur, November 1848

Die Telegrafenlinie von Berlin nach Aachen ging erst am 3. Juni 1849, dreieinhalb Monate nach der Frankfurter Linie, in Betrieb. Mit 715 Kilometern übertraf ihre Länge die der Frankfurter Linie.[95] Sie stellte zudem einen ersten Schritt zur Errichtung eines kontinentaleuropäischen Telegrafennetzes dar. Zwischen Aachen und Verviers sollte sie später einmal mit dem belgischen Netz und über dieses mit dem französischen verbunden werden. Nottebohm ließ auch diese Linie unterirdisch verlegen, was mit mehreren technisch aufwendigen Flussdurchquerungen einherging. Zusätzlich zu den Telegrafenapparaten von Kramer wurden an mehreren Stationen Morse-Apparate installiert. Die Verlegung der Kabel zwischen Braunschweig und Aachen leitete William Meyer.[96] Die isolierten Drähte stammten von der Firma Fonrobert & Pruckner, die auf diesem Gebiet alleiniger Lieferant der preußischen Staatstelegrafie war.[97] Größte Herausforderung beim Bau der Aachener Linie war die Durchquerung des Rheins bei Köln. Da es noch keine Eisenbahnbrücken über den Fluss gab, musste das Kabel im Flussbett verlegt werden. Werner kam dafür eigens nach Köln. Um zu verhindern, dass das Kabel durch schleppende Anker der Schiffe beschädigt wurde, konstruierte er gemeinsam mit Meyer als besondere Schutzvorrichtung eine Kette aus schmiedeisernen Röhren um die Leitungen, die wiederum mit einer Kette aus Ankern im Flussbett befestigt wurde. Auch die schwirige Verlegung an der tunnelreichen Strecke zwischen Köln und Aachen meisterten die beiden Freunde gemeinsam.[98]

Meyer hatte zuvor bereits eine Stichstrecke von Düsseldorf nach Elberfeld verlegt. Nach Inbetriebnahme der Aachener Linie wurde er von Nottebohm mit dem Bau einer Telegrafenverbindung zwischen Berlin und Stettin beauftragt.[99] Eine weitere Staatstelegrafenlinie bestand bereits seit Mai 1849 zwischen Berlin und Hamburg. Diese Linien wurden mit Siemens-Telegrafen betrieben und verliefen durchweg unterirdisch, mit Guttapercha-isolierten Drähten. Spätestens seit Sommer 1849 war dieses technische System der Standard der preußischen Staatstelegrafie. Die zwischen Berlin und Köln installierten Kramer-Apparate wurden später durch Siemens-Zeigertelegrafen ersetzt.[100]

Bei den privaten Eisenbahngesellschaften stand der von Werner erfundene Zeigertelegraf weniger hoch im Kurs.[101] Hier hatte der Kramer-Apparat einen größeren Marktanteil, weil er preisgünstiger und leichter zu bedienen war. Die Guttapercha-Isolierung kam bei den Eisenbahntelegrafen gar nicht zur Anwendung. Im Unterschied zum Militär hatte man hier an der teuren unterirdischen Verlegung kein Interesse. 1851 kamen bei den deutschen Eisenbahntelegrafen 367 Kramer-Apparate und nur 133 Siemens-Apparate zum Einsatz.[102] In Sachsen und Bayern fand der Siemens-Apparat auch bei der Staatstelegrafie keine Verwendung. Hier dominierte der Induktions-Zeigertelegraf des Leipziger Mechanikers Emil Stöhrer, der wie Halske ein gebildeter Instrumentenbauer von wissenschaftlichem Renommee war.[103] Da es für den Siemens-Zeigertelegrafen bis Mitte 1851 praktisch keine Nachfrage aus dem Ausland gab und die Werkstatt Halske nur Telegrafenapparate und Läutewerke fertigte, hing der Umsatz des Unternehmens weitgehend von Aufträgen des preußischen Staates und einiger Nachbarstaaten in Norddeutschland ab. Dass ein derart einseitig ausgerichtetes Geschäft mit einem hohen Risiko verbunden war, sollte Werner noch zu spüren bekommen.

Schon im März 1849, als der Siemens-Zeigertelegraf nach der Inbetriebnahme der Frankfurter Linie gerade den Zenit seines Erfolgs erreicht hatte, deutete sich an, dass dieser Apparat selbst bei der preußischen Staatstelegrafie einen überlegenen Konkurrenten bekommen würde. Nottebohm ließ damals einen Leistungsvergleich durchführen.[104] Eine vollständige Thronrede Friedrich Wilhelms IV. wurde zunächst mit Siemens-Apparaten nach

Frankfurt am Main übermittelt und danach zwei Mal mit Morse-Apparaten. Das Ergebnis konnte kaum eindeutiger ausfallen: Mit den Siemens-Zeigertelegrafen dauerte die Übertragung sieben Stunden, mit den Morse-Telegrafen 75 bzw. 70 Minuten.[105] Die Kommission für die Verwaltung der Staatstelegrafen beschloss daraufhin, in Preußen weitere Versuche mit Morse-Apparaten anzustellen. Nottebohm bestellte mehrere dieser Apparate und beauftragte den amerikanischen Ingenieur Charles Robinson, der die erste deutsche Morse-Linie zwischen Hamburg und Cuxhaven betrieb, fünf Telegrafisten zur Bedienung des Morse-Systems anzulernen.[106] Als Preußen, Österreich, Bayern und Sachsen ein Jahr später, im Juli 1850, den Deutsch-Österreichischen Telegraphenverein (DÖTV) gründeten, wurde der Morse-Telegraf zum Standardapparat dieses Zusammenschlusses.

Was es für den Siemens-Zeigertelegrafen bedeutete, wenn der wichtigste Abnehmer das System wechselte, konnte man sich in der Werkstatt Halske leicht ausrechnen. Das junge Unternehmen drohte in den nächsten Jahren ins Abseits zu geraten, wenn es weiterhin nur Siemens-Telegrafen und -Läutewerke fertigte. Die Gesellschafter machten aus dieser misslichen Lage das Beste und entschieden, dass Halske auch Morse-Apparate herstellen sollte. Zu ihrem Glück war der Morse-Telegraf nicht rechtlich geschützt. Aus unterschiedlichen Gründen hatte Morse in ganz Europa kein Patent erhalten.[107] Halskes besondere Fähigkeiten ermöglichten es, dass sich das Unternehmen einen Ruf als Hersteller verbesserter, technisch ausgereifter Morse-Telegrafen erarbeiten konnte. Fünf Jahre nach Einführung des Siemens-Zeigertelegrafen war selbst Halske davon überzeugt, dass dieser Apparat vom Morse-Telegrafen verdrängt werden würde.[108] Eine stärkere Position hatte das Unternehmen in der Kabeltechnik. Durch den Vertrag mit Fonrobert & Pruckner war man Monopolanbieter für die Guttapercha-Ummantelung von Telegrafendrähten. Auf dieses Verfahren war die preußische Staatstelegrafie beim Bau unterirdischer Linien angewiesen.

Werners Vetter Johann Georg zog noch auf andere Weise Nutzen aus dem Bau der ersten deutschen Ferntelegrafenlinien. Als diese ab Ende August 1849 nach und nach für den Publikumsverkehr freigegeben wurden, entstand ein neuer Markt für die kommerzielle Übermittlung von Depeschen. Nun konnten auch die Wirtschaft und die Medien die neue Kommunikationstechnik nutzen. Durch die hohen Tarife war der Depeschendienst für die Staatskasse ein lukratives Geschäft. Johann Georg gehörte damals dem Verwaltungsrat der von ihm mitgegründeten *National-Zeitung* an. Er riet dem Expedienten dieser Zeitung, Bernhard Wolff, eine Nachrichtenagentur nach dem Vorbild der schon länger bestehenden Agence Havas in

Paris zu gründen. Als Wolff im November 1849 in Berlin ein Telegraphisches Correspondenz-Bureau errichtete, beteiligte sich Johann Georg daran. Wolffs Telegraphisches Bureau wurde für lange Zeit die führende deutschsprachige Nachrichtenagentur.[109]

Die preußische Staatstelegrafie wandelte sich mit der Öffnung ihrer Linien für den Publikumsverkehr von einer militärischen Institution zu einer zivilen Behörde. Seit März 1849 unterstand sie nicht mehr dem Generalstab, sondern dem neu gebildeten Ministerium für Handel, Gewerbe und öffentliche Arbeiten. Dort wurde sie ebenso wie die Post als staatlicher Regiebetrieb geführt. Friedrich Nottebohm wechselte ins Handelsministerium und blieb in der neuen Kommission für die Verwaltung der Staatstelegrafen der entscheidende Mann. Als Zivilist konnte er allerdings nur kommissarischer Telegrafendirektor werden. Zum Leiter der Behörde wurde ein Oberst der Artillerie, Albert du Vignau, ernannt.

Nach Fertigstellung der Aachener Linie reichte Werner seinen Abschied vom Militär ein. Er hatte sein Ziel erreicht, so lange beim Militär zu bleiben, bis das Unternehmen ihn ernähren konnte. Seine Vorgesetzten wären auch nicht bereit gewesen, ihn noch länger zum Handelsministerium abzustellen. Dort war ihm angeblich die Position eines leitenden Technikers angeboten worden. Doch Werner war schon im März 1849, nach Inbetriebnahme der Frankfurter Linie, entschlossen, sich ganz aus dem Staatsdienst zurückzuziehen, weil sich dieser «nicht mit der praktischen oder vielmehr selbst schaffenden Tätigkeit» vertragen würde.[110] Sein Nachfolger bei der Staatstelegrafie wurde William Meyer, der sich durch die Arbeit an der Linie nach Aachen in die Materie eingearbeitet hatte. Meyer hatte ebenso wie Werner seinen Abschied vom Militär eingereicht und wechselte als Zivilist zur Staatstelegrafenkommission. Für alle Beteiligten war diese Nachfolgeregelung eine optimale Lösung: Werner behielt durch Meyer Einfluss bei der Staatstelegrafie, Meyer musste nicht in den Artilleriedienst zurückkehren, und Nottebohm stand durch Meyer weiterhin das Know-how von Siemens und Halske zur Verfügung. Bald erhielt Meyer noch Verstärkung aus der Familie Siemens. Werners jüngerer Bruder Carl hatte bei der Verlegung der Aachener Linie mitgearbeitet und trat im Sommer 1850 als Assistent Meyers in den Dienst der Telegrafenkommission ein.[111]

Am 12. Juni 1849 erhielt Werner seinen Abschied vom Militär, verbunden mit der bei einem solchen Anlass üblichen Beförderung.[112] Er hatte nun den Rang eines Premierleutnants und erhielt die Erlaubnis, die Uniform mit den Abzeichen für Verabschiedete zu tragen. Auf die Pension, die ihm nach zwölf Jahren Offiziersdienst zustand, verzichtete er. Kostgänger des Staates

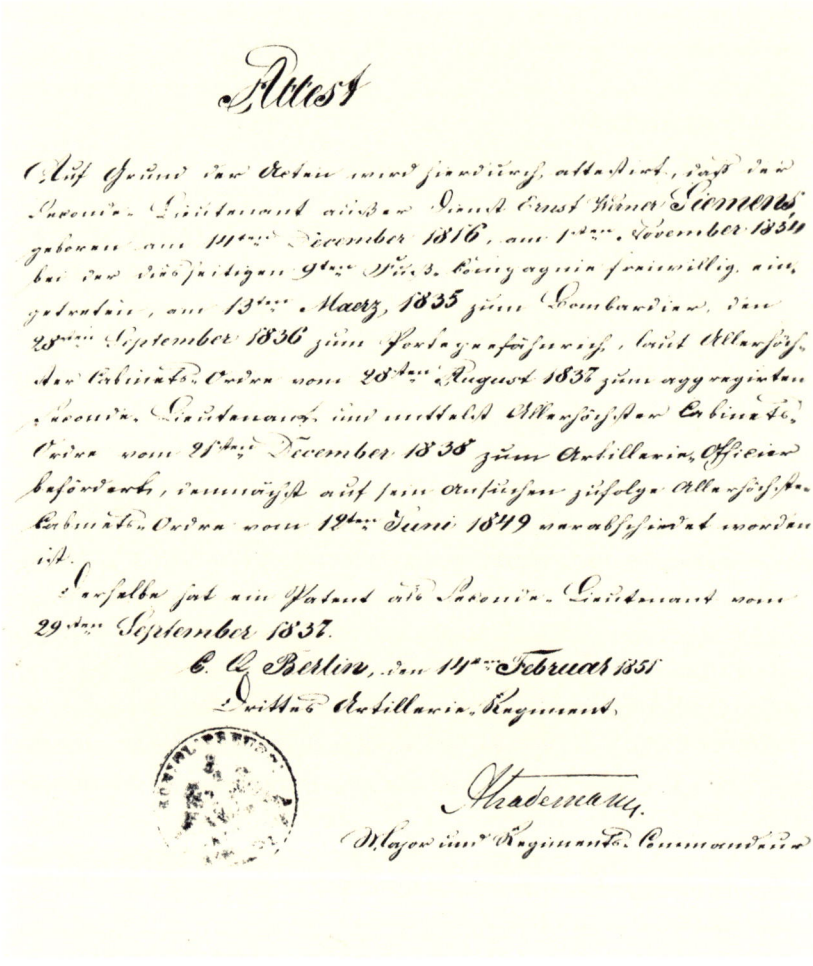

Bescheinigung für Werner Siemens über den geleisteten Militärdienst, 14. Februar 1851

wollte er als gesunder Mann nicht sein.[113] Eine militärische Karriere hat Werner während der insgesamt 14 Jahre und siebeneinhalb Monate als Soldat und Offizier nie angestrebt. Durch den Militärdienst hat er in dieser Zeit aber erreicht, ein erfolgreicher Techniker, Erfinder und Unternehmer zu werden.

Erfolglos im Ausland

Bereits drei Jahre zuvor, im Herbst 1846, hatte Werner an die Verwertung seines Zeigertelegrafen in England gedacht. Zu diesem Zeitpunkt war der Apparat noch gar nicht gebaut worden.[114] Das Vereinigte Königreich war die führende Industrienation und das Pionierland der elektrischen Telegrafie. Werner und Wilhelm hatten bereits beim Verkauf des Vergoldungsverfahrens an Elkington festgestellt, dass sich Erfindungen hier leichter vermarkten ließen als in Preußen. Warum sollte das nicht auch für den Zeigertelegrafen gelten?[115] Von Anfang an stand für Werner fest, dass er mit dieser Aufgabe einen seiner Brüder betrauen würde, da er nicht längere Zeit vom Militär wegbleiben konnte. Wilhelm hatte inzwischen eine Stelle in einem britischen Unternehmen angenommen und war mit eigenen Erfindungen beschäftigt. Daher sollte Friedrich, der nächstjüngere Bruder, den Siemens-Telegrafen in England einführen.[116]

Nach Gründung des Unternehmens musste dieses Vorhaben noch zurückgestellt werden, zunächst wegen der Konzentration auf den Telegrafenwettbewerb, dann wegen des deutsch-dänischen Krieges. Erst im Juni 1848 konnten die Pläne wieder aufgegriffen werden. Wie Friedrich in seinen Erinnerungen schrieb, wurde damals in Kiel «in einem Familienrathe» beschlossen, dass er nach England gehen sollte, um dort unter Wilhelms Leitung den Siemens-Telegrafen einzuführen.[117] Friedrich zog daraufhin zu Wilhelm – mit einigen Apparaten im Gepäck. Werner war vom Erfolg der Mission überzeugt.[118] Bald musste er sich allerdings eines Besseren belehren lassen. In der Telegrafie des Vereinigten Königreichs dominierte der von Charles Wheatstone und William Fothergill Cooke erfundene und inzwischen mehrfach verbesserte Nadeltelegraf. Wheatstone und Cooke hatten sich umfassende Patentrechte gesichert, die nun von der Electric Telegraph Company wahrgenommen wurden. An diesem Bollwerk scheiterten alle Bemühungen Friedrichs.[119] Am Ende des Jahres sah Werner schließlich ein, dass sein Zeigertelegraf auf dem britischen Markt vorerst keine Chance hatte.[120] Auch seinem Verfahren der Guttapercha-Isolierung von Telegrafendrähten war in England kein Erfolg beschieden. Dort verfügte die Gutta Percha Company über ein Patent für ein ähnliches Verfahren, und das britische Telegrafenwesen wurde hauptsächlich von privaten Eisenbahngesellschaften betrieben, die nicht an unterirdischen Linien interessiert waren. Friedrich gab es im Frühjahr 1849 auf, den Siemens-Telegrafen in England vermarkten zu wollen.[121] Er entschied sich für ein Angebot Wilhelms, als dessen Assistent in die Ingenieurfirma Fox, Henderson & Co. einzutreten und beschäftigte sich fortan wie sein älterer Bruder mit der Anwendung des Regenerativprinzips (Wiedergewinnung von Wärme) auf Dampfmaschinen. Friedrich hatte weiterhin ein gutes Verhältnis zu Werner, in beruflicher und technischer Hinsicht orientierte er sich nun aber an Wilhelm.

Da das Auslandsgeschäft nicht in Gang kam und sich die Nachfrage deutscher Eisenbahngesellschaften nach Siemens-Apparaten in Grenzen hielt, blieb die Werkstatt Halske auch nach Werners Abschied vom Militär in hohem Maße auf Aufträge des preußischen Staates angewiesen. Der Umsatz nahm gleichwohl zu, da das Unternehmen für diese Aufträge praktisch eine Monopolstellung innehatte. Friedrich Nottebohm, der technische Leiter der preußischen Staatstelegrafie, ließ immer weitere Linien bauen, stets unterirdisch, mit Siemens-Apparaten und Guttapercha-isolierten Kabeln von Fonrobert & Pruckner. Diese Kombination war der Standard der preußischen Staatstelegrafie, man kann geradezu von einem «System Nottebohm» sprechen. Unmittelbar nach Fertigstellung der Aachener Linie wurde Werner von Nottebohm mit der Durchführung eines weiteren Großprojekts beauftragt: dem Bau einer unterirdischen Telegrafenlinie durch Schlesien, zunächst von Breslau nach Oderberg, dann von Berlin nach Breslau. Mit insgesamt 542 Kilometern Länge war diese Linie zwar kürzer als die zwischen Berlin und Aachen, jedoch hatte sie eine ähnlich große Bedeutung für die Entstehung eines europäischen Telegrafennetzes. Oderberg, das heutige Bohumín in Tschechien, lag damals an der Grenze zwischen Österreich und Preußen. Von Wien aus führte bereits eine Telegrafenlinie entlang der Kaiser-Ferdinand-Nordbahn dorthin. Mit der Inbetriebnahme der Linie zwischen Berlin und Oderberg, die am 1. Juni 1850 erfolgte, wurde die Lücke zwischen den Telegrafennetzen Preußens und Österreichs geschlossen.[122]

Die Arbeiten in Schlesien wurden in der ersten Zeit davon überschattet, dass in Breslau die Cholera ausgebrochen war. Werner erlitt bis Anfang August 1850 vier Anfälle.[123] Geschäftlich eröffneten sich für ihn in Schlesien günstige Perspektiven, da er einen Auftrag für die Verlegung eines Eisenbahntelegrafen von Breslau nach Krakau erhielt. Mit diesem Projekt verband er große Erwartungen, da sein Telegrafenapparat nun erstmals auch außerhalb Preußens Verwendung fand. Krakau gehörte damals zu Österreich und lag in der Nähe zur Grenze nach Russland. Einen eigenständigen polnischen Staat gab es seit 1795 nicht mehr. Österreich, Preußen und Russland hatten das Gebiet des früheren Königreichs Polen untereinander aufgeteilt. Werner überquerte Ende August 1849 von Krakau aus erstmals die russische Grenze, mit «einem gewissen Schaudern», wie er spöttisch an Wilhelm schrieb.[124] Er

Telegrafenlinien im Deutschen Bund, 1850

machte sich Hoffnungen, dass die nach Krakau verlegte Telegrafenlinie bis Warschau, der Hauptstadt des vom russischen Zaren regierten «Kongresspolens», weitergeführt würde und er dadurch in Russland ins Geschäft kommen könnte.[125] Diese Perspektive war nicht unrealistisch. Schon im Frühjahr 1849 hatte es Verhandlungen mit der russischen Hauptverwaltung der Verkehrswege gegeben, und nun reiste ein russischer Offizier, Kapitän Karl von Lüders, durch Europa, um im Auftrag seiner Regierung das am besten geeignete System für den Bau elektrischer Telegrafenlinien im Zarenreich zu ermitteln.[126] Lüders verhandelte in Berlin mit Halske und Pruckner, machte aber keine Zusagen. Werner warf den beiden vor, sie hätten es nicht verstanden, den russischen Offizier zu «schmieren».[127] Doch dabei verkannte er die tatsächlichen Hintergründe. Lüders konnte noch keine Aufträge vergeben, da er die Fertigstellung der Eisenbahnlinie zwischen St. Petersburg und Moskau abwarten musste. Entlang dieser Bahn sollte die erste elektrische Telegrafenlinie des Landes errichtet werden.[128]

Werner nahm nun wieder Westeuropa in den Blick. Durch eine Reise und das Anbahnen persönlicher Verbindungen hoffte er, dort ins Geschäft

Erfolglos im Ausland

zu kommen. Im Februar 1850 fuhr er nach Brüssel, wo es besonders vordringlich war, für seinen Telegrafen zu werben, da die belgische Regierung wenige Monate zuvor die Errichtung eines flächendeckenden Telegrafennetzes angekündigt hatte. Werner war vom belgischen Gesandten in Berlin empfohlen worden, direkt bei König Leopold I. vorzusprechen.[129] In Brüssel gelang es ihm, den König mit einem Vortrag über elektrische Telegrafie von den Vorteilen des Siemens-Apparats zu überzeugen. Doch verließ er Belgien schließlich mit leeren Händen, weil er sich einer starken Lobby beugen musste, die hier für den Nadeltelegrafen von Cooke und Wheatstone eintrat.[130]

Die nächste Station auf Werners Reise war London. Zu diesem Zeitpunkt war mit der baldigen Erteilung eines britischen Patents auf den Siemens-Telegrafen zu rechnen. Mit dem Ziel, die zukünftige Vermarktung zu regeln, schloss er am 16. März 1850 mit Wilhelm einen Vertrag, der dem Bruder die Befugnisse eines Vertreters für das Vereinigte Königreich übertrug. Es war die erste Auslandsvertretung des Unternehmens. Werner schloss diesen Vertrag nicht nur im eigenen Namen, sondern auch für das Unternehmen ab, das nun erstmals in einem Rechtsdokument mit dem Namen «Siemens und Halske» bezeichnet wurde. In der deutschen Version des Vertrags heißt es:

> «Die Unterzeichneten kamen am heutigen Tage dahin überein, dass Werner Siemens für sich und im Namen der Compagnie ‹Siemens und Halske› dem Wilhelm Siemens die Ausbeutung von mehreren Erfindungen im Gebiete der electro-magnetischen Telegraphie für England übergibt.»[131]

Britische Aufträge waren allerdings nicht in Sicht. Werner hätte gerne das spektakulärste Telegrafenprojekt dieses Jahres, die Verlegung eines Unterseekabels durch den Ärmelkanal zwischen Dover und Calais, durchgeführt. Er hatte Wilhelm gebeten, sich dafür einzusetzen. Doch den Zuschlag erhielten zwei britische Telegrafeningenieure, die Brüder Jacob und John Watkins Brett.[132]

Von London aus reiste Werner nach Paris. Frankreich, das Pionierland der optischen Telegrafie, lag beim Übergang zur elektrischen Telegrafie zurück. Führender Telegrafenbauer war hier der Uhrenfabrikant und Physiker Louis Bréguet.[133] Die meisten französischen Eisenbahntelegrafen wurden mit seinen Apparaten betrieben. Werner blieb im April 1850 vier Wochen lang in Paris und traf sich auch mit Bréguet. Er wusste, dass er für die Einführung des Zeigertelegrafen in Frankreich wegen der hohen Importzölle und der patentrechtlichen Bestimmungen einen Partner benötigte, der den Apparat

Wilhelm Siemens, um 1847

im Land fertigte. Bréguet schien ihm dazu eher bereit als andere.[134] Einen besonderen Akzent erhielt der Aufenthalt in der französischen Metropole für Werner dadurch, dass er auf seinen Berliner Freund Emil du Bois-Reymond traf, der im selben Hotel wohnte.[135] Der Physiologe brachte ihn mit renommierten französischen Naturwissenschaftlern zusammen und ermöglichte es, dass Werner bei der Pariser Akademie der Wissenschaften eine Abhandlung über elektrische Telegrafie einreichen konnte, nach deren Prüfung er in die Klasse «Savants étrangers» der Akademie aufgenommen wurde.[136] Diese Mitgliedschaft dürfte ihm mehr bedeutet haben als manches Patent. Werner sah seine Berufung in einer «wissenschaftlichen und technischen» Tätigkeit, er verstand sich als Teil der internationalen naturwissenschaftlichen Community.[137] Die bei der Pariser Akademie eingereichte Abhandlung erschien ein Jahr später in Berlin als Broschüre im Verlag von Julius Springer. Sie brachte Werner die Ehre eines Besuchs von Alexander von Humboldt ein, der von dieser Veröffentlichung angetan war.[138]

Geschäftlich hatte Werner durch die Reise nach Brüssel, London und Paris nichts erreicht. In Großbritannien war inzwischen das beantragte Patent auf den Zeigertelegrafen erteilt worden, doch gab es nach wie vor keine Aufträge. Vergeblich machte sich Werner Hoffnungen auf einen Auftrag für

Erfolglos im Ausland

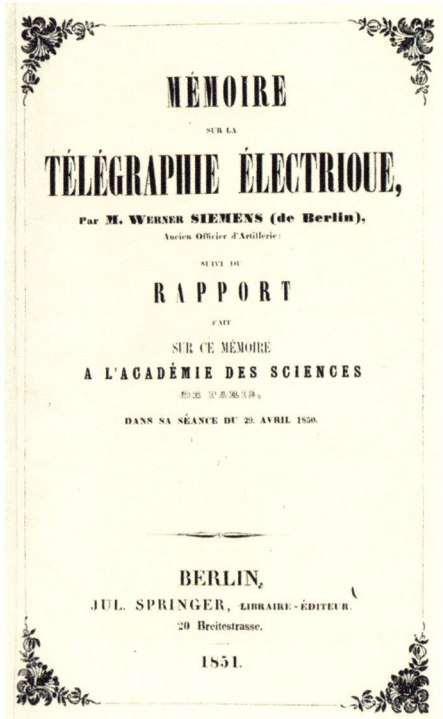 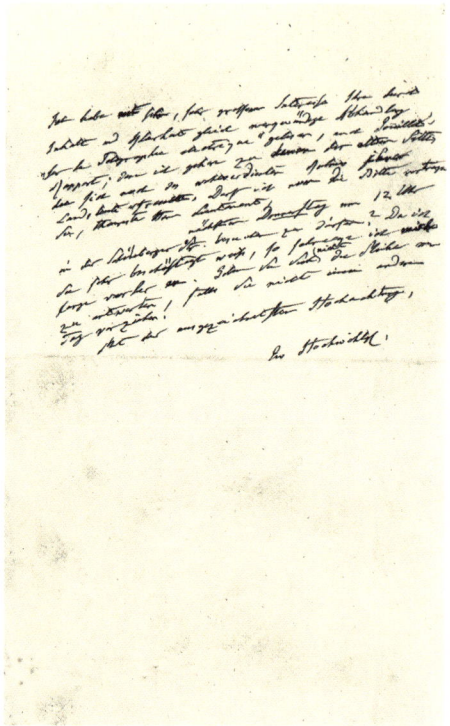

Abhandlung von Werner Siemens für die Pariser Akademie, 1851

Brief Alexander von Humboldts an Werner Siemens, 11. August 1851

die Linie Liverpool–Manchester («das wäre die Königin der Linien!»).[139] Es schien, als würde sein Zeigertelegraf in keinem anderen Industrieland Interessenten finden. Die Märkte in Großbritannien, Belgien und Frankreich waren bereits fest in der Hand anderer Hersteller. Einen technischen Vorsprung hatte Siemens & Halske ihnen gegenüber nur auf dem Gebiet der unterirdischen Telegrafie, durch die Guttapercha-Isolierung. Doch wurden weder in Großbritannien noch in Belgien und in Frankreich unterirdische Telegrafenlinien gebaut. Um hier ins Geschäft zu kommen, fehlten Werner auch die nötigen Kontakte. Auf dem Heimatmarkt konnte er hingegen einen weiteren Erfolg verbuchen. Siemens & Halske erhielt einen großen Auftrag von der Stadt Berlin. Unter Werners Leitung baute das Unternehmen dort ein telegrafisches Meldesystem für Feuerwehr und Polizei. Dabei wurden erstmals in Preußen Bleikabel verwandt.[140]

Die «Nottebohm-Krise»

Seit dem Frühjahr 1851 sah sich Siemens & Halske allerdings zunehmend mit einem Problem konfrontiert. Auf den preußischen Staatstelegrafenlinien begannen sich die Störungen zu häufen. Es zeigte sich, dass die Isolierung der unterirdisch verlegten Drähte bei den ersten Fernlinien nicht so gut war, wie Werner angenommen hatte. Die Guttapercha-Ummantelung war zum Teil schon bei der Verlegung beschädigt worden. Im Lauf der Jahre hatten dann Ratten, Maulwürfe und Mäuse den Überzug angenagt.[141] Reparaturen waren sehr mühsam, da sich die Beschädigungen nicht so leicht ermitteln und beseitigen ließen wie bei überirdisch geführten Leitungen. Mitunter dauerten die Reparaturarbeiten zwölf Stunden am Tag. In dieser Zeit ruhte auf der betreffenden Linie der gesamte Depeschenverkehr.[142] Für die preußische Telegrafenverwaltung stand der Schuldige schnell fest: die Firma Siemens & Halske, der man die unterirdische Verlegung und die Guttapercha-Isolierung verdankte. Darüber kam es zu einem Konflikt zwischen Werner und der Behörde, durch den das Unternehmen in seine erste Krise geriet. Anhand der überlieferten Quellen lässt sich der Ablauf nur annäherungsweise rekonstruieren. Werner ist darauf weder in seinen Briefen noch später in den *Lebenserinnerungen* näher eingegangen.[143]

Mit Friedrich Nottebohm, dem technischen Leiter der preußischen Telegrafenverwaltung, hatte Werner schon früher einige Auseinandersetzungen gehabt.[144] Nachdem der Telegrafendirektor du Vignau im Juli 1850 ausgeschieden war und Nottebohm interimistisch die Leitung der Behörde übernommen hatte, wurde das Verhältnis nicht besser. Nottebohm wäre gerne Telegrafendirektor geworden, das Handelsministerium konnte sich in dieser Frage aber nicht gegen das Kriegsministerium durchsetzen, das weiterhin auf einem Offizier bestand.[145] Als im April 1851 zwei britische Experten die preußischen Telegrafenlinien besichtigten, wollte Werner diese mit seinem neuen «Doppelstiftapparat» – einem Zeigertelegrafen mit Drucker – beeindrucken, der wenige Wochen später auf der Weltausstellung in London präsentiert werden sollte. Doch die Demonstration auf der unterirdischen Linie an der Eisenbahn zwischen Berlin und Hamburg wurde ein Debakel. Werner schob die Schuld auf die preußische Telegrafenverwaltung. Die beiden Engländer bekamen von ihm zu hören, «dass unsere Telegraphenverwaltung unter aller Würde schlecht und Nottebohm mein persönlicher Gegner ist».[146] Nottebohm wird von derartigen Äußerungen erfahren haben.

Als die Störungen auf den unterirdisch verlegten Linien der preußischen

Staatstelegrafie zunahmen, versuchte Nottebohm, die Verantwortung hierfür auf Werner abzuwälzen, da dieser die Guttapercha-Isolierung eingeführt und der Telegrafenverwaltung als angeblich sichere Technik verkauft hatte. Nottebohm musste befürchten, dass die Vorwürfe an ihm hängen bleiben würden, wenn er nicht den Privatunternehmer Siemens und dessen Firma als Schuldige präsentieren konnte. Das angestrebte Amt des Telegrafendirektors würde er unter diesen Vorzeichen nie erhalten. Werner fühlte sich zu Unrecht beschuldigt, schließlich hatten Nottebohm und die gesamte Telegrafenkommission den Bau unterirdischer Linien mit Guttapercha-isolierten Kabeln beschlossen. Da sein Ruf und der des Unternehmens auf dem Spiel standen, ging er in die Offensive und verfasste eine Denkschrift, die er im Verlag Julius Springer veröffentlichte. Werner forderte darin ein gutachterliches Urteil seitens einer wissenschaftlichen Kommission. Er wies darauf hin, dass die Linien nach Frankfurt am Main und Aachen unter größtem Zeitdruck verlegt werden mussten, dass der damalige Entschluss «etwas kühn war» und dass die neueren unterirdischen Linien mit einer verbesserten Technik verlegt worden seien.[147] Das Memorandum war sachlich gehalten, mehr im Stil eines Gutachtens als einer Kampfschrift. In der Fachwelt wurde die Broschüre auch so verstanden. So nahm beispielsweise die *Eisenbahn-Zeitung* an, dass «der Vorschlag des Hrn. Siemens eine günstige Aufnahme bei der Regierung finden und dazu dienen werde, ein entscheidendes Urtheil über die fernere Zulässigkeit unterirdischer Telegraphenlinien herbeizuführen».[148] Nottebohm muss die Veröffentlichung aber als Angriff auf seine Person und als Bloßstellung verstanden haben. Entsprechend hart fiel seine Reaktion aus: Er entzog Siemens & Halske sämtliche Aufträge der preußischen Staatstelegrafie.[149]

Wann genau die Broschüre erschien und ob Nottebohms Verdikt unmittelbar darauf erfolgte, ist nicht bekannt. Es muss jedoch im Laufe des Sommers 1851 geschehen sein, da Werners Memorandum im September bereits in einer Fachzeitschrift besprochen wurde.[150] Werner versuchte zunächst, an Nottebohms Entscheidung zu rütteln. Es gelang ihm aber nicht, an dessen Chef, den Preußischen Handelsminister August von der Heydt, heranzukommen. Von der Heydt, ein Bankier aus Elberfeld, war das liberale Aushängeschild der konservativen preußischen Regierungen dieser Zeit. Werner hielt viel von ihm. Der Minister sei ein «thätiger und energischer Mann», schrieb er an Wilhelm, aber «zu umgarnt, um ihn fassen zu können».[151] Da von der Heydt sich im September 1851 wegen der Weltausstellung längere Zeit in London aufhielt, bat Werner den Bruder, dort mit dem Minister zu sprechen.[152] Dazu wird es nicht gekommen sein, da von der

Friedrich Nottebohm, undatiert

Heydt wenige Wochen später auf Nottebohms Linie einschwenkte. Nottebohm drängte den Minister, das Prinzip der unterirdischen Verlegung von Telegrafenlinien völlig aufzugeben. Eine Entscheidung darüber stand bisher noch aus.[153] Im Oktober 1851 beschwerte sich Paul Julius Reuter, der Inhaber des Londoner Nachrichtenbüros Reuters, bei von der Heydt über die Verhältnisse auf den preußischen Staatstelegrafenlinien. Reuter hatte sein Büro gerade erst eröffnet, seine Kunden waren vor allem an der raschen Übermittlung von Börsenkursen interessiert.[154] Von der Heydt, der damals von der Weltausstellung zurückkam, fürchtete wohl eine internationale Blamage. Am 29. Oktober 1851 ordnete er per Erlass an, das System der unterirdischen Telegrafenlinien aufzugeben und eine neue, oberirdische Linie von Berlin bis zur belgischen Grenze zu bauen, «damit zur gehörigen Beförderung der Depeschen auf den Preußischen Staatstelegraphen neues Vertrauen gewonnen wird».[155] Bei der Telegrafenverwaltung kam es in der folgenden Zeit zu heftigen Auseinandersetzungen zwischen Werners Freund William Meyer und Nottebohm. Meyer war über Nottebohm empört und versuchte vergeblich, diesen zu stürzen. Im Februar 1852 schrieb Werners Bruder Friedrich an Wilhelm, dass Nottebohm einen «Hauptschlag gegen Meyer» planen würde. Meyer habe davon Wind bekommen und wolle zu von der Heydt gehen,

Die «Nottebohm-Krise»

«um Nottebohm als einen großen Schuft und ungewissen Menschen darzustellen».[156] Doch von der Heydt hielt an Nottebohm fest. Meyer musste es noch einige Jahre mit diesem Chef aushalten, und Nottebohm erreichte, dass die Technische Deputation ein «Patentgesuch der hiesigen Mechaniker Siemens u. Halske» auf Verbesserungen am Morse-Apparat ablehnte.[157]

Für Siemens & Halske waren der Entzug von Aufträgen des preußischen Staates und der Erlass von der Heydts ein schwerer Schlag. Zwar waren die Auftragsbücher für die nächsten Monate gut gefüllt, aber der größte Auftraggeber ließ sich nicht so schnell ersetzen. Nun zeigte sich der Nachteil der starken Abhängigkeit von der Staatstelegrafie wie auch der Fokussierung auf einen einzigen Fertigungsbereich. Ausgerechnet die Guttapercha-Isolierung, bisher die Stärke von Siemens & Halske, drohte dem Unternehmen zum Verhängnis zu werden. Die unterirdische Verlegung von Telegrafenleitungen war für lange Zeit diskreditiert. Erst Jahrzehnte später setzte sich die Einsicht durch, dass Werner mit seiner Fehleranalyse recht gehabt hatte und die Störungen auf «Kinderkrankheiten» dieses Systems zurückzuführen waren. 1877 ging die deutsche Reichstelegrafie wieder zum Bau unterirdischer Linien über.[158]

Werner reagierte auf die «Nottebohm-Krise» mit einer Offensive, die er mit hohem Risiko betrieb. Er war nun entschlossen, auf Biegen und Brechen im Ausland zu expandieren. Vor diesem Hintergrund war es ihm wichtig, dass das Unternehmen auch unter seinem Namen und unter Nennung des Gegenstands der Tätigkeit firmierte. Die Firma heiße jetzt «definitiv: Telegraphen-Bauanstalt von Siemens & Halske», teilte er am 11. Oktober 1851 Wilhelm mit.[159] Obwohl nach dem Wegfall des größten Auftraggebers ein Umsatzeinbruch zu erwarten war, sah sich Werner nach einem größeren Gebäude für die «Werkstatt» um. Im Dezember erwarb er in der südlichen Friedrichstadt das Haus Markgrafenstraße 94 mit einem großen, noch unbebauten Areal. Das Gelände befand sich im Norden des späteren Bezirks Kreuzberg, in der Nähe des heutigen Jüdischen Museums. Die Finanzierung dieses Kaufs, auf die an anderer Stelle noch einzugehen sein wird, war ausgesprochen riskant. Doch Werner schreckte dies nicht ab. Er war offenbar fest überzeugt, dass die geplante Expansion ins Ausland ein Erfolg werden und sich die Investition in das Gebäude entsprechend schnell amortisieren würde.

Schon vor der «Nottebohm-Krise» hatte er seinen Bruder Carl veranlasst, zu Wilhelm in die neue Londoner Vertretung von Siemens & Halske zu wechseln. Carl war erst ein Jahr zuvor durch Werners Vermittlung als Assistent William Meyers in den Dienst der preußischen Staatstelegrafie eingetreten. Nun schied er aus dem Staatsdienst aus, weil der große Bruder andere

Briefkopf der Telegraphen-Bauanstalt von Siemens & Halske, um 1853

Pläne mit ihm hatte. Da Friedrich inzwischen als Wilhelms Assistent bei Fox, Henderson & Co. arbeitete, sollte Carl Siemens & Halske auf der Weltausstellung in London vertreten. Der 22-jährige Bruder, der die englische Sprache kaum beherrschte, machte auf der Weltausstellung im Hyde Park vor internationalem Publikum eine recht gute Figur. Siemens & Halske wurde damals mit einer *Council Medal* ausgezeichnet. Bei der großen Zahl der Aussteller war dies für das junge Unternehmen ein international vorzeigbarer Achtungserfolg.[160]

Carl war es nun, auf den Werner beim Aufbau des Auslandsgeschäfts setzte, und der junge Bruder war dazu gerne bereit. Ende September 1851, wenige Wochen vor Ende der Weltausstellung, war Werner entschlossen, Carl nach Spanien zu schicken. Wilhelm wollte ihn hingegen lieber in die Vereinigten Staaten entsenden.[161] Doch dann erhielt Carl einen anderen Auftrag. Werner schickte ihn im Dezember 1851 nach Paris, um dort zusammen mit einem französischen Partner eine Fertigung aufzubauen.[162] Kurz zuvor hatte in der französischen Hauptstadt ein Staatsstreich stattgefunden. Der gewählte Präsident der Republik Louis Napoleon, ein Neffe Napoleon Bonapartes, hatte eine Diktatur errichtet. Ein Aufstand gegen den Putsch war in blutigen Straßenkämpfen niedergeschlagen worden. Da sich in Frankreich nun vieles veränderte, schien der Zeitpunkt für die Brüder günstig, sich auf dem dortigen Markt zu etablieren. Wilhelm, der unmittelbar nach dem Staatsstreich in Paris eintraf, konnte Werner schon wenige Tage später mitteilen, dass Bréguet, der führende französische Telegrafenkonstrukteur, zu einer Kooperation mit Siemens & Halske bereit sei.[163]

Werner selbst war entschlossen, bald nach Russland zu reisen und dort

Die «Nottebohm-Krise»

Diplom zur Auszeichnung von Siemens & Halske auf der Weltausstellung in London, 1851

Aufträge zu akquirieren.[164] Anfang April 1851, unmittelbar vor der «Nottebohm-Krise», hatte Halske eine große Bestellung aus St. Petersburg erhalten. Die russische Regierung hatte 75 Telegrafenapparate für den Bau einer Linie von St. Petersburg nach Moskau geordert.[165] Nach fast neun Jahren standen die Arbeiten an der Eisenbahnlinie zwischen beiden Städten vor dem Abschluss. Die zuständige russische Hauptverwaltung der Verkehrswege konnte nun darangehen, Aufträge für den Bau eines Eisenbahntelegrafen zu vergeben. Für Siemens & Halske kam diese Geschäftsverbindung zum richtigen Zeitpunkt. Schon im Sommer 1849 hatte Werner auf Aufträge aus dem Zarenreich gehofft, obwohl er gegen das Land tiefe Antipathien hegte. An Wilhelm Drumann schrieb er damals: «Mit Rußland in Verbindung zu treten ist (mir) eigentlich nicht sehr angenehm, da mir das Land mit (seinen Bewohnern) verhaßt ist. Doch wo das Interesse spricht, (schweig)en ja stets die Neigungen und Abneigungen.»[166] Nun, da nach der «Nottebohm-Krise» die Zukunft des Unternehmens auf dem Spiel stand, hatte das Geschäftsinteresse absoluten Vorrang. Während Carl den französischen Markt zu erschließen versuchte, bereitete sich Werner auf einen längeren Aufenthalt in Russland vor. Dass er noch mitten im Winter aufbrach, zeigt, wie vordringlich diese Reise war. Am 19. Januar 1852 überquerte er bei Tauroggen die russische Grenze.[167]

Kapitel 6
«Familiengenius»

Der Brüder-Bund

Den Jahreswechsel 1851/52 hatte Werner in der Schöneberger Straße mit den Brüdern Friedrich, Hans, Otto, Walter und Wilhelm gefeiert. Auch die junge Schwester Sophie war zugegen, mit ihren Adoptiveltern aus Lübeck. Es war, wie Wilhelm im Auftrag der Festgesellschaft an den in Paris gebliebenen Bruder Carl schrieb, «ein grosser Familienkongress». Der Brief wurde von allen Anwesenden mit Spitznamen und launigen Bezeichnungen unterschrieben, von Werner als «der Krauskopf», von Hans als «der tolle Hans», von Wilhelm als «der English man».[1] Zwei dieser Brüder, Wilhelm und Friedrich, lebten in London. Rechnet man Carl hinzu, der in Paris wohnte, dann arbeiteten bereits drei Brüder in europäischen Metropolen. Eine durchaus bemerkenswerte Tatsache für Söhne eines mecklenburgischen Gutspächters, die für das Talent der Siemens-Brüder spricht. Werner spielte dabei freilich eine überaus wichtige Rolle. Das Verhältnis zwischen ihm und seinen Brüdern war eine von beiden Seiten begründete Verbindung, aber nie eine gleichrangige. Werner war das unbestrittene Oberhaupt, über dessen Willen sich keines der Geschwister hinwegsetzte. Durch die enge Beziehung untereinander erreichten indessen alle Brüder, Werner eingeschlossen, in der Summe mehr, als wenn sie für sich gestellt geblieben wären. Für alle Brüder galt, dass sie sich nicht auf Dauer im Staatsdienst etablieren wollten.

Zur Zeit des «Familienkongresses» zum Jahreswechsel 1851/52 standen von sieben jüngeren Brüdern Werners nur die beiden jüngsten, Walter und Otto, nicht auf eigenen Beinen. Fünf Brüder hatten ihre «Berufung» gefunden, zum Teil mit tatkräftiger Unterstützung Werners. Als Konsequenz begann sich dessen Rolle innerhalb des Geschwisterverbands zu verändern. Im

Linke Seite: Werner Siemens mit seinen Geschwistern Wilhelm (beide hinten stehend), Hans, Sophie, Friedrich (in der Mitte sitzend), Walter und Otto, 1851

Vordergrund stand nicht mehr die Versorgung Minderjähriger, sondern die Koordination der geschäftlichen Aktivitäten. Als Familienältester wurde er, verkürzt gesagt, vom Beschützer und Erzieher zum Firmenchef.

Werners Beziehungen zu den fünf jüngeren Brüdern, die nun einen Beruf ausübten, waren natürlich nicht gleichermaßen intensiv. Mit Ferdinand, der ein Gut in Ostpreußen besaß, und mit Hans, der eine Brennerei betrieb und erst später Fabrikant wurde, stand er nur in sporadischer Verbindung. Seine Beziehungen mit diesen beiden Brüdern waren rein familiärer Art. Anders verhielt es sich mit Wilhelm, Carl und Friedrich. Mit ihnen war Werner auch in seiner geschäftlichen Tätigkeit verbunden, hier vermischte sich stets Geschäftliches mit Privatem. Dass diese Form der Verbindung die wichtigste war, zeigt die Dichte der Kommunikation. Seit Werners Brüder erwachsen waren, wohnten sie allenfalls vorübergehend in Berlin, wo er seit 1842 lebte. Das wichtigste Medium der Kommunikation untereinander waren daher Briefe. Dabei rückten die Korrespondenzen mit Carl und Wilhelm mit weitem Abstand an erste bzw. zweite Stelle. Beide standen Werner sehr nah, für Carl galt dies noch in höherem Maße als für Wilhelm, aber sie waren auch Mitgesellschafter im Unternehmen. Die Brüder-Briefe enthalten insgesamt vor allem geschäftliche Mitteilungen, mit Wilhelm tauschte sich Werner zudem über wissenschaftlich-technische Fragen aus. Private Informationen finden sich in den Briefen eher ergänzend zu den geschäftlichen. Briefe von Wilhelm und Carl untereinander sind nicht allzu zahlreich erhalten. Diese Tatsache ist auch der Überlieferung geschuldet; an das Siemens-Archiv wurden eben in erster Linie Briefe von und an Werner abgegeben. Insgesamt kann jedenfalls kein Zweifel daran bestehen, dass Werner im Zentrum stand. An ihm vorbei kommunizierten die einzelnen Brüder in sehr viel geringerem Maße als mit ihm.[2] Vergleichsweise dicht war lediglich die Korrespondenz zwischen Wilhelm und Friedrich, da sich beide intensiv mit der Regenerativtechnik beschäftigten.

Werners Korrespondenz mit den Geschwistern, mit denen er in keinem geschäftlichen Zusammenhang stand, blieb recht überschaubar. Wenn hier Briefe gewechselt wurden, ging es um private Angelegenheiten, um familiäre Verhältnisse und nicht selten auch um finanzielle Fragen. Aus dem quantitativen Umfang der Korrespondenz kann hier freilich nicht auf die qualitative Bedeutung geschlossen werden. Seine ältere Schwester Mathilde Himly war für Werner stets eine sehr wichtige Bezugsperson, und auch die Brüder Hans und Ferdinand standen ihm nah. Beim eingangs beschriebenen «Familienkongress» gab es zwischen den Geschwistern keinen Unterschied. Diese jährlich stattfindenden Treffen hatten ihren Ursprung auch darin, dass kei-

Fünf Siemens-Geschwister und William Meyer, um 1852 (von links: Hans, Walter, Mathilde, Friedrich, Werner, William Meyer)

ner der Brüder früh heiratete und einige von ihnen mehrere Jahre lang bei Werner aufgewachsen waren. Der «eingewurzelte brüderliche Zimmerkommunismus», wie Werner es einmal nannte, war ein fester Bestandteil des Zusammenhalts.[3] Abgesehen von Ludwig, dem verstoßenen Bruder, gab es im Kreis der Geschwister keine Separierung. Heiratete eines der Geschwister, wurde der jeweilige Ehepartner Teil des Familienverbunds. Bei der Vermittlung beruflicher Chancen war Werner auch den Brüdern behilflich, die nicht im Unternehmen mit ihm zusammenarbeiteten. Selbstredend gehörte zum brüderlichen Zusammenhalt auch finanzielle Unterstützung. Werner hatte in der Zeit vor der Unternehmensgründung von seinem Bruder Hans Geld geliehen, später war er der Kreditgeber. Als er vermögend war, hat er immer wieder einzelne Brüder großzügig unterstützt. Mehr noch sah Werner seine Aufgabe darin, Konflikte zwischen den Geschwistern rechtzeitig zu entschärfen. Im Herbst 1870 schrieb er anlässlich eines Streits zwischen Wilhelm und Friedrich an Carl: «Mein Bestreben ist ausschließlich, Frieden zwischen den Brüdern zu erhalten und durch rechtzeitige kleine Hülfe Mißverständnisse aufzuhellen, bevor sie fressend werden».[4]

Zahl der überlieferten Briefe zwischen den Brüdern Siemens

	Insgesamt	davon Absender			
Korrespondenz Werner–Carl	3512	Werner	1343	Carl	2169
Korrespondenz Werner–Wilhelm	2236	Werner	1085	Wilhelm	1151
Korrespondenz Werner–Friedrich	593	Werner	220	Friedrich	373
Korrespondenz Werner–Ferdinand	33	Werner	15	Ferdinand	18
Korrespondenz Werner–Hans	35	Werner	2	Hans	33
Korrespondenz Werner–Walter	38	Werner	5	Walter	33
Korrespondenz Werner–Otto	61	Werner	8	Otto	53
Korrespondenz Carl–Wilhelm	229	Carl	114	Wilhelm	115
Korrespondenz Wilhelm–Friedrich	580	Wilhelm	164	Friedrich	416
Andere Korrespondenzen	182				

Über den Kreis der Geschwister hinaus unterhielt Werner zu einigen Verwandten engere Beziehungen. Viele waren es freilich nicht. Von den zahlreichen Vettern väterlicher- und mütterlicherseits standen ihm nur zwei näher: Johann Georg («der Vetter») mit seiner Gattin Marie («die Kusine») und dem Sohn Georg sowie der Vetter Louis. In beiden Fällen vermischte sich Privates mit Geschäftlichem. Johann Georg und Marie waren bei dem «Familienkongress» am Jahreswechsel 1851/52 dabei, und dies nicht nur, weil sie damals im selben Haus wohnten. Sie können durchaus als Werners erweiterte Familie betrachtet werden, auch wenn sich ihre Wege ab Mitte der 1850er Jahre nach und nach trennten. Zusätzlich gab es die fernere Verwandtschaft der weitverzweigten Familie Siemens, mit deren einzelnen Mitgliedern Werner sporadisch in Verbindung stand. Erst viel später kam es zu organisierten «Generalversammlungen» der zahlreichen Familienmitglieder. Werner drängte es selten dorthin.[5]

Der Kreis der Freunde war sehr überschaubar, was bei einem so aktiven und umfassend vernetzten Mann wie Werner verwunderlich ist. William Meyer war lange Zeit sein einziger enger Freund, er zählte auch für Werners Geschwister zur erweiterten Familie. Ebenso wie Johann Georg und Marie war Meyer mit seinen Schwestern Agnes und Laura zum «Familienkongress» Anfang 1852 eingeladen.[6] Einige wenige Freunde hatte Werner aus den ersten Jahren beim Militär oder über die Verwandtschaft früherer Brigadekameraden, wie im Fall der Familie Soltmann. In Berlin kam noch der Physiologe Emil du Bois-Reymond hinzu, zu dem sich im Laufe der Jahre eine engere Verbindung entwickelte.[7] Eine Freundschaft bestand dann auch mit Halske. Nach Gründung des Unternehmens blieb man erst noch beim «Sie».[8] Auch beim «Familienkongress» Anfang 1852 war Halske nicht dabei, obwohl er im selben Haus wohnte. Doch in den folgenden Jahren entwickelte sich zwischen den beiden Gesellschaftern eine «aufrichtige Freundschaft».[9] Halske bezeichnete sich später in einem Brief an Werner als den «alten, treuen Freund».[10]

Dass lange Zeit ein Freundeskreis fehlte, war gewissermaßen die Kehrseite der intensiven Beziehungen zu den Geschwistern. Es ging bei Werner oft gesellig zu, er war gewiss kein Asket, genoss es, in einer größeren Runde zu feiern, rauchte gerne Zigarren und später auch Pfeife.[11] Mathilde Himly schrieb später einmal, das Heim ihres Bruders habe «bei seiner geselligen, freigebigen Natur stets einem Wirtshause» geglichen.[12] Werners emotionals Bedürfnis nach Zusammengehörigkeit wurde jedoch lange Zeit durch die engere und erweiterte Familie abgedeckt. Er hatte keine Hobbys, über die sich private Freundschaften hätten ergeben können, interessierte sich weder für Literatur noch für Musik oder für Kunst. Das Einzige, was ihn außerhalb des laufenden Geschäfts und naturwissenschaftlich-technischer Fragen in den Bann zog, war Politik. Doch Freunde konnte er hier nicht gewinnen, und letztlich interessierten ihn die Vorträge in der Physikalischen Gesellschaft mehr als die Reden im Parlament. Wann immer möglich, beschäftigte er sich mit naturwissenschaftlich-technischer Forschung. Später sollte Werner denn auch einen anregenden Freundeskreis aus namhaften Naturwissenschaftlern haben. Außer Emil du Bois-Reymond gehörten dazu Hermann von Helmholtz und Gustav Robert Kirchhoff wie auch der Industrielle Gustav Hansemann.[13]

Für Werner war es aus mehreren Gründen sinnvoll, sich als Unternehmer auf seine Brüder zu stützen. Anfangs drängte sich diese Strategie auf, weil die jüngeren Brüder versorgt werden mussten und Werner bis zur Unternehmensgründung keine Mitarbeiter einstellen konnte. Als preußischer Offizier konnte er selbst seine Erfindungen im Ausland nicht vermarkten. Mit Wilhelm, der zu dieser Zeit ein neues Betätigungsfeld suchte, hatte er in England einen Beauftragten, dem er bedingungslos vertrauen konnte. Hätte er die Wahrnehmung seiner Interessen einem nicht mit ihm verwandten Agenten übertragen, wäre dieser nur schwer zu kontrollieren gewesen. Dass Wilhelm in England tätig wurde, ging nicht einseitig von Werner aus, er hat den Bruder nicht dorthin geschickt. Vielmehr war es Wilhelms freier Entschluss, dort sein Glück zu suchen, und er blieb aus eigenem Antrieb. Wie Wilhelm, so verdankte es auch Friedrich Werner, dass sein Interesse an Technik geweckt und ihm eine bessere Ausbildung ermöglicht wurde. Doch sein Talent entfaltete Friedrich dann eigenständig, angeregt durch Wilhelm, nicht durch Werner. Carl wiederum war von allen Brüdern derjenige, der sich am stärksten an Werner ausrichtete, was dieser an ihm wiederum besonders schätzte. Schon aufgrund des Altersunterschieds war Werner für den zwölf Jahre jüngeren Carl eine Autorität, während sich Wilhelm, der sechs Jahre jünger war, eher mit Werner auf Augenhöhe sah. Gleichwohl hatte Carl sich aus eigenem Entschluss der Telegrafie und dem Unternehmen seines großen Bruders zugewandt. Werner hatte ihn zunächst für Chemie interessiert und sich vorgestellt, dass Carl einmal in diesem Bereich tätig sein würde.[14]

Von einem Konzept, sich als Unternehmer auf eine enge Zusammenarbeit mit mehreren Brüdern zu stützen, kann man vermutlich erst ab 1851 sprechen, als Carl in das Unternehmen eingetreten war. Im Herbst 1848 war Werner noch bereit gewesen, Friedrich und Carl nach Kalifornien ziehen zu lassen. Beide wollten dort, wie viele in dieser Zeit, nach Gold graben. «Wenn Ihr dort Euer Glück machen könnt, so wird es mich ebenso freuen, wie wenn es hier wäre», schrieb er damals an Carl.[15] Den beiden Brüdern war die Lust auf Kalifornien schon wenige Monate später vergangen, und wiederum drei Jahre später wurde Carl zur Schlüsselfigur für den Aufbau des Auslandsgeschäfts von Siemens & Halske. Ihn konnte Werner nach London schicken, von dort nach Paris und später nach St. Petersburg. Derart flexibel ließ sich nur ein Bruder einsetzen, kein anderer Mitarbeiter des Unternehmens und schon gar nicht ein beauftragter Agent. Der «Brüder-Verbund» wurde für Werner nun zum Unternehmenskonzept.[16] Er ließ freilich nie einen Zweifel daran aufkommen, dass er das Oberhaupt dieses Verbunds war.

Den beiden jüngsten Brüdern, Walter und Otto, gegenüber befand sich Werner nach wie vor in der Rolle des Erziehers. Walter besuchte seit Ostern 1847 das Realgymnasium des Waisenhauses in Halle/Saale. Als er nach zweieinhalb Jahren von der Schule verwiesen wurde, war Werner überzeugt, dass dieser Bruder nur durch harte Arbeit zur Vernunft finden würde. Er gab ihn bei einem Schlosser in Magdeburg in die Lehre. Walter fand daran größeren Gefallen als an der Schule und bestand die Gesellenprüfung.[17] Otto kam ebenfalls auf das Realgymnasium des Waisenhauses, auch er musste diese Schule vorzeitig verlassen.[18] Im April 1853 schickte ihn Werner auf die Provincial Gewerbe Schule in Halberstadt und brachte ihn dort bei einem angeblich strengen Pastor unter.[19] Die Furcht, Otto und Walter könnten so werden wie Ludwig, hatte er nicht mehr. Bald sah er in ihnen auch potenziellen Nachwuchs für den geschäftlichen Verbund der Brüder.

Mit Vernunft zur Liebe

Als Werner im Januar 1852 zum ersten Mal nach Russland aufbrach, fuhr er nicht direkt nach St. Petersburg, sondern blieb erst etwa zehn Tage in Königsberg. Diesen Besuch hatte er seinem Verwandten Wilhelm Drumann, der Professor in Königsberg war, schon lange versprochen. Ein geschäftlicher Grund für eine Reise nach Ostpreußen ließ sich bisher nicht finden. Nun hatte Werner aber einen wichtigen privaten Grund: Drumanns Tochter Mathilde. Wenige Tage nach seiner Ankunft in Königsberg, am 11. Januar 1852, verlobte er sich mit ihr.[20] Mathilde war eine nahe Verwandte Werners, genau genommen eine Nichte zweiten Grades. Ihre Großmutter mütterlicherseits, Sophie Mehliß geb. Siemens, war eine Schwester von Werners Vater.[21] Werner und Mathilde kannten sich seit mehr als sechs Jahren, hatten aber miteinander keine Beziehung. Warum waren beide nun entschlossen zu heiraten? Um diese Frage zu beantworten, bedarf es eines Blickes auf die Vorgeschichte dieser Partnerschaft und auf Werners Verständnis von Liebe und Ehe.

Im Sommer 1845 hatte Mathilde mit ihrer Mutter fast drei Monate lang die Verwandtschaft in der Harz-Region besucht. Mathilde kannte Werner damals noch nicht, nur seinen Vetter Louis. Bei einer Zwischenstation in Berlin lernte sie ihn nun kennen. Er führte die Kusine aus, gab sich von seiner charmantesten Seite.[22] Ihr Tagebucheintrag über diese Begegnung lässt kaum einen Zweifel daran, dass es für sie Liebe auf den ersten Blick war: «Natürlich ist er viel, viel hübscher, interessanter und gewandter als Louis. Was so sehr für ihn einnimmt, ist diese reife, gediegene Männlichkeit, mit einer unbeschreiblich milden Freundlichkeit vereinigt. Wenn er mich an-

Langgasse am Grünen Tor in Königsberg, um 1900

sieht, möchte ich den Blick gar nicht wieder wegwenden. Rührend ist es, wenn er von seinen Brüdern spricht, denen er ganz ein Vater ist. Man muß Vertrauen zu ihm haben.»²³ Auf der Rückreise vom Harz nach Königsberg machten Mathilde und ihre Mutter Sophie Drumann wieder in Berlin Station. Die Mutter bekam hohes Fieber, ein herbeigerufener Arzt stellte eine Lungenentzündung fest, konnte aber nicht mehr helfen. Am nächsten Tag starb Sophie Drumann.²⁴ Werner tröstete die am Boden zerstörte Mathilde und kümmerte sich um die Beisetzung. Nun war er ihre ganz große Liebe, doch erwiderte er die Leidenschaft nicht. In einem Brief an Wilhelm vom 25. September 1845 beschrieb er Mathildes Gefühle herablassend, geradezu sarkastisch: «Dann kam die Professor Drumann aus Königsberg hier wieder durch mit ihrer Tochter, ward krank im Gasthofe und starb am Lungenschlage. Du kannst Dir den Jammer der Tochter denken und die Mühe, die mir Alles und namentlich das Begräbniss machte! Um das Unglück voll zu machen, verliebte das arme Ding sich nun gar noch, im Gefühle ihrer Verlassenheit in mich. Ich war froh wie sie endlich wieder im Postwagen sass und Alles wieder in Ordnung war. Einen höchst sentimentalen Brief habe ich schon von ihr und dem armen alten Drumann erhalten! Ich habe ihr auch schon geantwortet und treue Schwesterliebe [*Unterstreichung im Original, J. B.*] gelobt!»²⁵ Wilhelm antwortete im gleichen Ton: «Ich beneide Dich wahrlich nicht um das Abentheuer mit Fr. Drumann, nur begreife ich nicht wie Du es hast übers Herz bringen können, das arme Ding mit blosser Geschwisterliebe abzufertigen vorzüglich wenn sie hübsch war.»[26]

In den folgenden Jahren kümmerte sich Mathilde in Königsberg zusammen mit ihrer älteren Schwester – weitere Geschwister hatte sie nicht – um den verwitweten Vater. Sie hoffte auf ein Zeichen von Werner. Beim Abschied hatte er ihr zum Trost versprochen, an sie zu denken, wenn seine jüngeren Brüder auf eigenen Füßen stehen würden und er eine Ehe eingehen konnte.[27] Nun ließ er lange nichts von sich hören. Ein Brief, den er Mathilde im Januar 1847 schrieb, war recht kühl gehalten. Von den Rosen auf dem Grab ihrer Mutter ist darin die Rede, aber nicht von Gefühlen.[28] Mit Mathildes Vater blieb Werner in etwas regerem Briefkontakt, ihn schätzte er sehr. Wilhelm Drumann war ordentlicher Professor für Alte Geschichte an der Universität Königsberg, als sein Hauptwerk gilt eine sechsbändige Geschichte Roms in der Zeit von Pompeius, Caesar und Cicero. Innerhalb der Historikerzunft war er eher ein Einzelgänger, seiner politischen Einstellung nach gehörte er zu den konservativen Monarchisten.[29] Drumann lebte in einer anderen Welt als Werner, aber er war dem jungen Verwandten wohlgesinnt und nahm Anteil an dessen Plänen. Werner wiederum hatte nicht nur große Achtung vor der Persönlichkeit des Geschichtsprofessors, wie der gestelzte Stil seiner Briefe an ihn zeigt, sondern Drumann war auch der einzige Mann aus der Generation seines Vaters, den er als «mein hochgeehrter väterlicher Freund» anschrieb.[30] Ein wenig dachte Werner dabei wohl an seinen Vater. Drumann war nur wenige Dörfer von Wasserleben entfernt aufgewachsen. Als Kinder hatten Christian Ferdinand und er zusammen gespielt.[31] Mathildes früh verstorbene Mutter Sophie Drumann hatte Werner ebenfalls sehr geschätzt. Sie sei eine «prächtige Frau» gewesen, schrieb er nach ihrem Tod an Wilhelm, und habe «in ihrem Wesen große Aehnlichkeit mit unserer sel. Mutter» gehabt.[32]

Werner hatte in der schweren Zeit vor der Unternehmensgründung von Drumann ein Darlehen erhalten. Das war unter nahen Verwandten nichts Ungewöhnliches, aber in diesem Fall hatte Werner das Geld zunächst eigenmächtig an sich genommen. Drumann hatte Werner beauftragt, das Grab seiner verstorbenen Frau in Berlin zu pflegen, und ihm dafür einen größeren Betrag zukommen lassen. Als Werner in dem für ihn unglücklich verlaufenden Jahr 1846 das Geld auszugehen drohte, konnte er der Versuchung nicht widerstehen, in die Kasse für die Grabpflege zu greifen. Im Januar 1847, nach Abschluss des Vertrags mit Bötticher & Halske, gestand er dem «väterlichen Freund» seine Verfehlung.[33] Drumann nahm ihm die Veruntreuung nicht übel und gewährte Werner das Geld zu dessen großer Erleichterung als Darlehen.[34] Von Mathilde ist in den Briefen Werners an ihren Vater kaum die Rede, doch hatte er sie nicht vergessen. Im August 1849 hätte sich fast ein Treffen in Schlesien ergeben.[35] Ihren Vater ließ Mathilde anschließend Grüße an Werner ausrichten, «wenn er bisweilen noch an uns d(enkt)».[36]

Über seinen Bruder Ferdinand kam Werner dann intensiver mit den Drumanns in Verbindung. Ferdinand war im Januar 1849 nach Ostpreußen gezogen, als Verwalter des Guts Kapkeim bei Tapiau, etwa 35 Kilometer östlich von Königsberg. Schon auf der Anreise hatte er in Königsberg Station gemacht, um in Werners Auftrag die Drumanns zu besuchen: Dabei konnte er nicht übersehen, wie sehr Mathilde Werner nach wie vor liebte. Er berichtete Werner davon in einem Brief vom 15. Januar 1849:

> «In Königsberg heil angelangt, ging ich gleich zu Druhmans (sic!) wo mir Mathilde D. auf ein Haar in die Arme geflogen wäre, indem sie mich für Dich hielt, leider wurde sie ihr Irrthum doch noch zu früh gewahr, ich wurde dann aber dermassen mit Fragen Deinetwegen bestürmt dass ich nicht im Stande war so viel zu antworten.»[37]

Von Gut Kapkeim aus besuchte Ferdinand die Drumanns häufiger – und das nicht nur aus verwandtschaftlichen Gründen. Er verliebte sich leidenschaftlich in Mathildes ältere Schwester Sophie und verlobte sich im Dezember 1849 mit ihr.[38] Werner hatte Ferdinand versprochen, ihn bei einer Familiengründung finanziell zu unterstützen. An dieses Versprechen wurde er nun von seinem Bruder erinnert. Anfang August 1850 gelang Ferdinand das Kunststück, das Gut Piontken bei Angerburg als zukünftiges Heim zu erwerben, ohne selbst auch nur einen Taler zahlen zu müssen. Der Kaufpreis in Höhe von 40 000 Talern musste zu 25 Prozent angezahlt werden. Von Werner erhielt Ferdinand ein Darlehen in Höhe von 4000, von Wilhelm Drumann ein weiteres in Höhe von 6000 Talern.[39] Dem Geschichtsprofessor fiel es nicht leicht, diesen Betrag den Verlobten zur Verfügung zu stellen. Den größten Teil nahm er nach Ferdinands Angaben «von Mathilde Ihrem dermal einstigen Erbtheil».[40] Ferdinand und seiner Braut war nach dem Kauf des Guts nur noch ein kurzes Glück beschieden. Sophie erkrankte an Tuberkulose und starb im März 1851.[41] Für Mathilde und ihren Vater war dies ein weiterer Schicksalsschlag. «Thränenströme das einzige Labsal!», schrieb Mathilde noch Monate später an eine Verwandte.[42] Als ihre Schwester starb, war Werner in London und danach in Paris, trösten konnte er sie nicht.

Was hat Werner vor diesem Hintergrund bewogen, sich für Mathilde als Lebenspartnerin zu entscheiden? Liebe wird es nicht gewesen sein, da sich

Wilhelm Drumann, undatiert

bis dahin in seinen wenigen Briefen an Mathilde trostreiche Worte finden, aber keine Liebesbekundungen. Auch finanzielle Erwägungen wird man ausschließen können. Wilhelm Drumann war nicht reich, er verfügte lediglich aus dem Erbe seiner verstorbenen Gattin über ein bescheidenes Vermögen.[43] Dass Ferdinand wegen des Kaufes von Piontken bei den Drumanns verschuldet war, wird Werners Entscheidung nicht beeinflusst haben. Er war kein Mann, der sein Lebensglück von 6000 Talern abhängig machte. Werners Motive werden klarer, wenn man seine Vorgeschichte berücksichtigt. Er hatte sich weder in seiner Jugend noch in den mehr als 14 Jahren beim Militär ernsthaft verliebt. Die Verantwortung für die jüngeren Brüder, die Erfindungen und der Aufbau des Unternehmens gingen vor. Durchaus glaubwürdig hat er immer wieder erklärt, für die Liebe keine Zeit zu haben.[44] Es dürfte auch der Wahrheit entsprochen haben, dass er Mathilde nach dem Tod ihrer Mutter auf spätere Zeiten vertröstet hat. Nach der Verlobung berief er sich ihr gegenüber auf «meine damals gegebene Erklärung, dass die Gegenwart meines Lebens ganz meinen Geschwistern gehöre, und dass ich erst, nachdem es mir gelungen, meine übernommene Verpflichtung zu erfüllen, für mein eigenes Lebensglück Sorge tragen könne, dass ich dann zusehen würde, ob Du mich nicht ganz vergessen hättest.»[45] Werner war ein ausgeprägter Pflicht- und Vernunftmensch, davon wurde auch sein Gefühlsleben bestimmt.⁴⁶ Sich spontan und leidenschaftlich zu verlieben – wie Mathilde in ihn oder sein Bruder Ferdinand in Mathildes Schwester –, kam für ihn nicht in Betracht.

Erst nachdem alle Brüder bis auf die beiden jüngsten einen Beruf ausübten, begann Werner an die Gründung einer eigenen Familie zu denken. Ihm wird nun auch wegen des Unternehmens daran gelegen gewesen sein, bald einen Erben zu bekommen. Bei nüchterner Betrachtung kam jetzt nur Mathilde als Ehefrau in Betracht. Werner wird gewusst haben, dass er in den kommenden Jahren viel auf Reisen sein würde, dass die bevorstehende Reise nach Russland nicht die letzte dorthin sein würde und dass damit manche Gefahr verbunden war. Einen Rückhalt konnte ihm am besten eine Frau bieten, die ihn liebte und auf die er sich uneingeschränkt verlassen konnte. Die einzige Frau, die ihn von ganzem Herzen liebte und seit Jahren bewiesen hatte, dass sie auf ihn warten konnte, war Mathilde.

Vieles spricht dafür, dass sich Werner auch von den klassischen Motiven einer Verwandtschaftsehe leiten ließ, die im damaligen Bürgertum recht verbreitet war.⁴⁷ Verwandtschaftsehen zwischen Mitgliedern zweier Familien über mehrere Generationen hinweg waren ein Phänomen, das im europäischen Bürgertum seit dem 18. Jahrhundert zunahm und bis Ende des 19. Jahrhunderts anhielt. Sie dienten dem Erhalt und der Tradierung bestimmter Milieus. Die Ehegatten kamen hier in der Regel nicht nur aus dem gleichen Stand, sondern waren auch durch ähnliche Erfahrungswelten und Wertvorstellungen geprägt.⁴⁸ Werner und Mathilde setzten mit ihrer Verbindung eine Tradition innerhalb ihrer Familien fort. Die Familie Mehliß/Drumann war für die Familie Siemens eine *allied family*, wie der Historiker David Warren Sabean eine derartige Verbindung nennt. Zwischen diesen Familien waren in den vergangenen 60 Jahren bereits drei Ehen geschlossen worden, und wenn Mathildes Schwester nicht vor der Hochzeit mit Ferdinand gestorben wäre, hätte es noch eine weitere Ehe zwischen den beiden Familien gegeben.⁴⁹ Heiraten zwischen Verwandten wurden gerne angebahnt, so wurde Mathilde sicher nicht zufällig erst Louis und dann Werner vorgestellt, als sie im heiratsfähigen Alter war.⁵⁰ *Allied families* boten sich auch gegenseitig finanziellen Rückhalt. Mathildes Großvater Georg Mehliß hatte einst Werners Vater mit einem Darlehen unterstützt, ihr Vater dann Werner.⁵¹ Großes Gewicht hatte für Werner zweifellos auch die Wertschätzung, die er für Mathildes Vater empfand und die in den Briefen mehrfach betonte Ähnlichkeit ihrer verstorbenen Mutter mit seiner verstorbenen Mutter. So fand die Verlobung ganz bewusst am 60. Geburtstag seiner Mutter statt.⁵²

Gleichwohl waren Verwandtschaftsehen in der Familie Siemens nicht

Mathilde Drumann, um 1850

die Regel, sie waren ein Muster neben anderen. Werners Eltern und seine ältere Schwester Mathilde hatten aus Liebe Partner aus fremden Familien geheiratet. Auch seine Brüder und seine jüngere Schwester gingen keine Verwandtschaftsehen ein, nur Ferdinand hatte sich mit einer Verwandten verlobt. Für Werner bot sich eine derartige Verbindung offenbar besonders an, und dafür gab es gute Gründe: Für ihn war es überaus wichtig, dass er seiner Braut voll und ganz vertrauen konnte, nicht mit unerwarteten privaten Risiken rechnen musste und das Geld in der Familie halten konnte. Als Mittelpunkt des Geschwisterkreises sah er seine Aufgabe auch darin, für die Wahrung dieses Zusammenhalts zu sorgen. Mathilde war hierfür die richtige Partnerin. Als Verwandte passte sie nahtlos in Werners Umfeld, sie kannte die ungeschriebenen Regeln, die hier galten, oder konnte sie intuitiv erahnen. Zweieinhalb Monate nach der Verlobung beschrieb Werner seine Motive sehr offen in einem Brief an Wilhelm: «Eine besondere Schönheit ist meine Braut nicht, doch das ist eine Frage zweiten Ranges. Ich bin überzeugt, dass ich zufrieden und glücklich mit ihr leben werde, das ist genug.»[53]

Werner war die Verlobung mit Vernunft angegangen, nicht mit Leidenschaft. Nachdem er sich für Mathilde entschieden hatte, wollte er sich aber nicht mit einer Vernunftehe begnügen, sondern seine Braut lieben und eine «richtige» Ehe führen. Er ließ es nach der Verlobung nicht an Liebesbekundungen fehlen, das «liebe Tildchen» war nun seine «Herzenskönigin».[54] Romantische Briefe schrieb er auch jetzt nicht, das konnte er offensichtlich nicht. Es waren eher Geschäftsnachrichten mit schwärmerischen Einsprengseln. Doch er meinte es ernst, und auch in dieser Hinsicht war er Perfektionist. Er schlug ihr vor zu «versuchen, uns zu einer vollkommenen Einheit zu ergänzen».[55] Mathilde war über den Wandel seiner Gefühle irritiert. Ihre Briefe aus dieser Zeit sind nicht überliefert, doch aus Werners Antworten geht hervor, dass seine Braut dem plötzlichen Glück zunächst misstraute und von ihm Erklärungen erwartete, was er wiederum als verletzend empfand. Von einem «Mangel an Vertrauen» Mathildes ist in einem Brief die Rede.[56] In einem anderen heißt es: «Wie konntest Du dadurch nur zu der Meinung kommen, ich hätte früher keine Zuneigung für Dich gehabt…»[57] Werner stellte sein früheres Verhalten nun so dar, als hätte er Mathilde stets begehrt, dies aber wegen der äußeren Zwänge nicht zeigen können. Er erklärte seine Braut sogar zur «Jugendliebe»,[58] obwohl er sie im nicht mehr ganz jugendlichen Alter von 29 Jahren kennengelernt hatte. Mathilde dürfte nach einiger Zeit erkannt haben, dass sie den Liebesschwüren ihres Bräutigams trauen konnte. Sie wird über diese glückliche Wendung verschmerzt haben, dass er sich früher anders verhalten hatte, und auch, dass ihr Mann wenig Zeit für sie hatte. Schon unmittelbar nach der Verlobung wurde ihre Geduld auf die Probe gestellt. Ihr Bräutigam reiste von Königsberg nach St. Petersburg weiter und blieb fast vier Monate lang in Russland.

Heirat und Umzug

Werner teilte seine Verlobung in einem Brief aus Riga, der nächsten Station auf seiner Reise, nach Berlin mit. In der Schöneberger Straße war die Nachricht schon ungeduldig erwartet worden. Als der Brief eintraf und von William Meyer verlesen wurde, brach die versammelte Runde in «endlosen Jubel» aus. Spontan bildete sich ein «Verlobungsrat», dem Johann Georgs Gattin Marie vorsaß, mit Meyer als Protokollführer. Man übertraf sich gegenseitig mit humorigen Sprüchen. Meyer stellte den Antrag, Nottebohm eine Annonce zu schicken, setzte sich damit aber nicht durch.[59] Der alte Freund konnte sich gut in Werner hineinfühlen. In seiner Gratulation zur Verlobung schrieb er von der «Ergebenheit, welche Du Deiner Jugendliebe bewahrt hast», und erwies Werners Entscheidung für eine Verwandtschaftsehe seine Reverenz. Die Ehe werde glücklich, wenn die Braut «die Merkmale Eurer Linie trägt».[60]

Bevor die Hochzeit von Werner und Mathilde stattfand, spielte sich im

Geschwisterkreis noch ein Drama ab, das ebenfalls in einer Ehe mündete. Zum «Familienkongress» am Jahreswechsel 1851/52 war auch Werners 17-jährige Schwester Sophie mit ihren Adoptiveltern Ferdinand und Auguste Deichmann aus Lübeck angereist. Zu diesem Zeitpunkt wussten die Brüder bereits, dass die Deichmanns nach Amerika auswandern würden und die Adoptivtochter mitnehmen wollten. Sophie sollte nicht einmal Gelegenheit bekommen, sich von ihren Geschwistern zu verabschieden. Dies wollten die Brüder nicht hinnehmen. Sie sahen sich in der Verantwortung für die minderjährige Schwester, daran hatte aus ihrer Sicht auch die Adoption nichts geändert. Werner erwog sogar, die Adoption anzufechten.[61] Während Werner in Russland war, eskalierte die Stimmung unter seinen Brüdern. Einige von ihnen wollten nach Lübeck reisen und Sophie unter dem Vorwand eines gemeinsamen Besuchs bei der Familie Himly nach Kiel mitnehmen.[62]

Etwa drei Wochen vor der für Mitte Juni 1852 geplanten Ausreise der Deichmanns kam es zu einer wundersamen Wendung. Ein Freund der Familie, der angesehene Lübecker Rechtsanwalt Friedrich Crome,[63] hatte Sophie schon länger im Blick und wollte um sie anhalten, sobald sie erwachsen war. Wegen der bevorstehenden Auswanderung konnte und wollte er nun nicht länger warten. Das Ehepaar Deichmann willigte schweren Herzens ein, da Crome Sophie eine sichere Existenz bieten konnte, verbunden mit einem sozialen Aufstieg. Auch Sophie gab ihr Jawort. Sie verehrte Crome und fühlte sich durch seinen Antrag geschmeichelt.[64] Das Aufgebot wurde im Eilverfahren bestellt, da die Hochzeit noch vor der Ausreise der Adoptiveltern stattfinden musste.[65] Am 15. Juni 1852 wurde das Paar getraut. Anschließend begleitete Werner zusammen mit Sophie und ihrem Mann die Deichmanns nach Hamburg. Dort gingen die betrübten Auswanderer am nächsten Tag an Bord eines britischen Dampfschiffs.[66]

Die Heirat zwischen Sophie und Friedrich Crome zeigt ein anderes Muster als die zwischen Werner und Mathilde. Sie wurde notgedrungen sehr rasch anberaumt, das Paar war nicht miteinander verwandt und setzte sich über die Gefühle der Adoptiveltern hinweg. Es war auch keine Verbindung gleichen Standes. Während Sophie die minderjährige Adoptivtochter eines mittelständischen Kaufmanns war, verkehrte der Anwalt Crome in der wohlhabenden Oberschicht der Hansestadt. Das ungleiche Paar führte eine glückliche Ehe und fügte sich nahtlos in die Gemeinschaft der Geschwister Siemens ein. Neun Kinder bekamen Sophie und Friedrich Crome, darunter drei Söhne. Sie gaben ihnen die Namen Werner, Karl und Friedrich.[67] Für Werner war es praktisch, mit Crome einen weiteren Juristen in der Familie zu haben. In ihren Anschauungen waren beide nicht weit voneinander entfernt. Crome war ein aufgeschlossener, liberaler Stadtbürger und gehörte in Lübeck der Freien Gemeinde an. Da er deshalb nicht kirchlich getraut werden durfte, ging er mit Sophie eine der ersten Zivilehen ein.[68]

Die Hochzeit von Werner und Mathilde war für Mitte September 1852 geplant. Doch zu diesem Zeitpunkt befand sich der Bräutigam noch auf Geschäftsreise in Russland. Mathilde hatte dies schon geahnt und die Hochzeit gegen Werners Einspruch rechtzeitig um zwei Wochen verschoben.[69] Am 1. Oktober 1852 fand die Trauung in Königsberg statt. Berichte oder Bilder sind von diesem Ereignis nicht überliefert. Auch fand die Hochzeit in der Korrespondenz der Brüder bei Weitem nicht so viel Beachtung wie die Verlobung. Auf dem Trauschein bestätigte der Pastor, dass «der Kögl. Preuss. Lieutenant a. D. Herr Ernst Werner Siemens mit Fräulein Mathilde Emma Wilhelmine Drumann, Tochter des hisigen Kögl. Preuss. Professors an der Universität H. Herrn Dr. Drumann, Ritter des roten Adlerortens 1ten Octbr. c. von mir copuliret worden ist».[70] Vor der Hochzeit hatte Werner seiner Braut Flitterwochen versprochen. Sie könne zwei oder gar vier Wochen über ihn bestimmen und entscheiden, ob die Hochzeitsreise ins Riesengebirge, in die Sächsische Schweiz, an den Rhein oder nach Süddeutschland gehen solle.[71] Tatsächlich fuhr das junge Ehepaar dann über Frankfurt am Main und Heidelberg für etwas mehr als zwei Wochen nach Paris, aber nicht etwa, um die Stadt der Liebe zu genießen. Werner hatte einen Hilferuf seines Bruders Carl erhalten und musste sich dringend mit der schwierigen Situation in dessen Pariser Werkstatt beschäftigen.[72]

Unmittelbar nach der Hochzeit zog Mathilde, nunmehr Frau Siemens, erst einmal von Königsberg nach Berlin um. Dafür waren von langer Hand Vorbereitungen getroffen worden. Werner und Halske hatten sich entschlossen, ihre bewährte Hausgemeinschaft in dem geräumigen Gebäude auf dem neuen Firmenareal in der Markgrafenstraße 94 fortzusetzen, nun nicht mehr im Hinterhaus, sondern im repräsentativeren Vorderhaus. Auch Johann Georg, «der Vetter», beschloss, dort einzuziehen, sodass alle drei Gesellschafter des Unternehmens unter einem Dach leben würden. Die Finanzierung des Hauskaufs und der Ausrüstungen auf dem neuen Werksgelände wurde zu einem Balanceakt. Werner hatte die Immobilie einschließlich eines großen Grundstücks bei einer Versteigerung relativ günstig erworben. Der Kaufpreis lag bei 39 500 Talern zuzüglich 595 Taler Gerichtskosten.[73] Gleichwohl bedeutete dies für Werner ein großes finanzielles Risiko, da als Folge der «Nottebohm-Krise» mit einem Umsatzeinbruch des Unternehmens gerechnet werden musste. Werner hatte, als er diese Verpflichtung eingegangen war, fest auf große Auslandsaufträge vertraut. Schon im Februar 1852 allerdings gab es die

Mathilde und Werner Siemens im Jahr ihrer Vermählung, 1852

ersten finanziellen Probleme. «Es ist Geldmangel eingetreten», schrieb Johann Georgs Frau Marie an Werner, der sich nun in Russland aufhielt.[74] Johann Georg hatte während Werners Abwesenheit eine Vollmacht von ihm, fühlte sich aber von der Verantwortung überfordert und wurde immer pessimistischer. Der Justizrat lehnte es ab, sich weiter an der Finanzierung des Hauskaufs zu beteiligen, und sah das Unternehmen vor dem Bankrott.[75]

Aus den Kassenbüchern des Unternehmens geht hervor, dass die Finanzierung des Projekts Markgrafenstraße vor allem mithilfe des Berliner Privatbankiers Friedrich Martin Magnus, eines Bruders des Physikers Gustav Magnus, und durch Aufnahme eines Hypothekendarlehens gelang.[76] Das Bankhaus Magnus sprang mit einer Zwischenfinanzierung ein. Dadurch konnte die benötigte Bareinzahlung aufgebracht werden. Auf Werners Rat nahm Halske nach anfänglichen Bedenken Hypothekenkredite auf.[77]

Mitte August 1852 waren die Arbeiten am Um- und Ausbau des Hauses abgeschlossen. Die Familie Halske zog nun in die Markgrafenstraße ein, Johann Georgs Familie, Werner und Mathilde folgten wenige Wochen später. Am 4. Oktober meldete sich Werner unter der neuen Adresse an.[78] Mathilde wurde von den Hausgenossen herzlich empfangen. Da sie auch mit Johann Georg verwandt war, ergab sich mit dessen Familie rasch eine vertraute Nachbarschaft. Mathilde und Werner bezogen die Wohnung im mitt-

Heirat und Umzug

leren Stockwerk des Vorderhauses, über der von Familie Halske.[79] Wohl wegen der vielen Besucher wurde das Haus in der Verwandtschaft schon jetzt «Hotel Siemens» genannt. «Möge das Hotel Siemens uns allen ein recht lieber Aufenthalt werden und Sie darin all ihre schönen Glücksträume verwirklicht finden», schrieb Marie an Mathilde vor dem Einzug.[80]

Russland oder Frankreich?

Unter den europäischen Großmächten war Russland in jener Zeit die rückständigste. Das Zarenreich hatte noch keinen Anschluss an die Industrialisierung gefunden. Um 1850 gab es hier, im flächenmäßig größten Staat der Erde, ein Eisenbahnnetz von 601 Kilometern Länge, gegenüber 5856 Kilometern im Deutschen Bund und 10 145 Kilometern in Großbritannien.[81] Ein wesentlicher Grund für diesen Rückstand war das autokratische Herrschaftssystem, das während der drei Jahrzehnte dauernden Herrschaft des damaligen Zaren Nikolaus I. unverändert fortbestand. Während die Landbevölkerung unter Leibeigenschaft und Armut litt, regierte der Zar in St. Petersburg als uneingeschränkter Alleinherrscher mit Willkür und Günstlingswirtschaft. Um in der korrupten russischen Bürokratie aufzusteigen, bedurfte es vor allem persönlicher Beziehungen. Minister und regionale Potentaten waren auf die Gunst des Zaren angewiesen. Solange diese ihnen sicher war, hatten sie praktisch unbegrenzte Vollmachten. Ähnliches galt für die nachgeordneten Beamten im Verhältnis zu ihren Vorgesetzten.[82]

Werner setzte angesichts des rückläufigen Inlandsgeschäfts nach der «Nottebohm-Krise» und der im Frühjahr eingegangenen Bestellung der russischen Regierung große Hoffnungen auf das Russlandgeschäft. Im Januar 1852 fuhr er daher erstmals nach St. Petersburg. Nachdem er die russische Grenze erreicht hatte, reiste er mit der «Extrapost», einem beschleunigten Postkutschendienst, bis Riga. Von dort ging es wegen des Schnees auf einem Schlitten weiter, gesteuert von einem betrunkenen Postillion, bei eisigen Temperaturen.[83] Über Kenntnisse der russischen Sprache verfügte Werner nicht. Für seine Mission war dies auch nicht erforderlich, da die höhere Beamtenschaft in St. Petersburg zu einem großen Teil aus Deutschen und Baltendeutschen bestand.[84] Lernen musste er hingegen, sich in Geduld zu üben. Über den Telegrafendirektor Karl von Lüders, der zwei Jahre zuvor in Berlin gewesen war, gelang es ihm nach einigen Wochen, eine Audienz bei General Graf Pjotr Andrejewitsch Kleinmichel zu erhalten. Kleinmichel

General Graf Pjotr Andrejewitsch Kleinmichel, undatiert

war als Generaldirigent der Hauptverwaltung für Verkehrswege, Generaladjutant und Günstling des Zaren der Alleinherrscher über das russische Eisenbahn- und Telegrafenwesen. Werner schrieb in den *Lebenserinnerungen*: «Graf Kleinmichels Macht war damals so groß, dass ihr, solange Kaiser Nikolaus lebte, niemand zu widerstehen wagte.»[85]

Auch in der Telegrafie lag das Zarenreich weit hinter den europäischen Industrieländern zurück. Abgesehen von der ersten Fernlinie zwischen St. Petersburg und Moskau sowie einigen kleineren Linien im Raum St. Petersburg bestanden in Russland nur optische Telegrafenverbindungen.[86] Als Werner bei seinem ersten Gespräch mit Kleinmichel Anfang Februar 1852 um Aufträge warb, zeigte sich der mächtige Generaldirigent aufgeschlossen.[87] Doch nach über drei Monaten des Wartens und Verhandelns hatte Werner immer noch nicht viel in der Hand. Als er im Mai 1852 nach Berlin zurückkehrte, brachte er nur einen Liefervertrag für Material, den Auftrag für eine kleine Linie bei Riga und die Aussicht auf einen Auftrag in Polen mit.[88] Werner dachte freilich langfristiger. Noch von St. Petersburg aus schrieb er an Wilhelm, er glaube, «aller Konkurrenz im voraus die Wege verstopft zu haben».[89] Damit lag er nicht falsch. Allein Kleinmichel würde entscheiden, wer den Zuschlag für den Bau weiterer Fernlinien durch Russland erhielt. Auch der britische Telegrafeningenieur John Watkins Brett bewarb sich damals in St. Petersburg um Aufträge, ihm war Werner nun durch den Kontakt zu Kleinmichel voraus. Mit russischen Wettbewerbern musste er nicht rechnen, es gab sie nicht. Dass Siemens & Halske leichter in solchen Ländern erfolgreich sein würde, in denen die Telegrafie noch schwach entwickelt war und Aufträge über personalisierte Beziehungen vergeben wurden, hatte Werner schon im Jahr zuvor geahnt. Damals wollte er Carl aus diesem Grund nach Spanien schicken. Als Kommentar schrieb er an Wilhelm: «In wenig vorgeschrittenen Ländern hat man viel leichteres Spiel und persönliche Betreibung thut das Meiste.»[90] Diese Bedingungen waren in Russland noch stärker ausgeprägt als in jedem anderen europäischen Land, mit Ausnahme der südosteuropäischen Provinzen des Osmanischen Reichs.

Im August 1852 fuhr Werner wieder nach Russland, zur Inbetriebnahme der kurzen Telegrafenlinie von Riga in den vorgelagerten Seehafen Bolderaja.[91] Von dort reiste er nach St. Petersburg weiter, zu einer Audienz bei Kleinmichel im Zarenschloss Zarskoje Selo. Inzwischen war in St. Petersburg der Bau einer Telegrafenlinie nach Kronstadt, einem der russischen Hauptstadt vorgelagerten Marinestützpunkt mit einem bedeutenden Hafen, beschlossen worden. Werner war nun klar, dass er einen ständigen Vertreter in St. Petersburg benötigte, um Aufträge wie die Linie nach Kronstadt zu erhalten. Von Berlin aus konnte er Kleinmichel nicht kontinuierlich bearbeiten. Er entschied sich, dem deutschstämmigen St. Petersburger Bankier Hermann Kap-herr (ab 1868: von Kap-herr) die Vertretung von Siemens & Halske für die Dauer von zwölf Jahren zu übertragen.[92] Kap-herr erklärte sich hierzu gegen eine hohe Provision – zehn Prozent der Bruttoeinnahmen aus allen Geschäften des Unternehmens in Russland – bereit. Er verstand zwar nichts von der Telegrafie, konnte aber das bieten, was Werner in St. Petersburg am dringendsten benötigte: gute Beziehungen zum Hof und zu den Ministerien. Auch war Siemens & Halske bei Aufträgen in Russland auf einen Bankier angewiesen, der die eingenommenen Gelder nach Berlin transferieren konnte.

Für Werner waren es hektische Monate. Unmittelbar bevor er nach St. Petersburg aufgebrochen war, hatte ihm General Aureggio, der Direktor der in staatlicher Regie betriebenen Warschau–Wiener Eisenbahn, seinen Besuch in Berlin angekündigt. Ein Auftrag aus Warschau rückte in greifbare Nähe. Aureggio vereinbarte nach Werners Abreise mit Halske den Bau einer Telegrafenlinie von Warschau bis Granica bei Sosnowiec.[93] Granica lag an der russisch-österreichisch-preußischen Grenze, dem späteren «Dreikaisereck», in Oberschlesien. Dort konnte der Anschluss an das österreichische und an das preußische Telegrafennetz hergestellt werden. Nach diesem ersten größeren Auftrag aus dem Zarenreich war absehbar, dass Werner bald in Warschau erwartet würde. Gleichzeitig wurde er in Paris benötigt, wo sein Bruder Carl mit dem Aufbau des Frankreichgeschäfts nicht weiterkam, und in Königsberg wartete seine Braut auf ihn.

Nachdem Kap-herr die Vertretung in St. Petersburg übernommen hatte, konnte Werner diesem die weiteren Verhandlungen mit Kleinmichel überlassen. Im November 1852 brach er nach Polen auf, um mit den Vorbereitungen für den Bau der Telegrafenlinie von Warschau nach Granica zu beginnen.[94] In Warschau war seine erste Anlaufstelle das Bankhaus Samuel Anton Fraenkel, das von Anton Fraenkel, einem engen Verwandten des Berliner «Hausbankiers» von Siemens & Halske, Friedrich Martin Magnus, gelei- tet wurde. Fraenkel galt als der «Finanzkönig Polens».[95] Er hatte vielseitige Verbindungen, war auch im Eisenbahngeschäft engagiert und gehörte dem Verwaltungsrat der staatlichen Bank Polski an. Werner konnte ihn dazu bewegen, zu gleichen Bedingungen wie Kap-herr in St. Petersburg die Vertretung von Siemens & Halske in Warschau zu übernehmen. Dass ein Finanzmagnat wie Fraenkel hierzu bereit war, mag auf den ersten Blick verwundern. Doch der Bankier war an der Vertretung wohl vor allem wegen seines Eisenbahngeschäfts interessiert; er plante den Bau eigener Telegrafenlinien bis auf die Krim.[96] Für beide Seiten war die Verbindung zudem praktisch, weil Fraenkel eng mit Friedrich Martin Magnus zusammenarbeitete. Fraenkel und Magnus platzierten gemeinsam die russischen und polnischen Staatsanleihen am Berliner Kapitalmarkt. Zwischen den Familien Magnus und Fraenkel bestanden auch enge verwandtschaftliche Bande.[97] Werner war überzeugt, «dass Fränkels Verbindung mit Magnus uns nützlich sei», wie er am 11. November 1852 an Halske schrieb.[98]

Mit Vertretungen in London, Paris, St. Petersburg und Warschau hatte Siemens & Halske nun das Profil eines europaweit präsenten Unternehmens. Bedenkt man, dass die Telegraphen-Bauanstalt damals erst 90 Mitarbeiter hatte, wird deutlich, welches Potenzial die neue Kommunikationstechnik barg. Die Auftragslage sah freilich anders aus. Die Linie von Warschau nach Granica war der erste größere Auslandsauftrag. Bis dahin hatte Siemens & Halske in mehreren Ländern vergeblich versucht, ins Geschäft zu kommen. Noch im Frühjahr 1852 wollte Werner auf eine Expansion in Frankreich setzen. Sein Bruder Carl hatte mit Unterstützung Wilhelms in Paris eine Werkstatt errichtet, da wegen der hohen Einfuhrzölle und des französischen Patentrechts eine Fertigung im Land erforderlich war.[99] Werner, Carl und Wilhelm wussten, dass sie in Paris nur in Verbindung mit einem starken französischen Partner Erfolg haben würden. Ihnen fehlten nicht nur die

Kontakte zu Behörden und Eisenbahngesellschaften, sondern auch die nötigen finanziellen Mittel. Werner setzte auf eine Zusammenarbeit mit dem Uhrenfabrikanten und Telegrafeningenieur Louis Bréguet, den er zwei Jahre zuvor in Paris getroffen hatte. Bréguet war auch bereit, Siemens-Telegrafen zu fertigen, wollte aber für Werners Patentrechte nicht zahlen.[100] Als sich herausstellte, dass in Frankreich wie schon in Belgien keine unterirdischen Telegrafenlinien gebaut würden, war er an einer Zusammenarbeit nicht länger interessiert.[101] Am 11. März 1852 teilte Wilhelm dem Bruder Friedrich in Berlin mit, dass Carls Mut «unter den Pariser Intriganten» gesunken sei.[102] Doch Carl wollte nicht aufgeben und unbedingt verhindern, dass Wer- ner seine Patentrechte in Frankreich verlor, weil keine Fertigung zustande kam. Er unternahm einen neuen Anlauf und gewann zwei Partner für die Errichtung eines Unternehmens, den Uhrenfabrikanten Constantin Louis Detouche sowie den Mechaniker und Erfinder Edouard-Antoine Brisbart-Gobert. Mit beiden gründete er Ende März 1852 eine «Société pour la fabrication des appareils télégraphiques».[103] Detouche brachte das meiste Kapital ein, Carl das Patent seines Bruders Werner. Die neue Gesellschaft war keine Tochter des Berliner Unternehmens, aber die erste Kapitalbeteiligung von Siemens & Halske, dazu noch im Ausland.

In den folgenden Monaten konnte die Pariser Werkstatt die Fertigung nicht aufnehmen, weil Detouche das zugesagte Kapital nicht einbrachte. Nach und nach zeichnete sich ab, dass Carls Mitgesellschafter glaubten, mit ihm leichtes Spiel zu haben und ihn ausbooten wollten. Werners 23-jähriger Bruder war während der Verhandlungen um den Gesellschaftsvertrag ganz auf sich gestellt und hatte es versäumt, sich Entscheidungskompetenzen innerhalb des gemeinsamen Unternehmens zu sichern.[104] Von Werner erhielt Carl nun Belehrungen und Durchhalteparolen. «Wir haben auch mit einigen Arbeitern in einer bescheidenen Wohnstube angefangen», hieß es in einem Brief vom 24. Juli 1852, und: «Durch den Kampf stählst Du Deine Kräfte».[105] Im Laufe des Sommers spitzte sich Carls Lage dramatisch zu, da die Werkstatt immer noch keine Aufträge erhalten hatte und sich seine Mitgesellschafter untereinander zerstritten. Ende September konnte er gerade noch seine Hotelrechnungen zahlen. Er musste sich Geld leihen, um morgens einen Kaffee trinken zu können, und hatte bereits 30 Pfund abgenommen.[106] Nun war Werner alarmiert. Einen Tag vor seiner Hochzeit versprach er Carl, mit Mathilde nach Paris zu kommen.[107] 14 Tage später traf das frisch getraute Ehepaar dort ein. Allerdings gelang es auch Werner nicht, einen Ausweg aus der verfahrenen Situation zu finden. Er konnte nur zwei Wochen bleiben und musste dann weiter nach Polen. Bald darauf fasste Carl den Entschluss,

Carl Siemens, um 1860

das Trauerspiel bei der Société pour la fabrication des appareils télégraphiques zu beenden. Am 10. Dezember 1852 beantragte er die Auflösung der Gesellschaft, zwei Tage später beendete er seine Tätigkeit in Paris. Die dortige Vertretung gab er an einen Franzosen ab.[108] Erst 26 Jahre später kehrte Siemens & Halske, nun mit einer Niederlassung, nach Frankreich zurück.

Dieses Debakel konnte nur vordergründig der Unerfahrenheit des jungen Carl angelastet werden. In Frankreich war der Markt für die elektrische Telegrafie – wie in England und Belgien – von Konkurrenten besetzt, die über einen Startvorsprung und bessere Verbindungen verfügten. Zudem wusste man auch in Frankreich, dass dem Morse-Apparat die Zukunft gehören würde. Dies wurde inzwischen selbst von Halske nicht bestritten.[109] Werner hatte für Carls Form des Rückzugs wenig Verständnis. Das «einfache Desertieren» sei nicht nach seinem und Halskes Geschmack, ließ er ihn wissen.[110] Schon einige Wochen zuvor hatte er dem jungen Bruder jedoch eine neue Chance angeboten: die Durchführung des Baus der Linie von Warschau nach Granica. Er konnte sich Carl auch als Telegrafendirektor am Hof des Zaren vorstellen.[111] Carl war hierzu gerne bereit, er wollte Werners in ihn gesetztes Vertrauen rechtfertigen und brannte darauf, die Scharte von Paris auszuwetzen. «Was mich betrifft», schrieb Carl damals an Werner, «so will ich Dir ein für allemal sagen, daß ich überall hingehe, wo ich Dir nützlich sein kann.»[112]

Aufschwung im Krimkrieg

Mitte Mai 1853 reisten Werner und Carl gemeinsam nach Polen, um mit der Verlegung der Kabel zu beginnen. Unterstützt wurden sie durch zwei Mitarbeiter von Siemens & Halske, den gelernten Klempner Johann Löffler, der bereits beim Bau der Telegrafenlinie von Berlin nach Frankfurt am Main eingesetzt worden war, und Werners früheren Offiziersburschen Daniel Hemp.[113] Werner fuhr schon wenige Wochen später nach St. Petersburg weiter, zu einer Audienz bei Kleinmichel. Dieser sagte ihm den Auftrag für die geplante Linie von St. Petersberg nach Kronstadt zu und stellte weitere Aufträge in Aussicht. Der Graf setzte nun große Hoffnungen auf Werner, weil der russische Telegrafendirektor Kapitän von Lüders erkrankt und in Marienbad zur Kur war. Da es in Kleinmichels Behörde, der Hauptverwaltung für Verkehrswege, keinen anderen Telegrafenexperten gab, waren die Pläne des Generaldirigenten für den Bau neuer Telegrafenlinien in Gefahr.[114] Werner erkannte, dass sich hier eine große Chance bot. Um sie wahrzunehmen, bedurfte es freilich eines Telegrafenfachmanns, der Bankier Kap-herr war dafür ungeeignet. Fachkenntnisse allein genügten aber auch nicht. Eine derartige Schlüsselposition konnte nur jemand übernehmen, der auch von Kleinmichel respektiert wurde. Werner setzte nun ganz auf seinen Bruder Carl, was nach dessen Misserfolg in Frankreich durchaus riskant war. Aber auf ihn konnte er sich verlassen, Carl verfügte auch über das erforderliche Know-how und war bereit, in St. Petersburg einzuspringen. Unmittelbar nach der Audienz bei Kleinmichel am 24. Juni 1853 schrieb Werner an Carl nach Warschau, dass sich für ihn in St. Petersburg «ein günstiges Feld» eröffnen werde, er könne hier «allgemeiner Consulting-Ingenieur werden mit tüchtigen Einnahmen». Werner beorderte den Bruder geradezu von Warschau nach St. Petersburg.[115] Anfang August, als Werner bereits nach Berlin zurückgekehrt war, traf Carl in St. Petersburg ein. Kap-herr hatte inzwischen den Vertrag für die Linie nach Kronstadt ausgehandelt und unterschrieben.[116] Carl gelang es erstaunlich rasch, Kleinmichels Vertrauen zu gewinnen. Nun konnten die Arbeiten beginnen.[117]

Kronstadt war von Zar Peter I. auf der Insel Kotlin vor St. Petersburg als befestigter Marinestützpunkt zum Schutz der Hauptstadt gegründet worden. Der Standort entwickelte sich auch zu einem Seehafen, weil sich das Wasser der Newa-Mündung vor St. Petersburg für größere Schiffe als zu flach erwies.[118] Technisch war das Projekt eine heikle Aufgabe, weil ein Teil der Linie unter Wasser verlegt werden musste. Auf diesem Gebiet hatte Siemens &

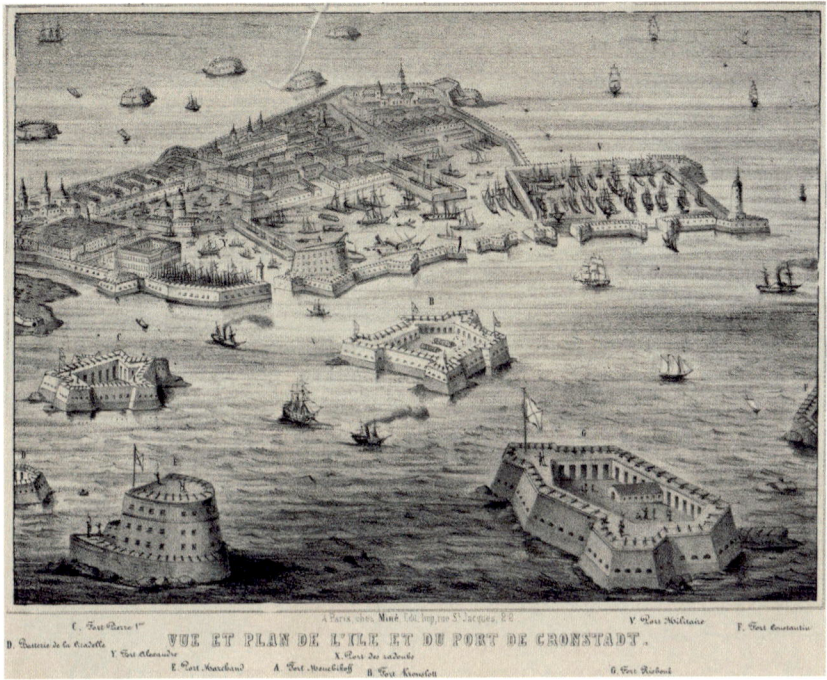

Kronstadt um 1850

Halske keine Erfahrung, Werners britischer Konkurrent John Watkins Brett wäre ausgewiesener gewesen, er hatte immerhin schon ein Unterseekabel zwischen Dover und Calais verlegt. Mit seiner Bewerbung um die Kronstädter Linie hatte sich dieser aber bei Kleinmichel nicht durchsetzen können.[119] Carl und Werner glichen die fehlende Erfahrung mithilfe ihres Bruders Wilhelm aus. Über ihn erhielt Siemens & Halske von der britischen Firma R. S. Newall & Co., die das Dover-Calais-Kabel hergestellt hatte, ein Seekabel bereits bewährten Typs.[120] Nachdem die Ostsee vor St. Petersburg zugefroren war, gelang es Carl, das Kabel durch das Eis nach Kronstadt zu verlegen. Am 15. Januar 1854 konnte die Telegrafenverbindung mit besten Resultaten in Betrieb genommen werden, als erste von Siemens & Halske gebaute Unterseelinie.[121]

Schon zu Baubeginn hatte sich ein Krieg zwischen Russland und dem Osmanischen Reich abgezeichnet. Der Zar wollte die Schwäche des südlichen Nachbarn nutzen, um Russland einen Zugang zum Mittelmeer zu verschaffen. Großbritannien und Frankreich waren entschlossen, dies zu verhindern. Beide Mächte traten an der Seite des Osmanischen Reichs in

Aufschwung im Krimkrieg **175**

den Krieg ein, der dadurch zum sogenannten Krimkrieg eskalierte, dem ersten europäischen Krieg seit der Zeit Napoleons.[122] Das gerade erst begonnene Russlandgeschäft von Siemens & Halske erfuhr nun einen Aufschwung, der alle Erwartungen übertraf. Das russische Militär benötigte dringend elektrische Telegrafenlinien, und Kleinmichel hatte keine andere Wahl, als den Bevollmächtigten von Siemens & Halske in St. Petersburg, den «Prussky Ingener» Carl Siemens, zu beauftragen, zumal Preußen als einzige europäische Großmacht in diesem Krieg neutral blieb.[123]

Am 26. Oktober 1853, zehn Tage nach Kriegsbeginn, erfuhr Carl von Kleinmichel, dass der Zar den Bau einer Telegrafenlinie von Moskau nach Warschau befohlen hatte.[124] Da es noch keine Eisenbahnlinie zwischen den beiden Städten gab, befürchtete der Herrscher, dass feindliche Truppen Polen überrennen würden, bevor russisches Militär herangebracht werden konnte.[125] Carl erhielt den Auftrag, die rund 1175 Kilometer lange Telegrafenlinie nach Warschau oberirdisch entlang der bestehenden optischen Telegrafenverbindung zu verlegen. Die Linie musste im Sommer 1854 fertiggestellt sein, doch konnten die Arbeiten wegen des russischen Winters erst im Mai beginnen. Carl wurde von Löffler und Hemp unterstützt.[126] Angesichts des großen Zeitdrucks sprang ihm Werner zur Seite und brach am 19. Mai zum vierten Mal in drei Jahren nach Russland auf. Am 15. Juli war er wieder in Berlin. In sechs Wochen die Linie von St. Petersburg nach Warschau zu verlegen, sei eine «Teufelsarbeit» gewesen, schrieb er anschließend an Wilhelm.[127]

Ende März 1854 hatten Großbritannien und Frankreich Russland den Krieg erklärt. Dem Zarenreich drohte nun ein Mehrfrontenkrieg. Die britische Flotte blockierte die russischen Ostseehäfen, mit Angriffen auf die Ostseeprovinzen war zu rechnen, während sich am Schwarzen Meer ein britisch-französisches Expeditionskorps sammelte. Mit der Landung der Alliierten auf der Krim und der Belagerung des befestigten Hafens Sewastopol trat der Krieg im September 1854 in die entscheidende Phase. Carl erhielt von Kleinmichel nun einen weiteren Großauftrag – den Bau einer rund 960 Kilometer langen Telegrafenlinie von Moskau nach Kiew.[128] Die von Kleinmichel vorgegebene Frist bis Mitte November hielten Carl und Werner für unerfüllbar. Carl unterschrieb den Vertrag trotzdem, nachdem der Generaldirigent damit gedroht hatte, ihn andernfalls aufhängen zu lassen.[129] Die Linie nach Kiew konnte dann immerhin am 27. Dezember in Betrieb genommen werden. Einige Wochen zuvor hatte Carl bereits neue Aufträge erhalten, die ebenfalls in kürzester Zeit ausgeführt werden sollten: eine Linie von Kiew nach Odessa und eine von St. Petersburg nach Turku (Åbo) an der

Südwestküste Finnlands, das damals zum Zarenreich gehörte. Einige kürzere Linien in den russischen Ostseeprovinzen und in Polen kamen hinzu.[130] Die Arbeitsverhältnisse beim Bau dieser Linien sind nicht dokumentiert. Die Kabel wurden vorwiegend mit lokalen Zeitarbeitern verlegt. Es lässt sich nicht feststellen, ob auch Leibeigene eingesetzt wurden, wie dies damals beim Bau der russischen Eisenbahnlinien der Fall war.[131]

Der unerwartet steile Aufschwung des Russlandgeschäfts hatte Werner und Carl zunächst gleichermaßen begeistert. Die finanziellen Sorgen war man durch die sprudelnden Gewinne aus den russischen Aufträgen losgeworden. Nach dem Kriegseintritt Großbritanniens und Frankreichs bewertete Werner die Risiken des Russlandgeschäfts jedoch anders als Carl. Er befürchtete, auf den Kosten für die großen Mengen Draht sitzen zu bleiben, die aus Deutschland über die Ostsee herangebracht werden mussten. Zwei Transporte wären fast von der britischen Marine aufgebracht worden.[132] Fast unheimlich war ihm, dass Carl sich zu Fristen für die Ausführung der Arbeiten verpflichtete, die einzuhalten er für unmöglich erachtete. Am 22. November 1854 schrieb er an den Bruder: «Wir nehmen jetzt einen fast schwindeligen Flug an, hoffentlich nicht à la Ikarus.»[133] Carl hingegen hatte den Ehrgeiz, auch angeblich Unmögliches leisten zu können, und bewies dies in beeindruckender Weise. Dass er Tage und Nächte lang nicht zum Schlafen kam, bei eisigen Temperaturen auf Schlitten und Pferdewagen durchgeschüttelt wurde, nahm er billigend in Kauf. Die Anerkennung des großen Bruders war für ihn ein zusätzlicher Ansporn.

Deutlich zeigten sich die unterschiedlichen Risikowahrnehmungen der Brüder, als Kleinmichel mit Carl Verträge über die langfristige Wartung (*Remonte*) der Telegrafenlinien abschloss. Carl sah darin eine große Chance, da die Verträge lukrative Einkünfte versprachen. Werner warnte hingegen vor dem Risiko, da das Unternehmen damit auch für eintretende Schäden haftete. Letztlich setzte sich Carl durch und behielt recht. Die *Remonte*-Verträge brachten Siemens & Halske zwölf Jahre lang ansehnliche Gewinne ein. Die Risiken konnte Carl durch ein ausgeklügeltes Überwachungssystem mithilfe eines eigens dafür konstruierten Kontrol-Galvanoskops, eines empfindlichen Strommessgeräts, das in die Leitung geschaltet wurde («Tartaren-Galvanoskop»), begrenzen. Zudem wurde ein Drittel der Einnahmen aus diesem Geschäft einem Reservefonds zugeführt.[134] Durch die Wartungsverträge nahm die Zahl der in Russland beschäftigten Mitarbeiter deutlich zu. Anders als die Arbeiter bei den Bauprojekten waren die Streckenwärter fest angestellt. Um ihnen die nötige Autorität zu verschaffen, erhielten sie eigene Uniformen.[135] Werner veranlasste die wachsende Zahl dieser Beschäftigten

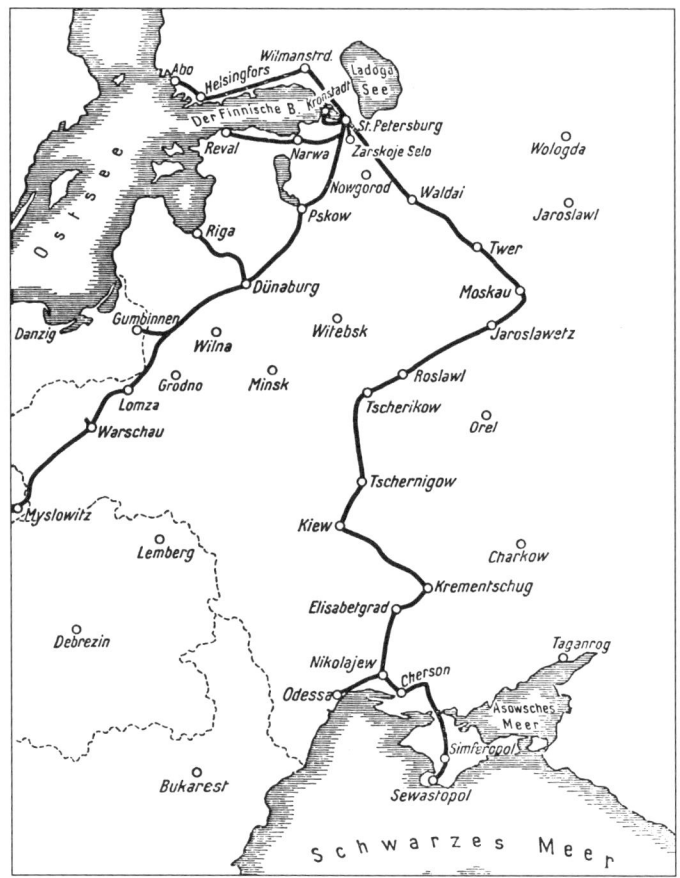

Karte des russischen Telegrafennetzes, größtenteils errichtet von Siemens & Halske in den Jahren 1852–1855, um 1855

zu der durchaus berechtigten Frage nach den Folgekosten: «Was sollen wir nach 10 Jahren mit der Unmenge von Beamten machen?»[136]

Werners Unbehagen hatte seinen Grund auch in den hohen Außenständen, die bei den Russland-Aufträgen immer wieder eintraten. Die Generalverwaltung der Verkehrswege zahlte erst nach Fertigstellung der Telegrafenlinien, mitunter auch einige Monate später. Aus den erzielten Gewinnen musste Siemens & Halske die Mittel für die Finanzierung des nächsten Projekts in Russland vorstrecken.[137] Damit begab sich das Unternehmen in eine wachsende Abhängigkeit vom russischen Staat, was kein geringes Risiko darstellte. Kleinmichel war ein unberechenbarer Geschäftspartner, die Verträge mit ihm waren faktisch nicht einklagbar. Hinzu kam das kriegsbedingte politische Risiko. Bei einer längeren Dauer des Krieges und einer Niederlage Russlands musste mit einer völligen Entwertung der russischen Währung oder gar einem Staatsbankrott des Zarenreichs gerechnet werden. Schon jetzt war es wegen der Devisenbewirtschaftung schwierig, die Gewinne aus dem russischen Geschäft nach Berlin zu transferieren.[138] Werner war sich dieser Unwägbarkeiten bewusst. Anfang Mai 1854 teilte er Wilhelm seine Sorgen mit: «Unser ganzes Wohl und Wehe liegt jetzt in den Händen des Zaren, da er uns in diesem Sommer ca. 250 000 Rubel zahlen muß!»[139]

Während Carls Tätigkeit ganz auf Russland ausgerichtet war, verlor Werner die anderen Märkte nicht aus dem Blick. Ausgerechnet jetzt, wo die Kapazitäten von Siemens & Halske durch die russischen Großprojekte mehr als ausgelastet waren, trafen Aufträge aus Chile und Australien ein, auch eine amerikanische Eisenbahngesellschaft war an Siemens-Telegrafen interessiert.[140] Gleichzeitig schien das Geschäft in England in Gang zu kommen. Wilhelm konnte dort erstmals größere Verträge abschließen, was Werner besonders freute. Am 5. Dezember 1854 schrieb er an Wilhelm: «Es scheint, als wenn unser Familiengenius uns jetzt gerade sehr wohl will.»[141] Vor diesem Hintergrund drohte die einseitige Ausrichtung des Geschäfts auf Russland nun zu einer Belastung zu werden, gerade in England wollte Siemens & Halske nicht als Lieferant des Kriegsgegners gelten. Entsprechend wichtig war es, dass Werner und Wilhelm die bei der Kronstadt-Linie eingegangene Geschäftsverbindung mit R. S. Newall & Co. fortsetzen und mit dem britischen Kabelhersteller im November 1854 einen Kooperationsvertrag schließen konnten.[142] Wenige Wochen später wurde R. S. Newall & Co. von der britischen Regierung beauftragt, ein Seekabel vom alliierten Hauptquartier in Varna im heutigen Bulgarien nach Balaklava auf der Krim zu verlegen. Der Kabelhersteller baute diese Linie mit Telegrafenapparaten seines Geschäftspartners Siemens & Halske. Damit war das Unternehmen nun auf beiden Seiten der Front im Geschäft.[143]

Zar Nikolaus I. starb überraschend am 2. März 1855. Mitten im Krieg bestieg sein ältester Sohn als Zar Alexander II. den Thron. Schon nach wenigen Wochen befahl er den Bau einer Telegrafenlinie von Nikolajew, dem Sitz des Oberkommandos der Schwarzmeerflotte, in das belagerte Sewastopol. Werner, der sich damals in St. Petersburg aufhielt, bekam die Bedingungen diktiert.[144] Es war ein aberwitziges, teures und gefährliches Projekt, das militärisch keinen Nutzen mehr hatte. Die Linie ging fast zeitgleich mit der Eroberung Sewastopols am 8. September 1855 in Betrieb.[145] Ein halbes Jahr später war der Krieg zu Ende. Das Russlandgeschäft von Siemens & Halske ging nun stark zurück. Kleinmichel wurde entlassen. Fortan war Graf Tscherkow Generaldirigent der Hauptverwaltung für Wege. Mit ihm tat sich Carl schwer.

Zar Alexander II. ging, als Konsequenz aus der Niederlage im Krimkrieg, die überfällige Modernisierung des Landes an. Hierzu passte es nicht mehr, dass die russischen Telegrafenlinien von einer ausländischen Firma gebaut wurden. Siemens & Halske erhielt in Russland keine Aufträge mehr, führte aber dort noch bis 1867 die einträgliche Wartung aufgrund der *Remonte*-Verträge durch.

Durch das Russlandgeschäft während des Krimkriegs stieg der Umsatz von Siemens & Halske in eine völlig neue Dimension. Immerhin waren in den Jahren 1853 bis 1855 im Zarenreich rund 9000 Kilometer Kabel verlegt worden, sechseinhalbmal so viel wie auf den Linien von Berlin nach Frankfurt am Main und Aachen zusammen. Zwischenzeitlich entfielen 90 Prozent des Umsatzes von Siemens & Halske auf das Russlandgeschäft.[146] Seriöse Angaben zu den Gewinnen sind nicht möglich, da die Gewinne aus dem damaligen Russlandgeschäft wahrscheinlich einem «Geheimbuch» der Gesellschafter zugeschrieben wurden.[147] Ein Eindruck von der Größenordnung ergibt sich aus der Zunahme des Betriebskapitals, das nach Schätzung von Richard Ehrenberg zwischen 1852 und 1854 von 40 000 auf 260 000 Taler stieg.[148]

Bei Siemens & Halske in Berlin waren die Kapazitäten durch die russischen Großaufträge voll ausgelastet. Die Zahl der Mitarbeiter in der Markgrafenstraße stieg von 49 im Jahr 1853 über 122 im Jahr 1855 auf 180 im Jahr 1860 an.[149] Die riskanten Investitionen in den Kauf des neuen Werks-

Umsatz von Siemens & Halske im Deutschen Bund und in Russland 1851–1854 in 1000 Talern (gerundete Summen)[150]

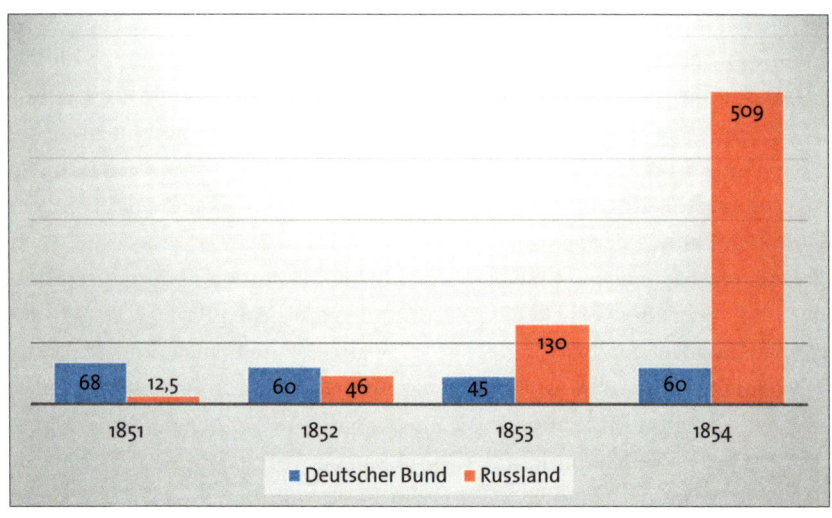

Belagerung von Sewastopol, 1854

geländes machten sich nun bezahlt. Obwohl das Unternehmen Probleme hatte, in Berlin genügend fähige Mechaniker und Techniker einzustellen, hielt Werner an der Strategie fest, Russland mit Apparaten aus der Zentrale zu beliefern und nicht vor Ort zu fertigen. Die Zahl der Mitarbeiter nahm in Russland gleichwohl stärker zu als in Berlin, aufgrund der kaufmännisch-logistischen Aufgaben und vor allem durch die *Remonte*-Verträge. 1854 waren 40 von 130 Mitarbeitern in Russland beschäftigt, 1856 waren es bereits 213 von insgesamt 332 Beschäftigten.[151]

Auch diese Daten zeigen, dass Siemens & Halske den Erfolg in Russland wie schon in Preußen nicht so sehr der Fertigung von Telegrafenapparaten verdankte als vielmehr dem Know-how für den Bau von Telegrafenlinien und der Leistungsfähigkeit als Systemanbieter. Eine weitere Parallele zwischen dem Russlandgeschäft und den Anfängen des Unternehmens ist die Abhängigkeit von staatlichen Aufträgen. In Russland war die Staatsnähe von Siemens & Halske noch weit ausgeprägter als anfangs in Berlin. Die Petersburger Filiale hatte Mitarbeiter, die mit Sondergenehmigung des Zaren in Uniform die Telegrafenlinien überwachten, und Carl findet sich selbst in deutschen Dokumenten mit der Bezeichnung «Dirigent des Kaiserlich-Russischen Telegrafenwesens in St. Petersburg».[152]

Mitarbeiter des russischen Remonte-Diensts von Siemens & Halske, undatiert

Das Baubüro von Siemens & Halske in St. Petersburg war Anfang 1855 als Folge des hohen Geschäftsvolumens in eine Niederlassung umgewandelt worden. Carl, der bis dahin auf der Basis einer Vertretervollmacht in Russland gearbeitet hatte, wurde Geschäftsführer. Damit einher gingen heftige Konflikte zwischen Carl und Hermann Kap-herr. Der Bankier und Vertreter von Siemens & Halske wollte gleichberechtigt mit Carl Leiter der Niederlassung werden und trat entsprechend auf, was sich Carl nicht gefallen ließ.[153] In diesem Konflikt war Werner gefordert, als die einzige Autorität, die beide Kontrahenten akzeptierten. Mitte April 1855 reiste er daher zum fünften Mal nach Russland. Als salomonische Lösung übertrug er Carl die alleinige Leitung der Niederlassung und stellte Kap-herr einen neuen Vertretungsvertrag aus. Ein Jahr später war Werner zur Trennung von Kap-herr entschlossen, dennoch wurde der Vertretungsvertrag erst 1860 aufgelöst.[154]

Auch in der Berliner Zentrale führte das Wachstum des Unternehmens zu Veränderungen. Das Management wurde Anfang 1855 durch Werners alten Freund William Meyer verstärkt, der die preußische Telegrafendirektion nach jahrelangen Konflikten mit Nottebohm endgültig verlassen hatte. Meyer wurde als Oberingenieur und Prokurist eingestellt, mit einer Gewinnbeteiligung von fünf Prozent. Er baute bei Siemens & Halske erstmals eine gewisse bürokratische Struktur auf, was überfällig war, da das Werk in der Markgrafenstraße nun mehr als 100 Mitarbeiter hatte. Dabei wurden kaufmännische und technische Leitungsfunktionen noch nicht voneinander getrennt, Meyer war als Bürochef für alle Fragen der Verwaltung zuständig. Seine Autorität im Unternehmen beruhte vor allem auf seiner persönlichen Freundschaft mit Werner, und umgekehrt verstand sich der Allround-Manager Meyer wiederum als «getreuer Eckart» seines Freundes in der Zentrale von Siemens & Halske. Meyer hatte keine unternehmerischen Ambitionen, er wurde aber in der Markgrafenstraße durch sein organisatorisches Talent rasch unentbehrlich.[155] Gleichzeitig mit Meyer wurde der Kaufmann Carl Haase als Oberbuchhalter eingestellt. Mit ihm verfügte das Unternehmen erstmals über einen Fachmann, der Ordnung in den Wirrwarr der Buchführung brachte. Haase war mit 2,5 Prozent am Gewinn des Unternehmens beteiligt, wurde später Prokurist und trug wesentlich zum Aufbau einer kaufmännischen Verwaltung bei.[156]

Im März 1855 schied Werners Vetter Johann Georg aus dem Trio der Gesellschafter von Siemens & Halske aus. Die Gründe für diese Entscheidung lassen sich nur erahnen. Der Justizrat hatte das Unternehmen schon 1852, nach der «Nottebohm-Krise», dem Hauskauf und dem Scheitern der Pariser Werkstatt, vor dem Bankrott stehen sehen.[157] Die Risiken des Russ-

Societäts-Vertrag von
Siemens & Halske, 1855

landgeschäfts dürften seine Befürchtungen nicht zerstreut haben. Dass er seine auf acht Jahre befristete Kapitaleinlage nicht verlängerte, wäre vor diesem Hintergrund verständlich. Werner und Halske zahlten Johann Georg indessen so großzügig aus, dass sich auch die Vermutung aufdrängt, beide hätten sich ihres Mitgesellschafters durch einen goldenen Handschlag entledigen wollen.[158] Werner hatte sich schon bei Gründung des Unternehmens nur aus Geldnot auf den Vertrag mit Johann Georg eingelassen. Er mochte nicht dessen «griesgrämliches Wesen, mit dem er sich und aller Welt die Laune verdirbt».[159] Nach den hohen Gewinnen im Russlandgeschäft war die Kapitaleinlage des Justizrats entbehrlich geworden. In einem Auseinandersetzungsabkommen vom 25. März 1855 wurde Johann Georg mit 60 000 Talern, zahlbar in sechs gleichen Jahresraten, abgefunden. Das Gesamtkapital des Unternehmens wurde in diesem Zusammenhang auf 250 000 Taler festgesetzt.[160] Bedenkt man, dass Johann Georg einst 6842 Taler eingezahlt hatte, war dies eine stattliche Rendite. Der Justizrat erwarb drei Jahre später das südlich von Berlin gelegene Rittergut Ahlsdorf.[161]

Anstelle Johann Georgs wurde Carl dritter Gesellschafter von Siemens & Halske, ohne dass er eigenes Kapital einbringen musste. Die Verteilung des Gewinns zwischen den drei Gesellschaftern, aus der sich die Kapitalbeteiligung ergab, blieb unverändert. Auf Carl entfielen 20, auf Werner und Halske jeweils 40 Prozent. Werner belohnte den Bruder auf diese Weise für seine außergewöhnlichen Leistungen in Russland. Durch den Eintritt Carls blieb zudem die Kapitalmehrheit des Unternehmens in der Hand der Familie, ohne dass es zu einer Majorität Werners über Halske kam. Es war für Carl auch persönlich ein glückliches Jahr. Im Juli 1855 verlobte er sich mit Kap-herrs damals 20-jähriger Tochter Marie. Am 24. November heiratete das Paar. Geschäftliche Interessen oder strategisches Kalkül haben diese Verbindung nicht beeinflusst, es war eine Liebesheirat, die unbeeindruckt von den geschäftlichen Konflikten zwischen Carl und Maries Vater zustande kam. Werner war bei der Verlobung in St. Petersburg anwesend und zeigte sich von seiner zukünftigen Schwägerin begeistert. In einem Brief an Mathilde nannte er Carl ein «Sonntagskind» und berichtete, dass die Augen des Bruders «von Glück und Liebesglut» erstrahlten.[162]

Kapitel 7
Im Schatten

Mathildes Erkrankung

Mathilde hatte schon vor der Hochzeit mit Werner gewusst, dass ihr zukünftiger Gatte kein häuslicher Ehemann werden würde. Dass sie ihn immer wieder wochen- und monatelang entbehren musste, schlug ihr dennoch aufs Gemüt. «Das Strohwitwenthum hat ihr gar nicht sehr gefallen»,[1] teilte Werner im November 1852 seinem Bruder Wilhelm mit. Im folgenden Jahr blieb er von Ende Mai bis Ende Juli in Polen und in Russland.[2] Mathilde schrieb ihm, dass ihr «diese lange Trennung, die stete Unruhe um Dich, schwerer fällt, als Du wahrscheinlich denkst».[3] Ihre Gefühle sind umso verständlicher, da sie seit Mitte März schwanger war.[4] Im neuen Heim in Berlin fühlte sie sich ohne ihren Mann einsam. Sie zog vorübergehend zu ihrem Vater nach Königsberg, wo auch einige ihrer Freundinnen wohnten, bis Werner sie auf der Rückreise von St. Petersburg abholte.[5]

Die Abordnung des Bruders Carl nach Russland hatte wohl auch den Grund, dass Werner als werdender Vater nicht so lange von seiner Frau fortbleiben wollte, wie es die Verhandlungen mit Kleinmichel erforderten. Indem Carl sich in St. Petersburg niederließ, trug er nicht nur zum geschäftlichen Erfolg, sondern auch zum Familienglück seines Bruders bei. Im Sommer 1853 konnten Werner und Mathilde erstmals einen gemeinsamen Urlaub verbringen. Dreieinhalb Wochen blieb das Ehepaar an der Nordsee, in Büsum.[6] Den Briefen nach zu urteilen, sorgte sich Mathilde damals mehr um Werners Gesundheit als dieser sich um das Wohlbefinden seiner schwangeren Frau.[7] Die Reisen durch Russland stellten für Werner eine gesundheitliche Herausforderung dar. Während sein gut zwölf Jahre jüngerer Bruder Carl durchaus noch weitaus größere Strapazen weg-

Linke Seite: Mathilde Siemens, um 1854

stecken konnte, musste er sich anschließend immer wieder längere Zeit erholen.[8]

In den Monaten nach dem gemeinsamen Urlaub blieb Werner an Mathildes Seite in Berlin,[9] und am 13. November 1853 wurde ihr erstes Kind geboren, ein Sohn. Werners Briefen an den glücklichen Großvater Wilhelm Drumann ist zu entnehmen, dass es eine schwere Geburt war und der kleine Sohn ein «gewaltiger Schreihals» zu sein schien.[10] An Weihnachten kam die Familie Himly zu Besuch. Die Himlys hatten im Jahr zuvor ihr fünftes Kind bekommen, inzwischen aber zwei Kinder durch Krankheiten verloren.[11] Welchen Namen der Sohn von Mathilde und Werner erhalten sollte, war bis unmittelbar vor der Taufe am 5. Februar 1854 noch nicht entschieden. Werner nannte ihn dann Arnold Wilhelm. Der zweite Vorname lag nahe, doch der Rufname Arnold war bisher weder in der Familie Siemens noch in der Familie Drumann/Mehliß vorgekommen. Es gibt keinen Hinweis darauf, warum Werner diesen Namen gewählt hat. Sicher ist nur, dass es seine Entscheidung war.[12]

Im Dezember 1854 war Mathilde wieder schwanger. Werner konnte seinem Schwiegervater mitteilen, dass sie Arnold für den Sommer ein Schwesterchen versprochen habe.[13] Doch es wurde wieder ein Junge, und dieses Mal musste Mathilde in den letzten Monaten der Schwangerschaft auf ihren Mann verzichten. Werner saß in St. Petersburg fest. Dort hatte Generaldirigent Kleinmichel angeordnet, seinen Pass einzuziehen und ihn nicht aus dem Land zu lassen, bis die kriegswichtige Telegrafenlinie nach Sewastopol fertiggestellt war. Erst nach einer Intervention des Prinzen Wilhelm von Preußen, eines Schwagers des Zaren, konnte er im August 1855 zurückkehren.[14] So erlebte Werner zwar Carls Verlobung in St. Petersburg mit, konnte jedoch nicht bei seiner Familie in Berlin sein, als einen Tag später, am 30. Juli 1855, sein zweiter Sohn geboren wurde. Auch nach seiner Rückkehr blieb er nicht lange bei der Familie, sondern fuhr noch vor der Taufe des Kindes zur Weltausstellung nach Paris. Ende September wurde der zweite Sohn auf den Namen Georg Wilhelm getauft. Anders als bei Arnold wurde bei diesem Kind der zweite Vorname Wilhelm auch der Rufname. Werners Bruder Wilhelm nahm an der Taufe teil, er wird der Pate gewesen sein.[15]

An weitere Kinder war erst einmal nicht zu denken, da Mathilde schwer erkrankte. Nach der Geburt von Wilhelm begann sich bei ihr ein «ernsthaftes Brustübel» zu entwickeln, wie Werner ein Jahr später an Carl schrieb.[16] Auch wenn Werner den Namen der Krankheit in seinen Briefen nie erwähnte, besteht kein Zweifel, dass es sich um Tuberkulose handelte. Diese chronisch verlaufende Infektionserkrankung der Lunge wurde damals als «Schwindsucht» bezeichnet. Sie war in jener Zeit eine der häufigsten Todesursachen, die Gründe für eine Erkrankung waren noch nicht bekannt, und die Ärzte sich über die Behandlungsmethoden nicht einig. Erst Jahrzehnte später wurde der Erreger entdeckt.[17]

Werner gab sich optimistisch, aber auch er wird sich ernste Sorgen gemacht haben. Schließlich war Mathildes Schwester Sophie erst wenige Jahre zuvor an Tuberkulose gestorben.[18] Auf Anraten der Ärzte trat Mathilde im Juni 1856 eine Kur in Bad Reichenhall an und verbrachte dort mit den Kindern den Sommer.[19] Vermutlich hatte man sich für Bad Reichenhall entschieden, weil Werner damals an einem größeren Auftrag der Bayerischen Staatsbahn arbeitete. So konnte er seine Familie öfter besuchen. Als sich Mathildes Zustand nicht besserte, entschied Werner, dass sie und die Kinder den Winter südlich der Alpen verbringen sollten.[20] Ihm wurde eine Behandlung in Meran empfohlen, das damals ein beliebter Luftkurort und ein Zentrum für Lungenkranke war. Der Arzt Franz Tappeiner praktizierte dort die noch recht neue Methode der Liegekur. Auf Liegestühlen in einer offenen Wandelhalle atmeten die Patienten erregerarme Gebirgsluft ein.[21] Als Werner Anfang September 1856 seine Frau und die Kinder nach Meran brachte, ging er davon aus, sich höchstens einige Monate lang von seiner Familie trennen zu müssen.[22] Doch Mathilde und die Kinder blieben insgesamt neun Monate lang in Meran. Werner konnte seine Familie in dieser Zeit zwei Mal besuchen, im Herbst für vier Wochen und dann wieder von Weihnachten bis Mitte Januar.[23] Besuche erhielt Mathilde wahrscheinlich auch von ihrer besten Jugendfreundin Agnes von Bohlen, sonst hatte sie außer den Jungen nur die Dienstmädchen um sich. Wie sie sich gefühlt haben muss, lässt ein Brief William Meyers an Werner erahnen: «Kann denn Mathilde mit den beiden Dienstmädchen allein dort sein? Das will mir nicht recht scheinen. Ich meine, da müsste jemand bei ihr sein, der sie lieb hätte und sie wirklich pflegen kann.»[24]

Als Mathilde im Juni 1857 mit den Kindern Meran verließ, benötigte sie weiterhin Ruhe und Pflege. Eine Rückkehr in die Wohnung in der Markgrafenstraße, die mitten in Berlin neben dem Fabrikgelände lag, kam nicht in Betracht. Werner hatte sich schon einige Monate zuvor nach einem «Sommerquartier» in der Nähe von Berlin umgesehen und wollte ein Landhaus am Lietzensee südlich von Charlottenburg mieten. Mathilde lehnte jedoch ab, weil ihr dort Wald und Natur fehlen würden.[25] So brachte Werner seine Familie nach Bad Rehburg, einem damals sehr beliebten Kurort im Königreich Hannover, der von Berlin aus gut zu erreichen war und nicht weit von

Mathilde und Werner Siemens mit ihren Söhnen Wilhelm und Arnold, um 1857

Poggenhagen, der Heimat von Werners Mutter, entfernt lag. Es folgten Kuraufenthalte in Bad Kreuznach und Bad Soden, den Sommer 1858 verbrachten Mathilde und die Kinder bei Dresden, in Pillnitz und Hosterwitz.[26] Die Söhne Arnold und Wilhelm wuchsen über Jahre hinweg in wechselnden Kurorten auf, wo sie nie das Gefühl haben konnten, zu Hause zu sein, und kaum Spielkameraden fanden. Umgeben waren sie von Dienstmädchen und Pflegerinnen, in einem Brief Werners ist auch von einer Privatsekretärin Mathildes die Rede.[27] Wie die beiden Jungen dies empfanden, ist den Briefen ihrer Eltern nicht zu entnehmen. Werner betrachtete die Söhne bei seinen Besuchen mit verständlichem Stolz. Die beiden seien «prächtige Jungens geworden», schrieb er aus Meran seinem Schwiegervater. Arnold sei schon «recht vernünftig», Wilhelm würde alles verstehen, aber noch nicht einmal «Mama» sagen.[28] Zu Sorgen um die Kinder gab es offenbar keinen Grund: «Gut nur, dass doch die Kinder Euch Freude machen», heißt es in einem Brief William Meyers an Werner.[29]

Zwischen dem Ehepaar hatten sich die Rollen durch Mathildes Erkrankung verändert. Nun war es Werner, der zu Hause in der Markgrafenstraße saß und auf Nachricht wartete. Er, der so lange keine Zeit für die Liebe gehabt hatte, sehnte sich danach, mit Frau und Kindern zusammen zu sein. Eigene Freizeitaktivitäten zu entfalten, lag ihm fern. Aus einem Vorhaben, mit Carl, Wilhelm und Halske in den Alpen zu wandern, ist wohl nichts geworden.[30] Im Januar 1857 fuhr Werner von Meran aus für einige Tage nach Venedig und Triest. Dabei scheint es um die Suche nach einem weiteren Kurort für Mathilde gegangen zu sein. Werner war von Venedig sehr beeindruckt, hielt die Stadt aber als Kurort für ungeeignet und empfahl sie Mathilde als Nachkurort.[31]

Auf der Suche nach neuen Geschäftsfeldern

Als Strohwitwer stürzte sich Werner ins Geschäft. Siemens & Halske war durch die hohen Gewinne aus dem Russlandgeschäft in einer komfortablen Position. Als die deutsche Industrie 1858 von der ersten Weltwirtschaftskrise getroffen wurde, war die Firma immer noch durch die russischen *Remonte*-Verträge abgesichert. Werner konnte beispielsweise zwei Maschinenbauunternehmen stützen, mit denen er durch Wilhelm in Verbindung stand: die Maschinenfabrik und Schiffswerft Früchtenicht & Brock und die Eisengießerei und Maschinen-Fabrik L. Schwartzkopff.[32] Das Abklingen des Russlandbooms nach dem Ende des Krimkriegs stellte gleichwohl auch Siemens & Halske vor neue Herausforderungen. Um das Unternehmen abzusichern und voranzubringen, mussten neue Strategien, Märkte und Produkte gefunden werden. Werner spielte sogar mit dem Gedanken, das Telegrafengeschäft aufzugeben, weil es seinem Eindruck nach «recht ordinär und unvorteilhaft» geworden war.[33] Doch eine tragfähige Alternative war nicht in Sicht. Der einzige Ansatz zur Diversifizierung der Fertigung war bislang die Herstellung des von Wilhelm erfundenen Wassermessers, mit dem die Durchflussmenge in einem Rohr gemessen werden konnte.[34] Eine strategische Überlegung stand nicht dahinter, ausschlaggebend war allein die enge Verbindung zwischen den Brüdern gewesen. Mit dem Umzug in die Markgrafenstraße war bei Siemens & Halske eine eigene Wassermesserabteilung entstanden. Der Gewinn aus diesem Geschäft war zunächst recht bescheiden, er belief sich bis 1860 insgesamt auf rund 2300 Taler.[35] Nachdem man vergeblich auf Bestellungen der Wasserwerke von Berlin und Hamburg gehofft hatte, überlegte Werner, die Abteilung zu schließen. Erst Jahre später erwies sich diese Fertigung als ein gutes Geschäft. Größer war der Umsatz, den die britische

Firma Guest & Chrimes mit Wilhelms Wassermessern machte. Werner hielt diese Apparate für «säuisch schlecht gearbeitet».[36] Halske fertigte gründlicher, aber auch teurer, und bei Wassermessern kam es anders als bei Telegrafenapparaten nicht so sehr auf eine hochwertige Verarbeitung an. In England war man von Halskes Wertarbeit beeindruckt, hielt diese Wassermesser aber für «too delicate for common use!»[37]

Eine Diversifizierung der Fertigung könnte Werner am ehesten noch mit der Herstellung der von Wilhelm erfundenen Regenerativ-Dampfmaschine angestrebt haben. Die Arbeiten an dieser Maschine wurden von ihm finanziell unterstützt, allerdings mehr aus brüderlicher Solidarität. Wilhelm hatte in England lange an der Konstruktion dieser Erfindung gearbeitet, deren Prinzip darauf beruhte, die bei einer Maschine entweichende Wärme zu speichern und wiederzuverwerten. Um für die Regenerativ-Dampfmaschine ein preußisches Patent zu erhalten, musste die Erfindung in Preußen ausgeführt werden. Diese Aufgabe erhielt Werners Bruder Friedrich übertragen, der bereits mehrere Jahre lang mit Wilhelm zusammen an der Anwendung des Regenerativprinzips gearbeitet hatte. Auf Vermittlung Werners konnte Friedrich die Regenerativ-Dampfmaschine bei der Maschinenfabrik und Schiffswerft Früchtenicht & Brock in Bredow bei Stettin erproben. Für die Kosten kam Siemens & Halske auf.[38] Nach Erteilung des Patents wollte Früchtenicht & Brock die Regenerativ-Dampfmaschine für den Schiffbau nutzen, doch geriet das Unternehmen damals in Kapitalnot. Werner trat einem Konsortium aus Investoren bei, das Früchtenicht & Brock Anfang 1857 durch Einbringung frischen Kapitals rettete und in eine Aktiengesellschaft, die Stettiner Maschinenbau Actien-Gesellschaft Vulcan, umwandelte.[39] Ein halbes Jahr später begann, wie bereits erwähnt, die erste Weltwirtschaftskrise, die Aktienkurse brachen ein. Die Kapitalbeteiligung bei Vulcan kam Siemens & Halske nun teuer zu stehen.[40]

Die Ausführung der Regenerativ-Dampfmaschine wurde ein Debakel. Friedrich kam schließlich zu dem Ergebnis, dass Wilhelms Anwendung des Regenerativprinzips in der Praxis nicht durchführbar war.[41] Er hatte bei seiner Beschäftigung mit diesem Prinzip aber so viel gelernt, dass er nun einen Regenerativofen entwickeln konnte, für den er im Dezember 1856 ein britisches Patent erhielt.[42] Anfang 1861 erhielten Friedrich und Wilhelm gemeinsam ein Patent auf die vielversprechende Konstruktion eines Gas-Regenerativofens. Doch Wilhelm war gekränkt darüber, dass nicht er, sondern sein jüngerer Bruder auf die Idee gekommen war, das Regenerativprinzip auf Öfen anzuwenden. Darüber kam es zwischen den beiden Brüdern zu einem

A.D. 1856 .... N° 2861.

Furnaces.

LETTERS PATENT to Frederic Siemens, of 7, John Street, Adelphi, London, Engineer, for the Invention of "IMPROVED ARRANGEMENT OF FURNACES, WHICH IMPROVEMENTS ARE APPLICABLE IN ALL CASES WHERE GREAT HEAT IS REQUIRED."

Sealed the 27th January 1857, and dated the 2nd December 1856.

PROVISIONAL SPECIFICATION left by the said Frederic Siemens at the Office of the Commissioners of Patents, with his Petition, on the 2nd December 1856.

I, FREDERIC SIEMENS, of 7, John Street, Adelphi, London, Engineer, do hereby declare the nature of the said Invention for "IMPROVED ARRANGEMENT OF FURNACES, WHICH IMPROVEMENTS ARE APPLICABLE IN ALL CASES WHERE GREAT HEAT IS REQUIRED," to be as follows:—

My improvement consists in so arranging smelting and heating furnaces, smith fires, etc. that the products of combustion on their passage from their place of combustion to the stack or chimney shall pass over an extended surface of brick, metal, or other suitable material, imparting heat thereto, which heat serves to heat the atmospheric air or other materials of combustion in such manner that the cold air or gases are first brought into contact with the less heated material nearest the chimney, and is brought by degrees into contact with the more intensely heated portions, until it finally passes over that portion of the said surfaces nearest the place of combustion, and which are consequently heated to the highest degree. The result of this arrangement is, that the air or other materials of combustion are nearly heated to the degree of temperature of the fire itself, in consequence whereof an almost unlimited accumulation of heat or intensity may be obtained.

Britisches Patent für Friedrich Siemens auf den Regenerativofen, 1856

heftigen Streit, ja fast zu einem Zerwürfnis. Durch Vermittlung Werners einigten sie sich schließlich darauf, dass Wilhelm die Rechte für Großbritannien, Frankreich und die USA erhielt, Friedrich die für den Deutschen Bund mit Österreich und für Osteuropa.[43] Beide waren damit recht erfolgreich. Gebaut wurden die Regenerativöfen nicht bei Siemens & Halske, zumal in

Preußen kein Patent für diese Erfindung erteilt wurde, sondern in England und in Sachsen.[44] Mit dem Bau von Regenerativöfen in Sachsen beauftragten Friedrich, Wilhelm und Werner ihren Bruder Hans, der in finanzielle Bedrängnis geraten war.[45]

Im Telegrafengeschäft galt es, neue Absatzmärkte zu erschließen. «Unsere Blicke waren bisher zu sehr an Rußland gebannt, und das hat uns zurückgebracht in Beziehung zu anderen Ländern», schrieb Werner am 14. Mai 1858 an Carl nach St. Petersburg.[46] Zwei Monate vorher hatte er Carl bereits mitgeteilt, auf welche Länder er seine Hoffnungen richtete: «Österreich und Brasilien, sowie England werden uns schon Raum zu neuer Tätigkeit geben!»[47] Brasilien erwies sich als Wunschdenken, aber in Österreich schienen sich nun erstmals Chancen für größere Aufträge zu bieten. Dort waren mehrere neue Eisenbahnlinien entstanden, im Telegrafengeschäft gab es keinen inländischen Konkurrenten, und die österreichische Regierung zeigte sich interessiert. Der neue österreichische Telegrafendirektor, der Schweizer Karl Friedrich Brunner, wollte Telegrafenlinien bis nach Griechenland und in den Orient bauen lassen. Er bedrängte Siemens & Halske geradezu, in Wien eine Filiale zu errichten.[48] Das Unternehmen sollte alle Aufträge der österreichischen Staatstelegrafie erhalten, sobald es eine Niederlassung in der Donaumetropole eröffnet hatte. Zunächst sollte Werners Bruder Walter den Aufbau eines Geschäfts in Wien vorbereiten. Walter war damit überfordert und musste durch einen Mitarbeiter aus Berlin ersetzt werden.[49] Im Januar 1858 fuhr Werner mit Halske nach Wien, um ein Haus für die neue Filialwerkstatt zu kaufen.[50] Er kehrte begeistert zurück, hielt die Aussichten in Österreich für «brillant». Brunner hatte ihm den Bau einer Telegrafenlinie an der dalmatischen Küste angeboten, die damals zu Österreich gehörte. Diese Linie sollte von Pula in Istrien nach Ragusa, dem heutigen Dubrovnik, führen und an die große Seekabellinie von Ragusa nach Alexandrien anschließen, über deren Bau die österreichische Regierung bereits einen Vertrag mit John Watkins Brett geschlossen hatte.[51] In den folgenden Monaten versuchte Werner vergeblich, Carl zu einem Wechsel von St. Petersburg nach Wien zu bewegen.[52] Wenige Monate nachdem die Wiener Filiale am 1. Januar 1859 eröffnet worden war, begann ein Krieg zwischen Österreich und Sardinien-Piemont, das von Frankreich unterstützt wurde. Das Geschäft der Niederlassung kam nicht in Schwung, auch der in Aussicht gestellte Auftrag für die Telegrafenlinie von Pula nach Ragusa blieb aus. Nach fünf Jahren musste die Werkstatt in der Wiener Landstraße schließlich mit 30 000 Talern Verlust geschlossen werden.[53]

Dafür erhielt Siemens & Halske verstärkt Aufträge aus Preußen und Süddeutschland. Das Unternehmen wurde hier nun für lange Zeit zum führenden Telegrafenhersteller und damit auch zum Marktführer auf dem jungen Gebiet der elektrotechnischen Industrie, die ausschließlich aus dem Telegrafenbau bestand. Diesen Vorsprung verdankte Siemens & Halske vor allem seiner Fertigung von verbesserten Morse-Apparaten, für die es bei den Eisenbahngesellschaften eine starke Nachfrage gab. 1856 verkaufte Siemens & Halske 226 Morseapparate und 59 Zeigerapparate.[54] Wettbewerber wie Kramer und Stöhrer fielen nun zurück, weil sie keine Morseapparate anbieten konnten und bei Weitem nicht über so große Kapazitäten verfügten wie das neue Werk von Siemens & Halske in der Markgrafenstraße.[55] Siemens & Halske profitierte nun auch wieder von guten Verbindungen zur preußischen Staatstelegrafie. Werners Gegner Friedrich Nottebohm musste Ende 1856 als interimistischer Telegrafendirektor ausscheiden. Vier Wochen zuvor hatte Werner seiner Frau mitgeteilt, Handelsminister von der Heydt habe eine «geharnischte gründliche Anklageschrift» gegen Nottebohm erhalten. Der «direkte Kampf» werde nun beginnen und «endgültig mit Nottebohms Fall oder unserm allmählichen Umzug nach Wien enden».[56] William Meyer wusste später zu berichten, dass Nottebohm durch das Generalpostamt gestürzt worden war, dem die Telegrafendirektion inzwischen unterstand.[57] Neuer Telegrafendirektor wurde Major Franz von Chauvin. Er nahm umgehend die fünf Jahre zuvor abgebrochene Geschäftsverbindung mit Siemens & Halske wieder auf.

Entscheidend für die weitere Entwicklung des Unternehmens wurden damals aber auch die technischen Leistungen Werners. Nach wie vor war er Leiter, Gesellschafter und Chefkonstrukteur von Siemens & Halske in einer Person. In der Markgrafenstraße gab es kein eigentliches Konstruktionsbüro und keinen Entwicklungsleiter. Selbst während der Großprojekte in Russland hatte sich Werner mit Erfindungen beschäftigt. Im Herbst 1854 gelang ihm die Konstruktion eines Gegensprech-Telegrafen mit Morse-Apparaten, der es ermöglichte, gleichzeitig Depeschen in unterschiedliche Richtungen zu befördern. Ein halbes Jahr zuvor hatte Carl Ludwig Frischen, ein Telegrafeningenieur der Hannoverschen Staatsbahn und späterer Oberingenieur von Siemens & Halske, bereits einen ähnlichen Gegensprech-Telegrafen entwickelt. Beide erhielten für ihre Erfindung ein Patent.[58]

Auf der Pariser Weltausstellung von 1855 konnte Siemens & Halske eine weitere Erfindung Werners, die sogenannte Tellermaschine, präsentieren. Mit diesem Apparat war es möglich, Ströme von hoher Spannung für das Telegrafieren auf langen Strecken zu erzeugen.[59] Im Frühjahr 1856 erhielt Siemens & Halske einen Auftrag der Bayerischen Staatsbahn für Telegrafenapparate und Läutewerke, die ohne Batterien auskommen sollten. Auf mehreren Telegrafenlinien in Bayern waren bisher Induktions-Zeigertelegrafen des Leipziger Mechanikers Stöhrer in Betrieb. Diese Apparate arbeiteten auf magnetelektrischer Basis und erforderten daher keine Batterien. Die Bayerische Telegraphendirektion setzte nun auf die neue, weiterentwickelte Technik von Siemens & Halske, wollte aber weiterhin Apparate verwenden, die ohne Batterien auskamen, da diese teuer waren und nur mühsam ausgewechselt werden konnten. So erhielt Siemens & Halske bei diesem Auftrag die Vorgabe, magnetelektrische Telegrafenapparate zu verwenden.[60] Werner konstruierte daraufhin einen Magnetinduktions-Zeigertelegrafen («Magnetzeiger») und gelangte dabei zu einer seiner wichtigsten Erfindungen, dem «Doppel-T-Anker». Nach dem Prinzip der elektromagnetischen Induktion wurde hier Strom erzeugt, indem ein mit einer Drahtspule umwickelter Weicheisenkern (Anker) in Form eines doppelten T in einem Magnetfeld rotierte. Der Doppel-T-Anker nutzte erstmals das Grundprinzip des Generators für die Gewinnung von Telegrafenstrom. Er war eine Weiterentwicklung der Tellermaschine und ein Vorläufer der von Werner später konstruierten Dynamomaschine.[61] Am 8. Mai 1856 schrieb Werner an Wilhelm, der in technischen Fragen stets sein wichtigster Ansprechpartner unter den Brüdern war: «Wir machen jetzt auf Bayerns Bestellung neue Zeigerapparate mit magnetelektrischer Bewegung (ohne Batterie) für Eisenbahndienst», und bald darauf, zwischen dem 13. und 22. Mai: «Unsere neuen magnetelektrischen Zeigertelegrafen scheinen sehr brillant ausfallen zu wollen. Das wird der wahre Eisenbahntelegraph werden.»[62] Bereits am 6. Juni reichte Werner ein Patentgesuch auf diese Erfindung ein. Am selben Tag beantragte er ein Patent für den Gegensprech-Apparat als ein Verfahren, «mit Morseapparat mittels inducierter Ströme wechselseitig zu telegrafieren».[63]

Durch diese Erfindungen war Siemens & Halske für das damals neue Gebiet der Seekabeltelegrafie gut aufgestellt. Hier wurden für die Übermittlung auf langen Strecken starke Impulse und hohe Spannungen benötigt, wie sie der Gegensprech-Telegraf und der Magnetinduktions-Zeigertelegraf erzeugen konnten. Die Seekabeltelegrafie war bis dahin eine britische Domäne. Die Firmen R. S. Newall & Co. und Glass, Elliot & Company hatten praktisch ein Duopol für die Herstellung von Seekabeln, die Telegrafenbauer Jacob und John Watkins Brett waren führend im Bau von Unterseelinien. Für Werner erwies es sich nun als entscheidender Vorteil, dass Siemens & Halske bereits über eine Geschäftsverbindung zu R. S. Newall in Gateshead bei Newcastle verfügte. Wilhelm kannte einen Gesellschafter dieses Unternehmens, Lewis Gordon, schon länger und hatte eingefädelt, dass R. S. Newall 1853 an Siemens & Halske das Seekabel für den Bau der Telegrafenlinie nach Kron-

Weltausstellung im Industriepalast in Paris, 1855

stadt lieferte.⁶⁴ Newall arbeitete zwar eng mit den Brüdern Brett zusammen, war jedoch auch an einem Geschäftspartner auf dem Kontinent interessiert. Am 3. November 1854 schlossen Wilhelm und Werner mit den Gesellschaftern des britischen Unternehmens, Robert Stirling Newall, Charles Liddell und Lewis Gordon, ein Abkommen. Darin wurde vereinbart, dass R. S. Newall alle nach Patenten von Siemens & Halske gefertigten Apparate zu einem Vorzugspreis erwerben konnte.⁶⁵ Euphorisch schrieb Werner damals an Carl: «Es besteht jetzt Verbrüderung mit Gordon und Newall, und eine große Agitation wird in England entstehen.»⁶⁶ Die Partnerschaft bewährte sich im Krimkrieg, als R. S. Newall Anfang 1855 Telegrafenapparate von Siemens & Halske für die britische Unterseelinie von Varna auf die Krim verwenden konnte.⁶⁷

Im April 1856, wenige Wochen nach dem Ende des Krimkriegs, wandte sich Robert Stirling Newall mit einem ambitionierten Projekt an Wilhelm. Er dachte an den Bau einer Telegrafenlinie von Hull durch die Nordsee nach Cuxhaven und von dort aus über Hamburg, Berlin und Krakau nach Odessa.⁶⁸ Für ein derartiges Vorhaben war Siemens & Halske der optimale Partner. Vor diesem Hintergrund trafen sich Werner und Wilhelm am 7. Juni 1856 in Berlin mit Newall und seinem Mitgesellschafter Gordon. Für

Eisenbahntelegraf von 1856

Werner war es eine gute Gelegenheit, den britischen Partnern seinen neuen Magnetinduktions-Zeigertelegrafen vorzuführen. Der lang ersehnte Markteintritt in England schien nun in Verbindung mit R. S. Newall möglich, eine Fertigung auf der britischen Insel rückte in greifbare Nähe. Überaus optimistisch schrieb Werner zwei Tage vor dem Treffen an Carl: «Es soll ein wichtiges Übereinkommen über Unterseelinien, Entreprisen in England und den Kolonien und über die Entnahme und Verwertung von Patenten in England und Frankreich auf meine neue, sehr wichtige Telegraphenverbesserung getroffen werden.»[69] Ein derartiges Abkommen kam dann nicht zustande, was möglicherweise daran lag, dass man bei Siemens & Halske von Newalls Plan einer Transkontinentallinie von England nach Odessa wenig begeistert war.[70] Dieses Projekt hätte der bestehenden Telegrafenlinie von St. Petersburg über Moskau nach Odessa Konkurrenz gemacht, an deren Wartung das Unternehmen gut verdiente.[71] Werner hatte andere Pläne: den Bau einer Telegrafenlinie von St. Petersburg nach London und einer «Nordlinie» von Archangelsk über Moskau nach Tiflis mit einer Verlängerung nach Indien.[72]

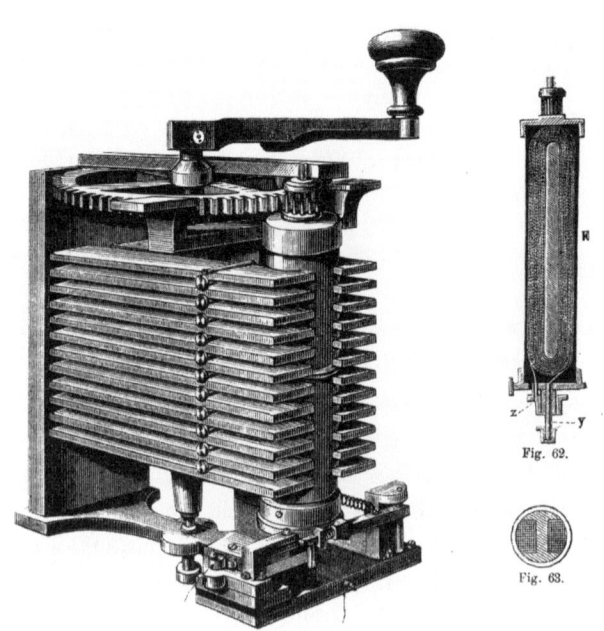

Kabelinduktor mit
Doppel-T- Anker
von 1856

Schwierige Anfänge in London

Im Sommer 1857 kam es erstmals zu einer direkten Zusammenarbeit zwischen R. S. Newall und Siemens & Halske. Newall war damals von John Watkins Brett beauftragt worden, ein Seekabel von Cagliari auf Sardinien nach Bône, das heute algerische Annaba, zu verlegen. Brett plante, diese Linie von Algerien aus über Suez nach Indien weiterzuführen, und hatte dafür mit Unterstützung der Regierungen in Paris und Turin ein Unternehmen gegründet.[73] Nach zwei gescheiterten Anläufen erteilte er R. S. Newall den Auftrag, ein geeignetes Seekabel herzustellen und zwischen Cagliari und Bône zu verlegen. Newall schaltete Telegrafen- und Kabelexperten aus mehreren Ländern ein, darunter auch Werner, der seine Unterstützung gerne zusagte. Er hatte zwar keinerlei Erfahrung mit der Verlegung von Tiefseekabeln, verstand aber viel von Kabeltechnik und wusste, dass er sich auf diese Weise R. S. Newall verpflichten und ins Seekabelgeschäft einsteigen konnte. Ende Juli 1857 reiste er nach England und erhielt von Newall die Zusicherung, sich an der Gründung einer Tochtergesellschaft von Siemens & Halske in London zu beteiligen. Im Gegenzug sagte Werner zu, die Kabel für die Verlegung zwischen Cagliari und Bône zu prüfen und an der Kabelverlegung als Berater teilzunehmen. Am 26. Juli 1857 schrieb er an Carl:

> «Wir können nicht umhin, in London eine kleine Werkstatt und eine Filiale zu etablieren. Nur dadurch haben wir Aussicht, die Unterseelinien ganz in die Hände zu bekommen und Absatz an Apparaten zu erhalten, Newall & Co. und Wilhelm wollen als Kompagnons eintreten. Fa. Siemens, Halske & Co. Ohne Wilhelms Leitung kann es nicht gehen und Newalls Theilnahme sichert uns seine Treue und damit die Unterseelinien, die er fast alle macht. Ich habe versprochen, die Legung zwischen Bona und Sardinien im nächsten Monat mitzumachen und die Apparate aufzustellen.»[74]

Gegenüber R. S. Newall hatte Werner damit den Spieß umgedreht. Hatte sich Newall von der Zusammenarbeit mit Siemens & Halske noch ein Jahr zuvor den Bau einer transkontinentalen Telegrafenlinie erwartet, so war Newall jetzt für Werner das Sprungbrett für das Geschäft mit den Unterseelinien. Nun sah er das neue Ziel vor Augen, nach dem er gesucht hatte: die Unterseelinien «in die Hände zu bekommen».

Aufgrund der Zusage an R. S. Newall reiste Werner erstmals seit längerer Zeit wieder für mehrere Wochen ins Ausland. Am 28. August 1857 ging er in Genua an Bord. Auf der Überfahrt nach Sardinien begann der russlanderfahrene Norddeutsche den Süden zu lieben: «Von dieser stillen Pracht des tiefblauen Meeres, dieser milden lauen Nachtluft habe ich wirklich keine Idee gehabt», schrieb er seiner Frau aus Cagliari.[75] Die Arbeiten begannen in Bône, wo der mit Kabeln beladene Dampfer *Elba* aus England eintraf. An Bord waren Telegrafenexperten aus mehreren Ländern, zusätzlich zu Werner, Newall und Liddell auch der Telegrafendirektor des Königreichs Sardinien-Piemont, Bonelli, und der französische Ingenieur Delamarche. Schon auf der Fahrt nach Bône hatte sich gezeigt, dass die Gruppe über die Methode der Kabellegung uneins war. Newall, Liddell und ihre Mitarbeiter hatten zwar bereits zwei Jahre zuvor das Seekabel auf die Krim verlegt, aber diese Erfahrungen nutzten für die Expedition zwischen Bône und Sardinien wenig, weil das Mittelmeer an dieser Stelle sehr viel tiefer war als das Schwarze Meer. Nach Werners Berechnungen war ab einer Meerestiefe von 3000 Metern mit stärkeren Strömungen zu rechnen als bei einer Kabellegung in seichterem Wasser. Um Kabelverluste durch zu rasches Absinken und damit Schlingenbildung des Kabels am Meeresgrund zu vermeiden, bedurfte es in der Tiefsee einer anderen Methode. Werner entwickelte damals eine «Legungstheorie», nach der das Kabel in der Tiefsee durch eine Bremskraft zurückgehalten werden musste, die dem Gewicht des jeweils zu versenkenden Kabelstücks im Meer entsprach.[76]

Bei der über Nacht durchgeführten Expedition von Bône nach Cagliari bestätigte sich Werners Theorie. Sobald das Kabel in Tiefen von mehr als

Lewis Gordon, undatiert

3000 Metern verlegt wurde, erwiesen sich die Bremsvorrichtungen auf dem Schiff als unzureichend. Es wurde mehr Kabel als die zurückgelegte Bodenlänge verbraucht, und die Aussichten schwanden, mit dem verbliebenen Kabel noch bis Sardinien zu gelangen. Werner konnte schließlich ein Scheitern der Expedition verhindern, indem er die Bremse durch alle an Bord auffindbaren Gewichte verstärkte. Auf diese Weise wurde mit dem Kabelende gerade noch eine flache Stelle vor der Küste Sardiniens erreicht. Später bekannte Werner, sich in dieser Nacht «nur durch häufigen Genuß starken schwarzen Kaffees» aufrecht gehalten zu haben.[77] Ein in der britischen Zeitschrift *Fraser's Magazine* erschienener Bericht bestätigt im Wesentlichen die recht farbige Darstellung in Werners *Lebenserinnerungen*, erwähnt ihn als «the first telegraph engineer in Europe», schildert aber auch gefährliche Momente, in denen das Kabel aus der Verankerung riss und an Bord Verwüstungen anrichtete.[78] Es war die erste geglückte Verlegung eines Tiefseekabels, und Werner hatte zweifellos entscheidenden Anteil am Erfolg dieses Projekts. Damals war er freilich enttäuscht über die Schwierigkeiten, die aufgetreten waren. Die Kabellegung sei «nur halb geglückt», schrieb er Mathilde: «Hätten die Engländer nicht auf halbem Wege von Bona nach Sardinien, nachdem sie 2/3 des Kabels verbraucht hatten, den Mut ganz verloren und mich ganz ungehindert walten lassen, so wäre es ganz verloren.»[79] Dass

Werner beherzt in die Kabellegung eingriff, war seiner Spontaneität geschuldet, war er doch nur als Berater mitgereist. Bei diesem Vorgang wurde der Unterschied zwischen seiner Herangehensweise und derjenigen von Männern wie Newall und Liddell deutlich: Während Letztere von Erfahrungen aus früheren Kabelexpeditionen ausgingen, stützte sich Werner auf Berechnungen der gegebenen Kräfteverhältnisse und auf systematische Methoden der Kabelprüfung. Sein wissenschaftliches Verständnis von Technik wirkte sich hier praktisch aus. Dem entsprach, dass er nach der Rückkehr seine Theorie der Kabellegung in einem langen Brief an den Newall-Gesellschafter Lewis Gordon zusammenfasste.[80] Später baute er sie in Vorträgen und Veröffentlichungen weiter aus.[81]

Werner war für R. S. Newall nun geradezu unverzichtbar geworden. Er war damit der einzige Expeditionsteilnehmer, für den sich das Cagliari-Bône-Projekt auf längere Sicht als nützlich erwies. R. S. Newall und die Telegrafenverwaltungen in Paris und Turin hatten mit dem Kabel schon bald nach der Verlegung Probleme, es arbeitete nicht zufriedenstellend und wurde schließlich aufgegeben; die geplante Weiterführung durch Nordafrika kam nicht zustande.[82] Noch im Herbst 1857 ging R. S. Newall daran, im Mittelmeer eine weitere Unterseelinie zu legen, von Cagliari nach Malta und Korfu. Dieses Projekt war für die britische Marine von großer Bedeutung, da sich auf Malta das Hauptquartier ihrer Mittelmeerflotte befand und Korfu damals unter britischem Protektorat stand. Siemens & Halske prüfte die Kabel und konnte an dieser Linie die neuen Magnetinduktions-Telegrafen installieren. Werner war nicht selbst an Bord. Er beauftragte Ludwig Löffler, einen seiner fähigsten Mitarbeiter, die technische Leitung zu übernehmen.[83] Löffler und seine Mechaniker waren anschließend an weiteren Projekten von R. S. Newall im östlichen Mittelmeer beteiligt.[84]

In einem Vertrag vom 1. Juni 1858 vereinbarten Werner und Wilhelm mit R. S. Newall eine feste Geschäftspartnerschaft. Siemens & Halske sollte nun an allen Seekabelprojekten Newalls beteiligt werden und verpflichtete sich seinerseits, Kabel von R. S. Newall zu beziehen und dem britischen Partner die eigenen Methoden der Kabelprüfung zur Verfügung zu stellen.[85] Auf dieser Basis wurde am 1. Oktober 1858 in London eine Tochtergesellschaft von Siemens & Halske mit dem Namen «Siemens, Halske & Co.» gegründet. In dem bis Ende 1862 befristeten Gesellschaftervertrag wurde festgelegt, dass Wilhelm ein Drittel des Gewinns erhalten sollte, Siemens & Halske zwei Drittel. R. S. Newall übernahm eine geringe Beteiligung am eingezahlten Betriebskapital von 1500 Pfund.[86] Für das Büro und die Werkstatt von Siemens, Halske & Co. konnte in London das Haus 12 Millbank Row im

Stadtteil Westminster, nahe bei den Houses of Parliament, gemietet werden. Die Leitung des Unternehmens erhielt Wilhelm, der zusätzlich zu dieser Tätigkeit weiterhin als freier Ingenieur arbeitete. Für die Kabelexpeditionen wurde ihm Ludwig Löffler zur Seite gestellt, dessen Vater Johann Löffler bei Siemens & Halske schon beim Bau der ersten Fernlinien in Preußen und Russland mitgearbeitet hatte. Die Leitung der Werkstatt übernahm der Mechaniker Mittelhausen. Hier waren zunächst acht, zwei Jahre später bereits 24 Mitarbeiter (einschließlich der Lehrlinge) beschäftigt.[87]

Schon im Sommer 1858, noch vor Gründung der Tochtergesellschaft in London, hatte Siemens & Halske von R. S. Newall den Auftrag erhalten, die elektrotechnische Ausrüstung für ein Seekabel nach Indien zu liefern. Ein Unterseekabel von 3500 Seemeilen Länge war für die beteiligten Unternehmen eine neue Herausforderung. Die Verlegung sollte von Suez nach Bombay (heute Mumbai), durch das Rote und das Arabische Meer, erfolgen. In Indien hatte ein Jahr zuvor ein Aufstand gegen die Herrschaft der britischen East India Company stattgefunden. Nach dessen Niederwerfung war das Land annektiert worden, es hatte nun den Status einer britischen Kronkolonie. Die geplante Telegrafenverbindung durch das Rote Meer besaß für Großbritannien eine entsprechend hohe Priorität. Als Lebensader des Empires sollte sie eine schnelle Nachrichtenübermittlung zwischen London und Indien ermöglichen. Das Projekt war von dem Ingenieur Lionel Gisborne initiiert worden, der in London eine Kapitalgesellschaft zur Finanzierung des Vorhabens gegründet hatte, die Red Sea and India Telegraph Company. Britische Kaufleute und andere Investoren, darunter auch die *Times*, statteten das Unternehmen mit insgesamt 800 000 Pfund Kapital aus. Die britische Regierung wollte sich an der Finanzierung des Projekts zunächst nicht beteiligen, entschloss sich dann aber, den Anteilseignern eine Dividende von jährlich vier Prozent für die Dauer von 50 Jahren gesetzlich zu garantieren.[88]

Werner war zunächst entschlossen, bei der Kabelexpedition durch das Rote Meer nicht mitzufahren, da man ihm von einer Pestwelle im Orient berichtet hatte.[89] Dennoch machte er sich daran, Techniken zu entwickeln, die auf die speziellen Anforderungen einer derart langen Tiefseelinie ausgerichtet waren. Er nannte sie das «Rote-Meer-System». Dabei nutzte er nicht durch Induktion erzeugte Wechselströme, sondern Batterieströme wechselnder Richtung und setzte erstmals einen Kondensator in der Kabeltelegrafie ein.[90] Schließlich entschied sich Werner dann doch, an der Expedition teilzunehmen. Die Chance, sein Können unter den Augen der britischen Öffentlichkeit zu beweisen, ließ er sich nicht entgehen. Im März 1859 reiste er mit einem Tross von Mitarbeitern, darunter auch William Meyer und Ludwig Löffler, nach Alexandria, wo er Anfang April eintraf. Wie besorgt man in seinem Umfeld über dieses Abenteuer war, zeigt ein Brief du Bois-Reymonds an einen deutschen Arzt in Kairo, den er Werner nach Ägypten mitgab. Darin schrieb er über den Freund: «Er ist gewohnt mit äußerster Rücksichtslosigkeit gegen seinen Körper seine großen Unternehmungen zu verfolgen, und ich fürchte, daß er irgend ein bösartiges Wechselfieber, einen Sonnenstich oder eine Ruhr sich holt.»[91]

Bis die Verlegung durch das Rote Meer begann, blieb Werner und Meyer nach der Ankunft in Ägypten noch genügend Zeit für eine Besichtigung von Kairo und einen Ausflug zu den Pyramiden von Gizeh, wo Werner spontan Experimente mit elektrischen Eigenschaften des Wüstenwindes durchführte.[92] Die Verlegung des Kabels von Suez nach Aden verlief ohne Komplikationen. Umso schwieriger gestaltete sich die Rückreise, die Werner zusammen mit Meyer, Gordon, Newall und anderen Expeditionsteilnehmern auf dem Dampfer *Alma* von Aden aus antrat. Südlich der Hanisch-Inseln, die heute größtenteils zum Jemen gehören, fuhr die *Alma* auf ein Korallenriff und erlitt Schiffbruch. Anschaulich beschrieb Werner in den *Lebenserinnerungen*, wie er sich mit rund 500 Mitreisenden auf einem nackten Korallenfelsen wiederfand. Newall fuhr mit einem Beiboot los, um Hilfe zu holen. Erst am vierten Tag gelang es, die ausgedürsteten Schiffbrüchigen mit einem englischen Kriegsschiff zu retten.[93] Anfang Juli 1859 traf Werner nach drei Monaten im Nahen Osten mit Blutgeschwüren am ganzen Körper bei seiner kranken Frau in Bad Rehburg ein. William Meyer brach bereits im Herbst wieder in den Orient auf, um die elektrischen Arbeiten auf dem zweiten Teilstück des Red Sea and India Telegraph von Aden nach Karatschi zu leiten.[94] Dort wurde die Linie an das bereits bestehende indische Telegrafennetz angeschlossen. Im Februar 1860 konnten die Arbeiten beendet werden. Inzwischen waren am ersten Teilstück Schäden durch Korallenbildung aufgetreten, die sich als irreparabel erwiesen. Vier Wochen nach Inbetriebnahme arbeitete auch das Kabel des zweiten Teilstücks nicht mehr. Das Projekt endete in einem Desaster für R. S. Newall und Gisbornes Red Sea and India Telegraph Company, vor allem aber für deren Anteilseigner und für die britische Regierung, die weiterhin die garantierte Dividende zahlen musste. Die Verluste beliefen sich auf insgesamt rund eine Million Pfund.[95]

Spätere Ermittlungen ergaben, dass das Kabel für dieses Vorhaben zu dünn gewesen war und dass es leicht von den Korallen beschädigt werden konnte, weil es zu straff auf dem Meeresboden gelegen hatte. Werner war für

Untergang der *Alma*, Illustration aus der Zeitung *Once a week*, 1859

die Kabellegung nicht verantwortlich, er konnte diese Gefahr auch nicht kennen, da es sich um die weltweit erste Kabelexpedition in einem Korallenmeer handelte. 1858 war bereits die erste Verlegung eines Transatlantikkabels zwischen Irland und Neufundland durch die Atlantic Telegraph Company des amerikanischen Ingenieurs Cyrus W. Field zu einem finanziellen Debakel geworden. Auch hier war das Kabel vier Wochen nach der Verlegung gebrochen. Die hohen Verluste durch diese beiden Projekte brachten die noch junge Tiefseetelegrafie in Verruf. Ein wenig glichen die Erfahrungen denen mit den ersten unterirdischen Telegrafenlinien, allerdings im großen Maßstab. Die neue Technik war sehr anfällig, weil noch zu wenig erprobt und ausgereift. Für die Pioniere auf diesem Gebiet ergab sich daraus ein Nachteil, den spätere Kabelexpeditionen nicht mehr hatten («first mover disadvantage»).

Noch während der Verlegung des Seekabels zwischen Aden und Karatschi waren im August 1859 Mitarbeiter von Siemens & Halske und der Londoner Siemens-Gesellschaft zu einer Kabelexpedition von R. S. Newall nach Südostasien aufgebrochen. Die Leitung dieses Siemens-Teams oblag Werners Bruder Walter, assistiert von Ludwig Löffler. In den Niederlanden plante man den Bau einer Telegrafenlinie, die den Anschluss der wichtigen Kolonie Niederländisch-Indien, des heutigen Indonesiens, an das entstehende britische Netz und damit auch an das Mutterland ermöglichen sollte. R. S. Newall hatte daher den Auftrag erhalten, ein Seekabel von Batavia, dem heutigen Djakarta, in das zum britischen Weltreich gehörende Singapur zu verlegen. Lewis Gordon leitete die Expedition, obwohl er gesundheitlich angeschlagen war. Die Tage auf dem Korallenfelsen im Roten Meer hatten bei ihm bleibende Schäden hinterlassen. Trotz zweier Kabelbrüche konnten die Arbeiten am 24. November 1859 erfolgreich beendet werden. Aber auch dieses Kabel brach kurze Zeit später irreparabel auseinander.[96]

Das Verhältnis zwischen den Geschäftspartnern R. S. Newall und Siemens & Halske hatte sich inzwischen abgekühlt. Bei Siemens & Halske hielt man das im Roten Meer verlegte Kabel für schlecht gefertigt. Newall erhob wiederum Vorwürfe gegen Meyer und Löffler, die sich als unbegründet herausstellten. Werner und Wilhelm hatten den Eindruck, dass dahinter «nationale und persönliche Eifersucht» der Briten stand.[97] Hinzu kam noch der Verdacht, dass R. S. Newall ihnen den fähigsten Kabelingenieur von Siemens, Halske & Co., Ludwig Löffler, ausspannen wollte.[98] Im Sommer 1860 kündigte Werner das Abkommen mit R. S. Newall vorzeitig gegen Zahlung eines Strafgelds von 1000 Pfund auf.[99] Weitere Seekabelprojekte waren von R. S. Newall ohnehin nicht mehr zu erwarten, da sich das Unternehmen nach dem Red-Sea-Desaster – dessen Ausmaß erst nach Abschluss der Südostasien-Expedition deutlich wurde – aus diesem Geschäft zurückzog.

Wilhelm und Werner waren nun entschlossen, ein eigenständiges Kabelgeschäft der britischen Siemens-Gesellschaft aufzubauen, um sich nicht mehr an einen Kabelhersteller binden zu müssen. Der Schwerpunkt sollte

Telegrafenverbindungen im Mittelmeerraum, errichtet in den Jahren 1857 bis 1863

zunächst auf der Kabelprüfung liegen, aber auch an die Errichtung einer Kabelfertigung wurde bereits gedacht.[100] Über den Ingenieur Lionel Gisborne winkten Aufträge der britischen Regierung. Gisborne war als Gründer der Red Sea and India Telegraph Company bei der Expedition im Roten Meer dabei gewesen und vom Know-how der Siemens-Firmen auf dem Gebiet der Kabelprüfung beeindruckt. Noch im Sommer 1859 wurde er von der britischen Regierung beauftragt, Seekabel von England nach Gibraltar und von Malta über Tripolis nach Alexandria zu verlegen. Gisborne wandte sich an Wilhelm, der daraufhin im Dienst der britischen Regierung die Prüfung des Gibraltar-Kabels durchführte.[101] Alles sprach dafür, dass Wilhelm und Werner auch den Auftrag für die Linie von Malta nach Alexandria erhalten würden. Doch dann wurde dieses Projekt verschoben, und Anfang 1861 starb Gisborne unerwartet im Alter von 38 Jahren. Um die Behörden in London günstig zu stimmen, bot Wilhelm diesen an, im Auftrag der britischen Regierung Prüfung, Betrieb und Wartung des Malta-Alexandria-Kabels zu übernehmen. Dabei hatte er vor allem die Wartung im Blick, die ähnlich lukrative Gewinne abwerfen sollte wie die russischen *Remonte*-Verträge.[102] Mit der Herstellung und Verlegung des Kabels war bereits R. S.

Schwierige Anfänge in London

Newalls Konkurrent Glass, Elliot & Co. beauftragt worden. Glass, Elliot & Co. hatte kein Interesse daran, dass der britischen Siemens-Gesellschaft bei dem Projekt weitreichende Befugnisse übertragen wurden, und versuchte, dies zu verhindern.[103] Das Ministerium erteilte Wilhelm schließlich nur einen vorläufigen Auftrag zur Betriebsführung. Mitte Mai 1861 sollten die Arbeiten beginnen, unter persönlicher Beteiligung Werners. Als Werner bereits nach Malta unterwegs war, wurde er nach London zitiert. Dort hatten die Juristen von Glass, Elliot & Co. durchgesetzt, dass der Kabelhersteller das Kabel während der Legung selbst prüfen durfte.[104] Der Auftrag der britischen Regierung an Siemens & Halske war damit geplatzt. Werner war empört: «Eine große Intrige ist gegen uns ausgespielt und vorläufig siegreich.»[105] Glass, Elliot & Co. erhielt nach der Verlegung des Kabels die Betriebsführung der Linie Malta–Alexandria übertragen, verdiente daran gut und schloss sich mit der Gutta Percha Company zur Telegraph Construction & Maintenance Co. (Telcon) zusammen, die das internationale Seekabelgeschäft dominierte.[106]

Mathildes Tod

Für Wilhelm war der Rückschlag durch die «Intrige» von Glass, Elliot & Co. besonders bitter. Der britischen Siemens-Gesellschaft fehlten nun Aufträge. Wilhelm kam lediglich mit einem Eisenwerk in Südafrika ins Geschäft. Zwei seiner Ingenieure verlegten für dieses Unternehmen eine Telegrafenlinie.[107] Das Geschäftsjahr 1862 musste mit einem Verlust abgeschlossen werden. In den Jahren zuvor hatte Wilhelm bereits mit seiner Regenerativ-Dampfmaschine ein Debakel erlitten. Dass die Maschine ein Misserfolg gewor- den war, hatte ihn in seiner Erfinderehre tief getroffen. Hinzu kamen hohe finanzielle Verluste. Wilhelm hatte gemeinsam mit einem italienischen Partner, dem Marchese Cusani, eine Gesellschaft zur Verwertung der Regenerativ-Dampfmaschine gegründet, die Società Anonima Continentale per le Macchine a Vapore, Sistema Siemens mit Sitz in Genua.[108] Diese Aktiengesellschaft, die zumeist mit ihrem französischen Kurznamen «Société Continentale» bezeichnet wurde, sammelte Gelder von Investoren und Anlegern ein. Auch Siemens & Halske hatte sich beteiligt. Als sich herausstellte, dass die Regenerativ-Dampfmaschine nicht auf den Markt kommen würde, stürzte der Kurs der Aktie ab. In der Weltwirtschaftskrise von 1857 brach die Société Continentale vollends zusammen, Cusani musste Insolvenz anmelden.[109] So

Anne und Wilhelm Siemens (sitzend) sowie Walter, Carl, Werner und Otto Siemens (stehend, von links), um 1860

kam die Regenerativ-Dampfmaschine Siemens & Halske noch einmal teuer zu stehen. Wilhelm, der selbst ein Aktienpaket gehalten hatte, erlitt hohe finanzielle Verluste, von denen er sich jahrelang nicht erholte. Im Herbst 1860 bot ihm Werner ein Darlehen an, weil die Finanzen des Bruders immer noch «sehr ruiniert» waren.[110] Auch Wilhelms Schwager Friedrich Crome verlor durch den Zusammenbruch der Société Continentale ein Vermögen. Er hatte als Spekulationsgeschäft 30 000 Franc in Aktien dieser Gesellschaft investiert.[111]

Privat war Wilhelm mehr Glück beschieden. Ähnlich wie bei Carl hatte sich auch bei ihm durch die geschäftlichen Kontakte eine Beziehung angebahnt. Er verlobte sich am 19. März 1859 mit Anne Gordon, der jüngsten Schwester des Newall-Gesellschafters Lewis Gordon.[112] Die Nachricht von Wilhelms Verlobung erreichte Werner unmittelbar vor der Abreise zur Kabelexpedition durch das Rote Meer. Er war hocherfreut und antwortete, Anne Gordon sei ihm «stets als ein so liebenswürdiges, kluges und braves Mädchen erschienen».[113] Das «Mädchen» war 37 Jahre alt und eine ausgebildete Sängerin, die wie ihr Bruder Lewis aus Schottland stammte. Entfernt war Anne mit Wilhelm und Werner verwandt, doch so weitläufig, dass von einer Verwandtenehe nicht die Rede sein kann.[114] Geschäftliche Interessen spielten bei der Verbindung zwischen Wilhelm und Anne ebenso wenig eine Rolle wie bei der zwischen Carl und Marie. Vielmehr wurde die Ehe geschlossen, als sich die geschäftlichen Beziehungen des Bräutigams zum Unternehmen seines zukünftigen Schwagers eintrübten. Die Hochzeit fand am 23. Juli 1859 in der St.-James-Kirche in Paddington statt. Der Termin hatte verschoben werden müssen, weil die beiden wichtigsten Gäste, Werner und Lewis Gordon, im Roten Meer festsaßen.[115] Dass Werner ein Jahr später den Vertrag mit Gordons Firma R. S. Newall kündigte, tat dem Eheglück von Wilhelm und Anne keinen Abbruch.

Einige Jahre vor Wilhelm hatten Werners Brüder Hans und Ferdinand geheiratet. In beiden Fällen handelte es sich ebenfalls nicht um Verwandtschaftsehen, bei beiden gab es auch keine geschäftlichen Verbindungen zwischen den Familien der Brautpaare.[116] Ferdinand lebte als Gutsbesitzer auf Piontken, nun mit seiner Frau Eulalia. Hans machte sich die Erfindungen seines Bruders Friedrich zunutze. Nachdem er einige Jahre lang in Sachsen Regenerativöfen gebaut hatte, übernahm er Anfang 1862 eine Glashütte und gründete durch Werners Vermittlung gemeinsam mit dem Ingenieur Georg Mehlis, einem Verwandten von Werners Frau Mathilde, in Dresden ein Unternehmen. Siemens & Mehlis betrieb eine Glasfertigung mit Regenerativöfen und ein Ofen-Ingenieurgeschäft.[117] Werners Rolle als Oberhaupt der Familie war nun zusätzlich dadurch gestärkt, dass er ein ansehnliches Vermögen besaß und üppige Darlehen vergeben konnte. Siemens & Halske war stiller Teilhaber der Glasfabrik in Dresden und hatte das gesamte Betriebskapital dieses Unternehmens in Höhe von 50 000 Talern zur Verfügung gestellt.[118] Ferdinand erhielt von Werner ein weiteres Darlehen, weil ihm sein Rittergut Verluste eingebracht hatte. Ende 1863 schuldete dieser Bruder Werner und Mathilde 18 000 Taler.[119] Wilhelm wiederum war durch das Desaster mit seiner Regenerativ-Dampfmaschine finanziell ruiniert. Ihm bot Werner ein Darlehen von 5000 Pfund an. Den Schwager Friedrich Crome rettete er mit einem Darlehen von 5000 Talern aus der finanziellen Bedrängnis, in die dieser durch seine Börsenspekulationen geraten war.[120] Die Familienbande kamen Werner und das Unternehmen inzwischen recht teuer zu stehen.

So großzügig Werner sich bei der Vergabe von Darlehen zeigte, so entschlossen konnte er auf Vergehen der Brüder reagieren. Als sich im Januar 1860 herausstellte, dass bei Walter mehr als 3000 Rubel in der Kasse

Werner und Mathilde Siemens mit den Kindern Wilhelm, Anna und Arnold, um 1860

fehlten, ließ ihn Werner dafür büßen. Walter hatte zuvor bei der russischen Niederlassung von Siemens & Halske den Ingenieurabschnitt Warschau geleitet. Ohne den Fehlbetrag zu beichten, war er im August 1859 mit der Kabelexpedition von R. S. Newall nach Singapur abgereist. Werner war darüber aufgebracht. Da Walter «auf lange Zeit» weder nach Berlin noch nach Russland zurückkehren könne, riet er ihm, «nach Melbourne zu gehen».[121] Etwas nachsichtiger ließ er dem jungen Bruder schließlich die Wahl zwischen London, Melbourne und Tiflis. Walter entschied sich dafür, in Tiflis eine Niederlassung aufzubauen. Dort hatte Siemens & Halske Aufträge zum Bau von Telegrafenlinien, für die ein erfahrener Mechaniker benötigt wurde.[122]

Mathilde war seit März 1858 wieder schwanger, was für Werner – wie er seinem Schwiegervater gestand – «sehr überraschend und keineswegs erwünscht kam».[123] Er hätte ihr gerne eine längere Erholung gegönnt und berichtete nun voller Hoffnung von Fällen, in denen Frauen eine von einer Geburt herrührende Krankheit durch die nächste Entbindung überwanden. Die beiden Söhne entwickelten sich gut. Wilhelm schien seinem Vater für «eine glänzende Entwicklung» veranlagt zu sein, Arnold würde mehr «ein gründlicher, wenn auch etwas langsamer Denker».[124] Die letzten Monate der Schwangerschaft verbrachte Mathilde in Berlin, mit Werner an ihrer Seite. Am 18. Dezember 1858 bekam das Ehepaar erstmals eine Tochter. Das Mädchen erhielt den Namen Anna. Mathilde überstand die Geburt recht gut, es schien, als würde sich Werners Hoffnung auf Genesung durch eine weitere Entbindung erfüllen.[125] Die Familie lebte bald nach Annas Geburt wieder getrennt. Die Ärzte hatten Mathilde verordnet, so weit wie möglich auf dem Land zu leben.[126] Im Sommer 1859 war sie wieder in Bad Rehburg, ein Jahr später in Bad Kösen, doch hielt sie sich nun auch länger in Berlin auf und genoss das über Jahre hinweg vermisste Eheleben. An ihren Vater schrieb sie im September 1860: «Es ist für mich unbezahlbar und mit Worten nicht auszudrücken, daß ich mal wieder mit meinem Manne lebe und ihn mehr als seit Jahren um mich habe.»[127]

Werner hatte inzwischen den Plan wieder aufgenommen, für Mathilde ein Landhaus in der Nähe von Berlin zu suchen. Dieses Mal war er entschlossen, ein Anwesen zu kaufen.[128] Zunächst wurde er in Potsdam fündig, in der Nähe des Sommerhauses seines Freundes du Bois-Reymond, dann in Niederschönhausen, jedoch traten stets unüberwindbare Hindernisse auf.[129] Nach eineinhalb Jahren hatte er noch immer keine Lösung gefunden. Doch nun wurde die Angelegenheit dringend, weil Mathilde wieder ein Kind erwartete. Mitte Juli 1861 fand Werner schließlich ein geeignetes Haus in Charlottenburg, das damals noch nicht zu Berlin gehörte und sich gerade von einer Sommerfrische der Berliner zu einem Villenvorort entwickelte. Das von einem großen Garten umgebene Anwesen gehörte der Witwe des Ratsherrn und Gutsbesitzers Johann Gustav Albert Johannes.[130] Werner beschrieb es Mathilde als idealen Ort für ihre wie auch seine Bedürfnisse:

> «Du hast dort eine Menge schattiger Promenaden in der Nähe, auch Tiergarten nicht fern; 40mal am Tage fährt ein Omnibus vorbei nach Berlin, hast Leben, Schatten und auch Einsamkeit und Ruhe, alles ist nach Wunsch, und ich habe gerade einen geeigneten, genau eine Stunde langen Spaziergang nach Berlin durch den Tiergarten, brauche nicht die halbe Zeit in den stinkenden, schmutzigen Straßen zu gehen; wird zwar nicht ganz billig, doch der große Grundbesitz steigert sich im Werte und bildet eine gute Geldanlage.»[131]

Mathilde und die Kinder befanden sich in diesen Wochen in Kiel zu Badeferien an der Ostsee, in einem Großfamilienidyll mit der achtköpfigen Familie Himly, Sophie Crome und ihren vier Kindern sowie Ferdinands schwangerer Frau Eulalia mit einem Kind.[132] Werner erhielt währenddessen die Nachricht, dass sein Schwiegervater im Sterben lag. Er fuhr sofort nach

Es lag in der Berliner Straße 34–36 (heute Otto-Suhr-Allee 10–16), unmittelbar hinter dem Platz «Am Knie» (heute Ernst-Reuter-Platz), auf einem knapp 18 000 Quadratmeter großen Grundstück. Werner hatte es für 30 000 Taler gekauft.[136] Bilder aus dieser Zeit sind von dem später umgebauten und aufgestockten Gebäude nicht erhalten. Einen Eindruck von der Anlage vermittelt ein Brief Werners an Mathilde, in dem er ihr das Haus vor dem Kauf beschrieb:

> «Das Wohnhaus mit Hintergebäude (Pferde- und Kuhstall, Waschhaus) liegt etwas zurückgezogen mit ein paar grossen hübschen Akazien vor der Tür […] Freie Aussicht unter den Bäumen durch zur Strasse. Daran schliesst sich unmittelbar der Park, im alten dichten Stil mit viel Gebüsch, aber auch hübschen Bäumen.»[137]

Im folgenden Jahr ließ Werner Gebäude und Garten nach seinen Vorstellungen von einem Landhaus umgestalten, einen Säulengang anbauen, einen Gartenpavillon und ein Treibhaus auf dem Grundstück errichten.[138] Erst Ende Mai erfolgte der Umzug nach Charlottenburg, der in Wirklichkeit nur ein Teilumzug war. Die Wohnung in der Markgrafenstraße blieb Werners Hauptwohnsitz, auch melderechtlich.[139] Er hatte in Charlottenburg zwar ein Arbeitszimmer, dürfte jedoch meistens in der Markgrafenstraße gewohnt haben; die beiden Söhne besuchten die Vorschule des Friedrich-Gymnasiums in Berlin-Mitte, da in Charlottenburg damals noch kein Gymnasium bestand.[140] Selbst die kleinen Töchter verbrachten das Winterhalbjahr in der alten Wohnung. Käthe schrieb in ihren Erinnerungen, das Haus in Charlottenburg mit dem großen Garten sei «zunächst nur unser Sommerparadies» gewesen.[141] Ein «Nest», wie es Werner seiner Frau im März 1857 versprochen hatte, war das Landhaus nur für Mathilde, nicht für die Familie.[142] Wie separiert Mathilde von den Ihren war, ist nicht belegt. Doch es scheint, als hätte es auch nach dem Bezug des neuen Hauses kein dauerhaftes Zusammenleben der Familie gegeben.

Im Februar 1862 stellte Werner für Anna und Käthe ein Kindermädchen ein, Sophie Wolff. Sie war eine Nichte Johann Georgs und wurde von Werner auch als «Kusine» bezeichnet.[143] Für seine Söhne engagierte Werner im Mai 1864 einen Hauslehrer, aus Unzufriedenheit über den Schulunterricht, der Arnold und Wilhelm erteilt wurde.[144] Er entschied sich für den 38-jährigen Pädagogen Gustav Willert, der glänzende Empfehlungen vorweisen konnte und aus Mathildes Heimatstadt Königsberg stammte. Willert hatte sein Philologiestudium im Alter von 20 Jahren abbrechen müssen, weil er wegen einer politischen Mahnrede von der Universität Königsberg verwiesen worden war und sich ein Auswärtsstudium nicht leisten konnte. Seither arbeitete er als Hauslehrer.[145] Arnold und Wilhelm waren von Willert rasch begeistert. Betreuung und Erziehung der Kinder schienen gut geregelt, das […]rg war ein Idyll, «abseits vom Weltgetümmel, geschützt […]», wie Friedrich Crome nach einem Besuch an Werner […]

[…]ngen auf Heilung Mathildes waren vergebens. 1865 er[…] […]inters einen Rückfall.[147] Ende April stand fest, dass die […] helfen konnten. «Mathildes jetzt schrecklich schnell […]heit nimmt mir alle Ruhe …», schrieb Werner damals […] Geschick, ihre Rettungslosigkeit genau … Gott gebe […]anften Tod …».[148] Am 1. Juli 1865 starb Mathilde, um[…] […]d den vier Kindern. Es war ein friedlicher Tod, «im […] ein Entschlafen».[149]

[…]nd die Beisetzung auf dem Charlottenburger Luisen[…] […]ar schwer getroffen, er zog sich vollkommen zurück, […] Wilhelms Angebot, nach Berlin zu kommen, nahm […] Abgeschiedenheit wollte er haben. Wilhelm schrieb […]. «Trotz langer Krankheit und körperlicher Leiden war sie der stets feste, immer klare Leuchtturm meines Hauswesens, der Erziehung meiner Kinder, ja meines ganzen Lebens.»[150] Nur Mathildes beste Freundin Agnes von Bohlen, die aus London anreiste, durfte mit ihm trauern. Von ihr erwartete er sich, dass sie alles, was zu tun war, in Mathildes Sinn regeln würde.[151]

Kapitel 8
«Einer großen Zeit entgegen»

«Für ein einiges und mächtiges Deutschland»

Werner gehörte inzwischen dem Berliner Honoratiorentum an. Als Unternehmer und Erfinder war ihm viel Anerkennung zuteilgeworden. Bei den Feierlichkeiten anlässlich des 50-jährigen Bestehens der Berliner Universität im Oktober 1860 hatte er die Ehrendoktorwürde der Philosophischen Fakultät verliehen bekommen.[1] Im selben Jahr war er in das Ältesten-Kollegium der Kaufmannschaft zu Berlin, der angesehensten Handelskammer in Preußen, gewählt worden. Als renommierter Unternehmer beschäftigte er sich nun erstmals seit Langem wieder mit der Politik seines Landes. Wie die meisten Liberalen in Preußen hatte er während der sogenannten Reaktionszeit unter Friedrich Wilhelm IV. politisch resigniert. Als der spätere König Wilhelm I. 1858 die Regentschaft übernahm und es Anzeichen für einen Reformkurs zu geben schien, schöpfte er wie viele andere wieder Hoffnung. 1860 trat er dem ein Jahr zuvor gegründeten Deutschen Nationalverein bei und nahm gemeinsam mit seinem Bruder Wilhelm an dessen erster Hauptversammlung in Coburg teil.[2] Wichtigste Ziele des Nationalvereins waren die Bildung eines «kleindeutschen» Nationalstaats unter Führung Preußens und die Durchsetzung einer gesamtdeutschen Verfassung. Als Mitglied des Nationalvereins beteiligte sich Werner im Juni 1861 an der Konstituierung der ersten deutschen Partei, der Deutschen Fortschrittspartei. Zusätzlich zu liberalen Abgeordneten des Landtags gehörten dem Gründungskomitee auch Persönlichkeiten wie der Historiker Theodor Mommsen und der Pathologe Rudolf Virchow an. Werner nahm später für sich in Anspruch, den Namen «Fortschrittspartei» vorgeschlagen zu haben.[3] Die Partei verband erstmals wieder die seit der Revolution von 1848/49 gespaltenen Lager der Liberalen

Linke Seite: Werner Siemens, um 1870

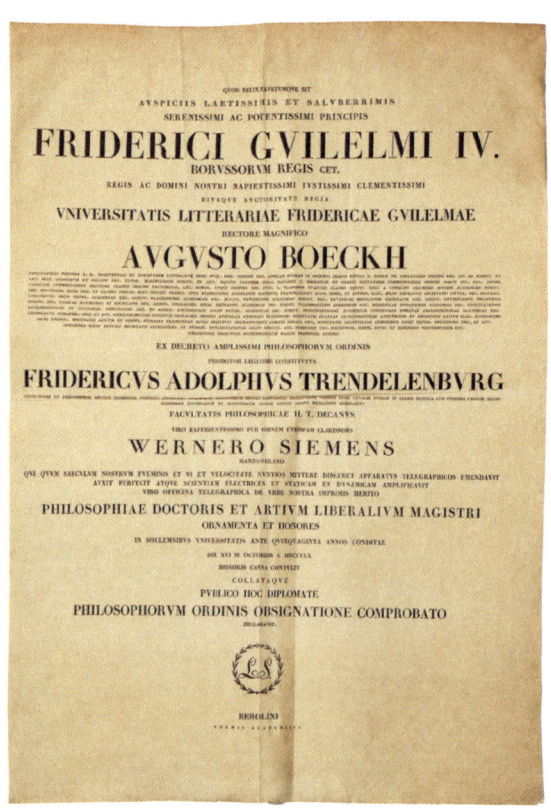

Ehrendoktor-Diplom für Werner Siemens, 16. Oktober 1860

und der Demokraten. Sie trat in ihrem Gründungsprogramm für eine Kontrolle der Regierung durch das Parlament, für Unabhängigkeit der Rechtsprechung, Trennung von Kirche und Staat sowie für eine Senkung der Militärausgaben ein.[4]

Werners Motiv, sich politisch zu engagieren, war in erster Linie sein Nationalgefühl, das ihn bereits 1848 in den Krieg gegen Dänemark getrieben hatte und das mit dem Wiedererstarken der Nationalbewegung auflebte. Auch die liberale Forderung nach verfassungsmäßig garantierten Grundrechten und einer parlamentarischen Kontrolle der Regierung war ihm ein Anliegen. Die Verbindung von Nation und Freiheit entsprach den Vorstellungen, die ihm bereits im Elternhaus vermittelt worden waren. Er verknüpfte damit nun auch wirtschaftspolitische Ziele, die sich mit seinen Interessen als Unternehmer deckten. An erster Stelle stand hier die Durchsetzung des Freihandels.

Schon Anfang Februar 1861, vier Monate vor Gründung der Fortschrittspartei, wurde Werner von seinen Mitstreitern aus dem Nationalverein bedrängt, für einen Sitz im Preußischen Abgeordnetenhaus zu kandidieren. «Auch Politik kostet viel Zeit […] Das fehlte gerade noch!», schrieb er damals an Carl.[5] Tatsächlich hatte er für ein politisches Mandat kaum Zeit, doch sein Sträuben klang nicht sehr überzeugend. In den Briefen an die Brüder war es stets von einem Jammern begleitet, das gar nicht Werners Art war. Ein wenig kokettierte er damit auch. Seinen Parteifreunden fiel es schließlich nicht allzu schwer, ihn in die Pflicht zu nehmen. Werner wusste dann sehr rasch, was er als Abgeordneter bewirken wollte. Er hat sich nicht nach einem politischen Mandat gedrängt, aber auch als Mitglied der Fortschrittspartei saß er nicht gerne in der zweiten Reihe.

Vor den Wahlen vom Dezember 1861 lehnte er eine Kandidatur immer noch ab («Ich habe keine Zeit zum Schwatzen»).[6] Die Fortschrittspartei gewann diese Wahlen, wurde stärkste Fraktion und forderte die Regierung zu einer Machtprobe heraus. Den Anlass bildete eine teure Reorganisation des Heeres, das Lieblingsprojekt des neuen Königs Wilhelm I. Die Wehrpflicht in Preußen sollte von zwei auf drei Jahre verlängert, die bürgerlich geprägte Landwehr zugunsten des stehenden Heeres und des vom Adel dominierten Offizierskorps abgebaut werden. Die Fortschrittspartei lehnte die Heeresreform ab und begann, über das Budgetrecht des Parlaments Druck auszuüben. Nun ging es in diesem Konflikt um die Rechte des Parlaments und damit um die Verfassung. Der König berief eine neue Regierung und löste das Abgeordnetenhaus auf, es kam zu Neuwahlen.[7]

Damit hatte Werner nicht gerechnet. Er hatte seinen Parteifreunden zugesagt, in einem derartigen Fall bereitzustehen, falls sich nicht genügend Kandidaten fänden. Nun klagte er seinem Bruder Carl, dieses Versprechen habe ihn «in die Falle geführt […] O jerum …».[8] Friedrich von Rönne, ein erfahrener Parlamentarier, nahm Werner beim Wort. Rönne wohnte in Berlin, hatte seinen Wahlkreis aber in Solingen. Dort sollte Werner einen der drei Abgeordneten, einen offenbar unbeliebten Justizrat, ersetzen.[9] Gewählt wurden die Abgeordneten indirekt, von Wahlmännern, und nach dem in Preußen damals geltenden Dreiklassenwahlrecht, das die Vermögenden begünstigte. Werner arbeitete umgehend ein ausführliches Programm aus, mit dem er sich den Parteifreunden in Solingen vorstellte. Darin wandte er sich im Einklang mit seiner Partei gegen die hohen Mehrausgaben für die Heeresreform. Nicht in der Bildung neuer Regimenter liege Preußens Zukunft, sondern in der Ordnung der inneren Verhältnisse, um den «ihm gebührenden Platz als Führer Deutschlands» einnehmen zu können.[10] Die Fortschrittspartei erzielte am 6. Mai 1862 einen Erdrutschsieg, Werner wurde im

Wahlkreis Lennep-Solingen von den Wahlmännern seiner Partei mit großem Vorsprung zum Abgeordneten bestimmt.[11] Nach der Wahl stürzte er sich ins parlamentarische Geschäft. Mit seinen Verpflichtungen als Unternehmer konnte er dies wohl nur vereinbaren, weil sich das Preußische Abgeordnetenhaus im Palais Hardenberg am Dönhoffplatz praktisch vor seiner Haustür befand, etwa einen Kilometer von seiner Wohnung in der Markgrafenstraße entfernt.

Schon wenige Monate nach der Wahl fühlte er sich berufen, einen Beitrag zur Lösung des Konflikts um die Heeresreform zu leisten. Sein Vorschlag erschien im Juli 1862 als Broschüre mit anonymem Verfasser im Verlag von Julius Springer, einem Mitglied der Fortschrittspartei. Werner hielt sich darin nicht an die Linie seiner Partei und veröffentlichte die Schrift wohl deshalb nicht unter seinem Namen. Als langjähriger aktiver Offizier hatte er für die Vergrößerung des preußischen Heeres Verständnis. Er schlug als Kompromiss vor, die Landwehr einzubinden und die Kosten der Heeresreform durch Sparmaßnahmen zu reduzieren.[12] An Wilhelm schrieb Werner in diesem Zusammenhang, dass er eine «eigene Partei bilde». Bei den Abstimmungen im Abgeordnetenhaus votierte er aus Parteiräson, nicht aus Überzeugung gegen den Haushalt der Regierung.[13]

Bereits Ende Mai 1862 war Werner in den Ausschuss für Handel und Gewerbe gewählt worden. Er versprach sich davon viel, denn in der Handelspolitik traten die Regierung und die Fortschrittspartei gemeinsam für Freihandel ein. Dies deckte sich mit Werners Überzeugung, allerdings nicht, wenn es um den Patentschutz ging. Vielen preußischen Liberalen galten Patente als überholte Monopole und Hindernis des Fortschritts. Werner setzte sich hingegen aufgrund seiner Erfahrungen als Erfinder für ein effizientes, gesamtdeutsches Patentrecht ein.[14] Damit hatte er keinen Erfolg, aber auch die Gegner des Patentschutzes konnten sich schließlich nicht durchsetzen. Eine wichtigere Rolle spielte Werner in den Auseinandersetzungen um einen deutsch-französischen Handelsvertrag. Hier zogen die preußische Regierung und die Deutsche Fortschrittspartei an einem Strang. Beide wollten sich mit ihrer Freihandelspolitik im Deutschen Zollverein gegen die süddeutschen Staaten und den Einfluss Österreichs durchsetzen. Nachdem Frankreich mit Großbritannien im „Cobden-Vertrag" von 1860 weitreichende Zollsenkungen und eine gegenseitige Meistbegünstigung vereinbart hatte, sollte ein ähnlicher Vertrag zwischen Frankreich und dem Deutschen Zollverein zustande kommen. Da die süddeutschen Staaten nicht zum Freihandel übergehen wollten, unterzeichnete Preußen 1862 den Handelsvertrag mit Frankreich im Alleingang und kündigte den bestehenden Zoll-

Unterzeichnung des preußisch-französischen Handelsvertrags, 2. August 1862, in der Bildmitte stehend Werner Siemens.

vereinsvertrag. Schließlich setzte sich Berlin durch. Das Inkrafttreten des deutsch-französischen Handelsvertrags zum 1. Juli 1865 bestätigte eindrucksvoll die Vormachtstellung Preußens innerhalb des Deutschen Zollvereins.[15] Werner war an den langwierigen Beratungen über die Absenkung der Zolltarife als Referent für die Abteilung Metalle und Metallwaren beteiligt – ein Gebiet, das seine Interessen als Unternehmer unmittelbar betraf. Er setzte sich unter anderem für die Aufnahme einer Klausel ein, die es verbot, Fabrikate mit Kennzeichen aus einem anderen Land zu versehen. Trotz heftiger Proteste aus seinem Wahlkreis hielt er daran fest.[16]

Bei Werners Engagement für den Freihandel verbanden sich seine Interessen als Industrieller mit politischen Zielen. Er trat entschieden für eine Führungsrolle Preußens ein, was gleichbedeutend war mit einer «kleindeutschen Lösung», einem deutschen Nationalstaat ohne Österreich. Im Ältestenkollegium der Berliner Kaufmannschaft organisierte er als Wortführer der Freihändler eine Mehrheit für die Ratifizierung des deutsch-französischen Handelsvertrags. Damit gelang ihm ein Putsch gegen den pro-österreichisch eingestellten Präsidenten des Deutschen Handelstags, den Bankier David Hansemann. Bald darauf kam es auf der Versammlung des Deutschen Handelstags in München im Oktober 1862 zum offenen Machtkampf. Auch hier trat Werner als führender Vertreter der Freihändler auf. Hansemann hatte die pro-österreichischen Schutzzöllner mobilisiert, konnte sich aber gegen das Votum der Berliner Kaufmannschaft nicht durchsetzen und trat zurück.[17]

Im Preußischen Abgeordnetenhaus wurde Werner schon bald vom parlamentarischen Alltag in Beschlag genommen. Er saß in nicht enden wollenden Beratungen und Ausschusssitzungen, die er als Belastung empfand. Auch war inzwischen die Aufbruchsstimmung in seiner Partei verschwunden. Die Strategie, die Heeresreform durch eine Nichtbewilligung des Staatshaushalts zu Fall zu bringen, war gescheitert. Der König hatte Ende September 1862 Otto von Bismarck zum Ministerpräsidenten berufen, einen reaktionären Großgrundbesitzer. Bismarck setzte sich über die Verfassung hinweg und regierte ohne einen vom Parlament beschlossenen Haushalt. Er ließ das Abgeordnetenhaus erneut auflösen und verschärfte die Pressezensur.

Für die im Mai 1863 stattfindende Neuwahl des Parlaments wollte Werner nicht mehr kandidieren. Von flehenden Bitten aus seinem Wahlkreis ließ er sich umstimmen und wurde mit einem beachtlichen Ergebnis wiedergewählt.[18] Anders als nach der ersten Wahl entwickelte er in den folgenden Jahren aber nur noch selten parlamentarische Aktivitäten.[19] Zusätzlich zu der geschäftlichen Belastung und der schweren Krankheit Mathildes gab es dafür auch politische Gründe. Werner ging zunehmend auf Distanz zu seiner Partei. Für deren Fundamentalopposition gegen die verfassungsbrüchige Regierung Bismarck hatte er kein Verständnis. Ebenso wie seine Mitstreiter in der Berliner Kaufmannschaft und viele andere preußische Unternehmer unterstützte er Bismarcks antiösterreichische und antiprotektionistische Politik.[20] Hinzu kam sein Verständnis für die Vergrößerung des preußischen Heeres. Viele Abgeordnete der Fortschrittspartei waren alte «1848er», die den preußischen Militärstaat hassten. Auch Werners Fraktionskollegen Mommsen und Virchow hatten in den Revolutionsjahren an Aufständen teilgenommen und waren daraufhin ihrer Ämter enthoben worden. Werner hatte dem preußischen Militär hingegen viel zu verdanken. Der Furor seiner Parteifreunde, die in Bismarck und Kriegsminister von Roon leibhaftige Teufel sahen, lag ihm fern. Damit befand er sich auch im Gegensatz zu einigen Geschwistern, besonders den Brüdern in London. Sein jüngster Bruder Otto, der nun bei Wilhelm wohnte, nannte Bismarck eine «Bestie».[21] Wilhelm hielt es mit Bezug auf Bismarck für geboten, Preußen «von diesem ehrlosen Gezüchte zu befreien».[22]

Werner sah sich in seiner Einschätzung bestätigt, als Bismarck einen erneuten Konflikt um den Status der Herzogtümer Schleswig und Holstein nutzte, sich zum Schrittmacher der nationalen Einigung aufzuschwingen. Dänemark hatte im November 1863 unter Bruch des Londoner Protokolls von 1852 Schleswig annektiert. Preußische und österreichische Truppen rückten daraufhin erst in Holstein, dann auch in Schleswig ein. Anders als im ver-

Werner Siemens im Preußischen Abgeordnetenhaus (5. Sitzreihe Mitte), 1865

gangenen deutsch-dänischen Krieg hielten sich England und Russland aus dem Konflikt heraus. Innerhalb weniger Monate war der Krieg entschieden. Der dänische König musste auf seine Rechte in den Herzogtümern Schleswig, Holstein und Lauenburg vollständig verzichten. Die Sieger einigten sich auf eine gemeinsame Herrschaft über die Herzogtümer, wobei Holstein unter österreichische Verwaltung kam, Schleswig unter preußische.[23] Schon Anfang Dezember 1863 schrieb Werner: «Die Schleswig-Holstein-Frage ist wie ein Feuerbrand in das Pulverfaß unserer inneren Zerwürfnisse gefahren und wirft Freund und Feind durcheinander. Es fragt sich jetzt in erster Linie wer hat Sinn und Herz für ein künftiges einiges und mächtiges Deutschland und wer nicht!»[24] Werners Begeisterung über den preußisch-österreichischen Sieg ist auch vor dem Hintergrund seiner Biografie zu sehen. 15 Jahre zuvor war er selbst gegen Dänemark in den Krieg gezogen. Nun hatte das preußische Militär erreicht, was damals nicht gelungen war. Den kriegsentscheidenden Sieg in der Schlacht um die Düppeler Schanzen feierten Werner und seine Familie mit Beflaggung und Festbeleuchtung.[25] Bei der Familie Himly in Kiel hielt sich die Freude dagegen in Grenzen. Werners Schwester Mathilde erwartete sich von einem «Anschluss an diesen Militär-Staat» nichts Gutes.[26]

Im Juni 1866 kam es wegen Streitigkeiten um die Territorialherrschaft in Schleswig und Holstein zum Krieg zwischen Preußen und Österreich. Der Deutsche Bund trat auf der Seite Österreichs in den Krieg ein, Italien auf der Seite Preußens. Werner hoffte mehr denn je auf einen preußischen Sieg. Dass preußische Truppen gegen hannoversche kämpften – und auch Mitglieder der Familie Siemens gegeneinander –, bekümmerte ihn zwar, doch gab er die Schuld dafür dem König von Hannover. Preußen müsse «siegreich bleiben im Interesse deutscher Kultur», schrieb er damals an Wilhelm und gab Bismarck recht, dass die deutsche Frage nur mit Blut und Eisen zu lösen sei.[27] Beeindruckt war er auch von Bismarcks Plan, das allgemeine Wahlrecht im Deutschen Bund einzuführen: «Bismarcks revolutionärer Schritt hat noch alles betäubt. Wir gehen vielleicht einer großen Zeit entgegen!»[28]

Einige Wochen vor Kriegsbeginn hatte das preußische Militär bei Siemens & Halske Telegrafenkabel bestellt. Es war Werner äußerst unangenehm, dass das Unternehmen mit dieser Lieferung in Verzug geriet. Da die Kabel bei Siemens Brothers in Woolwich hergestellt wurden, witterte er gar Sabotage in der britischen Fabrik.[29] Als die letzte Lieferung eintraf, war der Krieg entschieden. Im Vorfrieden von Nikolsburg musste Österreich Preußens Vormachtstellung über die kleineren deutschen Staaten anerkennen. Das Königreich Hannover, Kurhessen, Hessen-Nassau und die Freie Stadt Frankfurt wurden von Preußen annektiert, der Deutsche Bund aufgelöst und ein von Preußen dominierter Norddeutscher Bund gebildet. Die deutsche Frage war zugunsten der «kleindeutschen» Lösung, für die Werner schon lange eingetreten war, entschieden. Nach dem Sieg über Österreich und den Deutschen Bund brachte Bismarck im Preußischen Abgeordnetenhaus eine Vorlage für ein Indemnitätsgesetz ein. Sie sah vor, die in den vergangenen Jahren verfassungswidrig getätigten Staatsausgaben nachträglich zu billigen und der Regierung Straffreiheit («Indemnität») zu erteilen. Die Abstimmung über die Indemnitätsvorlage am 3. September 1866 erklärte der Ministerpräsident zu einem Votum über seine gesamte Politik.

Werner fiel die Entscheidung nicht schwer. Er stimmte der Indemnitätsvorlage zu, weil Bismarck seiner Überzeugung nach «jetzt wirklich vom Geist einer großen nationalen Mission» ergriffen war.[30] Die Belange der Nation waren ihm wichtiger als Bismarcks Verstöße gegen die Verfassung. Aus seiner Sicht hatte sich die preußische Heeresreform in den Kriegen gegen Dänemark und Österreich im Dienst der nationalen Sache bewährt. Werner setzte sich auch innerhalb seiner Fraktion dafür ein, der Indemnitätsvorlage zuzustimmen.[31] Eine überwältigende Mehrheit der Abgeordneten stellte wie Werner die Nation über die Verfassung und sprach dem Ministerpräsiden-

Otto von Bismarck, um 1860

ten das Vertrauen aus. Die Fortschrittspartei spaltete sich über dieser Frage, ihr rechter Flügel trat aus und gründete die Nationalliberale Partei.[32] Werner beteiligte sich daran nicht, er wollte nun die aktive Politik verlassen und legte am 8. Oktober 1866 sein Abgeordnetenmandat nieder.[33] In den *Lebenserinnerungen* gab er als Begründung an, seine freie Zeit wieder wissenschaftlichen Arbeiten widmen zu wollen.[34] Dies ist durchaus glaubwürdig. Er hatte nie vor, längere Zeit in der Politik zu bleiben, und das wichtigste Ziel seines politischen Engagements, ein deutscher Nationalstaat unter preußischer Führung, war greifbar nahe.

Als der französische Kaiser Napoleon III. am 19. Juli 1870 Preußen den Krieg erklärte, war Werner zwiegespalten. Die Freude über den Kriegseintritt der süddeutschen Staaten an der Seite Preußens mischte sich mit Sorgen wegen der damit einhergehenden Risiken für das Unternehmen. Es musste mit einer französischen Blockade der Seewege zwischen London und Berlin gerechnet werden, die Aktienkurse an der Berliner Börse brachen bei Kriegsbeginn ein, die Eisenbahnverbindungen wurden für die Truppentransporte benötigt. Werner schloss auch einen Vormarsch der französischen Truppen bis Berlin nicht aus.[35] Erst als die preußischen und süddeutschen Armeen Anfang August in kurzer Zeit mehrere Schlachten gewonnen hatten, hellte sich seine Stimmung auf («Siegesnachricht hat erfrischend gewirkt!»).[36] In seinem Umfeld erreichte die nationale Euphorie nun einen neuen Höhepunkt, selbst sein weltläufiger, mit einer Britin verheirateter Freund Emil du Bois-Reymond

Karikatur von Wilhelm Scholz, 1866, zum preußischen Verfassungskonflikt

verfiel in chauvinistische Töne. In einer Rektoratsrede vom Sommer 1870 nannte dieser die Berliner Universität das «geistige Leibregiment des Hauses Hohenzollern».[37] Werner teilte die nationale Begeisterung und richtete an das preußische Kriegsministerium eine Eingabe über die «Zerstörung feindlicher Kriegsschiffe durch lenkbare Torpedos».[38] Doch war er zugleich über die Auswirkungen des Krieges auf sein Unternehmen besorgt. Der preußische Telegrafendirektor Chauvin ließ einen großen Teil der Telegrafenfertigung von Siemens & Halske für das Heer requirieren, 68 Mitarbeiter des Unternehmens wurden zum Militär eingezogen.[39] «Wäre der Frieden nur bald da», schrieb Werner sieben Wochen vor Kriegsende, «Frankreich ganz zu ruinieren, liegt doch auch nicht im deutschen Interesse.»[40]

Neue Liebe

Nicht nur in der Politik, sondern auch in Werners privatem Umfeld bahnten sich in der zweiten Hälfte der 1860er Jahre erhebliche Veränderungen an. Hinzu kamen personelle Umstellungen im Unternehmen. Werners ältester Freund William Meyer erkrankte im Frühjahr 1866 schwer und fiel als Bürochef der Berliner Zentrale von Siemens & Halske aus.[41] Nach langem Leiden starb er am 12. Januar 1868. Werner war betroffen, hatte ihn mit Meyer doch eine mehr als 30-jährige Freundschaft verbunden. Er dürfte aber schon länger gewusst haben, dass der fast gleichaltrige Freund an einer unheilbaren Krankheit litt. Nach der Beisetzung schrieb er an Wilhelm: «Der gute Meyer ruht jetzt in der stillen Erde! Gut, dass es vorbei ist.»[42] Werners Bruder Hans hingegen war ein Jahr zuvor ganz überraschend gestorben, im Alter von 48 Jahren.[43] Er hinterließ eine Witwe und vier Kinder. Friedrich übernahm daraufhin die von Hans aufgebaute Glasfabrik und machte sie zum größten Industrieunternehmen Dresdens. Hans' Witwe Alma zog mit ihren Kindern nach Charlottenburg. Die drei Töchter Elly, Marie und Gertrud wuchsen dort fortan zusammen mit Werners Töchtern auf.[44]

Für Werners Kinder waren der Hauslehrer Gustav Willert und die Kinderfrau Sophie Wolff schon im Jahr vor Mathildes Tod zum Elternersatz geworden, da Mathilde sich kaum noch um sie kümmern konnte und Werner selten für längere Zeit in ihrem Alltag präsent war. Für die Söhne Arnold und Wilhelm war Willert die Bezugsperson. Dieser übernahm auch die Aufgaben eines Erziehers, war ständig bei seinen Zöglingen und begleitete sie in den Ferien. Die Töchter Anna und Käthe lebten mit ihrer Kinderfrau Sophie Wolff zusammen, die sich zugleich um den Haushalt kümmerte. Willert wurde zum Rückhalt der beiden Jungen, er hatte zu ihnen ein freundschaftliches Verhältnis.[45] Werner beschrieb den Pädagogen als rau, aber herzlich: «Willert ist ein braver Mann aber ein etwas ungehobelter Ostpreusse und das nehmen Jungens in Arnold's Alter gern und leicht an.»[46] Werner hatte Willert einen Tag vor Mathildes Tod das Versprechen abgenommen, die Söhne nicht zu verlassen, solange sie heranwuchsen. Er sicherte sich die Treue des Erziehers zusätzlich mit einem finanziellen Anreiz und versprach, ihm das Gehalt auf Lebenszeit als Pension zu belassen, wenn er alle vier Kinder großgezogen haben würde.[47] Willert hielt Wort, auch als er von einem Berater des Kronprinzenpaars als Erzieher des jungen Prinzen Wilhelm, des späteren Kaisers Wilhelm II., vorgeschlagen wurde. Nur sein Arbeitgeber könne ihn von dieser Verpflichtung befreien, teilte er bei den Vorstellungsgesprächen am Hof mit. Aus Gründen, die nicht bekannt sind, entschieden sich der Kronprinz und seine Frau für einen anderen Erzieher, einen strengen Pädagogen, den ihr Sohn Wilhelm zeit seines Lebens hasste.[48]

Werners ältester Sohn Arnold war auf eine gute Betreuung besonders angewiesen. Er war schon früh wegen eines Augenleidens bei Friedrich von Graefe, dem Inhaber des Lehrstuhls für Augenheilkunde an der Berliner Universität, in Behandlung.[49] Im November 1867 erkrankte Arnold an akutem Rheumatismus, sein Herz wurde durch Ablagerungen in Mitleiden-

Gustav Willert mit
Arnold und Wilhelm
Siemens, 1867

schaft gezogen. Der für Ostern 1868 geplante Eintritt in die Gewerbeschule musste auf den Herbst verschoben werden. Auf Anraten der Ärzte fuhr der 14-Jährige mit Willert für einige Monate an den Genfer See.⁵⁰ Wilhelm kam 1867 auf das Städtische Luisen-Gymnasium in Berlin und wechselte zwei Jahre später auf das Gymnasium in Charlottenburg.⁵¹

Die Töchter Anna und Käthe hatten zu ihrem Kindermädchen ein gutes Verhältnis; Sophie Wolff hieß bei den beiden Mädchen «Tante Sophie» und wurde vor allem von Käthe sehr geliebt.⁵² Werners Geschwister waren von Sophie Wolff weniger begeistert. Mathilde Himly hasste diese Frau geradezu. Als sie im Sommer 1865 einige Wochen lang in Charlottenburg weilte, um ihrem Bruder nach Mathildes Tod beizustehen, gewann sie den Eindruck, dass das Kindermädchen Werner nachstellte. Zwei Jahre später kam sie wieder zu Besuch und fand die Situation mit Sophie Wolff unerträglich. Sie bekam den Klatsch der Dienstboten zu hören und wurde von der Verwandtschaft mit Fragen bestürmt: «Nun wie gefällt Dir Sophies Benehmen Werner gegenüber u. wird sie erreichen ihren Zweck[?]»⁵³ Wie nahe Sophie Wolff Werner kam, lässt sich nicht eindeutig feststellen. Dass sie ihn liebte, geht aus ihren wenigen erhaltenen Briefen klar hervor,[54] doch Werner hat sich dazu nie erklärt, und Mathilde Himlys Äußerungen sind eine problematische Quelle. Werners ältere Schwester hatte den Tod von drei ihrer Kinder nicht verwunden und litt unter Problemen in ihrer Ehe.[55] Vor diesem Hintergrund ist zu bewerten, dass sie Werner vor dem «jesuitischen Charakter der entsetzlichen Wolf[f]» warnte, der sie «in das widerliche Antlitz gespuckt» hätte.[56] Noch stärker als von diesen Ausfällen seiner Schwester war Werner von deren Versuchen genervt, ihn «schleunigst anderweitig zu verkuppeln».[57] Über Mathilde Himlys Einmischungen in Werners Privatleben kam es zwischen den beiden Geschwistern zu einem handfesten Krach.[58]

Von der Liebe seiner Haushälterin und den Verkupplungsmanövern seiner Schwester bedrängt, sah sich Werner in die Enge getrieben. Der angesehene Unternehmer fing an, unverheirateten Frauen ängstlich aus dem Weg zu gehen.[59] Werner erklärte, er sei fest entschlossen, nicht wieder zu heiraten, wolle ganz für seine Kinder leben und bringe es nicht fertig, diesen eine fremde Stiefmutter zu geben. Seiner Schwester und auch Wilhelm gegenüber erwähnte er die Möglichkeit, später einmal die von Anna und Käthe so geliebte Betreuerin zu heiraten, «um deren Stellung dadurch zu legalisieren und zu sichern!».[60] Sophie Wolff gegenüber wird er vielleicht noch weitergehende Andeutungen gemacht haben. Sie hielt dies für ein Heiratsversprechen, und so sahen es auch Werners Geschwister. Nachdem Wilhelm und Carl mit ihren Frauen zu Werners 50. Geburtstag in Berlin gewesen waren, nahm Wilhelm den älteren Bruder ins Gebet, um das «unglückselige Heiratsprojekt» zu verhindern: «Ich muss Dir nun frei gestehen, dass ich eine Verbindung mit Sophie Wolff für ein bedeutendes Unglück für Dich und namentlich für Deine Töchter halte. Ich glaube mit Bestimmtheit tiefe Berechnung in ihren Handlungen entdeckt zu haben.»[61] Wilhelms Wort hatte bei Werner größeres Gewicht als die fragwürdigen Methoden seiner Schwester. Dennoch scheint es weiterhin Heiratspläne gegeben zu haben. Im September 1867 schlug Mathilde Himly Werner vor, sich endlich darüber klar zu werden, ob er Sophie Wolff liebte und heiraten wollte. Der derzeitige Zustand sei unhaltbar: «Änderungen mußt Du in Deinem Hause machen, ihres Rufes u. Deines wegen.»[62]

Hierzu kam es erst im Januar 1869, nachdem Werner von einer mehr als dreimonatigen Reise in den Kaukasus zurückgekehrt war. Die Änderung ging nicht von ihm aus, sondern von Sophie Wolff. Sie kündigte und hatte während seiner Abwesenheit bereits eine Nachfolgerin ausgesucht, von der sie wusste, dass er mit ihr einverstanden sein würde. Der Grund für die Trennung war offenbar die Erziehung der inzwischen zehnjährigen Anna und der siebenjährigen Käthe. Werner war der Ansicht, dass beide Mäd-

Sophie Wolff mit Anna und Käthe Siemens, undatiert

chen Hausunterricht erhalten sollten. Dies konnte Sophie Wolff nicht leisten, sie war als Kindermädchen eingestellt worden und hatte nicht die Ausbildung, die für eine Hauslehrerin erforderlich war.[63] In einem Brief vom 27. Januar 1869, in dem er die Trennungsgespräche recht geschäftsmäßig zusammenfasste, bescheinigte Werner Sophie Wolff, dass es ihr nicht gelungen sei, «eine vernachlässigte Jugendbildung in reiferen Jahren wieder gut zu machen».[64] Dass die Mädchen keine Kinderfrau mehr benötigen würden, sondern eine Hauslehrerin und Erzieherin, war allerdings schon länger abzusehen gewesen. Wahrscheinlich hatte Sophie Wolff gehofft, dass Werner sie bei diesem Wechsel heiraten würde, damit sie bei den Mädchen und im Haushalt bleiben konnte. Als ihr klar wurde, dass er hierzu nicht bereit war, kündigte sie.

Auf Sophie Wolffs Vorschlag hin stellte Werner Mitte Februar 1869 die Lehrerin Auguste Weyrowitz als Erzieherin der Mädchen ein. Die erfahrene Pädagogin war von Mathildes Jugendfreundin Agnes von Bohlen vermittelt worden, mit der Sophie Wolff in Kontakt stand. Sie stammte wie Mathilde und Agnes von Bohlen aus Königsberg.[65] Der letzte Brief Werners an Sophie

Wolff zeigt, dass seine Gefühle für sie – sofern er je solche hatte – abgeklungen waren. Von einem «Band der Dankbarkeit und Freundschaft» ist hier die Rede. Als «brüderliche Pflichterfüllung» ließ er Schuldscheine im Wert von 5000 Talern samt einigen Aktien auf sie übertragen.[66] Sophie Wolff fühlte anders. Sie wollte aus Liebe zu Werner vermeiden, ihn wiederzusehen.[67]

Der für Sophie Wolff so unglückliche Ausgang des «Heiratsprojekts» lässt einige Schlussfolgerungen zu. Werners Geschwister Mathilde und Wilhelm sahen in der Verbindung eine Gefahr, obwohl Sophie Wolff eine Verwandte war. Die Akzeptanz einer Verwandtschaftsehe war in der Familie Siemens offenbar an gewisse Voraussetzungen gebunden. Wenn Geschwister Vorbehalte hatten, fühlten sie sich verpflichtet zu warnen und die Heirat zu verhindern. Sophie Wolff galt Werners Geschwistern als «berechnend» und verschlagen. Auch wog ihr beruflicher und sozialer Status stärker als das verwandtschaftliche Band. Wenn sich eine Hausangestellte einen reichen Witwer angelte, entsprach dies nicht dem damaligen Verständnis von einer Verwandtschaftsehe. Werner selbst störte sich schließlich an Sophie Wolffs Bildungslücken. Als Tochter eines Forstmeisters brachte sie nicht das kulturelle Kapital mit, über das seine verstorbene Frau als Professorentochter verfügt hatte. Der Wechsel von Sophie Wolff zu Auguste Weyrowitz zeigt schließlich auch, dass die Schulbildung der Töchter für Werner einen hohen Stellenwert besaß.

Keine vier Wochen nach Sophie Wolffs Abschied kam eine weitere entfernte Verwandte Werners zu Besuch nach Berlin: Antonie Siemens aus Hohenheim bei Stuttgart. Sie war das einzige Kind von Karl Siemens (ab 1873: Karl von Siemens), einem Professor für Landwirtschaftliche Technologie an der Land- und Forstwirtschaftlichen Akademie Hohenheim, und seiner Frau Ottilie.[68] Karl war ein Vetter dritten Grades von Werner, beide schätzten sich als technisch innovative Köpfe der Familie, hatten aber kaum direkten Kontakt. Antonies Reise nach Berlin galt auch nicht Werner und seinen Kindern. Ihr Onkel Adolf, ein jüngerer Bruder ihres Vaters, und seine Frau Antonie hatten sie dorthin eingeladen. Adolf Siemens hatte einst als hannoverscher Artillerieoffizier Werner zu seinen ersten Experimenten mit Zündmitteln angeregt. Inzwischen gab es das Königreich Hannover nicht mehr, Adolf Siemens diente nun als Oberstleutnant in der preußischen Artillerie.[69] In Berlin wurde Antonie auch zu Soireen und recht üppigen Dinners bei Werner eingeladen, in Charlottenburg und wohl auch in der Markgrafenstraße, wo die Kinder inzwischen wegen des Schulbesuchs der Söhne wohnten. Ihre Eltern in Hohenheim beneideten sie um das «lukullische Mahl bei Werner Siemens».[70] Die 28-Jährige war stark beeindruckt von Berlin, sie hatte ihre schwäbische Heimat bisher noch nie verlassen. Bei

Ottilie von Siemens geb. Denzel, undatiert   Karl von Siemens, undatiert

den Soireen in Berlin beeindruckte Antonie wiederum selbst durch ihre schöne Stimme, sie nahm schon länger Gesangsunterricht.[71]

Als Antonie gut zwei Wochen in Berlin war, fielen ihrer Mutter die häufigen Besuche bei dem prominenten Verwandten auf: «Ihr gehet ja entsetzlich oft zu Werner.»[72] Werner fand die hochgewachsene junge Frau aus der schwäbischen Provinz sympathisch, er unternahm mit ihr längere Spaziergänge und gewann Anfang April den Eindruck, dass sie sich gut als Gattin seines jüngsten Bruders Otto eignen würde.[73] Otto war nur vier Jahre älter als Antonie, er arbeitete inzwischen für Siemens & Halske in Tiflis. Ein Leben im Kaukasus war nicht gerade das, was sich Antonie vorstellte; ihre Eltern in Hohenheim waren über das Angebot entsetzt.[74] Doch Antonie blieb weiter in Berlin, und Werner muss nun gemerkt haben, dass es ihr längst nicht mehr um den Besuch bei Onkel Adolf und Tante Antonie ging. Von Antonie sind aus dieser Zeit keine Briefe überliefert, aber sie dürfte viel für Werner empfunden haben. Er hatte manches mit ihrem Vater, dem

Antonie Siemens, 1869

Technologieprofessor, gemeinsam, und die junge Frau hatte bisher außer einer Freundschaft mit einem Stiefvetter wenig Romantisches erlebt.[75] Ende April zog Antonie zu Werner. Er verliebte sich heftig in sie. Antonies Mutter war es peinlich, dass ihre Tochter nun in Charlottenburg wohnte, sie wollte Gerüchte in der Verwandtschaft vermeiden.[76] Von der unglücklichen Geschichte mit Sophie Wolff wird auch dieser Zweig der Familie erfahren haben. Antonie und Werner entschieden sich möglicherweise deshalb so schnell, klare Verhältnisse zu schaffen. Am 23. Mai 1869, keine vier Wochen nach Antonies Einzug bei Werner, wurden die Hochzeitsanzeigen verschickt. An Johann Georgs Frau Marie schrieb Werner in einem Begleitbrief: «Ich habe Dir einen tüchtigen Schwabenstreich zu bekennen! Unsere lange Schwäbin hat mich dem Vorsatz, nicht wieder zu heiraten, abwendig gemacht.»[77]

Es war das einzige Mal in Werners Leben, dass er sich derart spontan verliebte. Die emotionalen Defizite nach den Leiden Mathildes und die Querelen mit Sophie Wolff gehörten in diesem Frühling in Charlottenburg der Vergangenheit an. Nachdem Antonie Ende Mai nach Hohenheim zurückgekehrt war, schrieben sich beide fast täglich. Werner erkannte sich selbst nicht wieder. Der 52-Jährige verfasste schmachtende Briefe an seine Braut und bekannte, dass sie aus ihm einen «feurigen jugendlichen Liebhaber» gemacht habe.[78] Bei Verhandlungen im Unternehmen war er zerstreuter als sonst. Mitunter soll er zustimmend genickt haben, ohne zu wissen, worum es ging, weil er mit den Gedanken in Hohenheim war.[79] Sein Privatleben hatte für Werner wieder eine Perspektive. Er freute sich nun auf «Vergnügungsreisen», die er sich früher stets versagt hatte, wollte Antonie und seinen Töchtern die Schönheiten der Welt zeigen und fühlte sich schon allein beim Gedanken daran glücklich.[80] Auch Mathilde Himly war begeistert. Ihr sehnlichster Wunsch sei in Erfüllung gegangen, teilte sie Werner mit.[81] Es war eine Verwandtschaftsehe, mit der alle sehr einverstanden waren, auch Antonies Eltern. Werners Geschwister kannten ihre zukünftige Schwägerin nicht, aber deren Vater, den Technologieprofessor. Man war sich sicher, dass Antonie es ernst meinte und Werner im Alter zur Seite stehen würde. Auch Werner war sich der nützlichen Aspekte des Altersunterschieds von 24 Jahren durchaus bewusst: «Sie ist ein gutherziges prächtiges Mädel, die ihren Alten schon gut pflegen wird!»[82]

Am 22. April 1869 zog Werner mit seinen Kindern und den Hausangestellten dauerhaft nach Charlottenburg um, vermutlich auf Wunsch Antonies.[83] Zu seiner Freude war der Braut eine Hochzeit im kleinen Kreis recht. Die Trauung fand am 13. Juli 1869 in Hohenheim statt. Wenige Tage zuvor unterschrieben die Brautleute bei einem Stuttgarter Notar einen Erbvertrag. Darin verpflichtete sich Antonie, alle Verfügungen ihres zukünftigen Mannes hinsichtlich des Unternehmens nach dessen Tod einzuhalten, und sich mit dem Erbteil zu begnügen, das jedem der Kinder Werners zustand.[84] Die Kinder waren bereits zwei Wochen vor der Hochzeit mit ihren Erziehern nach Hohenheim gefahren, um Antonies Eltern und Verwandte kennenzulernen. Sie verbrachten dort die gesamten Sommerferien, mit vielen Ausflügen. Später kokettierte Werner gerne damit, dass seine Heirat mit einer Schwäbin eine politische Handlung mit Blick auf die eineinhalb Jahre später erfolgende Reichseinigung gewesen sei.[85]

Die Dynamomaschine

Werner hatte sich im Herbst 1866 verstärkt mit neuen Konstruktionen beschäftigt. Im Überschwang der Begeisterung über den preußischen Sieg im deutschen Bruderkrieg vertiefte er sich in militärtechnische Neuerungen, erprobte magnetelektrische Minenzünder und elektrische Schiffssteuerungen.[86] Zugleich arbeitete er an der Verbesserung elektrischer Zündvorrichtungen für Bergwerke. Dabei gelangte er zu seiner bedeutendsten Erfindung, der Entdeckung des dynamoelektrischen Prinzips und der Entwicklung einer hierauf beruhenden Dynamomaschine.[87] Heute ist bekannt, dass Werner nicht der erste Entdecker des dynamoelektrischen Prinzips war. Sein Verdienst bleibt gleichwohl, als Erster dieses Prinzip bekannt gemacht und eine Dynamomaschine in den Markt eingeführt zu haben. Der ungarische Erfinder Anianus Jedlick hatte das dynamoelektrische Prinzip bereits in den Jahren 1851 bis 1853 entdeckt, allerdings ohne es anzuwenden. Ausgeführt wurde dieses Prinzip erstmals von dem dänischen Eisenbahningenieur Søren Hjorth. Er erhielt 1854 für seinen Apparat ein britisches Patent, fand aber keine Geldgeber für den Bau einer größeren und verbesserten Dynamomaschine.[88]

Dass es sich um eine bahnbrechende Erfindung handelte, war Werner von Anfang an klar. Dies zeigt sein Brief an Wilhelm vom 4. Dezember 1866, in dem er erstmals davon berichtete: «Ich habe eine neue Idee gehabt, die aller Wahrscheinlichkeit nach reüssieren und bedeutende Resultate geben wird. […] Die Sache ist sehr ausbildungsfähig und kann eine neue Ära des Elektromagnetismus anbahnen!»[89] Noch im selben Monat führte Werner die Dynamomaschine der Fachwelt vor. Zu diesem Zweck lud er die Akademiemitglieder Gustav Magnus, Heinrich Wilhelm Dove, Peter Theophil Rieß und Emil du Bois-Reymond sowie die Mitglieder der Physikalischen Gesellschaft zu Berlin in die Markgrafenstraße ein.[90] Die Professoren waren von der Demonstration überrascht und beeindruckt. Gustav Magnus erklärte sich spontan bereit, Werners Erfindung in der Preußischen Akademie der Wissenschaften vorzustellen.[91]

Grundlage der Erfindung der Dynamomaschine war der Induktor mit Doppel-T-Anker, den Werner zehn Jahre zuvor entwickelt hatte. Diese Konstruktion ermöglichte jedoch nur eine geringe Leistung, weil die verwendeten Permanentmagnete ein relativ schwaches Magnetfeld erzeugten. Eine Alternative bildete der Einsatz von Elektromagneten mit Batteriespeisung, doch hier limitierten wiederum die noch geringen Batteriekapazitäten das

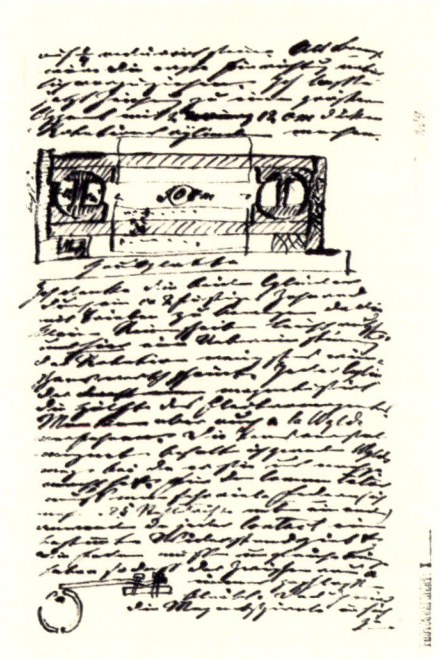

Handskizze von Werner Siemens zur Dynamomaschine, 1867

Magnetfeld und damit die erzeugte elektrische Leistung. Bei seinen Arbeiten an elektrischen Zündvorrichtungen war Werner nun aufgefallen, dass der im Weicheisenkern der Elektromagnete zurückbleibende Restmagnetismus ausreiche, um eine zunächst kleine Spannung zu erzeugen, die sich mithilfe einer geeigneten Schaltung zur Speisung der Elektromagnete nutzen ließ. Das damit verstärkte Magnetfeld führte zu einer Erhöhung der erzeugten Spannung, bis die magnetische Sättigung des Weicheisens erreicht war. Durch dieses dynamoelektrische Prinzip, die «Selbsterregung des Stroms», konnte auf permanente Magnete und Batterien verzichtet werden. Ein derartiger Generator war in der Lage, mechanische Energie («Arbeitskraft») im Prinzip unbegrenzt in elektrische Energie umzuwandeln. Auf der Grundlage dieser neuen Starkstromtechnik wurde es möglich, Elektrizität für Beleuchtung, Beförderung und industrielle Fertigungen zu nutzen.[92]

Am 17. Januar 1867 machte Gustav Magnus die Erfindung der Dynamomaschine in einer Sitzung der mathematisch-physikalischen Klasse der Königlich-Preußischen Akademie der Wissenschaften zu Berlin bekannt. Er las eine von Werner verfasste Abhandlung «Über die Umwandlung von Arbeitskraft in elektrischen Strom ohne Anwendung permanenter Ma- gnete» vor, die später in den Monatsberichten der Akademie veröffentlicht wurde. Die Ausführungen schlossen mit Sätzen, die in den Zitatenschatz der Technikgeschichte eingingen:

> «Der Technik sind gegenwärtig die Mittel gegeben, elektrische Ströme von unbegrenzter Stärke auf billige und bequeme Weise überall da zu erzeugen wo Arbeitskraft disponibel ist. Diese Thatsache wird auf mehreren Gebieten derselben von wesentlicher Bedeutung werden.»[93]

Aus heutiger Sicht wirken diese Sätze wie ein feinsinniges Understatement. Anders als in dem sechs Wochen zuvor verfassten Brief an Wilhelm ist hier nicht von der Anbahnung eines neuen Zeitalters die Rede. Möglicherweise hat sich Werner aus Respekt vor den honorigen Akademiemitgliedern in der Wortwahl zurückgehalten. Vielleicht erschien es ihm aber auch noch verfrüht, öffentlich von solchen Perspektiven zu sprechen. Die Dynamomaschine, die er zunächst als «elektrodynamischen Induktor» oder «Dynamo-Induktor» bezeichnete,[94] war schließlich noch völlig unerprobt, und Werner wusste zudem, dass britische Erfinder einen ähnlichen Kenntnisstand hatten. Erst im Rückblick wurde die Akademie-Sitzung vom 17. Januar 1866 zu einer Sternstunde dieser Gelehrtengesellschaft.

Wie beim Zeigertelegrafen und anderen seiner Erfindungen hatte sich Werner bei der Dynamomaschine mit Lösungen beschäftigt, nach denen mehrere Erfinder unabhängig voneinander suchten, weil der Kenntnisstand auf dem betreffenden Gebiet große Fortschritte gemacht hatte. Darin unterschied er sich von seinem Bruder Wilhelm, der als Erfinder ganz eigene Pfade ging, die leicht in Sackgassen enden konnten, wie im Fall der Regenerativ-Dampfmaschine. Bei der Erfindung der Dynamomaschine kam es zu einem Kopf-an-Kopf-Rennen. Werner wusste, dass der britische Ingenieur Henry Wilde bereits ein Patent auf eine Weiterentwicklung des Doppel-T-Ankers erhalten hatte und «der Sache ganz nahe» war.[95] Er wollte seine Erfindung daher schnellstens auch in England publik machen. Schon am 15. Februar 1867 präsentierte Wilhelm eine englische Übersetzung der Abhandlung seines Bruders in der Londoner Royal Society of Arts. In derselben Sitzung wurden auch Ausführungen über eine nahezu identische Erfindung des Telegrafenpioniers Charles Wheatstone verlesen.[96] Der britische Erfinder Samuel Alfred Varley hatte ebenfalls eine Dynamomaschine konstruiert und am 31. Januar 1867 sogar ein Patent erhalten.[97] Später versuchte Wheatstone ein Ersterfinderrecht auf die Dynamomaschine geltend zu machen, da er seine Maschine bereits im Sommer 1866 gebaut hätte. Unterstützt wurde er hierbei von seinem Schwiegersohn Robert Sabine, der pikanterweise bei Siemens & Halske arbeitete und Werner bei der Entwicklung der Dynamomaschine assistiert hatte.[98] Auch nach britischen Regeln galt nicht der Bau einer Erfindung, sondern deren Bekanntmachung als das entscheidende Datum. Hierbei hatte Werner einen, wenn auch knappen Vorsprung. Seine Abhandlung war in der Berliner Akademie verlesen worden, bevor Wheatstone sich der Royal Society erklärt hatte. Das von Wilhelm angemeldete britische Patent auf die Dynamomaschine wurde am 31. Juli 1867 erteilt.[99]

Bis die Dynamomaschine in Serienfertigung ging, sollte es noch lange dauern. Doch Werner betrieb dies zielstrebiger als Wheatstone und Varley. Im Unterschied zu diesen – und auch zu seinem Bruder Wilhelm – ging er mit Unternehmersinn an Erfindungen heran. Er war im Zuge einer anwendungsbezogenen Weiterentwicklung, der Verbesserung eines Minenzündgeräts für Bergwerke und Steinbrüche, auf das neue Konstruktionsprinzip gekommen und dachte bei der Erfindung bereits an die Anwendungsmöglichkeiten. Dies entsprach Werners grundsätzlicher Herangehensweise und seiner Überzeugung, dass der Wert einer Erfindung in ihrer praktischen Durchführung lag.[100] Fast zeitgleich mit der Erfindung hatte er mehrere Anwendungen im Blick. In dem Brief an Wilhelm vom 4. Dezember erwähnte er bereits die Rückverwandlung von elektrischer Energie in mechanische Energie durch einen Elektromotor: «Magnetelektrizität wird hierdurch billig werden, und es kann nun Licht, Galvanometallurgie usw., selbst kleine elektromagnetische Maschinen, die ihre Kraft von großen erhalten, möglich und nützlich werden!»[101]

Siemens & Halske präsentierte die Dynamomaschine auf der im April 1867 eröffneten Weltausstellung in Paris. Da Werner der Jury angehörte, war seine Erfindung jedoch nicht zur Prüfung zugelassen und fand deshalb wenig Beachtung.[102] Auch war die Konstruktion noch lange nicht ausgereift. So gestaltete sich die Erprobung des «Dynamo-Induktors» alles andere als einfach. «Die Stahlaxe biegt sich wie eine Reitgerte!», schrieb Werner am 8. März 1867 an Carl.[103] Zusätzlich zur Freisetzung überraschend starker Kräfte gab es weitere Probleme: eine übermäßige Erwärmung des Ankereisens und eine Funkenbildung, die man zunächst irrtümlicherweise für ein Zeichen der Funktionsfähigkeit des Generators hielt.[104]

Für eine kontinuierliche Erprobung und Verbesserung der Dynamomaschine fehlte Werner die Zeit. Er delegierte diese Aufgabe an Friedrich von Hefner-Alteneck, den Leiter des damals gegründeten Konstruktionsbüros von Siemens & Halske. 20 Jahre lang war das Unternehmen ohne eine Konstruktionsabteilung ausgekommen. Es hatte Werners Verständnis von seiner Rolle als Unternehmer entsprochen, zugleich geschäftsführender Ge-

Dynamomaschine von 1866 (Nachbau)

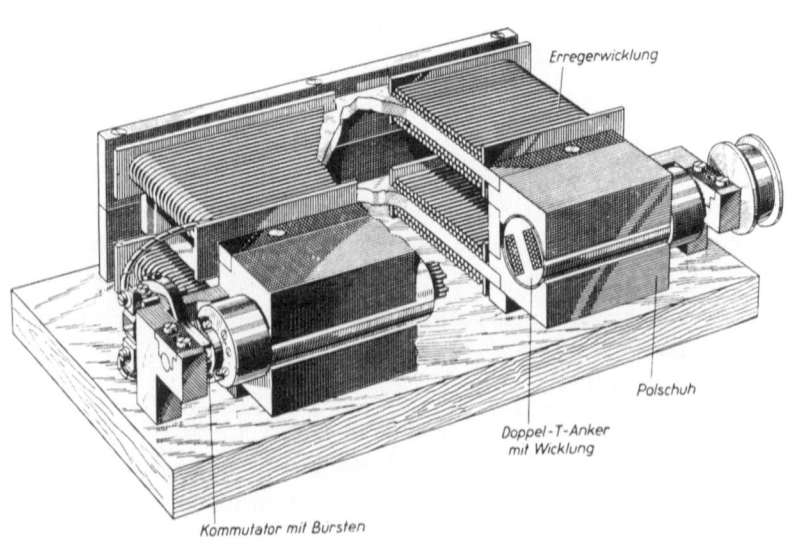

Aufbau und Querschnitt der Dynamomaschine

sellschafter, Erfinder und Chefkonstrukteur zu sein. Mit dem Wachstum des Unternehmens musste dieses Pionierprinzip zur Überforderung führen. Im Herbst 1867 wurde daher eine Arbeitsteilung eingeführt, wie sie den Anforderungen eines technologiebasierten Industriebetriebs entsprach. Friedrich von Hefner-Altenecks Biografie zeigt diesen Übergang sehr anschaulich. Er hatte sich im Juni 1867 unter dem Eindruck der Pariser Weltausstellung bei Siemens & Halske als technischer Zeichner beworben und war abgelehnt worden, weil Zeichnungen damals noch im Aufgabenbereich der Werkstatt lagen.[105] Da er unbedingt zu Siemens & Halske wollte, trat er als Arbeiter in das Unternehmen ein. Schon nach wenigen Monaten änderten sich die Verhältnisse. Zum 1. Oktober 1867 wurde Hefner-Alteneck in die neu gebildete Konstruktionsabteilung umgesetzt.[106]

Für seine Versuche belegte Werner ein «Experimentierzimmer». In diesem improvisierten Laboratorium arbeitete er, wenn er gerade Zeit dafür hatte – assistiert von mehr oder weniger kurzfristig herbeigerufenen Mitarbeitern.[107] 1868 wurde der Techniker Georg von Chauvin als erster fester Mitarbeiter für das Laboratorium eingestellt, er wechselte allerdings schon ein Jahr später zu Siemens Brothers.[108] Anfang 1873 ging auch auf diesem Gebiet die Pionierzeit ihrem Ende entgegen. Das Laboratorium erhielt mit dem habilitierten Physiker Oskar Frölich einen naturwissenschaftlich ausgewiesenen Leiter. Frölich hatte gerade eine Vertretungsprofessur an der Land- und Forstwissenschaftlichen Akademie Hohenheim verloren und war Werner von seinem an dieser Hochschule lehrenden Schwiegervater empfohlen worden. An Carl schrieb Werner damals: «Ich habe nicht mehr die Zeit, gründliche Untersuchungen zu machen und immer neue Jungens in meinem Laboratorium einzufuchsen, bin auch nicht mehr im ganzen wissenschaftlichen Gebiet au courant.»[109] Frölich baute bei Siemens & Halske ein physikalisch-chemisches Laboratorium nach systematischen Gesichtspunkten auf und leitete dieses fast 30 Jahre lang.[110] Nicht nur das Wachstum des Unternehmens erforderte eine Arbeitsteilung, sondern auch die Entwicklung in den Naturwissenschaften. Das neue Wissen nahm inzwischen so sprunghaft zu, dass nebenberufliche Universalisten wie Werner nicht länger Schritt halten konnten.

Werner zog sich allerdings nicht ganz aus der Konstruktions- und Entwicklungstätigkeit zurück. «Wir werden dann ja sehen, wie wir miteinander kramen», schrieb er an Frölich vor dessen Anstellung.[111] Das klingt mehr nach Zusammenarbeit als nach Arbeitsteilung. Doch entstanden damals bei Siemens & Halske die ersten professionell geführten Konstruktions- und Entwicklungsabteilungen der deutschen Elektroindustrie. Das noch sehr

Friedrich von Hefner-Alteneck, 1870

provisorische Siemens-Labor konnte sich bei Weitem nicht mit dem berühmten Laboratorium Thomas A. Edisons messen, das 1876 in Menlo Park bei New York errichtet wurde. In Deutschland gehörte es aber zusammen mit den Laboratorien der Firmen Krupp und Carl Zeiß zu den Pioniereinrichtungen auf dem Gebiet der Industrieforschung.[112]

Die Dynamomaschine wurde zunächst in Beleuchtungsversuchen auf einem Artillerie-Schießplatz erprobt, an denen Werner noch persönlich teilnahm. Später brachte Hefner-Alteneck den Generator bei Leuchttürmen, Scheinwerfern des Militärs und Baustellenbeleuchtungen zu ersten Anwendungen.[113] 1872 ersetzte er den ursprünglich dem Doppel-T-Anker nachgebauten Anker der Dynamomaschine durch einen Trommelanker, was sich als entscheidender Schritt zur Serienreife erwies. Ende 1875 war dieses Ziel erreicht. Die Zahl der verkauften Dynamomaschinen lag bis dahin unter zehn pro Jahr und stieg nun rasch auf 351 im Jahr 1879 an. Der begabte Konstrukteur erhob dann aber auch Ansprüche hinsichtlich seiner Position im Unternehmen, die zu heftigen Konflikten führten. Hefner-Alteneck verstand sich zunehmend als Miterfinder der Dynamomaschine, ja als kongenialer Erbe Werners, und wollte als Teilhaber aufgenommen werden. Obwohl Werner dies ablehnte, blieb Hefner-Alteneck zunächst noch bei Siemens & Halske. Anfang 1890 schied er im Alter von 45 Jahren aus.[114]

Werner selbst beschäftigte sich nach den ersten Versuchen mit der Dynamomaschine längere Zeit wenig mit der Starkstromtechnik. Er konzentrierte sich auf das Telegrafen- und Kabelgeschäft, das nun durch internationale Großprojekte einen Wachstumsschub erfuhr. Erst mit der Ausbreitung der Dynamomaschine waren die Voraussetzungen für den Übergang zu einer «neuen Ära des Elektromagnetismus» gegeben.

Untergang oder Weltfirma

Bei Siemens & Halske waren durch die internationale Expansion in den 1850er und 1860er Jahren komplexere Strukturen entstanden, ohne dass sich die Form der Unternehmensführung verändert hätte. Dies erschwerte die Leitung die Firma. Nach wie vor war das Unternehmen eine Personengesellschaft. Die drei Gesellschafter lebten weder am selben Ort noch im selben Land. Halske und Werner waren in Berlin, Carl war in St. Petersburg, wo er die dortige, recht eigenständige Niederlassung des Unternehmens leitete. Die kleine Filiale in Wien unterstand der Berliner Zentrale, während die neue, von Walter aufgebaute Filiale in Tiflis eine Dependance der St. Petersburger Niederlassung war. Hinzu kam die Tochtergesellschaft Siemens, Halske & Co. in London, bei der Wilhelm und Siemens & Halske bzw. die drei Teilhaber des Berliner Unternehmens Gesellschafter waren. Geleitet wurde die britische Siemens-Gesellschaft von Wilhelm, der weiterhin auch als freier Ingenieur tätig war, Ehrenämter in Verbänden innehatte und eigenen Forschungen nachging. Die Gesellschafter in Berlin, St. Petersburg und London besaßen jeweils eigene Vorstellungen von der Ausrichtung des Geschäfts. Zwischen ihnen kam es nun zu Konflikten, die den Zusammenhalt bedrohten und zu einem Auseinanderbrechen des Unternehmens führen konnten. Nach einem heftigen Streit um das Seekabelgeschäft schrieb Werner im April 1861 an Carl: «Diesmal hätte aber leicht unser ganzes Geschäft explodieren können.»[115] Das Modell des «Brüder-Bunds» erwies sich in diesen Jahren als problematisch. Werner war als Koordinator und Entscheider gefragt. An ihm lag es, eine tragfähige Lösung zu finden.

Der Konflikt vom Frühjahr 1861 hatte sich an dem Auftrag der britischen Regierung für das Seekabel zwischen Malta und Alexandria entzündet. Wilhelm hatte dem Auftraggeber angeboten, nicht nur die Prüfung, sondern auch die Betriebsführung und die Wartung dieses Kabels zu übernehmen. Er war überzeugt, Siemens, Halske & Co. dadurch neue Perspektiven zu eröffnen. Würde es gelingen, sich als Beauftragter der britischen Regierung für den Betrieb und die Wartung von Seekabeln zu etablieren, könnte dies hohe Einnahmen aus der Beförderung von Depeschen einbringen und sich zu einem ähnlich lukrativen Geschäft entwickeln wie die *Remonte*-Verträge in Russland. Allerdings war die Tiefseekabeltechnik noch nicht ausgereift, sie befand sich erst in der Erprobung. Keines der bisher verlegten Tiefseekabel funktionierte zufriedenstellend, die meisten waren bald nach der Legung gebrochen. Der jeweilige Betreiber haftete für die Schäden, deren finanzielle Größenordnung ein Unternehmen rasch in den Ruin führen konnte.

Werner hatte im Vertrag für das Malta-Alexandria-Kabel eine Begrenzung des finanziellen Risikos auf 8000 Pfund pro Jahr durchgesetzt. Für höhere Schäden sollte der britische Staat aufkommen, da Werner und Wilhelm dieses Projekt als «Regierungsingenieur[e]» durchführen wollten.[116] Doch welche Chancen bot eine Spezialisierung auf das Seekabelgeschäft? Nach dem Desaster mit dem Kabel im Roten Meer und dem ein Jahr zuvor ebenfalls gebrochenen Transatlantikkabel von Cyrus W. Field galten Tiefseekabel als eine noch nicht beherrschbare Technik. Der Marktführer R. S. Newall gab sein Seekabelgeschäft wegen der hohen Risiken auf. Sich unter diesen Bedingungen auf den Betrieb und die Wartung von Seekabeln zu verlegen, war trotz der Risikobegrenzung im Vertrag für die Malta-Alexandria-Linie mehr als kühn. So sah es auch Carl. Er wollte seit dem Misserfolg im Roten Meer das Kabelgeschäft aufgeben. Als er von Wilhelms Absichten erfuhr, war er entsetzt: «Wilhelm ist wohl des Teufels, dass er nur an einen solchen Vorschlag denken konnte», schrieb er am 13. April 1861 an Werner. «Hoffentlich kommt Dein Protest noch rechtzeitig.»[117]

In Berlin waren Halske und William Meyer nicht minder besorgt als Carl in St. Petersburg. Beide hielten Wilhelms Vorhaben für zu riskant und drängten Werner, den Bruder in London zu zügeln.[118] Wilhelm wiederum wies darauf hin, dass das britische Geschäft des Unternehmens vollständig von den Seekabelprojekten abhing. Sie seien eine «Lebensfrage für den Fortgang des hiesigen Geschäfts», schrieb er an Carl.[119] Beide Seiten setzten Werner unter Druck. Wilhelm war entschlossen, den Ende Mai 1863 auslaufenden Gesellschaftsvertrag des Londoner Tochterunternehmens Siemens, Halske & Co. nicht zu erneuern, falls der Regierungsauftrag für das Malta-Alexandria-Kabel ausblieb.[120] In Berlin drohte Halske damit, das ganze Unternehmen aufzulösen, falls Wilhelms Kabelprojekte nicht gestoppt würden.[121] In dieser Situation tat sich Werner mit einer Entscheidung schwer. «Fortentwicklung oder Rückgang und Untergang unseres Geschäfts beschäftigen mich Tag und Nacht», teilte er Carl mit.[122] Dann beschloss er, Wilhelm

Untergang oder Weltfirma

freie Hand zu lassen, auch um den Preis einer Trennung von Halske und der damit verbundenen Gefahren. Wenn Halske auf sofortiger Auszahlung seiner 40-prozentigen Beteiligung am Betriebskapital bestand, konnte dies das Ende des Unternehmens bedeuten. Zu einer weiteren Eskalation kam es im April 1861 nicht mehr, weil Wilhelm und Werner beim Malta-Alexandria-Projekt von Glass, Elliot & Co. ausgebootet wurden. Der Konflikt war damit aber nur vertagt.[123]

Was hat Werner bewogen, sich in dieser Auseinandersetzung auf Wilhelms Seite zu schlagen und für die riskanten Seekabelprojekte notfalls den Fortbestand des Unternehmens aufs Spiel zu setzen? Später gab er zu, Halskes Ankündigung nicht sonderlich ernst genommen zu haben.[124] Carl wiederum hatte seine Bedenken in Werners Interesse zurückgestellt.[125] In einem langen Brief an Carl vom 19. April 1861 begründete Werner seine Entscheidung:

> «Ob Verdienst oder Verlust bei dieser speziellen Unternehmung, ist mir ziemlich gleichgültig. Es handelt sich für uns nur darum, unsere Regierungsingenieur-Stellung, die Quelle unseres Ansehens in England und die Basis unserer Hoffnungen, zu erhalten und zu befestigen.»[126]

Die «Regierungsingenieur-Stellung» ging bald darauf durch den Coup von Glass, Elliot & Co. verloren, doch für Werner blieb das britische Geschäft weiterhin der Hoffnungsträger. Dabei ging es ihm nicht um England, sondern um den Zugang zum Weltmarkt. Er hatte erkannt, dass die Telegrafie mit dem Bau von Seekabellinien zu einem weltweiten Geschäft wurde und dass darin auf absehbare Zeit die Zukunft der Branche lag. Die Kabeltelegrafie gehörte zu den Schrittmachern des um 1850 einsetzenden Globalisierungsschubs der europäischen Weltwirtschaft, der von England als der führenden See- und Welthandelsmacht ausging.[127] Werner war fest entschlossen, an dieser Entwicklung teilzuhaben. Aus Siemens & Halske solle später einmal eine «Weltfirma» werden, schrieb er im Herbst 1863.[128] Werners Entscheidung in dieser wichtigen Frage gründete also in seiner Vorstellung von der Zukunft des Unternehmens, nicht primär in brüderlicher Solidarität mit Wilhelm. Wenn Siemens & Halske einmal eine «Weltfirma» werden sollte, lag der Schlüssel hierfür in London, nicht in St. Petersburg oder Berlin. Für dieses Ziel nahm Werner hohe Risiken und vorübergehende Verluste in Kauf. Halske orientierte sich hingegen an Zahlen und Fakten. Die sprachen gegen das Seekabelgeschäft, waren doch bei derartigen Projekten schon gigantische Summen im Mittelmeer, im Atlantik und im Roten Meer versenkt worden.

Kupferbergwerk Kedabeg, um 1865

Mit Sorge musste Halske feststellen, dass auch in Russland ohne seine Zustimmung Investitionen getätigt wurden, die sich als verlustreich erwiesen. Carl wollte das Geschäft der St. Petersburger Niederlassung breiter aufstellen. Er zog auf dem 1861 erworbenen Gut Chmelewo, rund 200 Kilometer südlich von St. Petersburg, eine Glasfabrikation auf, erwarb ein Sägewerk und Ende 1862 noch ein Gut in Finnland.[129] In allen drei Fällen hatte er eigenmächtig gehandelt und seine Mitgesellschafter in Berlin vor vollendete Tatsachen gestellt.[130] Zu den Nebengeschäften in Russland kam 1864 noch ein Kupferbergwerk im Kaukasus hinzu, das Walter als Leiter der Filiale Tiflis für Carl und Werner erwarb. Walter hatte sich in der Kaukasus-Region etabliert, er wurde zum preußischen Konsul in Tiflis ernannt. Das Bergwerk in Kedabeg (геДабек/Gədəbəy) hielt er für eine glänzende Investition, obwohl es sich in einer entlegenen Region in den Bergen befand, die heute zu Aserbaidschan gehört. Im Juli 1863 schlug Walter Carl vor, dieses Bergwerk zu kaufen. Carl ließ sich nach anfänglicher Skepsis für das Vorhaben begeistern, und schließlich hielt auch Werner den Kauf für ein gutes Geschäft, obwohl er ein Jahr zuvor mit dem Erwerb einer Kupferhütte im thüringischen

Untergang oder Weltfirma

Ohrdruf schlechte Erfahrungen gemacht hatte. Halske und Wilhelm blieben skeptisch, sie wollten sich weder am Kupferbergbau noch am Erzhandel beteiligen. Im Februar 1864 erwarben Werner und Carl schließlich das Bergwerk als Privatgeschäft, ohne ihren Mitgesellschafter Halske.[131] In den folgenden Jahren brachte Kedabeg den Gesellschaftern hohe Verluste ein. Der Kupferpreis war gefallen, der Kupfergehalt des Erzes niedriger als gedacht, und es fehlte an Brennmaterial.[132]

In London hatte sich Wilhelm nach dem Konflikt um das Malta-Alexandria-Projekt weiterhin intensiv mit der Kabeltechnik beschäftigt. Da Newall & Co. dieses Geschäft aufgegeben hatte und der neue Weltmarktführer Glass, Elliot & Co. die britische Siemens-Firma außen vor hielt, konstruierte er einen eigenen Kabeltyp.[133] Als die französische Regierung bald darauf einen Auftrag für den Bau einer Telegrafenlinie durch das Mittelmeer von Cartagena nach Oran zu vergeben hatte, reichte Wilhelm ein Angebot ein.[134] Im Mai 1863 wurde er sich mit dem französischen Telegrafendirektor Henri Michon de Vougy einig. Wilhelm wandte sich nun an Werner mit dem Ziel, die Zustimmung seiner Mitgesellschafter einzuholen. Werner hielt das Risiko für «noch erträglich»,[135] woraufhin Wilhelm begann, bei Siemens, Halske & Co. eine Kabelfertigung aufzubauen. Die Werkstatt im Stadtteil Westminster (Millbank Row) reichte dafür allerdings nicht aus. Im Südosten Londons, in Carlton bei Woolwich, entstand nun eine Kabelfabrik der britischen Siemens-Gesellschaft.[136] Zwischen Wilhelm und Werner hatte zuvor noch ein heftiger Schlagabtausch stattgefunden, weil Wilhelm dem Berliner Hauptwerk in rüdem Ton vorwarf, die Londoner Werkstatt zu teuer zu beliefern. Werner vermutete, dass Wilhelms Mitarbeiter Ludwig Löffler hinter diesen Bezichtigungen stand, und stellte dem Bruder frei, aus der britischen Siemens-Gesellschaft auszuscheiden. Der Streit endete damit, dass Wilhelm eine Erhöhung seines Anteils am Gewinn von Siemens, Halske & Co. von einem Drittel auf 40 Prozent zugestanden wurde.[137] Es sollte nicht das letzte Mal sein, dass sich Werner Wilhelms Kooperation mit finanziellen Vergünstigungen sicherte.

Im Juli 1863 fuhr Werner zur Kur nach Bad Kissingen. Er hatte gesundheitliche Probleme und war von seinem Arzt dazu gedrängt worden. Halske, der jedes Jahr in Bad Kissingen kurte, kam einige Wochen später.[138] Möglicherweise haben beide bei dieser Gelegenheit längere Gespräche miteinander geführt. Ende August stand jedenfalls Halskes Entschluss fest, aus dem Unternehmen auszuscheiden. Er bestand nicht auf sofortiger Trennung, wollte aber den zum 1. Januar 1867 auslaufenden Gesellschaftsvertrag nicht erneuern.[139] Werner hatte seit dem Konflikt um das Malta-

Kabelfabrik von Siemens Brothers in Woolwich, London, 1866

Alexandria-Projekt im April 1861 mit diesem Schritt rechnen müssen. Trotzdem kam Halskes Entschluss für ihn überraschend. Was war passiert? Halske war ein bedächtiger Mann, der sich nicht zu vorschnellen Entscheidungen hinreißen ließ wie Wilhelm. Er dürfte lange mit sich gerungen haben. Den Ausschlag gab vermutlich der Vertrag Wilhelms über das Seekabelprojekt der französischen Regierung. Das Verhältnis zwischen Wilhelm und Halske war schon lange zerrüttet, doch nun hatte sich Werner hinter das neue Seekabelprojekt gestellt und damit eine strategische Entscheidung über die zukünftige Ausrichtung des Unternehmens getroffen, die Halske nicht mittragen konnte.

Wenige Monate später zeigte der Verlauf des Cartagena-Oran-Projekts, dass Halske mit seiner Einschätzung der Risiken nicht falsch lag. Anfang Januar 1864 gingen Werner und Wilhelm gemeinsam daran, den Auftrag der französischen Regierung für die Verlegung eines rund 220 Kilometer langen Seekabels vom spanischen Cartagena nach Oran im heutigen Algerien auszuführen.[140] Wilhelm wollte die Vorzüge des von ihm konstruierten und in der neuen Kabelfabrik in Woolwich hergestellten Kabels demonstrieren. Auch Wilhelms Frau Anne nahm an der Expedition teil. Die französische Regierung hatte ein Kabelschiff mit dem Namen *Dix Décembre* zur Verfügung gestellt, das ebenso wenig hochseetauglich war wie eine von Wilhelm konstruierte und auf dem Schiff befestigte Kabeltrommel. Dennoch begannen Werner und Wilhelm mit der Verlegung. Schon bald nach der Abfahrt in Oran brach das Kabel. Die beiden Brüder wählten daraufhin eine kürzere Strecke, um den Kabelverlust wettzumachen. Bei dieser Erkundungsfahrt geriet das Schiff zwei Mal in schweren Seegang, den ein Wirbelsturm ausgelöst hatte. Erst riss die Kabeltrommel aus der Verankerung, dann geriet das Schiff in einen Strudel und drohte zu kentern. Auch Jahrzehnte später erschien es Werner noch als ein Wunder, diese akute Lebensgefahr heil überstanden zu haben.[141] Ein zweiter Anlauf zur Verlegung des Kabels endete ebenfalls mit einem Misserfolg. Im September 1864 unternahm Wilhelm einen dritten Versuch. Ihm gelang die Verlegung, doch wenige Stunden später, nachdem die ersten Depeschen verschickt worden waren, brach auch dieses Kabel. Alle Versuche, es zu retten, scheiterten an der großen Meerestiefe und einem felsigen Grund.[142] Der Ausgang des Cartagena-Oran-Projekts bedeutete für die britische Siemens-Gesellschaft und damit auch für Siemens & Halske einen schweren Rückschlag. Wilhelm und Werner hatten die Kabelexpedition auf eigenes Risiko durchgeführt. Nun mussten sie für Verluste in Höhe von 15 000 Pfund aufkommen, die Hälfte des Geschäftskapitals von Siemens, Halske & Co.[143] Hinzu kam noch die geschäftsschädigende Blamage. Schließlich war es das erste Mal, dass die Siemens-Brüder ein Seekabelprojekt in eigener Regie und mit einem im eigenen Unternehmen gefertigten Kabel durchgeführt hatten.

Für Halske war das Cartagena-Oran-Desaster der berühmte Tropfen, der das Fass zum Überlaufen brachte. Wenige Tage nach Werners Rückkehr verlangten er und William Meyer, die britische Siemens-Gesellschaft aufzulösen.[144] Dazu war Werner nicht bereit, einen solchen Schritt hielt er für eine «Sünde», da in London inzwischen auch Regenerativöfen verkauft werden konnten und das Telegrafengeschäft in England endlich angelaufen war.[145] Um Halske entgegenzukommen, trennte Werner das britische Geschäft vom Berliner Stammhaus ab. Siemens, Halske & Co. wurde zum 1. Januar 1865 in ein eigenständiges Unternehmen umgewandelt, das bald darauf den Namen «Siemens Brothers» erhielt. Wilhelm und Werner wurden Gesellschafter, Carl trat drei Jahre später als weiterer Gesellschafter ein.[146]

Halskes Rückzug aus der Londoner Firma war relativ reibungslos zu bewerkstelligen. Anders verhielt es sich mit seinem Ausscheiden bei Siemens & Halske. Die Gesellschafter hatten das Recht, jederzeit die Hälfte ihres Verdienstes der vergangenen zehn Jahre aus dem Unternehmen zu ziehen. Wenn Halske hiervon Gebrauch machte, musste Werner mit seinem privaten Vermögen einspringen, weil er und Carl einen erheblichen Teil ihres Firmenvermögens in Kapitalbeteiligungen investiert hatten. Daraus waren ihre Anteile an Siemens Brothers und der Erwerb des Kupferbergwerks Kedabeg finanziert worden, aber auch das Grundkapital für die Glasfabriken in Dresden und Chmelewo sowie die Beteiligung am Stettiner Vulcan.[147] Bei Halskes Ausscheiden drohten aber noch größere Gefahren. Carl schätzte den Wert von Halskes Beteiligung am Unternehmen im Februar 1866 auf 600 000, das Betriebskapital insgesamt auf 1,5 Millionen Taler.[148] Wenn sich Halske seinen Anteil vollständig auszahlen ließ, war die Existenz des Unternehmens bedroht, zumal die russischen *Remonte*-Verträge 1867 ausliefen. Einen Betrag von 600 000 Talern hätten Werner und Carl selbst mit Krediten nicht kurzfristig aufbringen können. «Durch Herausziehen seines ganzen Vermögens am 1. Januar 1867 könnte er [Halske] ferner wahrscheinlich den Fortbetrieb des Geschäftes überhaupt unmöglich machen», schrieb Werner im März 1864 an Wilhelm.[149] Halske hatte Werner in dieser Hinsicht beruhigt, schon im September 1863 ging man von «billigen Fristen zur Rückzahlung des Kapitals» aus.[150] Doch konnte er seine Einstellung jederzeit ändern. Werner litt darunter, nun vollständig vom guten Willen seines Mitgründers abhängig zu sein.[151]

Dass sich Halske von seinen Mitgesellschaftern Werner und Carl trennte, war über kurz oder lang wahrscheinlich, da er ein anderes Naturell besaß als die Siemens-Brüder und auch andere Vorstellungen von der Ausrichtung des Unternehmens.[152] Halske war vorsichtiger und bodenständiger; sorgfältige Arbeit zählte für ihn mehr als internationale Vorzeigeprojekte. Die riskanten Manöver der Siemens-Brüder im Ausland lagen ihm nicht, dies galt vor allem für das britische Geschäft, aber auch dem Russlandgeschäft hatte er schon skeptisch gegenübergestanden.[153] Carl und Wilhelm hielten Halske zunehmend für einen lästigen Bedenkenträger. Wilhelm spottete: «Kabelgeschäfte sind zwar lukrativ, aber zu spekulativ für jemand, der vor allem Ruhe braucht.»[154] Nachdem Halske sich zur Trennung entschlossen hatte, waren die Brüder einig, dass dem Mechaniker die Eigenschaften eines Unternehmers fehlten. Carl schrieb an Werner: «Ohne Dich und Deinen Unternehmungsgeist wäre Halske, sogar trotz der Telegraphie, ein Handwerker und Shopkeeper geblieben.»[155] Diese herablassende Sicht wird Halske nicht gerecht, doch der Gegensatz zwischen ihm und Werner – der ein rein geschäftlicher war – verdeutlicht den Unterschied zwischen einem handwerklich geprägten Geschäftsmann und einem risikofreudigen Unternehmer, einem Entrepreneur. In der Abgrenzung zu Halske gewinnt Werners Selbstverständnis als Unternehmer deutlichere Konturen.

Johann Georg Halske mit seiner Frau Henriette, 1846

Werners Frau Mathilde charakterisierte Halske in einem Brief an ihren Vater vom Dezember 1857 wie folgt:

«Halske ist eine Künstlernatur; Verwaltungs-Dispositionstalent in weiterem Masstabe fehlt ihm ganz; er kann die Sache nicht mehr übersehen und fühlt sich nicht mehr hinlänglich notwendig. Er möchte gern alles selbst betreiben und beaufsichtigen können, wie ein Meister in der Werkstatt, da das nun in diesem gemütlichen Sinne nicht geht, möchte er lieber gar nichts mehr damit zu tun haben.»[156]

Dieser Brief wurde lange vor dem Konflikt um die Seekabelprojekte verfasst. Halske zeigte sich damals bereits über die Bemühungen Meyers irritiert, eine bürokratische Struktur im Unternehmen einzuführen. Halske blieb den Prinzipien der Werkstatthierarchie verhaftet und war misstrauisch gegenüber allen Veränderungen, die das Wachstum des Unternehmens erforderte.[157] 1863 waren in der Markgrafenstraße fast 200 Arbeiter und Angestellte beschäftigt, aus der Werkstatt war eine Fabrik geworden. Gleichwohl war die Fertigung immer noch nach Halskes Vorstellungen organisiert. Für das Unternehmen war dies längst zur Belastung geworden, aber Werner und William Meyer hatten Halske gewähren lassen. Werner interessierte sich nicht besonders für die Organisation des Betriebs, und Meyer verfügte gegenüber dem Gesellschafter Halske nicht über genügend Autorität. Mit internationalen Großprojekten, wie sie die Siemens-Brüder anstrebten, war dieses Betriebsmodell unvereinbar. Halskes Ausscheiden aus der Geschäftsleitung war so gesehen nicht verwunderlich. Dies bedeutete aber noch nicht zwingend, dass er sich auch als Gesellschafter aus dem Unternehmen zurückzog.

«Meyer und Halske urteilten zu sehr nach Resultaten nicht nach der Zukunft», schrieb Werner im Dezember 1869 an Carl.[158] Nach Resultaten zu urteilen ist nicht das schlechteste Prinzip für die Leitung eines Unternehmens. Eine «Weltfirma», wie sie Werner anstrebte, ließ sich auf diese Weise freilich nicht errichten. Werner war unbeirrbar, wenn es galt, ein Ziel zu erreichen, das er sich fest vorgenommen hatte. Beim Seekabelgeschäft waren England und der Weltmarkt ein derartiges Ziel. Dafür ging er hohe Risiken ein, während er sonst auf einer «soliden Geschäftsführung» bestand und nicht selten seine Brüder vor Risiken warnte.[159] Ein Seekabelprojekt konnte hohe Gewinne einbringen, falls es erfolgreich verlief. Wahrscheinlicher war in dieser Pionierzeit der Seekabeltechnik jedoch, dass bei einem derartigen Projekt hohe Verluste entstanden. Eine rationale Abwägung der Risiken hätte gegen die Durchführung der Cartagena-Oran-Expedition gesprochen. So sah es Halske, dem Werner in den *Lebenserinnerungen* bescheinigte, ein «klardenkender, vorsichtiger Geschäftsmann» gewesen zu sein.[160] Einen Unternehmer nannte er ihn nicht, denn ein solcher hatte nach Werners Verständnis die Prioritäten anders zu setzen und von einem Ziel auszugehen. Beim Seekabelgeschäft hat die weitere Entwicklung Werners Zukunftserwartung bestätigt. Doch aus der damaligen Perspektive war dies keineswegs absehbar. Letztlich war eben auch Glück im Spiel, dass er sein großes Ziel erreichte.

Während des Konflikts vom April 1861 um den Auftrag für das Malta-Alexandria-Kabel musste Werner erstmals in Erwägung ziehen, dass das von ihm mit gegründete Unternehmen nicht mehr lange bestehen würde. Er befürchtete damals, dass beide Mitgesellschafter sich zur Ruhe setzen wollten. Carl hatte das Landgut Chmelewo gekauft und konnte sich offenbar vorstellen, dort mit seiner Familie als Gutsbesitzer zu leben. Halske begrüßte dies und drohte wegen des Seekabelprojekts mit der Auflösung des Unternehmens.[161] Für Werner war die Aussicht, nicht mehr Unternehmer zu sein, ein Albtraum. Für die Gründung eines neuen Unternehmens fühlte er sich zu alt, und Rentier wollte er unter keinen Umständen werden:

> «Ich will und kann noch nicht zur Ruhe gehen, ich hasse das faule Rentierleben, will schaffen und nutzen, solange ich kann, sehne mich nicht nach persönlichen Annehmlichkeiten und Genüssen des Reichtums. Ich würde körperlich und geistig zugrunde gehen, wenn ich keine nützliche Tätigkeit, an der ich Anregung und dadurch Beruhigung finde, mehr entfalten könnte!»[162]

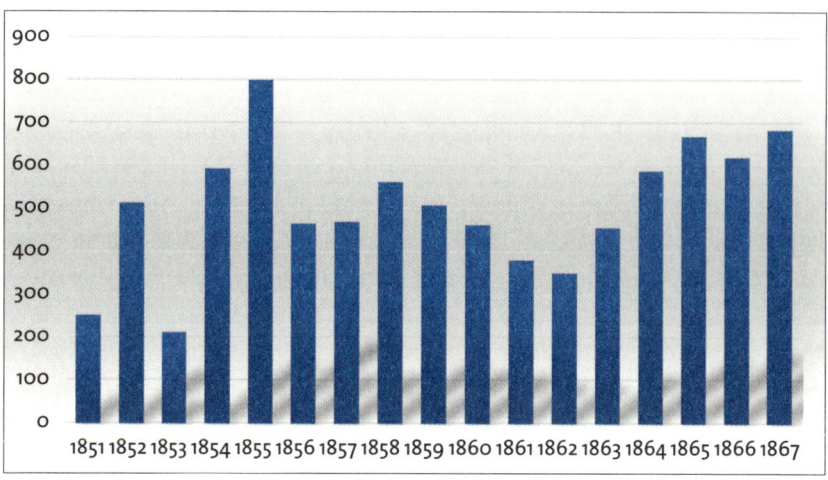

Umsatz von Siemens & Halske 1851–1867 in 1000 Talern[163]

Der Konflikt um die Ausrichtung des Unternehmens konnte 1861 noch vertagt werden. Im Laufe des Jahres 1863 nahm der Umsatz erstmals seit fünf Jahren wieder zu, der nach dem Russlandboom eingetretene Einbruch konnte dank einer günstigen Konjunktur endlich überwunden werden.

Nachdem Halske im Sommer 1863 entschieden hatte, sich zum 1. Januar 1867 aus dem Unternehmen zurückzuziehen, begann Werner, Pläne für die Bildung eines reinen Familienunternehmens zu schmieden. Diese Konstruktion bot den Vorteil, dass das Kapital in der Familie blieb und die Gesellschafter stärker an das Unternehmen gebunden waren. Seine Brüder Carl und Wilhelm würden nicht ausscheiden und ihr Kapital aus dem Unternehmen herausziehen wie Halske. Als Gesellschafter eines reinen Familienunternehmens musste Werner nicht mehr befürchten, eines Tages Rentier zu werden. Im November 1863 schlug er Wilhelm und Carl ein derartiges Modell vor, wobei er in einem Brief an Carl erstmals seine Vision von einer «Weltfirma» beschrieb:

> «Ich habe Wilhelm daher vorgeschlagen, von 1867 ab mit Dir und mir vollständig in Kompagnie zu treten. Die Firma soll ‹Gebrüder Siemens› werden und es sollen drei abgesonderte, selbständige Häuser in Berlin, Petersburg und London bestehen. Jeder von uns führt sein betreffendes Geschäft selbständig als alleiniger Disponent und ist nur bei größeren mit Risiko verbundenen Unternehmungen und Kapitaldispositionen etc. an die Zustimmung der Kompagnons gebunden. […] Mein leitender Gedanke zu diesen

Vorschlägen war der, eine dauernde Firma zu stiften, welche vielleicht 'mal später unter der Leitung unserer Jungens eine Weltfirma à la Rothschild u. a. werden könnte und unseren Namen in der Welt zu Ansehen bringt. Diesem großen Plane muss der Einzelne, wenn er ihn für gut hält, persönliche Opfer zu bringen bereit sein!»[164]

Werner sah nun offenbar in der berühmten Finanzdynastie Rothschild ein historisches Vorbild. Deren Stammvater Meyer Amschel Rothschild hatte zwei Jahre vor seinem Tod seine Söhne als Teilhaber in das Bankhaus aufgenommen und sie verpflichtet, das Familienunternehmen zu erhalten. Durch jeweils von einem Sohn geleitete Niederlassungen in London, Paris, Wien und Neapel stieg die Bank zur führenden Europas auf.[165] Für den Mitinhaber eines Industrieunternehmens mit rund 500 Beschäftigten war es gelinde gesagt ambitioniert, in diesen Dimensionen zu denken. Doch für Werner hatten inspirierende langfristige Ziele einen hohen Stellenwert. Seine Rothschild-Vision war auch geeignet, die Brüder emotional anzusprechen, und trug deren Interesse an einer eigenständigen Geschäftstätigkeit Rechnung.

Werner musste allerdings feststellen, dass sich Meyer Amschel Rothschilds Vermächtnis nicht ohne Weiteres unter Brüdern nachahmen ließ. Wilhelm konnte dem Vorschlag nichts abgewinnen. Er und seine 42-jährige Frau Anne hatten keine Kinder. Warum sollte er für die nächste Generation persönliche Opfer bringen, wie Werner verlangte? Nach Werners Vorstellungen sollten sich alle drei Brüder ausschließlich dem Familienunternehmen widmen. Wilhelm hätte also auf seine Tätigkeit als freier Ingenieur verzichten müssen.[166] Er dürfte sich auch darüber im Klaren gewesen sein, dass die Gesellschafter des vorgeschlagenen Familienunternehmens «Gebrüder Siemens» nicht gleichrangig sein würden. Die Leitung würde nach wie vor bei Werner liegen.

Wilhelm bot Werner daraufhin an, sich aus Siemens Brothers zurückzuziehen und Carl die Leitung zu überlassen. Diese Lösung hätte viel für sich gehabt, da ohne eine tatkräftige Geschäftsleitung in London keine «Weltfirma» zustande kommen würde. Carl konnte sich jedoch nicht entscheiden, blieb lange unschlüssig und verärgerte damit seine Brüder. Der Ton untereinander wurde nun rauer, aber zum Bruch kam es nicht.[167] Alle drei litten in diesen Jahren unter schweren Belastungen. Werner hatte Mathilde verloren, Wilhelm hatte einen körperlichen Zusammenbruch, und Carls Frau Marie war schwer erkrankt. Da sich die Brüder nicht einig wurden, musste der Gesellschaftsvertrag in Abstimmung mit Halske kurzfristig um zwölf Monate verlängert werden. Inzwischen hatten Werner, Wilhelm und Carl immer wieder alternative Beteiligungsmodelle für das Geschäft in Berlin,

London und St. Petersburg erörtert. Werner hatte unter anderem angeboten, sich als Gesellschafter in London und Berlin zurückzuziehen und nur noch am russischen Geschäft teilzuhaben. Er hatte zwischenzeitlich auch von der Idee eines reinen Familienunternehmens Abstand genommen und eine erneute Beteiligung Halskes vorgeschlagen.[168] Im Februar 1867 entschied sich Carl schließlich gegen London. Wegen der Krankheit seiner Frau wollte er nun für zwei Jahre mit der Familie in den Kaukasus ziehen.[169]

Am 24. August 1867 konnte in Berlin ein neuer Gesellschaftsvertrag mit einer Laufzeit von zwölf Jahren unterzeichnet werden. Nach den mehrjährigen Diskussionen hatten sich die Brüder auf die Errichtung eines formalen «Gesamtgeschäfts» geeinigt. Werner, Wilhelm und Carl wurden geschäftsführende Gesellschafter des «Gesamtgeschäfts von Siemens & Halske in Berlin und Gebrüder Siemens in London». Die bislang eigenständige Niederlassung in St. Petersburg wurde in eine Filiale des Berliner Unternehmens umgewandelt. Die vereinbarte Verteilung der Gewinne sah vor, dass 40 Prozent auf Werner, 35 auf Wilhelm und 25 Prozent auf Carl entfielen.[170] Für Wilhelm, der bisher nur bei Siemens Brothers am Gewinn beteiligt war, bedeutete dies eine beachtliche Verbesserung seiner Einkommensverhältnisse. Zwei Jahre später wurden die Anteile Wilhelms und Carls auf jeweils 30 Prozent festgesetzt.[171]

Was unter «Gesamtgeschäft» zu verstehen war, blieb ebenso unklar wie die «Gesamtinteressen», von denen Werner gerne sprach.[172] Beide Begriffe finden sich bereits in einem Brief Werners an Carl aus dem Jahr 1860 in fast synonymer Verwendung.[173] Das «Gesamtgeschäft» entsprach allenfalls ideell dem großen Familienunternehmen «Gebrüder Siemens», das Werner vorgeschlagen hatte. Faktisch war es nun eine Formel, die Werners Ziel eines geeinten Familienunternehmens Rechnung trug, ohne die von Wilhelm gewünschte Eigenständigkeit des Londoner Unternehmens infrage zu stellen. Siemens & Halske und Siemens Brothers waren durch Personalunion ihrer Gesellschafter miteinander verbunden; dies war eine enge Verknüpfung, zumal die Gesellschafter Brüder waren. Darüber hinaus hatten beide Unternehmen eine gemeinsame Kontenverwaltung.[174] Gleichwohl bestanden unter der Bezeichnung «Gesamtgeschäft» zwei eigenständige Unternehmen fort. Deren Verhältnis zueinander konnte sich in der nächsten Familiengeneration jederzeit ändern. Ein selbstständiges Geschäft in St. Petersburg war als dritter Pfeiler nicht mehr vorgesehen; das Kupferbergwerk Kedabeg blieb weiterhin ein eigenes Siemens-Unternehmen.

Mit Halske konnte eine einvernehmliche Lösung vereinbart werden. Er trat Ende 1867 als Gesellschafter aus, behielt ein Büro bei Siemens & Halske

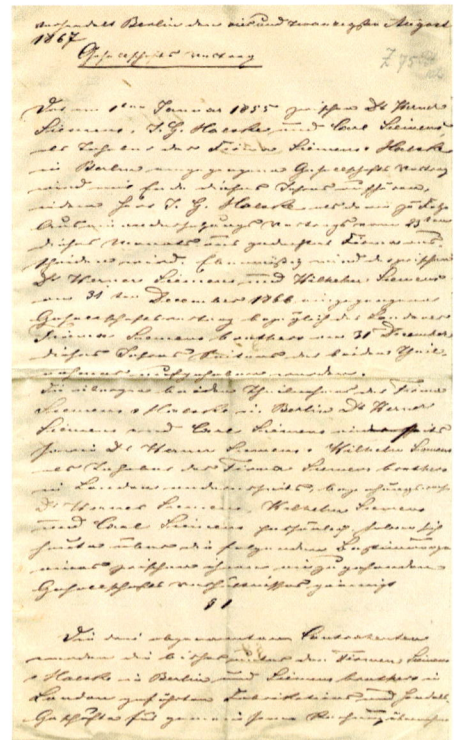

Gesellschaftsvertrag, 24. August 1867

und ließ 360 000 Taler – dies entsprach 60 Prozent seines Anteils am Gesellschaftskapital – als Darlehen mit fünf Prozent Verzinsung im Unternehmen, zum Teil in Form einer Hypothek auf dem Haus Markgrafenstraße 94. Für dieses Darlehen erhielt Halske zusätzlich zu den Zinsen noch einen Gewinnanteilszuschlag von zehn Prozent. Nach der Umstellung der Währung von Taler auf Mark belief sich sein Guthaben bei Siemens & Halske Anfang 1876 auf 2,195 Millionen Mark. Es wurde bis Ende 1881 vollständig zurückgezahlt.[175] Halske konnte es sich leisten, nach seinem Ausscheiden aus dem Unternehmen als Privatier zu leben. Er engagierte sich in der Lokalpolitik, als Stadtverordneter und als unbesoldeter Stadtrat.[176] Auch als Förderer des Berliner Kunstgewerbes und Kunstgewerbemuseums trat er hervor. Schon wegen des Darlehens von Halske war es naheliegend, dass das Unternehmen nach seinem Ausscheiden den Namen «Siemens & Halske» behielt. Werner wollte den Namen auch später nicht ändern, zumal dieser nun eine international eingeführte Marke geworden war.[177]

Kapitel 9
Megaprojekte

Die Indo-Europäische Telegrafenlinie

Schon in den Anfangsjahren der elektrischen Telegrafie kam in England der Gedanke auf, eine Linie nach Indien zu errichten, als Kommunikationsachse des britischen Weltreichs. Jacob und John Watkins Brett legten 1845 der britischen Regierung einen derartigen Plan vor, der sich allerdings als undurchführbar erwies.[1] Den strategischen Interessen der Weltmacht entsprach es, interkontinentale Telegrafenlinien so weit wie möglich mit Unterseekabeln zu bauen. Die zukünftigen Nervenstränge des Empires sollten aus Sicherheitsgründen nicht über das Territorium anderer Länder führen, wo sie abgehört und unterbrochen werden konnten. Die ersten Überlegungen der Siemens-Brüder für den Bau einer Telegrafenlinie nach Indien gingen hingegen von einer oberirdischen Verlegung durch Russland aus. Nach dem Ende des Krimkriegs erwogen sie, das von Carl in Südrussland verlegte Kabel über den Kaukasus und Persien nach Indien weiterzuführen. Werner dachte vorübergehend auch an eine «Nordlinie» von Archangelsk nach Tiflis mit einer Verlängerung nach Indien.[2] 1856 sprachen die Brüder mit dem Telegrafendirektor von Britisch-Indien, William O'Shaughnessy, über ein derartiges Projekt. O'Shaughnessy baute damals ein Telegrafennetz auf dem indischen Subkontinent auf und bezog von Siemens & Halske Apparate für die Linie zwischen Bombay und Kalkutta.[3] Die Siemens-Brüder mussten ihre Indienpläne dann wegen eines Aufstands in Persien und fehlender politischer Unterstützung aus St. Petersburg erst einmal zurückstellen.[4]

Folglich setzten Werner und Wilhelm nun auf die in England favorisierte Variante eines Unterseekabels nach Indien. Gemeinsam mit ihrem damaligen Partner Newall & Co. beteiligten sie sich an der Kabelexpedition

Linke Seite: Kabelverlegungsschiff *Faraday*, 1874

der Red Sea and India Telegraph Company. In London hielt man die Verlegung eines Seekabels nach Indien inzwischen für machbar, und nach dem indischen Sepoy-Aufstand von 1857 gab es hier auch ein massives Interesse von Politik und Militär an einer schnellen Nachrichtenverbindung in die wichtigste Kronkolonie. Der desaströse Ausgang des Red-Sea-Projekts zwang zum Umdenken. Nun suchte die britische Regierung nach Möglichkeiten, Indien auf dem Landweg an das europäische Telegrafennetz anzuschließen. Mit diesem Ziel unterstützte sie das Projekt des Osmanischen Reichs, eine Telegrafenlinie von Konstantinopel, dem heutigen Istanbul, an den Persischen Golf zu bauen («Ottoman Line»). Parallel dazu konnte das britische India Department ein Seekabel von Karatschi durch den Persischen Golf nach Westen verlegen.[5] Für den Betrieb dieser Unterseelinie wurde ein eigenes Indo-European Telegraph Department der Regierung von Britisch-Indien mit Sitz in London gegründet. Anfang 1865 konnten die «Ottoman Line» und das britische Seekabel durch den Persischen Golf bei Fao – der einzigen Hafenstadt des heutigen Irak – miteinander verbunden werden. Indien war nun an das europäische Telegrafennetz angeschlossen, doch schon bald häuften sich die Beschwerden über den Depeschenverkehr auf der «Ottoman Line». Die interkontinentalen Depeschen wurden hier nicht getrennt von anderen befördert und waren im Durchschnitt fünf bis sechs Tage unterwegs.[6]

Bereits 1862 hatte zudem die russische Telegrafendirektion eine Linie von Moskau nach Tiflis in Auftrag gegeben, die später bis Teheran weitergeführt werden sollte. Die Siemens-Brüder witterten hier eine Chance für ihr Vorhaben einer Telegrafenlinie über Russland nach Indien. Im Kaukasus hatte Siemens & Halske bereits 1858 die erste Telegrafenlinie der Region zwischen Tiflis und Kodjori gebaut und zwei Jahre später ein Kabel von Tiflis nach Poti am Schwarzen Meer verlegt.[7] Da für die Arbeiten im Kaukasus ein tüchtiger Mechaniker benötigt wurde, hatte Carl von St. Petersburg aus Werner vorgeschlagen, ihren Bruder Walter nach Tiflis zu schicken, auch um diesem Gelegenheit zu geben, «seinen Leichtsinn abzulegen und seine Tüchtigkeit zu zeigen».[8] Walter zog 1860 nach Tiflis, baute das dortige Geschäft von Siemens & Halske recht erfolgreich aus und wurde auch zum preußischen Honorarkonsul ernannt. Später erwarb und pachtete er gemeinsam mit Carl im Kaukasus Erdölquellen. Die Siemens-Brüder betrieben schließlich 270 Ölquellen und gehörten damit zu den Pionieren des Ölgeschäfts in der Kaukasusregion.[9]

Nachdem die georgische Hauptstadt durch die Inbetriebnahme der Linie Moskau–Tiflis an das europäische Telegrafennetz angeschlossen worden war,

Telegrafenlinien zwischen Europa und Indien 1865–1870

vereinbarten die russischen Behörden mit der persischen Regierung den Bau einer Telegrafenverbindung von Tiflis nach Teheran. Obwohl sich Carl in St. Petersburg sehr für dieses Projekt eingesetzt hatte, kam Siemens & Halske hier nicht zum Zug. Im Januar 1865 war die Linie nach Teheran fertiggestellt. Dort konnte sie an ein Kabel angeschlossen werden, das vom britischen Indo-European Telegraph Department von Buschehr am Persischen Golf nach Teheran verlegt wurde. Indien war nun von London aus auf zwei Wegen, über Paris/Konstantinopel/Bagdad und über Berlin/Moskau/Teheran, telegrafisch zu erreichen.[10] Für ein Siemens-Kabel nach Indien gab es gleichwohl nach wie vor Bedarf. Die neue Linie über Tiflis und Teheran funktionierte noch schlechter als die Ottoman-Linie über Bagdad. Depeschen waren hier ein bis zwei Wochen unterwegs oder gingen häufig ganz verloren.[11]

So war es naheliegend, dass Werner, Wilhelm und Carl im Laufe des Jahres 1865 erneut über den Bau einer eigenen Telegrafenlinie nach Indien nachdachten. Hierfür war es inzwischen nicht mehr erforderlich, ein Kabel bis nach Indien zu verlegen. Da die Linie des Indo-European Telegraph Department von Karatschi über den Persischen Golf nach Teheran recht gut funktionierte, genügte es, die geplante «Siemens-Linie» in Teheran an dieses Kabel anzuschließen.[12] Obwohl die neue Linie größtenteils durch Russland verlaufen sollte, ging es den Siemens-Brüdern bei diesem Projekt vor allem

Die Indo-Europäische Telegrafenlinie

Walter Siemens, undatiert

um Einfluss in England und den Markt im britischen Weltreich. Mit einer Telegrafenverbindung von London nach Teheran wäre man «die vierte Macht in England», schrieb Wilhelm in dem ihm eigenen Überschwang an Carl.¹³

Das Projekt «Anglo-India-Linie», wie es zunächst genannt wurde, hatte eine andere Größenordnung als alle bisher von den Siemens-Brüdern gebauten Telegrafenlinien. Es war nicht nur eine technische und logistische Herausforderung, sondern verlangte auch diplomatisches Geschick, da Konzessionen von vier Staaten benötigt und neue Formen der Finanzierung sowie die Gründung einer eigenen Trägergesellschaft erforderlich wurden. Alles in allem war dieses Projekt für die drei Siemens-Brüder wie maßgeschneidert. Sie konnten hier die Vorteile nutzen, die die Verteilung ihrer Geschäftsaktivitäten auf London, Berlin und St. Petersburg bot. Kein anderes Unternehmen der Telegrafen- und Kabelbranche verfügte sowohl in Großbritannien als auch in Russland und in Preußen über derart gute Verbindungen zu den zuständigen Behörden. Wilhelm bearbeitete in London den stellvertretenden Direktor des Indo-European Telegraph Department, John Underwood Champain (ab 1870 Bateman-Champain), Werner den preußischen Telegrafendirektor Franz von Chauvin und Carl in St. Petersburg die russische Telegrafendirektion, an deren Spitze seit 1866 wieder Kapitän Karl von Lüders stand, mit dem das Russlandgeschäft von Siemens & Halske einst begonnen hatte.¹⁴

In London hatte sich inzwischen ein Untersuchungsausschuss des Parlaments mit den Mängeln der Telegrafenverbindungen nach Indien beschäftigt. Es bestand Konsens, dass eine weitere Linie erforderlich war, doch wurde heftig darüber diskutiert, ob sie als Unterseekabel oder als Landtelegraf gebaut werden sollte. Die britische Regierung war bereit, den Bau einer neuen Linie durch Russland zu unterstützen. Wilhelm, Werner und Carl konnten das India Office durch ein innovatives Konzept von ihrem Plan überzeugen. Die Anglo-India-Linie sollte durchgehend über einen eigenen Draht für die Beförderung der Indiendepeschen verfügen. Diese würden dann nicht mehr, wie auf den bisherigen Linien, zwischen anderen Depeschen stecken bleiben. Ferner sollte die neue Linie von Siemens-Mitarbeitern und nicht von lokalem Personal gewartet werden. Hinzu kam noch der Vorteil des multinationalen «Gesamtgeschäfts» der Siemens-Firmen. Wilhelm konnte die Anglo-India-Linie in London über Siemens Brothers als britisches Projekt aufziehen, und Carl würde in St. Petersburg die Konzession für Siemens & Halske, eine preußische Firma, beantragen.¹⁵

Im Januar 1867 einigten sich Wilhelm, Carl und Werner auf die Streckenführung. Entgegen ursprünglichen Plänen, das Kabel von London nach St. Petersburg zu führen und dort mit dem russischen Netz zu verknüpfen, sollte die Anglo-India-Linie nun über Berlin, Warschau, Odessa und Tiflis nach Teheran gebaut werden. Die preußische Telegrafenverwaltung war bereit, ein eigenes Kabel ausschließlich für die Depeschen dieser Linie zur Verfügung zu stellen. Nach langwierigen Verhandlungen konnte auf dem ersten Teilstück zwischen London und Norderney ein zusätzliches Kabel gemietet werden. Hier wurde für die neue Verbindung nach Indien eine Linie genutzt, die Paul Julius Reuter, dem Inhaber des Londoner Nachrichtenbüros Reuters, gehörte.¹⁶

Im Laufe des Sommers 1867 erhielten Siemens Brothers die Zustimmung der britischen Regierung und Siemens & Halske die preußische Konzession für das Projekt. In London wie in Berlin war die Genehmigung eher eine Formsache. In St. Petersburg gestalteten sich die Verhandlungen dagegen schwieriger. Carl kam hier nur mit politischer Unterstützung aus Berlin und London voran. Aus außenpolitischen Gründen lenkte die russische Regierung schließlich ein. Zar Alexander II. unterschrieb im September 1867 die Konzession.[17] Eine Herausforderung besonderer Art war es, eine Konzession der persischen Regierung zu erhalten. Werner schickte dafür seinen Bruder Walter nach Teheran, der durch seine Tätigkeit in Transkaukasien schon etwas mit orientalischen Gebräuchen vertraut war. Walter fuhr im Juni 1867 nach Persien, mit 30 000 Rubel Bargeld ausgestattet, und verhandelte dort über ein halbes Jahr lang. Er wurde auch dem Schah vorgestellt, verteilte Geschenke und Bestechungsgelder. Nachdem er der persischen Regierung eine kostenlose Nutzung der Linie und Abgaben für die Betriebsführung zugesagt hatte, gelang es ihm, eine Konzession zu erhalten, ausgestellt auf «Messrs Siemens».[18] Im Januar 1868 kehrte Walter nach Tiflis zurück. Sein Erfolg in Teheran war eine bemerkenswerte Leistung des 35-Jährigen, der nur eine Ausbildung als Schlossergeselle absolviert hatte. Werner blieb allerdings skeptisch: «Zu so was ist Walter sehr brauchbar, weniger zu strenger regelmässiger Arbeit!»[19]

Während der Verhandlungen über die Konzessionen hatten Werner, Wilhelm und Carl bereits verschiedene Pläne zur Finanzierung des Megaprojekts erörtert. Um das benötigte Kapital aufzubringen und das finanzielle Risiko zu begrenzen, bot es sich an, eine Trägergesellschaft auf Aktienbasis zu gründen. Der beste Ort hierfür war zweifellos London als weltweit führender Finanzplatz mit vielen im Indiengeschäft engagierten Kaufleuten und Bankiers. Eine Gründung in London würde auch den Erwartungen der britischen Regierung an dieses Projekt entsprechen und der Zusammenarbeit mit dem Indo-European Telegraph Department förderlich sein. Wilhelm und Carl waren dazu fest entschlossen, doch Werner behagte diese Vorstellung nicht. Es widersprach seinem Selbstverständnis als Unternehmer, eine Firma zu gründen, die keine eigene Fertigung hatte und eher eine Finanzierungsgesellschaft war. Da es an Alternativen fehlte, wollte er zumindest die Gründung einer Aktiengesellschaft und eine allzu starke Abhängigkeit von britischem Kapital vermeiden. Er schlug den Brüdern vor, in Berlin eine «Commandit Gesellschaft mit wenigen Theilnehmern» zu errichten, die das benötigte Kapital aufbringen sollte.[20] Werner konnte sich ein gemeinsames Geschäft mit dem Bankhaus Rothschild und dem A. Schaaffhausen'schen Bankverein vorstellen, bei dem Siemens & Halske und Siemens Brothers sich mit einer Sperrminorität von gut 25 Prozent des Kapitals an der Trägergesellschaft beteiligten. Ihm war es wichtig, dass «wir die ganze Sache in der Hand behalten».[21] Wieder einmal war Werner bereit, wegen eines persönlichen Prinzips ein hohes Risiko einzugehen. Als Komplementär einer Kommanditgesellschaft hätte er mit seinem gesamten Vermögen gehaftet. Nach und

Georg Siemens, 1866

nach sah er ein, dass es bei einem derart hohen Kapitaleinsatz sinnvoller war, die Haftung zu begrenzen und das Risiko auf eine größere Zahl von Aktionären zu verteilen. Im Juli 1867 spielte er aus Sorge vor einem Krieg in Vorderasien sogar mit dem Gedanken, das «Gesamtgeschäft» von Siemens & Halske und Siemens Brothers in eine Aktiengesellschaft umzuwandeln.[22] Einen Monat später akzeptierte er schließlich auch, dass die Aktiengesellschaft zur Finanzierung der neuen Indienlinie in London gegründet wurde.[23] Da in der britischen Hauptstadt seit Kurzem bereits eine Anglo-Indian Telegraph Company Ltd. bestand, mussten sich die Siemens-Brüder einen neuen Namen für diese Trägergesellschaft ausdenken. Wilhelm schlug die Bezeichnung «Indo-European Direct» vor.[24] Man einigte sich schließlich auf «Indo-European Telegraph Company Ltd.».

Für die Verhandlungen um den Gesellschaftsvertrag zur Gründung dieses Unternehmens schickte Werner einen jungen Verwandten nach London: Georg Siemens, den Sohn des Vetters Johann Georg und seiner Frau Marie. Der 29-jährige Georg hatte in Heidelberg Rechtswissenschaft studiert, war nun Referendar am Landgericht in Aachen und nahm Werners Auftrag gerne an, obwohl er mitten im Assessorexamen stand und seine schriftliche Prüfung verschieben musste. Sein Vater, der Justizrat, war davon nicht begeistert, aber Georg wollte sich diese Chance nicht entgehen lassen. Er fand eine Tätigkeit im Unternehmen seiner Verwandten interessanter als die

Rechtspflege und fühlte sich Werner auch persönlich verbunden. Ein Jahr zuvor hatte er von Aachen aus nach einem Besuch in Berlin an seinen Vater geschrieben: «Unter allen Leuten dort ist mir doch Werner Siemens der liebste wegen der ungemeinen Frische seiner Anschauungen, seiner Pläne und der Anregung die er jedermann zu geben weiß und wegen großer Zähigkeit.»[25]

Es stellt sich freilich die Frage, warum Werner dieses verantwortungsvolle Mandat nicht einer erfahrenen Londoner Anwaltskanzlei übertrug, sondern einem jungen Verwandten, der zuvor noch nie in England gewesen war. Offenbar war für ihn in diesem Fall Vertrauen wichtiger als Expertenwissen. Aus Georgs Briefen an seinen Vater geht hervor, dass er in London mit sensiblen Geschäftsunterlagen zu arbeiten hatte und alle Details von Werners Überlegungen erfuhr.[26] Einem Anwalt wollte sich Werner nicht in dieser Form ausliefern, aber Georg, der im Haus Markgrafenstraße 94 aufgewachsen war und ihn verehrte, glaubte er unbegrenzt vertrauen zu können. Möglicherweise gab es noch ein weiteres Motiv. Dass Juristen in die private Wirtschaft gingen, war damals noch unüblich. Werner benötigte aber bei einem Großprojekt wie der Indo-Europäischen Telegrafenlinie einen Juristen, der ständig für das Unternehmen arbeitete und den er in verschiedene Länder schicken konnte. Es ist gut vorstellbar, dass er die Fähigkeiten des jungen Verwandten testen wollte. Nachdem sich Georg bei den Verhandlungen in London bewährt hatte, wurde er, allerdings nur nebenamtlich, Syndikus von Siemens & Halske.[27]

Am 4. April 1868 wurde in London die Indo-European Telegraph Company Ltd. als Trägergesellschaft des Projekts mit einem Kapital von 450 000 Pfund gegründet. Die Siemens-Brüder übertrugen die erhaltenen Konzessionsrechte auf die neue Gesellschaft und erhielten von dieser für einen Pauschalbetrag von 400 000 Pfund den Bauauftrag.[28] Den Interessen der Siemens-Brüder entsprechend hatte die Gesellschaft internationalen Charakter, faktisch war sie ein britisch-deutsches Unternehmen. Das Management unter der Leitung von Henry Weaper saß am Firmensitz in London, die technische Leitung befand sich in Berlin, die Aufsichtsratsmitglieder kamen aus England, dem Norddeutschen Bund, Russland und Britisch-Indien. Siemens & Halske und Siemens Brothers übernahmen zusammen 20 Prozent des Aktienkapitals. Die Majorität der Anteile sollte von Banken nach Länderquoten im Publikum platziert werden.[29] Aktien des deutschen Kontingents konnten in Berlin, Hamburg und Bremen gezeichnet werden. Diese Anteile waren mit insgesamt 31 Prozent des Kapitals so bemessen, dass sie zusammen mit der Beteiligung der Siemens-Firmen eine Majorität er-

PROSPECT.

Indo - Europäische Telegraphen-Actien-Gesellschaft.

INDO-EUROPEAN TELEGRAPH COMPANY (LIMITED.)

Incorporirt unter dem Gesetz, Gesellschaften betreffend, vom Jahre 1862 und 1867.

Actien - Capital £ 450,000, in 18,000 Actien von £ 25, von welchen jetzt nur 17,000 Stück ausgegeben werden.

Einzahlung beim Zeichnungs-Antrag 1 £ per Actie. Zahlung bei der Zusicherung 4 £ per Actie. Einzahlungen von 5 £ per Actie werden in Zwischenräumen von mindestens 2 Monaten eingefordert.

OFFICIELLE DIRECTOREN:
Oberst VON CHAUVIN, General-Director der Telegraphen des Norddeutschen Bundes.
General VON LUEDERS, General-Director der Kaiserlichen Telegraphen in Russland.

DIRECTOREN:
Herr ROBERT GRIMSTON, Vorsitzender der Electric and International - Telegraph-Company, Vorsitzender.
„ W. H. BARLOW, Vorstandsmitglied des Instituts der Civil-Ingenieure.
„ J. H. GOSSLER (Firma Joh. Berenberg Gossler & Co.) in Hamburg.
„ Oberst JAMES HOLLAND, Vorsitzender von Reuter's Telegraphen-Company (limited).
„ H. H. MEIER (Firma H. H. Meier & Co.) in Bremen, Vorsitzender des Deutschen Lloyd.
„ L. OESTERREICH (Firma L. Knoop) in St. Petersburg.
„ W. E. QUENTELL (früher in der Firma Frühling & Göschen).
„ CHARLES B. SKINNER (Firma Jardine Skinner & Co.) in Calcutta.
„ General-Major G. B. TREMENHEERE, von den Bengalischen Ingenieurs.
„ J. HERBERT TRITTON (Firma Barclay, Bevan, Tritton, Twells & Co.).

(Herr C. W. SIEMENS wird auf Grund seiner Beziehungen zu den contrahirenden Firmen der Direction als Mitglied ohne votirende Stimme angehören).

BANQUIERS: Herren BARCLAY, BEVAN, TRITTON, TWELLS & CO. in London.
die General-Agentur DELBRUECK LEO & CO. in Berlin.
SYNDICI: Herren WILSON, BRISTOWS & CARPMAEL, Solicitors, 1 Copthall Buildings, London.
SECRETAIR: Herr H. WEAVER, Secretair der Electric and International-Telegraph-Company.
BUREAUX: vorläufig No. 3 GREAT GEORGE STREET, WESTMINSTER, S.W. London.

Der Zweck der Gesellschaft ist die Herstellung einer directen und unabhängigen Telegraphenlinie über Land zwischen England und Indien. Die projectirte neue Linie bildet zugleich eine Verbindung Europa's mit Asien und wird von London durch die Nordsee, Preussen, Südrussland und Persien gehen und von da aus die Linien der Indischen Regierung nach Indien benutzen.

Ausschliessliche Concessionen sind den Herren Siemens Brothers in London und den Herren Siemens & Halske in Berlin und Petersburg zu diesem Behufe von der Preussischen, Russischen und Persischen Regierung eingeräumt worden; dieselben sind auf einen Vertrag zwischen der Russischen und Preussischen Regierung (datirt St. Petersburg $\frac{19. April}{1. Mai}$ 1867) begründet und sind auf 25 Jahre, von der Eröffnung der Linien an gerechnet, gewährt.

Prospekt der Indo-Europäischen Telegraphen-AG (Indo-European Telegraph Comp. Ltd.), 1868

gaben. Werner versuchte zudem, möglichst viele Aktien über persönliche Kontakte unterzubringen. So gelangten zusätzlich zur 20-prozentigen Beteiligung der Siemens-Firmen 6,66 Prozent des Kapitals in die Hände von Personen, denen er vertraute, was eine sichere Sperrminorität ergab. Zu diesen persönlich angeworbenen Aktionären gehörten auch Rudolf Virchow, Werners früherer Mitstreiter in der Fortschrittspartei, der Schwager Friedrich Crome und dessen Bruder, ein Hamburger Bankier.[30]

In England verlief die Platzierung der Aktien schleppend. Der starke preußische Einfluss und die kontinentale Ausrichtung des Projekts dürften der Nachfrage hier nicht förderlich gewesen sein. Auch wurden die Aussichten der Indo-European Telegraph Company in der britischen Presse zurückhaltend bewertet.[31] Für St. Petersburg war bei der Platzierung nur ein kleines Kontingent vorgesehen. Aus den Briefen der Siemens-Brüder ergibt sich, dass schließlich 36 Prozent der Aktien in Berlin, Hamburg und Bremen platziert worden sind, 4,5 Prozent in St. Petersburg und 39,5 Prozent in London.[32] Werner war es recht, dass der Anteil der im Norddeutschen Bund untergebrachten Papiere höher lag, als man erwarten konnte. Er sah darin einen Vertrauensbeweis für seine Person.[33]

Siemens & Halske wurde von der Indo-European Telegraph Company Ltd. mit dem Bau der Linie beauftragt. Die Arbeiten mussten erst auf russischem Territorium beginnen. Für das erste Teilstück von London nach Norderney konnte die Reuter-Linie genutzt werden, für das zweite, das von Emden durch Preußen bis zur russischen Grenze bei Thorn ging, sicherte Chauvin die Verlegung eines zusätzlichen Drahtes zu. Die neu zu errichtende Linie durch Russland und Persien mit einer Länge von rund 4700 Kilometern wurde in drei Bauabschnitte unterteilt, in denen die Arbeiten gleichzeitig begannen. Der russlanderfahrene Siemens-Ingenieur Daniel Hemp, Werners ehemaliger Offiziersbursche, leitete die Arbeiten auf dem ersten Abschnitt zwischen Thorn und der Hafenstadt Kertsch auf der Krim. Von dort wurde das Kabel durch das Schwarze Meer nach Poti gelegt, dann in einem zweiten Bauabschnitt unter der Leitung von Carl Höltzer weiter über Tiflis bis zur persischen Grenze bei Dschulfa. Der dritte Abschnitt, die Strecke durch Persien bis Teheran, stand unter der Oberaufsicht von Ernst Höltzer, einem Vetter Carl Höltzers. Ernst Höltzer kam für das Gelingen dieses Projekts eine Schlüsselrolle zu. Er hatte bereits neun Jahre zuvor für Siemens Brothers an Kabelexpeditionen von R. S. Newall im Mittelmeer teilgenommen und war als Mitarbeiter des britischen Indo-European Telegraph Department in leitender Position an der Verlegung der Linie von Teheran an den Persischen Golf beteiligt gewesen.[34] Für die Arbeiten in

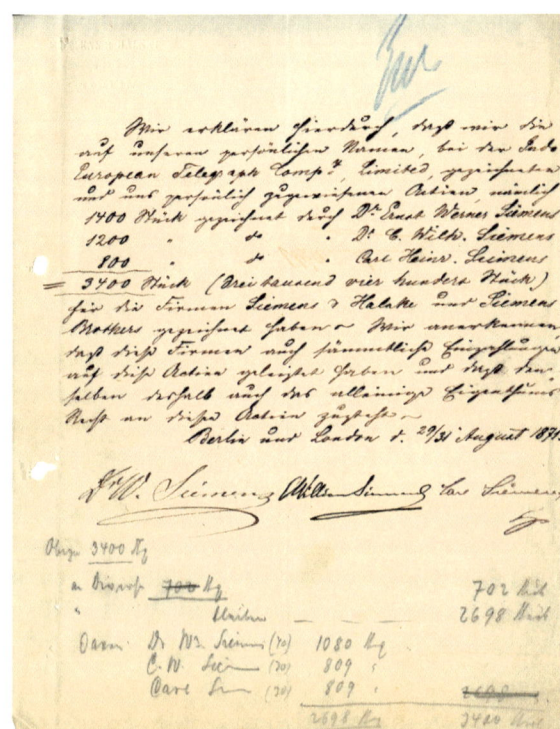

Erklärung der Brüder Siemens über ihre Zeichnung von Aktien der Indo-Europäischen Telegraphen-AG, 29./31. August 1871

Persien stellten die Siemens-Brüder dem Ingenieur noch einen jungen Verwandten an die Seite, Alexander Siemens, einen Sohn des Hannoveraner Oberamtsrichters Gustav Siemens, dessen Schwägerin Marie Gordon auch eine Schwägerin von Wilhelms Frau Anne war.[35]

Kaum dass die Arbeiten an der Indo-Europäischen Linie begonnen hatten, erhielt Werner eine Hiobsbotschaft aus Tiflis. Am 11. Juni 1868 war sein Bruder Walter gestorben, der seit acht Jahren das Geschäft im Kaukasus geleitet hatte. Besonders tragisch war die Verkettung von Leichtsinn und unglücklichen Umständen, die zu seinem Tod geführt hatte. Walter wollte auf ein Pferd aufspringen, glitt ab, kam unter die Hufe und erlitt einen Blasenriss.[36] Carl und Otto, die beide seit einem Jahr in Tiflis lebten, nahmen an der Beisetzung teil. Unter den Brüdern herrschte Bestürzung. Werner und Carl hatten oft an Walter gezweifelt, sahen ihn aber nach seinem Verhandlungserfolg in Teheran auf einem guten Weg. Carls Einschätzung änderte sich indessen bald wieder, da sich herausstellte, dass Walter beträchtliche Schulden hinterlassen hatte.[37]

Die Leitung der Filiale in Tiflis musste rasch wieder besetzt werden, damit die Arbeiten an der Indo-Europäischen Telegrafenlinie nicht in Verzug gerieten. Carl konnte diese Aufgabe nicht übernehmen. Er und seine kranke Frau Marie zogen auf ärztlichen Rat hin bald nach Walters Tod aus dem Kaukasus fort. Werner reiste im September 1868 selbst nach Tiflis, um die dortigen Geschäfte zu ordnen.[38] Er übertrug seinem jüngsten Bruder Otto die Leitung der Filiale, der dann auch Walters Nachfolger als Konsul des Norddeutschen Bundes wurde. Carl hielt Otto für ungeeignet, allein das Geschäft im Kaukasus zu leiten, doch Werner setzte sich durch, obwohl die Tifliser Filiale der St. Petersburger Niederlassung unterstand.[39] Mehr noch als Walter war Otto lange Zeit der «Sorgenbruder» seiner Geschwister gewesen. Doch hatte er trotz gesundheitlicher Probleme einige Jahre in England gearbeitet und dann Chemie studiert, zunächst in Karlsruhe, später in Göttingen, wo er 1861 promoviert wurde.[40] Als einziger der Siemens-Brüder besaß Otto einen Hochschulabschluss. Nach dem Studium ging er nach England zurück. 1864 zog er auf Werners Rat wegen des günstigeren Klimas nach Australien, wo er aber nicht auf Dauer bleiben wollte. Werner glaubte dann, dass der Bruder im Kaukasus nützlicher sein könnte als in Australien, woraufhin Otto nach Tiflis übersiedelte.[41] Als Chemiker untersuchte er nun Proben aus dem Kupferbergwerk Kedabeg. Vor allem betätigte er sich von Tiflis aus im Ölgeschäft seiner Brüder. Er übernahm die Leitung der Ölförderung und baute eine Raffinerie auf.[42]

Die Lücke, die durch Walters Tod entstanden war, konnte Otto nur zum Teil ausfüllen. Besonders fehlten ihm Kenntnisse über Persien, wie sie Walter während der Verhandlungen in Teheran gewonnen hatte. Dabei zeichnete sich nun ab, dass die persische Konzession für die Indo-Europäische Linie neu ausgehandelt werden musste. Auf der zweiten internationalen Telegrafenkonferenz in Wien war die Gebühr für Depeschen nach Indien von 87,5 auf 71 Franc herabgesetzt worden. Mit diesem Satz war die Indo-Europäische Telegrafenlinie unrentabel.[43] Damit sich das Projekt noch rechnete, mussten Kosten eingespart werden, was praktisch nur durch eine Senkung der Abgaben in Persien möglich war. Zudem wollte das britische Indo-European Telegraph Department eine Konzession für eine Telegrafenlinie im Süden Persiens abgeben, über die sich die Indo-Europäische Linie zu günstigeren Bedingungen führen ließ. Vor diesem Hintergrund waren neue Verhandlungen in Teheran unumgänglich. Werner entschloss sich, seinen neuen Syndikus Georg Siemens als Generalbevollmächtigten nach Persien zu schicken.[44]

Georg fuhr im Oktober 1868 nach Teheran und verhandelte dort über neun Monate lang. In Geschäftsbriefen und langen Reiseberichten an seine

Bautrupp der Indo-Europäischen Telegrafenlinie mit Ernst Höltzer, Teheran, 1868

Eltern schilderte er ausführlich seine Erlebnisse.[45] Der junge Syndikus musste sich in einer völlig fremden Welt zurechtfinden und sich deren Regeln nach und nach erschließen.[46] Dass er sich auf niemanden wirklich verlassen konnte, machte seine Verhandlungen nicht einfacher. Auch an die Praktiken Ernst Höltzers, des Leiters dieses Bauabschnitts der Indo-Europäischen Linie, musste sich Georg erst gewöhnen. Dieser verstand es, sich bei den häufigen Überfällen auf die Baustellen auch mit der Schusswaffe durchzusetzen. Nach anfänglichen Schwierigkeiten arbeiteten Georg und Höltzer dann recht gut zusammen.[47]

Mitten in Georgs Verhandlungen platzte die Nachricht, dass eine britische Telegrafengesellschaft mit hohem Kapitaleinsatz begonnen hatte, ein Seekabel von Malta über Suez und durch das Rote Meer nach Indien zu verlegen. Die British India Submarine Telegraph Company war eines von vielen Unternehmen des «Kabelkönigs» John Pender, der seine Macht mit dem Zusammenschluss zwischen Glass, Elliot & Co. und der Gutta Percha Company zur Telcon begründet hatte. Der zu Penders Imperium gehörenden Anglo-American Telegraph Company war es unter der Leitung des amerikanischen Ingenieurs Cyrus W. Field im Juli 1866 erstmals gelungen, Europa und die USA durch ein dauerhaft betriebsfähiges Transatlantikkabel zu verbinden. Nach der Eröffnung des Suezkanals beabsichtigte Pender, auch eine Seekabelverbindung durch das Rote Meer herzustellen. Es konnte kaum ein Zweifel daran bestehen, dass seiner Gesellschaft dies besser gelingen würde als der sieben Jahre zuvor durchgeführten Expedition der Red Sea and India Telegraph Company. Pender hatte für sein Indienprojekt ein Kapital von 1,2 Millionen Pfund eingesammelt – die Indo-European Telegraph Company war mit 450 000 Pfund ausgestattet – und konnte das Kabel von vier Schiffen verlegen lassen, darunter der bereits im Atlantik bewährte Segeldampfer *Great Eastern*, der damals als das größte Schiff der Welt galt.[48]

Da das Unterseekabel schneller verlegt werden konnte als das Landkabel durch den Kaukasus, musste Werner damit rechnen, dass die British India Submarine Telegraph Company eine leistungsfähige Telegrafenverbindung nach Indien bieten konnte, bevor die Arbeiten an der Indo-Europäischen Linie abgeschlossen waren. Georg trieb die Verhandlungen in Teheran jetzt noch entschiedener voran, er rechnete damit, dass es «ein scharfes Rennen» mit der britischen Konkurrenz geben würde, und bereitete für den schlimmsten Fall schon einmal den Verkauf des persischen Teilstücks der Indo-Europäischen Linie vor.[49] Im Mai 1869 konnte Georg die Verhandlungen in Teheran erfolgreich abschließen. Er hatte eine neue Konzession für die Indo-Europäische Linie zu den gewünschten Konditionen erhalten und dazu noch eine weitere für den Bau einer Telegrafenlinie zwischen Bender und Shirah Abbas im Süden Persiens, die sich allerdings als wertlos erwies.[50]

Knapp ein Jahr später konnte die Indo-Europäische Telegrafenlinie in Betrieb genommen werden. Wilhelm und Werner eröffneten sie am 12. April 1870 mit einer Generalprobe in der Londoner Station in Anwesenheit des britischen Telegrafendirektors, eines Mitglieds des Councils of India und anderer hochrangiger Gäste. Dabei gelang es, eine Depesche innerhalb von einer Minute nach Teheran und innerhalb von 28 Minuten in das rund 11 000 Kilometer entfernte Kalkutta zu übermitteln. Für den Telegrafenverkehr nach Indien war damit ein neuer Maßstab gesetzt. Ein «schöner succès», schrieb Werner noch am selben Tag an Carl.[51] Doch fiel auf diesen Erfolg ein Schatten. Das britische Indienkabel durch das Rote Meer war fast drei Wochen früher, am 25. März 1870, in Betrieb gegangen.[52] Nach Werners Informationen dauerte die Beförderung der Depeschen auf dieser Linie zwar zehn bis zwölf Stunden,[53] doch Pender arbeitete an Verbesserungen und krönte seinen Erfolg im Roten Meer durch die Verlegung eines Anschlusskabels von England nach Malta. Bereits Ende Juni 1870 war es möglich, über ein britisches Seekabel von London nach Indien zu telegrafieren. Dieses

Telegrafenmast der Indo-Europäischen Linie in Persien, undatiert

Ereignis wurde in der britischen Hauptstadt als eigentlicher Anschluss nach Indien gefeiert.⁵⁴ Ein Jahr später konnte über das Seekabel der British India Submarine Telegraph Company das Ergebnis des britischen Derbys in fünf Minuten von London nach Kalkutta übermittelt werden.⁵⁵

Die «vierte Macht in England», von der Wilhelm geschwärmt hatte, war Pender geworden, nicht Siemens. Der aus Schottland stammende «Kabelkönig» stand für einen neuen Typ von Unternehmer, der sich von Erfinder- und Familienunternehmern wie Werner grundlegend unterschied. John Pender war kein Techniker, sondern Kaufmann. Er war auch nicht Eigentümer eines Unternehmens, sondern baute mit Fremdkapital aus der Londoner City und den bei der Verstaatlichung des innerbritischen Telegrafennetzes im Jahr 1868 erhaltenen Entschädigungen ein Firmenkonglomerat aus Kabelherstellern und Telegrafengesellschaften auf. 1872 fusionierte er mehrere Telegrafengesellschaften zur Eastern Telegraph Company, der größten Kabelbetreibergesellschaft der Welt. Werner lagen diese Methoden fern, er unterschätzte Pender vielleicht auch deshalb zunächst und hielt ihn für einen Schwindler. Als die British India Submarine Telegraph Company das Seekabel von Malta durch das Rote Meer nach Indien verlegte, schrieb er an Carl: «Zu so kolossalen Schwindelgeschäften hätte ich doch keine Lust. Das sind brillante Erscheinungen, die wieder in nichts zusammenfallen! Ich ziehe ein solides Geschäft vor mit gutem Verdienst, aber makellos und nicht so aufreibend!»[56] Abgesehen davon, dass Werners eigene Geschäfte durchaus aufreibend und mit beträchtlichen Risiken behaftet waren, verkannte er schlichtweg Penders System. Der Kaufmann setzte auf das neue amerikanische Modell eines Branchentrusts, gründete insgesamt 32 Telegrafengesellschaften und strebte ein Monopol über alle Stufen der Wertschöpfungskette, von der Kabelfertigung über die Verlegung bis zum Betrieb von Telegrafenlinien, an.[57] Als Erster hatte er Seekabelexpeditionen mit einem eigenen, für Kabelverlegungen umgerüsteten Schiff, der *Great Eastern,* durchführen lassen.

Der Betrieb der Indo-Europäischen Telegrafenlinie wurde erst nach einigen Jahren rentabel. Schon am 1. Juli 1870 brachte ein Erdbeben im Schwarzen Meer den Depeschenverkehr auf dieser Linie für sechs Monate zum Erliegen.[58] Nachdem die Einnahmen der Indo-European Telegraph Company 1872 durch Unterbrechungen und Tarifsenkungen stark zurückgegangen waren, machte Pender Wilhelm ein Übernahmeangebot. Der Vorstand der Gesellschaft in London sympathisierte mit dieser Lösung. Werner konnte eine Übernahme nur durch Mobilisierung der deutschen Aktionäre verhindern.[59] In den folgenden Jahren besserte sich die Ertragslage, die Aktionäre erhielten ansehnliche Dividenden, doch im Mai 1877 wurde die Linie durch einen Krieg zwischen Russland und dem Osmanischen Reich erneut für mehrere Monate unterbrochen. Das Management ging nun eine Kassenvereinigung mit Penders Eastern Telegraph Company ein. Fünf Jahre später lief der *Remonte*-Vertrag der Indo-European Telegraph Company mit Siemens & Halske aus, eine Verlängerung kam nicht zustande.[60] Zu diesem Zeitpunkt hatte Penders Globe Telegraph and Trust Company bereits rund ein Viertel des Aktienkapitals der Gesellschaft erworben. Die Siemens-Brüder wollten nun aus der Indo-European Telegraph Company aussteigen. Dafür mussten sie aber erst mit der Reichstelegrafenverwaltung in Verhandlungen treten, da ihre preußische Konzession sie verpflichtete, 20 Prozent des Kapitals dieser Gesellschaft zu halten. 1888 konnten sich die Siemens-Firmen schließlich aus der Indo-European Telegraph Company zurückziehen. Die Telegrafenlinie blieb bis 1931 in Betrieb.[61]

Die Siemens-Brüder waren mit der Indo-Europäischen Linie in den Wettlauf um die «Verkabelung der Welt»[62] eingestiegen, doch dieses selbst initiierte Projekt brachte ihnen keine Aufträge zur Verlegung und zum Betrieb ähnlich großer Telegrafenlinien ein. Die Zukunft gehörte nicht der

John Pender, undatiert

Landtelegrafie, sondern der Seekabeltelegrafie, deren Technik inzwischen ausgereift war. Allein im Jahr 1870 wurden 14 neue Seekabel gelegt.[63] Pender hatte bei den Unterseelinien fast ein Monopol, seine Möglichkeiten schienen unbegrenzt. Nach Fertigstellung des Seekabels zwischen England und Indien führte er diese Linie weiter nach Singapur und von dort aus nach Australien, Indochina und China.[64] In Ostasien hatte Penders Eastern Telegraph Company lediglich Konkurrenz von der dänischen Great Northern Telegraph Company, die mit einer russischen Konzession ein Seekabel von Sibirien nach Japan verlegte. Anfang Januar 1872 war auch Japan an das globale Telegrafennetz angeschlossen.[65] Erstaunt schrieb Werner damals an Wilhelm, er habe Depeschen aus Japan gesehen, die am selben Tag aufgegeben worden seien. Er hielt die Zeit für gekommen, «über China-Indien via Teheran in nähere Besprechungen einzutreten!»[66] Doch inzwischen war Ostasien längst durch mehrere Kabel an das europäische Telegrafennetz angebunden.

Die damaligen Megaprojekte der Telegrafengesellschaften haben die globale Kommunikation entscheidend beschleunigt. Die durchschnittliche Dauer für die Übermittlung einer Depesche nach Indien hatte 1869 noch bei 9 Tagen, 10 Stunden und 39 Minuten gelegen, 1873 waren es nur noch 3 Stunden und 9 Minuten.[67] In vielen Bereichen ergaben sich durch die neue Kommunikationsgeschwindigkeit tief greifende Veränderungen. Die Märkte reagierten weltweit schneller aufeinander, der interkontinentale Handel war immer weniger auf Mittelsmänner angewiesen, Börsencrashs konnten sich in kurzer Zeit global ausbreiten, Politik und Öffentlichkeit waren über Vorgänge auf anderen Kontinenten aktuell informiert. Dass Meldungen innerhalb von Stunden veraltet sein konnten, bedeutete für die Diplomatie höheren Druck und ließ auch im Journalismus ein neues Zeitalter anbrechen.[68]

Ob die Siemens-Brüder dem großen Spiel der globalen Telegrafenbauunternehmer gewachsen waren, musste sich auch nach Inbetriebnahme der Indo-Europäischen Linie erst noch zeigen. Siemens Brothers stellte zwar *submarine cables* her und hatte auch bereits einen Großauftrag zur Fertigung von Kabeln für eine Unterseelinie in Ostasien,[69] aber in der Verlegung von Seekabeln war man in Woolwich kaum erfahren. Carl und Wilhelm erkannten bald, dass das Unternehmen ein großes Seekabelprojekt als Referenz benötigte, wollte es im globalen Wettbewerb mithalten.[70]

Privatgeschäfte und Familie

Der Bau der Indo-Europäischen Telegrafenlinie hatte auf das Russlandgeschäft von Siemens & Halske keinen Einfluss. Seit Auslaufen der *Remonte*-Verträge im Jahr 1867 befand sich die einst boomende St. Petersburger Niederlassung in Abwicklung. Geblieben waren nur die verlustreichen Firmen Carls bei St. Petersburg und das ebenfalls mit hohen Verlusten arbeitende Kupferbergwerk Kedabeg samt den Ölquellen im Kaukasus. Carl zog im Juni 1868 mit seiner Frau Marie und den drei Kindern aus Tiflis fort, zunächst nach Österreich. Bei einer Untersuchung in Wien stellten die Ärzte fest, dass Marie Tuberkulose im fortgeschrittenen Stadium hatte. Schon am 1. Februar 1869 starb sie in Berlin.[71] Nun wollte Carl nicht mehr nach St. Petersburg zurückkehren. Er zog mit dem Sohn Werner und den Töchtern Charlotte und Marie nach London mit dem Ziel, dort die Leitung von Siemens Brothers zu übernehmen. Elf Jahre lang blieb Carl in London. Fast wider Erwarten geriet er dort kaum in Konflikte mit Wilhelm, der sich nun stärker auf wissenschaftliche Arbeiten und auf Erfindungen verlegte. Beide Brüder zogen in nebeneinandergelegene Häuser an den Kensington Gardens und kamen auch als Nachbarn gut miteinander aus.[72]

Nach Carls Weggang aus Tiflis blieb nur Otto als einziger der Siemens-Brüder in Russland. Knapp zwei Jahre nach Übernahme der Filialleitung in Tiflis heiratete er dort im Juni 1870 Annette Swjatopolk-Mirski geb. von Krehmer, die Witwe eines russischen Fürsten und Tochter eines deutsch-

Otto Siemens, undatiert

baltischen Bankiers. Begeistert schrieb er Werner, seine Frau sei «trotz ihrer 33 Jahre graziös wie ein Reh, fröhlich geistreich und unendlich taktvoll!»[73] Die neue Schwägerin war Werner, Wilhelm und Carl unbekannt. Ein Jahr nach der Hochzeit besuchten Otto und Annette Berlin und London. Die Brüder zeigten sich von Ottos Frau sehr angetan. Wilhelm schrieb, Annette habe in London alle Herzen erobert und sei eine glückliche Wahl.[74] Sorgen machten hingegen die Geschäfte im Kaukasus. Die Siemens-Brüder waren zunehmend entschlossen, sich aus dem defizitären Kupferbergwerk Kedabeg zurückzuziehen. Werner schrieb damals an Otto:

> «Wir können und wollen nicht mehr Geld im Kaucasus vergraben. Karls ganzes Vermögen steckt im Bergwerk resp. Tiflis und es frisst bisher mehr wie der günstigste Gang der übrigen Geschäfte einbringt. Auch ich bin durch den Kaukasus incl. Ind. Linie vollständig gelähmt. Wir müssen aus dieser ungesunden Lage heraus, es koste was es wolle. […] Kedabeg macht uns noch arm und verrückt zu gleicher Zeit.»[75]

Otto sah dies in Bezug auf Kedabeg nicht anders: «Kedabeg ist faul in der Wurzel. Es liegt darauf ein ganz besonderer Fluch und wenn Ihr neben Eurem Vorteil auch nur in geringem Masse Interesse für mein psychisches Wohl-

Privatgeschäfte und Familie

ergehen habt, so müsst ihr einsehen, dass der Verkauf des Werks eine Notwendigkeit ist.»[76]

Werners jüngstem Bruder war nach der Heirat kein langes Glück beschieden. Ganz überraschend starb Otto am 10. Oktober 1871 in Tiflis an einer Lungenlähmung, nachdem er sich bei einem Ritt erkältet hatte.[77] Für Werner war die Nachricht vom Tod des Bruders ein Schock, er zog sich einige Tage völlig zurück. An seinen Schwiegervater schrieb er:

> «Otto war mein Schmerzensbruder, kann ich wohl sagen. Seine Erziehung, aus einer verwahrlosten Kindheit heraus, hat mir obgelegen, ich habe oft gefürchtet, dass ich dabei ein schlechter Verwalter gewesen wäre und war schliesslich glücklich, dass aus ihm ein tüchtiger und guter Mensch geworden war! Gerade die vielen Sorgen, die mir Otto gemacht hat, machten ihn mir besonders lieb, und nun gerade, wo er gut situiert und glücklich verheiratet war, musste er so plötzlich abgerufen werden!»[78]

Carl fuhr zu der verzweifelten Witwe. Er hegte für Annette Sympathien, war aber nicht bereit, ihretwegen wieder nach Tiflis zu ziehen.[79] Werner und Wilhelm überlegten, ob Annette nicht «eine gute Repräsentantin von Karl's Hauswesens» in London sein könne, befürchteten aber, dass sie einer von ihnen sehr gewünschten Wiederverheiratung Carls im Weg stehen könne.[80] Die Schwägerin konnte Carl nach den damaligen Regeln der englischen Gesellschaft nicht heiraten. Annette wohnte eine Zeit lang bei Carl, zog dann aber nach Estland, lebte dort mit ihrer Schwester Katharina von Gernet zusammen in einer Villa in Hapsal (Haapsalu) und heiratete nicht wieder. Durch Zusagen ihrer Schwäger war sie finanziell abgesichert.[81]

Nach Ottos Tod waren Werner und Carl entschlossen, das Geschäft im Kaukasus aufzugeben. Doch das heruntergewirtschaftete Kupferbergwerk Kedabeg musste erst wieder in die schwarzen Zahlen geführt werden, bevor es zum Verkauf angeboten werden konnte.[82] Einen Konkurs konnten sich Carl und Werner nicht leisten, da ein Teil ihres Vermögens in Kedabeg gebunden war. Erst Jahre später wurden die Brüder von dem Albtraum eines großen Vermögensverlusts im Kaukasus erlöst. Das Kupferbergwerk hatte ab 1876 mit William Bolton erstmals einen fähigen technischen Leiter, der in der Lage war, den Betrieb erfolgreich zu reorganisieren und Gewinne zu erwirtschaften.[83]

Die Tatsache, dass durch die hohen Verluste in Kedabeg ein wachsender Teil des Vermögens von Carl und Werner im Kaukasus eingefroren war, machte die Brüder noch stärker als bisher vom Kapital abhängig, das Halske nach seinem Ausscheiden als verzinstes Darlehen im Unternehmen gelassen

Louis Siemens, undatiert

hatte. Die «hauptsächliche Grundlage» sei inzwischen Halskes Kapital, schrieb Werner Ende Januar 1871 an Carl.[84] Trotz der knappen Finanzdecke war es Werner in diesen Jahren ein Anliegen, der Familie zu weiteren Unternehmen zu verhelfen. Offenbar wollte er nach dem Desaster im Kaukasus den Firmenbesitz in Deutschland breiter aufstellen. 1872 gründeten Werner und Carl gemeinsam mit ihrem Vetter Louis in Berlin die Firma Gebr. Siemens & Co. Louis hatte sein Gut in Langenreichenbach bei Torgau schon länger verpachtet und war nach Dresden gezogen. Dort waren ihm einige Erfindungen gelungen, darunter auch ein Spiritusmessapparat, von dem Werner viel hielt. Das neue Unternehmen Gebr. Siemens & Co. sollte diesen Apparat herstellen. Man erwarb dafür ein Gebäude in Charlottenburg am Salzufer, nicht weit von Werners Villa entfernt.[85] Gerne hätte Werner auch seinen Schwiegervater in diese Firma aufgenommen. Karl Siemens beschäftigte sich in Hohenheim schon seit Langem mit Verbesserungen an Destillierapparaten und hatte damals einen neuen «Rotations-Apparat» entwickelt. Werner bot ihm an, gemeinsam mit Louis und dem Ingenieur Krimping in das neue Unternehmen als Gesellschafter einzutreten, das zunächst «Siemens, Halske & Co.» heißen sollte. Karl konnte sich jedoch nicht zu einer Beteiligung entschließen. In diesem Zusammenhang äußerte sich Werner in einem Brief an seinen Schwiegervater ausführlich über seinen Vetter Louis, der zusammen mit Krimping die Leitung der Firma Gebr. Siemens & Co. übernahm:

> «Louis ist kernbrav, dafür kann ich aus 35jähriger intimer Bekanntschaft gutsagen, er ist tätig, sehr, fast zu sehr gründlich und gewissenhaft in allem was er tut, und er kennt das Spiritusfach gründlich. Uebrigens habe ich einen sehr grossen Einfluss auf ihn, und wenn er auch etwas räsonniert und disputiert, so bin ich doch sicher, ihn nach meinem Willen lenken zu können, ohne dass er selbst viel davon merkt.»[86]

Zusätzlich zu Gebr. Siemens & Co. hatte Werner in jener Zeit die Gründung eines weiteren Familienunternehmens im Blick. Er suchte nach einer Möglichkeit, gemeinsam mit Wilhelm ein Eisenbergwerk zu erwerben, das für ein neues, von diesem praktiziertes Verfahren der Stahlerzeugung genutzt werden konnte. Die französischen Erfinder Pierre und Emile Martin hatten 1866 von Wilhelm die Zusage erhalten, den auch von Friedrich in Dresden erfolgreich angewendeten Regenerativofen zur Gewinnung von Stahl nutzen zu dürfen. Schon bald war es ihnen gelungen, ein neues Verfahren zu entwickeln, das als «Siemens-Martin-Verfahren» später die Stahlherstellung revolutionierte.[87] Wilhelm einigte sich mit Pierre und Emile Martin auf eine Verwertung des Siemens-Martin-Verfahrens und ging die Errichtung eines Stahlwerks in Landore bei Swansea in Wales an, das 1869 unter der Leitung seines Schwagers Donald Gordon den Betrieb aufnahm. Obwohl das Stahlwerk in Landore hohe Verluste erwirtschaftete, sah Werner in diesen Aktivitäten seines Bruders die Basis für ein neues Familienunternehmen.[88] Nachdem er bereits vergeblich in Sachsen und bei den Gruson-Werken in Magdeburg vorgefühlt hatte, wollte er im März 1872 in der Nähe von Wetzlar ein dem Fürsten zu Solms-Braunfels gehörendes Eisenbergwerk mit Kohlengruben und einem Hüttenwerk erwerben.[89] Wieder hatte Werner ein visionäres Ziel vor Augen: eine «grosse Siemenssche Berg- und Hüttengesellschaft» im Privatbesitz der Brüder. Eine Million Taler wollte er für den Kauf der Gruben aufbringen, eine weitere Million für den Bau der Hütte. Er war der Meinung, es «müsste doch merkwürdig sein, wenn das Werk dann nicht bald dem Kruppschen die Waage hielte!».[90] Damit stieß er jedoch bei Wilhelm auf keine Gegenliebe, der lediglich einen Zulieferbetrieb für sein Stahlwerk wollte. Enttäuscht schrieb Werner am 9. März 1872 an den Bruder: «Ich hatte mehr ein dauernd im Besitz der Familie bleibendes, wesentlich eigenes Werk im Auge, wo Du immer Herr bist und beliebig experimentieren kannst, Du scheinst die Anlage wie jede andere aufzufassen …»[91] Dennoch war Werner im April 1872 entschlossen, für das Eisen- und Kohlenbergwerk samt der Hütte zwischen 1,3 und 1,5 Millionen Taler zu zahlen. Er beabsichtigte, einen Bankkredit aufzunehmen und für die Hütte eine eigene Aktiengesellschaft zu gründen.[92] Schließlich hatte er aber gegenüber der Firma Friedr. Krupp das Nachsehen, die sich ebenfalls für dieses Bergwerk interessierte und bereit war, einen höheren Kaufpreis zu zahlen.[93]

Im Zusammenhang mit dem Bau der Indo-Europäischen Telegrafenlinie hatte Werner bereits zwei jüngere Verwandte bei Siemens & Halske eingestellt: Alexander und Georg. Auch dabei dürfte er die Festigung des Firmenbesitzes der Familie im Blick gehabt haben. Nach dem Tod Walters fehlte es an Brüder-Nachwuchs, und nachdem auch Otto gestorben war, gab es keinen jüngeren Bruder mehr, der in absehbarer Zeit leitende Positionen bei Siemens & Halske oder Siemens Brothers hätte übernehmen können. Bis Werners Söhne so weit waren, würden noch zehn Jahre vergehen, Wilhelm hatte keine Kinder, und Carls einziger Sohn Werner Hermann verspürte keinerlei Neigung, Unternehmer zu werden. Für die Zukunft des Familienunternehmens als «Weltfirma à la Rothschild» war es ein erhebliches Risiko, wenn kein Ersatz für die derzeitige Leitung bereitstand.

Von den beiden jüngeren Verwandten war Alexander als Adoptivsohn Wilhelms eine Führungsrolle bei Siemens Brothers zugedacht. Georg wurde unter den Brüdern für eine ähnliche Position in Berlin gehandelt, nachdem Werner den jungen Juristen testamentarisch zum Vormund seiner Kinder bestimmt hatte. Carl schrieb am 14. Oktober 1869 an Wilhelm: «Wenn z. B. Werner etwas Menschliches passieren sollte, was soll dann aus dem Berliner Geschäft werden? Ist aber Georg mit seinem Geschäftsgange vertraut, so kann er die Leitung übernehmen, wozu er sowieso schon als Vormund von Werners Kindern berufen sein würde.»[94] Carl Haase, der langjährige Leiter der kaufmännischen Verwaltung von Siemens & Halske, soll damals gesagt haben: «Die Dynastie soll durch Georg gerettet werden.»[95]

Georgs geschickte Verhandlungsführung in London und Teheran brachte ihm allerdings noch ein anderes Angebot ein. Adelbert Delbrück, der als Berliner Bankier der Indo-European Telegraph Company deren Aufsichtsrat angehörte, bot Georg einen Vorstandsposten in einer neuen Bank für Auslandsgeschäfte an. Delbrück hatte für dieses Projekt sechs weitere Privatbanken, darunter die Bankhäuser Deichmann und Magnus, die Württembergische Vereinsbank sowie den liberalen Politiker Ludwig Bamberger gewonnen. Das Ziel dieses Komitees, eine «Deutsche Bank» zu gründen, um die Finanzierung des deutschen Außenhandels von Londoner Merchant Banks zu verringern, fand in Berlin politische Unterstützung. Es entsprach nicht nur der allgemeinen Stimmung der Reichsgründungszeit, sondern lief auch gewissermaßen parallel zur Strategie der Siemens-Brüder in der Kabel- und Telegrafenbranche. Auch sie wollten ein britisches Monopol nicht hinnehmen. Am 26. Januar 1870 schrieb Georg an Carl nach London:

> «Hier ist vor wenigen Tagen ein neues Unternehmen, sogen. ‹Deutsche Bank› in Angriff genommen, deren Absicht es ist, ihre Geschäfte nach Indien und Amerika auszudehnen […] Mein persönliches Interesse ist dabei auch im Spiele. Ich möchte gern Direktor werden und zwar, da ich nicht erster werden kann, zweiter oder dritter.»[96]

Zwei Monate später gehörte Siemens & Halske zu den zahlreichen Zeichnern des Gründungskapitals der «Deutschen Bank», mit einer Beteiligung von 17 600 Talern (0,35 Prozent).[97] Angeblich wollte Delbrück Georg zunächst als Syndikus der neuen Bank einstellen. Da dieser auf einer leitenden Tätigkeit bestand, habe er ihm einen Vorstandsposten angeboten.[98] Die Position des ersten Direktors erhielt der Bankier Hermann Wallich, der damals die Filiale einer französischen Bank in Shanghai leitete und erst im Herbst 1870 nach Berlin wechselte. Damit die Deutsche Bank schon im April das Geschäft aufnehmen konnte, stellte Delbrück zum 23. März 1870 Georg und den deutsch-amerikanischen Wertpapierhändler Wilhelm A. Platenius als Vorstandsmitglieder ein, obwohl beide keine bankmäßige Ausbildung hatten. Georg verließ den Justizdienst, war aber zunächst nicht bereit, ausschließlich auf die Deutsche Bank zu setzen. In einem Schreiben vom 22. März 1870 an den Aufsichtsratsvorsitzenden Delbrück teilte er mit: «Ich behalte mir indessen vor, meine Stelle als Syndikus der hiesigen Firma Siemens & Halske vorläufig noch fortzuführen, solange dieselbe mit den Geschäften der Deutschen Bank nicht kollidiert, […].»[99] Darauf wollte sich Delbrück offenbar nicht einlassen. Georg schied bei Siemens & Halske aus und leitete dann rund dreißig Jahre lang die Deutsche Bank.[100]

Für Werner wird es zunächst eine Enttäuschung gewesen sein, dass Georg ins Bankfach wechselte, hatte er ihn doch für eine leitende Position bei Siemens & Halske im Blick. Es war aber nur zu verständlich, dass Georg sich die Chance, im Alter von 30 Jahren leitender Direktor einer neuen Aktienbank zu werden, nicht entgehen lassen wollte. Im Familienunternehmen Siemens & Halske wäre er wahrscheinlich immer in der zweiten Reihe geblieben, erst unter Werner und dann unter dessen Söhnen, er war ja nur der Sohn des Vetters.[101] Das gute persönliche Verhältnis zwischen Werner und Georg wurde durch dessen Eintritt in die Deutsche Bank nicht getrübt. Werner dürfte nach den Erfahrungen mit der Gründung der Indian-European Telegraph Company geahnt haben, dass ihm Georg auch als Vorstand der Deutschen Bank recht nützlich sein konnte.

Transatlantikkabel

Im März 1871 teilte Werner seinem Bruder Carl in London mit, Hermann Wallich habe ihn am Rand der Aktionärsversammlung der Deutschen Bank gefragt, «ob wir geneigt wären, uns bei einem direkten deutsch-amerikanischen Kabel, wofür in Amerika jetzt große Meinung und viel Geld vorhanden wäre, zu beteiligen».[102] Die Deutsche Bank war von amerikanischen Investoren beauftragt worden, ein derartiges Projekt auszuloten. Die Situation am Kapitalmarkt war damals nicht nur in den USA, sondern auch in dem wenige Monate zuvor entstandenen Deutschen Reich äußerst günstig. Nach dem deutsch-französischen Krieg brach hier ein «Gründungsboom» aus, der durch die französischen Reparationszahlungen noch weiter angeheizt wurde. In großer Zahl entstanden neue Aktiengesellschaften, an den Börsen herrschte Spekulationsfieber. Fast täglich kamen neue Gerüchte auf, bald wurde auch auf eine Umwandlung von Siemens & Halske in eine Aktiengesellschaft spekuliert.[103]

Die von Wallich übermittelte Anfrage amerikanischer Investoren verlief aus welchen Gründen auch immer im Sand. Möglicherweise war Werner wegen der Verluste bei der Indo-Europäischen Telegrafenlinie nicht bereit, ein neues Großprojekt zu wagen. Zudem hatten die Siemens-Firmen bisher kein einziges längeres Seekabel erfolgreich verlegt. Das Desaster des Cartagena-Oran-Projekts dürfte Werner noch sehr präsent gewesen sein, und erst ein Jahr zuvor war das Küstenkabel der Indo-Europäischen Telegrafenlinie im Schwarzen Meer ausgefallen.[104] Doch Carl, der nun die Geschäfte von Siemens Brothers in London leitete, drängte Werner zunehmend, seine Bedenken gegen ein Transatlantikprojekt zurückzustellen. Das Kabelwerk von Siemens Brothers in Woolwich war seit der Fertigstellung der Indo-Europäischen Linie nicht mehr ausgelastet. Carl suchte nach Großaufträgen und spielte schon mit dem Gedanken, andernfalls das gesamte Londoner Geschäft und die Indo-Europäische Telegrafenlinie zu verkaufen.[105] Im

Dezember 1872 gelang es Carl schließlich, einen Auftrag für die Fertigung und Verlegung eines Kabels an der brasilianischen Küste zu erhalten. Dieses Projekt warf wenig Gewinn ab, bot aber Siemens Brothers die Chance, sich mit dem Bau einer langen Unterseelinie zu profilieren. «Denn bevor wir nicht ein größeres Kabel gelegt haben, rechnet man uns nicht als voll», schrieb Carl damals an Werner.[106]

Mit dieser Feststellung lag Carl durchaus richtig. Die Zukunft der Telegrafie würde der inzwischen ausgereiften Technik der *submarine cables* gehören, das hatte nicht zuletzt der Wettbewerb zwischen dem britischen Seekabel nach Indien und der für Störungen viel anfälligeren Indo-Europäischen Telegrafenlinie gezeigt. Bei den Seekabeln besaß Penders Konzern auf allen Kontinenten nahezu ein Monopol. Penders «Kabelring» hatte auch die Transatlantiktelegrafie völlig in der Hand, alle drei bestehenden Transatlantikkabel gehörten dieser Gruppe. Mit seinen weitreichenden Verbindungen sorgte Pender dafür, dass andere Kabelhersteller wie Siemens Brothers nicht mit Aufträgen bedacht wurden. 1873 begann der «Kabelkönig» auch noch, seine Beteiligungen gemeinsam mit Cyrus W. Field, dem «Vater» des ersten Transatlantikkabels, zu einem globalen Trust auszubauen, der Globe Telegraph and Trust Company. Auf beiden Seiten des Atlantiks hatte sich inzwischen aber auch Unmut über den Kabelring angestaut, da Pender für Depeschen zwischen Europa und den USA Monopolpreise berechnete. Der Ruf nach einem «ringfreien», von Pender unabhängigen Transatlantikkabel wurde immer lauter.[107]

Da Siemens Brothers nicht mit einem Auftrag für ein Transatlantikkabel rechnen konnte, ging Carl daran, ein eigenes Projekt aufzuziehen. Seine Hoffnungen richteten sich dabei besonders auf Georg und die Verbindungen der Deutschen Bank: «Die Zukunft unseres englischen Geschäfts hängt jetzt geradezu ab von Georgs savoir faire», schrieb er an den Bruder in Berlin.[108] Werner blieb skeptisch, vor allem wegen des finanziellen Risikos. In Deutschland hätten bereits viele Anleger ihr Geld in die zahlreichen spekulativen Neugründungen gesteckt, teilte er Wilhelm mit und warnte vor einem bevorstehenden Crash: «Alles Vorboten großen Sturms, der sicher bald über Europa gehen und alles nicht ganz Solide wegfegen wird!»[109] Georg begann nun, Investoren zu suchen, reiste dafür nach London, doch dort war die Bereitschaft, sich an diesem Projekt zu beteiligen, nicht allzu groß.[110] Erfolgreicher war er in Paris. Über einen Vertrauensmann Wilhelms konnte hier das Bankhaus Corneille, David & Co. für die Finanzierung gewonnen werden.[111]

Wie schon bei der Indo-Europäischen Telegrafenlinie, so wurde nun im März 1873 für das Transatlantikkabelprojekt eine eigene Trägergesellschaft

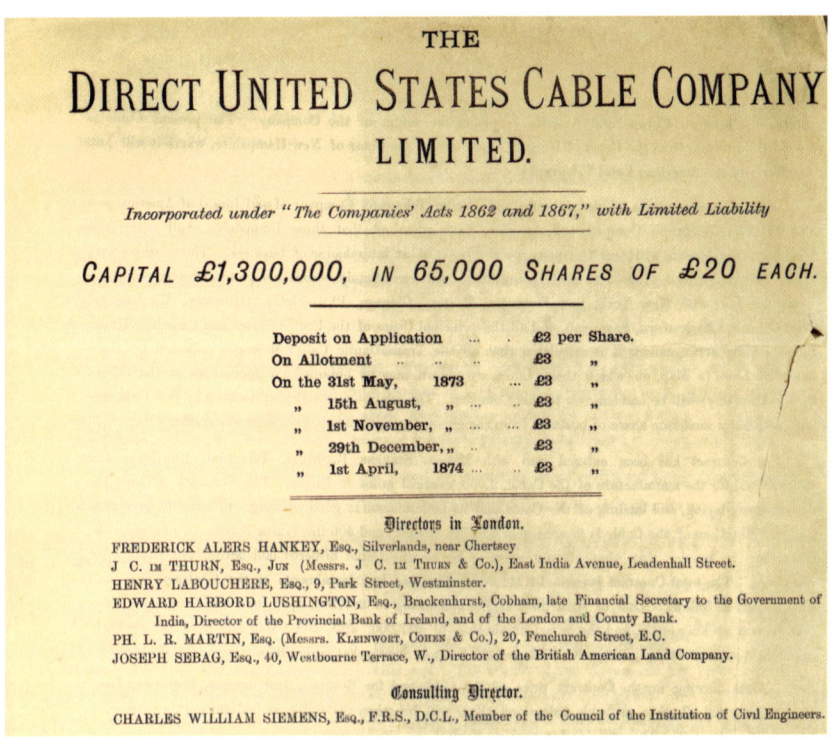

Prospekt der Direct United States Cable Company Ltd. (Ausschnitt), 1873

mit Sitz in London gebildet, die Direct United States Cable Company Ltd. Der Name wurde gewählt, weil das Kabel von Irland aus bis in die Vereinigten Staaten führen sollte und nicht, wie die bisherigen Transatlantiklinien, in das kanadische Neufundland, wo sich die Globe Telegraph and Trust Company das alleinige Landungsrecht gesichert hatte.[112] Das Aktienkapital der Gesellschaft wurde auf 1,3 Millionen Pfund festgesetzt, davon entfielen 800 000 Pfund auf das Gründerkonsortium. Siemens & Halske und Siemens Brothers beteiligten sich mit insgesamt 50 000 Pfund.[113] Corneille, David & Co. konnte rund ein Drittel des Aktienkapitals in Frankreich unterbringen, gut 20 Prozent sollten auf das Vereinigte Königreich entfallen, etwas kleinere Kontingente auf Belgien, Deutschland und die USA.[114] In England gab es bei der Platzierung Probleme. Die Globe Telegraph and Trust Company von Pender und Field versuchte, die Konkurrenz durch eine gezielte Kampagne niederzuhalten. Die *Times* riet von einem Kauf der Aktien ab, da schon viel Geld für Kabel im Ozean versenkt worden sei.[115] Aber auch Georgs Kollegen im Vorstand der Deutschen Bank hielten sich bedeckt und lehnten ein größeres Engagement ihres Instituts ab, weil sie das Seekabelgeschäft skeptisch beurteilten.[116] Georg sprang ein und erwarb aus seinem und seines Vaters Privatvermögen ein Aktienpaket im Nominalwert von 20 000 Pfund. Was ihn hierzu bewogen hat, war später zwischen Georg und Werner umstritten; Georg war überzeugt, mit seinem Einsatz die Finanzierung der Direct United States Cable Company gerettet zu haben. So berichteten es später Hermann Wallich und Georgs Schwiegersohn und Biograf Karl Helfferich.[117] Wallich schrieb ferner, er habe sich «in der Generosität Werner Siemens' verrechnet» und nicht geglaubt, dass dieser den Sohn seines Vetters im Stich lassen würde.[118]

Aus Werners Briefen an Georg ergibt sich ein anderes Bild. Demnach hat Georg das Aktienpaket zu einem Zeitpunkt gekauft, als die Aussichten der Direct United States Cable Company wegen der erteilten Landeerlaubnis in den USA günstig standen und die Aktien beim spekulationswütigen Publikum in London wie in Berlin gefragt gewesen seien. «[Du] bekamst auch eine so gute Meinung von der Sache, dass Du die bekannten 20 000 Lst mehr zeichnetest», schrieb Werner am 27. November 1873.[119] So gesehen wollte Georg mit dem Aktienkauf nicht seinen Verwandten helfen, sondern sich auf eigene Rechnung an der Spekulation beteiligen. Der Bankier hätte sich damit fast ruiniert. Im Sommer 1873 war nämlich der von Werner schon länger erwartete «große Sturm» von Wien ausgehend am Londoner Finanzmarkt angekommen, und die Überspekulation hatte in einem Crash geendet.[120] Die Aktien der Direct United States Cable Company waren nun praktisch unverkäuflich. Georg beklagte sich bitter bei Werner: «Du wirst mir zugeben, dass es hart ist, mich für meine Bereitwilligkeit, Euch zu dienen, circa 80 000 [Taler], also mein ganzes Vermögen u. die Hälfte von meines Vaters Vermögen (der mir 100 000 gab) verlieren zu lassen».[121] Zwischenzeitlich hat Georg, für den auch sein Ruf als Bankier auf dem Spiel stand, wohl die Nerven verloren. Er schrieb Wilhelm einen Brief, den Werner als persönlichen Angriff auf die Moral und Ehre der Siemens-Brüder ansah.[122] Als sich der Konflikt in der Deutschen Bank herumsprach, soll Georg gegenüber Wallich stolz erklärt haben: «Um Geld entzweien sich die Siemens nicht.»[123] Tatsächlich hatte wohl Georgs Brief zu dem Zerwürfnis geführt. Erst fünf Jahre später versöhnte sich Werner wieder mit dem Sohn seines inzwischen verstorbenen Vetters.[124]

Unter dem Verfall der Aktienkurse hatte natürlich auch Siemens & Halske gelitten und mehr noch Siemens Brothers. Dennoch gingen die Vorbereitungen für das Transatlantikprojekt weiter, und zur Genugtuung der Siemens-Brüder hatten auch Cyrus W. Fields große Pläne durch den Börsen-

Kabelschiff *Faraday*, 1874

crash einen empfindlichen Rückschlag erlitten.¹²⁵ Als Lehre aus den frühen Seekabelexpeditionen legten Wilhelm und Carl großen Wert auf ein optimal ausgerüstetes Kabelschiff. Wilhelm gab bei der Werft Mitchell & Co. in Newcastle den Bau eines eigenen Kabelschiffs für 130 000 Pfund in Auftrag. Am 17. Februar 1874 wurde das Schiff vom Stapel gelassen und von Wilhelms Frau Anne auf den Namen *Faraday* getauft, eine Hommage an den Entdecker des Elektromagnetismus. Mit 111 Metern Länge war die *Faraday* weitaus kleiner als die *Great Eastern* der Eastern Telegraph Company, aber sie war das erste speziell für Kabellegungen konstruierte Schiff.¹²⁶

Am 16. Mai 1874 lief die *Faraday* von Woolwich mit dem Kabel an Bord in den Nordatlantik aus. Carl hatte die Leitung der Expedition übernommen, Ludwig Löffler, der schon reichlich Erfahrung mit Seekabelverlegungen hatte, war mit an Bord.¹²⁷ Als das Kabelschiff Ende Juni mit der Verlegung des ersten Teilstücks von Torbay bei Halifax in Neuschottland nach Rye Beach bei Portsmouth im US-Bundesstaat New Hampshire begann, saß Werner mit gemischten Gefühlen in Charlottenburg und wartete auf Nachrichten. Er war diese Rolle nicht gewohnt. «So untätig aus der Ferne zuzusehen, wie eigenes Wohl und eigene Ehre von anderen gehandhabt werden, ist wieder drückend», schrieb er am 30. Juni 1874 an Antonie, die damals in ihre schwäbische Heimat gefahren war.[128]

Zwei Tage später erreichte Werner eine niederschmetternde Depesche von Wilhelm. Die Nachrichtenagentur Reuters hatte aus Halifax gemeldet, dass die *Faraday* gegen einen Eisberg gefahren und mit der gesamten Besatzung untergegangen sei. Dieser 2. Juli 1874 war für Werner eigentlich ein Ehrentag, auf den er sich schon lange gefreut hatte. Die physikalisch-mathematische Klasse der Preußischen Akademie der Wissenschaften hatte ihn einstimmig zum ordentlichen Mitglied gewählt und für den 2. Juli einen Festakt zur feierlichen Aufnahme der neuen Mitglieder angesetzt.[129] Die Hiobsbotschaft aus London erreichte Werner, unmittelbar bevor er in die Akademie ging. Mit äußerster Disziplin zwang er sich, dennoch seine Antrittsrede zu halten. Im Stillen hoffte er, dass sich die Nachricht vom Untergang der *Faraday* als Falschmeldung erweisen würde.[130] In der Nacht zum 3. Juli erhielt Werner dann tatsächlich die Mitteilung, dass in Amerika von einem derartigen Unglück nichts bekannt sei. Wenig später traf bei Wilhelm eine Depesche von Carl ein. Die Reuters-Meldung entpuppte sich als «reines Börsenmanöver».[131] Vor der Fabrik von Siemens Brothers in Woolwich hatten sich auf die Falschmeldung hin bereits trauernde Frauen und Kinder von Besatzungsmitgliedern der *Faraday* versammelt.[132]

Die Besatzung des Kabelschiffs war wohlauf, hatte lediglich einen Fehler im Kabel entdeckt und lange nach der Ursache suchen müssen. Auch hatte es an Bord einige Konflikte zwischen Carl und Löffler gegeben. Nachdem das erste Teilstück an der nordamerikanischen Küste verlegt worden war, kehrte die *Faraday* nach Woolwich zurück, um das Kabel für die Hauptstrecke durch den Atlantik aufzunehmen. Als Anfang September 1874 die Verlegung von der irischen Westküste aus begann, hielt es Werner nicht in Charlottenburg. Er saß nun in der Landstation Ballinskelligs Bay, um die dortigen Operationen zu leiten. Schon nach wenigen Tagen riss das Kabel; in England hieß es erneut, die Expedition sei gescheitert («It is a rotten Cable»).[133] Wilhelm wurde nervös, er hielt es für einen Fehler, dass der in Tiefseeverlegungen völlig unerfahrene Carl ohne Löffler losgefahren war. «Von der glücklichen Durchführung dieses Unternehmens hängt unser Ruf, unsere Ehre und unser Vermögen ab», schrieb er an Werner.[134] Carl gelang es schließlich, das Kabel wieder aufzunehmen, doch wenige Tage später brach es erneut und konnte trotz langer Suche nicht gerettet werden. Die *Faraday* musste unverrichteter Dinge nach Woolwich zurückkehren.

Zwischen den Brüdern gab es nach diesem Misserfolg einige Auseinandersetzungen. Wilhelm forderte, die Leitung des nächsten Versuchs dem erfahrenen Löffler zu übertragen. Dies verlangten auch die beunruhigten Aktionäre der Direct United States Cable Company. Doch Carl vertrug sich nicht mit Löffler und wollte Siemens Brothers verlassen, wenn man diesen ihm vorzog. Werner stellte sich hinter Carl und drohte, Siemens Brothers bei einem Weggang Carls aufzulösen. Als Werner nachweisen konnte, dass das in Woolwich hergestellte Kabel fehlerhaft gewesen war, Carl somit keine Schuld traf, gelang es schließlich, Carl und Löffler zu einem gemeinsamen neuen Anlauf zu bewegen.[135] Am 25. Oktober lief die *Faraday* mit dem Begleitschiff *Ambassador* erneut aus, die Verlegung ging gut voran, bis die Expedition rund 550 Kilometer vor Neufundland in einen Sturm geriet und das Kabel riss. «Es geht der Weg durch Nacht zum Licht!», schrieb Carl seinen Brüdern zu Weihnachten von Bord der *Faraday* aus.[136] Es sollte noch ein längerer und mühseliger Weg werden.

Am 4. April 1875 begann der dritte Versuch. Trotz weiterer Hindernisse gelang es, das Kabel bis Torbay zu legen, allerdings mit schweren Isolationsfehlern. Carl versuchte fast einen Monat lang vergeblich, die Fehler zu beheben, und musste nach London zurückkehren.[137] Die Direct United States Cable Company verlangte nun, Löffler mit der Reparatur zu beauftragen. Ihre Aktionäre hatten bereits viel Geld verloren, der Kurs der Aktie stand nur noch bei der Hälfte des Nominalwerts. Die Siemens-Brüder waren nach dem erneuten Misserfolg niedergeschlagen und schickten im August 1875 Löffler mit der *Faraday* zu einer Hilfsexpedition an die nordamerikanische Küste. Löffler gelang es in recht kurzer Zeit, das Kabel herauszufischen und die Schäden zu reparieren. Am 5. September 1875 war die Transatlantiklinie betriebsbereit, zehn Tage später konnte der Depeschenverkehr aufgenommen werden.[138]

Doch damit waren die Probleme nicht beendet. Pender und Field wollten sich mit dem Verlust ihres Monopols bei der Transatlantiktelegrafie nicht abfinden. Die Globe Telegraph and Trust Company war dabei in der Wahl der Mittel nicht zimperlich. Sie unterbot durch Rabatte die Preise des neuen Konkurrenten und streute wilde Gerüchte. Noch schlimmer war, dass das Kabel der Direct United States Cable Company in den folgenden Monaten drei Mal mutwillig durch Sabotage unterbrochen wurde. Um den Nachweis dafür glaubwürdig erbringen zu können, beauftragte die Gesellschaft zwei prominente britische Experten mit einer Begutachtung. Diese kamen zu dem Ergebnis, dass das Kabel technisch einwandfrei war und «durch gewaltsame Anwendung eines Werkzeugs» beschädigt worden sei.[139] Beim dritten Anschlag konnte die Besatzung der *Faraday* feststellen, dass das Kabel mit einer Axt durchgehauen worden war. Zu einer Klage gegen die Globe Telegraph and Trust Company reichten die Beweise nicht aus, da die Täter unerkannt blieben. Die Sabotageakte hörten erst auf, nachdem die *Faraday* in Halifax stationiert worden war, damit sie jederzeit Reparaturen am Kabel durchführen konnte.[140]

Pender fand freilich bald einen Weg, die lästige Konkurrenz dauerhaft auszuschalten. Ähnlich wie schon bei der Indo-European Telegraph Company waren das Management und die Aktionäre der Direct United States Cable Company für Angebote des Kabelkönigs empfänglich. Pender gelang es, die Kapitalmehrheit der Gesellschaft zu erwerben. Im April 1877 konnte er das Unternehmen seinem Kabelring einverleiben.[141] Die Aktionäre der Direct United States Cable Company mochten gehofft haben, unter Penders Dach aus ihren Verlusten herauszukommen, doch dies war nicht der Fall. Im März 1880 lag der Kurs der Aktie immer noch 45 Prozent unter dem Ausgabekurs. «Die Banquiers und wir stecken uns die Taschen voll und die armen Aktionäre haben dafür zu bluten», schrieb Carl damals an Werner. Der Bruder hielt nun nichts mehr von dem Modell einer börsennotierten Finanzierungsgesellschaft, sah darin «schmutzige Geschäfte», die er nicht länger betreiben wollte.[142]

Während der Verlegung des Transatlantikkabels hatte Siemens Brothers durch eine Schiffskatastrophe bei einem anderen Projekt einen schweren Rückschlag erlitten. Das Unternehmen war von der Brazil and River Plate Telegraph Company mit der Verlegung eines Seekabels von Rio de Janeiro nach Uruguay beauftragt worden, eine Strecke von rund 2260 Kilometern Länge. Im Mai 1874 begann ein Team von Siemens-Brothers-Ingenieuren, diesen Auftrag mit dem Dampfer *Gomos* auszuführen. Das Schiff strandete auf einer Sandbank, das mitgeführte Kabel ging verloren. Daraufhin sollte im November 1874 ein zweiter Versuch mit dem von einer britischen Reederei gemieteten Dampfer *La Plata* unternommen werden. Die *La Plata* geriet in der Biskaya in einen schweren Sturm und ging am 24. November unter. An Bord waren 75 Personen, 58 von ihnen ertranken, darunter der Expeditionsleiter Ricketts und sechs weitere Mitarbeiter von Siemens Brothers. 17 Schiffbrüchige konnten am folgenden Tag von anderen Schiffen gerettet werden. In London wurde nun Siemens Brothers vorgeworfen, die *La Plata* zu schwer mit Maschinen und Kabeln beladen zu haben. Es kam zu einer Untersuchung des britischen Handelsamts. Die Kommission sprach Siemens Brothers von allen Vorwürfen frei, doch Wilhelm war über das Unglück tief erschüttert, und in der britischen Öffentlichkeit wurde der Name «Siemens Brothers» nun mit dem Schiffsunglück in Verbindung gebracht. Siemens

Untergang der *La Plata*, Zeichnung aus den *London Illustrated News*, 1874

Brothers und die Reederei der *La Plata* legten einen Hilfsfonds für die Angehörigen der Opfer auf. Die Verluste aus dieser Katastrophe beliefen sich bei Siemens Brothers umgerechnet in der neuen deutschen Währung auf 3,5 Millionen Mark.[143]

Werner hatte sich bei dem Transatlantikprojekt im Hintergrund gehalten und die Durchführung Carl überlassen. Als es zwischen Wilhelm und Carl zu Konflikten kam, war er aber als Vermittler unverzichtbar, und trotz anfänglicher Skepsis hielt er während der vielen Rückschläge an dem Projekt fest. Ein Scheitern wäre aus seiner Sicht einer Kapitulation vor Pender gleichgekommen. Nachdem die Transatlantiklinie den Betrieb aufgenommen hatte, zeigte sich Werner stolz auf diese Leistung. Dies änderte sich auch später nicht, obwohl die Linie schon weniger als zwei Jahre nach ihrer Eröffnung von Penders Kabelring übernommen worden war. In den *Lebenserinnerungen* schrieb er: «Die glückliche Vollendung des amerikanischen Kabels hob das Londoner Geschäft mit einem Schlage auf eine viel höhere Stufe des englischen Geschäftslebens.»[144] Damit hatte Werner durchaus recht. Anders als die Indo-Europäische Telegrafenlinie führte das Direct United States Cable zu lukrativen Folgeaufträgen. Siemens Brothers war durch dieses Projekt im zukunftsträchtigen Seekabelgeschäft wettbewerbsfähig geworden und nahm am starken Wachstum dieses Markts in den folgenden Jahrzehnten teil, wohl auch, weil das Unternehmen mit der *Faraday* über ein eigenes und bewährtes Kabelschiff verfügte.

Die Folgeaufträge beschränkten sich auf die Transatlantikstrecke und auf die Verlegung von Kabeln, nicht auf deren Betrieb, dennoch waren sie schon aufgrund ihres Umfangs ein sehr einträgliches Geschäft. Französische und amerikanische Magnaten, die Penders Kabelring durch den Bau einer eigenen Transatlantiklinie umgehen wollten, beauftragten Siemens Brothers. 1879 verlegte die Firma im Auftrag der Compagnie Française du Télégraphe de Paris à New York des französischen Telegrafenunternehmers Pouyer-Quertier ein Kabel von Brest nach Cape Cod in Massachusetts. In den Jahren 1881/1882 folgten zwei Transatlantikkabel für den US-Konzern Western Union Telegraph & Co. und 1884 zwei weitere für die Commercial Cable &

Gesamtlänge der zwischen 1852 und 1892 weltweit verlegten Seekabel in Kilometern[145]

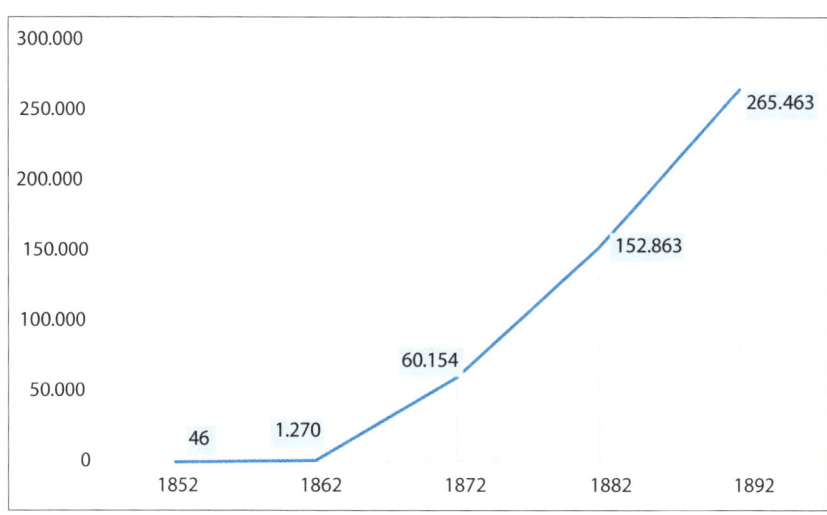

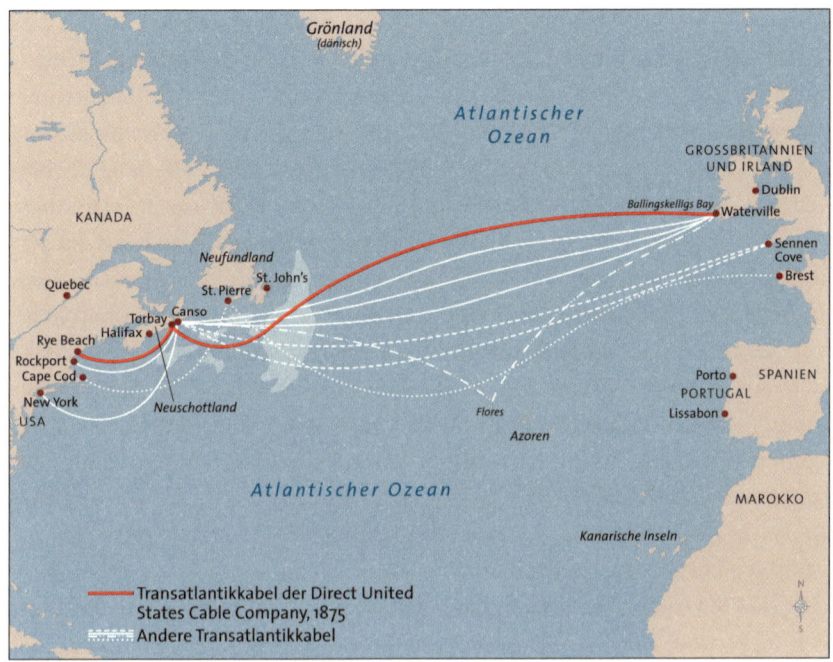

Von der *Faraday* zwischen 1874 und 1900 verlegte Transatlantiklinien

Co.[146] Pender konnte noch das Kabel von Pouyer-Quertier in seinen Ring übernehmen, nach heftigen Kämpfen auch die der Western Union Telegraph & Co., doch gegen den nächsten Konkurrenten war er machtlos, sein Transatlantikmonopol zerbrach 1884.[147] Die Seekabel blieben freilich auch weiterhin eine britische Domäne. Am Ende des Jahrhunderts waren weltweit immer noch etwa zwei Drittel aller *submarine cables* in britischer Hand.[148]

Für Siemens Brothers hatte das Seekabelgeschäft mit den amerikanischen Konzernen auch den Vorteil, dass der Name des Unternehmens in den USA bekannt wurde.[149] Bis dahin hatten weder Siemens & Halske noch Siemens Brothers auf dem US-Markt Fuß gefasst. Werner hatte auch nie Pläne für eine Expansion in die Vereinigten Staaten entwickelt, die über kurzfristige Gedankenspiele hinausgegangen wären. Die USA bereiste er zeit seines Lebens nie. Ein Grund für dieses eigentümliche Desinteresse an dem riesigen US-Markt war zunächst sicher die Dominanz der Morse-Telegrafen in den Vereinigten Staaten. Auch hatte Werner keinen Verbindungsmann in den USA, der ihm die Türen der Behörden und Eisenbahngesellschaften hätte öffnen können. Wegen der hohen Transportkosten wäre Siemens & Halske in den USA nur durch den Aufbau einer eigenen Fertigung wettbewerbsfähig gewesen, und dafür bedurfte es einer gewissen Nachfrage. Aus Südafrika und Südostasien kamen dagegen Bestellungen für Zeigertelegrafen, aber dort gab es eben auch keine Telegrafenhersteller. Weitere Gründe waren die Aufteilung der Märkte zwischen den Siemens-Unternehmen und das Verhalten von Siemens Brothers. Die Siemens-Brüder hatten die Zuständigkeiten ihrer Firmen nach Ländern abgegrenzt, nicht nach Fertigungszweigen. So war Siemens, Halske & Co. (ab 1865 Siemens Brothers) für das gesamte Überseegeschäft zuständig. Siemens & Halske zog sich nach Gründung dieser Gesellschaft «der Londoner Tochter zuliebe» auf Kontinentaleuropa einschließlich Russland zurück.[150] Telegrafengeschäfte mit Südafrika oder Südamerika wurden also in London bearbeitet, obwohl bei Siemens Brothers keine Telegrafenapparate gefertigt wurden. Das Management von Siemens Brothers konzentrierte sich ganz auf das Seekabelgeschäft und zeigte an anderen Sparten wenig Interesse. Diese Aufteilung erwies sich bald als Fehler, weil Siemens & Halske dadurch wichtige Überseemärkte verschlossen blieben. Dennoch hielt man weiter an ihr fest.

Generell waren die Vereinigten Staaten für die deutsche Wirtschaft lange Zeit nicht zuletzt wegen der hohen Schutzzölle nur ein Markt von geringer Bedeutung. Die Direktinvestitionen in den USA begannen erst Mitte der 1870er Jahre.[151] Auch Werner wurde sich nun der wachsenden wirtschaftlich-industriellen Bedeutung Amerikas bewusst. Im Mai 1880 teilte er Wilhelm mit: «Aus America werde ich jetzt mit Briefen überströmt! Wir werden dort bald ernsthafte Anstalten machen müssen, wenn wir nicht ganz ins Hintertreffen kommen wollen!»[152] Nach wie vor stand dem die Abstimmung mit der britischen Siemens-Gesellschaft im Weg. Siemens & Halske und Siemens Brothers vereinbarten Ende 1880, sich auf Drittmärkten keine Konkurrenz zu machen.[153] Wilhelm war mit einer Vertriebsgesellschaft für Regenerativöfen und Gaslampen in den Vereinigten Staaten vertreten und leitete daraus das Recht ab, den US-Markt für Siemens Brothers zu beanspruchen. Den Aufbau eines Nordamerikageschäfts ging er aber ebenso wenig an wie der Siemens-Brothers-Manager Löffler.[154] Werner war darüber zunehmend beunruhigt. Am 13. Mai 1881 schrieb er an Wilhelm: «Es scheint mir, als wenn Löffler Amerika ganz vernachlässigt, was wirklich eine Sünde wäre, da kein Land größere Vorteile verspricht.»[155]

Siemens Brothers & Co. Ltd.

Durch die Megaprojekte in den 1870er Jahren hatte die Kabelfertigung bei Siemens Brothers in Woolwich sprunghaft zugenommen. Hinzu kamen Aufträge für weitere internationale Großprojekte, das über 2000 Kilometer lange Seekabel entlang der brasilianischen Küste und die Linie der dänischen Great Northern China and Japan Extension Telegraph Company von Hongkong nach Shanghai.[156] Die Kapazitäten der Kabelfabrik, die fast ausschließlich für das Überseegeschäft fertigte, mussten massiv vergrößert werden. Unter Carls Leitung wurde eine neue Fabrikhalle errichtet.[157] Mit dem Seekabelboom verschoben sich die Fertigungsschwerpunkte innerhalb des «Gesamtgeschäfts» der Siemens-Firmen zwischen den Werken in Woolwich und Berlin, wo Telegrafenapparate und Wassermesser, aber keine Kabel hergestellt wurden. Führender Geschäftszweig war nicht mehr der jahrzehntelang dominierende Telegrafenbau, sondern die Kabelfertigung. 1868 entfielen bereits 70 Prozent aller Erträge des «Gesamtgeschäfts» auf London bzw. Woolwich, 1870 sogar 75 Prozent.[158]

Während der Kabelfertigung für die Transatlantiklinie der Direct United

Beschäftigte von Siemens & Halske in Berlin* und Siemens Brothers & Co. in Woolwich** 1873–1881[159]

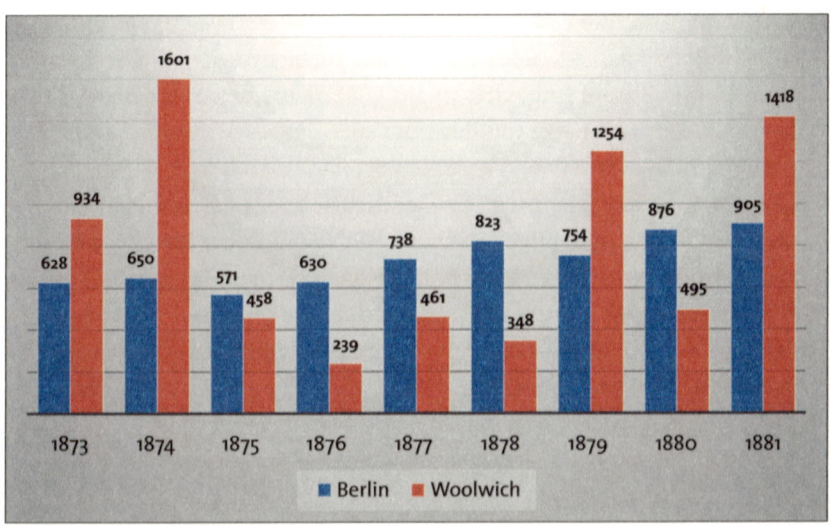

* Mitarbeiter des Hauses Siemens ohne ausländische Häuser ** Jahresdurchschnitt

States Cable Company und für die Küstenlinie der Brazil and River Plate Telegraph Company in den Jahren 1873/1874 hatte die Fabrik von Siemens Brothers in Woolwich deutlich mehr Mitarbeiter als das Werk von Siemens & Halske in Berlin, ebenso 1879 infolge des Auftrags für das Transatlantikkabel der Compagnie Française du Télégraphe de Paris à New York und 1881 durch die Aufträge der Western Union Telegraph & Co. Allerdings schwankten die Beschäftigtenzahlen in Woolwich deutlich stärker als in Berlin, da das Werk im Südosten Londons in hohem Maße von einzelnen Großaufträgen abhing. 1874 waren im Berliner Werk 650 Mitarbeiter beschäftigt, in Woolwich im Jahresdurchschnitt 1601, doch lag der Höchststand in dem englischen Werk in diesem Jahr bei 2674 Beschäftigten, der Tiefststand bei 634.[160]

Das Wachstum der Kabelfabrik in Woolwich hatte Folgen für das Verhältnis zwischen Siemens Brothers und Siemens & Halske. Das Londoner Management unter Ludwig Löffler wurde eigenständiger und begann, das vereinbarte Gesamtgeschäft infrage zu stellen. Im März 1875 drängte Löffler erstmals darauf, als Partner bei Siemens Brothers aufgenommen zu werden.[161] Der Zeitpunkt war geschickt gewählt, da ihn die Siemens-Brüder für die damalige Hilfsexpedition zur Reparatur des Transatlantikkabels dringend benötigten. Nachdem Löffler die Rettung und Inbetriebnahme dieses Kabels gelungen war, konnte man sich über sein Anliegen nicht hinwegsetzen. Er machte sich auch in den Konflikten mit den zu Pender neigenden Managern der Indo-European Telegraph Company und der Direct United States Cable Company um Siemens Brothers verdient und leitete das Geschäft des Londoner Unternehmens inzwischen fast allein. Wilhelm stellte Löffler in Aussicht, Siemens Brothers in eine Aktiengesellschaft umzuwandeln und ihn im Zuge dessen am Unternehmen zu beteiligen.[162] Erst Anfang 1880 wurde die Umwandlung angegangen, wobei Carl nun im eigenen Interesse die Initiative ergriff.[163]

Carl hatte sich entschieden, die Geschäftsleitung von Siemens Brothers zu verlassen. Da das operative Geschäft weitgehend in der Hand von Löffler lag, kam er sich überflüssig vor. Er wollte wieder nach St. Petersburg, um das Russlandgeschäft von Siemens & Halske neu zu begründen.[164] Wilhelm wiederum wollte mit dem Kabelgeschäft nichts mehr zu tun haben. Er wäre bereit gewesen, das Unternehmen an Löffler zu verkaufen.[165] Carl konnte sich zumindest einen sukzessiven Verkauf an Löffler vorstellen.[166] Zu diesem Schritt war Werner nicht bereit. Dem Drängen der Brüder auf Umwandlung des Unternehmens in eine Aktiengesellschaft aber wollte er sich nicht entgegenstellen. Werner wird gewusst haben, dass Löffler sonst nicht zu halten gewesen und das Geschäft von Siemens Brothers dann nach dem Ausschei-

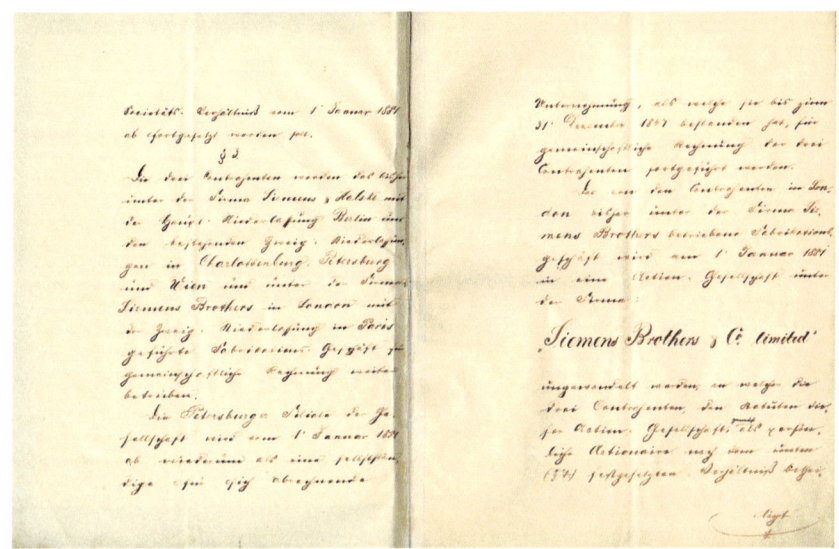

Gesellschaftsvertrag von Siemens Brothers & Co. Ltd., 28. Dezember 1880

den von Carl verwaist wäre. Am 23. März 1880 schrieb er an Carl: «Meinerseits bin ich sehr conservativ und mag nicht gern Verbindungen lösen oder ändern, die in Summe zum Segen gereicht haben. Doch Euren entschiedenen Wünschen werde ich nie Hindernisse bereiten.»[167]

Durch einen Gesellschaftsvertrag vom 28. Dezember 1880 wurde Siemens Brothers in die Aktiengesellschaft Siemens Brothers & Co. Ltd. umgewandelt und das seit 13 Jahren bestehende «Gesamtgeschäft» mit Siemens & Halske aufgelöst. Das Aktienkapital der Siemens Brothers & Co. Ltd. wurde auf 400 000 Pfund festgesetzt und zu 75 Prozent eingezahlt. Wilhelm wurde Vorsitzender des Aufsichtsgremiums (Chairman of the Board of Directors), Löffler Managing Director. In einem Zusatzvertrag wurde vereinbart, dass sich Siemens & Halske und Siemens Brothers & Co. Ltd. auch auf Drittmärkten keine Konkurrenz machen sollten. Siemens Brothers & Co. Ltd. war keine Publikumsaktiengesellschaft, deren Anteilscheine an der Börse gehandelt wurden, sondern eine «Familien-Aktiengesellschaft» mit der nach britischem Recht vorgeschriebenen Mindestzahl von sieben Aktionären. Zusätzlich zu Werner, Wilhelm, Carl und Löffler gehörten Werners Söhne Arnold und Wilhelm sowie Wilhelms inzwischen von ihm adoptierter Verwandter Alexander Siemens mit kleineren Beteiligungen zu diesem Kreis.[168]

Verteilung der Gewinne und Verluste nach dem Gesellschaftsvertrag vom
28. Dezember 1880[169]

	Berliner Geschäft (Siemens & Halske)	Londoner Geschäft (Siemens Brothers & Co. Ltd.)	St. Petersburger Geschäft (Siemens & Halske)
Werner	50 Prozent	35 Prozent	35 Prozent
Wilhelm	25 Prozent	45 Prozent	20 Prozent
Carl	25 Prozent	20 Prozent	45 Prozent

Da mit dem «Gesamtgeschäft» auch die vereinbarte Gewinnaufteilung zwischen Werner, Wilhelm und Carl hinfällig wurde, einigten sich die drei Brüder im Gesellschaftsvertrag vom 28. Dezember 1880 auf eine neue Regelung. Gegenüber der bisherigen Verteilung (Werner: 40 Prozent; Wilhelm: 30 Prozent; Carl: 30 Prozent) erhielt jeder Bruder beim Geschäft in seinem «Heimatmarkt» einen höheren Anteil und bei den anderen Geschäften einen niedrigeren.[170]

Vom Prinzip des Familienunternehmens rückten die Siemens-Brüder bei der Umwandlung von Siemens Brothers in eine Aktiengesellschaft nicht ab. Eindeutig war dies eher Werners Wille als der von Wilhelm oder Carl. Die beiden Brüder hätten Werner überstimmen können, aber ihnen war an einem Kompromiss gelegen. Löffler erhielt bei der Siemens Brothers & Co. Ltd. lediglich eine Beteiligung von 2,5 Prozent; 95,25 Prozent des Aktienkapitals lagen in den Händen der drei Siemens-Brüder, die übrigen Anteile entfielen auf Werners Söhne und Alexander Siemens.[171] Mit Löffler war erstmals seit Halskes Ausscheiden wieder ein Nicht-Familienmitglied an einem Siemens-Unternehmen beteiligt, doch nur mit wenig Kapital und eingebunden durch drei Mitglieder der nächsten Siemens-Generation. Ein Weiterverkauf der Aktien war nur in bestimmten, durch den Gesellschaftsvertrag geregelten Fällen möglich.

Arnold, Wilhelm und Alexander wurden in diesem Vertrag erstmals auch offiziell als Nachfolger von Werner, Wilhelm und Carl benannt. Alexander war zu diesem Zeitpunkt 32 Jahre alt und bereits neun Jahre bei Siemens Brothers tätig. Bisher war er dort aber nicht aus dem Schatten Löfflers herausgetreten. Werners Söhne Arnold und Wilhelm wurden inzwischen bei Siemens & Halske schrittweise zu künftigen Unternehmensleitern aufgebaut. Beide hatten sich entschieden, den von ihrem Vater gewünschten Weg einzuschlagen. Werner hielt es für sinnvoll, dass sich seine Söhne erst in einige Abteilungen des Unternehmens einarbeiteten, bevor sie Leitungsaufgaben erhielten. Arnold war am 25. Juni 1877 bei Siemens & Halske in die Materialverwaltung eingetreten. Vier Jahre später übernahm er die Leitung der neuen Filiale in Wien.[172] Wilhelm hatte nach seinem naturwissenschaftlichen Studium zunächst eine Laufbahn im Staatsdienst, in der Wissenschaft oder in der Verwaltung in Erwägung gezogen. Nicht sein Vater, sondern sein Onkel Friedrich überredete ihn, sich für eine Anstellung im Laboratorium von Siemens & Halske zu entscheiden. Dort trat Wilhelm im September 1879 ein.[173]

Kapitel 10
Im Zenit

Der Unternehmer und seine Prinzipien

Am 1. Februar 1870 erhielt Werner Besuch vom Berliner Polizeipräsidenten Lothar von Wurmb. Dieser wollte es sich nicht nehmen lassen, ihm die Urkunde der Ernennung zum «Geheimen Kommerzienrat» persönlich zu überbringen. Es war der höchste Ehrentitel, den der preußische König für Verdienste in der Wirtschaft vergeben konnte. Bedeutende Berliner Industrielle und Bankiers wie Albert Borsig und Gerson von Bleichröder schmückten sich bereits damit. Doch Werner wollte die Ehrung nicht annehmen. Er bat Wurmb, dem König auszurichten, dass sich der Kommerzienrat nicht mit dem Premierleutnant und dem Ehrendoktor vertragen würde. Die Ernennung ließ sich nicht rückgängig machen, aber der Monarch hatte ein Einsehen und wies den Handelsminister an, sie nicht zu veröffentlichen.[1] In den *Lebenserinnerungen* schrieb Werner über seine damalige Ablehnung: «Mir sagte der Titel Kommerzienrat aber nicht zu, da ich mich mehr als Gelehrten und Techniker betrachtete und fühlte.»[2]

Die Selbstcharakterisierung als «Gelehrter» ist ein Narrativ, das sich durch die gesamten *Lebenserinnerungen* zieht.[3] Werner war es überaus wichtig, von den Zeitgenossen und der Nachwelt als solcher gesehen zu werden. Noch bevor die *Lebenserinnerungen* erschienen, hatte er bereits eine voluminöse Zusammenstellung seiner *Wissenschaftlichen und Technischen Arbeiten* in Druck gegeben. Aus heutiger Sicht mag es eigentümlich erscheinen, dass er, als einer der erfolgreichsten Unternehmer seiner Zeit, lieber als Wissenschaftler gelten wollte. Tatsächlich war Werner nie ein Gelehrter im engeren Sinne. Es handelt sich hierbei um eine Stilisierung, die er sich in den beiden letzten Jahrzehnten seines Lebens zuschrieb. Es wäre aber unzutreffend,

Linke Seite: Tanzsaal der Siemens-Villa in Charlottenburg, nach 1876

Werner Siemens, um 1870

darin nur den Kompensationsversuch eines Unternehmers zu sehen, der Mitglied der Preußischen Akademie der Wissenschaften wurde, ohne studiert zu haben.[4] Werner unterschied sich von fast allen Unternehmern seiner Zeit durch eine naturwissenschaftliche Verankerung. Die elektrotechnische Industrie, die er mitbegründete, entstand in jener Zeit durch bahnbrechende physikalische Entdeckungen wie Michael Faradays elektromagnetische Induktion. Werner faszinierte die Herausforderung, dieses neue naturwissenschaftliche Wissen anzuwenden; er wurde dadurch überhaupt erst Unternehmer. Man kann ihn als einen der ersten wissenschaftsgestützten Industriellen bezeichnen.

Als reiner Wissenschaftler wäre Werner nicht glücklich geworden, dafür war er zu sehr Praktiker, und auch eine Tätigkeit im Staatsdienst konnte er sich nach der langen Zeit beim Militär nicht mehr vorstellen. Gleichwohl war die Wissenschaft das Milieu, in dem er sich, abgesehen von den Geschwistern und der eigenen Familie, am wohlsten fühlte. Die Nähe anderer Unternehmer hat er nie gesucht, auch wenn er sich mit einigen von ihnen recht gut verstand. Die Freundschaft mit führenden Naturwissenschaftlern war ihm hingegen ein Herzensanliegen. Neben Emil du Bois-Reymond gehörte zunehmend auch Hermann von Helmholtz zu Werners engerem Umfeld. Helmholtz war 1870 als Nachfolger von Gustav Magnus an die Berliner Universität berufen worden. Er galt als bedeutendster deutscher Physiker und war einer der vielseitigsten Naturwissenschaftler seiner Zeit.[5]

Mitgliedsurkunde der Preußischen Akademie der Wissenschaften für Werner Siemens, 1873

Werner ging es bei der Freundschaft mit diesen Wissenschaftlern nicht darum, Anregungen für weitere Erfindungen zu bekommen; die hat er von du Bois-Reymond und Helmholtz auch gar nicht erhalten. Vielmehr schöpfte er aus diesen Freundschaften Inspiration und Motivation. Umgekehrt war Werner für die ihm nahestehenden Physiker nicht der vermögende Unternehmer, sondern ein Gleichgesinnter. Er musste sich in diesem Kreis nicht bemühen, als Naturwissenschaftler zu gelten, sondern wurde wie selbstverständlich als solcher angesehen. Eine bemerkenswerte Erklärung dafür bietet ein zu Werners 100. Geburtstag erschienener Aufsatz des Physikers Gustav Mie. Dieser ging davon aus, dass «Siemens nicht der Schöpfer eines neuen großen Zweiges der Technik [hätte] werden können, wenn er nicht zugleich ein ausgezeichneter Physiker gewesen wäre».[6] Auch für Werners Freunde Helmholtz und du Bois-Reymond dürfte dieser Zusammenhang selbstverständlich gewesen sein. Rudolf Virchow, ein kritischer Geist, berief sich sogar in einer Rektoratsrede auf Werner als einen «der berühmtesten Vertreter der physikalischen Wissenschaft».[7]

Die Anerkennung, die er von Wissenschaftlern erfuhr, bedeutete Werner sehr viel. Als er auf Vorschlag befreundeter Naturwissenschaftler im November 1873 zum Mitglied der Preußischen Akademie der Wissenschaften gewählt wurde, war dies für ihn geradezu eine Krönung seiner Biografie. Fortan umgab er sich mit dem Nimbus eines Gelehrten, den ihm niemand streitig machen konnte, da ihm die höchste Ehrung für einen Wissenschaftler seiner Zeit zuteilgeworden war. Auch die anderen Akademiemitglieder sahen in diesem Unternehmer einen Gelehrten. Emil du Bois-Reymond hat bei Werners Aufnahme in die Akademie geradezu die Vorlage für das Muster der «Gelehrtenbiografie» geliefert, das sich durch die *Lebenserinnerungen* zieht. In der Erwiderung auf die Antrittsrede seines Freundes begründete er dessen Wahl in die Gelehrtengesellschaft damit, «dass du auf solcher Höhe, als ein Fürst der Technik, […] im Innersten der deutsche Gelehrte in des Wortes edelstem Sinn bliebst».[8]

Zu den festen Prinzipien Werners gehörte auch sein Selbstverständnis als Erfinderunternehmer. Er war Unternehmer geworden, um eine eigene Erfindung, den Zeigertelegrafen, zu vermarkten, und folglich sah er es auch später als besonders verdienstvoll an, auf der Grundlage eigener Erfindungen zu fertigen. Dieses Prinzip ließ sich freilich nicht konsequent durchhalten. Siemens & Halske musste schon bald die nicht patentgeschützten Telegrafenapparate Morses nachbauen, um keine Aufträge zu verlieren. Doch nahm man an den Morse-Apparaten Verbesserungen vor, sodass von einem reinen Nachbau nicht die Rede sein konnte. Die Ausrichtung der Fertigung auf eigene Erfindungen konnte für das Unternehmen leicht zum Problem werden, weil eine derartige Strategie wenig Spielraum für Diversifizierung ließ. Siemens & Halske tat sich schwer, neue Produktlinien als Fremdfertigung aufzunehmen. Wenn eigene Erfindungen ausblieben, drohte das Unternehmen in eine Schieflage zu geraten.

Werners Biografie als Erfinderunternehmer steht in Widerspruch zu der These des Wirtschaftswissenschaftlers Joseph Schumpeter, wonach Erfinder und Unternehmer grundsätzlich unterschiedliche Funktionen haben, ein Unternehmer nur zufälligerweise auch Erfinder sein könne und umgekehrt. Werner hielt hingegen gerade die Verbindung von Erfindung und Fertigung für einen wichtigen Faktor seines unternehmerischen Erfolgs. Hierauf wies er auch in den *Lebenserinnerungen* hin: «Eine wesentliche Ursache für das schnelle Aufblühen unserer Fabriken sehe ich darin, daß die Gegenstände unserer Fabrikation zum großen Teil auf eigenen Erfindungen beruhten.»[9] Gewiss gab es noch andere Gründe für den Aufstieg von Siemens & Halske, aber eine strikte Trennung zwischen Erfinder und Unternehmer lässt sich weder in seiner Herangehensweise noch Disposition feststellen. Werner hatte bei seinen Erfindungen stets deren Anwendungsmöglichkeiten im Blick, er hat dabei unternehmerisch gedacht, und in seinem Verhalten als Unternehmer schlugen sich wiederum die Erfahrungen des Erfinders nieder. War er vom Erfolg überzeugt, nahm er für das Erreichen des jeweiligen Ziels auch Rückschläge und längere Durststrecken in Kauf.

Werner lebte freilich in einer Zeit, in der Erfinder nicht selten Unternehmer wurden und Pionierunternehmer häufig viele Funktionen gleichzeitig ausübten: Sie waren Konstrukteure und Projektleiter, führten selbst Vertrags-

Werner Siemens (zweiter von links) in der Preußischen Akademie der Wissenschaften, undatiert

verhandlungen und stellten Mitarbeiter persönlich ein. Das Geschick des Unternehmens hing in hohem Maße von der Fähigkeit ab, diese unterschiedlichen Aufgaben zu erfüllen. Werner hatte hierfür ein besonderes Talent. Er konnte in der Anfangszeit des Unternehmens einen Bautrupp leiten, am nächsten Tag Verhandlungen mit dem Leiter einer Behörde führen und sich anschließend mit Verbesserungen an einer Konstruktion beschäftigen. Zu seinen Fähigkeiten gehörte auch ein gewisses Geschick, durch persönliche Verbindungen ins Geschäft zu kommen. Es war kein Zufall, dass der Aufstieg von Siemens & Halske mit Aufträgen von Behörden begann, für die das Unternehmen Monopollieferant war: die preußische Staatstelegrafie und die russische Hauptverwaltung für Verkehrswege. In England und Frankreich tat sich das Unternehmen ungleich schwerer, weil man es hier mit einflussreichen und an Finanzkraft häufig überlegenen Wettbewerbern zu tun hatte.

Eine ausgeprägte Abneigung hatte Werner gegen das Geschäftsmodell von Händlern, Kaufleuten und Bankiers, die Erlöse nicht durch Fertigung, sondern einzig durch Verkauf erzielten. Die Aversion gegen den «Finanz-

Der Unternehmer und seine Prinzipien

kapitalismus» wurzelte tief, sie war ihm wohl schon im Elternhaus vermittelt worden.[10] In die Abhängigkeit von einer Bank wollte sich Werner nie begeben. Besonders suspekt waren ihm das Börsengeschäft und die zahlreichen damals entstehenden Aktiengesellschaften, die sich oft genug als rein spekulative Gründungen erwiesen. Dass der Aktienmarkt für die Industriefinanzierung zunehmend wichtiger und schließlich unentbehrlich wurde, nahm Werner nicht zur Kenntnis. Aus seiner Sicht handelte es sich um «Börsenschwindel».[11] Eine Umwandlung von Siemens & Halske in eine Aktiengesellschaft hat er 1867 als Notlösung vorübergehend einmal in Erwägung gezogen.[12] Ernsthaft kam für ihn dieser Schritt aber nicht in Betracht, auch nicht, als das Unternehmen eine Größe erreicht hatte, die eine Umwandlung erforderte. Im Fabrikanten sah Werner geradezu das solide Gegenmodell zum «spekulativen» Kaufmann. Die Siemens-Firmen sollten sich nach seiner Vorstellung daher von Spekulationsgeschäften gänzlich fernhalten. In einem Brief an Carl vom 26. Mai 1865 schrieb er: «Es ist das ein reines Kapitalisten-Spekulationsprojekt, was für uns sach- und erfahrungsgemäß nicht paßt. […] Wir sind keine Kaufleute, stehen darin jedem gewöhnlichen Geldsack nach.»[13] Werner hat sich selbst nicht immer an dieses Prinzip gehalten. So ging Siemens & Halske während des Krimkriegs mit Drahtlieferungen nach England ein riskantes Spekulationsgeschäft ein.[14] Doch legte er stets größten Wert darauf, ein Fabrikant und kein Händler zu sein. Der Titel «Kommerzienrat» hätte diesen Unterschied verwischt. Dass er später als Mitglied des Reichspatentamts «Geheimrat» (Geheimer Regierungsrat) wurde, störte Werner nicht. Dieser Titel war unverdächtig, ihn trugen auch bedeutende Wissenschaftler wie Hermann von Helmholtz.

Ein weiterer Kernbestandteil der unternehmerischen Vorstellungen Werners war das Familienprinzip. Er vertraute beim Ausbau des Geschäfts in hohem Maße auf familiäre Bindungen, die Brüder Wilhelm und Carl waren dabei seine wichtigsten Partner und Bezugspersonen. Auch wenn es sich nicht um symmetrische Beziehungen handelte, sondern um eine Hierarchie, an deren Spitze Werner stand, gründete der Aufstieg der Siemens-Firmen wesentlich auf dieser familienorientierten, von brüderlicher Loyalität profitierenden Unternehmensführung.[15] Im Laufe der 1850er Jahre, spätestens nach Carls Eintritt als Gesellschafter, dürfte sich bei Werner die Vorstellung konkretisiert haben, dass das Unternehmen dauerhaft im Besitz der Familie bleiben sollte. In den langen Verhandlungen mit seinen Brüdern um das bei Halskes Austritt errichtete «Gesamtgeschäft» war sie für Werner bereits zu einem festen Prinzip geworden. Für seine Brüder galt dies nicht. Wilhelm hing nicht an Siemens Brothers, zumal er keine Kinder hatte, und für Carl war ein Unternehmen in erster Linie ein Geschäft, dynastische Visionen lagen auch ihm fern. Im Unterschied zu seinen Brüdern war Werner daran gelegen, Bleibendes zu schaffen. Hier traf sich sein Familienprinzip mit seinem Selbstverständnis als Erfinderunternehmer und seinem Anspruch, Wissenschaftler zu sein.

Vor diesem Hintergrund sind Werners Aussagen glaubwürdig, dass er sein persönliches Ziel als Unternehmer nicht in der Gewinnmaximierung sah. «Reelles und nicht nur Geldinteresse muss man an einem Geschäft haben, wenn es befriedigen soll», teilte er Wilhelm in einem Brief vom Frühjahr 1863 mit.[16] Das heißt nicht, dass er kein «Geldinteresse» gehabt hätte. In den Jahren seiner ersten Erfindungen und noch in der Anfangszeit des Unternehmens spielte dieses Interesse auch eine überaus wichtige Rolle, da es ihm ständig an Geld mangelte. Doch ging es ihm nie darum, schnell maximale Gewinne zu erzielen. Seine unternehmerische Tätigkeit sollte nicht nur Geld einbringen, sondern auch dem technischen Fortschritt dienen und von allgemeinem Nutzen sein.

Auf lange Sicht hat Werner mit diesem Prinzip ein großes Vermögen verdient. Bis er wirklich reich war, verging jedoch viel Zeit. Die Geldsorgen, die auf ihm durch die Verpflichtungen für die jüngeren Brüder und die Erfolglosigkeit seiner frühen Erfindungen lasteten, wurde er erst durch die hohen Gewinne aus dem Russlandgeschäft der Jahre 1853 bis 1855 los, im

Auf Werner Siemens entfallender Reingewinn der Firma Siemens & Halske 1860–1876 in Mark (umgerechnet)[17]

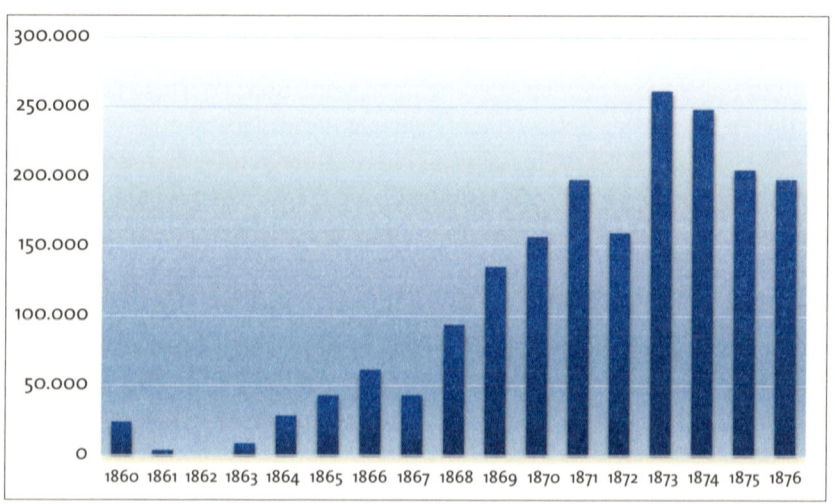

Alter von fast 40 Jahren. Zu den Reichen des Landes gehörte er aber erst ab Ende der 1860er Jahre. Seitdem lagen seine jährlichen Gewinne aus dem Berliner Geschäft dauerhaft über umgerechnet 100 000 Mark (in heutiger Kaufkraft rund 886 000 Euro), bedingt zunächst durch die internationalen Großprojekte, später durch das rasante Wachstum der starkstromtechnischen Fertigungen.[18] Werner pflegte nun auch den Lebens- und Repräsentationsstil eines reichen Industriellen. Er ließ das Haus in Charlottenburg zu einer stattlichen Villa ausbauen, in der Banketts, «academische Diners» und Bälle für bis zu 250 Personen stattfanden.[19] Diese Veranstaltungen dienten selbstverständlich auch der Pflege gesellschaftlicher und geschäftlicher Beziehungen. Der Berliner Oberbürgermeister Max von Forckenbeck war ein gern gesehener Gast, Mitglieder des Reichstags und der Akademie der Wissenschaften schwangen im angebauten Saal ihr Tanzbein.[20] Bei Veranstaltungen im Ausland wusste Werner ebenfalls einigen Glanz zu verbreiten. Im Januar 1872 gab er beim Internationalen Telegrafenkongress in Rom zusammen mit seinem Bruder Wilhelm ein Bankett für rund 100 Personen.[21]

Die Form der Unternehmensleitung, die bei Siemens & Halske bis in die 1880er Jahre hinein bestand, hat der Sozialhistoriker Jürgen Kocka treffend als «liberalen Patriarchalismus» bezeichnet.[22] Werner hat sich auch gegenüber seinen Mitgesellschaftern stets als Chef des Unternehmens verstanden. Seine Dominanz beruhte mehr auf seiner persönlichen Autorität als auf seinen Funktionen. Den Angestellten und Arbeitern gegenüber war er ein fürsorglicher «Fabrikherr», doch lagen ihm sozialreformerische Ansätze fern.[23] Werner erwartete Unterordnung, mischte sich aber selten in die Angelegenheiten von Mitarbeitern ein und wollte ihnen gegenüber auch nicht als Vorbild wirken. Für die Arbeiter gab es keinen speziellen Verhaltenskodex, Politik und Religion spielten im Unternehmen keine Rolle. Werners Einstellung zu diesen Fragen entsprach seiner Überzeugung als Liberaler.

Für die betriebliche Organisation interessierte sich Werner nicht besonders, er überließ es lange Zeit Halske, diese zu regeln. In der Pionierzeit des Unternehmens bestand auch kein Anlass, über organisatorische Modelle nachzudenken. Halske führte seine gewohnte Werkstattordnung weiter. In den ersten sieben Jahren – bis zur Einstellung des Oberbuchhalters Carl Haase Anfang 1855 – kam man ohne eine geordnete Buchführung aus. In der damaligen Zeit war dies nicht ungewöhnlich, es gab keine Bilanzvorschriften, die man hätte beachten müssen.[24] Mit der Expansion des Geschäfts wurden die organisatorischen Fragen wichtiger. Werner stellte nun seinen alten Freund William Meyer als Bürochef ein, der ihm gegenüber so loyal war wie

Carl Frischen, undatiert

ein Bruder. Nach Meyers frühem Tod differenzierte sich das Management zum ersten Mal aus. Der erfahrene Oberingenieur Carl Frischen, der lange bei der hannoverschen Staatstelegrafie gearbeitet hatte, wurde Leiter der Technischen Direktion, Oberbuchhalter Carl Haase Leiter der kaufmännischen Abteilung.[25]

Zu den Arbeitern hatte Werner kaum Bezug. Die ersten wird er noch persönlich gekannt haben, mit wachsender Belegschaft war dies nicht mehr möglich. Die Siemens-Arbeiter waren in der Regel gut qualifiziert, sie stammten meistens aus dem Handwerk, waren gelernte Schlosser und Mechaniker.[26] Sie akzeptierten, dass bei Siemens & Halske schon 1858 Akkordarbeit eingeführt wurde, und erhielten Löhne, die über dem Durchschnitt der Berliner Metallindustrie lagen.[27] Obwohl immer wieder Mangel an qualifizierten Arbeitskräften herrschte, tat das Unternehmen lange Zeit wenig, um dem mit sozialen Leistungen oder Arbeitszeitverkürzungen abzuhelfen. Auch mit einer eigenen Lehrlingsausbildung wurde erst Anfang der 1870er Jahre begonnen.[28] Werner wollte den Mitarbeitern gegenüber gerecht sein, verstand sich aber nicht als sozialer Unternehmer. Anschaulich belegt dies sein häufig zitierter Satz aus einem Brief an Carl vom 16. Juni 1868: «Mir würde das verdiente Geld wie glühendes Eisen in der Hand brennen, wenn ich treuen Gehilfen nicht den erwarteten Anteil gäbe.»[29] Für leitende Ange-

Fabrikhof des Werkes in der Berliner Markgrafenstraße 94, um 1880

stellte wie Meyer und Haase, die sich im Unterschied zu den Arbeitern auch als «treue Gehilfen» des Unternehmers verstanden, gab es feste Gewinnbeteiligungen. Generell konnten Angestellte – die damals bei Siemens & Halske wie in allen Unternehmen als «Beamte» bezeichnet wurden – Tantiemen erhalten. Etwa fünf Prozent des Gewinns wurden als Inventurprämie an nicht im Akkord beschäftigte Arbeiter ausgeschüttet. Auf Tantiemen und Inventurprämien hatten die Mitarbeiter keinen Anspruch, dies waren freiwillige Leistungen des Unternehmens; die Inventurprämien hingen zudem von Vorschlägen des Werkstattvorstehers bzw. der Meister ab.[30]

Als Ende August 1872 in Berlin ein größerer Metallarbeiterstreik drohte, stellte sich Werner mit an die Spitze der Arbeitgeber, die dies zu verhindern suchten. Vor dem Hintergrund des damaligen «Gründungsbooms» der deutschen Wirtschaft forderten die Arbeiter Lohnerhöhungen von 20 Prozent. Die Streikbewegung wurde von dem der Fortschrittspartei nahestehenden Berliner Arbeiterverein getragen. Die junge sozialistische Arbeiterbewegung um den Allgemeinen Deutschen Arbeiterverein war hier noch nicht so stark wie im rheinisch-westfälischen Industriegebiet.[31] Werner verbrachte viel Zeit in Besprechungen mit Vertretern der Arbeiterschaft, wirkte bei einer Proklamation der Metallarbeitgeber mit und schlug vor, Listen für arbeitswillige Arbeiter in den Unternehmen auszulegen.[32] Die Unternehmer konnten eine Ausweitung der Streiks schließlich verhindern, indem sie sich erstmals organisierten. Auch bei Siemens & Halske kam es nicht zu einem Arbeitskampf.[33]

Wenige Wochen nach den Streikaufrufen in Berlin erhielt Werner eine Einladung nach Eisenach. Dort trafen sich sozialreformerisch eingestellte Nationalökonomen zu einer «Versammlung zur Besprechung der sozialen Frage». Diese sogenannten Kathedersozialisten um Gustav von Schmoller und Lujo Brentano schlossen sich ein Jahr später im Verein für Socialpolitik zusammen. Sie forderten eine Abkehr von der liberalen Laissez-faire-Haltung des Staates in sozialen Fragen und drängten auf staatliche Maßnahmen zur Verbesserung der Lage der Arbeiter.[34] Werner war nachträglich zu der Versammlung in Eisenach eingeladen worden, zusammen mit dem nationalliberalen Unternehmer und Politiker Hans Victor von Unruh. An Wilhelm schrieb er: «Ich halte es nun eigentlich für eine Pflicht, hinzugehen, um nach Möglichkeit zu verhindern, daß die Leute Theorien über Arbeiterbeteiligung am Gewinn etc. publizieren, die als Feuerbrand wirken können!»[35] Er forderte den Bruder auf, ebenfalls an der Veranstaltung teilzunehmen. Ob beide tatsächlich in Eisenach waren, ist nicht gesichert. Im Protokoll der Versammlung findet sich jedenfalls kein Redebeitrag von ihnen.[36] Werner stand den Sozialreformern erkennbar distanziert gegenüber, er hielt sie für «in der Arbeiterfrage etwas sozialistisch angehaucht».[37] Soziale Leistungen für die Arbeiter sollten seinem liberalen Verständnis nach von den Unternehmern freiwillig erbracht werden, als Wohltat oder Prämie, nicht aufgrund gesetzlicher Vorgaben des Staates.[38]

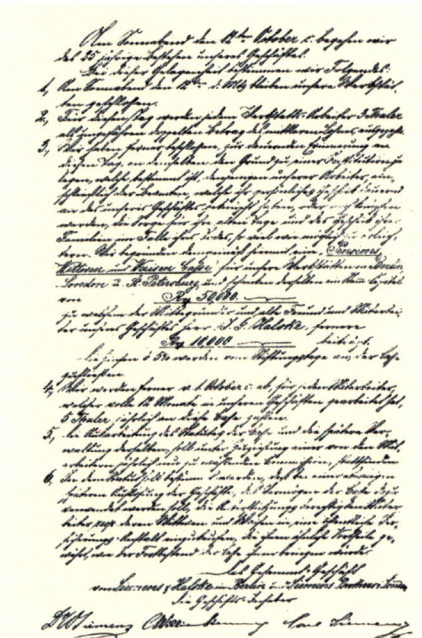

Stiftungsurkunde der Pensions-, Witwen- und Waisenkasse, 1872

Bei seiner Beschäftigung mit diesen Fragen erkannte Werner, dass soziale Leistungen ein probates Mittel der Betriebspolitik sein konnten. Als am 12. Oktober 1872 das 25-jährige Unternehmensjubiläum von Siemens & Halske gefeiert wurde, gab er die Gründung einer Pensions-, Witwen- und Waisenkasse für alle Beschäftigten in Berlin, London und St. Petersburg bekannt.³⁹ Die drei Gesellschafter stifteten dafür einen Betrag von 50 000 Talern, Halske gab noch 10 000 Taler dazu. Aus diesen Mitteln konnten Unterstützungen für Witwen und Waisen gewährt werden. Vor allem aber hatten die Arbeiter nun einen Anspruch auf Zahlung einer Pension, für die der Arbeitgeber aufkam. Derartige Leistungen boten erst wenige Unternehmen, es war eine soziale Pioniertat.

Die Arbeiter von Siemens & Halske waren zunächst nur bei der Kranken-, Sterbe- und Invalidenkasse der Berliner Maschinenbauanstalten versichert. 1869 waren jedoch schon zwei Vorgängereinrichtungen der Pensionskasse, ein «Arbeiter-Unterstützungsfonds» und ein «Beamten-Unterstützungsfonds», eingerichtet worden. Die Siemens-Brüder hatten hier Gelder aus dem früheren Absicherungsfonds für die russischen *Remonte*-Verträge platziert, die beim Auslaufen dieser Verträge im Jahr 1867 frei geworden waren. Werner wollte die Mittel – ein Betrag von umgerechnet 30 000 Talern – zunächst den Angestellten in St. Petersburg als Prämie zukommen lassen. Sein Bruder Carl dachte weiter und setzte durch, die Gelder zur Errichtung eines «Invalidenfonds» in Berlin zu nutzen, aus dessen Zinsen Betriebsangehörige unterstützt werden konnten.[40] Im Oktober 1872 gingen die Unterstützungsfonds in dem neuen Pensionsfonds auf. Siemens Brothers schied nach kurzer Zeit aus diesem Fonds aus und gründete einen eigenen «Pension Fund».[41]

Werner beabsichtigte, die Arbeiter mit der Errichtung der Pensionskasse stärker an das Unternehmen zu binden. Mit der Hochkonjunktur nach dem deutsch-französischen Krieg hatte die Fluktuation der Arbeiter zugenommen, auf dem Arbeitsmarkt war die Nachfrage größer als das Angebot. Siemens & Halske hatte infolgedessen Anfang 1872 erneut unter dem Mangel an Fachkräften gelitten und Liefertermine nicht einhalten können.[42] Vor diesem Hintergrund entschloss sich Werner, die Pensionskasse zu stiften. Da sich die Höhe der Pensionsansprüche nach der Dauer der Betriebszugehörigkeit richtete, bestand für die Arbeiter ein starker Anreiz, dauerhaft bei Siemens & Halske zu bleiben. Dieses Kalkül ging offenbar schnell auf. Schon im Herbst 1873 hatte das Unternehmen das Problem der Fluktuation im Griff, begünstigt sicher auch durch die nun eingetretene Wirtschaftskrise.[43] Drei Jahre nach Gründung der Pensionskasse konnte Werner in einem Brief an den Berliner Fabrikinspektor Adalbert von Stülpnagel eine positive Bilanz ziehen:

«Es ist nicht allein Humanität, sondern wesentlich gesunder Egoismus, welcher uns zur Bildung der Kasse bewogen hat. Die Resultate haben dies bisher bestätigt. Die Leute fühlen sich durch die Kasse dauernd mit der Fabrik verbunden, der schädliche Wechsel der Arbeiter hat daher wesentlich abgenommen und Entlassung wegen schlechter Arbeit ist wieder – auch wenn kein Arbeitsmangel vorhanden – eine empfindliche Strafe geworden.»[44]

Zusätzlich zur Senkung der Fluktuation gab es für die Einführung der Pensionskasse weitere, nicht weniger gewichtige Motive. Die betrieblichen Sozialleistungen sollten auch die Durchsetzung der Akkordarbeit erleichtern und dem Einfluss der sozialistischen Arbeiterbewegung auf die Belegschaft entgegenwirken. Auf Anregung des Berliner Maschinenbaufabrikanten Ludwig Loewe hatte Werner in den Jahren 1871 und 1872 Maschinen aus den USA erworben, die in einem «amerikanischen Saal» der Fabrik in der Markgrafenstraße aufgestellt wurden. Mit diesen Maschinen setzte sich die Akkordarbeit bei Siemens & Halske auf breiter Ebene durch.[45] Das höhere Tempo der Fertigung verschaffte dem Unternehmen Wettbewerbsvorteile, durch Preissenkungen und kürzere Lieferzeiten ließen sich Umsatz und Gewinn steigern. Werner konnte sich nun erstmals für amerikanische Vorbilder begeistern. An Carl schrieb er im März 1872: «Jetzt sind alle davon überzeugt, daß in der Anwendung der amerikanischen Arbeitsmethode unser künftiges Heil liegt und daß wir in diesem Sinne unsere ganze Geschäftsleitung ändern müssen.»[46] Die aus dem Handwerk stammenden Facharbeiter waren von der Umstellung weniger begeistert. Sie wollten sich mit der Beschleunigung der Arbeitsvorgänge nicht abfinden und befürchteten, durch die Akkordarbeit zu austauschbaren Lohnarbeitern degradiert zu werden. Die Unternehmensleitung musste damit rechnen, dass sich viele Arbeiter deshalb der sozialistischen Arbeiterbewegung anschlossen.[47] In einem offiziellen Schreiben an die Geschäftsführung von Siemens Brothers vom 1. Dezember 1872 begründete Werner die Errichtung der Pensionskasse mit der Notwendigkeit, «einen festen Arbeiterstamm zu schaffen, und zwar umso mehr, je weiter die Arbeitsteilung und die Maschinenarbeit entwickelt wird». Er verhehlte auch nicht, dass mit den sozialen Leistungen eine politische Absicht verbunden war:

> «Die Arbeiter rechnen sich infolgedessen schon jetzt aus, daß für jeden ca. 100 Taler vorhanden sind, die derjenige aufgibt, welcher fortgeht. Steht bei ihnen erst die Überzeugung unwandelbar fest, daß denen, die bei uns bleiben, die Sorge für ihr Alter und ihre Familie genommen ist, so werden sie dadurch fest an das Geschäft geknüpft, sie werden den Umsturztheorien der Sozialisten abhold, werden sich Streiks widersetzen und haben eigenes Interesse am Gedeihen des Geschäftes. Namentlich die Frauen werden in diesem Sinne auf sie einwirken.»[48]

Werner rechnete zu diesem Zeitpunkt mit einer baldigen Sozialgesetzgebung, wie sie die Kathedersozialisten forderten. In dem Schreiben nach London teilte er mit, in Deutschland würden sich bereits große Versicherungsanstalten bilden, an die dann Beiträge zu entrichten wären. Durch staatliche Sozialgesetze könne aber kein neues Band zwischen Arbeitgebern und Arbeitnehmern entstehen, die Arbeiter würden sie «als eine Wohltat des Staates und als einen Erfolg ihrer Agitation ansehen» und «wie bisher von einer Fabrik zur andern ziehen».[49] Dass sich die betriebliche Pensionskasse für Siemens & Halske als gute Investition erwies, ist durch eine neuere Studie bestätigt worden. Die jährlichen Kosten des Fonds lagen nicht höher als die eines zweiwöchigen Streiks.[50]

Lobbyist für den Patentschutz

Schon bei seinen ersten Erfindungen hatte sich Werner über die Mängel des preußischen Patentrechts beklagt. Das Patentgesetz sei «nichts wie eine Chimäre», schrieb er am 1. September 1845 an Wilhelm.[51] Die damaligen Bestimmungen sollten die Interessen der Erfinder schützen. Nach französischem Vorbild wurde ein Patent als deren Persönlichkeitsrecht angesehen. Es musste nicht veröffentlicht werden. Gleichzeitig wurde es als Instrument der Gewerbepolitik gehandhabt. Die für das Patentwesen zuständige Deputation für Gewerbe führte eine Vorprüfung durch und konnte die Laufzeit nach Gutdünken festgelegen, zumeist lag sie bei drei Jahren und damit deutlich niedriger als in England. Ein Anspruch auf Erteilung eines Patents bestand nicht.[52] Die zahlreichen Kritiker dieser Regelungen beanstandeten vor allem das Fehlen einer Veröffentlichungspflicht, die kurze Laufzeit und die willkürliche Vergabepraxis. Auch in der Polytechnischen Gesellschaft zu Berlin, der Werner angehörte, wurden Reformvorschläge erörtert. Diese umfassten eine Beseitigung der Vorprüfung sowie eine Verlängerung der Laufzeit auf bis zu 99 Jahre. Doch kam man hier nicht über eine Gelehrtendiskussion hinaus.[53] Der Jurist Eduard Stolle schrieb damals über die Missstände im Patentrecht:

> «Die Patent-Commission in Preußen sitzt über die Schutz nachsuchenden Geisteskinder zu Gericht, wie in den dunkeln Zeiten des Mittelalters das mysteriöse Vehmgericht. – Das Urteil wird insgeheim gesprochen, kein Widerspruch geduldet und der Verurtheilte bei Seite geschafft, ohne daß irgendwer Kunde davon erlange.»[54]

Unter dem Einfluss des liberalen Handelsministers August von der Heydt wurde die Patenterteilung in Preußen während der 1850er Jahre immer restriktiver gehandhabt. Die Freihändler hielten den Erfinderschutz für ein überholtes Monopol, das die Entwicklung der Industrie hemmte. In Preußen wurden nun rund 80 Prozent der Patentanträge abgelehnt, selbst bedeutende Erfindungen wie das Bessemer-Verfahren zur Stahlerzeugung erhielten keinen Patentschutz. So wurden 1860 zum Beispiel in England 2063 Patente erteilt, in Belgien 1719, in Preußen dagegen nur 79.[55] Vor diesem Hintergrund gab es Werner auf, in Preußen Patente anzumelden. Er ließ seine Erfindungen seit 1856 nur noch im Ausland, vor allem über Wilhelm in England, patentieren.[56] Für die junge Industrie in Preußen war der unzureichende Patentschutz freilich nicht nur von Nachteil. Viele Erfindungen aus dem industriell führenden England konnten unbehelligt nachgeahmt werden. Auch Werner musste später zugeben, dass dies zum wirtschaftlichen Aufstieg Preußens beitrug.[57] Doch allein durch Nachahmung gelangte man nicht zu Innovationen. Innovative Unternehmen wurden durch die restriktive Vergabe von Patenten benachteiligt.

Nachdem Werner im Mai 1862 ins Preußische Abgeordnetenhaus gewählt worden war, versuchte er, seine Vorstellungen von der Reform des Patentrechts in die Gesetzgebung einzubringen. Das Handelsministerium arbeitete damals an einer Vorlage für ein neues, gesamtdeutsches Patentgesetz. Werner hatte die Hoffnung, dass es nun gelingen könne, «ein ordentliches Patentgesetz in Preußen und Deutschland zustande zu bringen».[58] Er musste jedoch zur Kenntnis nehmen, dass seine liberalen Parteifreunde nicht viel vom Erfinderschutz hielten. Der preußische Handelsminister Graf Heinrich Friedrich von Itzenplitz war nicht weniger patentfeindlich als sein Vorgänger von der Heydt. Unterstützt vom Vorsitzenden der Technischen Deputation, Rudolph Delbrück (ab 1893: von Delbrück), und den meisten Abgeordneten der Fortschrittspartei, erwog er, das Patentrecht zu beseitigen. Im August 1863 wollte Itzenplitz mit einer Umfrage an die Regierungen, Handelskammern und Kaufmannsvereinigungen im Deutschen Bund herausfinden, ob es aus deren Sicht Gründe für die Beibehaltung des Erfinderschutzes gab. Die Berliner Kaufmannschaft beauftragte Werner, der seit einigen Jahren ihrem Ältestenkollegium angehörte, zu dieser Frage eine Denkschrift auszuarbeiten. Ob es in der Kammer viele Anhänger des Patentschutzes gab, kann daraus nicht unbedingt geschlossen werden. Vielleicht erhielt Werner den Auftrag auch nur, weil man wusste, dass er als Mitglied des Parlamentsausschusses für Handel und Gewerbe mit der Materie vertraut war.

Bei der Ausarbeitung der Denkschrift entwickelte Werner erstmals eigene Vorstellungen von einem Patentgesetz. Sein Leitgedanke war, das Patentrecht nicht länger auf Belohnung des Erfinders und den Schutz geistigen Eigentums auszurichten, sondern auf «volkswirtschaftliche Gesichtspunkte», die Förderung von Wirtschaft und Industrie («das Interesse der Gesamtheit bildet das höhere Gesetz»).[59] Eine Veröffentlichungspflicht für Patente war nach diesem Verständnis ebenso unverzichtbar wie eine längere Laufzeit und die Möglichkeit, der geschützten Erfindung durch eine Zwangslizenz zu größerer Verbreitung zu verhelfen. Diese «volkswirtschaftliche» Ausrichtung stellte einen Neuansatz dar, der dem veränderten Stand der industriellen Entwicklung Preußens entsprach. Es ging nicht mehr darum, die Entstehung einer Industrie zu fördern, sondern der bestehenden Industrie neues Wissen zugänglich zu machen. Die Berliner Kaufmannschaft reichte Werners Denkschrift am 13. Oktober 1863 als Stellungnahme ihres

Ältestenkollegiums zum Patentrecht im Handelsministerium ein.[60] Ob sich Itzenplitz davon beeindrucken ließ, ist nicht bekannt. Doch beriefen sich bald andere Kammern und Verbände, etwa der Technische Verein für Eisenhüttenwesen, auf die Denkschrift der angesehenen Berliner Handelskammer, und der Handelsminister wollte sich über diese Stimmen schließlich nicht hinwegsetzen. Das preußische Patentrecht blieb weiter bestehen.[61]

Im Herbst 1868 unternahmen Delbrück, von der Heydt und Bismarck einen neuen Anlauf zur Beseitigung des Patentrechts. Delbrück, ein Vetter des Gründers der Deutschen Bank, war nun Präsident des Bundeskanzleramts des Norddeutschen Bundes und die «rechte Hand» Bismarcks. Ein entsprechender Antrag Preußens fand die Zustimmung des Norddeutschen Bundesrats.[62] Gemeinsam mit dem Verein Deutscher Ingenieure (VDI) ging Werner gegen diese Gesetzesinitiative an die Öffentlichkeit. Er ließ die Denkschrift der Berliner Kaufmannschaft aus dem Jahr 1863 als Broschüre drucken und an die Abgeordneten verteilen.[63] Wegen des deutsch-französischen Krieges wurde die Entscheidung über Beseitigung oder Fortbestand des Patentrechts dann vertagt.

Nach der Reichsgründung griff der VDI die Patentfrage wieder auf. Der Verband hatte dabei den Internationalen Patentkongress im Blick, der im August 1873 in Wien anlässlich der dortigen Weltausstellung stattfand. Werner war als Experte eingebunden und wurde zum Ehrenmitglied des VDI ernannt. Den Vorsitz des Internationalen Patentkongresses übernahm sein Bruder Wilhelm.[64] Wenige Monate nach dem Kongress in Wien ging Werner daran, die Bildung eines deutschen Patentschutzvereins zu betreiben. Als dieser Verein am 28. März 1874 gegründet wurde, übernahm er den Vorsitz. Dem Vorstand gehörten zehn Unternehmer, sechs Professoren und drei Juristen an, Einzelerfinder waren praktisch nicht vertreten.[65] Bei den Versammlungen des Vereins setzte Werner seine Vorstellungen recht brachial bis hin zur Manipulation einer Abstimmung durch.[66] Die wichtigsten Forderungen des Deutschen Patentschutz-Vereins entsprachen weitestgehend denen der Patentbefürworter aus der Industrie: eine Laufzeit für Patente von 15 Jahren, vollständige Veröffentlichungspflicht und die Einführung einer Zwangslizenz.

Die Zusammensetzung des Vorstands und der dominante Einfluss Werners brachten den Deutschen Patentschutz-Verein in den Ruf, eine reine Lobbyinstitution der Großindustrie zu sein. Doch gehörte auch der VDI dem Verein an, dessen Mitglieder inzwischen überwiegend Angestellte waren.[67] Einer der profiliertesten Köpfe der Pro-Patent-Bewegung war der Ingenieur und Direktor der Berliner Gewerbeakademie, Franz Reuleaux. Der

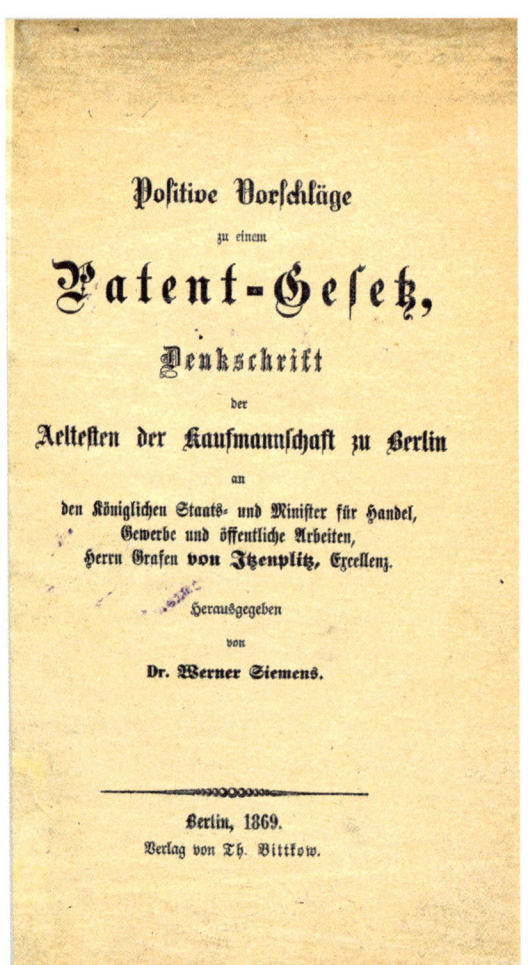

Denkschrift der Berliner Kaufmannschaft zu Vorschlägen für ein Patentgesetz, 1869

Entwurf des Vereins für eine Gesetzesvorlage wurde vom Chemnitzer Oberbürgermeister Wilhelm André ausgearbeitet. Auch die anderen Juristen des Patentschutzvereins, der Bonner Bergrechtsprofessor Rudolf Klostermann und der Kölner Beigeordnete Joseph Rosenthal, kamen nicht aus der Industrie. Die Interessen der Einzelerfinder konnten sich im Patentschutzverein allerdings nicht artikulieren. Der Dresdner Ingenieur Carl Pieper, der sich für diese einsetzte, wurde von Werner nach heftigen Auseinandersetzungen aus dem Verein gedrängt.[68] Die Ausrichtung des Patentschutzvereins spiegelte in gewisser Weise den wirtschaftlichen Strukturwandel wider, der sich in Deutschland vollzogen hatte: Die große Zeit der Einzelerfinder war vorbei, Innovationen gingen zunehmend aus Forschungs- und Konstruktionsabteilungen von Industrieunternehmen hervor, die eine immer größere Zahl von Ingenieuren beschäftigten. Der Verein beruhte auf einer Verbindung von Großindustrie und technisch-wissenschaftlichem Sachverstand. In einem Brief an Wilhelm vom 4. Juni 1874 schrieb Werner: «Die ganze Großindustrie und wissenschaftliche Technik Deutschlands ist im Verein vertreten und schon haben eine Menge technischer Vereine ihren Beitritt mit ansehnlichen Beiträgen zugesagt!»[69]

Unter dem Eindruck des Wiener Patentschutzkongresses beschäftigte sich inzwischen auch der Bundesrat wieder mit der Reform des deutschen Patentwesens und empfahl die Einsetzung einer Enquêtekommission zur Vorbereitung eines neuen Gesetzes. Bevor diese Kommission gebildet werden konnte, entschloss sich Werner, direkt an Bismarck heranzutreten. Auf diese Weise sollte Rudolph von Delbrück, der patentfeindliche Stellvertreter des Kanzlers, umgangen werden. Werner verfasste eine «Denkschrift betreffend die Nothwendigkeit eines Patentgesetzes für das Deutsche Reich» und ließ sie am 8. April 1876 Bismarck zukommen. Dieses Memorandum verwies durchgehend auf die Interessen der deutschen Industrie. Schon der erste Satz musste den Reichskanzler aufrütteln: «Der mächtige Aufschwung, den die deutsche Industrie in den letzten Decennien erfahren hat, beruht wesentlich auf zwei Factoren: der Nachahmung fremder Erfindungen und dem billigen Arbeitslohn.» Die deutschen Fabrikate, hieß es ferner, stünden «sowohl im Inlande wie im Auslande im Ruf billiger aber schlechter Waare».[70] Werner nahm auch auf die anhaltende Wirtschaftskrise Bezug und stellte die Vorschläge des Patentschutzvereins als ein Mittel zu deren Überwindung dar:

> «Schon die begründete Aussicht auf baldige Regelung der Frage des Erfindungsschutzes würde endlich ermuthigend und neu belebend auf viele wichtige, jetzt fast hoffnungslos darniederliegende Industriezweige einwirken und sie zu den äussersten Anstrengungen anspornen, um den Kampf ums Dasein in der jetzigen schweren Gewerbekrisis, die neben dem Ungesunden auch viel Gesundes und Tüchtiges vernichtet, in der Hoffnung auf kommende bessere Zeiten zu bestehen.»[71]

Mit diesem Tenor traf Werner einen Nerv. Der anhaltende deflationäre Abschwung der deutschen Wirtschaft nach dem «Gründerkrach» von 1873 hatte Verunsicherungen, Ängste und Krisendiskurse hervorgerufen. Nicht wenige befürchteten, dass die zunehmenden sozialen Spannungen die Gesellschaft verändern würden und der Staat diesen Belastungen nicht gewachsen wäre. Die Schuld gab man der liberalen Wirtschafts- und Handelspolitik der vergangenen Jahrzehnte. Liberale Prinzipien waren nun ganz generell diskreditiert.[72] Bismarck hatte von Wirtschaft wenig Ahnung, besaß aber ein sicheres Gespür für politische Stimmungen und war inzwischen entschlossen, von seinem Zweckbündnis mit den Liberalen abzurücken. Möglicherweise kannte Werner bereits die Gerüchte über einen bevorstehenden Rücktritt Delbrücks, als er die Denkschrift einreichte. Zweieinhalb Wochen später bat Delbrück den Kaiser um seine Entlassung. Den Ausschlag gab dabei nicht das Memorandum des Patentschutzvereins, sondern Bismarcks Plan, die privaten Eisenbahngesellschaften zu verstaatlichen. Werners Vorstoß passte jedoch recht gut zu der veränderten politischen Großwetterlage.[73]

Der neue Leiter des Reichskanzleramts, Karl Hofmann (ab 1882: von Hofmann), empfing Werner am 5. Juli 1876 und ließ keinen Zweifel daran, dass er den Vorstoß des Patentschutzvereins unterstützte. Die Enquêtekommission zur Reform des Patentrechts war bereits überwiegend mit Patentbefürwortern besetzt worden. Auf der Basis ihrer Empfehlungen legte Bismarck dem Reichstag einen Gesetzentwurf vor, der weitgehend den Vorstellungen des Deutschen Patentschutz-Vereins entsprach. Das Patentgesetz wurde am 25. Mai 1877 vom Reichstag verabschiedet und trat zum 1. Juli 1877 in Kraft. Es setzte alle Forderungen der industriellen Patentanhänger ungebrochen um, sah die Errichtung eines Patentamts vor, führte eine Veröffentlichungspflicht, einen Ausführungszwang und einen Anspruch auf Patenterteilung ein. Patente hatten nun eine Laufzeit von 15 Jahren. Das Patentgesetz enthielt auch den umstrittenen, von Einzelerfindern und Ingenieuren abgelehnten Lizenzzwang sowie das neue Prinzip, dass Patente nicht mehr dem Erfinder, sondern dem Anmelder erteilt wurden. Letzteres bedeutete praktisch, dass die Rechte an Arbeitnehmererfindungen beim Arbeitgeber liegen würden.[74] Die leitenden Angestellten von Siemens & Halske wurden wenige Wochen später mit einem Erlass ausdrücklich darauf hingewiesen, dass ihre Erfindungen fortan Eigentum des Unternehmens waren.[75]

Mit den gleichen Worten wie Werner in der Eingabe an Bismarck kritisierte Anfang Juni 1876 einer seiner Mitstreiter im Deutschen Patentschutz-Verein, Franz Reuleaux, das Niveau der deutschen Industrie. Reuleaux war damals Preisrichter bei der Weltausstellung in Philadelphia und schickte von dort Berichte, die in der *National-Zeitung* abgedruckt wurden. Schon im ersten seiner Briefe aus Philadelphia schrieb er, deutsche Waren stünden im Ruf, «billig und schlecht» zu sein.[76] Reuleaux löste damit heftige Proteste aus, bis hin zum Vorwurf des Vaterlandsverrats. Dass dieses Urteil fast wörtlich aus Werners Eingabe an Bismarck stammte, wurde nicht bekannt. Ob Reuleaux bewusst Werners Formulierung aufgriff, als er den zitierten Brief schrieb, ist unklar. Möglicherweise gab er auch unabhängig davon die Ansicht wieder, die im Patentschutzverein vertreten wurde. Werner verteidigte Reuleaux natürlich und gratulierte ihm zu den «mutigen und richtigen Worte[n]» aus Philadelphia – es waren ja auch seine.[77] Beiden war es ein Anliegen, die Entwicklung der deutschen Industrie voranzutreiben. Die internationale Wettbewerbsfähigkeit deutscher Unternehmen sollte nicht länger auf niedrigen Preisen beruhen, sondern auf der hohen Qualität ihrer Produkte. Zehn Jahre später war dieses Ziel erreicht. Als der britische Merchandise Marks Act von 1887 eine Herkunftsbezeichnung für importierte Waren vorschrieb, wurde «Made in Germany» rasch zum Gütesiegel. Inwieweit das Patentgesetz dieser Entwicklung förderlich war, ist schwer zu belegen. Die rasch steigende Zahl der Patentanmeldungen und Patenterteilungen im Deutschen Reich spricht immerhin dafür, dass es einen Zusammenhang mit dem Wirtschaftswachstum gab. 1877 wurden nur 190 Patente erteilt, 1890 dagegen 4680.[78]

Werner hatte sich als erfolgreicher Lobbyist der Industrie und der Ingenieure erwiesen. Er war als Vorsitzender und treibende Kraft des Patentschutzvereins der «Vater» des neuen Patentrechts. Persönlich hatte er einmal mehr ein hartnäckig verfolgtes Ziel erreicht. In seinem Freundeskreis wurde das Patentgesetz von 1877 scherzhaft auch «Charta Siemens» genannt.[79] Der Präsident des neuen Reichspatentamts, Karl Jacobi, berief Werner am 1. Juli 1877 zum nicht ständigen Mitglied der Behörde, womit die Ernennung zum «Geheimen Regierungsrat» («Geheimrat») verbunden war.

Es entbehrt nicht einer gewissen Ironie, dass Werner, der sich als Liberaler verstand, den Erfolg seiner Denkschrift Bismarcks Abkehr von den Liberalen verdankte. Die antiliberale Wende des Kanzlers richtete sich bald darauf gegen den Freihandel, für den Werner stets eingetreten war.[80] Als der Kanzler im Jahr 1879 Schutzzölle einführte, protestierte Werner nicht. Auch in seinen Briefen findet sich keine Kritik an dem neuen Protektionismus. Offensichtlich war er nun vollends von den freiheitlichen Prinzipien abgerückt, die er als Mitglied der Fortschrittspartei hochgehalten hatte. Er gab sich Bismarck-treu und «staatstragend». Erst in den *Lebenserinnerungen*, die nach Bismarcks Rücktritt erschienen, bekannte sich Werner wieder zu der Überzeugung, «daß in dem guten Rufe der Fabrikate eines Landes ein wirksamerer Schutz liegt als in hohen Schutzzöllen». Er fügte noch die Prophezeiung hinzu, dass sich Europa im zukünftigen Wettbewerb mit den USA «nur durch möglichste Wegräumung aller innereuropäischen Zollschranken» behaupten könne.[81]

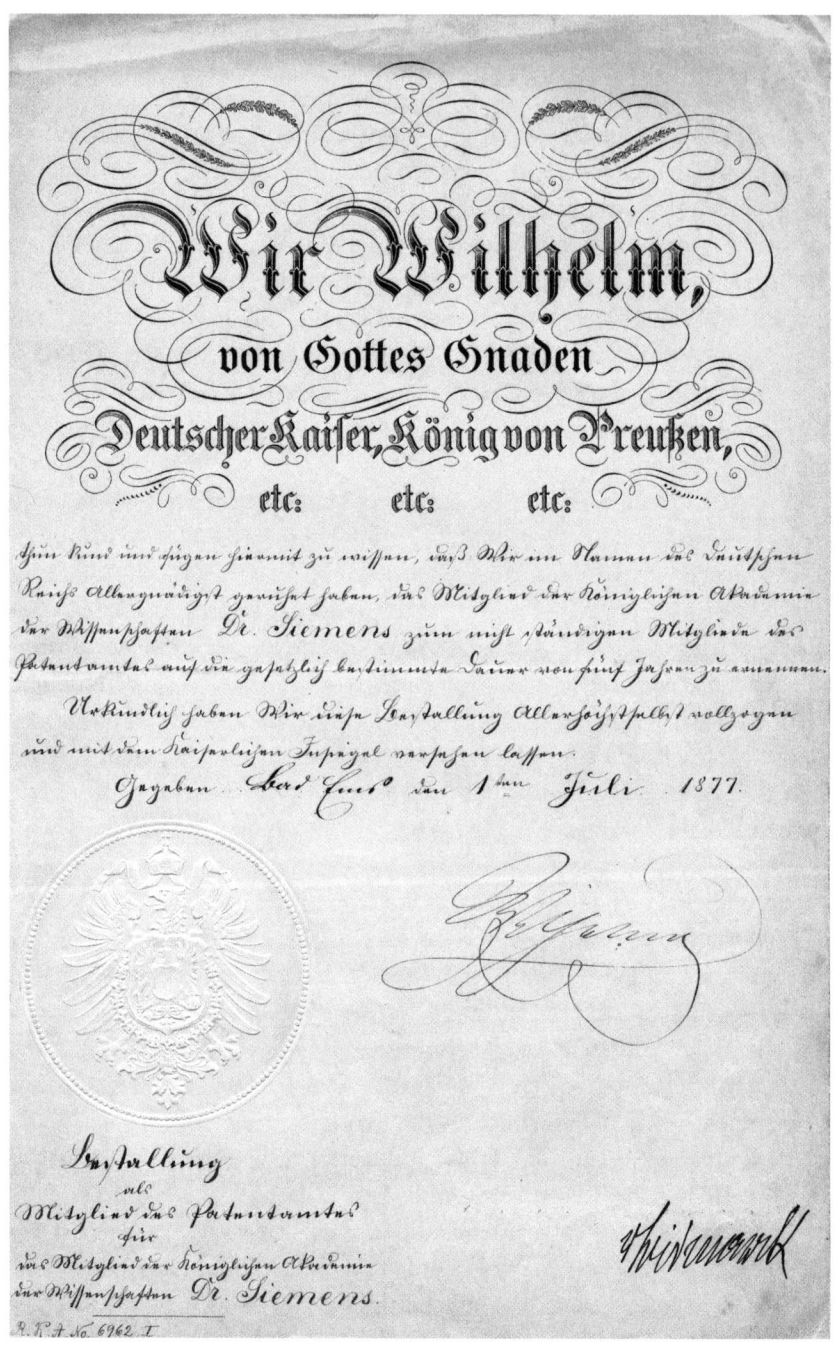

Ernennungsurkunde für Werner Siemens zum Mitglied des Kaiserlichen Patentamts, 1. Juli 1877

Werners Tätigkeit als Vorsitzender des Deutschen Patentschutz-Vereins dürfte dazu beigetragen haben, dass er zu den Prinzipien, die er als Abgeordneter der Fortschrittspartei vertreten hatte, weiter auf Distanz ging. Viele seiner Mitstreiter in der Patentlobby waren protektionistisch eingestellt wie der nationalliberale Abgeordnete Friedrich Hammacher, den er damals kennen- und schätzen lernte. Hammacher, ein führender Repräsentant des Ruhrbergbaus, war im Reichstag der Berichterstatter zum Entwurf des Patentgesetzes.[82] Auch mit dem Kanzler verstand sich Werner nach dessen antiliberaler Wende in den Jahren 1878/79 gut. Im Juni 1880 wurde er von Bismarck zu einem Dinner im engsten Kreis eingeladen.[83] Lothar Bucher, einer der engsten Mitarbeiter Bismarcks, ging in der Siemens-Villa in Charlottenburg ein und aus. Wie Werners Tochter Käthe später schrieb, hatte Bucher hier ein «ständiges Sommerquartier».[84]

Familienleben mit Antonie

Nach der Heirat von Werner und Antonie änderte sich die Rollenverteilung innerhalb des Hauses in Charlottenburg nicht grundlegend. Um die Kinder kümmerten sich weiterhin Gustav Willert und Auguste Weyrowitz. Antonie, die von Werner und der gesamten Familie «Toni» genannt wurde, hielt sich bewusst zurück. Sie befürchtete, als «böse Stiefmutter» zu gelten, wenn sie zwischen die Kinder und die Erzieher trat.[85] Bald schon hatte Antonie auch eigene Mutterpflichten. Am 30. Juli 1870 kam ihr erstes und Werners fünftes Kind auf die Welt, die Tochter Hertha. Die Taufe fand an Antonies 30. Geburtstag, dem 16. September 1870, statt. In diesen Monaten stand Berlin ganz im Zeichen des Deutsch-Französischen Krieges. Zwei Wochen vor der Taufe errangen die vereinigten preußischen und süddeutschen Truppen bei Sedan einen triumphalen Sieg. Auch Werner war national gestimmt; er gab seiner jüngsten Tochter den Namen eines preußischen Kriegsschiffs, der Korvette *S. M. S. Hertha*, und passend dazu den zweiten Vornamen «Viktoria».[86]

Der Unterricht für die älteren Töchter wurde nach Herthas Geburt ausgelagert. Auguste Weyrowitz gründete 1871 in dem benachbarten Haus Berliner Straße 39, das Werner eigens zu diesem Zweck erworben hatte, eine «Privattöchterschule». Dort wurden Anna und Käthe zusammen mit ihren Kusinen Elly, Marie und Gertrud unterrichtet. Auf dem Stundenplan standen – kaum zufällig – auch naturwissenschaftlich ausgerichtete Fächer wie chemisch-physikalische Hauswirtschafts- und Gesundheitslehre.[87]

Am 5. September 1872 brachte Antonie einen Sohn zur Welt. Er wurde nach Werners Brüdern Carl und Friedrich benannt. Beglückt teilte Werner dem kinderlosen Bruder Wilhelm mit, «daß die behauptete Degeneration der Familie Siemens – darin bestehend, daß keine ausreichende Jungens-Remonte mehr stattfände – eine Wendung zum Besseren genommen hat».[88] Drei Söhne und drei Töchter – damit konnte er zufrieden sein. Die für den 1. Oktober 1872 geplante Feier zum 25-jährigen Unternehmensjubiläum ließ Werner auf den 12. Oktober verschieben, da Antonie durch die Geburt von Carl Friedrich zu geschwächt war, um Anfang Oktober teilnehmen zu können. Seitdem wird der Gründungstag des Unternehmens stets am 12. Oktober begangen.[89]

In den Jahren 1874 bis 1876 ließ Werner das Charlottenburger Haus ausbauen, nach Plänen des Architekten Richard Lucae, der wenig später den Neubau der nahe gelegenen Technischen Hochschule Charlottenburg entwarf. Aus dem Sommerhaus wurde nun eine repräsentative, zweieinhalbstöckige Villa im spätklassizistischen Stil. Werner passte damit seine Wohnverhältnisse seinem Stand als vermögender und angesehener Industrieller an. Zudem hatte er jetzt mehr Zeit für die Familie und für Einladungen. Der Anbau eines Tanzsaals lässt darauf schließen, dass er – wohl unter dem Einfluss Antonies – nun auch in dieser Hinsicht einen anderen Lebensstil pflegen wollte. Die Villa bot den passenden Rahmen für festliche Dinners. Schon zur Einweihung des Esszimmers am 27. Dezember 1874 gab Werner ein «academisches Diner» zu Ehren des Architekten.[90] Doch snobistische Allüren lagen ihm nach wie vor fern. Die Familie lebte auch in der Villa recht bodenständig. Werner lud die Nachbarfamilien gerne zu Gartenfesten ein. Er liebte es auch, vor der Arbeit im Garten einen Spaziergang zu machen und ein «Morgenpfeifchen» zu rauchen.[91]

Das Gebiet um die Berliner Straße war seit Eröffnung der ersten Pferdestraßenbahnlinie Preußens von Berlin nach Charlottenburg im Jahr 1865 eine begehrte Wohnlage geworden. Werners Nachbarn waren nun der Bankier Robert Warschauer (Sen.) und der Historiker Theodor Mommsen, der später den Nobelpreis für Literatur erhielt.[92] Mommsen hatte wie Werner zu den Gründern der Fortschrittspartei gehört. Seit 1874 wohnte er mit seiner großen Familie – das Ehepaar hatte 16 Kinder – im benachbarten Haus Marchstraße 8.[93] Man traf sich häufiger zu Gartenfesten. So fand im Herbst stets ein «Winzerfest» im Garten der Familie Siemens statt, bei dem Werner mit Mommsen und anderen Nachbarn zur Freude der Kinder Kartoffelfeuer schürte, über denen Würstchen gebraten wurden.[94] Mommsens Töchter besuchten wie viele andere aus diesem liberal-großbürgerlichen Milieu in der Nachbarschaft die Privatschule von Auguste Weyrowitz.[95]

Werner von Siemens mit seiner zweiten Frau Antonie und allen Kindern, um 1876

Villa Siemens in Charlottenburg, Berliner Straße 36, undatiert

In den Sommern fuhr Werner mit Antonie und den Kindern länger in Urlaub, an die See oder in die Alpen. Ferien in den Bergen wurden meistens in der Schweiz verbracht, in Interlaken (1875), Flims (1878), Alvaneu (1880) und Tarasp (1885), einmal auch im österreichischen Bad Gastein (1888). Zu Badeurlauben fuhr die Familie zunächst an die Ostsee (Heringsdorf 1872), dann fast regelmäßig nach Sylt. Bevorzugter Urlaubsort war Westerland. Hier verbrachten Werner, Antonie und die jüngeren Kinder zwischen 1876 und 1887 sechsmal sommerliche Badeferien. Jeweils einmal waren sie im Sommer auf Norderney (1881) und an der italienischen Riviera (1889).[96] Antonie hielt sich im Sommer auch oft längere Zeit mit den Kindern in ihrer schwäbischen Heimat auf. In Degerloch, das damals noch ein Vorort von Stuttgart war, hatte Werner 1870 für seine Frau ein Landhaus errichten lassen, damit Antonie auch weiterhin ein Heim in der Nähe ihrer Eltern und ihrer großen schwäbischen Verwandtschaft hatte. Für die Kinder war diese Sommerresidenz ein Ferienparadies. In Antonies Abwesenheit kümmerte sich ihre Tante Wilhelmine («Mimi») Eisenlohr um das Haus.[97]

Werner ersparte Arnold und Wilhelm ständige moralische Belehrungen, wie er sie von seinem Vater erhalten hatte. Doch die Erwartungen, die er an seine Söhne stellte, waren groß. So gratulierte er zum Beispiel Wilhelm zu dessen neuntem Geburtstag mit einem Brief, in dem der Sohn ermahnt wurde, «viel fleissiger, artiger und vernünftiger» zu werden, um später einmal ein «tüchtiger Mann» zu sein, «den alle Leute lieb haben und vor dem sie den Hut abnehmen!»[98] Von spezifischen Erwartungen hinsichtlich der Nachfolge im Unternehmen ist in Werners Briefen an die Söhne nicht die Rede. Er legte bei beiden aber großen Wert auf gute naturwissenschaftliche Kenntnisse und dürfte hierin auch eine Vorbereitung auf die Leitung des Unternehmens gesehen haben. Die Söhne akzeptierten Werners Ratschläge bereitwillig, keiner von ihnen widersetzte sich oder rebellierte gar gegen den übermächtigen Vater.[99] Wilhelm beschlich lediglich die «Furcht, einmal untüchtig und großen Vaters kleiner Sohn zu sein».[100]

Gustav Willert blieb bis 1873 Erzieher und Hauslehrer der beiden älteren Söhne. Er wollte schon zwei Jahre zuvor gehen, weil Werner ihm wiederholt Vorwürfe gemacht hatte, er «sporne Arnold nicht zur Tätigkeit, zum Streben» an.[101] Willert verteidigte seine Schützlinge gegen die hohen Erwartungen ihres Vaters. Arnold würde ein «braver Mann» werden, aber wohl kein «namhafter Physiker».[102] Gleichwohl entband Werner den Pädagogen nicht von seinem Gelübde, bis Arnold im Frühjahr 1873 die Gewerbeschule verließ.[103] Wilhelm («Willy») war bereits 1872 auf ein Gymnasium nach Straßburg geschickt worden, weil er kränkelte und Werner glaubte, das mildere

Hertha, Carl Friedrich und Antonie Siemens, undatiert

Klima im Elsass würde dem Sohn helfen. Nach einem Jahr verließ Wilhelm dieses Gymnasium mit dem Zeugnis für die Prima, da er nicht zum Abitur zugelassen wurde und eine Luftröhrenentzündung auskurieren musste. Er unternahm mit einem Freund eine lange Bildungs- und Genesungsreise durch Italien. Anschließend bereitete er sich mit Privatunterricht auf das Abitur vor. Im Frühjahr 1875 fiel er durch die Prüfung, konnte dann aber auch ohne Abitur Physik, Chemie und Philosophie studieren, erst in Heidelberg, später in Leipzig und Berlin, dort unter anderem bei Emil du Bois-Reymond und Hermann von Helmholtz.[104]

Sein älterer Bruder Arnold ging im Frühjahr 1873 ohne Abschluss von der Gewerbeschule und begann eine Mechanikerlehre bei Siemens & Halske. «Hoffentlich verdient er sich darin jetzt bessere Lorbeeren wie bisher in der Schule!», kommentierte Werner diesen Wechsel in einem Brief an seinen Sohn Wilhelm.[105] Arnold brach die Lehre nach einem halben Jahr ab, um Militärdienst zu leisten. Bezeichnenderweise entschloss er sich, dafür nach Stuttgart zu gehen. Ebenso wie sein Bruder Wilhelm fühlte er sich Antonies schwäbischer Verwandtschaft sehr verbunden. Wilhelm fuhr während seiner Gymnasialzeit in Straßburg öfter nach Hohenheim. Er freundete sich dort mit Antonies Stiefcousin Ludwig Eisenlohr an und war auch gern bei

Antonies Eltern zu Besuch, wo es gesellig zuging und viel musiziert wurde. Regelmäßig traf man sich hier zu einem «Vetterles- u. Bäslestag».[106]

Arnold blieb nach dem Militärdienst in Stuttgart und besuchte das Polytechnikum, aus dem später die Technische Hochschule hervorging. Welchen Studiengang er durchlief, lässt sich nicht mehr ermitteln.[107] Auf Wunsch seiner Eltern setzte Arnold ab Herbst 1874 diese Ausbildung in Berlin fort. Antonie hatte den Eindruck gewonnen, ihr Stiefsohn sei «in letzter Zeit etwas ins unsolide Leben hineingeraten».[108] Zuvor war Werners inzwischen 15-jährige Tochter Anna von der Spree an den Neckar gezogen, in ein Mädchenpensionat in Cannstatt bei Stuttgart (heute Stuttgart-Bad Cannstatt).[109] Auch Anna wird von Antonies schwäbischer Verwandtschaft herzlich aufgenommen worden sein. Werners Kinder fühlten sich offenbar zu einem größeren familiären Umfeld ebenso hingezogen wie einst ihr Vater.

Mit Arnold zog Ludwig Eisenlohr nach Berlin, der sein Architekturstudium abgeschlossen hatte und sich auf der Berliner Bauakademie weiterqualifizieren wollte. Für Antonie war es selbstverständlich, den Sohn ihrer Tante Mimi, die sich in Stuttgart nach ihrem Eindruck «mütterlich» um Arnold gekümmert hatte, in der Siemens-Villa wohnen zu lassen.[110] Werner lehnte dies mit einer bemerkenswerten Begründung ab.

> «Ein junger, nicht nahe blutsverwandter Mann im Hause als dauerndes Mitglied der Familie tut fast niemals gut. Mit heranwachsenden Töchtern im Hause gibt es leicht Liebeleien oder nicht passende, übergrosse Vertraulichkeit, die man nicht aufkommen lassen darf. Auch muss man in der bösen, argwöhnischen Welt auch den leisesten Schein vermeiden, der die bösen Zungen in Bewegung setzen kann. […] Ich bin nun einmal durch die erworbene Lebensstellung den Blicken und auch dem Neide der Menschen mehr ausgesetzt wie andere, und so, wie mein erstes Bestreben stets gewesen ist und bis zu meinem Ende bleiben wird, meinen persönlichen Ruf unantastbar zu erhalten und Leben und alles daranzusetzen, dies durchzuführen, so muss dies auch mit den Meinen der Fall sein, wenn ich mich glücklich fühlen soll.»[111]

Werner stand Antonies schwäbischer Verwandtschaft demnach längst nicht so nahe wie seine älteren Kinder. Für ihn zählte die enge Blutsverwandtschaft, ein Eisenlohr war eben kein Siemens. Möglicherweise sorgte er sich auch weniger wegen der 13-jährigen Tochter Käthe – die zwei Jahre ältere Anna war ja bereits weggezogen – als wegen seiner erst 34-jährigen Frau. Er wird gewusst haben, dass Antonie früher einmal mit Ferdinand Eisenlohr, einem älteren Bruder des Architekten, eng befreundet gewesen war.[112] Antonie achtete Werners Wünsche, in diesem Fall und auch sonst. Werner akzeptierte wiederum, dass seine Frau ihre eigenen verwandtschaftlichen Beziehungen pflegte und häufig in Degerloch wohnte. Diese gegenseitige Rücksichtnahme dürfte viel dazu beigetragen haben, dass beide eine recht glückliche Ehe miteinander führten.

Auch seiner eigenen erweiterten Verwandtschaft, der «Gesamtfamilie» Siemens, fühlte sich Werner nicht näher verbunden. Dies zeigte sich, als ab 1873 regelmäßig «Generalversammlungen» von Mitgliedern aller Familienzweige im Harz stattfanden, der traditionellen Heimat der Familie Siemens. Derartige institutionelle Treffen kamen damals bei bürgerlichen Familien in Mode.[113] Die erste Versammlung der Familie Siemens ging auf eine Initiative von Leopold (Leo) Siemens, einem entfernten Verwandten Werners, zurück.[114] Leo Siemens hatte es sich zur Aufgabe gemacht, neben seinem Hauptberuf als Offizier die Tradition der Familie zu pflegen und den Zusammenhalt zwischen den verschiedenen Familienzweigen zu fördern. Er erstellte erstmals einen systematischen Stammbaum und veröffentlichte gemeinsam mit dem Goslarer Archivar Uvo Hölscher das erste Stammbaumbuch der Familie Siemens.[115] Bei den Recherchen für den Stammbaum stieß er auch auf arme Familienmitglieder, die Unterstützung benötigten. Er gründete daher am 25. Juni 1873, wenige Wochen vor der ersten Familienversammlung in Bad Harzburg, zusammen mit Antonies Onkel Adolf und Werners Vetter Louis, eine Stiftung für in Not geratene Mitglieder der Familie.[116] Leopold Siemens ließ sich dabei nicht nur von karitativen Motiven leiten, er wollte auch dazu beitragen, dass der Name der Familie für «Geradheit und Rechtschaffenheit» bürgte.[117] Unterstützt wurden aus dem Hilfsfonds zunächst fünf minderjährige Kinder des Hilfsförsters Ernst Siemens, die ihre Eltern frühzeitig verloren hatten.[118]

Im September 1875 fand auf dem Hexentanzplatz bei Thale die zweite Versammlung der Familie Siemens statt. Fortan traf man sich im Abstand von fünf Jahren zu Familienversammlungen im Harz. Werner nahm nur an einem einzigen dieser Treffen, der dritten Versammlung im September 1880, nachweislich teil, zusammen mit mehreren Geschwistern.[119] Zur «Gesamtfamilie» Siemens hatte er im Grunde keinen Bezug, er konnte für die Treffen auch weniger Zeit erübrigen als seine Verwandten Leo, Adolf und Louis.[120] An der fünften Familienversammlung, die im September 1890 in Hasserode stattfand, nahmen Werners Söhne Arnold und Wilhelm, Wilhelms Frau Elly, Alexander aus London und Alma, die Witwe von Werners Bruder Hans, teil. Werner war wenige Tage zuvor zu einer Reise in den Kaukasus aufgebrochen.[121] Die Einnahmen der Familienstiftung stammten in den ersten Jahren zu einem erheblichen Teil, mitunter zu mehr als der Hälfte, von den Brüdern Carl, Friedrich,

5. Generalversammlung der Familie Siemens in Hasserode, 1890

Werner und Wilhelm. Nach einigen Jahren gingen von Wilhelm und Carl keine Spenden mehr ein, von Werner weiterhin kontinuierlich 300 Mark.[122] Für einen reichen Industriellen war dieser Betrag nicht gerade üppig, ganz anders als die großzügigen Unterstützungen, die Werner engen Verwandten, besonders den Witwen seiner Brüder Hans und Otto, zukommen ließ.

Ein besonderes Anliegen war Werner eine Spende für die Pfarrkirche von Lübsee bei Menzendorf, auf deren Friedhof das Grab seiner Eltern liegt. Als die Kirche 1873 renoviert wurde, fehlten die Mittel zur Beschaffung einer neuen Orgel. Der Pfarrer wandte sich an Werner, der daraufhin den benötigten Betrag von 1200 Talern (3600 Mark) gemeinsam mit Wilhelm, Carl und Friedrich stiftete. Die Brüder machten zur Auflage, «dass das Grab der Eltern für ‹ewige Zeiten› ungestört bleibt und unter den speziellen Schutz der Kirchenbehörden gestellt wird».[123] Großherzog Friedrich Wilhelm II. von Mecklenburg-Strelitz, der gemeinsam mit dem Großherzog Friedrich Franz II. von Mecklenburg-Schwerin das Oberhaupt der Landeskirche war, sicherte dies den Stiftern zu. In Lübsee hat man sich bis heute daran gehalten. Am 1. November 1874 wurden die Wiedereröffnung der Kirche und die Einweihung der neuen Orgel festlich begangen. Die Dorfbevölkerung erhielt an diesem Tag einen Eindruck vom Aufstieg der früheren Pächterskinder. Werner reiste mit Antonie und seinen beiden ältesten Söhnen an. Gemeinsam mit dem Großherzog und zahlreichen Honoratioren zog er in die Kirche ein. Alle Orden hatte er aus diesem Anlass angelegt, auch den persischen Sonnenorden, den er für den Bau der Indo-Europäischen Telegrafenlinie erhalten hatte.[124]

Neue Zeiten: Telefone und elektrische Beleuchtungen

Am Ende der 1870er Jahre stand die Elektrotechnik vor ihrem bislang größten Umbruch. Elektrizität wurde zunächst in der Telegrafie angewandt, die Elektroindustrie bestand aus dem Telegrafenbau und der Kabelherstellung. Nun kam das neue Gebiet der Starkstromtechnik hinzu, mit elektrischen Maschinen und elektrischen Lampen. Das Starkstromgeschäft erforderte in vielen Bereichen ein Umdenken, weil es auf der Errichtung technischer Systeme beruhte. Zugleich weitete sich das «alte» Gebiet der Nachrichtentechnik durch bedeutende Innovationen wie die Einführung des Telefons aus. Werner nahm diese Veränderungen als «ein wildes Rennen» wahr und als «ein ernsthaftes Streben, der Electricität einen wichtigen Platz in den alten Industriezweigen zu erobern und neue auf sie zu begründen».[125] Angesichts dessen schlug er dem Generalpostdirektor Heinrich Stephan die Gründung eines «Deutschen Vereins für Elektrotechnik» zur Förderung der Anwendung von Elektrizität und der Kenntnisse über Elektrizität vor.[126] Am 20. Dezember 1879 wurde daraufhin in Berlin der Elektrotechnische Verein (ETV) gegründet. Ihm gehörten Behördenvertreter, Unternehmer, Ingenieure und Wissenschaftler an, Werner wurde erster Vorsitzender, Stephan Ehrenpräsident. Mit seinem Vorschlag hatte Werner auch einen Begriff für die vielfältiger gewordene Anwendung der Elektrizität geprägt: Elektrotechnik.[127]

Generalpostdirektor Heinrich Stephan (ab 1885: von Stephan) hatte 1876 die Leitung der neu gebildeten Reichs-Post- und Telegraphenverwaltung übernommen. In dieser Zentralbehörde, die später die Bezeichnung «Reichspostamt» erhielt, waren die Post- und Telegrafenverwaltungen des Deutschen Reichs vereinigt worden. Stephan organisierte und leitete sie erstmals nach unternehmerischen Prinzipien. Anders als bei der früheren preußischen Telegrafenverwaltung hatte das Militär hier keinen Einfluss.[128] Werner verstand sich mit Stephan auf Anhieb gut, zumal ihn der 15 Jahre jüngere

Heinrich von Stephan, undatiert

Generalpostdirektor geradezu bewunderte. Beide verband ein fast freundschaftliches Verhältnis.

Siemens & Halske brachten die guten Verbindungen zu Stephans Behörde große Aufträge ein. Dabei ging es um einen Ausbau der nachrichtentechnischen Systeme, also um das «alte» Gebiet der Schwachstromtechnik. Siemens & Halske konnte die hohen Gewinne aus diesem Geschäft für den Aufbau neuer, starkstromtechnischer Fertigungen nutzen. Stephan war entschlossen, wieder ein unterirdisches Telegrafennetz errichten zu lassen, berief sich dabei auf die Argumente, die Werner ein Vierteljahrhundert zuvor geltend gemacht hatte, und beauftragte ihn, für die Reichs-Post- und Telegraphenverwaltung Versuche mit unterirdischen Kabeln anzustellen. Werner lud den Generalpostdirektor daraufhin im Frühjahr 1876 nach Woolwich zu einer Besichtigung der Kabelfabrik von Siemens Brothers ein.[129] Ein halbes Jahr später kündigte Stephan seinen Plan in einer Rede vor dem Reichstag an, die einer Hommage an Werner gleichkam. Die unterirdische Verlegung der ersten preußischen Ferntelegrafenlinien nach Frankfurt am Main und Aachen nannte er einen «heroischen Entschluss» und verwies ausdrücklich auf Werners Schrift aus dem Jahr 1851.[130] Stephan konnte Bismarck und den preußischen Finanzminister Otto von Camphausen für sein Vorhaben gewinnen. Trotz knapper Kassen setzte er den Bau eines unterirdischen Telegrafennetzes auch beim Kaiser und im Reichstag durch. Die Großaufträge für die Kabelfertigung wollte Stephan gleichwohl nicht an Siemens

Brothers, sondern an ein deutsches Unternehmen vergeben. Seine erste Wahl war Felten & Guilleaume in Köln, der führende deutsche Kabelhersteller. Der Generalpostdirektor war auch gewillt, Siemens & Halske an dem Geschäft zu beteiligen, sofern das Unternehmen in Deutschland eine eigene Kabelfertigung aufziehen würde. Werner war hierzu gerne bereit. Die Kosten für den Bau einer Kabelfabrik würden sich durch die lukrativen Großaufträge der Reichs-Post- und Telegraphenverwaltung rasch amortisieren. So kam Siemens & Halske nun erneut zu einem großen Behördengeschäft. Mit Felten & Guilleaume wurde am 3. Dezember 1876 vereinbart, die Aufträge für den Bau des unterirdischen Telegrafennetzes paritätisch aufzuteilen. Beide Unternehmen einigten sich auch darauf, sich gegenseitig über Preise und Qualität von Lieferungen an andere Abnehmer zu informieren. So entstand das erste Kartell der Elektroindustrie.[131]

Die Werksanlagen in der Markgrafenstraße wurden nun um eine Kabelfabrik erweitert. Als die Aufträge für den Bau einer unterirdischen Telegrafenleitung von Berlin nach Hamburg, das erste Großprojekt der Reichs-Post- und Telegraphenverwaltung, eingingen, musste zunächst noch auf Lieferungen aus Woolwich zurückgegriffen werden. Bis 1881 lieferten Siemens & Halske und Felten & Guilleaume an das Reichspostamt rund 5840 Kilometer Kabel. Zum größten Teil dürfte es sich dabei um die neuen Bleikabel gehandelt haben, die Siemens & Halske nun für Starkstromleitungen verwandte. Bis 1887 garantierten die exklusiv an Siemens & Halske und Felten & Guilleaume vergebenen Aufträge der Reichspost beiden Firmen ein umfangreiches Kabelgeschäft. Die Reichspost war nun auch im Telegrafenbau der mit Abstand wichtigste Kunde des Unternehmens.[132]

Bereits im Herbst 1876 ging Siemens & Halske mit dem Generalpostdirektor auf einem völlig neuen Gebiet eine Zusammenarbeit ein. Damals waren die ersten Telefonapparate aus den USA nach Berlin gelangt. Bei der Reichs-Post- und Telegraphenverwaltung und wohlhabenden Bürgern der Stadt brach daraufhin das «Telephonfieber» aus. Werner nannte es in seinen Briefen auch den «Telephonschwindel».[133] In den USA hatte der Taubstummenlehrer Alexander Graham Bell zusammen mit seinem Assistenten Thomas A. Watson einen Apparat entwickelt, der Schwingungen einer Membran über einen Schalltrichter in elektrische Schwingungen umwandelte. Es war nicht der erste Apparat dieser Art. Der Lehrer Philipp Reis aus Friedrichsdorf hatte bereits 16 Jahre zuvor ein Telefon erfunden, das aber, da technisch unausgereift, nicht auf den Markt kam.[134] Bells Telefon wurde im März 1877 in den USA patentiert. Stephan erfuhr davon ein halbes Jahr später durch einen Artikel in einer amerikanischen Fachzeitschrift. Am 24. Ok-

Werbung für das Telefon von Alexander Graham Bell, Zeichnung, 1882

tober 1877 erhielt er vom Chef des Londoner Haupttelegrafenamts zwei Apparate. Inzwischen hatte Siemens & Halske Bells Erfindung bereits nachgebaut. Anlässlich eines Dinners bei Stephan wurden die Originalapparate und die Nachbauten ausprobiert. Die Versuche verliefen vielversprechend, vor allem mit den Apparaten aus den USA.[135] Schon bald konnte eine erste feste Fernsprechverbindung in Betrieb genommen werden, vom Arbeitszimmer des Generalpostdirektors in der Leipziger Straße in das des Telegrafendirektors in der Französischen Straße. Stephan konnte innerhalb weniger Wochen Bismarck, den Kaiser und das Abgeordnetenhaus durch Vorführungen von der neuen Kommunikationstechnik überzeugen. «Hier herrscht jetzt vollständiges Telephonfieber!», schrieb Werner am 15. November 1877 an den russischen Telegrafendirektor Karl von Lüders, dem er vier Bell-Nachbauten schickte.[136]

Schon bald war Werner von dem Hype um das Telefon genervt. Nachdem sich herumgesprochen hatte, dass das Unternehmen die Bell-Apparate nachbaute und für fünf Mark verkaufte, konnte er sich vor Anfragen

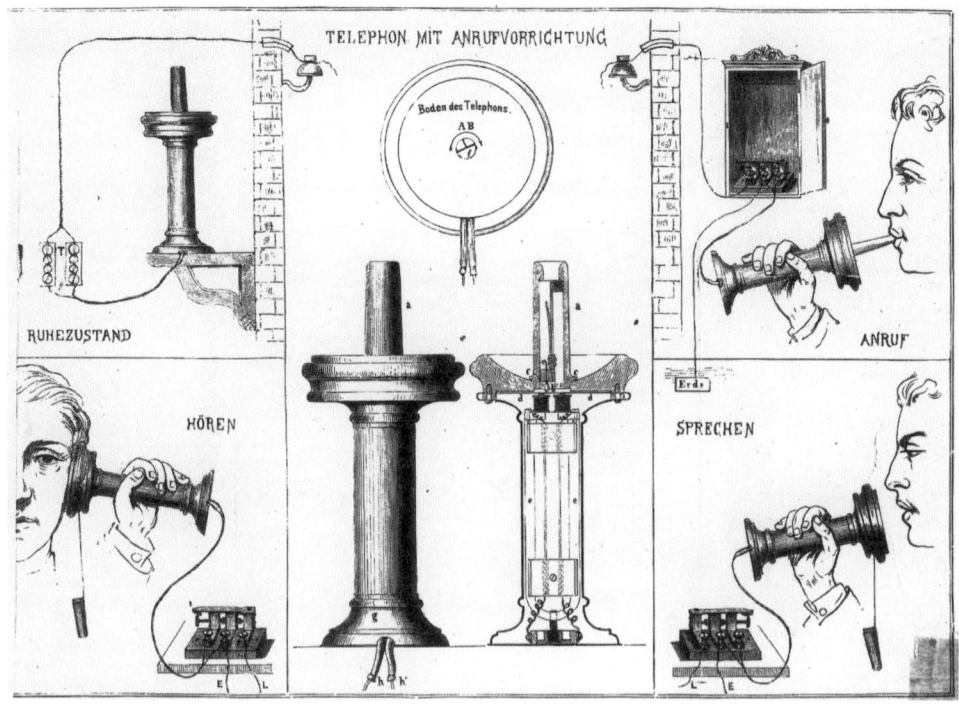

Telefon mit Anrufpfeife, Illustration aus einer Produktbeschreibung, 1878

nicht retten. In einem Brief Werners an Wilhelm vom 19. November 1877 heißt es:

> «Der Telephon Schwindel ist jetzt in Deutschland in voller Blüthe und ich kann sagen wir werden die Geister die wir berufen [sic] haben nicht mehr los! Heute sind ca. 100 Briefe welche Lieferung von Telephonen verlan- gen, eingegangen und so geht es uns täglich. Dazu die Berliner die unser Geschäft vollständig belagern und alle guten Freunde – wenn auch nur ad hoc – welche es bei uns sehen und darüber schwatzen wollen!»[137]

Zehn Tage später schrieb er an Carl: «Die Telephone machen jetzt Alles verdreht. Wir fertigen täglich schon 200 Paare an, und bisher ist es ein Tropfen auf den heißen Stein!»[138] Inzwischen hatte auch Alexander Bell von der Fertigung in Berlin erfahren und fragte bei Werner nach. Ansprüche konnte der Erfinder keine stellen, da er in Deutschland kein Patent angemeldet hatte und folglich keinen Schutz genoss.[139] Anfang Dezember 1877 fertigte Siemens & Halske täglich bis zu 700 Bell-Telefone, doch ließ der Ansturm zu

Telefon mit Anrufpfeife, 1880, und mit Anrufknarre, 1884

diesem Zeitpunkt bereits nach, weil nun viele deutsche Firmen diese Apparate nachbauten und zum Teil zu noch günstigeren Preisen verkauften.[140]

Werner wollte sich nicht mit Nachbauten begnügen, dies wäre gegen seinen Erfinderstolz gegangen. Schon bald arbeitete er an Verbesserungen der Konstruktion, etwa in Form eines Ankündigungssignals mit magnetoelektrischem Wecker. Da das von ihm mitangestoßene Patentgesetz inzwischen in Kraft war, meldete Werner ein Telefonpatent an.[141] Im Mai 1878 gelang ihm der Durchbruch zu einer eigenen Konstruktion. Durch den Einbau eines Hufeisenmagneten konnte er die Lautstärke deutlich verbessern.[142] Inzwischen war der Telefonhype in Deutschland abgeklungen. Im *Polytechnischen Journal* wurde beklagt, dass «das Telephon im Allgemeinen nach dem Verrauchen der ersten Begeisterung in keineswegs gerechtfertigter Weise fast aus dem Gedächtnis verschwunden ist».[143]

Das Telefon breitete sich damals in Deutschland nicht so rasch aus wie in den USA. Dies lag auch darin begründet, dass der Fernsprechverkehr hier einem staatlichen Monopol unterlag. Stephan trieb den Aufbau eines Telefonnetzes voran, wollte aber vermeiden, dem Telegrafengeschäft seiner Behörde Konkurrenz zu machen. Der Fernsprechverkehr blieb erst einmal ein innerstädtisches Kommunikationsmittel für Behörden und Unternehmen. Erst ab Mitte der 1880er Jahre stieg die Zahl der Teilnehmer in Deutschland rasch an. 1888 lag sie mit rund 37 000 höher als in jedem anderen Land Europas.[144] Bei Siemens & Halske erreichte der Anteil der Telefonfertigung am Umsatz des Unternehmens im selben Jahr mit 11 Prozent einen Höchststand.[145]

Ende der 1870er Jahre glückte auch in der Starkstromtechnik der entscheidende Durchbruch. Nachdem es gelungen war, die Dynamomaschine zur Serienreife zu bringen, hatte die Konstruktionsabteilung von Siemens & Halske mit Hochdruck daran gearbeitet, auf dieser Basis leistungsfähige Beleuchtungsanlagen zu entwickeln. Inzwischen hatten auch der belgische Konstrukteur Zénobe Théophile Gramme und der amerikanische Unternehmer Charles F. Brush Dynamomaschinen erfunden. Beide erhielten Patente auf ihre Apparate, und Brush arbeitete nun ebenfalls an der Entwicklung von Beleuchtungssystemen. Das Problem, das es zu lösen galt, war die sogenannte Teilung des Lichts. Mit der Dynamomaschine ließ sich bisher nur eine sehr helle Lichtquelle konstruieren, die als Scheinwerfer für Leuchttürme und Baustellenbeleuchtungen geeignet war. Es konnten aber nicht mehrere, gleichmäßig verteilte Bogenlampen angeschlossen werden, um Räume und Straßen zu beleuchten. Neben jeder Lampe musste daher in nicht allzu großer Entfernung ein Generator stehen, der sie mit Strom versorgte. Elektrische Lampen waren daher noch keine Alternative zu den vorhandenen Gasbeleuchtungssystemen.[146]

Großes Aufsehen erregte der russische Ingenieur Pavel Jablochkoff, als er eine von ihm entwickelte Bogenlampe vorstellte, mit der ganze Straßenzüge beleuchtet werden konnten. 1878 wurden die Avenue de l'Opéra in Paris und das Victoria Embankment in London durch Bogenlampen mit «Jablochkoff-Kerzen» elektrisch illuminiert. Diese Kerzen bestanden aus Kohlestäben, die durch Grafit miteinander verbunden waren. Das Problem der Teilung des Lichts hatte Jablochkoff auf einfache Weise dadurch gelöst, dass alle Stäbe gleichmäßig abbrannten. Seine Kerzen besaßen allerdings den Nachteil, dass sie nicht ausgeschaltet werden konnten, wie Wachskerzen herunterbrannten und nach 90 Minuten erloschen.[147] Auch Werner zeigte sich von den Jablochkoff-Kerzen beeindruckt, die auf der siebten Weltausstellung in Paris als «letzter Schrei» galten. Im Juli 1878, noch während der Weltausstellung, fuhr er nach Paris, um mit Jablochkoffs Verwertungsgesellschaft, der Société Générale d'Électricité, einen Vertrag abzuschließen. Siemens & Halske erhielt die Generalvertretung für Jablochkoff-Kerzen in Deutschland und belieferte im Gegenzug Jablochkoffs Gesellschaft mit

Dynamomaschinen.[148] Durch das Beleuchtungsgeschäft eröffneten sich erstmals Chancen auf dem französischen Markt, wo die Siemens-Unternehmen bisher weder mit Telegrafenapparaten noch mit Kabeln nennenswerte Erfolge erzielt hatten. Nun errichtete Siemens & Halske erstmals eine Zweigniederlassung in Paris mit dem Namen «Siemens Frères – Ingénieurs électriciens».[149]

Am 2. September 1878 konnte die neue Beleuchtungstechnik erstmals auch in Berlin bestaunt werden. Siemens & Halske illuminierte die Königstraße mit Jablochkoff-Kerzen.[150] Noch ein Jahr zuvor hatte das Unternehmen in der Presse aufgekommene Gerüchte über eine geplante elektrische Straßenbeleuchtung in Berlin dementiert und erklärt, dass elektrisches Licht nicht zur Straßenbeleuchtung geeignet sei.[151] Zusätzlich zu Straßen in zentraler Lage boten sich vor allem Postämter und Bahnhöfe für erste Versuche mit elektrischer Beleuchtung an – als publikumswirksame Werbeträger der neuen Technik. Generalpostdirektor Stephan ließ das Berliner Hauptpostamt und in der Weihnachtszeit dann auch die Gepäckverteilung in der Oranienburger Straße elektrisch beleuchten.[152] Werner veranlasste eine Versuchsbeleuchtung im Foyer des Reichstags und plante, die neue Halle des Münchner Centralbahnhofs mit einer elektrischen Beleuchtungsanlage auszustatten. An Wilhelm schrieb er am 9. Dezember 1878, dieser Bahnhof «soll in hellem Licht strahlen, wenn ein Zug kommt oder geht und in der Zwischenzeit nur schwach erleuchtet sein».[153]

Im Herbst 1878 überschlugen sich die Ereignisse auf dem Gebiet der Lichttechnik. Aus den USA wurde berichtet, dass dem Erfinder Thomas A. Edison mit der Konstruktion einer Glühlampe eine bislang nicht erreichte «Teilung des Lichtes» gelungen war. Werner sah sich mit einem «wahrhaft entsetzlichen, elektrischen Beleuchtungsgetümmel» konfrontiert.[154] Dabei gelang der Konstruktionsabteilung von Siemens & Halske gerade in diesen Wochen ein entscheidender Durchbruch. Friedrich von Hefner-Alteneck erfand eine «Differentialbogenlampe», bei der die Kohlenstäbe nachreguliert und mehrere Lampen an einen Generator angeschlossen werden konnten. Mit dieser Konstruktion hatte von Hefner-Alteneck das Problem der Teilung des Lichts gelöst. Der erste überlieferte Bericht hierzu findet sich in einem Schreiben von Ende November 1878.[155] Hefner-Alteneck meldete auf die Differentialbogenlampe zwei Patente an.[156] Bemerkenswerterweise beharrte Werner in diesem Fall nicht auf der im Juli 1877 verfügten Regelung, dass Arbeitnehmererfindungen auf das Unternehmen anzumelden seien. Hefner-Alteneck hatte bereits früher darauf gedrungen, seine Erfindungen auf seinen Namen anzumelden, und gedroht, sich andernfalls selbstständig zu machen. Werner hatte

Nebenschluß-Spule

Eisenkern

Regelwerk

Hauptschluß-Spule

Differentialbogenlampe
von 1878

den Chefkonstrukteur davon nur durch Gewährung einer dreiprozentigen Gewinnbeteiligung abgebracht.[157] Diesen Streit wollte er offenbar nicht wieder aufleben lassen. Hefner-Alteneck war für das Unternehmen nun zu wichtig.

Neue Zeiten: Telefone und elektrische Beleuchtungen

Ende April 1879 gelang es Hefner-Alteneck, mit einem Generator acht Lampen zum Leuchten zu bringen. Siemens & Halske war nun nicht mehr auf Jablochkoff-Kerzen angewiesen und konnte Lampen mit überlegener Technik auf der Basis einer eigenen Erfindung fertigen. Werner war begeistert. «Damit ist der Société Générale der Hals gebrochen», schrieb er an Carl. Der «Beleuchtungsschwerpunkt» würde sich nach Berlin verschieben.[158] Wenige Monate später kam es zu neuen Verhandlungen mit Jablochkoffs Gesellschaft. Nun konnte Siemens & Halske der Société Générale die Bedingungen für die Überlassung der Lampen diktieren. Werner wollte die Preise niedrig halten, um endlich auf dem französischen Markt Fuß zu fassen.[159] Zugleich ließ er in Charlottenburg bei der von seinem Vetter Louis geleiteten Firma Gebr. Siemens & Co. die Fertigung qualitativ hochwertiger Kohlestifte für die Bogenlampen aufnehmen. Das Unternehmen wurde nun zu einem Zulieferer für Siemens & Halske, stellte mit gepulvertem Eisen und Grafit gefüllte «Dochtkohlen» her und trug so zu einer höheren Leistung der Differentialbogenlampen bei.[160]

Berlin erlebte damals einige glanzvolle Illuminationen zur Einführung des elektrischen Lichts, auch in der Siemens-Villa in Charlottenburg. Am 1. März 1879 wurde hier erstmals in Deutschland ein Privathaus elektrisch beleuchtet. Werner lud aus diesem Anlass rund 250 Gäste zu einem großen Ball ein und ließ dafür einen mobilen Generator heranbringen.[161] Zwei Tage später schilderte er dieses Ereignis in einem Brief an Wilhelm:

> «Das elektrische Licht hat sich prächtig bewährt. Es waren 4 Kerzen in großen Milchglocken in den 4 Saalecken auf den Wasserheizungssäulen aufgestellt. Das Licht war durchaus nicht blendend und ganz angenehm. Die Damen sahen prächtig aus in ihren Toiletten und Brillanten, und Damenaugen glänzten auch wider Erwarten in vollem Glanze! Das Wichtigste war aber, dass die Temperatur angenehm blieb bis zum Ende (2 ½ Uhr), während bei Gaslicht alle halbe Stunde gelüftet werden mußte!»[162]

Der Ball war natürlich auch als Demonstration gedacht. Unter den Gästen befanden sich der Berliner Oberbürgermeister Max von Forckenbeck («dessen Töchter tapfer tanzten») und zahlreiche Mitglieder des Reichstags. Die Abgeordneten waren sich parteiübergreifend einig, dass das Parlament noch in der laufenden Legislaturperiode elektrische Beleuchtung erhalten sollte. «Complete success», konnte Werner Carl mitteilen.[163] Allerdings waren wohl nicht alle Gäste von diesem Event so begeistert wie der Hausherr. Werners damals 17-jährige Tochter Käthe schrieb später, dass die «Bogenlampen mit ihrem hellen, erbarmungslosen Licht nicht sehr vorteilhaft wirkten und vor allem von den Damen als unangenehm empfunden wurden».[164] War diese Festlichkeit noch mit Jablochkoff-Kerzen beleuchtet worden, so kamen vier Monate später bei einem Fest im Garten der Villa Siemens die neuen Differentialbogenlampen zum Einsatz. Die Gäste machten sich einen Spaß daraus, die Lampen aus- und einzuschalten, was mit Jablochkoff-Kerzen unmöglich gewesen wäre. «Mit diesen Lampen haben wir einen gewaltigen Schritt vorwärts getan!», berichtete Werner anschließend seinem Bruder Wilhelm.[165]

Inzwischen konnte auch die Berliner Bevölkerung diesen Fortschritt bestaunen. Anlässlich der Berliner Gewerbeausstellung beleuchtete Siemens & Halske ab Mai 1879 die Kaisergalerie, eine Geschäfts- und Einkaufspassage an der Kreuzung Friedrichstraße/Unter den Linden, mit Differentialbogenlampen.[166] In den folgenden Jahren führte das Unternehmen am Potsdamer Platz und in der Leipziger Straße einen längeren Probebetrieb mit diesen Lampen durch, auch der Münchner Centralbahnhof wurde nun mit Differentialbogenlampen beleuchtet. Über Siemens Brothers gelangte die neue Beleuchtungstechnik nach England. Im Herbst 1879 ließen Carl und Wil-

Beleuchtungsanlage des Münchner Centralbahnhofs, 1879

Gemälde von C. Saltzmann, Straßenbeleuchtung auf dem Potsdamer Platz in Berlin, 1884

helm eine Straßenbeleuchtung in Blackpool installieren, in London wurden der Crystal Palace, die Royal Albert Hall und das British Museum von Siemens Brothers elektrisch beleuchtet.[167]

Auch Werners Bruder Friedrich beteiligte sich am «Beleuchtungsgetümmel», allerdings als Konkurrent seiner Brüder. Er hatte in seiner Dresdner Fabrik eine Regenerativgaslampe entwickelt, die wesentlich weniger Gas verbrauchte als die bisherigen Gaslampen und fast so hell leuchtete wie die

Jablochkoff-Kerzen. Werner nahm die Konkurrenz sportlich und war durchaus stolz auf die Leistung seines Bruders. «Gut wenigstens, daß es in der Familie bleibt!», schrieb er an Carl.[168] Im September 1882 kam es auf der Leipziger Straße in Berlin zu einer direkten Konkurrenz zwischen den Beleuchtungssystemen der Brüder Siemens. Auf einer Hälfte der Straße wurden Differentialbogenlampen von Siemens & Halske aufgestellt, auf der anderen Regenerativgaslampen der Dresdner Firma Friedrich Siemens.[169] Das elektrische Licht war freilich sehr teuer und konnte deshalb nicht mit dem Gaslicht konkurrieren.[170] Auch Werner glaubte nicht, dass das preisgünstige Licht der Gaslaternen in absehbarer Zeit von elektrischen Straßenbeleuchtungen verdrängt würde. Insgesamt brachten die Beleuchtungsprojekte Siemens & Halske viel Anerkennung, aber keine Aufträge. Hierfür bedurfte es erst der Durchsetzung der Elektrizität als eines technischen Systems aus Kraftwerken, Stromnetzen und Schaltvorrichtungen.[171]

Die ersten elektrischen Bahnen

Noch spektakulärer als die Beleuchtungen waren andere starkstromtechnische Innovationen, die Siemens & Halske nun einem staunenden Publikum vorführen konnte. 1880 konstruierte das Unternehmen den ersten elektrischen Aufzug. Er wurde auf der in Mannheim stattfindenden Pfalzgau-Ausstellung installiert und beförderte Ausstellungsbesucher auf einen 20 Meter hohen Aussichtsturm.[172] Als noch größere Sensation galt die erste elektrische Bahn, die Siemens & Halske auf der bereits erwähnten Berliner Gewerbeausstellung von 1879 vorführte. Die Schmalspurbahn, ein Zug aus einer Lokomotive und drei Wagen, durchfuhr die rund 300 Meter lange Strecke auf dem Ausstellungsgelände am Lehrter Bahnhof mit einer Geschwindigkeit von sieben Stundenkilometern. Als Antrieb der Bahn diente eine baugleiche Dynamomaschine – nun als Motor eingesetzt – wie die für die Stromversorgung verwendete Dynamomaschine. Die Stromzuführung erfolgte mittels Abnehmer über eine isolierte Mittelschiene, zur Rückleitung nutzte man die Gleise.[173] Bei der Eröffnungsfahrt am 31. Mai 1879 betätigte sich Oberingenieur Carl Frischen, der Leiter der Technischen Direktion von Siemens & Halske, als Lokomotivführer. Wie die *Vossische Zeitung* berichtete, fuhr der mit Offizieren besetzte Zug «ohne jegliche Störung und zur vollständigsten Zufriedenheit der Mitfahrenden sowohl wie der zahlreichen Zuschauer».[174] Die elektrische Eisenbahn war der Blickfang dieser Ausstellung und wurde in Berlin rasch zum Stadtgespräch. Innerhalb von vier Monaten beförderte sie über 86 000 begeisterte Passagiere, darunter auch Kinder des Kronprinzenpaars.[175]

Für Werner war die elektrische Eisenbahn der Gewerbeausstellung lediglich ein Versuchsmodell. Er ging nun daran, ein elektrisches Verkehrsmittel zu planen, wobei er ein visionäres Ziel vor Augen hatte: den Bau einer Hochbahn im Zentrum von Berlin. Sein Vorbild war New York. Dort fuhren seit 1871 von Dampflokomotiven gezogene *elevated trains* auf Hochbahntrassen durch Manhattan und die Bronx. Auch in Berlin suchte man damals nach neuen Transportsystemen. Die Stadt litt unter massiven Verkehrsproblemen. Die Einwohnerzahl stieg rasch an und lag seit Ende 1877 bei über einer Million. Noch mehr aber hatte die Mobilität innerhalb der Stadt zugenommen. Die Pferdestraßenbahn, das wichtigste innerstädtische Verkehrsmittel, beförderte Anfang der 1870er Jahre alljährlich 1,5 Millionen Personen, 1882 waren es bereits 65 Millionen.[176] Wegen ihrer begrenzten Leistungsfähigkeit konnte die chronisch überlastete Pferdestraßenbahn nicht das Verkehrsmittel der Zukunft sein. Mit dem Bau der Stadtbahn, der 1882 nach siebenjährigen Arbeiten abgeschlossen werden konnte, zeichnete sich bereits eine Hochbahnvariante ab. Diese elf Kilometer lange Eisenbahnlinie zwischen dem Frankfurter Bahnhof (heutiger Ostbahnhof) und Charlottenburg führte größtenteils auf gemauerten Viadukten durch das Stadtzentrum.

Die Experten waren damals der Meinung, dass in Berlin der Bau einer Untergrundbahn wie in London wegen des hohen Grundwasserstands nicht möglich sei.[177] Von dieser Annahme ausgehend plante Werner, die Hochbahn als Anschlussverbindung an die Stadtbahn zu bauen. Als elektrische Bahn würde sie ohne Geräusche und Rauch mit kleinen, omnibusähnlichen Wagen dahingleiten. Für die Anwohner sei dies ein großer Fortschritt gegenüber von Dampflokomotiven gezogenen *elevated railways* und den Zügen auf der Berliner Stadtbahn. Die erste Linie sollte vom Belle-Alliance-Platz (heutiger Mehringplatz) durch die Friedrichstraße und die Chausseestraße zum Weddingplatz fahren, eine weitere Verbindung war zwischen Belle-Alliance-Platz und Alexanderplatz vorgesehen. Dafür sollte ein schmalspuriges Gleis auf 4,5 Meter hohen Säulen, die den Bürgersteigen entlang aufzustellen waren, verlegt werden. Siemens & Halske reichte dieses Projekt am 14. Februar 1880 beim Berliner Polizeipräsidenten mit der Bitte um rasche Prüfung ein.[178]

Werner erläuterte sein Projekt in Vorträgen vor der Polytechnischen Gesellschaft und dem Elektrotechnischen Verein.[179] Er handelte so, als gehe es um den Bau einer neuen Telegrafenlinie. Dass ein Infrastrukturprojekt im Zentrum Berlins die Anwohner und die Öffentlichkeit auf den Plan rufen

Erste elektrische Bahn auf der Berliner Gewerbeausstellung, 1879

würde, kam ihm nicht in den Sinn. Siemens & Halske hatte mit derartigen Projekten ja auch keine Erfahrung. Die Öffentlichkeit erfuhr von den Hochbahnplänen aus der Presse, als das Baugesuch bereits eingereicht war. Das *Berliner Tageblatt* berichtete am 20. Februar 1880, Siemens & Halske habe den Bau eine Hochbahn durch die Friedrichstraße beantragt, die «auf von Säulen getragenen Viadukten» fahren solle, «welche sich etwa in der Höhe der ersten Stockwerke der Häuser hinziehen».[180] Dass unter den Anwohnern der Friedrichstraße daraufhin ein Proteststurm ausbrach, ist nicht verwunderlich. Die Hauseigentümer organisierten sich in einer Initiative, die am 12. April 1880 beim Polizeipräsidenten eine Petition gegen das Hochbahnprojekt einreichte.[181] Der Polizeipräsident leitete die Petition an den zuständigen Minister der öffentlichen Arbeiten, Albert Maybach (ab 1888: von Maybach), zur Entscheidung weiter und dieser wiederum an den Kaiser, der als König von Preußen die oberste Instanz in Fragen der Bebauung und der öffentlichen Sicherheit in Berlin war. Wilhelm I. befand sich gerade zur Kur in Wiesbaden und verfügte dort am 7. Mai 1880 per Kabinettsordre, die Firma Siemens & Halske «von der Unstatthaftigkeit des Projekts» in Kenntnis zu setzen.[182]

Die ersten elektrischen Bahnen

Entwurf für eine elektrische Hochbahn in der Berliner Friedrichstraße, 1880

Werner ließ nicht locker. Er bot den Anwohnern als Ausgleich an, die Friedrichstraße auf Kosten seines Unternehmens mit elektrischer Beleuchtung auszustatten, konnte sie damit aber nicht locken.[183] Im Juli 1880 reichte Siemens & Halske ein weiteres Gesuch beim Polizeipräsidenten ein, nun für den Bau eines Hochbahnnetzes, das die Fernbahnhöfe miteinander verbinden und später bis in die Vororte Wilmersdorf und Rixdorf (heute Neukölln) reichen sollte. Der Berliner Polizeipräsident wiederum sandte den Antrag an den Minister Maybach, der das Projekt nun nicht nur wegen der Entscheidung des Königs ablehnte, sondern auch weil Passanten durch von der Hochbahntrasse heruntertropfenden Regen, herabfallenden Schnee, Zigarren und Streichhölzer belästigt würden.[184]

Gewiss war Kaiser Wilhelm I. mit dieser Entscheidung völlig überfordert. Der 83-jährige Monarch war in der Zeit Goethes und Napoleons aufgewachsen und hatte nun über den Bau einer elektrischen Hochbahn in einer Millionenstadt zu befinden. Bei einem Vortrag, den Werner einige Jahre später vor der kaiserlichen Familie über Elektrizität hielt, soll Wilhelm I. gesagt haben: «Man komme ja gar nicht mehr mit.»[185] Doch der sachkundige Minister Albert Maybach, der den Bau der Berliner Stadtbahn verantwortete, sah es nicht anders als sein oberster Dienstherr. Werner hatte das Projekt schlichtweg falsch aufgesetzt und es ausschließlich nach technischen Kriterien angegangen. Er hatte nicht erkannt, dass eine schmale Hauptstraße Berlins für eine Hochbahn denkbar ungeeignet war. Hier bestand ein anderes Umfeld als in Manhattan und in der Bronx, wo die Hochbahnen vielfach an Lagerhallen entlangfuhren. Eine alternative Streckenführung hatte er zu spät in Erwägung gezogen. Völlig unklar war auch, wer das Projekt finanzieren und die Hochbahn später einmal betreiben sollte. Werner hatte bei der Disconto-Gesellschaft, der damals führenden Berliner Großbank, vorgefühlt, neigte aber dazu, die erste Anlage auf eigene Rechnung zu bauen.[186]

Für Siemens & Halske war das Scheitern der ersten Hochbahnpläne eine Lehre. Elf Jahre später beantragte das Unternehmen erneut den Bau einer Hochbahn in Berlin, nun auf der Strecke von der Warschauer Brücke zum Zoologischen Garten. Das Echo in der Öffentlichkeit war jetzt überwiegend positiv. Viele Bürger der Luisenstadt (heute Kreuzberg) waren froh, eine schnelle Verkehrsverbindung ins Zentrum Berlins zu erhalten. Auch führte ein Teil der Strecke durch weniger dicht bebaute Straßen am Landwehrkanal entlang. Der Magistrat von Charlottenburg lehnte freilich eine Hochbahn auf dem durch seine Stadt führenden Teilstück vom Nollendorfplatz zum Zoologischen Garten ab. Siemens & Halske lud daraufhin zu einer Besprechung in die Markgrafenstraße ein. Man einigte sich, das Charlottenburger Teilstück als Untergrundbahn («Unterpflasterbahn») zu bauen, was entgegen den früheren Annahmen auch im Raum Berlin möglich war.[187]

Im August 1880 hatte der Berliner Polizeipräsident als Kompromisslösung bereits einen Versuchsbetrieb auf einer Strecke durch die Luisenstadt, vom Halleschen Tor zum Schlesischen Tor, vorgeschlagen. Minister Maybach wollte sich hierauf nicht einlassen, erklärte sich aber bereit, eine ebenerdige Versuchsstrecke außerhalb der Stadt, im Villenvorort Lichterfelde, zu genehmigen. So entstand, eher aus Verlegenheit, die erste elektrische Straßenbahn der Welt. «Die Lichterfelder soll wesentlich zeigen, wie der Verkehr auf Hochbahnen sich gestalten würde», teilte Werner seinem Bruder Wilhelm mit.[188] Das *Polytechnische Journal* erklärte seinen Lesern, diese Bahn sei als «eine von ihren Säulen und Längsträgern herabgenommene und auf den Erdboden verlegte Hochbahn aufzufassen».[189] Siemens & Halske errichtete die Bahn auf eigene Kosten. Ähnlich wie bei der Schmalspurbahn auf der Berliner Gewerbeausstellung wurde für die Stromleitung

Erste elektrische Straßenbahn in Lichterfelde, 1881

eine isolierte Mittelschiene verlegt – so war es auch für die geplante Hochbahn vorgesehen –, als Wagen wurden umgebaute Pferdewagen eingesetzt. Die 2,5 Kilometer lange Strecke führte vom Bahnhof Lichterfelde der Anhalter Bahn (heute Bahnhof Lichterfelde-Ost) zur Preußischen Hauptkadettenanstalt in der Zehlendorfer Straße (heute Bundesarchiv in der Finckensteinallee). Am 12. Mai 1881 wurde die Linie feierlich eröffnet, in Anwesenheit des Ministers Maybach und des Generalpostdirektors Stephan. Werner berichtete darüber in einem Brief an den Physiker Gustav Wiedemann:

> «Heute ist endlich die kleine elektrische Bahn in Lichterfelde offiziell probiert und abgenommen. Die einzige Schwierigkeit war und ist noch, die Geschwindigkeit der Wagen dem Reglement entsprechend zu mäßigen. Man wollte nur 20 km per Stunde gestatten, und der Wagen lief bei voller Belastung von 20 Personen auch bergan noch mit 30 bis 40 km! Ich denke aber, man wird sich an die größere Geschwindigkeit gewöhnen!»[190]

Nach Aufnahme des regulären Liniendiensts am 16. Mai wurde die elektrische Straßenbahn in dem Villenvorort rasch zu einem beliebten Verkehrsmittel. Sie fuhr zwei bis drei Mal so schnell wie die Pferdestraßenbahn, und der Fahrpreis lag deutlich niedriger. In den ersten drei Monaten wurden 12 000 Fahrgäste gezählt.[191] Die Presse überschlug sich vor Begeisterung. Von einem «Wendepunkt in der Entwicklung des Verkehrs» war hier die Rede.[192] Die *Gartenlaube*, das erste deutsche Massenblatt, sparte nicht mit Lob für Werner: «Das Unternehmen dürfte wohl dem Ruhmeskranze seines Schöpfers neue Blüthen hinzufügen.»[193] Es gab allerdings auch ein Problem. Man hatte beim Bau der Straßenbahn nicht bedacht, dass Pferde Vierbeiner sind und beim Überqueren der Gleise leicht auf beide Schienen gleichzeitig gelangten. In Lichterfelde kam es nun häufig vor, dass Pferde einen elektrischen Schlag erhielten.[194] Werner entschloss sich wohl auch deshalb, die nächste elektrische Straßenbahnlinie mit einer Oberleitung zu versehen. Diese am 1. Mai 1882 eröffnete Bahn verkehrte zwischen Charlottenburg und der Ausflugsgaststätte Spandauer Bock im Westend. Sie musste allerdings schon nach einem Jahr den Betrieb einstellen.[195] Dem Bau weiterer Straßenbahnlinien mit Oberleitungen standen technische Schwierigkeiten und sicherheitspolizeiliche Einwände entgegen. Erst 1890 konnte die Straßenbahn in Lichterfelde mit einer Oberleitung versehen und bis zum Bahnhof Lichterfelde West verlängert werden.

An den Aufbau eines Straßenbahnnetzes hat Werner nie gedacht. Er hat das Potenzial der elektrischen Straßenbahn als Massenverkehrsmittel in den rasch wachsenden Städten nicht erkannt. Die elektrische Straßenbahn war leistungsfähiger, schneller und leiser als die Pferdestraßenbahn. Die große Begeisterung über die Bahn in Lichterfelde zeigte zudem, dass dieses Verkehrsmittel eine hohe Akzeptanz genoss. Doch Werner war auf seine Hochbahnpläne fixiert, die elektrische Straßenbahn war für ihn nur ein Notbehelf, eine verkümmerte Hochbahn. «Wenn wir nur erst wirkliche Hochbahnen hätten», schrieb er Anfang 1882 in einem Brief an Carl, in dem er von positiven Ergebnissen bei der Straßenbahn in Lichterfelde berichtete.[196] Die Zähigkeit beim Verfolgen eines Zieles war eine große Stärke Werners. Sie konnte sich aber auch nachteilig auswirken und den Blick verstellen.

Drei Monate nach Inbetriebnahme der Straßenbahn in Lichterfelde wurde in Paris die erste Internationale Elektrizitätsausstellung eröffnet. Siemens & Halske führte dort die neue elektrische Straßenbahn vor, auf einer Strecke zwischen der Place de la Concorde und dem Ausstellungsgelände am Palais de l'Industrie. Das neue Verkehrsmittel erregte viel Aufsehen und erfreute sich auch hier großer Beliebtheit.[197] Werner hoffte, durch

Die ersten elektrischen Bahnen

diese positive Werbung einen Auftrag in Paris zu erhalten, wenn auch nicht für eine Straßen-, sondern für eine Hochbahn. Die großen Boulevards der französischen Metropole schienen ihm hierfür gut geeignet. Ein Entwurf für ein derartiges Projekt lag auf der Elektrizitätsausstellung bereits aus. Drei Hauptlinien waren vorgesehen, alle im Zentrum der Stadt, von der Place de la Madeleine zur Place de la Bastille, von der Place de l'Étoile zur Place Centrale und entlang des Boulevard Voltaire.[198] Aber auch in Paris konnten sich die zuständigen Behörden nicht dazu entschließen, eine Konzession zum Bau einer Hochbahn zu erteilen.

Werners Hoffnungen richteten sich nun auf Wien. Hier ging er die Planung überlegter an. Er konnte die preußische Staatsbahnverwaltung dazu bewegen, ihm den erfahrenen Regierungsbaumeister Heinrich Schwieger für die Projektierung der geplanten Hochbahn abzustellen.[199] Dessen Pläne sahen für Wien die Errichtung eines Hochbahnsystems vor, das die Innenstadt mit den Vororten verbinden sollte. Als erste Linie sollte eine Strecke vom Praterstern über die Elisabethbrücke zum Westbahnhof gebaut werden. Die österreichische Hauptstadt bot sich auch deshalb an, weil hier 1883 die nächste Internationale Elektrizitätsausstellung stattfand. Wie schon in Berlin und Paris errichtete Siemens & Halske auf dem Ausstellungsgelände am Prater eine elektrische Bahn, die auch als Werbung für das Hochbahnprojekt gedacht war. Die Wiener waren begeistert, während der Ausstellung fuhren insgesamt 269 050 zahlende Personen mit der Praterbahn.[200] Werner berichtete davon in einem Brief an seinen Sohn Wilhelm vom 26. September 1883: «Unsere Praterbahn, die täglich über 8000 Personen befördert, hat die Wiener ganz toll gemacht, so daß Aussicht ist, daß die Konzession glatt durchgeht, der Husarenstreich also gelingt!»[201]

Mit der Finanzierung wollte Werner nicht bis zur Erteilung einer Konzession warten. So verhandelte er schon im April 1883 mit Georg, der mittlerweile unangefochten der erste Mann im Vorstand der Deutschen Bank war, und dessen Aufsichtsratsvorsitzendem Adelbert Delbrück über die gemeinsame Gründung einer Gesellschaft für elektrische Bahnen in Deutschland und Österreich.[202] Das geplante Konsortium kam jedoch auch nach monatelangen Verhandlungen nicht zustande. Georg schob dies auf die ablehnende Haltung des Wiener Bankvereins, der eng mit der Deutschen Bank verbunden war.[203] Nach Werners Darstellung hätte hingegen die Deutsche Bank auf der Gründung einer Aktiengesellschaft bestanden, wozu er nicht bereit gewesen sei.[204] Werner wandte sich daraufhin an die Österreichische Länderbank, die auf seine Vorstellungen einging. In einem Vertrag wurde vereinbart, dass die Länderbank zwei Drittel des Kapitals übernehmen sollte,

Siemens & Halske ein Drittel samt den technischen Garantien.[205] Es folgten jahrelange Verhandlungen um eine Konzession. Schließlich scheiterten die Pläne für eine Wiener Hochbahn. Auch hier konnte lediglich eine ebenerdige elektrische Bahn außerhalb der Stadt gebaut werden, eine Lokalbahn von Mödling nach Hinterbrühl. Als erste elektrische Bahn Österreichs wurde sie im September 1883 eröffnet.[206]

Heinrich Schwieger wechselte Anfang 1885 von der preußischen Staatsbahnverwaltung zu Siemens & Halske, als Leiter der neu geschaffenen Abteilung elektrische Bahnen. Nach dem Rückschlag in Wien wich er nach Budapest aus. Dort erhielt Siemens & Halske die Konzession für den Bau einer elektrischen Straßenbahn mit unterirdischer Stromzuführung. Das erste Teilstück konnte Ende 1887 fertiggestellt werden.[207] Schwieger gründete eigens für diese Bahn eine Betriebsgesellschaft, die Budapesti Városi Vasút. Zuvor war ihm in Budapest der Bau einer Untergrundbahn angeboten worden. Werner hatte Schwieger eindringlich vor einem derartigen Projekt gewarnt:

> «Es ist Ihnen wohl bekannt, daß hier für elektrische Straßenbahnen mit unterirdischer Leitung noch kein rechtes Vertrauen herrscht. […] Mein steter Wunsch ist der, erst auf einer leichter ausführbaren, mit weit weniger Fehlerquellen versehenen elektrischen Hoch- oder Tunnelbahn den elektrischen Betrieb bei großem Verkehr praktisch auszuproben und dann vorsichtig zu den weit schwierigeren unterirdischen Stromführungen überzugehen. Daß Sie in Pest zuerst mit den allerschwierigsten, noch ganz unerprobten unterirdischen Anlagen vorgehen wollen, erscheint mir wirklich etwas waghalsig! […] Machen wir damit Fiasko, so sind alle unsere weiteren elektrischen Bahnunternehmungen aufs äußerste kompromittiert.»[208]

Schwieger verfolgte das Projekt nach dieser Mahnung nicht weiter. Erst nach Werners Tod begann Siemens & Halske mit dem Bau einer Untergrundbahn in Budapest. 1896 konnte sie als erste des europäischen Kontinents eröffnet werden.[209] Für Berlin hatte Werner vergeblich nach einer Lösung gesucht, die es erlaubte, trotz des hohen Grundwasserspiegels eine U-Bahn zu bauen. Im Herbst 1884 hielt er es vorübergehend für möglich, durch Einfrieren des Baugrunds eine Linie vom Alexanderplatz bis zum Grunewald zu errichten.[210]

Zehn Jahre nach Inbetriebnahme der Straßenbahn in Lichterfelde las sich die Bilanz der Abteilung elektrische Bahnen von Siemens & Halske recht ernüchternd. Außer den Straßenbahnen in Lichterfelde und Budapest sowie der Lokalbahn in Niederösterreich hatte das Unternehmen lediglich eine Straßenbahn von Frankfurt am Main nach Offenbach bauen können.

Eröffnung der Barossgassen-Linie der Budapester Straßenbahn, 1889

Die Pläne für Hochbahnen waren durchweg gescheitert. Auch Werners Angebot, elektrische Lokomotiven für die Bahnlinie durch den 1881 eröffneten Gotthard-Tunnel herzustellen, hatte zu keinem Auftrag geführt.[211] Hoffnung machte ihm aber, dass die Behörden der Städte Elberfeld und Barmen beabsichtigten, eine elektrische Hochbahn entlang des Ufers der Wupper errichten zu lassen.[212]

Darüber hinaus hatte man sich bei Siemens & Halske von der Vorführung des ersten elektrischen Aufzugs auf der Mannheimer Pfalzgau-Ausstellung im Jahr 1880 größere Aufträge erwartet. Doch vergebens – diese Fertigung wurde schließlich eingestellt, weil die Nachfrage fehlte.[213] Schwerwiegender war, dass man bei Siemens & Halske mit den Versuchen auf dem Gebiet der elektrischen Kraftübertragung nicht vorankam. Die Siemens-Brüder suchten seit Wilhelms erstem USA-Besuch im Herbst 1876 nach einer technischen Lösung, Wasserkraft durch Fernübertragung für die Stromerzeugung nutzen zu können. Werner ließ ein Jahr später in der Pulverfabrik Spandau Versuche mit elektrischer Kraftübertragung aufnehmen, die keinerlei Fortschritte brachten.[214] Obwohl Siemens & Halske durch seine Dynamomaschinen in der Starkstromtechnik führend war, wurde das erste öffentliche Elektrizitätsnetz der Welt von einem amerikanischen Erfinder errichtet.[215] Trotz bislang noch unerfüllter Hoffnungen im Starkstromgeschäft waren nun aber die technischen Voraussetzungen und wichtige organisatorische Grundlagen für eine kräftige Expansion des Unternehmens auf diesem Gebiet vorhanden.

Kapitel 11
«Die errungene Position behaupten»

Die Herausforderung durch das Edison-System

Von dem amerikanischen Erfinder Thomas Alva Edison hatte Werner im Laufe der 1870er Jahre verschiedentlich gehört. Allerdings hatte er von ihm keine gute Meinung. Edison schien einen amerikanischen Geschäftsstil zu pflegen, den Werner zutiefst ablehnte. Er arbeitete ohne naturwissenschaftlich-technische Ausbildung hauptberuflich als Erfinder, führte Auftragsarbeiten für Konzerne durch und meldete für zahllose Konstruktionen Patente an.[1] In den Briefen der Siemens-Brüder taucht Edison zunächst als eine Art Hochstapler auf. «Hast Du schon von der ätherischen Kraft des amerikanischen Schwindlers Edison gehört?», schrieb Carl am 2. Februar 1876 an Werner.[2] Mit dieser Einschätzung standen die Siemens-Brüder nicht allein. Auch nachdem Edison in Menlo Park ein eigenes Forschungslabor aufgebaut, den Phonographen erfunden und das Bell-Telefon verbessert hatte, war sich die Fachwelt uneins, ob man es mit einem Genie oder einem Betrüger zu tun hatte.[3] Werner war sich sicher, dass die «Edisonschen Schwindeleien» keine große Verbreitung finden würden.[4] In einem Brief an den Publizisten und Lehrer Heinrich Schellen malte er im November 1878 die Gefahr aus, «unreife Projekte in die Welt zu schleudern, wie es Edison gewöhnlich passiert».[5] Dass er selbst als junger Mann «Erfindungsspekulationen» betrieben hatte, wollte er offenbar nicht mehr wissen.

Im Herbst 1879 erfuhr die Fachwelt von einer neuen, sensationellen Erfindung Edisons. Dem damals 32-jährigen «Zauberer von Menlo Park» war es gelungen, eine Glühlampe mit Kohlefaden zu konstruieren, die über 40 Stunden brannte. Edison hatte damit nicht nur das Problem der Teilung des Lichts gelöst – wie Werners Chefkonstrukteur von Hefner-Alteneck –,

Linke Seite: Äußerer Ring eines Generators im Charlottenburger Werk, 1891

sondern seine Glühbirnen ließen sich auch vielseitiger verwenden als die Bogenlampen. Mit ihnen konnten sowohl Straßen als auch Räume jeder Größe beleuchtet werden. Durch die Edison-Lampe stand die elektrische Beleuchtung erstmals in allen Bereichen, auch in Privathaushalten, mit dem Gaslicht in Konkurrenz.

Edisons Erfindung war aufgrund der Presseberichte bald auch in Europa jenseits der Fachkreise bekannt. Werner gab darauf nicht viel, er hielt den Trubel um die neue Glühlampe für eines der damals recht verbreiteten Manöver amerikanischer Erfinder, ihre Finanziers durch hohe Publicity bei der Stange zu halten. Als eine Berliner Zeitung im Januar 1880 schrieb, Siemens & Halske hätte mit der Beleuchtung der Kaisergalerie für Edison Reklame gemacht, geriet er in Rage. Die Behauptung war völlig unsinnig und konnte allein dadurch widerlegt werden, dass die Beleuchtung der Kaisergalerie stattgefunden hatte, als Edisons Glühlampe noch gar nicht erfunden war. Werner wollte es aber nicht dabei belassen. Er sah in dieser Unterstellung einen Angriff auf seine Erfinderehre und veröffentlichte eine scharfe Replik, die später auch in der *Zeitschrift für Angewandte Elektricitätslehre* erschien. Darin hieß es: «Ihre Äußerung, dass die Passagebeleuchtung Reclame für Edison mache, ist daher nicht nur durchaus falsch, sondern auch der deutschen Industrie im Allgemeinen feindlich.» Zur Erläuterung teilte er den Lesern auch noch seine Meinung über Edison und dessen Erfindung mit. Es war ein herablassendes, vernichtendes Urteil:

> «Edison ist bekanntlich von einer Finanzgesellschaft mit Mitteln versehen, um in elektrischer Beleuchtung zu arbeiten. Sind die Actien dieser Gesellschaft zu sehr gefallen, so wird durch einen Reporter ein Interview veröffentlicht, welcher den Gasgesellschaften ihr nahes Ende in sichere Aussicht stellt. […] jedenfalls liegen nur kleine Modificationen bekannter Methoden, keine neue geniale Erfindung dabei vor. Hierauf beschränkt sich Edison's Verdienst in der Sache. Die Maschine, die er benutzt, ist eine dynamo-elektrische, also meine Erfindung […] Ich nehme Edison selbst dies nicht übel, denn er ist eben ein amerikanischer Go-ahead-Erfinder, der nicht Zeit und Gelegenheit hat, sich zu unterrichten, und schnell Geld machen will.»[6]

Diese Charakterisierung sollte sich als eine der größten Fehleinschätzungen Werners erweisen. Sie war zu einem guten Teil durch mangelnde Kenntnis der Person Edisons bedingt, zeugt aber auch von Werners tiefer Abneigung gegen «Finanzgeschäfte», wie sie Edison machte, und einer dünkelhaften Einstellung, die eigentlich nicht seine Art war. Edison hatte dem freilich Vorschub geleistet. Zusätzlich zu bedeutenden Erfindungen hatte er viele

Thomas Alva Edison, 1885

«Flops» öffentlichkeitswirksam vermarktet, zuletzt eine Glühlampe mit Platindraht, und er hatte tatsächlich mit einer Pressekampagne die Aktienkurse von Gasgesellschaften vorübergehend einbrechen lassen.[7] Auch einige amerikanische Experten bezweifelten, dass die neue Glühlampe mit Kohlefaden eine Zukunft haben würde, und verunsicherten damit Edisons Finanziers. Dass Edison Presse und Öffentlichkeit mobilisierte, geschah nicht – wie Werner vermutete – im Interesse seiner Geldgeber, sondern um deren Misstrauen zu überwinden.[8]

In eine unmittelbare Auseinandersetzung mit Edison geriet Werner, als er in den USA ein Patent auf elektrische Bahnen anmelden wollte. Edison hatte ebenfalls eine elektrische Eisenbahn konstruiert und im Frühjahr 1880 in Menlo Park eine Versuchsfahrt durchgeführt. Einer seiner Finanziers, der deutsch-amerikanische Eisenbahnmagnat Henry Villard, war davon so angetan, dass er Edison einen ansehnlichen Betrag für die Entwicklung schneller elektrischer Lokomotiven vorstreckte. Werner machte seinen Prioritätsanspruch auf die Konstruktion einer elektrischen Bahn geltend und verwies auf die Bahn der Berliner Gewerbeausstellung von 1879. Mit dem Erfolg seines Beleuchtungsgeschäfts verlor Edison bald das Interesse an elektrischen Bahnen, und als Villard einige Jahre später persönlichen Konkurs anmelden musste, zog er sich aus diesem Gebiet ganz zurück.[9]

Edison nutzte seine Rechte an der Kohlefadenlampe, um als weltweit erster Unternehmer ein völlig neuartiges Beleuchtungsgeschäft aufzuziehen.

Als Erster erkannte er, dass sich die elektrische Beleuchtung nur gegen das Gaslicht durchsetzen würde, wenn sie als technisches System betrieben wurde. Die Edison Electric Light Company fertigte daher nicht nur Glühlampen in großen Serien, sondern gründete auch Beleuchtungsgesellschaften, die Strom an Unternehmen und private Haushalte lieferten, zunächst in New York, bald aber auch in England und anderen europäischen Ländern.

Werner lag ein derartiges Geschäftsmodell fern. Sein Prinzip hat er im Dezember 1878 in einem Brief an Carl geradezu programmatisch formuliert: «Wir sind keine Beleuchtungsunternehmer, sondern Fabrikanten!»[10] Damals ging es noch um das Verhältnis zu Jablochkoffs Gesellschaft in Paris. Werner war von dieser und offenbar auch vom Leiter der Pariser Niederlassung Siemens Frères, Georges Boistel, nahegelegt worden, Probebeleuchtungen zu betreiben, um mehr Bestellungen zu erhalten. Werner wollte hingegen nur in Ausnahmefällen Beleuchtungsanlagen betreiben, etwa wenn es um Vorzeigeobjekte für Ausstellungen ging. Grundsätzlich wollte er Fabrikant und kein Händler sein. Zudem hielt er Beleuchtungsanlagen für ein schlechtes Geschäft, weil er annahm, dass sich elektrisches Licht nicht so schnell gegen das preisgünstigere Gaslicht würde durchsetzen können. Siemens & Halske sollte sich darauf beschränken, die Ausrüstungen für die Beleuchtung herzustellen: Dynamomaschinen, Kabel und Lampen. Dies schien ihm sichere Aussichten zu bieten. Beleuchtungsgesellschaften betrachtete er nicht als Konkurrenz, sondern als willkommene Kunden.

Für Edison wurde die im August 1881 eröffnete erste Internationale Elektrizitätsausstellung in Paris zu einem triumphalen Erfolg. Das Ausstellungsgelände wurde von 1000 Glühlampen beleuchtet, an Versuchsständen konnten Glühlampen ein- und ausgeschaltet werden. Die französische Presse überschlug sich geradezu in Hymnen an den Erfinder, wozu auch eine von Edisons Mitarbeitern eingefädelte Kampagne beitrug. Für die Kohlefadenlampe bedeutete dies den Durchbruch in Europa, sie fand noch stärkere Beachtung als die von Siemens & Halske damals präsentierte elektrische Straßenbahn. Nach diesem Triumph gründete Edison in Paris die Compagnie Continentale Edison. Diese Gesellschaft war für Beleuchtungsgesellschaften in Kontinentaleuropa zuständig und konnte Lizenzen auf die bei der Edison Electric Light Co. of Europe in New York liegenden Rechte des Erfinders vergeben.[11]

Werner war nun klar, dass sich die Glühlampe auch in Deutschland unaufhaltsam durchsetzen würde. Er hätte sich um eine Lizenz der Compagnie Continentale Edison bemühen können, als mit Abstand größtes deutsches Elektrounternehmen hätte Siemens & Halske gute Chancen gehabt. Doch er entschied sich, eine eigene Glühlampenfertigung aufzunehmen, und war überzeugt, die Lampe bald in besserer Qualität herstellen zu können als die Edison-Gesellschaften.[12] Diese Strategie hatte sich schon bei den Morse-Telegrafen und den Telefonapparaten von Bell bewährt. Sie gründete in Werners Anspruch, als Erfinderunternehmer reine Nachbauten zu vermeiden. Statt eine Lizenz von Edison zu nehmen, wollte er diesen herausfordern und erwarb eine Lizenz des britischen Erfinders Joseph Wilson Swan. Dieser hatte wenige Monate vor Edison eine ähnliche Glühlampe erfunden, allerdings erst nach ihm patentieren lassen. Im Dezember 1881 nahm Siemens & Halske versuchsweise eine eigene Glühlampenfertigung auf.[13] Werner glaubte nun ernsthaft, «dass die ganze Welt a. d. unvermeidl. Kampf zwischen uns u. Edison blickt».[14] Er war damals entschlossen, Edison ebenfalls in den USA Konkurrenz zu machen: «Schlagen wir in Amerika Brush, Edison und Konsorten, so haben wir auch Europa erobert.»[15]

Außerdem hatte der Berliner Maschinenbauingenieur Emil Rathenau beim Besuch der Internationalen Elektrizitätsausstellung in Paris das Potenzial der von Edison erfundenen Kohlefadenlampe erkannt. Rathenau war damals Bevollmächtigter der Reichspost für den Aufbau des Berliner Telefonnetzes. Seine frühere Maschinenfabrik hatte in der Wirtschaftskrise von 1873 Konkurs anmelden müssen. Danach hatte Rathenau lange nach einem neuen Betätigungsfeld gesucht und sich auch in den USA umgesehen.[16] Vorübergehend hatte er erwogen, in Berlin eine Telefonfabrik zu gründen. Auch an Werner hatte er sich bereits mit verschiedenen Vorschlägen gewandt: Zunächst wollte Rathenau für Siemens & Halske den Vertrieb der Jablochkoff-Kerzen übernehmen, dann die Vermarktung und den Betrieb elektrischer Bahnen. Offenbar war ihm bekannt, dass Werner nur Fabrikant sein wollte und nicht auch Händler. Werner lehnte beide Angebote ab. Vergeblich schlug Rathenau ihm 1881 noch ein gemeinsames Beleuchtungsprojekt vor.[17] Nach der Pariser Ausstellung sah Rathenau die Chance, sich mit den Edison-Rechten für Deutschland eine neue unternehmerische Existenz aufzubauen. Hierfür musste er erst einmal Finanziers finden, die ihm die Gründung eines Unternehmens ermöglichten. Nach vielen Mühen gelang es ihm, einen Vertrag zwischen drei Banken und den für Kontinentaleuropa zuständigen Edison-Gesellschaften zustande zu bringen. Beide Seiten kamen am 22. April 1882 überein, eine von Rathenau und einem weiteren Ingenieur geleitete Studiengesellschaft zu gründen, die später eine Lizenz des deutschen Edison-Patents erhalten sollte.[18]

Rathenau dürfte damals schon gewusst haben, dass fünf Monate später im Münchner Glaspalast die erste Elektrizitätsausstellung in Deutschland

Emil Rathenau, 1890

stattfinden würde. Es konnte keine bessere Gelegenheit geben, Edisons Erfindungen in Deutschland bekannt zu machen. Die Studiengesellschaft ging daran, auf der Ausstellung eine ganze Palette von Edison-Produkten zu präsentieren. Siemens & Halske hingegen sagte die Teilnahme ab. Dass das einzige elektrotechnische Unternehmen Deutschlands von Rang der Münchner Leistungsschau fernblieb, sorgte für Aufsehen und brachte den Organisator der Ausstellung, den Bauingenieur Oskar von Miller, in eine schwierige Lage.[19] Was Werner zu dieser Entscheidung bewogen hat, kann nur vermutet werden. Wahrscheinlich hat er gewusst oder zumindest geahnt, dass es in München zu einer weiteren «Edison-Show» kommen würde, der Siemens & Halske nichts Gleichwertiges entgegenzusetzen hatte. Bisher war es dem Unternehmen nicht gelungen, eine Glühlampe herzustellen, die mit der Edisons konkurrieren konnte.[20] Als die Internationale Elektrizitätsausstellung in München am 16. September 1882 eröffnet wurde, bot Siemens & Halske am selben Tag in Berlin ein Kontrastprogramm und beleuchtete die Leipziger Straße erstmals mit Differentialbogenlampen.[21] Die Werner nahestehende *Elektrotechnische Zeitschrift* schrieb in einem Bericht über die Ausstellungseröffnung in München, dass dort «nicht viel wesentlich Neues» gezeigt werde.[22] Das klang wie Werners frühes Verdikt über Edisons Kohlefadenlampe. Da

Internationale Elektrizitätsausstellung in München 1882, zeitgenössische Zeichnung von Gustav Heine

Siemens & Halske nicht an der Münchner Ausstellung teilnahm, gelang es Rathenaus Studiengesellschaft dort umso wirkungsvoller, für das «Edison-Licht» zu werben. Rathenau konnte nun auch einen ersten Auftrag verbuchen, die Ausstattung des Münchner Residenztheaters mit Edison-Lampen, und warb damit. Werner hielt das für unseriös. Entrüstet schrieb er Carl: «Sie machen gewaltigen Skandal mit ihren Münchener Geschichten!»[23] Mit antisemitischen Ausfällen schimpfte er nun über die Studiengesellschaft Rathenaus, der jüdischen Glaubens war («Edisonsche Judengesellschaft»).[24] In einem Brief an seine Töchter Anna und Käthe vom 6. Oktober 1882 heißt es: «Ich muss mich jetzt sehr in den Zeitungen mit der hiesigen jüdischen Gesellschaft, welche eine Edison-Compagnie gründen will, herumschlagen. Die Kerle sind unverschämt frech geworden und es mussten ihnen die Zähne gezeigt werden.»[25]

Für Siemens & Halske drohte der Wettbewerb mit Edison schon bald zu einem Desaster zu werden. Anders als das Bell-Telefon genoss die Edison-Glühlampe in Deutschland Patentschutz nach dem von Werner mitgestalteten Patentgesetz.[26] Edison kündigte im November 1882 an, gegen alle Firmen vorzugehen, die Kohlefadenlampen ohne ihre Lizenz herstellten, und verklagte die Swan Electric Light Company, mit deren Lizenz Siemens & Halske fertigte. Werner hielt es für wahrscheinlich, dass Edison seine Ansprüche in Deutschland durchsetzen würde.[27] Siemens & Halske konnte es sich nicht leisten, den Ausgang langwieriger Prozesse abzuwarten. Sollte das Unternehmen in dieser Zeit weiterhin Glühlampen herstellen, lief man Gefahr, hohe Entschädigungszahlungen leisten zu müssen.[28] Hinzu kam der persönliche Imageschaden, wenn Werner als Mitglied des Kaiserlichen Patentamts wegen einer Patentverletzung verklagt würde. Verzichtete man aber auf die Fertigung von Glühlampen, dann war ein vielversprechender neuer Markt verloren. Vor diesem Hintergrund entschloss sich Werner, eine Einigung mit der Compagnie Continentale Edison zu suchen. An Wilhelm schrieb er: «Je mehr wir die Sache bearbeitet haben, desto klarer wird es uns, daß wir uns notwendig mit Edison verständigen müssen, um nicht aus dem Geschäft zu kommen.»[29]

Die Verhandlungen mit Edisons Generalbevollmächtigtem für Kontinentaleuropa, Joshua F. Bailey, ließen Werners Vorurteil gegenüber den Edison-Gesellschaften schwinden. Er hatte damals freilich keine andere Wahl und musste auch vor sich selbst begründen, warum er nun eine Lizenz für ein Produkt aushandelte, das er öffentlich als unbedeutende Erfindung bezeichnet hatte. Ausschlaggebend scheint aber doch gewesen zu sein, dass Werner mit Bailey erstmals einen persönlichen Vertrauten Edisons kennenlernte und dieser so ganz anders war, als er sich einen Repräsentanten der Edison-Gesellschaften vorgestellt hatte. Bailey sei «integer vitae» [untadelig im Leben], teilte er Wilhelm mit, er halte ihn «für einen perfekten Gentleman!»[30] Als Bailey ihm versicherte, «Edison selbst wäre Börsenspekulationen ebenso abgeneigt wie er selbst und habe nie einen Dollar durch Börsenspekulationen verdient», war Werner überzeugt, einen gleichgesinnten Partner gefunden zu haben.[31] Edison wurde für ihn nun zum Hoffnungsträger: «Ich habe die Überzeugung gewonnen, daß Edison nicht der Börsenschwindel, sondern große technische Leistungen in erster Linie vor Augen stehen. Er ist noch jung und wird noch viel schaffen.»[32]

Am 13. März 1883 wurden nach monatelangen Verhandlungen mehrere Verträge unterschrieben. In den ersten verpflichtete sich Siemens & Halske gegenüber der Compagnie Continentale Edison, die Edison-Patente anzuerkennen und auf das Beleuchtungsanlagengeschäft zu verzichten. Im Gegenzug erhielt das Unternehmen für Deutschland das Recht zur alleinigen Belieferung einer Edison-Gesellschaft. Anschließend wurde durch einen Vertrag zwischen den Pariser Dachgesellschaften Edisons und den drei an der Studiengesellschaft Rathenaus beteiligten Banken ein Unternehmen mit dem Namen Deutsche Edison-Gesellschaft für angewandte Elektrizität (DEG) gegründet. Dieses erhielt von der Compagnie Continentale Edison eine Lizenz auf die deutschen Edison-Patente, eingeschränkt durch die mit Siemens & Halske getroffenen Vereinbarungen. Ferner wurden die Rechte der Edison-Gruppe gegenüber Siemens & Halske auf das neue Unternehmen übertragen.[33] Das Aktienkapital der DEG in Höhe von fünf Millionen Mark wurde zu mehr als 80 Prozent von den an der Gründung beteiligten Banken aufgebracht: dem Bankhaus Jakob Landau, dem Bankhaus Gebrüder Sulzbach und der Nationalbank für Deutschland. Da die Banken die meisten dieser Aktien an Kunden weitergaben, befand sich das Grundkapital bald in Streubesitz.[34]

Es schien, als hätte man eine für alle Beteiligten vorteilhafte Lösung gefunden. Siemens & Halske konnte Edison-Glühlampen gegen Lizenzzahlungen fertigen und hatte als alleiniger Fabrikant der DEG einen wichti- gen Kunden für Dynamomaschinen, Kabel und Bogenlampen gewonnen. Rathenau wurde Direktor der DEG und holte Oskar von Miller als zweiten Unternehmensleiter in den Vorstand. Er besaß nun das Kapital und die Rechte, um mit dem Bau von Kraftwerken und Beleuchtungsanlagen beginnen zu können. Die Compagnie Continentale Edison wiederum verfügte jetzt auf dem größten Markt Kontinentaleuropas über ein starkes Standbein, das ihr üppige Abgaben einbrachte. Ein Risiko blieb allerdings bestehen: Es war immer noch nicht sicher, ob sich das Edison-Patent als unangreifbar erwies. Werner war als Patentsachverständiger jedoch fest überzeugt, dass das Patent Bestand haben würde, und ging daran, weitere Pläne für die Zusammenarbeit mit der Pariser Edison-Holding zu schmieden. Er wollte mit Bailey eine ähnliche Vereinbarung für Russland aushandeln und über die Partnerschaft mit Edison in die USA expandieren. «Mit Edison vereint werden wir eine große Macht bilden und künftig die Elektrotechnik in der ganzen Welt beherrschen», schrieb Werner am 5. März 1883 an Carl.[35]

Die Harmonie zwischen den Vertragspartnern hielt jedoch nicht lange vor. Die beiden Direktoren der DEG waren Ingenieure und hatten technische Lösungen auf einem Gebiet zu entwickeln, das völlig neu war. Unter diesen Bedingungen erwiesen sich die Renditeerwartungen der beteiligten Banken als unerfüllbar, was zu ständigen Spannungen führte.[36] Bald zeigte sich auch, dass das deutsche Edison-Patent nicht so unangreifbar war, wie Werner, Rathenau und Bailey angenommen hatten. In einem Prozess, den die DEG und Siemens & Halske gegen die Firma Naglo führten, stellte das Gericht fest, dass nicht alle Glühlampen durch das Patent Edisons abgedeckt waren. Daraufhin nahmen mehrere Firmen in Deutschland die Fertigung von Kohlefadenlampen auf. Diese Wettbewerber konnten zu günstigeren Preisen verkaufen als die DEG, weil sie keine Abgaben an die Compagnie Continentale Edison zahlen mussten.[37] In der Arbeitsteilung mit Siemens & Halske sahen Rathenau und Miller ebenfalls eine Belastung, da sie auch andere Konstruktionen als die des Vertragspartners verwenden wollten. So erwarb Rathenau eine spezielle Bogenlampenkonstruktion eines anderen Herstellers und ließ eine Fertigung nach diesem System aufnehmen. Siemens & Halske wertete dies als Vertragsverletzung und klagte gegen die DEG.[38] Ein weiterer Rechtsstreit entstand um eine Bestellung von Maschinen in Frankreich. Zwischen beiden Unternehmen herrschte, wie ein späterer Chronist schrieb, «eine Atmosphäre von Mißtrauen und Gereiztheit».[39] Konflikte und Rechtsstreitigkeiten gab es auch zwischen der DEG und der Compagnie Continentale Edison.[40]

In eine Schieflage geriet die DEG dann durch das Debakel ihrer Beteiligungsgesellschaft AG Städtische Elektricitäts-Werke. Hier schien sich Werners Annahme zu bestätigen, dass das Betreiben von Beleuchtungsanlagen kein profitables Geschäft sei. Die Städtischen Elektricitäts-Werke waren 1884 von Rathenau und Miller gegründet worden, nachdem die DEG von der Stadt Berlin eine auf 30 Jahre befristete Konzession für den Bau von Zentralstationen – wie Kraftwerke damals genannt wurden – erhalten hatte. Die Stadt sicherte sich auf diese Weise den Aufbau einer einheitlichen Stromversorgung, ohne selbst ein finanzielles Risiko einzugehen. Anders als der Name des Unternehmens vermuten lässt, war die Stadt Berlin hier nicht beteilt. Das Aktienkapital in Höhe von drei Millionen Mark wurde größtenteils von den Gründerbanken der DEG gehalten, die DEG war mit rund 18 Prozent beteiligt.[41]

Die Städtischen Elektricitäts-Werke durften auf einem rund zwei Quadratkilometer großen Gebiet Kabel verlegen und Beleuchtungsanlagen betreiben. In der Markgrafenstraße, ganz in der Nähe des Stammwerks von Siemens & Halske, errichteten sie das erste öffentliche Kraftwerk Deutschlands, ein weiteres in der Mauerstraße. Rathenau und Miller mussten bei diesen Pionierleistungen viel Lehrgeld bezahlen. Die Städtischen Elektricitäts-Werke arbeiteten mit Verlust, da die Personal- und Betriebskosten die Einnahmen überstiegen. Hinzu kamen technische Pannen wie Kabelbrände, die der fehlenden Erfahrung mit dem Bau von Kraftwerken geschuldet waren. Die beteiligten Banken zeigten sich wegen der ausbleibenden Gewinne bereits beunruhigt, als der Berliner Magistrat im Frühjahr 1886 von der Gesellschaft eine Ausweitung des Versorgungsgebiets verlangte. Die damit verbundenen Kosten in Höhe von rund drei Millionen Mark konnte das Unternehmen nicht aufbringen, und die Banken waren nach den Verlusten der vorangegangenen Jahre offenbar nicht bereit, mit Krediten einzuspringen. Den Städtischen Elektricitäts-Werken drohte ein Bankrott, der unweigerlich zur Liquidation der DEG führen musste.[42] Der Stadt Berlin wurde von verschiedenen Seiten nahegelegt, die Elektrizitätswerke zu übernehmen. Dass nun Siemens & Halske der Stadt anbot, in diesem Fall den Betrieb in deren Auftrag zu führen, dürfte Rathenau und Miller noch mehr gegen ihren ungeliebten Vertragspartner aufgebracht haben.[43]

Die Probleme der DEG waren auch Thomas A. Edison bekannt. Er beauftragte im Frühjahr 1886 seinen Freund und früheren Finanzier Henry Villard, in Berlin nach Lösungen zu suchen und die Gesellschaft neu aufzustellen. Villard stammte aus Speyer und hieß ursprünglich Heinrich Hilgard. Nachdem er Ende 1883 sein Eisenbahnimperium verloren hatte, war er mit dem Ziel nach Deutschland gezogen, dort für Edison Investoren anzuwerben. In Berlin stand er in Kontakt mit Rathenau, noch mehr aber mit Werners Verwandtem Georg Siemens, der bei der Deutschen Bank für das Amerikageschäft zuständig war und das bedeutende Engagement seiner Bank bei der ehemals von Villard geleiteten Northern Pacific Railroad verantwortete.[44] Villard wurden nun sowohl von Werner als auch von Rathenau Vorschläge für die Restrukturierung der DEG unterbreitet. Villard wiederum schaltete seinen Geschäftsfreund Georg Siemens ein, und da er im September in die USA zurückkehren wollte, übertrug er schließlich ihm die Aufgabe, eine Lösung zu finden.

Innenpol-Gleichstromgeneratoren von Siemens & Halske in der elektrischen Zentrale Mauerstraße, Berlin, 1886

Werner teilte Villard seine Verhandlungsposition in einem Brief vom 28. Juni 1886 mit. Darin bekannte er sich zur Zusammenarbeit mit der Pariser Dachgesellschaft Edisons, bestand aber auf einer Trennung der DEG von der Compagnie Continentale Edisons, einer Umbenennung des Unternehmens sowie einer Ausweitung des Geschäfts durch Lizenzen für Österreich und Russland.⁴⁵ Vier Tage zuvor hatte Werner in einem Brief an Carl das Ziel seiner «Friedensverhandlungen mit den Edison-Gesellschaften in Berlin und Paris» formuliert: «Ferner soll unser Vertrag mit der hiesigen Edison-Gesellschaft wesentlich modifiziert werden, so daß wir ungehindert Zentralen bauen und betreiben können. Daran hängt jetzt das ganze Beleuchtungsgeschäft!»⁴⁶

Werners Einstellung zum Beleuchtungsgeschäft hatte sich demnach gewandelt. Noch ein Jahr zuvor hatte er gegenüber dem Frankfurter Oberbürgermeister Johannes von Miquel seinen alten Standpunkt vertreten, Siemens & Halske würde keine «Lichtlieferungsgeschäfte» machen, nur «technisches Geschäft», also die Projektierung und den Bau von Beleuchtungsanlagen.⁴⁷ Nun wollte er auch Kraftwerke betreiben, trotz des abschreckenden Beispiels der Städtischen Elektricitäts-Werke in Berlin. Was mag ihn zu dieser Änderung bewogen haben? Werner hatte erkannt, dass mittlerweile in vielen Städten Kraftwerke geplant wurden und dass diese den Schlüssel zum gesamten Beleuchtungsmarkt bildeten. Als bloßer Fabrikant von Beleuchtungsanlagen würde Siemens & Halske im Starkstromgeschäft niemals eine führende Rolle spielen. Der Weg dorthin war nur mit dem System Edisons möglich, der Verbindung von Elektrotechnik und Stromwirtschaft. Diese Strategie erforderte ein Kapital, das nur durch Gründung einer Aktiengesellschaft aufgebracht werden konnte. Hierzu war Werner nun entgegen seinen früheren Prinzipien entschlossen. Im Oktober begann er, mit Georg und dessen Aufsichtsratsvorsitzendem Delbrück über die Gründung einer Aktiengesellschaft zur Finanzierung von Beleuchtungsanlagen zu verhandeln. An Carl schrieb Werner damals: «Es geht nicht mehr ohne etwas Gründungsschwindel!»⁴⁸

Anfang Dezember 1886 konnte Werner seinem Bruder in St. Petersburg Genaueres von den «grossen inneren Umwälzungen» berichten, die ihn beschäftigten. Als Ergebnis der Verhandlungen mit Georg und Delbrück war beschlossen worden, dass Siemens & Halske die Rechte Edisons gegenüber der DEG erwerben und in eine neue, gemeinsam mit der Deutschen Bank zu gründende Aktiengesellschaft einbringen sollte. «Wir sind dann Edison!», schrieb Werner in diesem Brief an Carl.⁴⁹ Werners juristischer Berater Joseph Rosenthal verhandelte bereits in Paris mit der Compagnie Continentale Edison. Er sollte die Rechte zu einem Preis von rund einer Million Mark kaufen, möglichst einschließlich der Edison-Rechte für Österreich und Russland. Einen Namen hatte man sich für das zu gründende Unternehmen auch schon ausgedacht: «Allgemeine Electricitätsgesellschaft».⁵⁰

Werner hatte Rosenthal im Deutschen Patentschutz-Verein als Beigeordneten der Stadt Köln kennengelernt. Zum 1. Januar 1887 sollte der Jurist als Berater für Rechts- und Verwaltungsfragen zu Siemens & Halske wechseln.[51] Dass Werner ihn schon einige Wochen zuvor mit wichtigen Verhandlungen in Paris beauftragt hat, spricht entweder für ein großes Vertrauen in dessen Fähigkeiten oder für einen Mangel an Juristen in der Zentrale von Siemens & Halske. Rosenthal machte seine Sache jedenfalls gut. Er handelte mit der Compagnie Continentale Edison aus, dass diese ihre Rechte an der DEG für eine Abfindungssumme in Höhe von 809 000 Mark abgab. Der Betrag wurde zu gleichen Teilen auf Siemens & Halske, die DEG und die Deutsche Bank umgelegt.[52] Die Compagnie Continentale Edison befand sich selbst in einer schwierigen Lage und hatte kaum eine andere Wahl, wenn sie noch Geld aus ihren Rechten gegenüber der angeschlagenen DEG herausholen wollte.[53] Um ins Stromgeschäft zu kommen, war Werner auch bereit, die Städtischen Elektricitäts-Werke zu stützen. Mit Georg hatte er eine Option auf die Übernahme einer 50-prozentigen Beteiligung an dieser Gesellschaft vereinbart.[54] Hier kam ihm jedoch Rathenau zuvor. Mit dem Ziel, einen Zusammenbruch der Städtischen Elektricitäts-Werke zu verhindern und sie auch nicht Siemens & Halske zu überlassen, kaufte dieser im Dezember 1886 die Hälfte des Aktienkapitals für die DEG zurück.[55]

Georg hatte von Anfang an vor, die miteinander zerstrittenen Unternehmen Siemens & Halske und DEG zusammenzubringen und eine neue Kapitalgesellschaft auf dieser Basis zu gründen. Werner hatte andere Vorstellungen. Er wollte die DEG schlucken («soll ganz vom Erdboden verschwinden») bzw. durch ein neues Unternehmen, die Allgemeine Elektricitäts-Gesellschaft, ersetzen, die eine «Lichtlieferungs-»Gesellschaft von Siemens & Halske sein sollte. An dem neuen Unternehmen wollte er Siemens & Halske mit rund einer Million Mark beteiligen.[56] Werner hat offenbar erst sehr spät gemerkt, dass bei dieser Transaktion nicht er, sondern Georg Herr des Verfahrens war und dass sein Neffe zweiten Grades ein anderes Ziel verfolgte. Die Weichen hierfür waren schon beim Kauf der Edison-Rechte gestellt worden. Werners Beauftragter Rosenthal hatte die Verhandlungen in Paris hinter Rathenaus Rücken geführt.[57] Mit dem Kauf dieser Rechte plante Werner offenbar, die DEG in die Hand zu bekommen. Doch dann beteiligten sich die DEG und die Deutsche Bank am Kaufpreis und somit auch an den Rechten. Dieses Verfahren hatte Georg höchstwahrscheinlich mit Henry Villard abgestimmt. Die DEG verschwand nun keineswegs vom Erdboden, sondern schloss mit Siemens & Halske am 27. März 1887 einen Vertrag, der ihrem Management ganz neue Möglichkeiten eröffnete. Die Allgemeine Elektricitäts-Gesellschaft (AEG), die auf der Grundlage dieses Vertrags entstand, war nichts anderes als die umbenannte DEG. Diese Lösung entsprach Georgs Konzept von zwei miteinander verflochtenen, aber gleichwohl eigenständigen Unternehmen der deutschen Elektroindustrie, nicht aber Werners Vorstellung von der AEG als einem Anhängsel von Siemens & Halske.

Im Vertrag vom 27. März 1887 vereinbarten Siemens & Halske und die DEG – die sich zwei Monate später in AEG umbenannte –, Kraftwerke gemeinsam zu bauen und zu betreiben. Das Geschäft mit Stromerzeugungsanlagen teilten beide Unternehmen untereinander auf. Aufträge für Anlagen mit mehr als 100 PS sollte die DEG bzw. die AEG erhalten, Aufträge für Anlagen mit weniger als 100 PS Siemens & Halske. Die Ausrüstungen durften für alle Anlagen nur von Siemens & Halske hergestellt werden, ausgenommen Dynamomaschinen bis 100 PS. Für diese Maschinen erhielt die DEG bzw. die AEG das Recht zur Fertigung. In anderen als den vertraglich abgegrenzten Geschäften waren beide Parteien frei. Das Grundkapital der DEG in Höhe von fünf Millionen Mark wurde bei der Umwandlung in die AEG auf zwölf Millionen aufgestockt. Siemens & Halske übernahm eine Kapitalbeteiligung von einer Million Mark (8,3 Prozent). Der größte Teil der neuen Aktien ging an das von der Deutschen Bank geführte Bankenkonsortium. Die Geschäfte der AEG wurden von den bisherigen Vorstandsmitgliedern der DEG geleitet, Aufsichtsratsvorsitzender wurde Adelbert Delbrück.[58]

Tatsächlich hatte bei der AEG die Deutsche Bank das Sagen, nicht Siemens & Halske. Georg hatte mit der Erhöhung des Aktienkapitals um sieben Millionen Mark für klare Verhältnisse gesorgt. Die Deutsche Bank und das Bankhaus Delbrück, Leo & Co. übernahmen neue Aktien im Ausgabewert von insgesamt vier Millionen Mark, die Bankhäuser Landau und Gebr. Sulzbach Wertpapiere im Gesamtwert von zwei Millionen Mark. Obwohl die Banken den größten Teil dieser Aktien an Kunden weitergegeben haben dürften, behielten sie durch das Depotstimmrecht und den Vorsitz im Aufsichtsrat die Kontrolle über das Unternehmen. Für Rathenau war dies eine gute Lösung, er verstand sich als Manager, der Dividenden zu erwirtschaften hatte. Ambitionen zur Errichtung eines Familienunternehmens lagen ihm ebenso fern wie eine bestimmte Fertigungsphilosophie.

Siemens & Halske konnte durch den Vertrag vom 27. März 1887 in das Stromerzeugungsgeschäft einsteigen. Die vereinbarte Aufteilung der Fertigung in diesem Bereich wurde dann aber sowohl für Siemens & Halske als auch für die AEG zu einem Hemmnis; beiden Unternehmen entgingen dadurch Aufträge. Die Nürnberger Firma Schuckert & Co. (1873 gegr.) baute zeitweise mehr Kraftwerke als Siemens & Halske und die AEG zusammen.

1894 wurde schließlich vereinbart, den Vertrag aufzuheben.[59] Inzwischen war die AEG weitaus stärker gewachsen als Siemens & Halske, da sie als Aktiengesellschaft mit Unterstützung der Deutschen Bank mehr Kapital aufbringen konnte. In den folgenden Jahren setzte Rathenau konsequent auf das neue Modell des «Unternehmergeschäfts». Durch eine eigene Finanzierungsgesellschaft und Verträge mit Subunternehmen konnte die AEG den Kommunen eine Paketlösung für den Bau, den Betrieb und die Finanzierung von Kraftwerken anbieten.[60] 1898 wurde sie dem Umsatz nach das größte Unternehmen der deutschen Elektroindustrie, was Siemens & Halske bis dahin fünf Jahrzehnte lang gewesen war.[61] Selbst bei Siemens & Halske glaubten nun manche, dass es mit dem Unternehmen «langsam zu Ende» gehe.[62]

Vor dem Hintergrund des kometenhaften Aufstiegs der AEG wurde später die Frage aufgeworfen, warum sich Werner auf die Verträge von 1883 und 1887 eingelassen hat. Der Wirtschaftsjournalist Felix Pinner wies frühzeitig darauf hin, dass Siemens & Halske aufgrund der Geschäftsprinzipien des Unternehmens nicht mit dem dynamischen Wachstum des Konkurrenten Schritt halten konnte.[63] Auch die unternehmenshistorische Forschung geht davon aus, dass der Aufstieg der AEG nicht unaufhaltsam war. Nach der These von Jürgen Kocka hätte Werner diesen verhindern können, wenn er für organisatorische Neuerungen und zeitgemäße Finanzierungsformen offen gewesen wäre. Mit Unterstützung der Banken und entsprechend hohem Kapitaleinsatz wäre er in der Lage gewesen, die DEG/AEG frühzeitig auszuschalten. Seine «Familienorientierung und frühindustrielle Distanz gegenüber finanzkapitalistischen Praktiken» hätten dem entgegengestanden. Durch sein Beharren auf der Rechtsform eines Personenunternehmens hätte Werner Chancen nicht nutzen können und letztlich sein Lebenswerk gefährdet.[64]

Aufgrund seiner unternehmerischen Prinzipien hatte Werner Edison falsch eingeschätzt und nach der Pariser Ausstellung vom Sommer 1881 beschlossen, mit den Edison-Gesellschaften zu konkurrieren, statt von diesen eine Edison-Lizenz zu erwerben. Siemens & Halske hätte damals unschwer zusammen mit der Deutschen Bank eine Deutsche Edison-Gesellschaft gründen können. Stattdessen musste man sich dann mit Rathenaus Studiengesellschaft einigen, nachdem man dieser das Feld überlassen hatte. Zu einem weiteren Wendepunkt wurde die Rettung der DEG durch die Deutsche Bank.[65] Wäre Siemens & Halske damals eine Aktiengesellschaft gewesen, mit der Deutschen Bank als Hausbank, dann hätte die DEG wohl kaum überlebt. Als Personenunternehmen kam Siemens & Halske nicht für

Logo der AEG mit einer Darstellung der «Göttin des Lichts», 1888

große Emissions- und Kreditgeschäfte der Bank in Betracht. Auch eine Einflussnahme über Aufsichtsratsmandate war nicht möglich. So gesehen lag es nahe, dass Georg auf die DEG/AEG setzte, bei der die Deutsche Bank schon im Frühjahr 1887 eine Kapitalerhöhung um fünf Millionen Mark durchführen konnte. Restrukturierung und Ausbau der Städtischen Elektricitäts-Werke, die nun «Berliner Elektrizitätswerke» hießen, erforderten einen noch höheren Kapitaleinsatz. Bis 1890 wurden hier fast 30 Millionen Mark investiert.[66]

Werner konnte bei der Gründung der AEG natürlich nicht im Entferntesten ahnen, dass dieses Unternehmen elf Jahre später Siemens & Halske überrunden würde. Emil Rathenau war damals fast 50 Jahre alt und stand nicht im Ruf, ein erfolgreicher Unternehmer zu sein. Sein erstes Unternehmen, eine Maschinenfabrik, hatte Konkurs anmelden müssen, und der DEG wäre es fast ebenso ergangen. Niemand hätte bei Gründung der AEG für möglich gehalten, dass dieser Mann die deutsche Elektroindustrie umwälzen würde. Allerdings war damals zu erkennen, dass die großen Universalbanken nun enge Verflechtungen mit der Industrie eingingen und die Strukturen neuer Branchen mitgestalteten. Georgs Rolle bei der Gründung der AEG ist hierfür ein prägnantes Beispiel. Werner hat diese Veränderung nicht verstanden und ist deshalb mit seiner Vorstellung von der AEG als einer «Beleuchtungsgesellschaft» von Siemens & Halske gescheitert. Als er sich entschied, gemeinsam mit der Deutschen Bank eine Aktiengesellschaft für Stromerzeugungsanlagen zu gründen, hatte er möglicherweise das Modell der Direct United States Cable Company im Blick, die 1873 mit Georgs Unterstützung auf Aktienbasis entstanden war. Bei dieser Projektfinanzierungsgesellschaft wie auch bei der Indo-European Telegraph Company hatte Werner zwar Auseinandersetzungen mit dem Management, aber nie mit den beteiligten Banken. Diese nahmen auf die strategischen Entscheidungen keinen Einfluss. Doch die Verhältnisse hatten sich geändert. Im Fall DEG/AEG übernahm Georg die Regie, wobei er sich nicht nur von den Geschäftsinteressen der Deutschen Bank leiten ließ, sondern das Kapitalmarktpotenzial seiner Bank auch nutzen wollte, um die deutsche Elektroindustrie neu aufzustellen. Möglicherweise hat Werner geglaubt, dass Georg die AEG-Gründung in familiärer Solidarität regeln würde. So hatte man es bei früheren Projekten gehalten, besonders bei der Gründung der Direct United States Cable Company. Auch in dieser Hinsicht hatten sich die Verhältnisse geändert. Für Georg hatte das Familienprinzip schon lange nicht mehr absolute Priorität. Er ließ sich von Werner nur noch einspannen, wenn dessen Interessen nicht mit denen der Deutschen Bank kollidierten. Dies hatte sich zuletzt 1883 bei den Verhandlungen um die Gründung einer Gesellschaft für elektrische Bahnen in Deutschland und Österreich gezeigt. Damals schrieb Georg einem befreundeten Bankier, dass «es ein unangenehmes Ding ist, mit Verwandten Geschäfte zu machen».[67]

Werner hat die veränderten Rahmenbedingungen zweifellos wahrgenommen, aber er konnte hieraus nicht die erforderlichen Konsequenzen ziehen. Sein viel pragmatischerer Bruder Carl drängte ihn vergeblich, Siemens & Halske in eine Aktiengesellschaft umzuwandeln. Carl hatte erkannt, dass das Unternehmen sich ohne diesen Schritt nicht im Wettbewerb mit der AEG behaupten konnte. Im Januar 1889 schrieb er an Werner:

> «Wir werden im electrischen Licht nur Grosses leisten können, wenn uns sehr bedeutende Capitalien zur Verfügung stehen. Anderenfalls werden wir zu einfachen Fabrikanten reduzirt und müssen uns mit der immer üppiger werdenden Konkurrenz herumschlagen.»[68]

Doch Werner wollte nicht von seinen Prinzipien abrücken. Bei einem 70-jährigen Unternehmenschef, der so viel erreicht hatte wie er, ist dies durchaus nachvollziehbar. Es gab auch keine Krise, die zum Umdenken gezwungen hätte, die Umsätze und Gewinne von Siemens & Halske nahmen Ende der 1880er Jahre deutlich zu.[69]

Ab einem gewissen Zeitpunkt wird Werner klar gewesen sein, dass die AEG-Gründung anders verlaufen würde, als er es sich vorgestellt hatte. Dass er sich trotzdem darauf einließ, dürfte nicht nur Georgs Überredungskünsten zuzuschreiben sein, sondern auch dem Familienprinzip, dem sich Werner stets verpflichtet fühlte. Er wollte in nicht allzu ferner Zeit das operative Geschäft ganz an seine Söhne Arnold und Wilhelm abgeben. Beide waren noch recht unerfahren und würden Georgs Rat und die vielseitigen Verbindungen des Großbankiers gut brauchen können. Vor diesem Hintergrund erschien es nicht sinnvoll, wegen der DEG/AEG einen Konflikt mit Georg zu riskieren.[70] Rückblickend gesehen hat nicht nur die deutsche elektrotechnische Industrie, sondern letztlich auch Siemens & Halske von Georgs Konzept für die Branche profitiert. Bis 1887 verfügte Siemens & Halske innerhalb der deutschen elektrotechnischen Industrie fast über eine Monopolstellung. Mit dem Aufstieg der AEG kam das Unternehmen erstmals auf dem Heimatmarkt unter Wettbewerbsdruck. Bei Siemens & Halske wurden daraufhin überfällige organisatorische Reformen einschließlich der Umwandlung in eine Aktiengesellschaft durchgeführt, die sonst vielleicht nicht mehr rechtzeitig erfolgt oder ganz unterblieben wären. Langfristig erwies sich das Unternehmen dann im Wettbewerb mit der AEG als das erfolgreichere Modell.

Georg Siemens, undatiert

Zu Edison und Villard hatte Werner auch nach Gründung der AEG ein gutes Verhältnis. Im Juni 1886 hatte Edison ihm die deutsche Vertretung für eine neue Erfindung angeboten. Werner sagte damals wegen der noch laufenden Rechtsstreitigkeiten mit den Edison-Gesellschaften in Berlin und Paris ab.[71] Wenige Monate später beauftragte er seinerseits Edisons Freund Henry Villard, einen Einstieg von Siemens & Halske in den amerikanischen Kabelmarkt einzufädeln. Villard war zuvor schon von Georg die Aufgabe übertragen worden, die Interessen der Deutschen Bank in den USA zu vertreten.[72]

Im September 1889 lernte Werner Edison auch persönlich kennen. Edison reiste damals mit seiner zweiten, erst 24-jährigen Ehefrau Minna und einer Tochter zwei Monate lang in einer Art Triumphzug durch Europa. Er wurde vom italienischen König und vom französischen Staatspräsidenten empfangen. Für Werner war es eine Ehre, dass Edison sich bei ihm zu Besuch anmeldete.[73] Eine Einladung gab es offenbar nicht. Am 12. September 1889 traf der prominente Gast begleitet von Frau und Tochter in Charlottenburg ein. Edison hatte auch seinen neuen Phonographen mitgebracht. Vier Tage lang wohnte die Familie in Werners Villa. Die beiden Männer verstanden sich gut, von Erfinder zu Erfinder. Edison kam auch mit Hermann von Helmholtz zusammen, lernte Emil du Bois-Reymond kennen und ließ bei Siemens & Halske Versuche mit seinem neuen Phonographen anstellen. Werner fuhr dann mit dem Ehepaar Edison nach Heidelberg, wo die beiden Erfinder an der Jahrestagung der Deutschen Gesellschaft für Naturforscher und Ärzte teilnahmen.[74]

Edison machte mit finanzkapitalistischen Praktiken andere Erfahrungen als Werner. Er hatte seine Erfindungen zunächst nur mit Fremdkapital finanzieren können. Der Verkauf seiner Rechte an die Dachgesellschaften, die Lizenzen vergaben, brachte ihm ein Vermögen ein. Doch die Gewinne aus dem Geschäft mit seinen Erfindungen flossen dann zu einem großen Teil in Gesellschaften und Holdings, bei denen er zunehmend weniger Einfluss hatte. Vorübergehend hat Edison sogar erwogen, sein gesamtes USA-Geschäft an Siemens & Halske zu verkaufen.[75] Auf Initiative Villards wurden seine amerikanischen Gesellschaften im April 1889 zur Edison General Electric Company zusammengeschlossen. Villard griff dabei auch auf seine deutschen Geschäftspartner zurück. Siemens & Halske beteiligte sich mit neun Prozent am Aktienkapital der Edison General Electric Company.[76] Treibende Kraft auf deutscher Seite war die Deutsche Bank mittels der Verbindung zwischen Georg und Villard. Zusätzlich zu der Deutschen Bank und Siemens & Halske beteiligten sich die AEG und das Frankfurter Bankhaus Jacob S. H. Stern an der Edison General Electric Company.[77] Siemens & Halske ging es bei diesem Engagement darum, den Einstieg in den amerikanischen Kabelmarkt abzusichern. Mit Villard war vereinbart worden, dass Edison General Electric eine Bleikabelfabrik errichtete, die gegen eine 20-prozentige Gewinnbeteiligung Patente und Know-how von Siemens & Halske nutzen konnte.[78] Als es im Frühjahr 1892 zu einer Übernahme der Edison General Electric Company durch die Thomson-Houston Electric Company kam, zogen sich die deutschen Anteilseigner zurück. Die fusionierte Gesellschaft hieß fortan nur noch «General Electric Company», der Name des Erfinders war aus dem Firmennamen verschwunden.[79]

Berlin versus London

Ganz überraschend starb Werners Bruder Wilhelm am 19. November 1883 im Alter von 60 Jahren. Erst nach seinem Tod stellte sich heraus, dass er schon lange an einer Herzkrankheit gelitten hatte. Werner nahm an der Trauerfeier in der Westminster Abbey teil, zusammen mit Repräsentanten

Wilhelm Siemens, um 1880

fast aller naturwissenschaftlich-technischer Gesellschaften Englands. Wegen seiner Verdienste um die Wissenschaft war Wilhelm erst wenige Monate zuvor, anlässlich seines 60. Geburtstags im April 1883, von Queen Victoria in den Ritterstand erhoben worden. Die Universitäten Oxford und Glasgow hatten ihm bereits die Ehrendoktorwürde verliehen. Zwei Jahre nach seinem Tod ehrten ihn die britischen Ingenieursverbände durch die Stiftung eines Gedenkfensters in der Westminster Abbey.[80]

Werner war über Wilhelms plötzlichen Tod tief erschüttert. Abgesehen von Carl hatte ihm dieser Bruder von allen Geschwistern am nächsten gestanden. 40 Jahre lang war Wilhelm einer seiner engsten Weggefährten gewesen. Nun hatte er als älterer Bruder den jüngeren überlebt. Von seinen elf Geschwistern lebten nur noch vier: die Brüder Friedrich, Ferdinand und Carl sowie die Schwester Sophie. Werners ältere Schwester Mathilde war bereits 1878 gestorben. Wenige Wochen nach Wilhelms Tod schrieb er an seinen Sohn Wilhelm, der damals in New York war: «Doch was hilft das Klagen; den Lebenden gehört die Welt, und unsere Aufgabe ist, die errungene Position unserer Familie in der Welt zu behaupten.»[81]

Diese Position stand nun in London auf einem unsicheren Fundament.

Wilhelm und seine Frau Anne hatten keine Kinder, und Carl war drei Jahre vor Wilhelms Tod von London nach St. Petersburg gezogen. Wilhelms Adoptivsohn Alexander Siemens, der als Repräsentant der jüngeren Genera- tion der Familie bei Siemens Brothers aufgebaut worden war, konnte dem Managing Director Ludwig Löffler nicht das Wasser reichen. Werners Söhne Arnold und Wilhelm waren mit dem Geschäft von Siemens Brothers nicht vertraut. Obwohl Werner stets das «Gesamtgeschäft» der Siemens-Unternehmen beschwor, hatte er sie nie in London arbeiten lassen.

Damit veränderte sich nun gewissermaßen die Basis der Beziehung zwischen Siemens & Halske und Siemens Brothers. Bis dahin waren die engen brüderlichen Bande zwischen Werner und Wilhelm eine Garantie für gegenseitige Loyalität gewesen. Auch wenn sich Wilhelm in den vergangenen Jahren kaum noch um das Unternehmen gekümmert hatte, konnte auf dieser Basis ein dauerhafter Konflikt vermieden werden. Werner hatte Wilhelm vieles nachgesehen und sich aus Loyalität ihm gegenüber auch zu einigen leichtfertigen Entscheidungen hinreißen lassen. Nun hatte es Werner in London mit dem Manager Löffler zu tun, der sich von seinen eigenen Interessen leiten ließ. Beide hätten auf rein geschäftlicher Basis miteinander auskommen können. Da Siemens Brothers aber trotz der Umwandlung in eine Aktiengesellschaft weiterhin ein Familienunternehmen war, ging es um mehr. Löffler war seit 1880 auch Gesellschafter von Siemens Brothers & Co. Er war entschlossen, seine Macht im Unternehmen weiter auszubauen und von Berlin unabhängiger zu werden. Werner wiederum hatte nicht nur einen beträchtlichen Teil seines Vermögens in Siemens Brothers investiert, sondern auch eine emotionale Bindung an das Unternehmen, das als Familienbesitz in gutem Zustand an die nächste Generation übergehen sollte. Und er mochte Löffler nicht. Ein Manager mit derart ausgeprägten Eigeninteressen passte nicht zu seiner Vorstellung von einem Familienunternehmen.

Werner hatte Löffler schon immer misstraut, auch als dieser bei Siemens Brothers noch Kabelingenieur gewesen war. «Löffler ist sehr tüchtig aber auch sehr ehrgeizig und gelddurstig», schrieb er bereits 1858 an Wilhelm.[82] Er hatte ihn im Verdacht, Siemens Brothers von Siemens & Halske lösen zu wollen. Als Löffler die 1880 durchgeführte Umwandlung von Siemens Brothers in eine Aktiengesellschaft betrieb und auf einer Kapitalbeteiligung bestand, sah sich Werner in seiner Einschätzung bestätigt. Doch Löffler leitete das Geschäft von Siemens Brothers recht erfolgreich, er war für das Unternehmen unentbehrlich. Das wusste niemand besser als Carl, der bis 1880 Siemens Brothers geleitet hatte. Obwohl er oft mit Löffler aneinandergeraten war, wollte er diesen unbedingt als Managing Director halten.[83]

Ein ständiger Streitpunkt zwischen Werner und Löffler war die Zuständigkeit für die Märkte in Übersee. Siemens & Halske hatte die Aufträge aus anderen Kontinenten lange Zeit der Londoner Schwestergesellschaft überlassen. Da es sich um ein eher bescheidenes Geschäft handelte, fiel dies nicht schwer. Ein Großteil der Aufträge für Telegrafenapparate und Wassermesser kam ohnehin aus britischen Kolonien, aus Südafrika, Australien oder Indien. In einem Sonderabkommen zum Gesellschaftsvertrag vom Dezember 1880 hatten Carl, Werner, Wilhelm und Löffler dann vereinbart, dass sich Siemens Brothers & Co. und Siemens & Halske auf Drittmärkten keine Konkurrenz machen sollten.[84] Dies war aus Londoner Sicht sinnvoll, weil die Preise in England um rund 20 Prozent höher lagen als in Deutschland.[85] Siemens Brothers & Co. hätte nicht mit Siemens & Halske konkurrieren können. Man hatte aber nicht bedacht, dass eine derartige Regelung zwangsläufig zu Konflikten um die Aufteilung der Drittmärkte führen musste.

Mit dem Aufkommen des Starkstromgeschäfts und der Einführung von Schutzzöllen in Russland, Österreich und Frankreich wurde für Siemens & Halske das Überseegeschäft wichtiger, vor allem das USA-Geschäft. Für Dynamomaschinen, elektrische Bahnen, Bogenlampen und Kraftwerksausrüstungen gab es in den Vereinigten Staaten eine große Nachfrage. Siemens & Halske konnte dorthin aber nicht liefern, weil Siemens Brothers den US-Markt für sich reklamierte und das Berliner dem Londoner Geschäft auf Drittmärkten keine Konkurrenz machen durfte. Dabei war Siemens Brothers am Starkstromgeschäft nicht besonders interessiert, den Schwerpunkt bildeten hier nach wie vor die Fertigung und Verlegung von Seekabeln. Siemens Brothers errichtete nun eine Vertretung in den USA, aber auch diese beschäftigte sich fast ausschließlich mit Aufträgen für Seekabelprojekte.[86] Sinnvoll wäre eine Aufteilung des Überseegeschäfts nach Fertigungszweigen gewesen, in diesem Fall hätte Siemens Brothers in den USA Kabelgeschäfte abgeschlossen und Siemens & Halske Dynamomaschinen dorthin geliefert.

Werner beobachtete mit wachsendem Unmut, wie Siemens & Halske Überseeaufträge für Dynamomaschinen und Telegrafenapparate der Konkurrenz überlassen musste, weil Löffler fast all diese Märkte für Siemens Brothers reklamierte. Die britischen Kolonien blieben auch nach Berliner Ansicht dem Londoner Geschäft vorbehalten, doch aus Londoner Perspektive hielt man sich für alle Länder zuständig, in denen der britische Einfluss stärker war als der deutsche oder der russische – und dies galt für sämtliche Überseemärkte. Schließlich war Siemens Brothers von den Siemens-Brüdern zur Erschließung des Weltmarkts gegründet worden – und nicht als Filiale für das Geschäft in England und in den britischen Kolonien. In Berlin wiederum hielt man es für anmaßend, wenn aus London Briefe eintrafen, in denen von «China und den anderen Kolonien» die Rede war.[87] Nach einem Konflikt mit Löffler über eine Lieferung von Siemens & Halske nach Chile beklagte sich Werner bei Carl über die britische Arroganz zu glauben, «daß die ganze Welt außer Deutschland und Rußland, namentlich alles Überseeische, England gehöre».[88]

In diesem Konflikt zwischen Siemens & Halske und Siemens Brothers ging es nicht nur um geschäftliche Interessen und die persönliche Animosität zwischen Werner und Löffler, sondern auch um die veränderte Bedeutung der Werke in London und Berlin. Als die Siemens-Brüder 1858 mit dem Aufbau einer Fertigung in England begonnen hatten, war England die auf allen Gebieten führende Industrienation gewesen und London aus Berliner Sicht das Tor zur Welt. Inzwischen hatten sich die Verhältnisse geändert. England war nicht länger die industrielle Führungsmacht und lag in Wachstumsbranchen wie der elektrotechnischen Industrie hinter den USA und Deutschland zurück. In der neuen Starkstromtechnik waren amerikanische und deutsche Hersteller führend.[89] Auch zwischen den Siemens-Unternehmen in Berlin und London bestand nun ein technologisches Gefälle. Während Siemens & Halske zu den international führenden Herstellern von Dynamomaschinen, Bogenlampen und Bleikabeln gehörte, war Siemens Brothers im Seekabelgeschäft stehen geblieben. Das von Alexander geleitete «Lichtgeschäft» des Unternehmens war unbedeutend.[90] Aus Werners Sicht waren die Verhältnisse bei Siemens Brothers symptomatisch für den Niedergang der britischen Weltherrschaft. An Carl schrieb er im Dezember 1884:

> «Es ist ja ganz hübsch, daß London von Zeit zu Zeit eine große Kabelunternehmung macht, an der viel verdient wird. […] es ist aber nicht die Basis für ein andauerndes Geschäft. Sowie der Herrschaftsanspruch Englands an so ziemlich die ganze nicht in festem Besitz befindliche Welt wird auch das englische merkantile Ausbeutungssystem fallen […]. Die Weltkonkurrenz entwickelt sich stetig und unwiderstehlich. Wenn England nicht billiger arbeiten und mit gleichmäßigem und bescheidenem Verdienst handeln lernt, so wird es seinen Markt überall verlieren, wie in Indien.»[91]

Auf solche Töne aus Berlin reagierte man nicht nur in London empfindlich. Auch Carl in St. Petersburg hielt diese Einstellung für «zu partikularistisch» und forderte Werner auf, sich im Verhältnis zu Siemens Brothers nicht von «deutsch patriotischen Gefühlen» leiten zu lassen.[92] Zwischen den Brüdern entzündete sich ein heftiger, länger anhaltender Konflikt um die wechselseitige Wahrnehmung der Geschäftseinstellung und der Lebensauffassung, auf den an anderer Stelle einzugehen sein wird.[93]

Um die Zuständigkeit für das Überseegeschäft wurde zwischen Siemens & Halske und Siemens Brothers lange gestritten.[94] Im Sommer 1886 war Werner entschlossen, seine Söhne Arnold und Wilhelm bei Siemens Brothers zu Mitdirektoren zu ernennen. Löffler hatte eine derartige Maßnahme bisher zu verhindern gewusst und setzte sich auch dieses Mal durch.[95] Dafür fand Werner nun einen Weg, um Siemens & Halske einen Zugang zum amerikanischen Markt zu eröffnen. Er beauftragte im Herbst 1886 Henry Villard, über Verträge zwischen Siemens & Halske und den amerikanischen Edison-Gesellschaften zu verhandeln. Villard fädelte einige Jahre später die bereits erwähnte Beteiligung an Edison General Electric und einer Bleikabelfabrik dieses Unternehmens ein. Siemens & Halske musste im Gegenzug zusagen, kein eigenes Werk in den USA zu errichten.[96] Erst 1892 konnte dann eine amerikanische Tochtergesellschaft von Siemens & Halske gegründet werden. Inzwischen hatten die Siemens-Unternehmen in Berlin und London eine neue Regelung zum Wettbewerb auf Drittmärkten vereinbart, der umstrittene Paragraph 6 des Sonderabkommens von 1880 war aufgehoben worden, allerdings erst nach einem dramatischen Konflikt bei Siemens Brothers.[97]

Nach Wilhelms Tod hatten sich bei Siemens Brothers die Gewichte innerhalb des Gesellschafterkreises verschoben. Wilhelm hatte 43,5 Prozent des Aktienkapitals gehalten. Dieses Paket war weder an seine Witwe noch an seinen Adoptivsohn Alexander übergegangen, sondern unter den anderen Gesellschaftern aufgeteilt worden. Carl und Werner hatten sich dabei entschlossen, rund die Hälfte der von Wilhelm hinterlassenen Aktien an Löffler abzugeben, um den Manager zu halten. Vermutlich ging dies auf einen Vorschlag von Carl zurück, der damals zu Löffler stand. Löffler war bisher mit 2,5 Prozent des Aktienkapitals an Siemens Brothers beteiligt gewesen. Nun besaß er einen Anteil von 25 Prozent und lag damit nur knapp unter einer Sperrminorität.[98] Auf Vorschlag Löfflers wurden 65 Aktien aus dem Erbe Wilhelms an sechs leitende Mitarbeiter abgegeben. Werner und Carl machten zur Auflage, dass die Anteile nach dem Ausscheiden dieser Mitarbeiter an die anderen Gesellschafter zurückfallen sollten, doch Löffler konnte eine Klausel in die Vereinbarung einfügen, die einen Verkauf an andere zuließ.[99] Möglich war dies nur, weil er Siemens Brothers völlig unbeaufsichtigt leitete. Löffler war schon länger Mitglied des Aufsichtsrats. Nach Wilhelms Tod erhielt er die Berechtigung, auch allein Sitzungen dieses Gremiums abzuhalten und rechtskräftige Beschlüsse zu fassen.[100] Werner und Carl hielten es offenbar nicht für nötig, den Manager in der bei Aktiengesellschaften üblichen Form zu kontrollieren. So ließen sie bei Siemens Brothers die Strukturen einer familiengeführten Personengesellschaft bestehen. Nach der Aufstockung von Löfflers Beteiligung war dies der zweite Fehler.

In einer der Aufsichtsratssitzungen, die Löffler mit sich selbst abhielt, regelte er die Übernahme eines Teils der Mitarbeiteraktien in sein Depot. Damit verfügte er über eine Sperrminorität von 25,06 Prozent des Aktienkapitals, konnte jeden Beschluss des Aufsichtsgremiums blockieren. Er konnte auch nicht mehr abgesetzt werden, weil ein derartiger Beschluss nach den Statuten eine Mehrheit von 75 Prozent des Aktienkapitals erforderte.[101] Werner entdeckte den Vorgang erst ein halbes Jahr später und mehr beiläufig. Nun rückte auch Carl von Löffler ab, die beiden Brüder reichten eine Klage gegen den Managing Director ein und stellten ihm Alexander als Mitdirektor zur Seite. Löffler klagte daraufhin im Namen von Siemens Brothers gegen Werner und Carl wegen unrechtmäßiger Konkurrenz auf dem Weltmarkt.[102]

Da sich der Rechtsstreit hinzog, war unsicher, wie es bei Siemens Brothers weitergehen würde. Werner erwog vorübergehend, das Unternehmen in eine Public Limited Company umzuwandeln und zu verkaufen.[103] Im Frühjahr 1888 zog er dann mit einer außergerichtlichen Einigung einen Schlussstrich unter die «Löffler-Krise». Löffler hatte inzwischen offenbar erkannt, dass er am kürzeren Hebel saß und den Prozess verlieren würde.[104] In einem Vertrag vom 1. Juni 1888 willigte er ein, als Managing Director zurückzutreten. Bis Ende 1890 blieb er weiterhin in der Geschäftsleitung von Siemens, als einer von zwei gleichberechtigten Direktoren. Löffler verpflichtete sich zudem, bei seinem Ausscheiden aus dem Unternehmen 600 Siemens-Brothers-Aktien an Werner abzugeben.[105]

Siemens Brothers wurde nun vorübergehend von Löffler und Wilhelms Adoptivsohn Alexander («Ali») gemeinsam geleitet. Zunächst war geplant, dass nach Löfflers Ausscheiden Ende 1890 der Ingenieur Eduard Kaiser Managing Director von Siemens Brothers werden sollte. Werner schätzte Kaiser, der am Aufbau der Kabelfabrik in Charlottenburg beteiligt gewesen war und sich auch bei Verhandlungen in den USA bewährt hatte.[106] Doch Löffler hielt ihn für ungeeignet, und Alexander konnte ihn nicht leiden, was auf Gegenseitigkeit beruhte. Kaiser wollte das Unternehmen nicht gemeinsam mit Alexander leiten und schied noch vor Löffler bei Siemens Brothers aus.[107] Nach Löfflers Weggang wurde Alexander Managing Director, die Verbindung zwischen Siemens Brothers und Siemens & Halske beruhte somit wieder auf dem Familienprinzip. Werner und Carl hatten das allerdings nicht so geplant. Beide misstrauten Alexanders Machtgelüsten und waren sich seiner Loyalität nicht sicher. Die Brüder hatten Kaiser für diese Position favorisiert, damit aber auf den falschen Mann gesetzt.

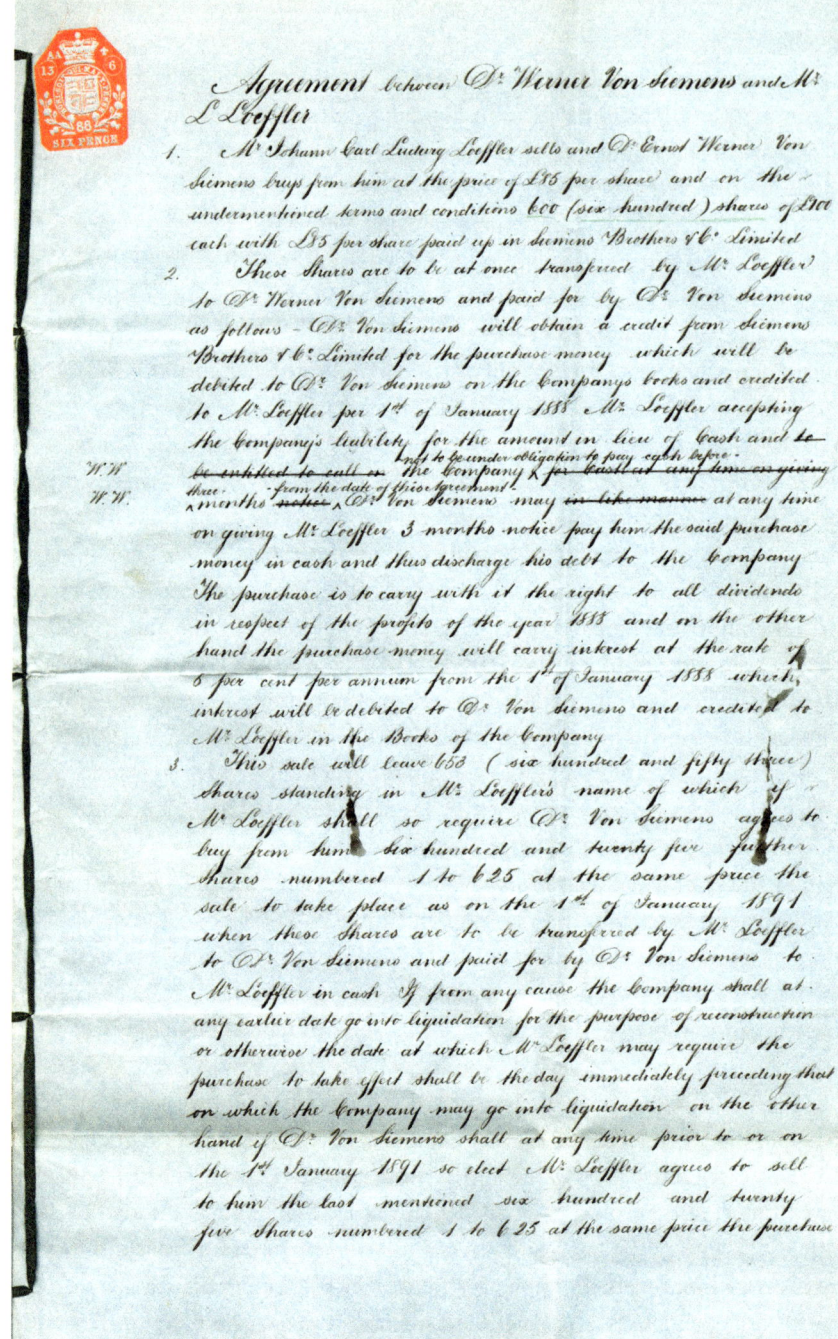

Vertrag zwischen Ludwig Löffler und Werner von Siemens, 1. Juni 1888

Nun begann Alexander, sich eine dominante Position bei Siemens Brothers aufzubauen. Er strebte eine stärkere Eigenständigkeit gegenüber Siemens & Halske an, auch wenn er im Unterschied zu Löffler keine völlige Trennung wollte. Daher gab es zwischen Berlin und London bald wieder Konflikte. «Ali scheint sich wohl zum absoluten Herrscher machen zu wollen!», schrieb Werner im August 1890 empört an seinen Sohn Wilhelm.[108] Wenige Wochen später war er entschlossen, mit Arnold nach London zu fahren, um Alexander mit Mehrheitsbeschlüssen des Aufsichtsgremiums in die Schranken zu weisen. Er überlegte vorübergehend sogar, «für einige Monate mich in London festzusetzen und die Leitung einstweilen selbst zu übernehmen».[109] Damals war Werner immerhin fast 73 Jahre alt. Der 31 Jahre jüngere Alexander wusste, dass die Zeit für ihn arbeiten würde.

Löffler ist in der Literatur wiederholt mit Halske verglichen worden. Beide waren in Werners Zeit die einzigen Gesellschafter von Siemens-Unternehmen, die nicht aus dem Kreis der Familie stammten, und beide schieden nach Konflikten mit den Siemens-Brüdern aus. Auf den ersten Blick liegt es nahe, hier Zusammenhänge zu sehen. «Both Halske and Loeffler clashed with the family principle», stellt John D. Scott in der zum 100-jährigen Unternehmensjubiläum von Siemens Brothers erschienenen Chronik fest.[110] David Warren Sabean nennt es in seiner Fallstudie zur Siemens-Familie «The problem of ‹outsiders›».[111] Tatsächlich sind die Unterschiede zwischen den «Fällen» Halske und Löffler weitaus größer als die Gemeinsamkeiten. Halske war von Anfang an Gesellschafter, mit Werner befreundet, gehörte zur erweiterten Familie und opponierte nie gegen das Familienprinzip. Er ist wegen unterschiedlicher Geschäftsauffassungen ausgeschieden, blieb aber weiterhin mit Werner befreundet und hat Schaden vermieden, indem er sein Kapital noch lange im Unternehmen beließ. Das Londoner Unternehmen hieß nicht «Siemens & Löffler», sondern «Siemens Brothers & Co.». Löffler war in erster Linie Manager. Er strebte eine größere Unabhängigkeit von Siemens Brothers an, was mit Werners Grundsatz vom «Gesamtgeschäft» der Familie unvereinbar war. Er musste Siemens Brothers verlassen, Halske ging aus eigenem Entschluss.

Das Kriterium der Nicht-Familienzugehörigkeit war in beiden Fällen nicht entscheidend für den Austritt, sondern vielmehr waren es geschäftliche Differenzen, die auch aufgetreten wären, wenn es sich nicht um Familienunternehmen gehandelt hätte. In einem börsennotierten Konzern hätte man Löffler ebenfalls nicht durchgehen lassen, ausscheren zu wollen und gegen Direktiven des Aufsichtsratsvorsitzenden zu handeln. Das Familienprinzip der Siemens-Brüder war zweifellos ein Fundament ihres Geschäfts, an dem Werner nicht rütteln ließ. Dennoch war es nicht so übermächtig, dass alle geschäftlichen und personellen Entscheidungen darauf zurückgeführt werden könnten. Dies gilt nicht nur für die «Fälle» Halske und Löffler, sondern auch für Verwandte der drei Brüder Werner, Carl und Wilhelm. Alexander wurde nicht Löfflers Nachfolger, weil er zur Familie Siemens gehörte,[112] sondern weil Werners Favorit für diese Position abgesprungen war. Natürlich verdankte Alexander seine Karriere bei Siemens Brothers der Familienzugehörigkeit, aber als Managing Director hat er sich nicht vom Familienprinzip leiten lassen.

Parallel zur «Löffler-Krise» kam es auch bei Gebr. Siemens & Co. in Charlottenburg zu Konflikten. In diesem Unternehmen, das Dochtkohlen für Bogenlampen, Mikrofonkohle für Telefonapparate, Kohlebürsten und vorübergehend auch Glühlampen herstellte, war Werners Vetter Louis geschäftsführender Gesellschafter. Louis hielt eine Kapitalbeteiligung von 20 Prozent, die anderen Anteile hatten Werner, Wilhelm und Carl übernommen. Dass ein Gesellschafter Vorstand war, erwies sich auch hier als Fehler. Während die Siemens-Brüder einen Teil ihrer Gewinne entnahmen, stockte Louis mit dem Gewinn seine Einlage auf. Die Brüder gewannen den Eindruck, dass er sie aus dem Unternehmen drängen wollte, zumal er wiederholt bei wichtigen Geschäften ohne Mehrheitsbeschluss gehandelt hatte. Werner wollte durch eine Klage gegen Louis dessen Ausscheiden erzwingen. Schließlich verließ Louis zum 1. April 1886 Gebr. Siemens & Co.[113] In dieser «Charlottenburger Löffler-Krise» standen sich wie in den Auseinandersetzungen zwischen Werner und Alexander Mitglieder der Familie Siemens gegenüber.

Zu Wilhelms Erbe gehörte auch das Stahlwerk Landore in Wales, das er zur Verwertung seines Patents auf das Siemens-Martin-Verfahren gemeinsam mit seinem Schwager Donald Gordon und dem Zinkfabrikanten Lewis Llewelyn Dillwyn aus Swansea gegründet hatte. Die Kapazitäten des Stahlwerks waren in den ersten Jahren stark ausgebaut worden. Wilhelm setzte auf großbetriebliche Produktion, weil er die Vergabe von Lizenzen vermeiden wollte.[114] Mitte der 1870er Jahre war das Stahlwerk in Landore bereits das viertgrößte der Welt mit rund 2000 Beschäftigten.[115] Doch der Stahlmarkt war inzwischen durch die Wirtschaftskrise von 1873 und die anschließende Deflation eingebrochen, die Landore Siemens Steel Company konnte die Kapazitäten nicht mehr auslasten und erwirtschaftete hohe Verluste. Auch durch Aufträge der britischen Marine für die Ausrüstung von Kriegsschiffen gelang es Gordon nicht, das Stahlwerk aus der Krise zu führen.

Werner war nach Wilhelms Tod zunächst entschlossen, das Werk in Landore stillzulegen. Nachdem ihm Franz Reuleaux, sein früherer Mitstrei-

Alexander Siemens, undatiert

ter im Deutschen Patentschutz-Verein, von einer bahnbrechenden Erfindung berichtet hatte, hoffte er jedoch, dieses Vermächtnis seines Bruders retten zu können. Den Brüdern Max und Reinhard Mannesmann war es gelungen, ein Verfahren zur Herstellung nahtloser Stahlrohre durch Walzen zu entwickeln. Bisher kam es häufig zu Unfällen, weil die Nähte geschweißter Stahlrohre den hohen Drücken der Dampfmaschinen nicht standhielten.[116] Max Mannesmann hatte bei Reuleaux an der Technischen Hochschule Charlottenburg studiert. Nun war dieser als Berater und Vermittler für die Mannesmann-Brüder tätig. Er begeisterte Werner und auch den Kölner Industriellen Eugen Langen für das neue Schrägwalzverfahren.[117]

Anfang Juni 1887 fuhr Werner zusammen mit seinem Bruder Friedrich und Reuleaux nach Remscheid, um sich in der dortigen Werkstatt der Familie Mannesmann einen Eindruck von dem neuen Verfahren zu verschaffen. Er war von der Erfindung sehr angetan. Fast noch mehr beeindruckten ihn aber diese jungen Unternehmer, die exakt seinem Idealbild entsprachen. Reinhard Mannesmann und sein Bruder Max – der bei Werners Besuch nicht in Remscheid sein konnte – waren keine «Börsen-

Berlin versus London

schwindler», sondern fähige Techniker, die aus einem Familienunternehmen stammten und eine eigene Erfindung verwerteten. Emotional berührt haben dürfte Werner, dass hier zwei Brüder sehr eng zusammenarbeiteten und dass sie noch vier weitere Brüder hatten. Es lag nahe, dass der 70-jährige Patriarch eine Art Wesensverwandtschaft zu den dynamischen, 29 und 31 Jahre alten Jungunternehmern aus Remscheid empfand. Nach Werners Abreise schrieb eine Schwester der beiden an Max Mannesmann: «Geheimrat Siemens fuhr heute erst, gestern wollte er eigentlich schon. Er hat dem Reinhard die schmeichelhaftesten Lobsprüche gesagt.»[118] Werner wiederum ließ nach diesem Besuch den Vater von Max und Reinhard Mannesmann wissen, dass die Erfindung seiner Söhne «dem Namen Mannesmann für alle Zeit einen ehrenvollen Platz in der Geschichte der industriellen Entwicklung sichert […]».[119]

Unmittelbar nach Werners Rückkehr aus Remscheid wurde ein Vorvertrag über die Errichtung eines Röhrenwalzwerks in Landore unterzeichnet, das Carl Mannesmann, ein jüngerer Bruder der beiden Erfinder, gemeinsam mit Joseph G. Gordon leiten sollte. Werners Bruder Friedrich beteiligte sich gemeinsam mit Eugen Langen an einem zweiten Röhrenwerk der Mannesmann-Brüder, das im Februar 1889 in der nordböhmischen Stadt Komotau gegründet wurde. Weitere Mannesmann-Werke entstanden in Remscheid und in Bous im Saarrevier. Bei Finanzierungslücken sprangen Werner, Friedrich und Eugen Langen ein.[120]

Bald stellte sich jedoch heraus, dass das Schrägwalzverfahren für die fabrikmäßige Fertigung von Stahlröhren ungeeignet war. Den Brüdern Mannesmann gelang es zwar, ein weiteres Verfahren zu entwickeln, das dies ermöglichte, doch war das sogenannte Pilgerschritt-Verfahren noch lange nicht fertigungsreif.[121] Im Frühjahr 1890 lehnte es Werner trotz aller Sympathien für die Mannesmann-Brüder ab, weiteres Geld nachzuschießen, da die Röhrenwerke bisher nur Verluste erwirtschaftet hatten.[122] Werner und sein Bruder Friedrich hatten inzwischen die Pläne zur Rettung des Stahlwerks in Landore aufgegeben. Da es dort nicht gelang, den für die Röhrenfertigung erforderlichen Qualitätsstahl herzustellen, wurde das Stahlwerk im Herbst 1889 geschlossen.[123] Auf einem Teil des Geländes nahm die Mannesmann Tube Company die Fertigung von Stahlröhren auf. Für Werner und Friedrich blieb Landore gleichwohl auch weiterhin ein familiäres Anliegen.

Nachdem Werner erkannt hatte, dass der Aufbau von Röhrenwerken seine Möglichkeiten und die der übrigen Geldgeber der Brüder Mannesmann sprengte, gelang es ihm, Georg, seinen Neffen zweiten Grades, als

Finanzier zu gewinnen. Zunächst ging es nur um eine Teilhaberschaft bei der Mannesmann Tube Company.[124] Doch dann drängte Werner Georg, auch eine Lösung für die Röhrenwerke in Komotau, Bous und Remscheid zu finden. Georg stellte ein Konsortium unter Führung der Deutschen Bank auf, das im Juli 1890 eine Aktiengesellschaft gründete, die Deutsch-Österreichische Mannesmannröhren-Werke AG. In ihr gingen die deutschen Werke und das Werk in Komotau auf, die britische Mannesmann Tube Company blieb auf Werners Wunsch selbstständig. Mit einem Aktienkapital von 35 Millionen Mark war das neue Unternehmen eine der zehn größten deutschen Kapitalgesellschaften.[125] Nun war es Georg, der Werner bedrängte und darauf bestand, dass er den Vorsitz des Aufsichtsrats übernahm. Werner sperrte sich zunächst dagegen, erklärte sich dann aber doch bereit.[126] Offenbar sollten skeptische Anleger mit einem prominenten Namen von der Seriosität des neuen Unternehmens überzeugt werden. Dass für Erfindungen zweier junger Ingenieure ein derart hohes Aktienkapital festgelegt worden war, dürfte zu einigen Irritationen geführt haben.

Werner konnte die Geschäfte der Mannesmann-Gesellschaft praktisch nicht kontrollieren, wegen seines Alters und weil er sich weder mit Stahlrohrkonstruktionen noch mit dem Stahlrohrmarkt auskannte. Eine strenge Aufsicht wäre aber notwendig gewesen, da das Unternehmen hohe Verluste verzeichnete und fast in jeder Hinsicht Mängel aufwies. Die einzelnen Werke konnten sich der Zentrale in Berlin weitgehend entziehen. Auch kam es zu langwierigen Prozessen wegen der Bewertung der Patente. Werner hielt ebenso wie Georg ein größeres Aktienpaket der Deutsch-Österreichischen Mannesmannröhren-Werke AG, das völlig wertlos zu werden drohte. Im Sommer 1891 wollte er aus dem Aufsichtsrat ausscheiden und die Aktien mit hohem Verlust abstoßen. Georg, der ebenfalls viel Geld verloren hatte, konnte ihn nur unter größten Mühen davon abbringen. Der Aufsichtsrat einigte sich schließlich mit den Brüder Mannesmann darauf, dass ihnen ein erfahrener Kaufmann im Vorstand zur Seite gestellt wurde.[127]

Übergang zum Großunternehmen

Die Firma Siemens & Halske wuchs durch die rasche Zunahme des Starkstromgeschäfts während der zweiten Hälfte der 1880er Jahre in eine neue Dimension. Der Umsatz stieg zwischen 1887 und 1890 um 150 Prozent, er lag 1888 erstmals bei mehr als zehn Millionen Mark und 1890 schon bei deutlich über 20 Millionen Mark. Die Beschäftigtenzahl der Werke in Berlin und Charlottenburg verdoppelte sich zwischen 1887 und 1890 von 2078 auf 3950, im Jahr 1892 lag sie bei 4775.[128] Getragen wurde dieses starke Wachstum von der Nachfrage nach Dynamomaschinen und Kabeln, wobei es sich bei den Letzteren vor allem um Bleikabel für die Starkstromtechnik handelte. 1883 entfielen bereits 46 Prozent des Umsatzes auf diese beiden Fertigungsbereiche, 1890 dann 49 Prozent, während der Anteil des Telegrafenbaus im gleichen Zeitraum von 13 auf fünf Prozent zurückging und auch der Umsatz mit Telefonapparaten 1890 lediglich bei fünf Prozent lag.[129] Das Kabelgeschäft profitierte auch von den großen Aufträgen der Reichspost, das Geschäft mit Dynamomaschinen von der allgemeinen Elektrifizierung sowie vom Wachstum der Industrie. Im gesamten Zeitraum der Jahre 1872 bis 1896 entfielen 41 Prozent des Umsatzes der Berliner und Charlottenburger Werke auf Dynamomaschinen, 28 Prozent auf Kabel, neun Prozent auf Telegrafenapparate, fünf Prozent auf Telefonapparate und jeweils vier Prozent auf Glühlampen und Wassermesser.[130] Aus der Telegraphen-Bauanstalt war ein elektrotechnischer Universalhersteller mit dem Schwerpunkt auf der Starkstromtechnik geworden.

Das Werksgelände in der Markgrafenstraße bot schon Anfang der 1880er Jahre nicht mehr genügend Raum für einen weiteren Ausbau der Fertigung. Werner griff daher zu, als sich ihm 1883 die Chance bot, ein rund 13 500 Quadratmeter großes Grundstück der Berliner AG für Eisengießerei und Ma-

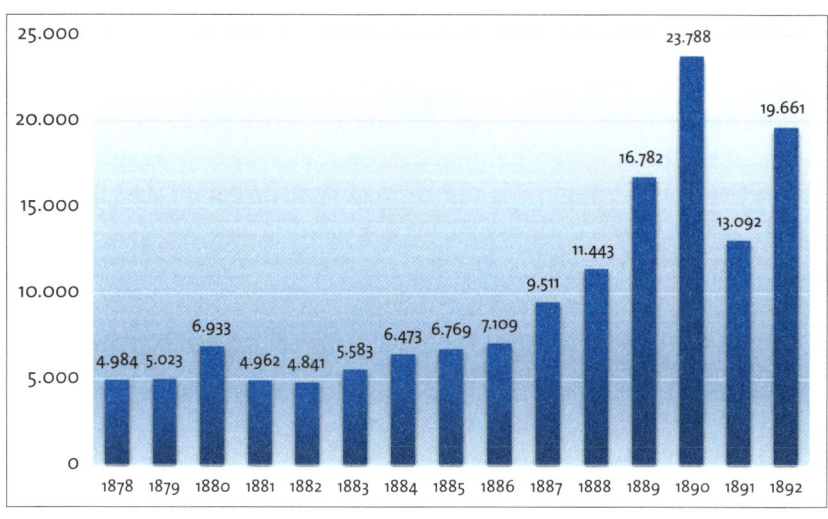

Umsatz des Berliner Geschäfts von Siemens & Halske 1878–1892 in 1000 Mark[131]

Elektrotechnische Werkstätten von Siemens & Halske, Berlin, 1886

schinenfabrikation vormals J. C. Freund & Co. in Charlottenburg günstig zu kaufen. Da wieder eine Wirtschaftskrise herrschte, konnte er den Kaufpreis für das Grundstück am Salzufer 11, das viermal so groß war wie das Werksgelände in der Markgrafenstraße, einschließlich der dort vorhandenen Maschinen auf 650 000 Mark herunterhandeln.[132] Dass dieser Standort in der Nähe seiner Villa lag, dürfte ihn beim Kauf zusätzlich motiviert haben. Am Salzufer entstand nun das Charlottenburger Werk, in das dann die Fertigung von Dynamomaschinen und Kabeln verlegt wurde. Unter der Leitung von Friedrich von Hefner-Alteneck war schließlich die gesamte starkstromtechnische Fertigung von Siemens & Halske hier konzentriert. 1887 wurde auch der Firmensitz nach Charlottenburg verlegt, in die neu errichtete Franklinstraße.[133] Als im Herbst 1886 ein Ausbau der Glühlampenfertigung anstand, schlugen Arnold und Wilhelm vor, das Werk ins Berliner Umland zu verlegen, nach Schenkendorf bei Königs Wusterhausen. Werner war einverstanden. Er glaubte, dort könne sich «ein Siemens'scher Fabrikort entwickeln», weil die Löhne und die Kohlenpreise billiger waren als in Berlin.[134]

Charlottenburger Werk, um 1890

Motorenabteilung des Charlottenburger Werkes, 1898

Ein Glühlampenwerk entstand dann erst einige Jahre später, aber nicht in Schenkendorf, sondern in Charlottenburg.

Mit dem Technologiesprung der 1880er Jahre verschoben sich die Gewichte zwischen dem Berliner und dem Londoner Geschäft der Siemens-Unternehmen. Bei Siemens Brothers existierten keine Fertigungen, die mit dem neuen Charlottenburger Werk vergleichbar gewesen wären. Der Schwerpunkt lag hier nach wie vor auf der Seekabelherstellung in der Fabrik in Woolwich. Siemens & Halske hatte seit der Rückkehr Carls nach St. Petersburg auch wieder ein wachsendes Geschäft in Russland. Dieser Neubeginn war mit der Errichtung einer Kabelfabrik für das Telegrafen- und Beleuchtungsgeschäft verbunden. 1886 gründete Carl in St. Petersburg eine eigene Gesellschaft für elektrische Beleuchtung, was Werner in Berlin verpasst und Wilhelm in London nie geplant hatte.[135]

Das Umsatzwachstum der Werke in Berlin und Charlottenburg wurde nun vorwiegend von der Inlandsnachfrage getragen. Zu dieser Entwicklung trug der Ausbau der Infrastruktur durch die großen Projekte des Reichspostamts ebenso bei wie der beginnende Bau von Kraftwerken, vor allem aber das Wachstum der deutschen Industrie und deren Bedarf an Generatoren. Vorbei waren die Zeiten, in denen mehr als die Hälfte der Berliner Fertigung von Siemens & Halske in andere Länder ging. Zwischen 1872 und 1896 lag der Anteil des Auslands am Umsatz der Berliner und Charlottenburger Werke im Durchschnitt noch bei 31 Prozent.[136]

Dementsprechend hatte sich bei den Siemens-Firmen auch die Verteilung der Beschäftigten verändert. Schon sechs Jahre nach der Gründung von Siemens & Halske war eine Mehrheit der Mitarbeiter im Ausland tätig gewesen, bedingt durch den damaligen Boom des Russlandgeschäfts. Nach der Gründung von Siemens Brothers hatte das Londoner Geschäft der Siemens-Firmen deutlich mehr Mitarbeiter als das Berliner. Bis Mitte der 1870er Jahre holte Berlin auf, Siemens & Halske und Siemens Brothers befanden sich nun auf einem ähnlichen Niveau. Seitdem wuchs die Zahl der Arbeiter und Angestellten in Berlin stärker als in London und St. Petersburg. Trotz der Wiederbegründung des St. Petersburger Geschäfts erhöhte sich der Anteil Berlins einschließlich des Charlottenburger Werks an der Gesamtbeschäftigtenzahl kontinuierlich: von 59 Prozent im Jahr 1880 auf 71 Prozent im Jahr 1890.[137]

Gleichzeitig nahm das Gewicht von Siemens & Halske innerhalb der deutschen Elektroindustrie deutlich ab, da diese Branche nun auf einer breiteren Basis wuchs. Bis weit in die 1870er Jahre hinein hatte Siemens & Halske eine dominante und im Telegrafenbau fast monopolartige Stellung auf dem Heimatmarkt. Die Firma war das einzige elektrotechnische Unternehmen

Beschäftigte der Siemens-Firmen in Deutschland (Raum Berlin) und in anderen Ländern 1855–1890[138]

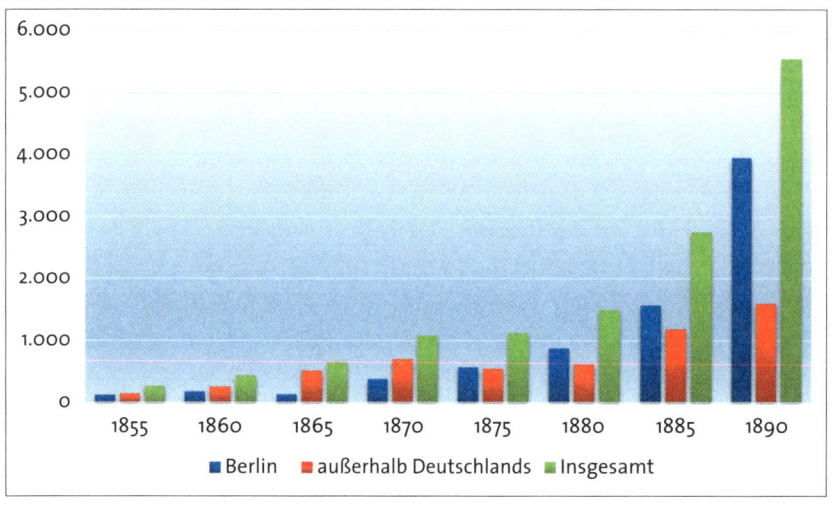

Preußens von Rang. 1875 entfiel noch rund die Hälfte der insgesamt rund 1000 Beschäftigten der deutschen Elektroindustrie auf Siemens & Halske.[139] Doch nun entstanden starke Wettbewerber wie Felten & Guilleaume, die Helios AG, Schuckert & Co. und schließlich die rasch expandierende AEG.

Mit dem Umsatz nahmen bei Siemens & Halske am Ende der 1880er Jahre auch die Gewinne deutlich zu. Zwischen 1885 und 1891/92 lag der Reingewinn in jedem Geschäftsjahr über einer Million Mark, dies war bis da- hin nur in den Jahren 1878 bis 1880 der Fall gewesen. 1890 wurde ein Höchststand von 2,7 Millionen Mark erreicht.[140] Dementsprechend wuchsen die Einkünfte Werners, dem nach dem Gesellschaftsvertrag vom Dezember 1880 50 Prozent des Reingewinns aus dem Berliner Geschäft zustanden. Ab 1886 lagen Werners Einkünfte aus dem Berliner Geschäft durchgehend über 500 000 Mark jährlich. Und dies, obwohl sich sein Anteil reduzierte, weil Arnold und Wilhelm ab 1883 am Gewinn beteiligt waren. Der gemeinsame Anteil der Söhne lag von Anfang an höher als der des verstorbenen Wilhelm und nahm in den folgenden Jahren noch zu. Am Ende des Jahrzehnts näherte sich Werners jährlicher Gewinn aus dem Berliner Geschäft der Millionengrenze. Zählt man noch die nicht überlieferten Gewinne aus London und St. Petersburg hinzu, dürften seine jährlichen Einkünfte insgesamt nun deutlich über einer Million Mark gelegen haben. Werner gehörte mit diesen Einkünften zur Spitzengruppe der Berliner Unternehmer.[141] Umgerechnet ent-

Auf Werner von Siemens entfallender Reingewinn des Berliner Geschäfts von Siemens & Halske 1877–1890 in 1000 Mark[142]

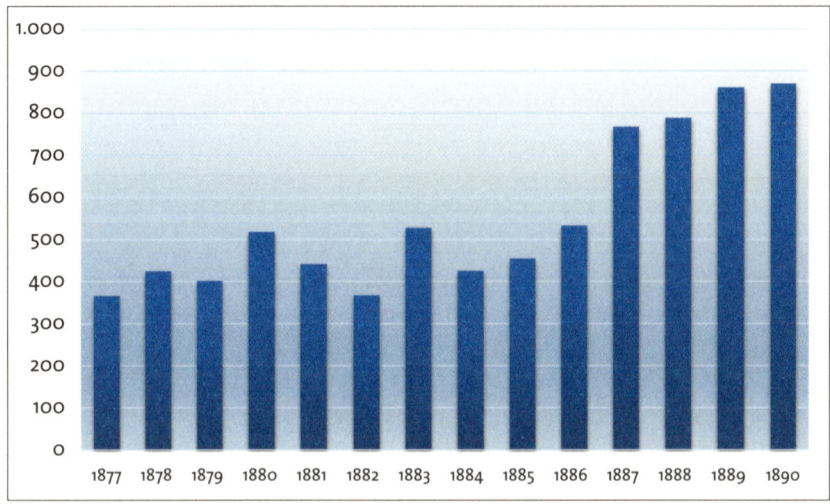

spricht allein sein Gewinn aus dem Berliner Geschäft im Jahr 1890 in Höhe von rund 870 000 Mark heute einem Betrag von rund 5,5 Millionen Euro.[143]

Übergang zum Großunternehmen

Kapitel 12
Das Vermächtnis

Die neue Generation

Nach seinem 65. Geburtstag am 13. Dezember 1881 konnte Werner nicht länger umhin, seine Nachfolge im Unternehmen zu regeln. Carl hatte ihn schon länger gedrängt, sich «allmählich auf das Ausspannen» zu konzentrieren und die Leitung von Siemens & Halske an seine Söhne Arnold und Wilhelm zu übergeben.[1] Nun entschloss sich Werner zu handeln. Arnold wurde zum 1. April 1882 Mitinhaber von Siemens & Halske, der zwei Jahre jüngere Wilhelm zum 1. Januar 1884.[2] Beide waren zum jeweiligen Zeitpunkt noch nicht dreißig Jahre alt. Für Werner hatte immer festgestanden, dass er die Leitung des Unternehmens später einmal beiden älteren Söhnen übergeben würde. Einen von ihnen davon auszuschließen, wäre mit seinem Verständnis von einem Familienunternehmen nicht vereinbar gewesen. Nun bekundete Werner zwar immer wieder seine Entschlossenheit, Verantwortung an die Söhne zu delegieren, doch tatsächlich hielt er weiterhin alle Fäden in der Hand. Die wichtigsten Geschäfte des Unternehmens regelte er durchweg selbst. Für die Bahnprojekte und die Verträge mit den Mannesmann-Brüdern galt dies ebenso wie für die Verhandlungen mit den Edison-Gesellschaften und der Deutschen Bank um das Beleuchtungsgeschäft.

Anders als beim Einstieg seiner Brüder Wilhelm und Carl in das Unternehmen bestand nun keine Arbeitsteilung in der Leitung. Arnold und Wilhelm mussten noch nicht in eigener Verantwortung große Entscheidungen treffen. Beide hatten sich in fast allem nach Vorgaben Werners zu richten und akzeptierten dies mit bemerkenswerter Gefügigkeit; es war ja auch die Rollenverteilung, die sie von früh auf kannten und gegen die sie sich nie aufgelehnt hatten. Aus Werners intensiver Korrespondenz mit Carl lässt sich

Linke Seite: Werner Siemens, um 1880

schließen, dass er die wichtigen Fragen eher mit dem Bruder erörterte als mit den Söhnen und dass Carl nach wie vor stärkeren Einfluss auf ihn hatte. Werners Wunsch war es auch, dass Carl nach seinem Tod nach Berlin ziehen und die beiden Söhne in der Geschäftsleitung unterstützen sollte.[3]

Werner war schlichtweg noch nicht in der Lage, sich aus der Führungsrolle, die er im Unternehmen und in der Familie stets ausgeübt hatte, zurückzuziehen. Dieses Verhalten ist bei Eigentümerunternehmern seines Ranges fast die Regel, der Generationenwechsel nimmt hier häufig Formen eines Dramas an, unter dem auch das Unternehmen leidet. In diesem Fall gab es zumindest keine Konflikte, das Verhältnis zwischen Werner und seinen Söhnen war recht einvernehmlich, sie folgten seinen Vorgaben, wollten es ihm recht machen und waren dafür dankbar, angeleitet zu werden. Diese Konstellation hatte freilich auch einen Grund, der Werner und die beiden Söhne über alle Nachfolgeerwartungen hinweg zusammenschmiedete: Arnold und Wilhelm hatten mehrfach Lungenerkrankungen. Die Angst, dass es sich um ein Erbe ihrer Mutter handeln könnte, schien nicht unbegründet. Selbst wenn Werner gewollt hätte, wäre es ihm unmöglich gewesen, sich aus dem Unternehmen zurückzuziehen, solange derartige Erkrankungen bei den Söhnen auftraten. Bei Wilhelm, der häufig unter Husten und Nasenbluten litt, wurden wiederholt kleine Herde in der Lunge festgestellt. Von Februar bis Mai 1881 war er in Falkenstein im Taunus in der renommierten Lungenheilanstalt Dr. Dettweiler in Behandlung und dann wieder vom August 1886 bis zum Frühjahr 1887.[4] Arnold musste ebenfalls in Falkenstein behandelt werden. Er bekam nach Weihnachten 1883 «böses Lungenbluten».[5] In Falkenstein war er gleichzeitig mit seinem späteren Schwager Robert von Helmholtz in Behandlung und hat, wie Anna von Helmholtz ihrem Mann von dort schrieb, «eine ganz unerwartete Genesung mit seiner Energie errungen».[6] Da es sich um Tuberkulose im ersten Stadium handelte, konnte die Krankheit ausgeheilt werden. Am 13. Dezember 1884 schrieb Werner an Carl:

> «Heute ist Arnold wieder da (seit gestern mittag). Er sieht recht wohl aus. Hoffentlich bleibt er es und macht sich im Geschäft ebenso tüchtig wie Willy. Dann kann ich ruhig in 2 Jahren das Geschäft den Jungens überlassen und otium cum dignitate treiben, – wenn ich das fertig bringe!»[7]

Bei einem fast 70-jährigen Unternehmer mit zwei derart kranken Söhnen hätte es nahegelegen, einen Manager in die Geschäftsleitung zu berufen. Doch dies wurde zu keinem Zeitpunkt erwogen. Aufgrund der Erfahrungen bei Siemens Brothers befürchtete Werner wohl, dass dann der Charakter als Familienunternehmen in Gefahr geraten könnte. An diesem wollte er

Arnold Siemens, 1884

Ellen von Helmholtz, 1884

unbedingt festhalten, obwohl inzwischen nicht mehr zu übersehen war, dass sich Arnold nicht für die Geschäftsleitung eignete. Nach Werners Eindruck war Arnold «zu bescheiden und gutmütig».[8] Als zukünftigen Leiter des Geschäfts von Siemens & Halske sah er ihn nicht, er hielt ihn aber für repräsentative Aufgaben geeignet. In wohlwollendem, aber deutlichem Ton beschrieb er diese Zuordnung in einem Brief an Arnold und Wilhelm vom 7. April 1887: «Mit nicht direkten geschäftlichen Angelegenheiten nimmst Du, lieber Arnold, Dich wohl spezieller an.»[9] Arnold widersprach nicht. Wilhelm hatte sich hingegen zum Techniker entwickelt. Dem Prinzip seines Vaters entsprechend bemühte er sich, als solcher wissenschaftlich vorzugehen. Nach seinem Eintritt in das Unternehmen hatte er zunächst im Forschungslaboratorium gearbeitet, im Februar 1883 hielt er zu Werners Freude im Elektrotechnischen Verein einen Vortrag «Über die Beleuchtung durch Glühlicht», wenig später meldete er sein erstes Patent an. Wilhelms Spezialgebiet wurde das neue Feld der elektrischen Bahnen.[10]

Am 10. November 1884 heiratete Arnold die 20-jährige Ellen von Helmholtz, eine Tochter des renommiertesten deutschen Physikers. Die beiden Väter des Paares betrieben damals gerade gemeinsam die Gründung der Physikalisch-Technischen Reichsanstalt. Wie sich Werners Tochter Käthe später erinnerte, war schon die Verlobung von Arnold und Ellen «keine Überraschung für die Familie».[11] Im Mai 1884 hatte Ellen dann auf einem Gartenfest in der Siemens-Villa Arnolds Heiratsantrag angenommen.[12] Es gibt keinen Hinweis darauf, dass die Väter diese Verbindung eingefädelt haben, doch die Familien waren befreundet und haben sich häufiger getroffen. Aus Werners Sicht war es eine perfekte Partnerwahl, eine Verbindung unter Kindern befreundeter Akademiemitglieder. Dass Ellen sich für Arnold entschied und recht jung heiratete, ist bemerkenswert, da ihre Mutter eine der großen Berliner Salonnièren war. In dem von Anna von Helmholtz geführten Salon verkehrten Wissenschaftler, Künstler und Hofbeamte.[13]

Wilhelm hatte sich bereits im Sommer 1880 mit seiner Kusine Eleonore (Elly) verlobt, einer Tochter von Werners Bruder Ferdinand, dem Besitzer des Guts Piontken in Ostpreußen. Am 21. Juni 1882 heiratete das Paar. Damit setzte sich die Tradition der Kusinen-Ehen in der Familie Siemens fort. Mehr als Werners Ehen war die zwischen Wilhelm und Elly eine «klassische» Kusinen-Ehe, da es sich um Verwandte zweiten Grades handelte, die sich seit ihrer Kindheit kannten. Elly war häufig in Charlottenburg zu Besuch gewesen.[14] Auch diese Verbindung war nicht von den Vätern eingefädelt worden, aber sie dürfte Werner und Ferdinand gut gefallen haben. Ferdinand hatte sich schon beim Kauf des Gutes Piontken im Jahr 1850 bei Werner verschuldet. Seither waren seine Schulden bei dem älteren Bruder auf ein Mehrfaches angestiegen.[15] Aus diesem Grund musste er seine Tochter Elly jedoch nicht mit Wilhelm verheiraten, Werner war ihm gegenüber auch vorher schon großzügig und nachsichtig gewesen. Nach der Hochzeit des jungen Paares zahlte Werner weiterhin «jährliche Zuschüsse» an Ferdinand. Ärgerlich wurde er nur, wenn Ferdinand die Schuldzinsen nicht zahlte oder wenn er auch noch für Bürgschaftsschulden des Bruders aufkommen musste.[16]

Arnold und Wilhelm waren die einzigen Kinder Werners, die Ehen innerhalb der Verwandtschaft bzw. innerhalb des Freundeskreises der Familie eingingen. Da es sich mit Werner in seiner Generation ähnlich verhalten hatte, liegt die Vermutung nahe, dass die Siemens-Unternehmer eine stärkere Affinität zu solchen Verbindungen hatten als andere Familienmitglieder der jeweiligen Generation. Bewusst oder unbewusst mag auch bei Arnold und Wilhelm ein gewisses Sicherheitsdenken mitgespielt haben, aus dem heraus sie sich für Ehefrauen entschieden, von denen höchstwahrscheinlich kein Risiko für das Familienunternehmen und das Vermögen ausgehen

Wilhelm und Elly Siemens, 1882

würde. Von Arnolds Ehe mit Ellen ist wenig bekannt, größere Probleme scheint es nicht gegeben zu haben. Die Hochzeit von Wilhelm und Elly war eindeutig eine Liebesheirat, beide führten eine glückliche Ehe.

Werners Töchter Anna und Käthe entschieden sich für sehr unterschiedliche Partner. Anna heiratete am 23. Mai 1887 Richard Zanders, einen Fabrikbesitzer aus Bergisch Gladbach. Ihre jüngere Schwester Käthe war schon einige Jahre zuvor, am 27. Oktober 1884, mit dem Theologen Karl August Pietschker vor den Traualtar getreten. Die beiden hatten sich im Urlaub auf Sylt kennengelernt. Die Verlobung einer Siemens-Tochter mit einem einfachen Dorfpfarrer sorgte für einiges «Gemunkel», wie Käthe später schrieb.[17] Dass Pietschker als Felddiakon in der Armee des Kronprinzen und als Marinepfarrer an der Seite eines Prinzen gedient hatte, wertete seinen gesellschaftlichen Status in Käthes Charlottenburger Umfeld nicht auf. Auch Werner war nicht gerade begeistert, als Pietschker bei ihm um Käthe anhielt. Er führte ein ernstes Gespräch mit seiner Tochter, wies auf den Altersunterschied hin – Pietschker war 15 Jahre älter als seine Braut – und die «ganz anderen Verhältnisse». Nach der Hochzeit lebte das Ehepaar im kleinen Pfarrhaus von Bornstedt bei Potsdam. Käthe hat es nie bereut, sich über den Rat

Die neue Generation

Werner und Antonie Siemens auf der Terrasse der Villa in Charlottenburg mit (von links) einer Unbekannten, Anna Siemens, Mimi Eisenlohr, Hertha Siemens, Karl Pietschker, Käthe und Carl Friedrich Siemens, Trude March, undatiert

ihres Vaters hinweggesetzt zu haben.[18] Nachdem drei seiner Kinder geheiratet hatten, dauerte es nicht lange, bis Werner Großvater wurde. Im Laufe des Jahres 1885 kamen gleich drei Enkel auf die Welt: Wilhelms und Ellys Sohn Werner Ferdinand, Arnold und Ellens Sohn Hermann Werner und Käthes und Karl Augusts Tochter Charlotte.[19] Die beiden Enkelsöhne wurden jeweils nach ihren beiden Großvätern benannt.

Werners jüngste Kinder Hertha und Carl Friedrich gingen damals noch zur Schule. Carl Friedrich, der zu Lebzeiten seines Vaters nur «Carl» hieß und in der Familie «Carly» genannt wurde, war ein schlechter Schüler. Werner machte sich ernste Sorgen, als die Zeugnisse seines jüngsten Sohnes auch nach dem Wechsel vom Joachimsthalschen Gymnasium auf die Realschule nicht besser wurden.[20] Er bestand nicht auf schulischen Höchstleistungen, aber seine Vorstellung von einem eigentümergeführten Familienunternehmen ließen sich eben nur mit gut ausgebildeten Söhnen umsetzen. Im Juli 1887 schrieb er an seinen Bruder Carl: «England, Rußland und Wien bilden doch dumme Zukunftsfragezeichen wegen nicht ausreichenden Nachwuchses! Ob mein Carly einschlagen wird, ist noch sehr fraglich.»[21] Auch mit Unterstützung durch Haus- und Nachhilfelehrer gelang es Carl Friedrich nicht, das Abitur zu bestehen. In wohlüberlegten Worten teilte er die schlechte Nachricht seinem Vater mit: «Lieber Papa! Du sagtest gestern Abend, man müßte stets den Mißerfolg in Betracht ziehen, wenn man eine Sache erreichen will. Dieser Mißerfolg ist leider eingetreten.»[22] Gleichwohl konnte Carl Friedrich später studieren, wie zuvor schon seine Brüder Arnold und Wilhelm, die ebenfalls kein Abitur hatten. Auf welche Weise dies bewerkstelligt wurde, ist den Quellen nicht zu entnehmen.

Werner hatte sich schon Anfang der 1880er Jahre nach einem Landhaus umgesehen, das er als Sommerresidenz nutzen konnte. Das Haus in Degerloch kam dafür nicht in Betracht, dies hätte Antonie wahrscheinlich als Einschränkung empfunden. Wie viele Mitglieder seiner Familie zog es auch Werner im Alter verstärkt in den Harz, die «Wiege» der Familie Siemens.[23] Im Dezember 1881 erwarb er die Villa des Magdeburger Bankiers Gustav Bennewitz in Bad Harzburg zum Preis von 75 000 Mark.[24] Offenbar sollte das Landhaus zunächst auch als Alterssitz für Antonies Eltern dienen. Am 24. Mai 1882 schrieb Werner an seinen Bruder Friedrich: «Toni ist in Hohenheim um einzupacken und wird am Freitag mit dem Papa nach Harzburg fahren. Die Kinder werden mit der Grossmama am Freitag auch hinreisen.»[25] Fünf Monate später starb Antonies Mutter. Ob ihr Vater fortan in Bad Harzburg lebte oder in Charlottenburg, lässt sich nicht eindeutig feststellen. In biografischen Angaben zu seiner Person werden beide Städte als Alterssitz genannt. Möglicherweise wohnte er auch abwechselnd bei der Familie in Charlottenburg und in dem Haus in Bad Harzburg. Am 28. September 1885 starb er in Bad Harzburg, wo an diesem Tag die vierte Versammlung der Familie Siemens stattfand. Werner und Antonie nahmen an dem Treffen nicht teil, sie erfuhren in Charlottenburg von dem tragischen Ereignis. Antonies Vater hatte am Vorabend noch mit den zahlreich angereisten Verwandten gefeiert und war am Tag der Versammlung dann an einem Herzschlag gestorben.[26]

Nach dem Tod ihrer Eltern hatte für Antonie die Verbindung zu den Verwandten ihrer Mutter eine noch größere Bedeutung. Werner ließ nun das Landhaus in der Degerlocher Bahnhofstraße (heute Jahnstraße) zu einer zweistöckigen Villa ausbauen, die in der Familie «das Schlössle» genannt wurde. Sicher wollte er seine Frau auch für die spätere Zeit, wenn er nicht mehr lebte, mit einer ansehnlichen Immobilie in ihrer Heimat versorgen. Ausgeführt wurde der Bau vom Architekturbüro Eisenlohr & Weigle, das Ludwig Eisenlohr gegründet hatte.[27] Antonies Stiefcousin wurde später einer der bedeutendsten Stuttgarter Architekten.

Villa von Werner von Siemens in Bad Harzburg, 1884

Seinem 70. Geburtstag am 13. Dezember 1886 sah Werner mit wachsendem Unbehagen entgegen. Er wollte allen Feiern ausweichen und diesen Tag am liebsten mit Carl im Kaukasus verbringen, wo er vor Gratulanten sicher war. Schon ein halbes Jahr vor dem Geburtstag schlug er dem Bruder eine gemeinsame Reise nach Kedabeg vor.[28] Das Vorhaben kam nicht zustande, weil Werner sich auch mit fast 70 Jahren nicht von Terminen freimachen konnte. Die Verhandlungen mit der Edison-Gesellschaft und der Deutschen Bank um die Gründung einer neuen Beleuchtungsgesellschaft erforderten seine Anwesenheit in Berlin, hinzu kamen noch Beratungen einer neuen Enquêtekommission zur Reform des Patentrechts.[29] Mitte November wusste Werner noch nicht, wo er seinen 70. Geburtstag verbringen wollte, es sollte nur fern von Berlin sein.[30] Eine Einladung seines Neffen Karl Bonaventura Crome – eines Sohns von Sophie – und dessen Frau Margarethe löste schließlich das Problem. Auf dem Gut der Cromes in der Oberlausitz wurde an Werners Geburtstag das erste Kind des Ehepaars getauft. So konnte er den Tag im Kreis der Familie begehen.[31]

Vor dem 70. Geburtstag war Werner zwei Tage in München, um dem

Siemens-Villa in Degerloch, Neubau durch Eisenlohr & Weigle 1889

Maler Franz von Lenbach für ein Porträt Modell zu sitzen. Lenbach war der Prominentenmaler dieser Zeit. Er hatte schon den deutschen und den österreichischen Kaiser, den Papst, Bismarck und Richard Wagner porträtiert. Wer etwas auf sich hielt, ließ sich von Lenbach malen, so auch Werners Nachbar Theodor Mommsen. Dass der Malerfürst nun Werner porträtierte, hatte Anna von Helmholtz eingefädelt, die Lenbach seit Langem kannte und auch ihren Mann von ihm malen ließ.[32] Es war bei Lenbach nicht ungewöhnlich, dass sich die Arbeiten an einem Auftrag über mehrere Jahre hinzogen. In der Regel malte er mehrere Varianten, mit Ölfarben und in Pastell. Werner porträtierte er zweimal, im Herbst 1884 und dann wieder in den Jahren 1886/87.[33] Dieser wurde darüber keineswegs ungeduldig, er fuhr gerne zu Lenbach und überlegte zwischenzeitlich sogar, seinen 70. Geburtstag in dessen Atelier in Rom zu verbringen.[34] Die beiden Männer sollen anregende Gespräche miteinander geführt haben. Werner interessierte sich zwar nicht für Kunst, Lenbach aber für Technik, vor allem für Beleuchtungstechnik. Bald verfügte Lenbachs Atelier über Bogenlampen und eine eigene Stromerzeugungsanlage.[35]

Schloss Biesdorf, um 1905

Wenige Monate nach dem 70. Geburtstag wurde Werner Schlossbesitzer. Diese Tatsache hätte gut zu einem Mann gepasst, der sich von Lenbach malen ließ, geschah aber nicht aus freien Stücken. Das Schloss Biesdorf im Osten Berlins (heute Bezirk Marzahn-Hellersdorf) war 1884 an den Freiherrn Günther von Bültzingslöwen übergegangen, der es als Kaffee- und Zuckerrohrplantagenbesitzer in Niederländisch-Ostindien, dem heutigen Indonesien, zu einem Vermögen gebracht hatte.[36] Als er nach Deutschland zurückkehrte und das Rittergut Biesdorf kaufte, war sein Vermögen schon nicht mehr so groß. Die Zuckerpreise brachen damals aufgrund eines Überangebots weltweit ein. Um den Kaufpreis in Höhe von rund 1,3 Millionen Mark finanzieren zu können, bat von Bültzingslöwen Werner, mit einer Hypothek einzuspringen. Er wusste, dass dieser seinem Vater viel verdankte. Ferdinand von Bültzingslöwen, der Vater des Schlosskäufers, hatte Werner in dessen Lübecker Gymnasialzeit privaten Zeichenunterricht erteilt. Er hatte dem jungen Mann damals geraten, sich beim preußischen Ingenieurskorps zu bewerben, um auf der Artillerie- und Ingenieurschule eine technisch-naturwissenschaftliche Ausbildung zu erhalten.[37] Für diesen Rat war Werner dem früheren Zeichenlehrer stets dankbar. Gerne griff er dessen Sohn nun mit einer Hypothek in Höhe von 200 000 Mark unter die Arme.[38]

Werner Siemens, Gemälde von Franz von Lenbach, 1886

Nach dem Schlosskauf verschlechterte sich Bültzingslöwens finanzielle Situation weiter. Zur Zuckerkrise kamen Verluste aus Spekulationsgeschäften mit Kaffee seiner Plantagen auf der Insel Java. Anfang 1887 stand der Freiherr vor dem Bankrott und bot Werner das Schloss Biesdorf zum Kauf an. Um seine Hypothek zu retten, ging Werner auf das Angebot ein. Er erwarb das Rittergut im Februar 1887 und war nun Schlossbesitzer.[39] Wenige Tage später schrieb er an Annette, die Witwe seines Bruders Otto:

> «Hinzufügen will ich noch, daß ich genötigt war, ein großes Landgut vor den Toren Berlins zu kaufen, da ich sonst ein ansehnliches Kapital in letzter Hypothek durch Subhastation verloren hätte. Es scheint sich also bewahrheiten zu wollen, dass der welcher auf dem Mist geboren ist, auch auf ihm sterben soll! Ich werde nun wohl à la Faust meine alten Tage mit landwirtschaftlichen Allotries zu Ende führen!»[40]

Doch es kam anders. Schon zwei Monate später hatte Werner vor, das Rittergut samt Schloss an eine Berliner Baugesellschaft zu verkaufen.[41] Die Gründe hierfür sind seinen Briefen nicht zu entnehmen, sie lassen sich nur erahnen. Ein Umzug nach Biesdorf wäre nicht sinnvoll gewesen, solange die jüngsten Kinder noch auf die Schule gingen. Carl Friedrich war damals erst 15 Jahre alt. Auch als Altersruhesitz kam das Rittergut kaum in Betracht. Antonie wird nicht bereit gewesen sein, später einmal mit einem alten Ehemann oder gar als Witwe auf dem Land zu leben.[42] Werner wiederum könnte befürchtet haben, den anregenden Freundeskreis zu verlieren, für den die Siemens-Villa in Charlottenburg ein Mittelpunkt war.

Das Rittergut Biesdorf wurde dann nicht an eine Baugesellschaft verkauft, es blieb in der Familie. Nachdem das heruntergewirtschaftete Anwesen grundlegend renoviert worden war, zogen im Frühjahr 1888 Wilhelm und Elly mit ihrem dreijährigen Sohn Werner Ferdinand in das Schloss ein. Nach einem weiteren Jahr ließ Werner das Rittergut auf Wilhelm überschreiben.[43] Wilhelm und seine Frau Elly, die auf einem Gut aufgewachsen war, lebten gerne in Biesdorf, behielten aber die Stadtwohnung in der vornehmen Tiergartenstraße bei, wo Arnold mit seiner Familie nur wenige Hausnummern entfernt wohnte.[44] Dieser besaß zwar kein Schloss wie Wilhelm, ließ sich aber eine repräsentative Villa am Kleinen Wannsee bauen, in die er 1889 mit seiner Familie einzog.[45] Die beiden älteren Söhne pflegten nun mehr als ihr Vater den Lebensstil von Großindustriellen.

Förderer der Forschung

Ein klassischer Mäzen war Werner nicht, er stiftete nicht gezielt für karitative, künstlerische oder pädagogische Projekte. Seine Spenden verteilte er gerne nach dem Gießkannenprinzip. Für die Jahre 1867 bis 1881 sind rund 40 Spenden von ihm belegt, von denen nur vier bei 1000 Mark und mehr lagen. Später spendete er auch höhere Beträge, die Gesamtsumme der von ihm zwischen 1865 und 1892 gezahlten Unterstützungen und Geschenke belief sich auf rund 250 000 Mark.[46] Zu den Empfängern gehörten zum Beispiel ein Hilfsfonds für Familien gefallener Soldaten, die Afrika-Gesellschaft, der Mommsen-Fonds, eine Nordpolexpedition, die Berliner «Gesellschaft Urania» mit ihrer Volkssternwarte und Stiftungen für verschiedene Denkmäler. Auch dem Kaiserhaus zeigte er sich erkenntlich, mit einer Spende für den Bau der Kaiser-Wilhelm-Gedächtniskirche.

Ein zentrales Anliegen war Werner die Förderung der naturwissenschaftlichen Forschung und der Naturkunde. Gemeinsam mit Hermann von Helm-

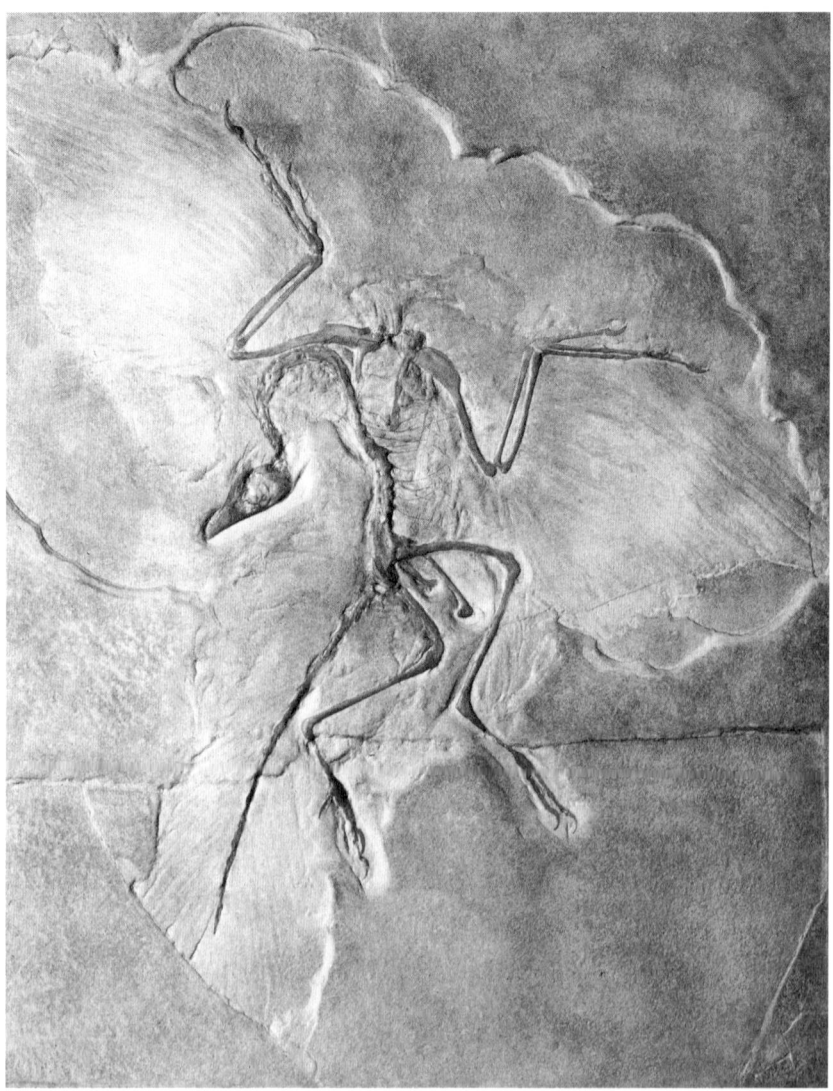

Archaeopteryx Siemensii, 1877

holtz, Emil du Bois-Reymond, Charles Darwin und anderen unterstützte er die von Anton Dohrn gegründete und geleitete Zoologische Station Neapel, ein privates Institut zur Erforschung der Meeresfauna, das als erstes modernes Forschungsinstitut gilt. Auf Anregung Werners verfasste Rudolf Virchow 1878 eine Petition, die der Zoologischen Station eine jährliche Subvention aus dem Etat des Auswärtigen Amts sicherte.[47] Um Naturkunde ging es auch, als Werner 1881 ein besonders gut erhaltenes Exemplar des Urvogels Archaeopteryx, das in den Steinbrüchen der fränkischen Gemeinde Solnhofen gefunden worden war, für das Berliner Museum für Naturkunde erwarb. Der preußische Kultusminister von Puttkamer sah sich außerstande, den stattlichen Kaufpreis von 20 000 Mark zu zahlen. Werner wollte verhindern, dass dieses zweite Exemplar eines Archaeopteryx wie das erste nach England verkauft wurde. Er bot an, in Vorleistung zu gehen und sich den Kaufpreis mit Rücksicht auf die Staatskasse in zwei Raten zurückerstatten zu lassen. Nun konnte von Puttkamer nicht mehr ablehnen. Auch wenn es keine Stiftung Werners war, er hat den Kaufpreis ja nur vorgeschossen, handelte es sich um eine respektable Tat für die deutsche Naturforschung und das Berliner Naturkundemuseum.[48]

Bezeichnenderweise diente Werners einzige große Stiftung, die Spende für die Errichtung der Physikalisch-Technischen Reichsanstalt (heute Physikalisch-Technische Bundesanstalt), der Gründung eines naturwissenschaftlichen Forschungsinstituts. Da er überzeugt war, seinen unternehmerischen Erfolg der Wissenschaft zu verdanken, wollte er etwas zurückgeben und zugleich einen Beitrag zur Zukunft des Landes leisten. Dieses Projekt hatte einen Vorlauf, der unter ganz anderen Vorzeichen begann und bis in die Zeit des Deutsch-Französischen Krieges von 1870/71 zurückreicht. Trotz der militärischen Erfolge der preußischen Armeen hatte sich damals herausgestellt, dass deren Ausrüstung nicht mehr dem Stand der Technik entsprach. Dem Heer fehlten besonders Präzisionswaffen. Nach dem Krieg traf sich eine Gruppe von Experten, zu denen du Bois-Reymond, Helmholtz, der Astronom Wilhelm Foerster und auch Werner gehörten, um Vorschläge zur Verbesserung der Präzisionsmesstechnik in Deutschland auszuarbeiten. Das Ergebnis der Beratungen wurde im Juli 1872 in einem Memorandum («Schellbach-Memorandum») an das preußische Kultusministerium zusammengefasst. Die Expertengruppe schlug darin die Errichtung eines Instituts zur Förderung der Naturwissenschaften und der Präzisionsmechanik durch den preußischen Staat vor. Der Generalstab konnte sich eine derartige Einrichtung gut vorstellen, doch das Kultusministerium verließ sich auf die Akademie der Wissenschaften und beauftragte diese, das Memorandum zu begutachten. Obwohl zwei ihrer ausgewiesensten Mitglieder an der Denkschrift mitgewirkt hatten, empfahl die Akademie dem Ministerium, das Projekt abzulehnen.[49]

Ein weiterer Anlauf wurde im Dezember 1873 mit Unterstützung der Vermessungstechniker in der Landestriangalation unternommen. Werner gehörte dieser Kommission als frisch gewähltes Mitglied der Akademie der Wissenschaften an. Er trat dafür ein, das geplante Institut für Präzisionsmechanik wissenschaftlich und nicht gewerblich auszurichten. Das Institut sollte der Gewerbeakademie angegliedert werden und Mechaniker für die preußischen Behörden ausbilden. Das Kultusministerium befürwortete dieses Projekt im Juli 1875, doch nun lehnte es der Landtag ab, die beantragten Mittel zu bewilligen. Alle Planungen bezüglich der Gewerbeakademie waren hinfällig, weil dieses Institut nun mit der Bauakademie zu einer Technischen Hochschule zusammengelegt werden sollte. Die Abgeordneten waren auch der Meinung, dass der preußische Staat mit der Errichtung des kostspieligen Neubaus für die Technische Hochschule bereits genug Geld für die Förderung der naturwissenschaftlichen Forschung ausgab.[50]

Wiederum sechs Jahre später beriefen der preußische Kultusminister Gustav von Goßler und Generalstabschef Helmuth von Moltke erneut eine Kommission ein, die Vorschläge zur Errichtung eines Instituts für wissenschaftliche Mechanik ausarbeiten sollte. Werner wurde hier rasch zum Wortführer. Anders als bei den früheren Beratungen machte er es nun zu einem persönlichen Projekt, die Gründung eines derartigen Instituts nach seinen Vorstellungen durchzusetzen. Er hatte in den vorangegangenen Jahren Überlegungen zur Förderung der naturwissenschaftlichen Forschung angestellt und der Akademie der Wissenschaften bereits einen größeren Betrag zur Errichtung eines «Laboratoriums» für naturwissenschaftliche Grundlagenforschung als testamentarisches Legat vermacht.[51] Nun sah er die Chance, die Errichtung eines derartigen Instituts noch zu Lebzeiten bewirken zu können. Seine Überlegungen basierten inzwischen auch auf einem neuen Konzept, das viele Berührungspunkte mit seiner Position bei der Reform des Patentrechts erkennen lässt. Auch jetzt argumentierte Werner mit Erfordernissen der deutschen Industrie, deren technischer Stand vom Fortschritt der naturwissenschaftlichen Forschung in Deutschland abhängen würde. Werner konnte nun auch auf die Erfahrungen in der Lobbyarbeit zurückgreifen, die er als Vorsitzender des Deutschen Patentschutz-Vereins gesammelt hatte. Er bearbeitete Kommissionen, Minister und Abgeordnete mit prägnant formulierten Denkschriften und über persönliche Kontakte. In einem im April 1883 verfassten, dem Abschlussbericht der Kommission beigefügten Votum legte er den Grundgedanken seines Konzepts dar:

> «Die Industrie eines Landes wird niemals eine international leitende Stellung erwerben und sich erhalten können, wenn dasselbe nicht gleichzeitig an der Spitze des naturwissenschaftlichen Fortschritts steht! Dieses herbeizuführen, ist das wirksamste Mittel zur Hebung der Industrie.»[52]

Die Kommission schloss sich Werners Vorstellungen an und schlug in ihrem Abschlussbericht die Errichtung eines Instituts für die experimentelle För-

Hermann von Helmholtz, 1880

derung der exakten Naturforschung und der Präzisionstechnik vor. Dieser Vorschlag unterschied sich grundlegend von dem zuvor geplanten Institut an der Gewerbeakademie zur Ausbildung von Mechanikern. Werner drängte auch darauf, das Institut für die Naturforschung unabhängig von der Technischen Hochschule zu errichten. Ihn trieb die Sorge, dass es in diese Hochschule eingegliedert werden könnte, deren pompöses Hauptgebäude am Charlottenburger Knie, ganz in der Nähe seiner Villa, entstand. Er wollte ein Refugium schaffen, in dem sich Naturwissenschaftler ohne akademische Verpflichtungen auf die Forschung konzentrieren konnten, wie Anton Dohrn in Neapel. Ein derartiges außeruniversitäres Forschungsinstitut gab es in Deutschland bisher nicht. Forschung fand ausschließlich in den Universitäten statt. Die naturwissenschaftliche Forschung hatte inzwischen aber eine solche Dimension angenommen, dass sie nach Werners Überzeugung nicht länger nur in Universitätslabors durchgeführt werden konnte. Er hielt es auch für eine Verschwendung von Ressourcen, wenn ein herausragender Naturwissenschaftler wie sein Freund Hermann von Helmholtz einen großen Teil seiner Zeit mit Lehrveranstaltungen und Gremiensitzungen verbrachte.[53]

Nachdem die Kommission ihre Beratungen mit einem befürwortenden Votum beendet hatte, entschloss sich Werner, das Projekt einer Institutsgründung persönlich in die Hand zu nehmen. Helmholtz konnte er als Mitstreiter gewinnen; die beiden Freunde und zukünftigen Gegenschwiegerväter bildeten ein schlagkräftiges Gespann. Helmholtz lieferte die wissenschaftlichen Argumente, sicherte dem Institutsprojekt eine erstklassige wissenschaftliche Reputation und war bereit, Gründungsdirektor zu werden. Werner verstand es, Minister und Abgeordnete für das Vorhaben einzuspannen. Vor allem aber war er entschlossen, die Entscheidungsträger mit einem großzügigen finanziellen Angebot zum Handeln zu bewegen. In einem Schreiben an den preußischen Kultusminister von Goßler vom 7. Juli 1883 bot er an, dem preußischen Staat ein 12 000 Quadratmeter großes Grundstück an der Marchstraße in Charlottenburg für die Gründung eines «Staats-Instituts für Experimentalphysik» zu schenken.[54] Werner hatte dieses Grundstück, das praktisch unmittelbar an seine Villa grenzte, drei Jahre zuvor erworben. Vergeblich hatte er seinem Sohn Wilhelm angeboten, ihm dort «ein Haus mit hübschem Laboratorium» zu bauen.[55]

Goßler war von dem großzügigen Angebot beeindruckt und auch von Werners Konzept für das geplante Institut überzeugt. Er dankte ihm in warmen Worten, ließ aber auch durchblicken, dass der Finanzminister und der Landtag das Projekt ablehnen könnten.[56] Werner ließ sich dadurch nicht abschrecken, im Gegenteil, er erhöhte wenige Monate später den Einsatz. Im Januar 1884 bot er dem preußischen Staat an, zusätzlich noch 300 000 Mark für die Errichtung des Institutsgebäudes zu stiften. Bei diesem Betrag handelte es sich um ein Erbe seines zwei Monate zuvor verstorbenen Bruders Wilhelm. Insgesamt belief sich die angebotene Schenkung nun auf rund eine halbe Million Mark.[57] Als Werner den Eindruck gewann, dass Goßler das Projekt dennoch nicht durchsetzen konnte, beschloss er, sein Angebot zu ändern und an die Reichsregierung zu richten. In einem Memorandum für den Staatssekretär im Reichsamt des Innern Karl Heinrich von Boetticher vom 20. März 1884 gab er dazu eine ausführliche Begründung und ging auch auf die geplante Ausstattung des Instituts ein. Helmholtz sollte als der bedeutendste deutsche Naturwissenschaftler die Leitung übernehmen, unterstützt von ein bis zwei angestellten Assistenten. Wissenschaftler könnten ein bis zwei Jahre an dem Institut forschen, das fünf bis zehn Arbeitsräume erhalten sollte. Die Denkschrift schloss mit einer persönlichen Erklärung:

> «Ich bemerke schließlich, dass ich mit dem Angebote von ½ Million Mark in Grundwert oder Kapital zur Begründung des geplanten Institutes nur den Zweck im Auge habe, meinem Vaterlande einen Dienst zu leisten und meine Liebe zur Wissenschaft, der ich mein Emporkommen im Leben ausschließlich verdanke, zu betätigen.»[58]

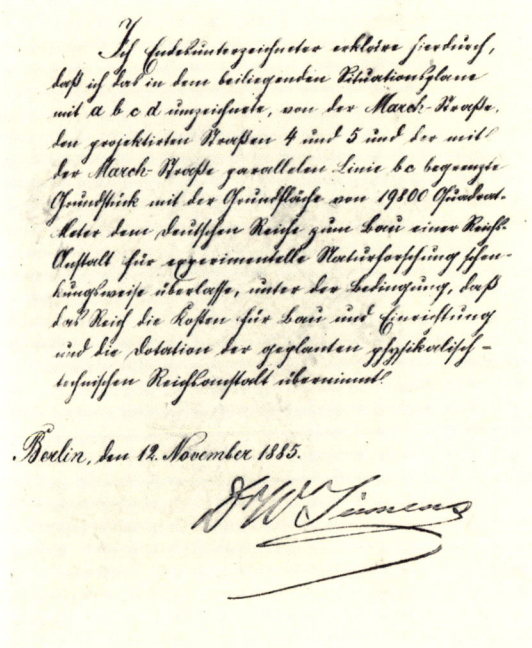

Schenkungsurkunde von Werner Siemens über das Grundstück für die Physikalisch-Technische Reichsanstalt, 12. November 1885

Auch auf der Reichsebene mussten noch Hindernisse überwunden werden. Da Wissenschaft und Forschung nicht in die Zuständigkeit des Reiches fielen, war im Bundesrat mit starkem Widerstand zu rechnen. Der VDI mobilisierte wiederum seine Lobby im Reichstag, um eine breitere Ausrichtung des Instituts zu erreichen.[59] Werner verfasste eine Denkschrift für den Reichstag, die sich nicht wesentlich von dem Memorandum an den Innenminister unterschied.[60] Über den Elektrotechnischen Verein und den Vorsitzenden der nationalliberalen Fraktion im Reichstag, Friedrich Hammacher, den er aus dem Patentschutzverein kannte, versuchte er, auf die Abgeordneten einzuwirken. Doch in der Budgetkommission des Reichstags stieß die Vorlage gleich von mehreren Seiten auf Ablehnung. Die Liberalen sahen in der Gründung eines Reichsinstituts für naturwissenschaftliche Forschung einen unzulässigen Eingriff des Staates in die Wirtschaft, die Konservativen hielten das Vorhaben für ein Spielzeug der Großindustrie, die katholische Zentrumspartei wollte Wissenschaft ausschließlich in der Zuständigkeit der Einzelstaaten (Länder) belassen, nur die Sozialdemokraten waren dem Angebot gewogen.[61] Werner erläuterte den geplanten Aufbau des Instituts nun näher, es sollte außer der Wissenschaftlichen Abteilung für Grundlagenforschung

Gebäude der Physikalisch-Technischen Reichsanstalt, um 1894

auch eine Technische Abteilung erhalten, die Messungen und Prüfungen durchführte. Mit Vorträgen in der Öffentlichkeit und Kampagnen in der Fachpresse plante er, die Abgeordneten zur Einsicht zu bringen.

Alle Bemühungen schienen vergeblich zu sein, als sich Bismarck plötzlich weigerte, der Vorlage zuzustimmen. Der Kanzler befürchtete, die geplante Erhöhung der Branntweinsteuer im Reichstag nicht durchsetzen zu können, wenn Ausgaben für ein Forschungsinstitut beantragt würden.[62] An diesem Steuergesetz war Bismarck sehr gelegen, weil es die Einführung eines Branntweinmonopols vorsah, das die unkontrollierte Herstellung eindämmte. Eine derartige Regelung kam auch der Branntweinbrennerei der Familie von Bismarck zugute. Für Naturwissenschaft interessierte sich Bismarck hingegen nicht. Werner beklagte sich in einem Brief an seinen späteren Syndikus Joseph Rosenthal über den Kanzler, den er sonst sehr schätzte: «Bismarck hält aber vorläufig Wissenschaft noch für eine Art Sport ohne praktische Bedeutung, und diese Ansicht ist noch ziemlich verbreitet.»[63] Dass das Projekt Physikalisch-Technische Reichsanstalt nicht scheiterte, war vor allem einem einflussreichen Befürworter zu verdanken, den Helmholtz mobilisierte. Helmholtz war mit dem Kronprinzen Friedrich Wilhelm gut bekannt.[64] Dieser hatte schon Anfang der 1870er Jahre die Pläne zur Errichtung eines Instituts für Mechanik unterstützt und wollte jetzt verhindern, dass die Vorlage im Reichstag abgelehnt wurde. Der Kronprinz nahm sich die opponierenden

Mitglieder der Budgetkommission vor und führte mit ihnen so lange ausführliche Gespräche, bis eine Mehrheit für die Annahme gesichert war.[65]

Die Budgetkommission gab zunächst nur die Mittel für die Technische Abteilung frei. Nach Bismarcks letztem Wahlsieg im Februar 1887 beschloss der Reichstag am 28. März 1887 den ersten Etat der Reichsanstalt.[66] Werner und Helmholtz hatten sich durchgesetzt und damit auch ein Modell für spätere außeruniversitäre Forschungseinrichtungen, besonders die 1911 entstandene Kaiser-Wilhelm-Gesellschaft, geschaffen. Hermann von Helmholtz wurde erster Präsident der Reichsanstalt. Nicht nur in der Fachwelt nannte man ihn nun den «Reichskanzler der Physik».

Geadelt wider Willen

Werners Verdienste um die Gründung der Physikalisch-Technischen Reichsanstalt dürften entscheidend dazu beigetragen haben, dass er 1886 zum Ritter des Ordens Pour le Mérite für Kunst und Wissenschaft ernannt wurde. Es sollte nicht die letzte Ehrung bleiben. Am 8. Mai 1888 las Werner in der Zeitung unter der Rubrik Gnadenbeweise des Kaisers: «Erhebung Werner von Siemens in den Adelsstand».[67] Die Meldung löste bei ihm keinen Jubel aus. Er hatte die Verleihung des Adelstitels nicht beantragt, der Hof hatte bei ihm auch nicht angefragt. Werner fühlte sich überrollt, ja düpiert. Noch am selben Tag klagte er in einem Brief an Carl sein Leid:

> «Wenn es regnet wird man ohne Regenschirm nass! So ist es mir mit dem Gnadenerlass des Kaisers (resp. Der Kaiserin) ergangen. Ohne jede Anfrage bei mir bin ich in der Liste der nobilisirten aufgeführt! […] Eine Ablehnung müsste in einem Immediatgesuche mit der Bitte um Zurückversetzung in den Bürgerstand geschehen – was den armen kranken Kaiser ärgern und einen unangenehmen éclat herbeiführen würde. So kann man hereinfallen.»[68]

Es gibt aus der Zeit des Kaiserreichs bekannte Beispiele von Unternehmern, die sich aus Bürgerstolz einer Erhebung in den Adelsstand verweigerten. Friedrich Alfred Krupp hatte nur zwei Wochen vor Werner die Nobilitierung abgelehnt. Bei ihm hatte der Hof angefragt, möglicherweise weil man hier wusste, dass schon sein Vater strikt gegen einen Adelstitel gewesen war. Die Ernennung zum «Kommerzienrat» hat Friedrich Alfred Krupp hingegen angenommen.[69] Auch August Thyssen lehnte die Nobilitierung ab. Er hielt sie sogar für «verhängnisvoll», weil sie von den eigentlichen Aufgaben des Unternehmers ablenken würde.[70] Vor diesem Hintergrund ist Werners Nobilitierung mitunter als Indiz für eine «Feudalisierung» des Bürgertums im Kaiserreich gedeutet worden.[71] Tatsächlich waren die Zusammenhänge anders. Werner konnte nicht ablehnen, weil er nicht gefragt worden war und eine nachträgliche Ablehnung einen Affront gegenüber dem Kaiser bedeutet hätte. In einem Interview mit dem *Berliner Tageblatt* ließ er offen, wie er eine vorherige Anfrage beantwortet hätte.[72] Dagegen äußerte er sich in einem Brief an seine Schwägerin Anne vom 11. Mai 1888 recht eindeutig: «Es war keine Anfrage vorher an mich gelangt. Wäre dies geschehen so würde ich abgelehnt haben [...].»[73]

Wie Werners Briefe belegen, resultierte sein Unbehagen über die «leidige Nobilitierungsfrage» nicht unmittelbar aus Standesdenken.[74] Verletzter Bürgerstolz klingt hier nicht durch, ihn trieben ganz private Gefühle um. Mit seinem Namen hatte er sich stets identifiziert, dieser Name wurde überall mit seinen Leistungen verbunden und mit Respekt vor seinem Lebenswerk genannt. Warum sollte es nun eine Ehre sein, ihn zu verändern? Ein weiterer Grund seines Unbehagens war, dass er nicht anders heißen wollte wie seine Brüder. Da ihm der erbliche Adelstitel verliehen worden war, würden nun auch seine Kinder und Enkelkinder anders heißen als die seiner Brüder. In dem bereits erwähnten Brief an Anne beteuerte er, dass «ich mit meinem Namen zufrieden bin und mich nicht gern in irgend etwas von meinen Brüdern trenne. Wie die Sache liegt muss ich schon die Sache über mich und meine Söhne ergehen lassen!»[75]

Sein Bruder Carl, der sieben Jahre später von Zar Nikolaus II. in den Adelsstand erhoben wurde, hatte auch in dieser Hinsicht eine pragmatischere Einstellung. Das Familienprinzip war für ihn keine so absolute Bindung wie für Werner. Er riet dem Bruder, in der Nobilitierung schlicht eine Anerkennung für seine Leistungen zu sehen, und wies ihn auf die praktischen Vorteile hin:

> «Der Adel geniesst nun mal gewisse Vorrechte und wenn Du selbst solche auch nicht nötig hast, so kommen sie vielleicht mal diesem oder jenem Deiner Nachkommen zu Gute. Halte also mal lieber ganz ruhig stille, wie viele andere es vor Dir gethan haben.»[76]

Doch ruhig zu halten, fiel Werner schwer. Er wurde mit Glückwünschen überschüttet, von Verwandten, Freunden, Mitarbeitern und Geschäftspartnern. Die Aussicht, diese «Gratulationsflut» beantworten zu müssen, ohne seine wahren Gefühle zeigen zu können, fand er höchst ärgerlich.[77] Es war nur gut, dass er für den Rest des Monats schon seit Längerem eine Geschäfts-

Adelsbrief für Werner von Siemens, 5. Mai 1888

reise nach England geplant hatte.[78] Dort konnte er wieder «Nützliches» tun, bei Siemens Brothers, der Landore Siemens Steel Company und der Mannesmann Tube Company.

Wie war es zu der Nobilitierung gekommen? In Berlin hatte im März 1888 ein Thronwechsel stattgefunden. Kaiser Wilhelm I. war im Alter von fast 91 Jahren gestorben, der Kronprinz Friedrich Wilhelm hatte als Kaiser Friedrich III. den Thron bestiegen. Auf ihn und seine aus England stammende Gattin Victoria, die älteste Tochter Queen Victorias, hatten die Liberalen seit Langem große Hoffnungen gesetzt. Friedrich III. war zwar keineswegs ein Liberaler und auch kein Anhänger des Parlamentarismus, aber viele wollten in ihm eine Alternative zu seinem konservativ-reaktionären Vater sehen, und Bismarck hatte schon lange gezielt Gerüchte über eine angebliche Konspiration des damaligen Kronprinzen mit Linksliberalen wie Virchow und Forckenbeck verbreitet.[79] Friedrich kannte Werner schon sehr lange. Seine Mutter, Kaiserin Augusta, hatte sich frühzeitig für elektrische Telegrafie interessiert und Werner bereits Anfang 1848 eingeladen, ihrem Sohn hierüber einen Vortrag zu halten.[80] Die Kaiserin blieb Werner stets gewogen, während ihr Mann, Kaiser Wilhelm I., ihm seine Mitgliedschaft in der Fortschrittspartei nicht verzieh. Werner war mehrfach ins Schloss zu Vorträgen vor der kaiserlichen Familie eingeladen.[81] Der Kronprinz Friedrich Wilhelm und seine Frau Victoria kamen auch häufiger zu Siemens & Halske in die Markgrafenstraße, um die Fabrik zu besichtigen und sich neue Apparate vorführen zu lassen.[82]

Als Friedrich im Alter von 56 Jahren Kaiser wurde, war er sterbenskrank. Dass er an Kehlkopfkrebs litt, hatten einige der behandelnden Ärzte – auch Virchow – lange Zeit nicht erkannt. Durch die Folgen einer dilettantisch ausgeführten Operation konnte Friedrich bei seiner Thronbesteigung schon nicht mehr sprechen. Er wusste, dass er nicht mehr lange leben würde, und wollte wenigstens noch ein Zeichen setzen, indem er von ihm geschätzte Bürger ehrte. Innerhalb weniger Wochen erfolgten 60 Nobilitierungen, darunter 42 Erhebungen in den einfachen und 18 Erhebungen in den höheren Adel.[83] Da es eilte, verzichtete das Protokoll vermutlich in vielen Fällen wie bei Werner auf eine vorherige Anfrage. Werner wusste, wie krank der Kaiser war. Er schätzte ihn und dürfte ihm für die tatkräftige Unterstützung bei der Gründung der Physikalisch-Technischen Reichsanstalt dankbar gewesen sein. Vor diesem Hintergrund konnte er sich der Nobilitierung nicht nachträglich widersetzen.

Friedrich III. herrschte nur 99 Tage, er starb am 15. Juni 1888. Hätte er länger regiert, wäre er für Werner wie für viele dieser Generation die Idealbesetzung auf dem Kaiserthron gewesen. Unter den im Frühjahr 1888 Nobilitierten befanden sich nicht wenige, die als Liberale galten, wie der Bankier Franz von Mendelssohn, der Jurist Hermann von Schulze-Gävernitz und der Präsident des Reichsgerichts Eduard von Simson. Mitunter wurde hieraus geschlossen, dass Friedrich III. mit den Liberalen statt mit Bismarck regiert hätte, wenn er handlungsfähig gewesen wäre.[84] Tatsächlich teilte Friedrich die politischen Ziele der Liberalen nicht, und mancher der als liberal geltenden Nobilitierten vom Frühjahr 1888 war inzwischen ähnlich Bismarck-treu wie Werner. Franz von Mendelssohn holte sogar erst Bismarcks Zustimmung ein, bevor er die Nobilitierung annahm; anders als Werner ist er demnach zuvor gefragt worden.[85] Friedrich III. hat diese Männer nicht wegen ihrer politischen Einstellung in den Adelsstand erhoben. Vielmehr ehrte er bevorzugt verdiente Bürger, die von seinem Vater wegen einer früheren politischen Betätigung nicht mit derartigen Auszeichnungen bedacht worden waren. Ausschlaggebend dürften Werners Verdienste um die Gründung der Physikalisch-Technischen Reichsanstalt gewesen sein. Wie oben erwähnt, hatte Friedrich dieses Projekt früh unterstützt und sich zuletzt auch persönlich dafür eingesetzt. Da Hermann von Helmholtz schon 1883 in den Adelsstand erhoben worden war, lag es nahe, nun auch Werner diese Ehrung zuteilwerden zu lassen.

Werner verstand sich weiterhin als liberal, doch deckten sich seine Vorstellungen wie die der meisten Nationalliberalen inzwischen weitgehend mit der Politik Bismarcks. Anlässlich der Reichstagswahl von 1878, bei der es um das von Bismarck geforderte Sozialistengesetz ging, wählte er zwar die Fortschrittspartei, doch wie einem Brief vom 22. Juli 1878 zu entnehmen ist, ging es ihm dabei um eine Sammlungsbewegung der nationalen Kräfte. Er sah den Liberalismus nun «im Kampfe gegen die Sozialdemokratie, die nur mit Unrecht eine politische Partei genannt werden kann», und folgerte daraus:

> «Es wäre eine Torheit in einer solchen Lage, nicht alle nicht sozialdemokratischen und nicht reaktionären Kräfte zusammenzuraffen, um wenigstens seinen Besitzstand zu verteidigen! Dieser Besitzstand ist die Majorität der liberalen und reichstreuen Parteien im Parlamente.»[86]

Auch gegen den aufkommenden Antisemitismus war Werner nicht gefeit. Dies zeigte sich in dem Anfang der 1880er Jahre geführten «Berliner Antisemitismusstreit». Ausgelöst wurde er durch einige Artikel des prominenten, in Wissenschaft und Politik hoch angesehenen Historikers Heinrich von

Theodor Mommsen, 1881

Treitschke gegen die Judenemanzipation («Die Juden sind unser Unglück»).[87] In Deutschland war seit der Wirtschaftskrise von 1873 ein neuer, radikaler Antisemitismus aufgekommen, der durch einen Mann wie Treitschke im Bildungsbürgertum salonfähig wurde. Als im Oktober 1880 eine Petition mit antisemitischen Forderungen an den deutschen Universitäten verteilt wurde, wollte Werners Nachbar Theodor Mommsen nicht länger schweigen. Von ihm mit initiiert erschien am 12. November 1880 in der Presse ein «Manifest Berliner Notabeln gegen den Antisemitismus». Darin riefen mehr als 80 namhafte Bürger der Stadt dazu auf, dem Rassenhass und der «Finsternis des Mittelalters» entgegenzutreten. Mommsen hatte das Manifest am 9. November Werner gegeben, der es gleich unterschrieb, bemerkenswerterweise mit der Berufsbezeichnung «Mitglied der Akademie der Wissenschaften». Unterzeichner des Manifests waren unter anderen Georg Siemens, der Physiker Gustav Robert Kirchhoff, der Astronom Wilhelm Foerster, der Bankier Adelbert Delbrück, der Mediziner Rudolf Virchow und der Berliner Oberbürgermeister Max von Forckenbeck.[88]

Werner gereicht seine Unterschrift unter diesen Aufruf zur Ehre, als liberalem Bürger im besten Sinne. Seine Korrespondenz mit Mommsen zeigt freilich ein etwas anderes Bild. Der Nachbar hatte ihn mit diesem Aufruf überrumpelt. Werner hatte «nach flüchtiger Durchsicht» unterschrieben, weil er Mommsen sehr schätzte und wahrscheinlich in Zeitnot war. Noch am selben Tag beklagte er sich bei Mommsen über den Aufruf und ließ ihn wissen, «daß mir die etwas pastorale und weinerliche Form desselben nicht sehr zugesagt hat». Er legte dem Nachbarn seine Auffassung dar, die mit dem am Morgen unterschriebenen Manifest nicht viel gemein hatte:

> «Die Judenfurcht hat ja eine gewisse Berechtigung. Die Statistik soll lehren, daß Kapital, Bildung und Macht sich mehr und mehr im Judentum konzentrieren soll. Ersteres weil das von einem Juden erworbene Geld im jüdischen Kreise bliebe und, weil sie eine spekulativ angelegte Natur haben; [...] Kommerzielle Erschütterungen wirken viel zerstörender auf die Juden, weil sie gewagter spekulieren, es fehlt ihnen bei aller philosophischen, mathematischen Begabung der mechanisch praktische Sinn der Germanen [...].»[89]

An Carl schrieb Werner zehn Jahre später: «Im Ganzen fürchte ich die Juden wie die Schlangen.»[90] Derartige Formulierungen von ihm finden sich fast nur in Briefen an Carl. Er wusste, dass der Bruder solche Sätze gerne las. Carl war in St. Petersburg einem rassistischen Antisemitismus verfallen, während Wilhelm in London kein Verständnis für den Judenhass hatte.[91] Werner teilte Carls Antisemitismus nicht, grenzte sich aber von diesen Stereotypen auch nicht so eindeutig ab wie Wilhelm oder seine früheren liberalen Mitstreiter Mommsen und Virchow. Über die Deutsche Edison-Gesellschaft schrieb er 1883 an Carl: «Es sind natürlich Juden, die sie machen, aber ganz tüchtige.»[92] Im gleichen Jahr setzte sich Werner für den Juristen Joseph Rosenthal ein, den die Berliner Stadtverwaltung wegen seiner jüdischen Herkunft nicht einstellen wollte.[93] Er hatte Rosenthal im Deutschen Patentschutz-Verein als einen fähigen Verwaltungsbeamten kennengelernt, nur dies zählte für ihn. Einige Jahre später holte er den Juristen als Syndikus zu Siemens & Halske.[94]

In weltanschaulichen Fragen war Werner nicht so prinzipientreu wie als Unternehmer. Sein Verständnis von Liberalismus war ein sehr pragmatisches. Er sah sich stets als Liberalen, unterschied sich aber immer weniger von Bismarck-treuen Konservativen. Politik war für ihn keine Glaubensfrage, er verstand sich mit Bismarck, aber auch mit profilierten Linksliberalen wie Mommsen und Forckenbeck. In Bezug auf die Religion lag ihm eine dogmatische Haltung ebenfalls fern. Er schätzte den liberalen Pastor Hermann Scholz, zu dessen Gemeinde namhafte Professoren der Berliner Universität gehörten, hat sich aber bis zuletzt nicht mit Fragen der Transzendenz beschäftigt.[95]

Die letzten Jahre

Zu Beginn des neuen Jahrzehnts zog sich Werner aus der Geschäftsleitung von Siemens & Halske zurück, die Erkrankungen von Arnold und Wilhelm waren inzwischen ausgeheilt, beide erlitten später keine Rückfälle. In einem Gesellschaftsvertrag vom 16. Januar 1890, der rückwirkend zum 1. Januar in Kraft trat, wurde aus der Offenen Handelsgesellschaft Siemens & Halske eine Kommanditgesellschaft.[96] Die Umwandlung in eine Aktiengesellschaft lehnte Werner auch weiterhin ab.

Werner schied als persönlich haftender Gesellschafter von Siemens & Halske aus und wurde Kommanditist des Unternehmens. Persönlich haftende Gesellschafter blieben Carl, Arnold und Wilhelm. Die Geschäfte sollten nun ausschließlich Arnold und Wilhelm leiten. Werner blieb am Grundkapital mit 6,2 Millionen Mark (44,3 Prozent) beteiligt.[97] Dieser Wechsel spiegelte sich auch in Werners Briefen wider. Entscheidungen wurden nun von Arnold und Wilhelm getroffen. Natürlich nahm Werner weiterhin an den Geschäften Anteil, aber er machte keine Vorgaben mehr. Seine Briefe an Wilhelm enthielten jetzt Sätze wie: «Deine Pläne sind ja sehr kühn geworden!»[98] Werner befand sich dennoch nicht im Ruhestand. Er hatte als Aufsichtsratsvorsitzender von Siemens Brothers reichlich zu tun. Später kam mit dem Aufsichtsratsvorsitz der Deutsch-Österreichischen Mannesmannröhren-Werke noch ein weiteres aufreibendes Amt hinzu. Diese Aufgaben standen auch in seinen Briefen an Carl im Vordergrund.

Gegenüber früheren Jahren hatte Werner nun aber doch mehr Zeit für das Privatleben. Schon seit Längerem ging er häufiger mit Antonie aus, etwa zu einem Dinner in einer Kunstausstellung am Pergamonaltar mit anschließendem Besuch der Kroll-Oper.[99] Mit der wachsenden Zahl seiner Enkel war er hingegen eher selten zusammen. Von großer Bedeutung war für ihn der Freundeskreis aus Naturwissenschaftlern, besonders aber die Freundschaft mit Hermann von Helmholtz. Ihn erkannte Werner nicht nur fachlich, sondern auch persönlich als Autorität an. Hinzu kam die familiäre Verbundenheit durch Arnolds Ehe mit Helmholtz' Tochter Ellen und die gemeinsamen Enkelkinder. Helmholtz war wie Werner in zweiter Ehe verheiratet, seine erste Frau war wie Mathilde an Tuberkulose gestorben. Trotz der engen persönlichen Verbindung gingen die beiden Akademiemitglieder aus gegenseitigem Respekt erst drei Jahre nach der Hochzeit ihrer Kinder dazu über, sich zu duzen.[100]

Nach Fertigstellung des Gebäudes der Physikalisch-Technischen Reichsanstalt zog die Familie Helmholtz Anfang Juni 1889 in die Dienstwohnung des Präsidenten ein, in unmittelbarer Nachbarschaft zur Siemens-Villa. Als zwei Monate später der Sohn Robert starb, dürften Werner und Antonie für das Ehepaar Helmholtz ein Rückhalt gewesen sein.[101] Für Werner ergaben sich wiederum durch den Salon von Anna von Helmholtz und deren vielfältige gesellschaftliche Kontakte interessante Begegnungen. Bei einem Dinner, das Hermann und Anna von Helmholtz im Januar 1891 gaben, lernte er Cosima Wagner kennen. Mommsen, Virchow und der Philosoph Wilhelm Dilthey waren ebenfalls eingeladen.[102] Werners Verhältnis zu Helmholtz war allerdings nicht immer ungetrübt. Als die Physikalisch-Technische Reichsanstalt im Sommer 1892 einen «Entwurf für gesetzliche Bestimmungen über die elektrischen Maßeinheiten» vorlegte, mit dem Werner nicht einverstanden war, gab es einigen Streit.[103]

Im August 1890 erhielt Werner einen gesundheitlichen Warnschuss, eine «merkwürdige Herzaffection». Er beschloss, das Rauchen aufzugeben und keine Zigarren mehr anzurühren. In einem Brief an seinen Sohn Wilhelm beschrieb er die Rosskur, durch die er wieder gesund wurde: «Viel Spirituosen, Schütteln und wohl hauptsächlich Entsagung jeden Tabaks.»[104] Dieser gesundheitliche Einbruch hielt ihn jedoch nicht davon ab, bald darauf nach London zu fahren. Wenig später trat er die seit seinem 70. Geburtstag aufgeschobene Reise in den Kaukasus an. Zuvor reichte Werner noch beim Amtsgericht Charlottenburg ein geändertes Testament ein. Darin setzte er Antonie und seine Kinder zu gleichen Teilen als Erben ein. Arnold und Wilhelm wurden verpflichtet, ihren Bruder Carl Friedrich als Gesellschafter von Siemens & Halske aufzunehmen; aus einem «Werner Siemens-Fond» in Höhe von 300 000 Mark sollten die geleisteten Unterstützungen an Angehörige und Freunde weitergeführt werden.[105]

Am 22. September 1890 brach Werner geradezu mit einer kleinen Expedition in den Kaukasus auf. Neben Antonie, der inzwischen 20-jährigen Tochter Hertha und dem Hausdiener August Fiebig begleitete ihn auch der nationalliberale Reichstagsabgeordnete Friedrich Hammacher. Über Odessa und die Krim gelangten die Reisenden nach Tiflis; dort schloss Carl sich ihnen an, der aus St. Petersburg kam. Von Tiflis aus ging es nach einiger Zeit weiter in die Berge, zum Kupferbergwerk Kedabeg, das sich unter der Leitung von William Bolton zu einem rentablen Betrieb entwickelt hatte.[106]

Von der Hütte Kalakent bei Kedabeg aus begaben sich Carl, Werner und Hammacher Anfang November 1890 auf Bärenjagd. «Leider ohne direkten Erfolg», musste Werner anschließend seinen Söhnen in Berlin mitteilen.[107] Auch die ausführliche Schilderung dieser Jagd in den *Lebenserinnerungen*

Werner von Siemens (Mitte), Carl Siemens (rechts) und Friedrich Hammacher (links) auf Bärenjagd im Kaukasus, 1890

lässt erkennen, dass die Bären im Kaukasus von den Schüssen der drei älteren, schlecht ausgerüsteten und in der Jagd unerfahrenen Herren nicht besonders beeindruckt waren.[108] Antonie interessierte sich im Kaukasus mehr für die Dörfer schwäbischer Kolonisten, die auf der Weiterfahrt nach Baku besichtigt wurden. Anschließend begleitete man noch Carl nach St. Petersburg. Mitte Dezember 1890 waren Werner, Antonie und Hertha nach insgesamt dreimonatiger Reise wieder in Berlin.[109] Werner hatte lange bereut, das Kupferbergwerk Kedabeg erworben zu haben, und auf Tiflis lag für ihn ein Fluch, nachdem dort seine Brüder Walter und Otto jung gestorben waren. Auf dieser dritten Kaukasusreise versöhnte er sich mit der Region. Als Carl ein Jahr später das gesamte Russlandgeschäft von Siemens & Halske verkaufen wollte, lehnte Werner dies für Kedabeg ab. Man könne daraus in einigen Jahren eine Aktiengesellschaft machen, schrieb er an Arnold, «wenn man nicht vorzieht, das Bergwerk als unzerstörbares Familienbesitzobjekt dauernd zu behalten».[110] Welche Lösung Werner favorisierte, wird sein Sohn gewusst haben. So blieb Kedabeg weiterhin im Besitz der Familie Siemens.

Im Laufe des folgenden Jahres bekam Werner zu spüren, dass er immer noch zu wenig Rücksicht auf sein Alter nahm. Dennoch besuchte er im September 1891 den Internationalen Kongress der Elektrotechniker in Frankfurt am Main. Auf der gleichzeitig dort stattfindenden Ausstellung konnte er beobachten, wie populär die Elektrotechnik inzwischen geworden war. Mit der spektakulären Drehstromübertragung von Lauffen am Neckar nach Frankfurt zeichnete sich damals eine neue Ära der Stromversorgung ab. Die Befürworter des Wechselstroms (Drehstroms) setzten sich allmählich gegen die Anhänger des Gleichstroms, zu denen Werner gehörte, durch.[111] Zur Schonung verbrachte er den Winter 1891/92 im Süden. Wenige Tage nach seinem 75. Geburtstag – der ebenso wenig wie der 70. besonders gefeiert wurde – fuhr er mit Antonie, Hertha und Antonies Kusine Grete Lynker nach Korfu.[112] Dort führte er nun erstmals das Leben eines vermögenden Rentiers. Mitte Februar 1892 waren alle der Insel überdrüssig. Sie reisten nach Neapel weiter, um das Frühjahr in Amalfi und Sorrent zu verbringen, verbunden mit einem Besuch der Zoologischen Station Anton Dohrns in Neapel.[113] Auf der Rückreise nach Berlin besuchte Werner den Bildhauer Adolf Hildebrand (ab 1903: von Hildebrand) in dessen Atelier in Florenz, um für eine Büste Modell zu sitzen. Auch hierbei folgte er seinem Freund Helmholtz. Hildebrand hatte bereits Büsten von Helmholtz und dessen Sohn Robert gemeißelt.[114]

Schon einige Monate vor seinem Rückzug aus der Leitung von Siemens & Halske hatte Werner begonnen, Lebenserinnerungen zu verfassen. Den letzten Anstoß hierzu gab die 1888 in London erschienene Biografie des Schriftstellers William Pole über Werners Bruder Wilhelm.[115] Werner hatte über seine Schwägerin Anne Probedrucke von Poles Manuskript erhalten und eine Änderung durchgesetzt. Die Biografie sei «im allgemeinen ganz gut geschrieben», teilte er Anne bereits im Mai 1884 mit, aber Carl wurde ihm an einer Stelle zu wenig gewürdigt. Die entsprechende Passage würde wirken, «als wenn Herr Löffler diesen Abschnitt geschrieben hätte».[116] Im Zusammenhang mit Poles durchaus ehrerbietigen Ausführungen über Wilhelm dürfte Werner klar geworden sein, wie sehr das Bild der Nachwelt von einer Biografie beeinflusst werden kann. Er entschloss sich daraufhin, die spätere Deutung seines Lebens selbst in die Hand zu nehmen und eine Autobiografie zu verfassen. Seine Brüder Friedrich und Carl forderte er auf, ebenfalls Lebenserinnerungen zu schreiben. Friedrich kam dem mit einigen dürren Seiten nach, die Werner Carl gegenüber als «recht nette Lebensbezeichnung» lobte.[117] Carl blieb unbeeindruckt. Im Unterschied zu Werner war ihm nicht so wichtig, wie er der Nachwelt in Erinnerung bleiben würde. Seine Haltung begründete er in einem Brief an Werner damit, dass seine Leistungen sich nicht als eigenständige Darstellung von allgemeinerem Interesse beschreiben ließen, weil sie überaus eng mit denen Werners und Wilhelms verbunden seien. Anders als Friedrich habe er keine «epochenmachenden Erfindungen» aufzuweisen.[118]

Tatsächlich standen die unterschiedlichen Einstellungen der beiden Brüder in dieser Frage in einem engen Zusammenhang mit ihrem Selbstverständnis und ihren Prinzipien. Werner hatte das Bedürfnis, Bleibendes zu schaffen. Für Carl war ein Geschäft eben ein Geschäft und nicht mehr. Er hätte kein Problem gehabt, das von ihm aufgebaute Russlandgeschäft komplett zu verkaufen. Auch Siemens & Halske war für ihn in erster Linie ein Unternehmen und kein «unzerstörbares Familienbesitzobjekt», wie es für Werner selbst das Bergwerk in Kedabeg darstellte.

Die beiden so eng miteinander verbundenen Brüder Carl und Werner haben in ihren Briefen immer wieder versucht, die zwischen ihnen bestehenden Unterschiede zu deuten. Von beiden erforderte dies Selbstcharakterisierungen und biografische Konstruktionen, die als historische Quelle von unschätzbarem Wert sind. Am prägnantesten hat Werner sich selbst, seine Ziele und Maximen in einer heftigen Kontroverse mit Carl beschrieben, die an den Weihnachtstagen des Jahres 1887 kulminierte. Werners Brief an Carl vom 25. Dezember 1887 stellt gewissermaßen einen Grundakkord für seine *Lebenserinnerungen* dar, die er eineinhalb Jahre später zu schreiben begann.

> «Gewiss habe ich auch nach Gewinn und Reichthum gestrebt, doch wesentlich nicht um sie zu geniessen als um die Mittel zur Ausführung anderer Pläne und Unternehmungen zu gewinnen und um durch den Erfolg die Anerkennung für die Richtigkeit meiner Handlungen und die Nützlichkeit meiner Arbeiten zu erhalten. So habe ich für die Gründung eines Weltgeschäftes a la Fugger von Jugend an geschwärmt welches nicht nur mir sondern auch meinen Nachkommen Macht und Ansehen in der Welt gäbe und die Mittel auch meine Geschwister und nähere Angehörige in höhere Lebensregionen zu erheben. Es stammt diese Gefühlsrichtung schon aus den Erzählungen unseres Hauslehrers Sponholz […]. Ich sehe im Geschäft erst in zweiter Linie ein Geldeswerth Object, es ist für mich mehr ein Reich welches ich gegründet habe und welches ich meinen Nachkommen ungeschmälert überlassen möchte um in ihm weiter zu schaffen.»[119]

Wie in einem Brennglas bündeln sich hier gleich mehrere Prinzipien seines Handelns: das Streben nach einem höheren Ziel, der Drang, Dauerhaftes zu schaffen, und das Familienprinzip als Fundament unternehmerischen Wirkens. Ob Werner wirklich von Jugend an davon geschwärmt hat, nach dem Vorbild der Fugger ein Familienunternehmen von Weltrang aufzubauen, mag dahingestellt bleiben. Vielleicht hat es eine derartige Vorstellung tatsächlich in Form einer jugendlichen Schwärmerei gegeben. Selbst wenn dem

Werner und Antonie von Siemens auf der Terrasse des Landhauses in Bad Harzburg mit ihren Kindern Carl Friedrich und Hertha (rechts unten), um 1892

so wäre, ist Werners Leben nicht notwendig so verlaufen. Hier handelt es sich um eine biografische Konstruktion, die er in den *Lebenserinnerungen* weiter ausgebaut hat. Dass Werner sein Leben auf diese Weise deutete, sagt freilich viel über ihn aus. Die Vorstellung war für ihn sinnstiftend, er hat Entscheidungen häufig danach ausgerichtet, etwa indem er als Einziger der Brüder konsequent am Prinzip des Familienunternehmens festhielt. Dass Werner Carl in diesem Brief vorwarf, es sich «recht bequem zu machen und in Gemüthlichkeit die Lebensgüter zu geniessen», verletzte den Jüngeren und wurde ihm zweifellos nicht gerecht.[120] Man kann in diesen Worten aber eine treffende Beschreibung dessen sehen, was Werner für sich selbst ablehnte: Einkünfte zu erzielen, denen keine Leistungen und Visionen gegenüberstehen.

Ab dem Sommer 1889 zog sich Werner immer wieder für längere Zeit nach Bad Harzburg in sein Sommerhaus zurück, um an den *Lebenserinnerungen* zu arbeiten. Sein Verleger Ferdinand Springer, der Sohn des Verlagsgründers Julius Springer, hatte ihm schon neun Jahre zuvor vorgeschlagen, seine wichtigsten wissenschaftlichen und technischen Veröffentlichungen für die Nachwelt zusammenzustellen. Springer ging davon aus, dass eine kleine Auflage genügen würde; Werner verzichtete auf sein Honorar, damit das 600-Seiten-Werk nicht ganz unverkäuflich blieb. 1886 erschienen die *Wissenschaftlichen und Technischen Arbeiten* in zwei Bänden. Fünf Jahre später waren sie bereits vergriffen, Springer bereitete daraufhin eine zweite Auflage vor, nun mit mehr als 1000 Seiten. Die *Lebenserinnerungen* sollten ursprünglich als dritter Band dieser Auflage erscheinen, quasi als Anhang zu den *Wissenschaftlichen und Technischen Arbeiten*. Doch Werner folgte dann der dringenden Empfehlung des Verlegers, die Autobiografie als eigenständiges Werk zu veröffentlichen, da sie einen viel breiteren Leserkreis ansprechen würde als die fachwissenschaftlichen Bände.[121]

Werner ist es damals in Bad Harzburg gelungen, ein Buch zu verfassen, wie man es von einem technisch ausgerichteten Industriellen nicht erwarten würde. In gewandter Sprache, mit Witz und Hintersinn geschrieben, sind seine *Lebenserinnerung*en auch heute noch eine dankbare Lektüre. Ein genauer Chronist war Werner nicht, darin sah er auch nicht seine Aufgabe. Ihm kam es darauf an, Botschaften und eine Deutung des eigenen Lebens zu vermitteln. Um eine breitere Leserschaft anzusprechen, hat er den Text mit farbigen Schilderungen von Seekabelexpeditionen und Streifzügen durch den Kaukasus ausgeschmückt. Ihren Sinn hat diese Autobiografie zweifellos erfüllt, sie ist das verbreitetste Buch über das Leben des Verfassers. Anders als seine Brüder hat sich Werner auf diese Weise ein gutes Stück Deutungshoheit über seine Biografie gesichert.

Es wurde immer wieder vermutet, dass er beim Verfassen der *Lebenserinnerungen* von einem professionellen Schreiber, einem Journalisten oder Publizisten, unterstützt worden sei. Werner hatte ja keine Erfahrung mit dem Verfassen derartiger Texte und war nicht mehr der Jüngste. Tatsächlich gibt es keine Hinweise auf einen «Textcoach». Werner wurde bei dieser Arbeit nur von einem Mitarbeiter unterstützt, der für Materialbeschaffung, Niederschrift und Drucklegung zuständig war. Für diese Aufgabe hatte er im November 1888 den Lehrer Willy Howe zunächst probeweise bei Siemens & Halske eingestellt. Howe wurde zwar beauftragt, «literarische Arbeiten» durchzuführen, war jedoch kein Literat, sondern studierter Mathematiker und Physiker.[122] Zunächst hatte er sich mit der Neuauflage der *Wissenschaftlichen und Technischen Arbeiten* zu beschäftigen, dann brachte er auch Unterlagen für die *Lebenserinnerungen* nach Bad Harzburg. Werner diktierte Howe später das Manuskript.[123] Verfasst hat er es zweifellos selbst, was auch seine Klagen über die Mühen des Schreibens in einem Brief an Wilhelm vom Juli 1890 belegen: «Ich bin eifrig mit meiner Lebensbeschreibung beschäftigt. Doch die Sache geht schwieriger, je mehr man sich der Jetztzeit nähert. Ich habe erst 130 halbe Bögen fertig und es müsste doch mehr wie

Werner-von-Siemens-Büste von
Adolf Hildebrand, 1892

doppelt so viel werden!»[124] Das Problem mit der «Jetztzeit» hat Werner schließlich so gelöst, dass er die letzten zehn Jahre praktisch weggelassen hat. An den Schluss stellte er einen Spruch aus Psalm 90 des Alten Testaments: «Unser Leben währet 70 Jahre und wenn es hoch kommt, so sind es 80 Jahre, und wenn es köstlich gewesen ist, so ist es Mühe und Arbeit gewesen.» Als Botschaft an die Leser fügte er hinzu, sein Leben sei «erfolgreiche Mühe» und «nützliche Arbeit» gewesen.[125]

Am 3. Juni 1892 konnte Werner die ersten Manuskriptseiten der *Lebenserinnerungen* an den Verlag schicken.[126] Im September arbeitete Howe an der Drucklegung, während Werner nach München und an den Starnberger See fuhr, um dem Bildhauer Adolf Hildebrand noch einmal Modell zu sitzen.[127] Den Oktober verbrachte Werner mit Antonie in Degerloch, zu letzten Arbeiten an den *Lebenserinnerungen*, und in Baden-Baden, wo Carl zu einer Badekur war. Julius Springer hatte das Erscheinen der *Lebenserinnerungen* für Ende November zugesagt. Die Auslieferung sollte Mitte Dezember erfolgen, doch würde eine größere Zahl von Exemplaren vorab versendet werden. Während Werner auf das erste Exemplar wartete, kam am 9. November sein elftes Enkelkind, Arnolds und Ellens Tochter Gerda Ellen, auf die Welt. Wenige Tage später erreichten ihn neue Schreckensmeldungen von Mannesmann, er musste eine Sondersitzung des Aufsichtsrats einberufen.[128]

Am 29. November lieferte Springer die ersten Exemplare der *Lebenserinnerungen* aus. An diesem Tag war Carl zu Besuch in Charlottenburg, die beiden Brüder spielten miteinander eine Partie Billard. Am nächsten Morgen war Werner erkrankt, sein Hausdiener rief einen Arzt.[129] Rückblickend betrachtet scheint es, als hätte Werner nur noch die Veröffentlichung der *Lebenserinnerungen* erleben wollen. In den folgenden Tagen verschlechterte sich sein Gesundheitszustand, es traten Lähmungserscheinungen als Folge von Gefäßveränderungen ein, eine Lungenentzündung kam hinzu. Am späten Nachmittag des 6. Dezember 1892 starb er an einem Lungenödem in seinem Haus in Charlottenburg friedlich im Kreis der Familie.[130]

Die Beisetzung fand am 10. Dezember statt. Ein derartiges Begräbnis hatte man in Charlottenburg noch nicht gesehen. An der von Pastor Hermann Scholz abgehaltenen Trauerfeier in der Siemens-Villa nahmen ein Schwager des Kaisers, Reichskanzler Georg Leo Graf von Caprivi, mehrere Minister, die gesamte Akademie der Wissenschaften und Rudolf Virchow als Rektor der Berliner Universität teil. Aus den Werken in London, St. Petersburg und Wien waren Abordnungen von Mitarbeitern angereist. Auch Direktoren von Reichsämtern, Generale des Ingenieurkorps, Vorstände und Belegschaftsvertreter aus allen größeren Berliner Unternehmen gaben dem Verstorbenen das letzte Geleit. Thomas A. Edison hatte einen Kranz niederlegen lassen – «To my friend Dr. W. Siemens». Neben dem Sarg waren das Lenbach-Porträt und die von Hildebrand geschaffene Büste aufgestellt. Nach der Trauerfeier bildete sich ein langer Zug, der dem Leichenwagen durch ein Spalier Tausender Mitarbeiter von Siemens & Halske zum Alten Luisenfriedhof folgte.[131]

Zielstrebig in einer Zeit des Wandels – ein Fazit

Das auffälligste Merkmal von Werner von Siemens ist die Bandbreite seiner Fähigkeiten. Er war ein höchst erfolgreicher Unternehmer, ein begabter Techniker und ein Erfinder von Rang mit beachtlichen naturwissenschaftlichen Kenntnissen, aber auch ein geschickter Organisator mit kommunikativem Talent, der als Abgeordneter, Lobbyist und Verbandsgründer wirkte. Zudem verstand er es, den familiären Zusammenhalt zu wahren, der auch für die Entwicklung des Unternehmens so bedeutend war. In der Kombination dieser Fähigkeiten lag letztlich der Schlüssel zu seinen Erfolgen. Dank seiner vielseitigen Begabungen passte er ideal in eine Zeit, in der Pionierunternehmer und Einzelerfinder die industrielle Entwicklung prägten, in der neue, wissensgestützte Industriezweige aufkamen, aber noch keine arbeitsteilig organisierten Konzerne mit bürokratischen Apparaten bestanden.

Als junger Mann beabsichtigte Werner von Siemens nicht unbedingt, Unternehmer zu werden. Ihm lag vor allem daran, eine gute technische Ausbildung zu erhalten. Wegen der Vermögensverhältnisse seiner Eltern und der großen Zahl der Geschwister war dies nur durch eine langjährige Verpflichtung zum Militär möglich, als Offiziersanwärter der preußischen Artillerie. Auf der Artillerie- und Ingenieurschule begeisterte er sich für die Anwendung neuer naturwissenschaftlicher Erkenntnisse. Er wollte die Möglichkeiten wahrnehmen, die sich durch dieses Wissen eröffneten. Der Militärdienst war für ihn nur ein Mittel zum Zweck. Als Offizier konnte er aus einer gesicherten beruflichen Position heraus Experimenten nachgehen und sich eine Existenz aufbauen, die seinen Neigungen entsprach. Nach der Erteilung des ersten Patents sollte es noch sieben Jahre dauern, bis er so erfolgreich war, dass er seinen Abschied vom Militär nehmen konnte. Diese lange Durststrecke hat er mit bemerkenswerter Konsequenz durchgestanden.

Die Persönlichkeit dieses Mannes wurde in hohem Maße durch das familiäre Umfeld und die familiäre Herkunft geprägt. Schon als Jugendlicher übernahm er Verantwortung für seine zahlreichen jüngeren Geschwister. Er wuchs früh in die Rolle eines Hoffnungsträgers der kinderreichen Familie hinein, die zwar eine lange bürgerliche Tradition besaß, jedoch durch die Misserfolge des Vaters als Gutspächter von sozialem Abstieg und materieller Not bedroht war. Beim frühen Tod der Eltern war Werner als 24-jähriger Offizier das einzige von zwölf Kindern, das sich in einer abgesicherten beruflichen Position befand. Er sah es als seine Aufgabe an, den Kreis der Geschwister zusammenzuhalten, die jüngeren Brüder zu unterstützen und sie bei ihrem beruflichen Werdegang anzuleiten. Über Jahre hinweg wuchsen jüngere Brüder bei ihm auf, zunächst Wilhelm, später Carl, Friedrich und Walter.

Als Werner von Siemens das Unternehmen gründete, das zur heutigen Siemens AG wurde, war er fast 31 Jahre alt. Anlass zur Gründung war zunächst die Verwertung des von ihm erfundenen Zeigertelegrafen. Da ihm das handwerkliche Know-how für den Bau von Telegrafenapparaten fehlte, war dieses Ziel nur gemeinsam mit einem Mechaniker, seinem Mitgesellschafter Johann Georg Halske, zu erreichen. Als Offizier durfte Siemens nicht unternehmerisch in Erscheinung treten. Daher firmierte das Unternehmen in den ersten Jahren als «Werkstatt Halske». Werner von Siemens hat sich nicht aus Interesse an klassischen Unternehmeraufgaben zu dieser Gründung entschieden. Doch besaß er einige Eigenschaften, die erfolgreiche Unternehmer auszeichnen. Zusätzlich zu seiner Zielstrebigkeit gehörten dazu die Fähigkeit, sich ambitionierte Ziele zu setzen, und die Bereitschaft, die damit verbundenen Risiken einzugehen.

Werner von Siemens konnte viele Entbehrungen auf sich nehmen, um seine Ziele zu erreichen. Rückhalt bezog er aus einer unerschütterlichen Willenskraft und einem ebenso festen Glauben an die Zukunft. «In dem ‹Ich will› liegt eine mächtige Zauberkraft», bekundete er in einem Brief an seine erste Frau Mathilde.[1] Hindernisse waren dafür da, überwunden zu werden, und seine optimistische Zukunftserwartung ließ ihn nicht daran zweifeln, dass ihm dies gelingen würde. Nachdem Mathilde an Tuberkulose erkrankt und ein gemeinsames Familienleben kaum noch möglich war, schrieb er ihr im Herbst 1856: «Ich habe überhaupt stets in der Zukunft mehr wie in der Gegenwart gelebt, wenn diese mir nur lächelt, so trage ich gerne die rauhen Seiten der selten ganz liebenswürdigen Gegenwart!»[2] Seine positiven Erwartungen erfüllten sich nicht immer, vor allem nicht im Hinblick auf die Erkrankung seiner Frau, gleichwohl boten sie ihm Orientierung und Halt. Dieses Prinzip galt nicht nur für das Privatleben, sondern auch in geschäftlichen Fragen. «Bitte habe immer nur in erster Linie die fernere Zukunft vor Augen, darauf kommt es in erster Linie an», empfahl er im Sommer 1868 seinen Bruder Carl, der sich zu dieser Zeit in einer schwierigen Lage befand.[3] Diese Zukunftserwartung ging Hand in Hand mit dem starken Drang, Bleibendes zu schaffen. Werner von Siemens war nicht daran gelegen, durch ein rasches Geschäft vermögend zu werden, er sah in seinem Unternehmen «ein Reich welches ich gegründet habe».[4] Die Währung, die für ihn letztlich zählte, war die «Anerkennung für die Richtigkeit meiner Handlungen und die Nützlichkeit meiner Arbeiten».[5]

Für seinen geschäftlichen Erfolg stellte bereits die Unternehmensgründung einen entscheidenden Schritt dar, den andere deutsche Telegrafenbauer in dieser Zeit nicht wagten. Als erstes Unternehmen des Telegrafenbaus integrierte Siemens & Halske Tätigkeiten, die zuvor von Einzelerfindern und Mechanikerwerkstätten ausgeübt worden waren. Die Tatsache, dass sich die beiden geschäftsführenden Gesellschafter Siemens und Halske ausgezeichnet ergänzten, trug ebenfalls zum Erfolg der Gründung bei. Ein weiterer Startvorteil ergab sich daraus, dass Werner von Siemens in den ersten eineinhalb Jahren des Unternehmens zugleich als Offizier bei der preußischen Telegrafenkommission diente. Entscheidend aber dürfte der technologische Vorsprung bei der Verlegung unterirdischer Linien durch die Guttapercha-isolierten Kabel gewesen sein. Die Einführung dieses neuen Isolationsmaterials verdankte Werner von Siemens einem Hinweis seines inzwischen in London tätigen Bruders Wilhelm. Siemens & Halske konnte für den Bau der unterirdisch verlegten Linien der preußischen Staatstelegrafie ein leistungsfähigeres System anbieten als die Wettbewerber.

Das junge Unternehmen wurde bald zum Monopollieferanten des preußischen Staates. Die Abhängigkeit von öffentlichen Aufträgen und einem einzigen Produkt bedeutete freilich auch ein Risiko. Als das angewandte Isolierungsverfahren 1852 in Verruf kam und Siemens & Halske daraufhin sämtliche Staatsaufträge in Preußen entzogen wurden, geriet das Unternehmen in eine erste Krise. Werner von Siemens war nun gezwungen, das Geschäft ins Ausland auszuweiten, wo er bisher vergeblich um Kunden geworben hatte. Durch Aufträge in Russland gelang es schließlich, die Krise zu überwinden. Werners Bruder Carl, der die Leitung des Russlandgeschäfts übernahm, konnte durch Großprojekte während des Krimkriegs die Umsätze und Gewinne von Siemens & Halske in neue Dimensionen steigern. Auch im Zarenreich war man als Monopolist für Staatsaufträge erfolgreich. In den industriell fortgeschrittenen Ländern Westeuropas, wo starke Wettbewerber am Markt waren, konnte das Berliner Telegrafenbauunternehmen dagegen zunächst nicht Fuß fassen.

Siemens & Halske war nicht mit dem Ziel gegründet worden, dauerhaft als Familienunternehmen zu bestehen. Die Firma befand sich zunächst nur deshalb mehrheitlich im Besitz der Familie Siemens, weil Werner von Siemens und Johann Georg Halske auf ein Darlehen von Werners Vetter Johann Georg Siemens angewiesen waren, der sich als stiller Teilhaber an der Gründung beteiligte. Zum familiengeleiteten Unternehmen entwickelte sich Siemens & Halske erst im Zuge der Expansion ins Ausland. Nach seinen Erfolgen in Russland trat Carl 1855 anstelle des Vetters Johann Georg als Gesellschafter in das Unternehmen ein, Wilhelm gründete in London gemeinsam mit Werner und Halske ein Schwesterunternehmen für das Seekabelgeschäft, die spätere Firma Siemens Brothers. Damit waren die Siemens-Firmen als eine der ersten industriellen Unternehmensgruppen multinational aufgestellt.[6] Die uneingeschränkte Loyalität der Brüder untereinander bildete die Grundlage für die internationale Expansion. Die Brüder Werner, Wilhelm und Carl erkannten frühzeitig die Zeichen einer Zeit, die durch wachsende Verflechtungen zwischen den Kontinenten gekennzeichnet war. Nachrichten aller Art galt es, zuverlässig, schnell und über weite Distanzen zu verschicken. Diese beschleunigte Globalisierung ab Mitte des 19. Jahrhunderts stellte den Rahmen für das zunehmend internationalere Geschäft von Siemens & Halske dar.

Mit dem Ausbau des Seekabelgeschäfts in den 1860er Jahren begann Werner von Siemens, eine feste Vorstellung von der zukünftigen Form des Geschäfts zu entwickeln. Sein Bestreben, Bleibendes zu schaffen, nahm immer konkretere Formen an. Die Werke in Berlin, London und St. Petersburg sollten ein international führender Hersteller auf dem gesamten Gebiet der Kabeltelegrafie werden. Da Halske die damit verbundenen Risiken nicht mittragen wollte und sich von den Siemens-Firmen trennte, befanden sich die Unternehmen in Berlin und London ab Anfang 1868 im alleinigen Besitz der Siemens-Brüder. Werner von Siemens war inzwischen entschlossen, das «Gesamtgeschäft» der Werke in Berlin, London und St. Petersburg dauerhaft im Besitz der Familie als einer multinationalen Unternehmerfamilie zu etablieren. Langfristig sollte sich daraus «eine Weltfirma à la Rothschild» entwickeln.[7] Seine Vision hat sich in dieser Form nicht erfüllt, aber die Leistung der Brüder Werner, Wilhelm und Carl war eine europäische Erfolgsgeschichte. Nicht von ungefähr wurden diese drei Söhne eines Gutspächters später von drei verschiedenen Monarchen – der Queen, dem Kaiser und dem Zaren – in den Adelsstand erhoben.

Die Brüder Werner, Wilhelm und Carl standen nie in einem gleichrangigen Verhältnis zueinander. Werner war der Mittelpunkt des Geschwister-

Die Siemens-Brüder Friedrich, Werner, Ferdinand, Carl (von links nach rechts), um 1888

kreises und die maßgebende Autorität. Der zwölf Jahre jüngere Carl ordnete sich dem großen Bruder, dem er praktisch alles verdankte, bereitwillig unter. Wilhelm war nur sechs Jahre jünger als Werner und betätigte sich im Unterschied zu Carl auch als Erfinder und als selbstständiger Ingenieur mit einem Privatgeschäft. Er wähnte sich mit dem älteren Bruder auf Augenhöhe, kam aber bei Weitem nicht an dessen Erfolge heran. Außer Wilhelm und Carl waren später auch die jüngsten Brüder Walter und Otto bis zu ihrem frühen Tod im Geschäft der Siemens-Firmen tätig – als Leiter der Filiale Tiflis. Der technisch wie unternehmerisch hochbegabte Bruder Friedrich arbeitete nur kurz bei Siemens & Halske und ging dann eigene Wege.

Wie eng Familie und Geschäft für Werner von Siemens miteinander verknüpft waren, zeigte sich auch bei der Heirat mit Mathilde, einer entfernten Verwandten. Ihm lag nicht daran, reich zu heiraten. Entscheidend war für ihn, dass seine Ehefrau für Verlässlichkeit bürgte. Verwandtschaftsehen hatten in der Familie Siemens eine bemerkenswerte Tradition. In der neueren Forschung werden sie ebenso wie die enge Zusammenarbeit der Brüder als ein wichtiger Faktor für den wirtschaftlichen Erfolg der Familie angesehen.[8] Bei näherer Betrachtung zeigt sich freilich, dass nicht von einem durchgehenden Muster gesprochen werden kann. Werner von Siemens war unter seinen zahlreichen Brüdern der einzige, der diese Tradition fortsetzte.[9] Es liegt nahe, darin einen Zusammenhang mit seiner speziellen Verantwortung für das Unternehmen und den Zusammenhalt der Geschwister zu sehen.

Werner von Siemens war ein dominanter Willensmensch mit festen Grundsätzen, aber kein Tyrann. Schon seine integrierende Rolle innerhalb der Familie erforderte ein gewisses Maß an Rücksichtnahme und Kompromissbereitschaft. Die wiederholt auftretenden Konflikte und Spannungen, auch mit seinem Bruder Wilhelm, hätten sonst leicht in dauerhaften Zerwürfnissen enden können. Sehr anschaulich zeigen dies die jahrelangen Verhandlungen zwischen Werner, Wilhelm und Carl um den Gesellschaftsvertrag vom 24. August 1867. Werner musste hier einlenken, um seine Vorstellung von einem multinationalen Brüder-Unternehmen à la Rothschild aufrechterhalten zu können. Schon während des jahrelangen Zusammenlebens mit mehreren Brüdern und auch in der 20 Jahre dauernden Hausgemeinschaft mit Halske musste er sich in Konsensfindung üben.

Das Privatleben von Werner von Siemens, das in dieser Biografie erstmals näher betrachtet wird, stand, wie bei allen Unternehmern dieses Kalibers, im Schatten einer rastlosen beruflichen Tätigkeit. Gleichwohl führte er zwei gute Ehen und war ein liebevoller Vater. Er verstand es, Freundschaften zu pflegen, und schätzte Geselligkeit. Zwar scheute er nicht vor harten Konflikten zurück, auch innerhalb der Verwandtschaft, aber regelrechte Zerwürfnisse hatte er weder mit seinen jüngeren Geschwistern noch mit seinen Kindern. Die einzige Ausnahme war die ominöse Verstoßung des älteren Bruders Ludwig. Werner hielt diesem Bruder gegenüber unnachsichtig an dem vom Vater ausgesprochenen Verdikt fest.

Werner von Siemens' Leistungen als Erfinder sind nach dem heutigen Kenntnisstand vorsichtiger zu bewerten als in früheren, auf den «Technikheroen» ausgerichteten Darstellungen. Der Siemens-Zeigertelegraf unterschied sich in der Erfindungshöhe nicht allzu sehr von anderen Apparaten und wurde schon bald vom Morse-Telegrafen überholt. Bei der Entdeckung des dynamoelektrischen Prinzips hatte Werner von Siemens nur einen knappen Vorsprung vor zwei anderen Erfindern. Das Prinzip selbst war auch früher schon einmal entdeckt, aber nicht in dieser Form beschrieben und auch nicht erfolgreich angewendet worden. Bei der wirtschaftlichen Nutzung dieser Innovationen war Werner von Siemens anderen Erfindern hingegen weit voraus. Und ein erfinderischer Geist ist er stets geblieben. Auch als etablierter Unternehmer beschäftigte er sich mit immer neuen Konstruktionen auf dem Gebiet der Elektrotechnik und mit diversen Naturphänomenen.

Technische Neuerungen wie die Verbesserung des Morse-Apparats oder die Erfindung des Gegensprech-Telegrafen und des Doppel-T-Ankers durch Werner von Siemens trugen dazu bei, dass Siemens & Halske lange Zeit das mit Abstand führende deutsche Telegrafenbauunternehmen blieb. Siemens hätte sich hiermit begnügen können, doch dies hätte nicht seiner Einstellung als Unternehmer entsprochen. Nachdem der Boom in Russland abgeklungen war, stieg er gemeinsam mit seinem Bruder Wilhelm in das Seekabelgeschäft ein. Die Brüder wollten auf diese Weise den Weltmarkt erschließen und nahmen dafür bei den Kabelexpeditionen hohe Risiken in Kauf. Den Durchbruch wollte man schließlich mit zwei Großprojekten erzielen, die Werner, Wilhelm und Carl gemeinsam in Gang setzten: dem Bau der Indo-Europäischen Telegrafenlinie und der Verlegung eines Transatlantikkabels. Mit dem dramatisch verlaufenden, im September 1875 schließlich doch noch geglückten Transatlantikprojekt rückten Siemens Brothers und Siemens & Halske in die kleine Gruppe international etablierter Firmen der Kabeltelegrafie auf.

Die Zeit der Megaprojekte (1868 bis 1875) bedeutete in mehrfacher Hinsicht einen wichtigen Einschnitt im Leben von Werner von Siemens. Ähnlich wie beim ersten Wendepunkt, den man mit der Unternehmens- und Familiengründung in den Jahren 1847 bis 1852 ansetzen kann, gingen auch jetzt geschäftliche und private Veränderungen Hand in Hand. Das vorangegangene Jahrzehnt war für ihn von der Erkrankung und dem Tod seiner Frau Mathilde im Juli 1865 überschattet gewesen. Vier Jahre nach Mathildes Tod heiratete er ein zweites Mal. Seine zweite, 24 Jahre jüngere Frau Antonie war wie Mathilde eine entfernte Verwandte und eine Professorentochter. Mit ihr entstand ein blühendes Familienleben, wie es in der ersten Ehe wegen Mathildes Erkrankung und des Ausbaus des Geschäfts kaum möglich gewesen war. Durch die großen Kabelprojekte war Werner von Siemens ein reicher Mann geworden, als Unternehmenschef konnte er inzwischen verstärkt Aufgaben delegieren. Er gehörte nun auch zu den Honoratioren Berlins, wurde Geheimer Regierungsrat und Mitglied der Preußischen Akademie der Wissenschaften. Mit diesen Veränderungen begann er, einen anderen Lebensstil zu pflegen. Hatte er vor der zweiten Heirat noch in der Art eines Pionierunternehmers neben dem Werksgelände in der Markgrafenstraße gewohnt, so zog die Familie nun in das Sommerhaus nach Charlottenburg, das zu einer repräsentativen Industriellenvilla ausgebaut wurde. Dort fanden große Dinners und Bälle, aber auch rustikale Gartenfeste statt. Die beiden Kinder aus der zweiten Ehe, Hertha und Carl Friedrich, erlebten einen häuslicheren Vater, als es ihren Stiefgeschwistern früher vergönnt gewesen war.

Für das Unternehmen Siemens & Halske begann mit dem Übergang zur Starkstromtechnik am Ende der 1870er Jahre ein neues Zeitalter. Die elektrotechnische Industrie hatte bis dahin praktisch nur aus dem Telegrafenbau und der Kabelherstellung bestanden. Nun kamen elektrische Antriebe, Beleuchtungsanlagen und Kraftwerke hinzu, die Umsätze und Beschäftigtenzahlen stiegen rasch an. Siemens & Halske hätte bei diesem Technologiesprung leicht seine führende Stellung in der Branche verlieren können, da die Starkstromtechnik von den Konstrukteuren eine ganz andere Denkweise erforderte als der Telegrafenbau. Dank der von Werner von Siemens erfundenen und von Friedrich von Hefner-Alteneck zur Fertigungsreife entwickelten Dynamomaschine war das Unternehmen aber auch in der neuen Technik führend. Doch jetzt, als Werner von Siemens den Zenit seines unternehmerischen Erfolgs erreicht hatte, wurden einige seiner ursprünglichen Visionen und Prinzipien obsolet. Seine Vorstellung von einem multinationalen Familienunternehmen à la Rothschild oder à la Fugger zerbrach mit dem Tod des Bruders Wilhelm im November 1883. Wilhelm war kinderlos geblieben, sein Adoptivsohn Alexander übernahm später zwar die Leitung von Siemens Brothers, hielt jedoch nicht viel vom Familienverbund. Der Sohn des Bruders Carl in St. Petersburg hatte wiederum kein Talent zum Unternehmer und wurde Landwirt. Werner von Siemens fand sich mit diesen Tatsachen ab, da durch seine Söhne wenigstens der Fortbestand der Berliner Firma als Familienunternehmen gesichert war.

Bis zuletzt hielt Werner von Siemens an seinem Prinzip fest, Siemens & Halske nicht in eine Aktiengesellschaft umzuwandeln. Sein Leitbild war ein Familienunternehmen, dessen Fertigung auf eigenen Erfindungen oder Verbesserungsinnovationen beruhte. Fremdfinanzierungen durch Bankkredite und die Ausgabe von Aktien waren ihm suspekt. Seine Vorbehalte gegen die Unternehmensform der Aktiengesellschaft und eine enge Zusammenarbeit mit den Banken führten dazu, dass Siemens & Halske bei der kostspieligen Errichtung von Kraftwerken und Stromnetzen von der 1887 gegründeten AEG überrundet wurde. Diese finanzierte sich über den Kapitalmarkt, stützte sich auf die von Werners Verwandtem Georg Siemens (seit 1899: Georg von Siemens) geleitete Deutsche Bank und führte innovative Finanzierungsformen ein. Werner von Siemens hätte den Aufstieg der AEG verhindern könnten. Stattdessen bereitete er dem späteren Konkurrenten durch die Übernahme einer Kapitalbeteiligung und Wettbewerbsabsprachen zunächst den Weg. Von seinen Prinzipien wollte Werner von Siemens nicht

Werner-von-Siemens-Denkmal von Wilhelm Wandschneider vor der Technischen Hochschule in Charlottenburg, undatiert

abrücken, obwohl ihn sein pragmatischerer Bruder Carl dazu drängte, den veränderten Bedingungen des Markts durch Umwandlung des Unternehmens in eine Aktiengesellschaft Rechnung zu tragen. Die Beharrlichkeit, die ihn stets auszeichnete, erwies sich nun als Nachteil. Inzwischen war er freilich über 70 Jahre alt. Dass er als erfolgreicher Industrieller im Alter an seinen Grundsätzen festhielt, ist nicht verwunderlich. In dieser Hinsicht war Werner von Siemens ein Pionierunternehmer der frühen Industrialisierung, dessen Prinzipien nicht mehr so recht in die Zeit des Kaiserreichs passten.

Seit seiner Wahl zum Mitglied der Preußischen Akademie der Wissenschaften im November 1873 umgab sich Werner von Siemens zunehmend mit dem Nimbus eines Gelehrten. Bestärkt wurde er darin von einem Freundeskreis aus renommierten Naturwissenschaftlern wie Emil du Bois-Reymond und Hermann von Helmholtz. Ein Gelehrter im eigentlichen Sinn war Werner von Siemens gewiss nicht; es ist jedoch durchaus charakteristisch für ihn, dass er die Freundschaft von Wissenschaftlern und nicht von anderen Unternehmern suchte. Schließlich hatte er als einer der ersten deutschen Industriellen ein Unternehmen in einer neuen, wissenschaftsgestützten Branche aufgebaut. In den letzten Jahrzehnten seines Lebens galt sein besonderes Interesse der Verbindung von Naturwissenschaften und Industrie. In dieser Hinsicht war er fast allen Unternehmern seiner Zeit voraus. 1886 prägte er mit einem Vortrag über «Das naturwissenschaftliche Zeitalter» einen viel zitierten Begriff, der die wachsende Bedeutung der Naturwissenschaften in dieser Epoche auf den Punkt brachte.[10] Ein Jahr später entstand die Physikalisch-Technische Reichsanstalt, deren Gründung er mit einer großzügigen Stiftung angestoßen und gemeinsam mit seinem Freund Hermann von Helmholtz durchgesetzt hatte. Die Etablierung dieser weltweit ersten Großforschungseinrichtung war eine wegweisende Neuerung.[11] Werner von Siemens wurde vor allem für diese Leistung im Mai 1888 in den erblichen Adelsstand erhoben.

In der Biografie von Werner von Siemens spiegelt sich ein Jahrhundert wider, in dem sich die Welt und auch die deutschen Staaten tief greifend veränderten. Er wurde im Zeitalter der Postkutschen geboren und wuchs in einer agrarisch geprägten Gesellschaft auf. Als er starb, fuhren bereits Kraftfahrzeuge und Untergrundbahnen. Vor diesem Hintergrund ist die überoptimistische Fortschrittserwartung verständlich, die Siemens mit vielen Zeitgenossen teilte. Die sozialen Verwerfungen der Epoche nahm er hingegen erst in den 1870er Jahren wahr. Noch lange vor Bismarcks Sozialgesetzgebung wollte er nun die Arbeiter der Siemens-Firmen durch betriebliche Sozialleistungen stärker an ihre Unternehmen binden. In geradezu typischer Form hatte Werner von Siemens an den politischen Wandlungen des deutschen Bürgertums während des 19. Jahrhunderts Anteil. In seinem Elternhaus war ihm der freiheitlich-patriotische Geist aus der Zeit der Befreiungskriege vermittelt worden. Aus dieser Haltung heraus begeisterte er sich für die März-Revolution von 1848 und zog als Freiwilliger in den Krieg gegen Dänemark. Zu den weitergehenden Zielen der Revolution ging er jedoch schon bald auf Distanz. Als Abgeordneter der Fortschrittspartei in den Jahren 1862 bis 1866 hegte er im Gegensatz zu seiner Fraktion von Anfang an Sympathien für die von Bismarck durchgesetzte Heeresreform. Unter dem Eindruck der Kriege von 1864 und 1866 stellte er das Ziel der nationalen Einigung über das einer freiheitlich-liberalen Verfassung. Im Kaiserreich rechnete er sich den Nationalliberalen zu, unterschied sich aber nur noch geringfügig von der Position der Konservativen.

Erst im Alter von 74 Jahren gab Werner von Siemens die Leitung des Unternehmens an seine Söhne Arnold und Wilhelm ab. Knapp drei Jahr später starb er. Es war sein Wunsch gewesen, dass der jüngere Bruder Carl nach seinem Tod die beiden Sohne in der Führung des Unternehmens anleiten sollte. Carl hielt sich daran, zog 1893 von St. Petersburg nach Berlin um und wurde «Chef des Hauses Siemens».[12] Unterstützt von Georg Siemens, dem

Werner von Siemens, 1884

Vorstand der Deutschen Bank, führte er die überfällige Umwandlung des Unternehmens in eine Aktiengesellschaft durch. Die Siemens & Halske AG entstand im Juni 1897, wenige Monate vor dem 50. Firmenjubiläum. Carl von Siemens – er war zwei Jahre zuvor in den erblichen Adelsstand erhoben worden – wurde der erste Aufsichtsratsvorsitzende.[13] Werner von Siemens' Befürchtung, dass mit der Umwandlung in eine Aktiengesellschaft der Charakter des Familienunternehmens verloren gehen würde, bewahrheitete sich nicht. Das Aktienkapital in Höhe von 35 Millionen Mark blieb zunächst vollständig in der Hand der Familie Siemens. Noch zu Beginn des Ersten Weltkriegs hielt die Familie eine Majorität von rund 64 Prozent des Aktienkapitals.[14] Nach der Jahrhundertwende steuerten Carl, Arnold und Wilhelm Siemens & Halske recht erfolgreich durch eine Krise der deutschen Elektroindustrie. Mit der Übernahme des Nürnberger Unternehmens EAG, vormals Schuckert & Co. gelang es, die große Konkurrentin AEG wieder auf Abstand zu halten. 1906 starb Carl als letztes der Geschwister Werners im Alter von 77 Jahren.[15] Zwei Jahre zuvor war der Bruder Friedrich gestorben, der es mit seinen Unternehmen zum größten Glashersteller Europas gebracht hatte.[16] Werners Witwe Antonie überlebte ihren Mann nicht lange. Sie starb am 22. Dezember 1900 im Alter von 60 Jahren in Berlin.[17]

Werner von Siemens wurde in Deutschland schon bald nach seinem Tod als Nationalheld gefeiert. 1899 ließ der VDI vor der Technischen Hochschule Charlottenburg zu deren Jubiläum Standbilder von Alfred Krupp und Werner von Siemens aufstellen.[18] Beide wurden nicht als Unternehmer geehrt, sondern als Heroen der Technik. Kaiser Wilhelm II. erklärte in seiner Ansprache beim Festakt, solange diesen Vorbildern nachgeeifert würde, werde «die deutsche Technik im Wettkampf der Nationen allezeit ehrenvoll bestehen».[19] Einer Nation, die nach «Weltgeltung» strebte, dienten die Leistungen Werner von Siemens' nun als Symbol der Überlegenheit. Entsprechend weniger berief man sich in Frankreich, Großbritannien und den USA auf ihn. Dass es ihm trotz seiner nationalen Begeisterung nie um «deutsche Technik» gegangen war, sondern um einen völkerverbindenden technischen Fortschritt[20] und um die Errichtung eines internationalen Familienunternehmens à la Rothschild, wurde allgemein verdrängt. Geblieben ist davon für lange Zeit eine einseitige Fokussierung auf seine technischen Leistungen. Straßen und Schulen wurden nicht nach dem Unternehmer benannt, sondern nach dem Erfinder.

Aus heutiger Sicht kann es nicht darum gehen, die Lebensgeschichte dieses Mannes zu verklären und in eine bestimmte Erinnerungskultur einzuordnen. Durch die vorliegende Biografie gewinnt ein neues, vollständiges Bild von seiner Persönlichkeit an Konturen. Aus dieser Perspektive ist das Faszinosum an Werner von Siemens seine Fähigkeit, die Chancen zu erkennen, die sich durch die tief greifenden Veränderungen in seiner Zeit eröffneten, und sie zielstrebig zu nutzen. Dies gelang ihm nicht immer, aber doch oft und mit großem Erfolg. Das Besondere an seiner Persönlichkeit, das ihn von den meisten Zeit- und Standesgenossen unterscheidet, war indessen seine bereits erwähnte Vielseitigkeit. Er war Industrieller und Mitglied der Preußischen Akademie der Wissenschaften, war ein Erfinder, der ein Unternehmen gründete, und ein international agierender Unternehmer, der stets nach neuen Konstruktionen suchte. Auch besaß er ein Talent für öffentliche Tätigkeiten, und nicht zuletzt hatte für ihn der familiäre Zusammenhalt einen zentralen Stellenwert: als Bruder, Ehemann und Vater.

Anhang

Anmerkungen

Einleitung

1 Sigfrid von Weiher, Werner von Siemens. Ein Leben für Wissenschaft, Technik und Wirtschaft, 2. Aufl., Göttingen/Zürich 1974; Wilfried Feldenkirchen, Werner von Siemens. Erfinder und internationaler Unternehmer, 2., veränderte und erweiterte Ausgabe, München 1996.
2 Als Überblick zu Stand und Perspektiven der historischen Unternehmensforschung vgl. Werner Plumpe (Hg.), Unternehmer – Fakten und Fiktionen. Historisch-biografische Studien (Schriften des Historischen Kollegs, Kolloquien, 88), München 2014.
3 Richard Ehrenberg, Die Unternehmungen der Brüder Siemens, Bd. 1: Bis zum Jahre 1870 [*Bd. 2 ist nicht erschienen, J. B.*], Jena 1906.
4 Martin Lutz, Carl von Siemens 1829–1906. Ein Leben zwischen Familie und Weltfirma, München 2013.
5 David Warren Sabean, German International Families in the Nineteenth Century. The Siemens Family as a Thought Experiment, in: Christopher H. Johnson/David Warren Sabean/Simon Teuscher/Francesca Trivellato (Eds.), Transregional and Transnational Families in Europe and Beyond. Experiences since the Middle Ages, New York/Oxford 2011, S. 229–252.
6 Jürgen Kocka, Unternehmensverwaltung und Angestelltenschaft am Beispiel Siemens 1847–1914. Zum Verhältnis von Kapitalismus und Bürokratie in der deutschen Industrialisierung, Stuttgart 1969.
7 Vgl. u. a. Ulrich Wengenroth, Elektroenergie, in: ders. (Hg.), Technik und Wirtschaft (Technik und Kultur, Bd. 8), Düsseldorf 1993, S. 325 ff.; Wolfgang König, Werner von Siemens und die Institutionalisierung der Elektrotechnik, in: Dieter Hoffmann/Wolfgang Schreier (Hg.), Werner von Siemens (1816–1892). Studien zu Leben und Werk (PTB-Texte Bd. 2), Braunschweig 1995, S. 19–33; Dieter Hoffmann, Werner von Siemens und die Physikalisch-Technische Reichsanstalt, in: ebd., S. 35–47.
8 Ehrenberg, Unternehmungen; Conrad Matschoss (Hg.), Werner Siemens. Ein kurzgefaßtes Lebensbild nebst einer Auswahl seiner Briefe. Aus Anlaß der 100. Wiederkehr seines Geburtstages, Berlin 1916.
9 Matschoss (Hg.), Werner Siemens, Briefteil; Friedrich Heintzenberg (Hg.), Aus

einem reichen Leben. Werner von Siemens in Briefen an seine Familie und an Freunde, 2. Aufl., Stuttgart 1953.
10   Werner von Siemens, Lebenserinnerungen, 19. Aufl. hg. von Wilfried Feldenkirchen, München 2004 (erste Auflage Berlin 1892).
11   Franz Maria Feldhaus an Hermann W. Siemens, 26.09.1940, Archiv der Siemens-Familienstiftung [im Folgenden: FA] 0044.
12   Matschoss (Hg.), Werner Siemens, S. III.
13   Vgl. als Beispiel Ludwig Fischer, Werner Siemens und der Schutz der Erfindungen, Berlin 1922. Siemens wird darin als der «erfolgreichste und rührigste Erfinder aller Zeiten» bezeichnet. Ebd. S. 12.
14   Conrad Wandrey, Werner Siemens. Geschichte seines Lebens und Wirkens, Bd. 1 [*Bd. 2 ist nicht erschienen, J. B.*], München 1942; Heintzenberg (Hg.), Leben.
15   Weiher, Werner von Siemens; Feldenkirchen, Werner von Siemens.

Kapitel 1
Herkunft, Kindheit und Jugend

1   Stammbaum der Familie Siemens. Aus Anlaß der 600jährigen Wiederkehr des ersten urkundlichen Nachweises des Namens Siemens in Goslar, 1384, neu bearbeitet von Sigfrid von Weiher, München 1985, S. 155. Der Vorname Werner war bis dahin in der Familie Siemens nicht üblich gewesen. Conrad Wandrey vermutet in seiner Siemens-Biografie, dass Werners Eltern sich für diesen Namen als Hommage an die Familie des Gutsbesitzers Ernst Ludwig Julius von Lenthe entschieden haben. An dessen Großvater Albrecht Werner von Lenthe erinnerte eine Gedenkinschrift in der Kapelle des Guts. Conrad Wandrey, Werner Siemens. Geschichte seines Lebens und Wirkens, Bd. 1, München 1942, S. 72.
2   Auszug aus dem Geburts- und Taufbuche der Parochie Lenthe – Jahrgang 1816 (Abschrift), Siemens Corporate Archives [im Folgenden: SAA] 2.Lh 619. Im Kirchenbucheintrag der Taufe von Werner (Abbildung auf S. 15) wird der Pate Ernst von Poten (1785–1838) als Rittmeister Poten von Döhren genannt. Er hatte 1816 Eleonores Schwester Friederike Deichmann (1796–1884) geheiratet und war Offizier der königlich-hannoverschen Armee. Später wurde er als Major und Oberstleutnant unter anderem Stadtkommandant von Göttingen. Stammtafeln der Familie Deichmann, Tafel VII, SAA 1.Lc 195; Staats- und Adress-Kalender für das Königreich Hannover auf das Jahr 1836, Hannover 1835, S. 169; Jörg H. Lampe, Politische Entwicklungen in Göttingen vom Beginn des 19. Jahrhunderts bis zum Vormärz, in: Dietrich Denecke/Helga-Maria Kühn (Hg.), Göttingen. Geschichte einer Universitätsstadt, Bd. 2: Vom Dreißigjährigen Krieg bis zum Anschluss an Preußen – Der Wiederaufstieg als Universitätsstadt (1648–1866), Göttingen 2002, S. 83.
3   Siemens, Lebenserinnerungen, S. 29.
4   Vgl. Michael Maurer, Die Biographie des Bürgers. Lebensformen und Denkweisen in der formativen Phase des Bürgertums (1650–1815), Göttingen 1996;

Hans-Werner Hahn/Dieter Hein (Hg.), Bürgerliche Werte um 1800. Entwurf, Vermittlung, Rezeption, Köln 2005.
5 Vgl. Hartmut Kaelble, Berliner Unternehmer während der frühen Industrialisierung. Herkunft, sozialer Status und politischer Einfluß (Veröffentlichungen der Historischen Kommission zu Berlin, Bd. 40), Berlin 1972, S. 31. Von 124 erfassten Berliner Unternehmern aus den Jahren 1835 bis 1870 stammten demnach nur zwei von Gutsbesitzern oder Gutspächtern ab, darunter Werner von Siemens. Dagegen kamen 96 (78 Prozent) dieser Unternehmer aus Familien von Fabrikanten, Kaufleuten und Bankiers. Vgl. hierzu auch Hans-Ulrich Wehler, Deutsche Gesellschaftsgeschichte, Bd. 2: Von der Reformära bis zur industriellen und politischen «Deutschen Doppelrevolution» 1815–1845/49, München 1987, S. 186.
6 Siemens, Lebenserinnerungen, S. 27.
7 Stammbaum Familie Siemens, S. 47 ff.; URL: http://www.siemenshaus.de [letzter Zugriff am 2.5.2016].
8 Stammbaum Familie Siemens, S. 65; Sigfrid von Weiher, Von Goslar in die Welt – Der Weg der Familie Siemens. Eine kurzgefaßte Familiengeschichte, München 1987, S. 327.
9 Stammbaum Familie Siemens, S. 14 u. S. 83 f. Das Stammbaumbuch aus dem Jahr 1935 wurde von Hermann Werner von Siemens erstellt. Ein erstes, auf einer anderen Systematik beruhendes Stammbaumbuch war bereits 1910 erschienen. Leo Siemens/Uvo Hölscher, Stammbaum der Familie Siemens, Goslar 1910. Siehe hierzu S. 327.
10 Das Gut Ohlhof gehörte zu dem in Goslar beheimateten Kloster Neuwerk, das seit der Reformation ein evangelisches Damenstift war, aber an der alten Bezeichnung festhielt. Stammbaum Familie Siemens, S. 101. Zur Geschichte des Ohlhofs vgl. Gut Ohlhof. Vom Versorgungswerk für das Kloster Neuburg zur Wohnsiedlung, Goslar 2012, hg. von der Fördergemeinschaft Gut Ohlhof e. V., vertreten durch Ralf Bogisch, Goslar 2012.
11 Siemens, Lebenserinnerungen, S. 33.
12 Vgl. Hans-Heinrich Müller, Domänen und Domänenpächter in Brandenburg-Preußen im 18. Jahrhundert, in: Jahrbuch für Wirtschaftsgeschichte 1965/4, S. 152–192, Neudruck in: Otto Büsch/Wolfgang Neugebauer (Hg.), Moderne preußische Geschichte, Bd. 1, Berlin 1981, S. 316–359.
13 Michael Kopsidis, Agrarentwicklung: historische Agrarrevolutionen und Entwicklungsökonomie, Stuttgart 2006, S. 324 ff.; Hans-Ulrich Wehler, Deutsche Gesellschaftsgeschichte, Bd. 1: Vom Feudalismus des Alten Reiches bis zur Defensiven Modernisierung der Reformära 1700–1815, München 1987, S. 86 ff.
14 Gustav von Schmoller, Die Epochen der preußischen Finanzpolitik bis zur Gründung des Deutschen Reiches, in: ders., Umrisse und Untersuchungen zur Verfassungs-, Verwaltungs- und Wirtschaftsgeschichte besonders des Preußischen Staates im 17. und 18. Jahrhundert, Leipzig 1898, S. 169.
15 Johann Georg Heinrich Siemens (1735–1805) wurde auf dem Ohlhof bei Goslar geboren und steht für den Übergang der Familie vom städtischen zum

landwirtschaftlichen Bürgertum. Er erhielt das Bürgerrecht der Stadt Goslar und wurde Mitglied der Wortgilde, aus der die Ratsherren gewählt wurden, war aber vorher schon Pächter des Ritterguts Schauen bei Wernigerode und später zusätzlich Pächter der Domäne Wasserleben. Seit 1764 war er mit Sophie Elisabeth Siemens geb. Huet verheiratet. Stammbaum Familie Siemens, S. 120 f.

16 Vgl. hierzu für die preußischen Domänenpächter: Nadja Stulz-Herrnstadt, Berliner Bürgertum im 18. und 19. Jahrhundert, Berlin/New York 2002, S. 52.

17 Zitiert nach: Stammbaum der Familie Siemens, S. 124.

18 Ebd., S. 135–139. Werner schildert in seinen *Lebenserinnerungen* eine Brautentführung und eine heimliche Trauung seiner Tante Sabine, die sich in Wirklichkeit 1785 bei einem anderen Paar unter aktiver Beihilfe Ferdinand Grotes zugetragen hatte. Siemens, Lebenserinnerungen, S. 28 f.; Albert Reinecke, Geschichte der Freien Reichsherrschaft Schauen, eines der allerkleinsten Gebiete im alten deutschen Reich, Osterwieck 1889, S. 211 f.

19 Stammbaum Familie Siemens, S. 139. Werner schrieb in den *Lebenserinnerungen*, S. 34: «Wasserleben war der Geburtsort meines Vaters.» Im Eintrag des Kirchenbuchs der Pfarrei Bordenau über die Heirat von Christian Ferdinand und Eleonore Siemens wird dagegen Schauen als Geburtsort angegeben. Kirchenbucheintrag vom 11.6.1812, beglaubigt am 9.7.1976, SAA 1.Ls 969. Schauen wird auch im Stammbaumbuch der Familie als Geburtsort genannt. Stammbaum Familie Siemens, S. 139.

20 Siemens, Lebenserinnerungen, S. 37 f.

21 Die Domäne Bokeloh wurde 1888 aufgelöst. Friedrich Heintzenberg, Bericht über eine Fahrt nach Lenthe und Umgebung am 31.8. bis 2.9.1936, 9.9.1936, SAA 1.Lk 472.

22 Später erwarb Ludwig Deichmann das Gut Stockseehof in Holstein. In verschiedenen Veröffentlichungen und auch im Stammbaumbuch der Familie Siemens wird er deshalb als Gutsbesitzer bezeichnet. Vgl. hierzu auch Siemens, Lebenserinnerungen, S. 30.

23 Vgl. Wandrey, Siemens, S. 70 («die bildschöne, von vielen Freiern umworbene älteste Tochter Deichmanns»).

24 Zitiert nach: William Pole, Wilhelm Siemens, Berlin 1890, S. 9.

25 Auszug aus dem Trauregister der ev.-lutherischen Kirchengemeinde zu Bordenau, Jg. 1812, Nr. 3 (Abschrift), SAA 1.Ls 969.

26 Auszug aus dem Geburts- und Taufregister der ev. luth. Parochie Bordenau, Anno 1812, Nr. 10, FA 0043; Pfarramtliche Bezeugung aufgrund der Kirchenbücher der evang.-luth. Gemeinde Bordenau (9.7.1936), SAA 1.Ls 969.

27 Werner hat in seinen *Lebenserinnerungen* die Hochzeit der Eltern möglicherweise aus diesem Grund bewusst falsch datiert. Nach seiner Version hätten die Eltern geheiratet, nachdem der Vater die Pacht des Oberguts in Lenthe übernommen hatte. Tatsächlich wurde der Pachtvertrag erst im Jahr nach der Hochzeit unterschrieben. Siemens, Lebenserinnerungen, S. 30; Actum Lenthe, 19.2.1813, SAA 1.Lk 474-1.

28 Dies ergibt sich aus der Eintragung im Kirchenbuch der Gemeinde Bordenau zu Ludwigs Taufe. Als Vater wird hier der «Oekonom Christian Ferdinand Siemens zu Poggenhagen» genannt. Pfarramtliche Bezeugung aufgrund der Kirchenbücher der evang.-luth. Gemeinde Bordenau (9.7.1936), SAA 1.Ls 969.
29 Haccius an von Lenthe, 5.2.1813, SAA 1.Lk 474–1 (aus dem Archiv der Familie von Lenthe übergebene Schriftstücke). Nach der Siemens-Biografie von Conrad Wandrey war der Verfasser dieses Schreibens ein Obrist von Haßelt. Wandrey, Siemens, S. 73.
30 Vgl. hierzu Torsten Riotte, Hannover in der Britischen Politik (1792–1815). Dynastische Verbindung als Element außenpolitischer Entscheidungsprozesse, Münster 2005, speziell zu Ernst Ludwig Julius von Lenthe: ebd., S. 52 ff. Lenthe war mit dem späteren preußischen Staatskanzler Hardenberg befreundet gewesen. Die Freundschaft zerbrach, als sich Lenthes erste Frau Sophie von ihm scheiden ließ, um Hardenberg zu heiraten.
31 Actum Lenthe, 19.2.1813, SAA 1.Lk 474–2. Der Vertrag trägt auch die Unterschrift Ludwig Deichmanns, obwohl Christian Ferdinand inzwischen volljährig war. Vermutlich hat der Gutsbesitzer von Lenthe als Sicherheit darauf bestanden.
32 Deutsche Bundesbank, Kaufkraftvergleiche historischer Geldbeträge/Kaufkraftäquivalente historischer Beträge in deutschen Währungen, Stand 15.1.2015, URL: http://www.bundesbank.de/Redaktion/DE/Standardartikel/Statistiken/kaufkraftvergleiche_historischer_geldbetraege.html [letzter Zugriff am 14.3.2016]. Ein ähnlicher Befund ergibt sich, wenn man als Vergleich Daten der damaligen hannoverschen Finanzbehörden heranzieht. Demnach lag 1814 das jährliche Einkommen von Amtmännern, Amtsverwaltern, Bürgermeistern, Justizräten und Zollinspektoren («vierte Classe») in den ehemals zum Königreich Westfalen gehörenden Gebieten, wo eine «Personen-Steuer» bestand, bei 1000 Talern und mehr. Theodor Hagemann (Hg.), Sammlung der Hannöverschen Landesverordnungen und Ausschreiben des Jahres 1813, Hannover 1814, S. 310 f.
33 URL: http://lenthe.gehrden.de/unsere-ortschaft/dorfgeschichte [letzter Zugriff am 4.5.2016].
34 Auszug aus den Geldregister-Extrakten der Güter Lenthe, Velber und Wunstorf, 29.10.1823, SAA 1.Lk 474–2 («Für die Wiederinstandsetzung des von Herrn Siemens bewohnten kleinen herrschaftlichen Wohnhauses sind lt. Rechnung ausgegeben 15 Th. 5 Sg. »).
35 Siemens, Lebenserinnerungen, S. 26.
36 Wandrey, Siemens, S. 74 f.
37 Vgl. Wilhelm Abel, Massenarmut und Hungerkrisen im vorindustriellen Deutschland, 2. Aufl., Göttingen 1977, S. 55 f.; Wehler, Gesellschaftsgeschichte, Bd. 2, S. 29 ff.; Thomas Nipperdey, Deutsche Geschichte 1800–1866. Bürgerwelt und starker Staat, München 1983, S. 146.
38 Werner berichtet in den *Lebenserinnerungen*, dass sein Vater sich eines Tages nicht mehr anders zu helfen gewusst habe, als ein Rudel Hirsche im Stall ein-

zusperren. Christian Ferdinand sei so in Rage gewesen, dass er beim Oberhofjägeramt in Hannover anfragen ließ, ob er die Tiere dorthin schicken solle. Auf diese Provokation hin sei eine Kommission nach Lenthe gekommen, um die Hirsche zu befreien und die Verhältnisse auf dem Obergut zu untersuchen. Schließlich sei Christian Ferdinands Verstoß gegen den Wildschutz mit einer Geldstrafe geahndet worden. Siemens, Lebenserinnerungen, S. 30 f.

39 Ebd., S. 30.
40 Friedrich Ernst Otto von Lenthe (1773–1840) hatte in Göttingen Rechtswissenschaft und Physik studiert. Er war königlicher Kammerrat und erster Beamter in Lauenstein.
41 Anfang September schrieb Hagemann dem Kammerrat von Lenthe, «daß Herr Siemens auf eine Erneuerung der hiesigen Pachtung offenbar nicht reflektiere». Zitiert nach: Wandrey, Siemens, S. 79.
42 Propositionen, 14.12.1822, SAA 1.Lk 474-1.
43 Wandrey, Siemens, S. 80.
44 Christian Ferdinand Siemens an Oberamtmann Siemens, 11.5.1823, SAA 1.Li 524.
45 Christian Ferdinand Siemens, SAA 1.Lk 474-3. Andreas Meyer war seit 1815 Pächter der Domäne Menzendorf.
46 Auszug aus den Geldregister-Extrakten der Güter Lenthe, Velber und Wunstorf, SAA 1.Lk 474-2.
47 Auf Darlehen von Sabine Grote und der Familie Mehliß nahm Christian Ferdinand in einem Schreiben an Sabine Grote vom 14.9.1827 Bezug. SAA F1706. Vgl. hierzu auch Wandrcy, Siemens, S. 81. Zur Pension Sabine Grotes und zu ihrem Leben in Kölleda vgl. Siemens, Lebenserinnerungen, S. 29. Der Schwager Georg Mehliß war ein Studienfreund von Christian Ferdinands ältestem Bruder Johann Georg. Möglicherweise sprang er damals für Johann Georg ein, den Christian Ferdinand um Unterstützung gebeten hatte («Weißt Du, wo tausend Taler mäßig liegen, so verschaffe sie mir»). Christian Ferdinand Siemens an Oberamtmann Siemens, 11.5.1823, SAA 1.Li 524. Zur Studienfreundschaft zwischen Georg Mehliß und Johann Georg Siemens vgl. Georg Siemens, in: Neuer Nekrolog der Deutschen, 5. Jg., Teil 2, Ilmenau 1829, S. 757.
48 Vertrag zwischen Andreas Meyer und Ernst von Poten, Major u. Ritter als Bevollmächtigter des Hr. Siemens zu Lenthe, 6.5.1823, SAA 1.Ld 807-1. Bemerkenswerterweise ließ Christian Ferdinand diesen Kontrakt durch einen Bevollmächtigten, Werners Paten Ernst von Poten, unterschreiben.
49 Ehrerbietigster Bericht des Dom-Amtes betreffend die Cession der Pachtung Mentzendorf, 6.5.1823, ebd. Die für Menzendorf zuständige Kanzlei des Großherzogs von Mecklenburg-Strelitz stimmte wenige Tage später dem Pächterwechsel zu. Abschrift des Anlageschreibens zum Bestätigungsbrief des Großherzogs von Mecklenburg-Strelitz vom 12.5.1823, ebd.
50 Christian Ferdinand Siemens an Oberamtmann Siemens, 11.5.1823, SAA 1.Li 524.
51 Auszug aus den Geldregister-Extrakten der Güter Lenthe, Velber und Wunstorf, SAA 1.Lk 474-2.

52　Abschrift der Anzeige aus: Hannover'sche Anzeigen Nr. 43, 28.5.1823, S. 1100, in: ebd.
53　Auszug aus den Geldregister-Extrakten der Güter Lenthe, Velber und Wunstorf, ebd.
54　Christian Ferdinand Siemens an Oberverwalter Hagemann, undatiert [Juni 1823], SAA 1.Lk 474–1.
55　Christian Ferdinand Siemens an Oberamtmann Siemens, 11.5.1823, SAA 1.Li 524 («Ich gehe gern aus dem Hannöverschen, denn meine Lage war hier fast unerträglich, auch fühle ich mich wegen namenloser Wildverheerung, die an Barbarei gränzt, u. der Wülfinghäuser Geschichte sehr gekränkt»).
56　«Die freien Zustände, die mein Vater suchte, fand er in der Tat in dem zu Mecklenburg-Strelitz gehörenden Fürstentum Ratzeburg.» Siemens, Lebenserinnerungen, S. 31.
57　Werner von Siemens, Wohnorte/Reise-Aufenthalte Zeittafel 1816–1892, SAA 2.Li 772; Abschrift der Anzeige aus: Hannover'sche Anzeigen Nr. 43, 28.5.1823, S. 1100, in: Auszug aus den Geldregister-Extrakten der Güter Lenthe, Velber und Wunstorf, SAA 1.Lk 474–2.
58　Stammbaum Familie Siemens, S. 155–170 (Stammbaum-Nummern 241–254).
59　Christian Ferdinand Siemens an Oberamtmann Siemens, 11.5.1823, SAA 1.Li 524.
60　Vgl. hierzu Ilona Buchsteiner, Aspekte von Gesellschaft, Wirtschaft und Politik in Mecklenburg in der ersten Hälfte des 19. Jahrhunderts, in: dies. (Hg.), Die mecklenburgischen Großherzogtümer im deutschen und europäischen Zusammenhang 1815 bis 1871 (Rostocker Beiträge zur Deutschen und Europäischen Geschichte 11), Rostock 2002, S. 63–73; Axel Lubinski, Gutswirtschaft und Gutsherrschaft in Mecklenburg-Strelitz im 18. und 19. Jahrhundert – Chancen und Hemmnisse einer ländlichen Sozialordnung, in: Landesheimatverband Mecklenburg-Vorpommern (Hg.), Vom Anfang und Ende Mecklenburg-Strelitzer Geschichte, Friedland 2001, S. 197–216.
61　Wehler, Gesellschaftsgeschichte, Bd. 2, S. 30.
62　Christian Ferdinand Siemens, SAA 1.Lk 474–3.
63　Christian Ferdinand Siemens an Reichsfreifrau Grote, 14.9.1827, SAA F1706.
64　Ebd.
65　Ebd.
66　Eleonore Deichmann geb. Scheiter (1765–1857) wurde in der Familie zumeist Helene genannt. Zur Unterscheidung von ihrer Tochter Eleonore wird sie im Folgenden mit diesem Beinamen bezeichnet.
67　Christian Ferdinand Siemens an Reichsfreifrau Grote, 14.9.1827, SAA F1706.
68　Siemens, Lebenserinnerungen, S. 32.
69　Werner Siemens an Mathilde Drumann, 13.3.1852, SAA F1143.
70　Siemens, Lebenserinnerungen, S. 34.
71　Ebd., S. 34 u. 36
72　Heidemarie Frimodig, Schönberg im Ratzeburger Land. Ein Lesebuch, Rehna 2003, S. 37 ff.
73　Siemens, Lebenserinnerungen, S. 34.

74 Ebd.; Heintzenberg (Hg.), Leben, S. 182.
75 Siemens, Lebenserinnerungen, S. 34.
76 Ebd., S. 35 f.
77 Ebd., S. 32 f.
78 Ebd., S. 33.
79 Auszug aus dem Konfirmanden-Register der evangelisch-lutherischen Gemeinde Lübsee, Jg. 1831 (Abschrift vom 23.1.1951), SAA 2.Lh 619.
80 In den *Lebenserinnerungen* schrieb Werner, er sei auf das Katharineum gekommen, «nachdem ich in unserer Pfarrkirche zu Lübsee konfirmiert war». Siemens, Lebenserinnerungen, S. 36. Die überlieferten Quellen zeigen dagegen, dass zwischen der Konfirmation und dem Eintritt in das Katharineum ein Abstand von einem Jahr lag. Siehe Anm. 79 u. 85.
81 URL: http://www.katharineum.de/rundgang/beruehmte [letzter Zugriff am 4.5.2016].
82 Etwa ein Drittel der damals rund 300 Schüler kam von außerhalb der Stadt. Julius Braune, Das Katharineum in den Jahren 1801 bis 1834: Werner von Siemens, in: Katharineum zu Lübeck, Bericht über das 435. Schuljahr 1. April bis 30. November 1966, Lübeck 1967, S. 6.
83 Werner Neugebauer, Die Geschwister Siemens und ihre Beziehungen zu Lübeck, in: Der Wagen. Ein Lübeckisches Jahrbuch, Jg. 1976, S. 28. Demnach lässt sich nicht eindeutig feststellen, wer diese Schülerpension geführt hat und wo sie sich befand. Die Pension könnte von der Witwe des Tischlermeisters Eduard Starky in der Engelsgrube geführt worden sein, aber auch von einem Brauer gleichen Namens in der Glockengießerstraße.
84 Siemens, Lebenserinnerungen, S. 36.
85 Auszüge aus: Katharineum, Zensurenbuch für Klasse III, 1831–1832, FA 0078 (Abschrift in: SAA Alt Z 1; Original im Archiv der Hansestadt Lübeck).
86 Ebd.
87 Auszüge aus: Katharineum, Zensurenbuch für Klasse II, 1833–1834, ebd.
88 Siemens, Lebenserinnerungen, S. 37.
89 Ebd.
90 Braune, Katharineum, S. 8.
91 Ferdinand von Bültzingslöwen (1808–1882) stammte aus einer alten Thüringer Adelsfamilie. Als Geodät (Feldmesser) führte er damals auch Aufträge des Lübecker Senats aus. Später wurde er Stadtkommandant von Lübeck. Eine Enkelin von ihm war die Malerin Paula Modersohn-Becker. Vgl. Ferdinand von Bültzingslöwen, in: Gabriele Werner u. a., Paula Modersohn-Becker von Dresden her, Dresden 2003, S. 78–81.
92 Siemens, Lebenserinnerungen, S. 36 (erstes Zitat); Neugebauer, Siemens, S. 32 (zweites Zitat).
93 Siemens, Lebenserinnerungen, S. 43.
94 Die Absolventenlisten des Katharineums zeigen, dass nur ein Teil der Schüler bis zum Abitur blieb. In den Jahren 1835 und 1836 gab es hier jeweils zehn Abiturienten. Hermann Genzken, Die Abiturienten des Katharineums zu Lübeck

(Gymnasium und Realgymnasium) von Ostern 1807 bis 1907 (Beilage zum Jahresbericht 1907), Lübeck 1907, S. 31–33. In den Staaten des Deutschen Bunds wurde das Abitur erst im Juni 1834 zur obligatorischen Voraussetzung für den Zugang zur Universität. Rainer Bölling, Das Tor zur Universität – Abitur im Wandel, in: Aus Politik und Zeitgeschichte 49/2008, 24.11.2008, S. 33 f.

95 Christian Ferdinand von Siemens an den Großherzog von Mecklenburg-Strelitz, 1.9.1834, zitiert nach dem Teilabdruck des Briefs in: Siemens, Lebenserinnerungen, S. 41.
96 Ebd., S. 37.
97 Harald Bodenschatz, «Der Rote Kasten». Zu Bedeutung, Wirkung und Zukunft von Schinkels Bauakademie, Berlin 1996, S. 36 ff.
98 Siemens, Lebenserinnerungen, S. 38.
99 Ferdinand von Bültzingslöwen, in: Werner u. a., Modersohn-Becker, S. 78–81.
100 Siemens, Lebenserinnerungen, S. 38.
101 J. P. Kux, Organismus und vollständige Statistik des preußischen Staats aus zuverlässigen Quellen, Leipzig 1842, S. 33.
102 Christian Ferdinand soll damals zu Werner gesagt haben, die preußische Armee sei «der einzige feste Punkt in Deutschland», und es sei in solchen Zeiten «immer besser, Hammer zu sein als Amboß». Zitiert nach: Siemens, Lebenserinnerungen, S. 38.

Kapitel 2
Frühe Weichenstellungen

1 Ebd., S. 39.
2 Ebd. Werners Großmutter Sophie Elisabeth war eine geborene Huet, deren Mutter wiederum eine geborene Siemens. Stammbaum Familie Siemens, S. 114.
3 Siemens, Lebenserinnerungen, S. 39. Georg von Huet war für seine Verdienste in der Völkerschlacht bei Leipzig mit dem Eisernen Kreuz 1. Klasse ausgezeichnet worden; bei der Pensionierung hatte ihm König Friedrich Wilhelm III. den erblichen Adel verliehen. Neues preussisches Adels-Lexicon oder genealogische und diplomatische Nachrichten, bearb. von Leopold Freiherr von Zedlitz-Neukirch, Leipzig 1836, S. 451.
4 Siemens, Lebenserinnerungen, S. 39.
5 Ebd., S. 40.
6 Ebd.
7 Christian Ferdinand Siemens an den Großherzog von Mecklenburg-Strelitz, 1.9.1834, zitiert nach dem Teilabdruck des Schreibens in: ebd., S. 41.
8 Ebd., S. 40.
9 In den *Lebenserinnerungen* schrieb Werner, die Prüflinge seien in Geografie von einem Offizier examiniert worden, der Weinkenner war und wissen wollte, woher der Tokayer Wein kam. Werner konnte die Frage als Einziger beantworten, da seiner Mutter einmal Tokayer Wein als Medizin verschrieben worden war und man dabei auch vom «Ungarnwein» gesprochen hatte. Ebd., S. 41.

10 Werner profitierte von einer neuen Regelung, die mit dem Eintrittsexamen eingeführt worden war und erstmals für seinen Jahrgang galt. Wer dieses Examen bestanden hatte, konnte nun bereits nach einem Jahr die Artillerie- und Ingenieurschule besuchen. Ebd., S. 43.
11 Ebd., S. 41.
12 Ebd., S. 41.
13 Ebd., S. 42.
14 Militärische Laufbahn von Werner v. Siemens, SAA Z75, Bl. 76.
15 Siemens, Lebenserinnerungen, S. 43.
16 Ein Brief von Carl Soltmann an Werner Siemens aus dem Jahr 1842 ist überliefert in: SAA A220. Carl Soltmann starb 1846. Zu Werners Freundschaft mit der Familie Soltmann siehe S. 467, Anm. 14.
17 Karl Hausmann (ab 1871: von Hausmann) (1816–1879) war ein Sohn des Göttinger Mineralogen Friedrich Hausmann. Er heiratete Anna Soltmann, vermutlich eine Schwester seines Brigadekameraden Soltmann, und stieg als Offizier der preußischen Armee bis in den Rang eines Generalleutnants auf. Vgl. Walther Fischer, Hausmann, Johann Friedrich Ludwig, in: Neue Deutsche Biographie, Bd. 8, Berlin 1969, S. 124 f.
18 Siemens, Lebenserinnerungen, S. 43.
19 Auszüge aus der «Conduitenliste von den Offizieren der 3. Artillerie-Brigade» vom 1.12.1836–1.12.1847, S. 51, SAA 2.Ls 903 (Abschrift aus dem im Zweiten Weltkrieg zerstörten Originaldokument in der Abteilung Heeresarchiv des Preußischen Geheimen Staatsarchivs).
20 Ebd.
21 Siemens, Lebenserinnerungen, S. 41 u. 288 (mit Zitat).
22 Militärische Laufbahn von Werner v. Siemens, SAA Z75, Bl. 76; Auszüge aus der «Conduitenliste von den Offizieren der 3. Artillerie-Brigade» vom 1.12.1836–1.12.1847, S. 51 (Abschrift), SAA 2.Ls 903.
23 Siemens, Lebenserinnerungen, S. 42.
24 Ebd., S. 43 (Zitat); Zeittafel der Wohnorte/Reise-Aufenthalte von Werner v. Siemens 1816–1892, SAA 2.Li 772. Das Gebäude Charitéstraße 4, ein dreistöckiges Mietshaus, wurde 1829 erbaut und steht auch heute noch.
25 Geschichte der brandenburgisch-preußischen Artillerie, bearb. von Louis von Malinowsky I. u. Robert von Bonin, 2. Teil, Berlin 1841, S. 527; Hans Joachim Wefeld, Ingenieure aus Berlin. 500 Jahre technisches Schulwesen, Berlin 1988, S. 125–129.
26 Wefeld, Ingenieure, S. 127 ff.; Geschichte der brandenburgisch-preußischen Artillerie, S. 529 f.
27 Martin Ohm (1792–1892) lehrte als außerordentlicher Professor zugleich an der Universität, an der Bauakademie und an der Artillerie- und Ingenieurschule. 1839 erhielt er eine ordentliche Professur an der Berliner Universität. Der Physiker und Chemiker Gustav Magnus (1802–1870) war damals ebenfalls außerordentlicher Professor. Er gilt als Pionier der Strömungsmechanik und der Wärmelehre. Vgl. Dieter Hoffmann (Hg.), Gustav Magnus und sein Haus, hg. im

Auftrag der Deutschen Physikalischen Gesellschaft, Stuttgart 1995. Gottlieb Erdmann (1798–1876), der an der Artillerie- und Ingenieurschule praktische Chemie lehrte, war Professor an der Königlichen Tierarzneischule in Berlin und Verfasser mehrerer Lehrbücher. Er wird gelegentlich mit dem berühmten Chemiker Otto Linné Erdmann verwechselt.

28 Meno Burg unterrichtete an der Artillerie- und Ingenieurschule von 1816 bis 1853 Artilleriezeichnen und Darstellende Geometrie. Vgl. Meno Burg, Geschichte meines Dienstlebens. Erinnerungen eines jüdischen Majors der preußischen Armee, Neudruck, Teetz 1998 (urspr. 1854 erschienen).
29 Siemens, Lebenserinnerungen, S. 43.
30 Ebd., S. 33 f.; Christian Ferdinand Siemens an Werner Siemens, 17.4.1837, SAA F2310 (auch in: SAA 1.Lk 474–3) («Ich hab mich auch verschiedentlich schlagen müssen, aber alle waren sogleich im ersten rencontre entschieden.»).
31 Christian Ferdinand Siemens an Werner Siemens, 17.4.1837, SAA F2310 (auch in: SAA 1.Lk 474–3; FA 0044). Ähnlich in: Christian Ferdinand Siemens an Werner Siemens, 9.3.1837, SAA F2309 («Ich wollte Deine dummen Paukereien wären vorbei.»).
32 Siehe S. 64.
33 Siemens, Lebenserinnerungen, S. 43.
34 Ebd.
35 Vgl. hierzu v. a. Ute Frevert, Ehrenmänner. Das Duell in der bürgerlichen Gesellschaft, München 1991, S. 99–105 u. 124.
36 Christian Ferdinand Siemens an Werner Siemens, 17.4.1837, SAA F2310.
37 Siemens, Lebenserinnerungen, S. 43.
38 Militärische Laufbahn von Werner v. Siemens, SAA Z75, Bl. 76.
39 Siemens, Lebenserinnerungen, S. 272.
40 Geschichte der brandenburgisch-preußischen Artillerie, S. 527.
41 Siemens, Lebenserinnerungen, S. 44.
42 Christian Ferdinand Siemens (biogr. Material), SAA 1.Lk 474–3.
43 Vgl. hierzu zusammenfassend Friedrich-Wilhelm Henning, Die Industrialisierung in Deutschland 1800 bis 1914, 4. Aufl., Paderborn 1978, S. 55 f.
44 Christian Ferdinand Siemens (biogr. Material), SAA 1.LK 474–3.
45 Christian Ferdinand Siemens an das Großherzoglich Hohe Cammer- und Forst-Collegio, 30.6.1834, FA 0044.
46 Christian Ferdinand Siemens (biogr. Material), SAA 1.Lk 474–3.
47 Vermerk vom 25.5.1835, SAA 1.Ld 807–2.
48 Ebd.
49 Mathilde Siemens an Werner Siemens, Juli 1836, SAA 6.Ls 341.
50 Ehrerb. Vertrag und Bitte des früheren Gutsbesitzers Stender zu Dobbertin wegen Verlängerung des Menzendorfer Pachtcontracts, 29.1.1844, SAA 1.Ld 807–3.
51 Schmoller, Epochen, S. 169.
52 Christian Ferdinand Siemens an Werner Siemens, 24.11.1836, SAA 1.Li 524.
53 Nachtrag von Eleonore Siemens zu: ebd.
54 Zeugnis von G. H. von Päpke für Ferdinand Siemens, 1.6.1837, SAA 1.Ls 969.

55 Pole, Wilhelm Siemens, S. 20; Neugebauer, Siemens, S. 35 f. Wann Wilhelm nach Lübeck übersiedelte, lässt sich nicht mehr feststellen. Die Großheimsche Realschule war im Jahr 1800 von dem Lübecker Lehrer Carl Friedrich von Großheim gegründet worden.

56 Ferdinand Deichmann (1810–1893) und seine Frau Auguste geb. Slevogt (1818–1874) hatten am 24.3.1836 geheiratet. Ein Jahr später wurde Deichmann Inhaber oder Mitinhaber der «Wollen-, Manufactur-, Kramwaren-Handlung und Parfümerie-Fabrik, unter der Firma Heinr. Claßen & Deichmann» am Lübecker Markt. Stammtafeln der Familie Deichmann, Tafel VII, SAA 1.Lc 195; Lübeckisches Adreß-Buch 1837, Lübeck 1837, S. 107. Im Lübecker Adressbuch von 1836 wird Deichmann noch nicht genannt.

57 Eleonore Siemens an Werner Siemens, 26.7.1838, SAA F2321.

58 Ebd.

59 Pole, Wilhelm Siemens, S. 22. Wilhelm Ludwig Deichmann (1798–1876) war der dritte Sohn des Rodenberger Juristen und Bürgermeisters Konrad Deichmann, eines Bruders von Eleonores Vater Ludwig Deichmann. Er wurde 1830 Leiter und Teilhaber des Kölner Handels- und Bankhauses A. Schaaffhausen'scher Bankverein, nachdem er eine Tochter des Unternehmensgründers Abraham Schaaffhausen geheiratet hatte. Später gründete er in Köln das Bankhaus Deichmann & Co. Stammtafeln der Familie Deichmann, Tafel VII, SAA 1.Lc 195; Ingo Köhler, Wirtschaftsbürger und Unternehmer. Zum Heiratsverhalten deutscher Privatbankiers im Übergang zum 20. Jahrhundert, in: Dieter Ziegler (Hg.), Großbürger und Unternehmer. Die deutsche Wirtschaftselite im 20. Jahrhundert, Göttingen 2000, S. 126.

60 Pole, Wilhelm Siemens, S. 22.

61 «Daß Wilhelm Kaufmann werden sollte, wollte mir gar nicht gefallen.» Siemens, Lebenserinnerungen, S. 45.

62 Ebd., S. 52.

63 Pole, Wilhelm Siemens, S. 22.

64 Christian Ferdinand Siemens an Werner Siemens, 21.3.1839, SAA F315 (Abschrift in: SAA 1.Lk 474–3).

65 Mathilde Siemens an Werner Siemens, Juli 1836, SAA 6.Ls 341.

66 Mathilde Himly an Wilhelm Siemens, 4.4.1847, SAA F2402 («Heute vor 10 Jahren zog ich zum ersten Mal in Göttingen ein.»). Zu Friederike von Poten und ihrem Ehemann Ernst von Poten siehe S. 444, Anm. 2. Theodora Auguste Goltermann geb. Deichmann (1807–1893) war in erster Ehe mit William George Goltermann (1795–1838) verheiratet. Das Ehepaar gehörte zum weiteren Umfeld der Brüder Grimm. Nach dem Tod ihres ersten Gatten heiratete Auguste Goltermann 1842 Otto Baring, den Leibarzt des Königs Ernst August von Hannover. Stammtafeln der Familie Deichmann, Tafel VII, SAA 1.Lc 195; Gustav Hugo an Wilhelm Grimm, 8.7.1842, abgedruckt in: Stephan Bialas (Hg.), Briefwechsel der Brüder Jacob und Wilhelm Grimm mit Gustav Hugo (Briefwechsel der Brüder Jacob und Wilhelm Grimm. Kritische Ausgabe in Einzelbänden, Band 3), Stuttgart 2004, S. 326.

67 Christian Ferdinand Siemens an Werner Siemens, 9.5.1837, SAA F2309. Carl Himly (1811–1885) hatte in Göttingen Chemie studiert und wurde dort 1837 habilitiert. 1846 wurde er als ordentlicher Professor an die Universität Kiel berufen.

68 Carl Himlys Vater, der Chirurg und Augenarzt Karl Gustav Himly, starb im März 1837. Die Umstände seines Todes konnten nicht geklärt werden, vermutlich handelte es sich um Selbstmord. Nach Christian Ferdinands Angaben war der Hofrat betrunken in die durch Göttingen fließende Leine gestürzt («Sohn des berühmten Professors, der sich halb in Burgunder u. halb in Leine Wasser ersäuft hat.»). Christian Ferdinand Siemens an Werner Siemens, 9.5.1837, SAA F2309. Zur Biografie vgl. August von Rothmund, Himly, Karl Gustav, in: Allgemeine Deutsche Biographie, Bd. 12, Leipzig 1880, S. 435.

69 Mathilde Himly an Sophie Drumann, 18.8.1842, SAA 2.Li 510.

70 In einem Brief Christian Ferdinands an Werner vom 24.11.1835 heißt es: «Ferdinand macht sich recht gut. […] Auch ist er nicht so dumm wie er wol aussieht.» Der Vater hatte damals vor, Ferdinand auf eine Gewerbeschule zu schicken. SAA 1.Li 524.

71 Siehe hierzu die Charakterisierung der Mutter durch Werners Bruder Wilhelm, wiedergegeben in: Pole, Wilhelm Siemens, S. 9.

72 Mathilde Himly an Wilhelm Siemens, 22.10.1847, FA 0076.

73 Christian Ferdinand Siemens an Reichsfreifrau Grote, 14.9.1827, SAA F1706. Im Oktober 1835 wurde der «Wirtschafter Ludwig Siemens» zusammen mit dem Vater ins Großherzogliche Domänenamt in Schönberg geladen. Verhandelt im Großherzogl. Domänen-Amte zu Schönberg, den 17.10.1835, in Gegenwart des Herrn Drosten von Drenkhahn, FA 0076 (Abschrift aus den Akten des Domänenamts betr. Verpachtung der Meierei Menzendorf). Ob Ludwig davor stets in Menzendorf geblieben war, lässt sich nicht mehr feststellen.

74 Christian Ferdinand Siemens an Werner Siemens, 24.11.1836, SAA 1.Li 524.

75 Christian Ferdinand Siemens an Werner Siemens, 1.7.1837, ebd. (auch in SAA 1.Li 590).

76 Wandrey, Siemens, S. 89; Christian Ferdinand Siemens an Werner Siemens, 27.4.1838, SAA 1.Li 590.

77 Ludwig hatte den Jahreswechsel 1838/39 noch in Menzendorf verbracht. Christian Ferdinand Siemens an Werner Siemens, 31.12.1838, SAA 1.Li 590.

78 Wandrey, Siemens, S. 89.

79 Christian Ferdinand Siemens an Werner Siemens, 27.4.1838, SAA 1.Li. 590.

80 Mathilde Siemens an Werner Siemens, 25.7.1839, SAA 6.Ls 341.

81 Christian Ferdinand Siemens an Werner Siemens, 17.4.1837, SAA 1.Li 590.

82 Christian Ferdinand Siemens an Werner Siemens, 2.9.1838, SAA 1.Li 524.

83 Christian Ferdinand Siemens an Wilhelm Siemens, 24.12.1838, SAA 1.Li 590.

84 Die Todesursache geht aus einem Brief Werners an seinen Bruder Wilhelm vom 20.4.1854 hervor. SAA W29.

85 Christian Ferdinand Siemens an Werner Siemens, 8.7.1839, SAA 1.Li 590 (auch in: SAA 1.Li 524).

86 Mathilde teilte Werner wenige Tage später ihre düsteren Ahnungen mit: «Ich bin nach dem furchtbarsten Aufruhr in meinem Innern jetzt abgestumpft und auf das Furchtbarste nach dem Furchtbarsten gefasst!» Mathilde Himly an Werner Siemens, 25.7.1839, SAA 6.Ls 341.
87 Christian Ferdinand Siemens an Werner Siemens, 16.7.1839, SAA 1.Li 524.
88 Mathilde Himly an Werner Siemens, 25.7.1839, SAA 6.Ls 341.
89 Erinnerungen von Friedrich Siemens, FA 0091; Braune, Katharineum, S. 11. Nach Angaben von Braune besuchte Carl ab Ostern 1840 die Bürgerschule des Katharineums. Ähnlich: Lutz, Carl von Siemens, S. 36. Die Briefe Christian Ferdinands belegen, dass Carl im Herbst 1839 noch in Menzendorf lebte. Christian Ferdinand Siemens an Werner Siemens, 12.11.1839, zitiert nach dem Auszug in: SAA 3.Li 516.
90 Christian Ferdinand Siemens an Werner Siemens, 12.11.1839, zitiert nach SAA 3.Li 516; zu Friedrichs Schulzeit vgl. Erinnerungen von Friedrich Siemens, FA 0091.
91 Siemens, Lebenserinnerungen, S. 45.
92 Ehrerbietigster Bericht des Domänen-Amtes zu Schönberg, 22.12.1839, SAA 1.Li 793.
93 Christian Ferdinand Siemens, SAA 1.Lk 474–3.
94 Mathilde Himly an Werner Siemens, 26.1.1840, SAA 6.Ls 341.
95 Vgl. auch Lutz, Carl von Siemens, S. 32.
96 In Preußen erlangte man die Volljährigkeit damals mit Vollendung des 21. Lebensjahrs, in den meisten deutschen Staaten und auch in Mecklenburg-Strelitz dagegen mit Vollendung des 25. Lebensjahrs. Erst 1875 wurde die Volljährigkeit im gesamten Deutschen Reich auf 21 Jahre festgelegt.
97 Werner Siemens an Mathilde Drumann, 13.3.1852, SAA F1143.
98 Vgl. Siemens, Lebenserinnerungen, S. 62.
99 Hans schrieb am 26.9.1841 an Werner: «Ekengreen ist der bravste Kerl, Eduard ein schwacher, unbeständiger Ja-Bruder.» SAA W1780. Eduard Deichmann (1797–1864) lebte noch nicht lange in Lübeck. Er hatte dort das Gut Hohewarte vor dem Burgtor erworben. Lübeckisches Adreß-Buch 1840, Lübeck 1840, S. 106. Im Lübecker Adressbuch von 1838 findet sich noch kein Eintrag zu ihm.
100 J. G. Ekengreen an das Großherzogl. Hohe Cammer- und Forst-Collegio, 11.2.1840, SAA 1.Ld 807–3. Johann Gustav Ekengreen (1799–1873) stammte aus Lübeck und war von 1822 bis 1866 Pächter des Staatsguts in Wahrsow. URL: http://www.pfhl.de/Kirchspiele/luebeck/i58.htm#i946 [letzter Zugriff am 4.5.2016].
101 Grete Grewolls, Wer war wer in Mecklenburg-Vorpommern? Ein Personenlexikon, Rostock 1995, S. 115. Ekengreen übertrug dieser Stiftung sein Erbe, nachdem seine Gattin und seine beiden Söhne wegen Verschwendung unter Vormundschaft gestellt worden waren. Curatelbestellung für Sophia Ekengreen, geb. Schröder, Gustav und Wilhelm Ekengreen, 7.3.1860, in: Wöchentliche Anzeigen für das Fürstenthum Ratzeburg 30. Jg., Nr. 10, 9.3.1860, S. 3, u. Vorladungen, 22.3.1860, in: ebd., Nr. 18, 4.5.1860, S. 2; URL: wafr.lbmv.de/show.php?action=1860-03-09&marker=on [letzter Zugriff am 4.5.2016].

102 J. G. Ekengreen an das Großherzogl. Hohe Cammer- und Forst-Collegio, 11.2.1840, SAA 1.Ld 807–3.
103 Hans Siemens an Wilhelm Siemens, 26.9.1841, SAA W1780.
104 Braune, Katharineum, S. 11. Siehe hierzu S. 456, Anm. 89.
105 Mathilde Himly an Werner Siemens, 21.9.1839 u. 26.1.1840, SAA 6.Ls 341.
106 Siemens, Lebenserinnerungen, S. 45. Auf Wilhelms Englisch-Unterricht hatte sein Vater noch gedrängt. Englisch sei «die Sprache der Mechanik». Christian Ferdinand Siemens an Werner Siemens, 21.3.1839, SAA 1.Li 590.
107 Brigitte Beer, Louis Schwartzkopff. Lebensbild eines «patriotischen Bürgers und werkthätigen Industriellen», Leipzig 1943, S. 23 f.
108 Siemens, Lebenserinnerungen, S. 51 f.
109 Pole, Wilhelm Siemens, S. 28 ff.
110 Ebd., S. 29.
111 Werner Siemens an Wilhelm Siemens, 26.6.1841, zitiert nach: Pole, Wilhelm Siemens, S. 30.
112 Werner Siemens an Wilhelm Siemens, 21.1.1842, zitiert nach: Pole, Wilhelm Siemens, S. 30 f.
113 Pole, Wilhelm Siemens, S. 32.
114 Ebd., S. 33.
115 Auguste Deichmann an Mathilde Himly, 17.11.1842, SAA 2.Li 544.
116 Mathilde Himly an Werner Siemens, 7.7.1843, SAA F239.
117 Mathilde Himly an Sophie Drumann, 18.8.1842, SAA 2.Li 510.
118 Zitiert nach: Lutz, Carl von Siemens, S. 37.
119 Auguste Deichmann an Mathilde Himly, 17.11.1842, SAA 2.Li 544.
120 Ebd.; Mathilde Himly an Wilhelm Siemens, 24.1.1843, SAA 2.Li 500; Lebenserinnerungen Friedrich Siemens. Nach handschriftlichen Notizen zusammengestellt von Max Herrmann, März 1886, SAA 3.Lr 505.
121 Wilhelm Siemens an Werner Siemens, 21.2.1843, SAA W1788 (auch als Auszug in: SAA 3.Li 516).
122 Mathilde Himly an Wilhelm Siemens, 24.1.1843, SAA 2.Li 500.
123 Siemens, Lebenserinnerungen, S. 47. Siehe hierzu S. 85 f.
124 Mathilde Himly an Sophie Drumann, 18.8.1842, SAA 2.Li 510.

Kapitel 3
«Das verdammte Geld»

1 Siemens, Lebenserinnerungen, S. 45 f.
2 Ebd.
3 Ebd., S. 46 f.
4 Ebd., S. 47.
5 Mathilde Himly an Sophie Drumann, 18.8.1842, SAA 2.Li 510.
6 Auszüge aus der «Conduitenliste von den Offizieren der 3. Artillerie-Brigade» vom 1.12.1836–1.12.1847, SAA 2.Ls 903.
7 Ebd.

8   Siemens, Lebenserinnerungen, S. 45.
9   Zu Henriette Heyse geb. Münderloh siehe S. 465, Anm. 121.
10 Werner Siemens an William Meyer, 17.8.1840, SAA A262.
11 Werner Siemens, Nachtrag vom 19.8.1840 zum Brief an William Meyer vom 17.8.1840, ebd.
12 Werner Siemens an Wilhelm Siemens, 26.6.1841 (geschrieben aus Magdeburg), zitiert nach dem Auszug in: SAA 2.Ld 951.
13 Mathilde Himly an Werner Siemens, 21.9.1839, SAA 6.Ls 341.
14 Siemens, Lebenserinnerungen, S. 48.
15 Ebd., S. 46.
16 Daguerre war es gelungen, Lichtbilder durch die Belichtung versilberter Kupferplatten herzustellen, wobei er sich die Lichtempfindlichkeit von Silberhalogeniden zunutze machte und durch Joddämpfe noch verstärkte. Seine Erfindung wurde im August 1839 von der Pariser Akademie der Wissenschaften bekannt gegeben. Vgl. hierzu u. a. Stefan Siegel (Hg.), Daguerre, Talbot und die Veröffentlichung der Fotografie im Jahr 1839, München 2004.
17 Didaskalia. Blätter für Geist, Gemüth und Publizithät Nr. 289, 29.10.1839, o. S.
18 Jacobi hatte 1834 die elektrolytische Erzeugung von Metallüberzügen erfunden. Ehrenberg, Unternehmungen, S. 11.
19 Siemens, Lebenserinnerungen, S. 50.
20 Ebd.
21 Ebd.
22 Werner Siemens an Mathilde Himly, 20.12.1840, SAA 2.Ls 535–2.
23 Ebd.
24 Die Universität Göttingen, in: Deutsche Jahrbücher für Wissenschaft und Kunst Nr. 143, 15.12.1841, S. 569.
25 Preußisches Patent vom 29.3.1842 für Werner Siemens auf Galvanische Vergoldung (Abschrift), SAA 2.Ld 951; Preussisches Patent auf ein Verfahren, Gold behufs der Vergoldung auf nassem Wege vermittelst des galvanischen Stromes aufzulösen (1842), in: Werner Siemens, Wissenschaftliche und Technische Arbeiten, Bd. 2: Technische Arbeiten, 2. Aufl., Berlin 1891, S. 1.
26 Die Beschreibung enthielt zum Beispiel im zweiten Teil ein Verfahren zur Vergoldung mittels einer Zyankalid-Lösung, wie sie Himly verwandt hatte. Detaillierte Beschreibung meiner Erfindung, betreffend das Niederschlagen des Goldes aus einer Auflösung in kohärenten Platten, sowie das Vergolden und Plattieren der Metalle, 8.1.1844, SAA 2.Ld 951.
27 Werner Siemens an Wilhelm Siemens, 26.6.1841, zitiert nach dem Auszug in: Briefstellen in der Korrespondenz der Geschwister Siemens, in denen von Werners Erfindung der galvanischen Vergoldung und seiner Haft in der Zitadelle Magdeburg die Rede ist, 27.8.1936, ebd.
28 Auszüge aus der «Conduitenliste von den Offizieren der 3. Artillerie-Brigade» vom 1.12.1836–1.12.1847, S. 51, SAA 2.Ls 903.
29 Frevert, Ehrenmänner, S. 109 ff.
30 Siemens, Lebenserinnerungen, S. 49.

31 Werner Siemens an Wilhelm Siemens, 21.1.1842, zitiert nach dem Auszug in: ebd.
32 Auszüge aus der «Conduitenliste von den Offizieren der 3. Artillerie-Brigade» vom 1.12.1836–1.12.1847, SAA 2.Ls 903.
33 Siemens, Lebenserinnerungen, S. 50 f. Diese Darstellung findet sich u. a. in: Ehrenberg, Unternehmungen, S. 11 f.; Artur Fürst, Werner von Siemens, Stuttgart/Berlin 1916, S. 29. Vorsichtiger heißt es in der neueren Biografie von Feldenkirchen, Werner von Siemens, S. 50 f.: «Besonders eine Festungshaft, zu der er als Sekundant bei einem Duell verurteilt wurde, konnte er sinnvoll zu erfolgreichen Versuchen mit galvanischer Versilberung und Vergoldung nutzen.»
34 Siehe Anm. 22 u. 25 auf Seite 458.
35 «Conduitenliste von den Offizieren der 3. Artillerie-Brigade» vom 1.12.1836–1.12.1847, SAA 2.Ls 903.
36 Im Juli 1842 war Werner bei einem Großevent in Schloss Glienicke zwischen Berlin und Potsdam eingesetzt. Der Schlossherr, Prinz Carl von Preußen – ein Bruder des erst seit zwei Jahren regierenden Königs Friedrich Wilhelm IV. – veranstaltete das Fest anlässlich des Geburtstags seiner ältesten Schwester, der mit Zar Nikolaus I. verheirateten Großfürstin Alexandra Fjodorowna. Siemens, Lebenserinnerungen, S. 51.
37 Zuvor war Werner offenbar nach Wittenberg kommandiert worden. Von dort aus schrieb er am 29.9.1842 an Wilhelm, ihm sei soeben die Versetzung nach Berlin zum 1.10. mitgeteilt worden («Das Kommando nach Berlin ist mir sonst zwar ganz angenehm, besonders mit dem schrecklichen Aufenthalte in Wittenberg verglichen, der mich erwartete.»), SAA W8517.
38 Siehe hierzu die Vorschrift über die Verwaltung der Königlichen Artillerie Werkstätten Coblenz, 9.9.1821, Geheimes Staatsarchiv Preußischer Kulturbesitz [im Folgenden: GStA PK] IV. HA Rep. 16 Preußische Armee, Militärvorschriften Nr. 317, Bl. 4 ff.
39 Bemerkung des Brigadiers über Werner Siemens 1846, Auszüge aus der «Conduitenliste von den Offizieren der 3. Artillerie-Brigade» vom 1.12.1836–1.12.1847, SAA 2.Ls 903. Ähnliche Beurteilungen aus den Jahren 1845 und 1847 finden sich in: ebd.
40 Werner Siemens an Wilhelm Siemens, 20.3.1848 («Bruder, ich habe den Berlinern in jener fürchterlichen Nacht feierlich Abbitte getan für die schlechte Meinung, die ich bisher von ihnen gehabt habe!»). SAA 1.Li 512.
41 Die Artilleriekaserne, mit deren Bau 1773 begonnen worden war, wurde später zur Kaiser Alexander-Garde-Grenadier-Kaserne. Sie umfasste nun das gesamte Areal zwischen den heutigen Straßen Am Kupfergraben, Am Weidendamm, Planckstraße und Geschwister-Scholl-Straße. Nach dem Ersten Weltkrieg wurde die Kaserne von Polizeieinheiten und der Reichswehr genutzt, im Dritten Reich dann von der Wehrmacht. Vor 1990 war hier das Wachregiment der Nationalen Volksarmee der DDR «Friedrich Engels» untergebracht. Heute befinden sich auf dem früheren Kasernengelände Einrichtungen der Humboldt-Universität und des Deutschen Historischen Museums. Vgl. hierzu u. a. Volker

Wagner, Die Dorotheenstadt im 19. Jahrhundert. Vom vorstädtischen Wohnviertel barocker Prägung zu einem Teil der modernen Berliner City (Veröffentlichungen der Historischen Kommission zu Berlin, Bd. 94), Berlin 1998, S. 185 f.; Stephan Kaiser, Wie eine feste Burg. Die Kasernen am Kupfergraben, in: Museums Journal Bd. 8 (1994), S. 17–19.

42 Vgl. Christine Becker, Zur Geschichte des Magnus-Hauses, in: Hoffmann (Hg.), Gustav Magnus, S. 109; Terry Pinkard, Hegel. A Biography, Cambridge 2000, S. 415.

43 Mathilde Himly an Werner Siemens, 7.7.1843, SAA F2391. Werners Freund war von einem Kriegsgericht zum Tode verurteilt worden («mit dem Beile vom Leben zum Tode zu befördern»), obwohl sich Werner und andere Offiziere der 3. Artillerie-Brigade für ihn eingesetzt hatten. Durch königliche Kabinettsordre wurde Meyer zu lebenslanger Haft begnadigt. Akte des General-Auditoriats in Untersuchungssachen des Sec.-Lieutenants Adolph H. W. Meyer der 3. Artillerie-Brigade wegen Tötung im Duell, 1841, SAA 2.Ls 903 (mit Zitat) (Abschrift aus einer vermutlich im Zweiten Weltkrieg zerstörten Akte des Geheimen Archivs des Kriegsministeriums); Auszüge aus der «Conduitenliste von den Offizieren der 3. Artillerie-Brigade» vom 1.12.1836–1.12.1847, SAA 2.Ls 903.

44 Siemens, Lebenserinnerungen, S. 50.

45 Vertrag zwischen dem Lieutnant in der Königlichen Preussischen Artillerie, Herrn Siemens, und den Neusilber-Fabrikanten Herren J. Henniger & Co., 18.11.1842, SAA Z06. Ein Auszug aus diesem Vertrag findet sich in: Siemens, Lebenserinnerungen, S. 52. Die Neusilberfabrik J. Henniger & Co. war 1824 in Berlin und Schneeberg gegründet worden.

46 Siemens, Lebenserinnerungen, S. 52.

47 Ehrenberg, Unternehmungen, S. 12 u. 18. Vgl. auch Siemens, Lebenserinnerungen, S. 56.

48 Zitiert nach der Darstellung in: Mathilde Himly an Wilhelm Siemens, 24.1.1843, SAA 2.Li 500.

49 Wilhelm Siemens an Werner Siemens, 21.2.1843, SAA W1788.

50 Wilhelm vereinbarte damals mit dem Hamburger Fabrikanten Klopfer, diesen gegen Zahlung von 10 Louisdor bei der Herstellung einer Goldlösung anzuleiten und eine dafür benötigte Batterie zu konstruieren. Pole, Wilhelm Siemens, S. 42 f.

51 Wilhelm Siemens an Werner Siemens, 21.2.1843, SAA W1788.

52 Werner Siemens an Wilhelm Siemens, 27.2.1843, SAA W8518 (mit Zitat); Pole, Wilhelm Siemens, S. 42 f.

53 Pole, Wilhelm Siemens, S. 45 f.

54 Zitat aus der Ansprache von Wilhelm Siemens in der Town Hall von Birmingham am 28.10.1881, zitiert nach der Übersetzung in: Pole, Wilhelm Siemens, S. 47.

55 Ferdinand Deichmann hatte Wilhelm ein Empfehlungsschreiben an den Silberhändler Beach & Minte in Birmingham mitgegeben. Eine weitere Empfehlung ließ sich Wilhelm von einem Londoner Patent-Office ausstellen. Pole, Wilhelm Siemens, S. 47 f.

56 Wilhelm Siemens an Werner Siemens, 16.3.1843, SAA W1790; Matschoss (Hg.), Werner Siemens, S. 20.
57 Pole, Wilhelm Siemens, S. 49 f.; Wilhelm Siemens an Werner Siemens, 1.5.1843, SAA W1791. Zur Umrechnung von Pfund in Taler nach dem Berliner Wechselkurs von 1843 (67,50 Taler = 10 Pfund Sterling): Markus A. Denzel, Handbook of World Exchange Rates, 1590–1914, Farnham 2010, S. 242.
58 Mathilde Himly an Werner Siemens, 7.7.1843, SAA F2391.
59 Vgl. z. B. Josua Heilmann, Über den Regulator von Dampfmaschinen, in: Polytechnisches Journal, 71. Bd. (1840), S. 257–261. Einen Überblick gibt: Conrad Matschoss, Die Geschichte der Dampfmaschine. Ihre kulturelle Bedeutung, technische Entwicklung und ihre großen Männer, Nachdruck Hamburg 2013 (Orig. Berlin 1901), S. 117–124.
60 Matschoss (Hg.), Werner Siemens, S. 19.
61 Ebd.
62 Pole, Wilhelm Siemens, S. 52.
63 Vertrag zwischen Werner Siemens und Ferdinand Leonhard über die Verwertung des Regulators, 17.3.1844, SAA 2.Lk 522. Leonhards Name wird in der Literatur häufig «Leonhardt» geschrieben. Wie er sich selbst schrieb, lässt sich nicht mehr feststellen. Im Folgenden wird die Schreibweise des Namens verwandt, die sich in den Briefen der Siemens-Brüder und in zeitgenössischen Veröffentlichungen findet. Als Beispiel für Letztere: Dr. Garthe, Leonhard's elektrischer Telegraph, in: Polytechnisches Journal Jg. 1848, Bd. 107, Miszelle 2, S. 155 f.
64 Pole, Wilhelm Siemens, S. 54.
65 Ebd., S. 56.
66 Siemens, Lebenserinnerungen, S. 55 f.
67 22.10.1844 Preuss. Patent auf Regulator für Werner und Wilh. Siemens, Nr. 154 455, SAA 2.Lk 522; Abschrift aus Acta der Königl. Technischen Deputation für Gewerbe betr: Regulatoren (Bewegungs-) f. Kraftmaschinen excl. Expansionsvorr. Schützenzüge etc., ebd. Die für die Patenterteilung zuständige Technische Deputation für Gewerbe hatte einen ersten Patentantrag im April 1844 wegen zu geringer Erfindungshöhe abgelehnt.
68 Siemens, Lebenserinnerungen, S. 105.
69 Matschoss, Geschichte, S. 217 ff.
70 Siemens, Lebenserinnerungen, S. 55.
71 Pole, Wilhelm Siemens, S. 43.
72 Das anastatische Druckverfahren (von griechisch ἀνάστασις/ánástasis: Wiedererweckung, Wiederauferstehung) wurde um 1840 von Rudolf Appel, einem Schlesier, erfunden und später von Michael Faraday nutzbar gemacht. Carl B. Lorck, Handbuch der Geschichte der Buchdruckerkunst, Teil 2, Leipzig 1883.
73 Nachdem Baldamus 1879 gestorben war, schrieb Werner, dass dieser der «letzte meiner alten militärischen Freunde» gewesen sei. Werner Siemens an Carl Siemens, 1.7.1879, SAA W6508. Baldamus' Tätigkeit als Sekretär im Generalstab erschließt sich lediglich aus seinem Gesellschaftsvertrag mit Werner Siemens.

74 Gesellschaftsvertrag zwischen Carl Friedrich Christoph Baldamus (Sekretär im Königlichen Generalstab und Druckereibesitzer) und Ernst Werner Siemens (Leutnant in der 3. Königlichen Artilleriebrigade) über den anastatischen Druck, 10.2.1845, SAA 2.Lh 620. Werner schloss diesen Vertrag auch im Namen seines Bruders Wilhelm ab.
75 Vollmacht an Wilhelm Siemens vom 20.12.1844 (mit notarieller Beurkundung), ebd. Entgegen den Angaben in Werners *Lebenserinnerungen* hatte Wilhelm diese Vollmacht somit noch nicht, als er im Februar 1844 zum zweiten Mal nach England fuhr. Vgl. Siemens, Lebenserinnerungen, S. 54.
76 Wilhelm Siemens an Werner Siemens, 6.5.1845, SAA W1821.
77 Siemens, Lebenserinnerungen, S. 54.
78 Ulrich Kreutzer, Von den Anfängen zum Milliardengeschäft. Die Unternehmensentwicklung von Siemens in den USA zwischen 1845 und 2001 (Beiträge zur Unternehmensgeschichte, 33), Stuttgart 2013, S. 66.
79 URL: http://patft.uspto.gov [letzter Zugriff am 6.5.2016].
80 Edward J. Law, The Introduction of Anastatic Printing to America, in: Journal of the Printing History Society, New Series, No. 4, 2009, pp. 41–55; Lita Solis Cohen, The Anastatic Copy of the Declaration of Independence, in: Maine Antique Digest, Vol. 36, Issue 9, Sept. 2008, p. 1.
81 Siehe Kapitel 4.
82 Matschoss (Hg.), Werner Siemens, S. 20 f. u. 24.
83 Wilhelm Siemens an Werner Siemens, 16.10.1847, SAA W1566; Pole, Wilhelm Siemens, S. 70.
84 Werner Siemens/Wilhelm Siemens, Verfahren Kieselerde zu lösen und ihre Auflösung zur Erzeugung künstlicher Steine zu benutzen, in: Polytechnisches Journal 106 (1847), Miszelle 2, S. 448–451; Ludwig Darmstaedter (Hg.), Handbuch zur Geschichte der Naturwissenschaften und der Technik, Berlin/Heidelberg 1908, S. 486.
85 Werner Siemens, Über die Anwendung der erhitzten Luft als Triebkraft, in: ders., Gesammelte Abhandlungen und Vorträge, Berlin 1881, S. 8 (zuerst veröffentlicht in: Polytechnisches Journal 97 (1845), S. 329). Vgl. hierzu Matschoss (Hg.), Werner Siemens, S. 22 f.
86 Anwendung des elektrischen Funkens zur Geschwindigkeitsmessung, in: ders., Gesammelte Abhandlungen, S. 23–31. Vgl. auch Veröffentlichungen, Patente und Vorträge von Werner von Siemens. Zusammengestellt anläßlich der 150. Wiederkehr seines Geburtstages von der Schriftleitung der «Entwicklungsberichte der Siemens-Halske-Werke», Berlin/München 1966.
87 Siemens, Lebenserinnerungen, S. 62 f.
88 Darauf deutet ein Hinweis Himlys in einem Brief an Werner vom 17.9.1845 hin: «Was die Schiessgeschichte mit Anwendung des Elektromagnetismus betrifft, so mache damit was Du willst u. bin ich bereit, Dich nötigenfalles zu unterstützen.» SAA F2158. In den *Lebenserinnerungen* schrieb Werner, die Schießbaumwolle sei kurz zuvor von Christian Friedrich Schönbein in Basel erfunden worden. Allgemein wird die Erfindung der Schießbaumwolle durch

Schönbein und den Frankfurter Chemiker Rudolf Christian Böttger auf das Jahr 1846 datiert.
89 Siemens, Lebenserinnerungen, S. 62–66.
90 Werner Siemens, Über die Anwendung der erhitzten Luft als Triebkraft, in: ders., Gesammelte Abhandlungen, S. 1–8 (zuerst veröffentlicht in: Polytechnisches Journal 97 (1845), S. 324–329); ders., Beschreibung des Differenzregulators der Gebrüder Werner und Wilhelm Siemens (1845), in: ders., Wissenschaftliche und Technische Arbeiten, Bd. 2, S. 2–11 (zuerst veröffentlicht in: Polytechnisches Journal 98 (1845), S. 81–89); ders., Anwendung des elektrischen Funkens zur Geschwindigkeitsmessung, in: ders., Gesammelte Abhandlungen, S. 23–31 (zuerst veröffentlicht in: Poggendorffs Annalen der Physik und Chemie 66 (1845), S. 435–445).
91 Anwendung des elektrischen Funkens zur Geschwindigkeitsmessung. Vortrag in der Physikalischen Gesellschaft Berlin, 3.10.1845; Über variable Expansion bei Dampfmaschinen, und ein neues Drosselventil. Vortrag in der Physikalischen Gesellschaft Berlin, 17.4.1846. Vgl. Veröffentlichungen, Patente und Vorträge von Werner von Siemens.
92 Vgl. hierzu Wolfgang Schreier, Werner von Siemens und die Physikalische Gesellschaft, in: Dieter Hoffmann/Wolfgang Schreier (Hg.), Werner von Siemens (1816–1892). Studien zu Leben und Werk (PTB-Texte Bd. 2), Braunschweig 1995, S. 103–115.
93 Wolfgang Schreier, Gustav Magnus und die Physikalische Gesellschaft zu Berlin – ein ambivalentes Verhältnis?, in: Hoffmann (Hg.), Gustav Magnus, S. 55 ff.
94 Siemens, Lebenserinnerungen, S. 56. Vgl. Horst Kant, Ein «mächtig anregender Kreis» – die Anfänge der Physikalischen Gesellschaft zu Berlin (Max-Planck-Institut für Wissenschaftsgeschichte, Preprint 202), Berlin 2002. Zu den Anfängen der Physikalischen Gesellschaft zu Berlin vgl. ferner Ewald Blocher, Johann Georg Halske (Lebenswege, 1), München 2014, S. 17 f.
95 Kant, Anfänge, S. 8. Unter den Naturwissenschaftlern, die der Physikalischen Gesellschaft zu Berlin im ersten Jahr angehörten, befanden sich sieben Physiker, vier Physiologen, drei Chemiker, drei Astronomen, zwei Meteorologen und ein Mineraloge. Ebd.
96 Siemens, Lebenserinnerungen, S. 58.
97 Siehe S. 47.
98 Werner Siemens an Wilhelm Siemens, 9.10.1845, SAA W8540.
99 Aus einem Brief Wilhelms an einen Londoner Kollegen vom 19.6.1846 geht hervor, dass er bereits zwei derartige Angebote abgelehnt hatte. Vgl. Pole, Wilhelm Siemens, S. 69. Wie seriös diese Angebote waren, lässt sich nicht feststellen. Im Mai 1846 hat Wilhelm angeblich eine Offerte aus Peru erhalten. Er sollte die «Leitung der ganzen Peruanischen Industrie» übernehmen und den von britischem Kapital dominierten Bergbau des Landes organisieren. Ebd., S. 68; Matschoss (Hg.), Werner Siemens, S. 23.
100 Dieses Vorhaben soll nicht zustande gekommen sein, weil man Wilhelm bei der Seehandlung für zu jung hielt. Matschoss (Hg.), Werner Siemens, S. 23. Zur

Maschinenbau-Anstalt Moabit vgl. Ilja Mieck, Preußische Gewerbepolitik in Berlin 1806–1844, Berlin 1965, S. 186–193.
101 Pole, Wilhelm Siemens, S. 66.
102 Ebd., S. 62.
103 Werner Siemens an Wilhelm Siemens, 20.5.1846, SAA W1581.
104 Siemens, Lebenserinnerungen, S. 109.
105 Werner Siemens an Wilhelm Siemens, 3.1.1847, SAA W1063.
106 Friedrich Siemens an Werner Siemens, 8.3.1844, zitiert nach der Abschrift in der Briefsammlung in: SAA 3.Li 516. Wie dort vermerkt ist, war dieser Brief im Original ebenso wie die anderen frühen Briefe Friedrichs «völlig unorthographisch geschrieben».
107 Friedrich Siemens an Werner Siemens, 13.2.1845, zitiert nach der Briefsammlung in: SAA 3.Li 516; Lebenserinnerungen Friedrich Siemens. Nach handschriftlichen Notizen zusammengestellt von Direktor Max Herrmann, März 1886, SAA 3.Lr 505.
108 Erinnerungen von Friedrich Siemens, FA 0091.
109 Rückblickend schrieb Friedrich, er habe sich «mit unzureichenden Kenntnissen» bei der Marine beworben. Ebd.
110 Vollmacht von Johann Gustav Ekengreen an Werner Siemens, 10.11.1845, abgedruckt in: Siemens, Lebenserinnerungen, S. 47. Nach den Bestimmungen in Mecklenburg-Strelitz war Friedrich anders als in Preußen erst mit 25 Jahren volljährig.
111 Eleonore (Helene) Deichmann an Carl Siemens, 11.8.1845, SAA 2.Li 596. Vgl. hierzu auch das ausführlichere Zitat aus diesem Brief in: Lutz, Carl von Siemens, S. 39.
112 Wohnorte/Reise-Aufenthalte von Werner von Siemens, Zeittafel 1816–1892, SAA 2.Li 772; Carl Siemens an Wilhelm Siemens, 25.9.1845, SAA W1781; Lutz, Carl von Siemens, S. 40.
113 Carl Siemens an Wilhelm Siemens, 25.9.1845, SAA W1781.
114 Lutz, Carl von Siemens, S. 41.
115 Werner Siemens an Wilhelm Siemens, 20.5.1846, SAA W1581.
116 Zitiert nach dem Bericht in der Beilage zu den Berlinischen Nachrichten von Staats- u. gelehrten Sachen, 7.8.1845, auszugsweise abgedruckt in: Siemens, Lebenserinnerungen, S. 63. Vgl. hierzu Wandrey, Siemens, S. 220 ff. Nach Werners *Lebenserinnerungen* hätte es sich um eine Kundgebung für den damals recht populären Freikatholiken Johannes Ronge gehandelt. Ebd., S. 61 f. Dem oben erwähnten Presseartikel zufolge hatte dagegen eine Versammlung der «protestantischen Freunde», also der sogenannten Lichtfreunde, stattgefunden, die sich später mit Ronges freireligiöser Bewegung zusammenschlossen. Zum Hintergrund vgl. Jörn Brederlow, «Lichtfreunde» und «freie Gemeinden». Religiöser Protest und Freiheitsbewegung im Vormärz und in der Revolution von 1848/49, München/Wien 1976.
117 In der historischen Forschung gelten die Lichtfreunde auch als «politische Ersatzbewegung des liberalen Bürgertums». Brederlow, «Lichtfreunde», S. 26.

Die Anhänger dieser Bewegung kamen aus dem Bildungs- und Besitzbürgertum wie aus kleinbürgerlichen Schichten. Ebd., S. 43.
118 Siemens, Lebenserinnerungen, S. 61 f.
119 Mathilde Himly an Werner Siemens, 8.7.1843, SAA F2391 («An Deine Minna habe ich noch nicht geschrieben ...»). Dass es sich um eine Kusine Werners handelte, geht aus einem Brief Mathilde Himlys an Wilhelm hervor. Siehe hierzu Anm. 120 auf dieser Seite. Die einzige Kusine dieses Namens, die dem Alter nach in Betracht kommt, war Wilhelmine Sabine (gen. Minna) Siemens (1824–1888), eine Tochter des Amtmanns und Gutspächters August Siemens in Kölleda. Stammbaum Familie Siemens, S. 152. Vgl. hierzu auch Wandrey, Siemens, S. 365.
120 Mathilde Himly schrieb am 13.7.1845 an Wilhelm: «Von Deiner Verlobung war uns bis dahin noch nichts zu Ohren gekommen ... Diesmal wird es aber wohl der Scherz sein, den Spangenbergs und wir mit Werner und seiner Cousine Minna hatten.» Von einer Verlobung Wilhelms in dieser Zeit ist nichts bekannt. Möglicherweise handelte es sich auch hierbei um einen «Scherz» der Schwester. SAA F2397.
121 Henriette Heyses Ehemann Johann Christian Heyse hatte von 1819 bis zu seinem Tod im Jahr 1829 die höhere Töchterschule in Magdeburg geleitet. Er war mit ihr in zweiter Ehe verheiratet. Henriette Heyse starb 1850 im Alter von 59 Jahren in Magdeburg an der Cholera. Zu Heyses Biografie vgl. Anne-Françoise Ehrhard, Die Grammatik von Johann Christian Heyse. Kontinuität und Wandel von allgemeiner Grammatik und Schulgrammatik (1814–1914) (Studia linguistica Germanica, 45), Berlin/New York 1998, S. 20–23.
122 Henriette Heyse an Werner Siemens, 16.7.1843, SAA A170.
123 Werner Siemens an Wilhelm Siemens, 25.9.1845, SAA W8539.
124 Wilhelm Siemens an Werner Siemens, 19.6.1846, zitiert nach: Pole, Wilhelm Siemens, S. 69.
125 Werner Siemens an Wilhelm Siemens, 2.4.1846, SAA W1578.
126 Mathilde Himly an Wilhelm Siemens, 22.10.1847, FA 0076 (Zitat); Mathilde Himly an Wilhelm Siemens, 10.2.1848 (vermutlich), SAA 2.Li 500. Carl und Mathilde Himly hatten insgesamt sechs Kinder: Karl (1840–1862), Adolf (1843–1901), Leopold (1845–1853), Eleonore (Elly) (1846–1853), Max (1852–1925), Rosanne (1854–1922). Stammbaum Familie Siemens, S. 155.
127 «Er hat viel zu viel Aehnlichkeit in seinem Wesen mit Ludwig in seinen Jugendjahren», schrieb Werner über Walter an Wilhelm. Ähnlich hieß es in einem Brief Mathildes an Wilhelm über Otto: «Ich sehe mit steter Betrübnis, wie er ganz so ist, wie ich mich Ludwig's als Knaben erinnere ...» Werner Siemens an Wilhelm Siemens, 2.4.1846, SAA W1578; Mathilde Himly an Wilhelm Siemens, 22.10.1847, FA 0076. Vgl. ferner Mathilde Himly an Wilhelm Siemens, 10.2.1848 (vermutlich), SAA 2.Li 500 («Wie kommen Ludwig, Walter und Otto an diesen Charakter? Beide Eltern waren so aufrichtig!»).
128 Ludwig Siemens an Eduard Deichmann, 8.6.1846, SAA 2.Li 510.
129 Mathilde Siemens an Werner Siemens, 8.3.1847, SAA F1510.

130 Wilhelm Siemens an Werner Siemens, 11.3.1847, SAA W1039.
131 Mathilde Himly an Werner Siemens, 4.4.1847, SAA F2404 («Einen Gebesserten soll man ehren.»).
132 Werner Siemens an Wilhelm Siemens, 1.4.1847, SAA W1065.
133 Adolf Deichmann an Werner von Siemens, 14.10.1892, FA 0076. Adolf Deichmann war ein Sohn von August Deichmann, dem ältesten Bruder von Werners Mutter. Woldenberg wurde 1945 das polnische Dobiegniew. Schon vor 1945 waren dort keine Unterlagen mit einer Eintragung zu Ludwig Siemens vorhanden. Dies ergab eine Anfrage des Siemens-Archivs im Jahr 1941. Siemens-Archiv an die Stadtverwaltung zu Woldenberg, Einwohneramt, 3.1.1941, FA 0076; Vermerk des Stadt-Archivs Woldenberg i. d. Neumark betr. Ludwig Siemens, 16.1.1941, ebd.
134 Adolf Deichmann an Werner von Siemens, 14.10.1892, FA 0076.
135 Werner Siemens an Carl Siemens, 14.2.1871, zitiert nach dem Auszug in: ebd.
136 Ebd.; Carl Siemens an Werner Siemens, 18.2.1871, zitiert nach dem Auszug in: ebd.
137 Nach der Interpretation der Siemens-Juristen, der sich das zuständige Notariat offenbar anschloss, war Ludwigs Erbteil verfallen, weil er es nicht angetreten hatte. Er konnte es daher auch nicht seinen Erben hinterlassen. Vielmehr war es bereits an seine damaligen Miterben, also die Geschwister, übergegangen. Georg Siemens an Friedrich Crome, 17.3.1871, SAA F140.

Kapitel 4
«Halskes Werkstatt»

1 Werner Siemens an Wilhelm Siemens, 14.12.1846 (undatiert mit nachträglich eingefügter Bleistiftdatierung 14.12. über diesem Teil des Briefs), SAA W1594. Zu Meyers Versetzung nach Berlin: Werner Siemens an Wilhelm Siemens, 2.4.1846, SAA W1555/W1578.
2 Werner Siemens an Wilhelm Drumann, 12.1.1847, SAA F505.
3 Werner Siemens an Wilhelm Siemens, 25.1.1847, SAA W1064.
4 Johann Georg (1805–1879) war ein Sohn des Gutspächters Johann Georg Siemens (1764–1827), des ältesten Bruders von Christian Ferdinand. Er war nach dem Studium der Rechtswissenschaft in Göttingen und Berlin in den preußischen Staatsdienst eingetreten und arbeitete zunächst als Assessor in Torgau, dann als Landgerichtsrat in Zeitz. 1837 heiratete er Marie von Sperl, zwei Jahre später wurde der Sohn Georg, das einzige Kind des Ehepaars, geboren. 1846 zog die Familie von Zeitz nach Berlin. Karl Helfferich, Georg von Siemens. Ein Lebensbild aus Deutschlands großer Zeit, Bd. 1, Berlin 1921, S. 6–10 u. 76.
5 Werner Siemens an Wilhelm Siemens, 19.11.1846, SAA W1592.
6 Ebd.
7 Werner Siemens an Wilhelm Siemens, 3.1.1847, SAA W1063.
8 Ebd.
9 Werner Siemens an Wilhelm Siemens, 14.12.1846, SAA W1594.

10 Werner Siemens an Wilhelm Siemens, 3.1.1847, SAA W1063.
11 Den Regulator wollte Werner einem jungen Unternehmer namens Schoettler zum Kauf anbieten. Das Verfahren zur Gewinnung künstlicher Steine verkaufte er an den früheren Leutnant Bayer, ein Mitglied der Physikalischen Gesellschaft zu Berlin, gegen eine kleine Beteiligung an dessen späteren Erträgen. Werner Siemens an Wilhelm Siemens, 3.1.1847, SAA W1063.
12 Werner Siemens an Wilhelm Siemens, 15.7.1846, SAA W1586.
13 Ebd.
14 Siemens, Lebenserinnerungen, S. 60. Der Apotheker Conrad Heinrich Soltmann hatte in Berlin die Mineralwasserfabrik Dr. Struve & Soltmann gegründet, eine Niederlassung der wenige Jahre zuvor in Dresden entstandenen Mineralwasserfabrik und Trinkwasseranstalt des Arztes Friedrich Struve. Werner war mit der Familie durch seinen 1846 verstorbenen Brigadekameraden Carl Soltmann bekannt geworden, einen Sohn des Fabrikanten. Ein Brief von Carl Soltmann an Werner Siemens aus dem Jahr 1842 ist überliefert in: SAA A220.
15 Soltmann-Patent auf Wheatstone's Telegraf, 10.5.1842, SAA 2.Lk 522; Conrad Heinrich Soltmann an das Preußische Finanzministerium, Gewerbedeputation, 27.2.1842, ebd.
16 Siemens, Lebenserinnerungen, S. 60.
17 Ebd.
18 Ebd.; Dr. Garthe, Leonhard's elektrischer Telegraph, in: Polytechnisches Journal Jg. 1848, Bd. 107, Miszelle 2, S. 155 f.
19 Werner Siemens, Die elektrische Telegraphie (1866), in: ders., Wissenschaftliche und Technische Arbeiten, Bd. 2, S. 200; Ernst Feyerabend, An der Wiege des elektrischen Telegraphen, in: Deutsches Museum, Abhandlungen und Berichte 5. Jg. 1933, H. 5, S. 166 f.; Reinhard Witzlau, Der Zeigertelegraf von Werner Siemens und Johann Georg Halske aus den Jahren 1846/47 (Schriftenreihe der Werner-von-Siemens-Schule Gransee, 1), Gransee 2012, S. 15.
20 Ernst Feyerabend, Der Telegraph von Gauß und Weber im Werden der elektrischen Telegraphie, Berlin 1933, S. 2 ff.
21 Franz August O'Etzel (1784–1850) hieß eigentlich Franz August Oetzel, er nannte sich aber unter Verwendung seines irischen Adels O'Etzel. Nachdem sein Adelstitel 1846 in Preußen anerkannt worden war, hieß er von Etzel.
22 Vgl. Horst A. Wessel, Die Entwicklung des elektrischen Nachrichtenwesens in Deutschland und die rheinische Industrie. Von den Anfängen bis zum Ausbruch des Ersten Weltkrieges (Zeitschrift für Unternehmensgeschichte, Beiheft 25), Wiesbaden 1983, S. 141 ff.; Dieter Herbarth: Die Entwicklung der optischen Telegrafie in Preußen. Köln 1978.
23 Volker Aschoff, Geschichte der Nachrichtentechnik, Bd. 2: Nachrichtentechnische Entwicklungen in der ersten Hälfte des 19. Jahrhunderts, Berlin/Heidelberg 1987, S. 65–94.
24 Geoffrey Hubbard, Cooke and Wheatstone and the Invention of the Electric Telegraph, London 1965, v. a. S. 68 ff. u. 115 ff.; Museum für Kommunikation (Hg.), In 28 Minuten von London nach Kalkutta. Aufsätze zur Telegraphiege-

schichte aus der Sammlung Dr. Hans Pieper im Museum für Kommunikation, Bern 2000, S. 42 ff.

25 Alleruntertänigster Bericht über die Anlage einer elektrischen Telegraphenlinie zwischen Berlin und Potsdam, 13.1.1841, abgedruckt in: ebd., Anlage 16, S. 197 ff. Vgl. hierzu: Anton A. Huurdeman, The Worldwide History of Telecommunications, Hoboken, New Jersey 2003, S. 67; Wessel, Entwicklung, S. 146 ff. Zu Moltrecht vgl. Aschoff, Geschichte, S. 236.

26 Eingabe des Uhrenfabrikanten Ferdinand Leonhardt in Berlin vom 26.10.1844 an das Kriegsministerium betreffend Herstellung eines verbesserten elektromagnetischen Telegraphen, abgedruckt in: Feyerabend, Telegraph, Anlage 18, S. 205.

27 Die genaueste Uhr, in: Der Sammler (Beilage zur Augsburger Abendzeitung) 12. Jg. 1843, Nr. 1, S. 4.

28 Wessel, Entwicklung, S. 150.

29 Franz August O'Etzel an den Chef des Generalstabs, General von Krauseneck, 16.2.1842, GStA HA Rep. 89 Geheimes Zivilkabinett, jüngere Periode, Nr. 29 917.

30 Feyerabend, Telegraph, S. 124; Wessel, Entwicklung, S. 150 f.

31 In den USA ging 1844 eine Telegrafenlinie zwischen Washington und Baltimore in Betrieb, in Österreich wurde 1846 eine Versuchslinie zwischen Wien und Brünn errichtet. Huurdeman, History, S. 59 ff.; Museum für Kommunikation (Hg.), 28 Minuten, S. 44 u. 51; Franz Pichler, Die Einführung der Morse-Telegraphie in Deutschland und Österreich. Die konstruktive Entwicklung der Apparate, in: e&i Elektrotechnik und Informationstechnik Heft 9, 2006, S. 402–408.

32 Hans Walter Wichert, Dr. August Kramer. Leben und Werk (Schriftenreihe des Wissenschaftlichen Vereins zu Nordhausen gegründet 1855 e. V., 1), Nordhausen 1997, S. 20; Werner Siemens an Wilhelm Siemens, 20.8.1846, SAA W1588.

33 Werner Siemens an Wilhelm Siemens, 20.8.1846, SAA W1588.

34 Wichert, Kramer, S. 21.

35 Siemens, Lebenserinnerungen, S. 101. Ob Kramer von sich aus auf dieses Prinzip gekommen war oder erst durch Werners Angaben den Vorteil einer derartigen Konstruktion erkannt hat, lässt sich nicht mehr feststellen. Die für Patente zuständige Gewerbedeputation hielt den neuen Kramer-Telegrafen jedenfalls für eine eigenständige Erfindung und erteilte Kramer auf diesen Apparat ein Patent, obwohl der Siemens-Zeigertelegraf zu diesem Zeitpunkt bereits durch ein Patent geschützt war. Ebd.

36 Leonhard war offenbar nicht bereit, die Erträge aus der Verwertung des von ihm erworbenen Kramer-Telegrafen mit Werner zu teilen, wie es der Vertrag zwischen beiden vorsah. Daraufhin nahm Werner seine Zusage zurück, Leonhard an zukünftigen Erträgen des Siemens-Telegrafen zu beteiligen. Werner Siemens an Wilhelm Siemens, 10.9.1846, SAA W1589. Nach dieser Abschrift des Briefs hat Leonhard den Kauf des Kramer-Telegrafen allein bezahlt. In den *Lebenserinnerungen* schrieb Werner dagegen, er habe Kramer dessen Apparat für 500 Taler aus Mitleid abgekauft. Siemens, Lebenserinnerungen, S. 101. Wichert

deutet den Vorgang in seiner Kramer-Biografie so, dass Leonhard der Käufer war, das Geld aber von Werner stammte. Wichert, Kramer, S. 20 u. 33. Als Beleg verweist er auf eine Abschrift des Briefs von Werner an Wilhelm vom 10.9.1846 in der Akte SAA 2.Li 552 (Abschrift aus dem Kopierbuch). Darin heißt es «… da seine Frau nicht wollte, dass er das alleinige Eigenthum des von <u>mir</u> bezahlten Cramer'schen Telegraphen mit mir theilte.» [eigene Hervorhebung, J. B.]. In der oben genannten Abschrift dieses Briefs in SAA W1589 lautet das entscheidende Wort anders: «… da seine Frau nicht wollte, dass er das alleinige Eigenthum des von <u>ihm</u> bezahlten Cramer'schen Telegraphen mit mir theilte.» [eigene Hervorhebung, J. B.]. Das Original dieses Briefes ist nicht mehr auffindbar, doch existieren zwei weitere Abschriften, in denen an der betreffenden Stelle jeweils «ihm» und nicht «mir» steht. Diese Abschriften finden sich in SAA 2.Li 512 und SAA 2.Lr 3. Auch in dem bereits oben wiedergegebenen Zitat aus dem Brief Werners an Wilhelm vom 20.8.1846 wird Leonhard als Käufer genannt («verkaufte an Leonhard für 500 Thaler»), SAA W1588. Die Quellenlage spricht somit eher dafür, dass Leonhard den Kauf des Kramer-Telegrafen bezahlt hat. Das ist auch deshalb höchst wahrscheinlich, weil Werner unter Geldnot litt und nicht in der Lage gewesen sein dürfte, den Betrag aufzubringen.

37 Werner Siemens an Wilhelm Siemens, 10.9.1846, SAA W1589.
38 Werner Siemens an Wilhelm Siemens, 1.10.1846, SAA W1590; Werner Siemens an Wilhelm Siemens, 19.11.1846, SAA W1592; Siemens, Lebenserinnerungen, S. 184.
39 Werner Siemens an Wilhelm Siemens, 11.12.1846, SAA W1593.
40 Emil du Bois-Reymond (1818–1896) studierte Medizin, spezialisierte sich auf die Erforschung der «tierischen Elektrizität», wurde 1846 habilitiert und arbeitete anschließend am Anatomischen Museum. 1851 wurde er zum Mitglied der Preußischen Akademie der Wissenschaften gewählt, 1855 auf eine Professur für Physiologie an der Berliner Universität berufen. Anlässlich Werners Aufnahme in die Preußische Akademie der Wissenschaften im Jahr 1874 verwies du Bois-Reymond auf seine 30-jährige Freundschaft mit ihm. Emil du Bois-Reymond, Erwiderung auf die Antrittsrede von Werner von Siemens, URL: http://leibniz-soziataet.de/wp-content/uploads/2012/11/08_du_bois_reymond.pdf [letzter Zugriff am 6.5.2016]. Da du Bois-Reymond in Werners Briefen aus den Jahren vor 1846 kaum erwähnt wird, ist aus der Bekanntschaft vermutlich erst danach eine Freundschaft geworden.
41 Emil du Bois-Reymond, Johann Georg Halske, in: Verhandlungen der Physikalischen Gesellschaft zu Berlin, 9. Jg., Nr. 7, Sitzung vom 18.4.1890, S. 42.
42 Sven Dierig, Wissenschaft in der Maschinenstadt. Emil du Bois-Reymond und seine Laboratorien in Berlin, Göttingen 2006, S. 31.
43 Ebd., S. 40. Vgl. Blocher, Halske, S. 13.
44 Emil du Bois-Reymond, Johann Georg Halske, in: Verhandlungen der Physikalischen Gesellschaft zu Berlin, 9. Jg., Nr. 7, Sitzung vom 18.4.1890, S. 42. Mitunter wird diese zukunftsweisende Begegnung auf den Silvesterabend datiert.

Vgl. Blocher, Halske, S. 20. Dagegen spricht Werners bereits erwähnter Brief an Wilhelm vom 3. Januar 1847, wonach er den Silvesterabend in niedergeschlagener Stimmung bei William Meyer verbracht hat. Werner Siemens an Wilhelm Siemens, 3.1.1847, SAA W1063. Das Treffen dürfte aber wie von du Bois-Reymond angegeben an diesem 31. Dezember 1846 stattgefunden haben.

45 Siemens, Lebenserinnerungen, S. 61.
46 Werner Siemens an Wilhelm Siemens, 3.1.1847, SAA W1063.
47 Ebd.
48 Werner Siemens an Wilhelm Siemens, 25.1.1847, SAA W1064.
49 Werner Siemens an Wilhelm Siemens, 3.1.1847, SAA W1063.
50 Mathilde Himly an Werner Siemens, 8.3.1847, SAA F1510.
51 Ebd.
52 Jürgen Kocka, Unternehmer in der deutschen Industrialisierung, Göttingen 1975, S. 56.
53 Ebd. Mitglieder der «Königlichen Kommission zur Anstellung von Versuchen mit elektromagnetischen Telegraphen» waren außer von Etzel noch Major von Schmeling (Generalinspektion des Ingenieurkorps), der Geheime Finanzrat Friedrich Mellin (Preußisches Finanzministerium, Abteilung für Handel, Gewerbe und Bauwesen), Friedrich Nottebohm, ein Assessor der Gewerbedeputation, und der Berliner Physikprofessor Heinrich Wilhelm Dove, ein Schwiegersohn von Etzels. Feyerabend, Telegraph, S. 124; Wessel, Entwicklung, S. 150. Zu Mellin und Nottebohm vgl. Handbuch über den Königlich Preußischen Hof und Staat für das Jahr 1848, Berlin 1848, S. 204; Die Protokolle des Preußischen Staatsministeriums 1817–1934/38, 1. Reihe, hg. von der Berlin-Brandenburgischen Akademie der Wissenschaften unter der Leitung von Jürgen Kocka und Wolfgang Neugebauer, Hildesheim/Zürich 2003, S. 611f. u. 619. Heinrich Wilhelm Dove (1803–1879) war seit 1844 ordentlicher Professor für Physik an der Berliner Universität. Sein besonderes Interesse galt der Meteorologie. Vgl. Hans Neumann, Heinrich Wilhelm Dove. Eine Biographie, Liegnitz 1925.
54 Eingabe des Leutnants Werner Siemens an die Königl. Hochlöbliche Kommission für galvanische Telegraphen, 22.1.1847, abgedruckt in: Witzlau, Zeigertelegraf, S. 49–52 (Dokument 1).
55 Werner Siemens an Wilhelm Siemens, 25.1.1847, SAA W1064.
56 Werner Siemens an Wilhelm Siemens, 1.4.1847, SAA W1065.
57 Ebd. Die Anschrift Albrechtstraße 14 ergibt sich aus den zwischen Juni und September 1847 geführten Korrespondenzen um die Erteilung eines Patents auf den Zeigertelegrafen. Vgl. die abgedruckten Dokumente in: Witzlau, Zeigertelegraf, S. 76–98.
58 Werner Siemens an Wilhelm Siemens, 25.1.1847, SAA W1064; Werner Siemens an Wilhelm Drumann, 25.1.1847, SAA F505.
59 Lutz, Carl von Siemens, S. 50. Carl hatte bei Haslinger & Schorndorff die Aufgabe, einen Baustoff von der Qualität des noch recht neuen Portland-Zements zu finden. Werner Siemens an Wilhelm Siemens, 5.7.1847, SAA W1069.

60 Ferdinand hatte einen Vertrag als Verwalter eines Guts in Westpreußen unterschrieben. Nachdem er die fällige Kaution von 500 Talern gezahlt hatte, stellte sich heraus, dass sein Vertragspartner ein Betrüger war und gar kein Gut besaß. Ferdinand Siemens an Werner Siemens, 1.4.1847, SAA W1059.

61 Patentgesuch auf eine neue Art elektrischer Telegraphen und eine damit verbundene Vorrichtung zum Drucken der Depeschen, 1.5.1847, abgedruckt in: Witzlau, Zeigertelegraf, S. 53–75 (Dokument 2a).

62 Werner Siemens an Wilhelm Siemens, 5.7.1847, SAA W1069.

63 Werner Siemens an Wilhelm Siemens, 15.9.1847, SAA W1073.

64 Nachtrag vom 9.7.1847 in: ebd. In diesem Brief teilte Werner seinem Bruder auch mit, dass er nach Hamburg fahren werde, um mit dem russischen Gesandten über einen Auftrag für den Bau einer Telegrafenlinie zwischen St. Petersburg und Moskau zu verhandeln. Wie aus Werners nächstem Brief an Wilhelm vom 18.7.1847 hervorgeht, wurde diese Reise ein völliger Fehlschlag, bedingt durch «falsche Zeitungsnachrichten» und «diplomatische Spitzfindigkeiten», SAA W1070.

65 Werner Siemens an Wilhelm Siemens, 5.7.1847, SAA W1069. Zu Nottebohms Biografie und Persönlichkeit siehe S. 127 u. 143 ff. Dass er als Staatsbediensteter der Direktion der Berlin-Anhaltischen Eisenbahngesellschaft angehörte, hing vermutlich mit dem maßgebenden Einfluss der preußischen Staatsbank, der Seehandlung, auf die Geschäftsführung dieses Unternehmens zusammen. Die Preußische Seehandlung war seit 1839 mit rund 50 Prozent am Gesamtkapital (Aktienkapital und Darlehen) der Berlin-Anhaltischen Eisenbahngesellschaft beteiligt. Wolfgang Radtke, Die Preußische Seehandlung zwischen Staat und Wirtschaft in der Frühphase der Industrialisierung (Einzelveröffentlichungen der Historischen Kommission zu Berlin, 30), Berlin 1981, S. 274 ff.

66 Werner Siemens an Wilhelm Siemens, 18.7.1847, SAA W1070.

67 Ebd.

68 Feyerabend, Telegraph, S. 124.

69 Werner Siemens an Wilhelm Siemens, 18.7.1847, SAA W1070.

70 Matschoss (Hg.), Werner Siemens, S. 43. In den *Lebenserinnerungen* schrieb Werner, dass die Telegrafenkommission auf seinen Vorschlag hin im Sommer 1846 Versuche mit Guttapercha-isolierten Drähten angeordnet habe und im gleichen Jahr bereits Proben auf der Anhalter Bahn verlegt worden seien. Siemens, Lebenserinnerungen, S. 68. Mit etwas anderer Datierung: Werner Siemens, Ueber telegraphische Leitungen und Apparate (1850), in: ders., Wissenschaftliche und Technische Arbeiten, Bd. 1: Wissenschaftliche Abhandlungen und Vorträge, 2. Aufl., Berlin/Heidelberg 1889, S. 19. In Werners Briefen wird Guttapercha dagegen erst am 23. April 1847 erwähnt. Erst drei Monate später hatte er genügend Proben erhalten, um Versuche mit diesem Stoff durchführen zu können. Werner Siemens an Wilhelm Siemens, 23.4.1847, SAA W1041; Werner Siemens an Wilhelm Siemens, 18.7.1847, SAA W1070.

71 Der Vortrag bei der Royal Society of Arts fand im März 1845 statt. Wilhelm könnte davon durch den Naturwissenschaftler und Erfinder Michael Faraday,

der Mitglied der Royal Society of Arts war, erfahren haben. Faraday war dafür bekannt, jüngeren Erfindern Hinweise zu geben. Robert Monroe Black, The History of Electric Wire and Cables, London 1983, S. 12 f.

72　Ehrenberg, Unternehmungen, S. 33.
73　Werner Siemens an Wilhelm Siemens, 10.8.1847, SAA W1071.
74　Vgl. hierzu Kocka, Unternehmer, S. 50 f.
75　Werner Siemens an Carl Siemens, 27.1.1865, SAA W4269.
76　Am 10.8.1847 schrieb Werner an Wilhelm: «Ich wollte schon mein Abschiedsgesuch abschicken, als mir Etzel, der Telegraphendirektor, anbot, mein Kommando zur Telegraphie zu erwirken.» SAA W1071.
77　Zitiert nach: Allgemeines Kriegs-Departement an eine Königl. Hochlöbl. General-Inspektion der Artillerie, 9.8.1847, 2.Lh 603.
78　Ebd.
79　Das hielt ihn nicht ab, sich in Briefen als Mitglied der Telegrafenkommission zu bezeichnen. So z. B. in: Werner Siemens an Wilhelm Siemens, 25.8.1847, SAA W1072.
80　Werner Siemens an Wilhelm Drumann, undatiert [Mitte August 1847], SAA F505.
81　Werner Siemens an Wilhelm Siemens, 25.8.1847, SAA W1072. Formal schied Halske erst zum 1.10.1847 aus der gemeinsam mit Böttcher betriebenen Werkstatt aus. Vgl. den Abdruck der diesbezüglichen Mitteilung aus der *Berlinischen Zeitung* vom 19. Oktober 1847 in: Siemens, Lebenserinnerungen, S. 69.
82　Werner Siemens an Wilhelm Siemens, 25.8.1847, SAA W1072. In diesem Fall sollte Werners Bruder Friedrich an seiner Stelle in das Unternehmen eintreten.
83　Werner Siemens an Wilhelm Siemens, 6.11.1847, SAA W1075.
84　Ernst Waller, Studien zur Finanzgeschichte des Hauses Siemens, Teil 1: 1840–1860, Ms. o. J., S. 2 (SAA 20.Ld 366). Nach Ehrenberg lag der Wochenlohn der «gewöhnlichen Arbeitsleute» in Berlin 1846 bei höchstens vier Talern. Ehrenberg, Unternehmungen, S. XXV.
85　Kocka, Unternehmer, S. 66 f.; Wehler, Gesellschaftsgeschichte, Bd. 2, S. 638 f.; Lothar Baar, Die Berliner Industrie in der industriellen Revolution, Berlin (O) 1966, S. 145 f. (mit Beispielen aus dem Berliner Maschinenbau).
86　Werner Siemens an Wilhelm Siemens, 10.8.1847, SAA W1071; Wandrey, Siemens, S. 243; Helfferich, Georg von Siemens, Bd. 1, S. 11.
87　Werner Siemens an Wilhelm Siemens, 10.8.1847, SAA W1071; Wandrey, Siemens, S. 243.
88　Helfferich, Georg von Siemens, Bd. 1, S. 78. Werner Siemens an Wilhelm Siemens, 25.8.1847, SAA W1072. Die Höhe der Gewinnbeteiligung war zu diesem Zeitpunkt noch nicht fest vereinbart worden. Sie sollte zwischen 15 und 20 Prozent betragen.
89　Zitiert nach: Helfferich, Georg von Siemens, Bd. 1, S. 78.
90　Der Preußische Finanzminister, Patent für den K. Lieutenant in der 3ten Artillerie-Brigade, Herrn Werner Siemens hierselbst auf einen electro-magnetischen Telegraphen, 7.10.1847, GStA PK, I. HA Rep. 120 D XIV Fach 2, Nr. 16

Bd. 1. Dieses Dokument findet sich abgedruckt in: Witzlau, Zeigertelegraf (Dokument VIII), S. 102 ff. Die preußische Handels- und Gewerbeverwaltung einschließlich der Technischen Deputation unterstand von 1837 bis 1848 dem Finanzministerium. Die Technische Deputation für Gewerbe hatte dem Finanzministerium bereits am 28. August 1847 mitgeteilt, dem «Bittsteller» Werner Siemens dürfe «ein Patent nicht zu versagen sein». Technische Deputation für Gewerbe an den Finanzminister, 28.8.1847, GStA PK I. HA Rep. 120 D Fach 2, Nr. 16 Bd.1, Referent der Deputation über das Patentgesuch war Nottebohm.

91 Werner Siemens an Wilhelm Siemens, 15.9.1847, SAA W1073.
92 Wandrey, Siemens, S. 246; Waller, Finanzgeschichte, T. 1, S. 5. Im Zuge einer Umnummerierung der Schöneberger Straße erhielt das Gebäude 1858 die Hausnummer 33. Das Haus wurde im September 1935 abgerissen. Bis dahin war es weitgehend unverändert erhalten geblieben. Wandrey, Siemens, S. 246. Auf dem gegenüberliegenden Grundstück Schöneberger Straße 2–4 entstanden in den Jahren 1914 bis 1916 Verwaltungsgebäude und eine Repräsentanz von Siemens & Halske. Heute befindet sich dort ein Hotel.
93 Wandrey, Siemens, S. 246. Hausbesitzer war der Schlossermeister Spiller. Vgl. hierzu die Erinnerungen von Spillers Nichte Agathe Nalli-Ruthenberg, Das alte Berlin, Berlin 1907, S. 17 f.
94 Gesellschaftsvertrag zwischen 1. dem Mechanikus Herrn Halske 2. dem Artillerieleutnant Werner Siemens 3. dem Justizrath Georg Siemens, 1.10.1847, SAA 21.Li 53.
95 Ebd.; Werner Siemens an Wilhelm Siemens, 6.11.1847, SAA W1075; Helfferich, Georg von Siemens, Bd. 1, S. 78.
96 Siemens, Lebenserinnerungen, S. 70.
97 Werner Siemens an Wilhelm Siemens, 11.10.1847, SAA W1074.
98 Die Feier zum 25. Unternehmensjubiläum im Jahr 1872 wurde vom 1. Oktober auf den 12. Oktober verlegt. Seither gilt der 12. Oktober als Gründungstag. Zum Grund für die Verlegung siehe S. 322.
99 Werner Siemens an Wilhelm Siemens, 20.12.1847, SAA W1078. Dass in der Literatur die anfängliche Beschäftigtenzahl der Firma mit zehn angegeben wird, basiert wahrscheinlich auf dieser Briefstelle. Vgl. z. B. Feldenkirchen, Werner von Siemens, S. 66; Kocka, Unternehmensverwaltung, S. 62. Nach Sigfrid von Weihers Siemens-Biografie wären Ende 1847 erst drei Mitarbeiter beschäftigt gewesen. Weiher, Werner von Siemens, S. 24. Weiher gab dazu keine Quelle an.
100 Werner rechnete offenbar fest damit, einen größeren Auftrag der hannoverschen Staatstelegrafie zu bekommen, die Ende November 1847 die Ausschreibung eines Wettbewerbs angekündigt hatte. Werner Siemens an Wilhelm Siemens, 6.11.1847, SAA W1075.
101 Jahrzehnte später schrieb Werner, dass sich die Gesellschafter «auf Wunsch» der Behörden für diese Lösung entschieden hätten. Möglicherweise hatte ihm die Telegrafenkommission mitgeteilt, dass er nicht mehr bei ihr eingesetzt werden könne, wenn das Unternehmen seinen Namen trug («Es geschah dies auf

Wunsch der Regierung da ich erst die Linie nach Frankfurt und Belgien bauen sollte»). Werner Siemens an Carl Himly, 20.2.1874, SAA F517.

102 Marina Kopp, Irreführung durch Personenmarken und Personenfirmen, Frankfurt am Main 2010, S. 99 f.

103 Werner Siemens an Wilhelm Siemens, 27.12.1848, SAA W1170. Im Verzeichnis der Berliner Gewerbetriebe wurde das Unternehmen in den ersten Jahren unter der Rubrik «Mechaniker und Optiker» mit der Angabe «Halscke, Schönebergerstr. 19» aufgeführt. Allgemeiner Wohnungsanzeiger für Berlin, Charlottenburg und Umgebungen auf das Jahr 1848, 27. Jg., redigiert von dem Königl. Polizei-Rath Winkler, Berlin 1848, S. 742. In Werners Briefen an Wilhelm finden sich wiederholt derartige Hinweise auf den Namen des Unternehmens, so z. B. in einem Brief vom 9.6.1849 («… von Halske unter dessen alleinigem Namen die Werkstatt bisher geht»), SAA W1173.

104 Anzeige von F. M. Boetticher und J. G. Halske in der Berlinischen Zeitung vom 19.10.1847, abgedruckt in: Siemens, Lebenserinnerungen, S. 69.

105 Decret des Königl. Gewerbe-Steuer-Amts vom 20.10.1847 auf den Antrag vom 9.10.1847, SAA 3.Li 1003.

106 Bescheinigung der Gewerbeanmeldung von Johann Halske durch das Königliche Polizei-Präsidium, 15.12.1847, SAA 3.Li 1000.

107 Vgl. hierzu und zum Folgenden: Blocher, Halske, S. 7–11. Zur Biografie Halskes und zu dessen Freundschaft mit Werner vgl. auch Friedrich Heintzenberg, Siemens und Halske. Die Geschichte einer Freundschaft (Ms, o. J.), SAA 48.Lh 286. Ohne wissenschaftlichen Anspruch: Siegfried Hildebrandt, Halske, Leezen 2004.

108 Blocher, Halske, S. 24.

109 Dafür spricht ein Brief Werners vom 9. Juni 1849, in dem er auf «den Ehrgeiz Halskes» hinwies, «den ich durch häufige Erwähnung befriedigt sehen möchte». Werner Siemens an Wilhelm Siemens, 9.6.1849, SAA W1173.

110 Vgl. Waller, Finanzgeschichte, T. 1, S. 6–9, SAA 20.Ld 366.

111 Werner Siemens an Wilhelm Siemens, 6.11.1847, SAA W1075.

112 Waller, Finanzgeschichte, T. 1, S. 8; Georg Siemens, Der Weg der Elektrotechnik. Geschichte des Hauses Siemens, Bd. 1: Die Zeit der freien Unternehmung 1847–1910, Freiburg i. Br./München 1961, S. 19. Nach Angaben von Georg Siemens konnte der Justizrat die zu Ostern 1848 fällige dritte Rate des Darlehens wegen der damaligen Revolutionswirren nicht zahlen. Ebd. Werner bezifferte das Gründungsdarlehen seines Vetters in den *Lebenserinnerungen* auf insgesamt 6000 Taler. Siemens, Lebenserinnerungen, S. 70.

113 Als Beispiele für die spätere Erwähnung der Namensregelung von 1847 vgl. Johann Georg Halske, in: Spandauer Zeitung, 16.3.1940, SAA WP Halske («Diese Werkstatt wurde zunächst nur unter Halskes Namen geführt.»); Ludwig von Winterfeld, Entwicklung und Tätigkeit der Firma Siemens & Halske in den Jahren 1847–1897, Leipzig 1913, S. 13.

114 Werner Siemens an Wilhelm Siemens, 27.12.1848, SAA W1170.

Kapitel 5
Telegrafenlinien für Preußen

1 Bruttoumsatz 1847–1854 in einzelnen Vertreter-Blättern laut Facturenbücher, SAA 8642-1; Waller, Finanzgeschichte, T. 1, S. 6. Die erste Zahlung ging demnach am 26.2.1848 von der Telegrafenkommission ein. Am 25.1.1848 teilte Werner Wilhelm mit, dass «Einnahmen noch nicht gekommen sind». SAA W1158.
2 Werner Siemens an Wilhelm Siemens, 6.11.1847, SAA W1075.
3 Werner Siemens an Wilhelm Siemens, 20.12.1847, SAA W1078.
4 Die Kommission hatte dies am 9.12.1847 bei den zuständigen Ministern beantragt. Vgl. das Schreiben von Finanzminister von Duesberg und Kriegsminister von Roon an die Kommission vom 31.12.1847, SAA 46.Lk 741 (Kopie aus den Akten des Reichspostministeriums).
5 Werner Siemens an Wilhelm Siemens, 25.1.1848, SAA W1158; Siemens, Lebenserinnerungen, S. 68.
6 Werner Siemens, Kurze Darstellung der an den preussischen Telegraphen-Linien mit unterirdischen Leitungen bis jetzt gemachten Erfahrungen, Berlin 1851, S. 16; Ueber die in Deutschland angestellten Versuche, den unter der Erde fortzuführenden Draht elektrischer Telegraphen mittelst Guttapercha zu isoliren, in: Polytechnisches Journal Bd. 112 (1849), Miszelle 2, S. 72 ff. Seit 1815 entsprach «ein preußischer Fuß» der Länge von 31,385 cm.
7 Werner Siemens, Ueber telegraphische Leitungen und Apparate (1850), in: ders., Wissenschaftliche und Technische Arbeiten, Bd. 1, S. 20. Ähnlich: Wessel, Entwicklung, S. 20. In den *Lebenserinnerungen* schrieb Werner fälschlicherweise, er habe die unterirdische Leitung nach Großbeeren bereits im Sommer 1847 gelegt. In einem Abriss, den Werner im Dezember 1848 Wilhelm für einen Bericht in einer britischen Fachzeitschrift zukommen ließ, datierte er die Verlegung der Leitung nach Großbeeren auf den Herbst 1847. Tatsächlich wurde im Herbst 1847 nur das erste Teilstück gebaut (siehe S. 115 u. Anm. 4 auf dieser Seite). Die falsche Datierung wurde in mehreren Veröffentlichungen übernommen.
8 Werner war entschlossen, hier «einen Normal-Eisenbahntelegraphen aufzustellen, der unser Renommee begründen soll!». Werner Siemens an Wilhelm Siemens, 6.11.1847, SAA W1075.
9 Werner Siemens an Wilhelm Siemens, 25.1.1848, SAA W1158.
10 Werner Siemens an Wilhelm Siemens, 11.3.1848, SAA W1160. Nicht auszuschließen ist, dass bei diesem Auftrag persönliche Beziehungen eine Rolle gespielt haben, auch wenn es dafür keinen Beweis gibt. Der Ausbau der elektrischen Telegrafie im Königreich Hannover wurde entscheidend vom Fabrikanten und Baurat Bernhard Hausmann vorangetrieben, einem Onkel von Werners Freund Karl Hausmann. Vgl. hierzu Rita Seidel, Verkehrsmittel Telegraph. Zur Geschichte der Telegraphie im 19. Jahrhundert bis 1866 unter besonderer Berücksichtigung des Raumes Hannover – Bremen, Phil. Diss. Universität Hannover 1980, S. 238 f. Zu Karl Hausmann siehe S. 41 u. 452, Anm. 17.
11 Werner Siemens an Wilhelm Siemens, 20.12.1847, SAA W1078.

12   Werner war sich bewusst, dass er «jetzt als Partei und Richter erscheinen würde, wenn die Kommission meine Apparate ohne weiteres annimmt». Werner Siemens an Wilhelm Siemens, 6.11.1847, SAA W1075.
13   Werner Siemens an Wilhelm Siemens, 15.9.1847, SAA W1073.
14   Werner Siemens an Wilhelm Siemens, 6.11.1847, SAA W1075; Werner Siemens an Wilhelm Siemens, 29.11.1847, SAA W1076.
15   Als Versuchsstrecke war zunächst die Bahnlinie nach Breslau im Gespräch gewesen. Werner Siemens an Wilhelm Siemens, 6.11.1847, SAA W1075.
16   Wessel, Entwicklung, S. 152. Über die Zahl der Teilnehmer finden sich in der Literatur unterschiedliche Angaben. Nach Ehrenberg, Unternehmungen, S. 38, hätten sich zwölf Konkurrenten zu diesem Wettbewerb angemeldet. Seidel, Verkehrsmittel, S. 125 f., geht von zehn Konkurrenten aus.
17   Wichert, Kramer, S. 20, Anm. 20.
18   Siemens, Lebenserinnerungen, S. 70.
19   Rüdiger Hachtmann, Berlin 1848. Eine Politik- und Gesellschaftsgeschichte der Revolution, Bonn 1997. Demnach starben durch die Straßenkämpfe 277 Barrikadenkämpfer («Märzgefallene») sowie mehr als 60 Soldaten und Offiziere. Ebd. S. 179, 188. Vgl. auch Wolfgang Ribbe, Geschichte Berlins, Bd. 2, 2. Aufl., München 1988, S. 615 ff.
20   Rückblickend schrieb Werner, dass «der 18. März der Konkurrenz sowohl wie der Kommission selbst ein jähes Ende bereitete». Siemens, Lebenserinnerungen, S. 70. Die Kommission erstellte anschließend allerdings noch ihren Abschlussbericht über den Telegrafenwettbewerb, der im Juni 1848 vorgelegt wurde.
21   Zur Revolution von 1848 in Deutschland und Europa vgl. Dieter Hein, Die Revolution von 1848/49, 3. Aufl., München 2004; Christian Jansen/Thomas Mergel (Hg.), Die Revolutionen von 1848/49. Erfahrung – Verarbeitung – Deutung, Göttingen 1998; Dieter Langewiesche (Hg.), Die Revolutionen von 1848 in der europäischen Geschichte. Ergebnisse und Nachwirkungen, München 2000; Wolfgang J. Mommsen, 1848. Die ungewollte Revolution. Die revolutionären Bewegungen in Europa 1830–1849, Frankfurt am Main 2000; Wehler, Gesellschaftsgeschichte, Bd. 2, S. 703–758; Heinrich August Winkler, Geschichte des Westens. Bd. 1: Von den Anfängen in der Antike bis zum 20. Jahrhundert, 2. Aufl., München 2010, S. 570–628.
22   Vgl. Wilhelm Siemens an Werner Siemens, 28.2.1848, SAA W1103; Werner Siemens an Wilhelm Siemens, 11.3.1848, SAA W1160.
23   Wilhelm Siemens an Werner Siemens, 1.7.1847, SAA W1046; Werner Siemens an Wilhelm Siemens, 26.9.1848, SAA W1168 (mit Zitat).
24   Hachtmann, Berlin 1848, S. 157–202; Hein, Revolution, S. 18–20.
25   Friedrich Siemens an Wilhelm Siemens, 20.3.1848, SAA W1090.
26   Zum Einsatz der Artillerie bei den damaligen Straßenkämpfen vgl. Hachtmann, Berlin 1848, S. 188.
27   August Kramer an Fritz Kramer, 19.3.1848, abgedruckt in: Wichert, Kramer (Dokument Nr. 8), S. 156 f.

28 Werner Siemens an Wilhelm Drumann, 24.3.1848, SAA F505.
29 Ebd.
30 Werner Siemens an Wilhelm Siemens, 20.3.1848, SAA 2.Li 512.
31 Ernst Gerhard Friehe, Geschichte der «National-Zeitung» 1848 bis 1878, Leipzig 1933, S. 4 f. (Auszüge aus dem Gründungsaufruf vom 22. März 1848) u. 198 (zu Johann Georg Siemens).
32 In seinem Brief an Wilhelm Drumann vom 24.3.1848 entschuldigte Werner die vom Militär begangenen «Handlungen der Brutalität» damit, den Soldaten sei erklärt worden, dass ihnen Franzosen und Polen gegenüberstünden. SAA F50. Zur Funktion dieser Verschwörungsfantasie innerhalb des Militärapparats vgl. Hachtmann, Berlin 1848, S. 180.
33 Martin Rackwitz, Märzrevolution in Kiel 1848. Erhebung gegen Dänemark und Aufbruch zur Demokratie, Heide 2011, S. 55 ff.; Wilhelm Blos, Die Deutsche Revolution. Geschichte der deutschen Bewegung von 1848 und 1849, Stuttgart 1893, S. 212. Zusammenfassend zum damaligen Konflikt um Schleswig und Holstein vgl. Andreas von Bezold, Die schleswig-holsteinische Erhebung 1848–1851. Im Spannungsfeld zwischen Deutschland und Dänemark, Hamburg 2014.
34 So z. B. in: Pole, Wilhelm Siemens, S. 12.
35 Vgl. ebd., S. 29 u. 34.
36 Nachtrag vom 26.3.1848 zu: Werner Siemens an Wilhelm Drumann, 24.3.1848, SAA F505. Vgl. hierzu auch Siemens, Lebenserinnerungen, S. 111.
37 Siemens, Lebenserinnerungen, S. 74.
38 Rackwitz, Märzrevolution, S. 67; Mathilde Himly an Wilhelm Siemens, 1.4.1848, SAA F2407.
39 Mathilde Himly an Wilhelm Siemens, 1.4.1848, SAA F2407.
40 Himly konnte die Unterstützung der provisorischen Regierung von Schleswig und Holstein für das Vorhaben gewinnen. Diese erreichte wiederum in Berlin, dass der Kriegsminister dem Leutnant Siemens einen längeren Sonderurlaub gewährte. Siemens, Lebenserinnerungen, S. 74.
41 Ebd., S. 74 f.; Bernhard von Poten, Handwörterbuch der gesamten Militärwissenschaften, Bd. 8, Paderborn 2015 (Nachdruck des Originals von 1880), S. 380 f. Vgl. hierzu auch Philip K. Lundeberg, Sea Mines in the Defense of Kiel, 1848–1849, in: Deutsches Marine-Institut (Hg.), Seemacht und Geschichte. Festschrift zum 80. Geburtstag von Friedrich Runge, Bonn 1975, S. 187–198.
42 Die Fässer konnte Himly nach und nach gegen aus Berlin angelieferte Gummisäcke austauschen, die jeweils fünf Zentner Sprengpulver enthielten. Siemens, Lebenserinnerungen, S. 74 u. 79.
43 Ebd., S. 76.
44 Ebd.
45 Ebd., S. 78.
46 Otto Edert, Der Dorfschulmeister und seine Familie, o. O. 2013, S. 16.
47 Siemens, Lebenserinnerungen, S. 79.
48 Edert, Dorfschulmeister, S. 16.

49 Ebd., S. 17; Siemens, Lebenserinnerungen, S. 79 ff.
50 Vollmacht erteilt durch Werner Siemens an Wilhelm Siemens, Flensburg 25.4.1848, SAA W1162. Schon am 6.4.1848 hatte Werner an Wilhelm geschrieben: «Sollte eine Dänenkugel für mich gegossen sein, so sorge Du für die Brüder», SAA W1.
51 Lutz, Carl von Siemens, S. 59.
52 Werner Siemens an Wilhelm Siemens, 13.6.1848, SAA W1163; Wandrey, Siemens, S. 207.
53 Werner Siemens an Wilhelm Siemens, 21.8.1848, SAA W1166; Wandrey, Siemens, S. 207.
54 Siemens, Lebenserinnerungen, S. 83.
55 Abschließender Bericht der Kommission zur Anstellung von Versuchen mit elektromagnetischen Telegraphen vom 13.6.1848 an das Kriegsministerium und an das Ministerium für Handel, Gewerbe und öffentliche Arbeiten, die Anlage von elektromagnetischen Telegraphen betreffend. Zitiert nach dem Abdruck des Berichts in: Feyerabend, Telegraph, Anlage 20, S. 209.
56 Ebd., S. 209 (Zitat) u. 212 ff.
57 Ebd., S. 209.
58 Kabinettsordre des Königs Friedrich Wilhelm IV. vom 24.7.1848, betreffend Anlegung elektromagnetischer Telegraphen von Berlin nach Frankfurt und von Berlin über Köln zur belgischen Grenze. Abgedruckt in: Feyerabend, Telegraph, Anlage 21, S. 218.
59 Werner Siemens an Wilhelm Siemens, 6.11.1847, SAA W1075.
60 Feyerabend, Telegraph, Anlage 20, S. 214 ff.
61 So wurde z. B. während der Märzrevolution die Telegrafenlinie zwischen Berlin und Köpenick durch Beschädigung der Stangen und Zerschneiden des Drahtes unterbrochen. August Kramer an Fritz Kramer, 20.3.1848, abgedruckt in: Wichert, Kramer, Dokument Nr. 9, S. 160.
62 Werner Siemens an Wilhelm Siemens, 25.7.1848, SAA W1165; Werner Siemens an Wilhelm Siemens, 21.8.1848, SAA W1166.
63 Hans-Peter von Peschke, Elektroindustrie und Staatsverwaltung am Beispiel Siemens 1847–1914, Frankfurt am Main/Bern 1981, S. 43; Kocka, Unternehmensverwaltung, S. 57; Ehrenberg, Unternehmungen, S. 45.
64 Friedrich Nottebohm (1808–1875) hatte in Berlin die Bauakademie und das Gewerbeinstitut besucht. Anschließend hatte er sich im preußischen Staatsdienst als Land- und Wasserbauinspektor sowie als Assessor bei der Technischen Deputation für Gewerbe hochgedient. Hans-Henning Zabel, Friedrich Nottebohm. URL: http://www.deutsche-biographie.de/sfz72543.html [letzter Zugriff am 9.5.2016]. Da Nottebohm als Zivilist nicht Nachfolger von Etzels werden konnte, wurde die Leitung der Staatstelegrafie zunächst Generalmajor Johann Jacob Bayer, dann Friedrich August von Etzel, einem Sohn des früheren Telegrafendirektors, übertragen. Beide blieben nur wenige Monate in diesem Amt.
65 Werner Siemens an Wilhelm Siemens, 25.7.1848, SAA W1165.

66 Werner Siemens an Wilhelm Siemens, 21.08.1848, SAA W1166.
67 Nottebohms Sicht der Aufgabenverteilung ging in manche Veröffentlichung ein, so etwa in eine Abhandlung des Telegrafenpioniers Carl August von Steinheil: «Die Leitung der Anlage der Telegraphlinien ist Regierungsrath Nottebohm als technischem Vorstande übertragen. Oberlieutenant Siemens ward als Oberingenieur mit der Ausführung beauftragt […] Die Ausführung der Apparate besorgt Mechanicus Halske, Schönebergerstrasse 19/3.» Carl August Steinheil, Beschreibung und Vergleichung der galvanischen Telegraphen Deutschlands nach Besichtigung im April 1849. Feststellung der vortheilhaftesten Systeme. Angabe einer Verbesserung des Morse'schen Apparates, in: Abhandlungen der Mathem.-Physikalischen Klasse der Königlich-Bayerischen Akademie der Wissenschaften, Bd. 5, München 1850, S. 801. Dieser Bericht erschien auch in: Dinglers Polytechnisches Journal, Band 115 (1850), Nr. XXXVI, S. 181–194, u. Nr. LIV, S. 253–270.
68 Werner Siemens an Wilhelm Siemens, 21.8.1848, SAA W1166.
69 Werner Siemens an Wilhelm Siemens, 26.9.1848, SAA W1168.
70 Bericht Nottebohms an das Preußische Ministerium für Handel, Gewerbe und öffentliche Arbeiten, 28.10.1850, auszugsweise abgedruckt in: Wichert, Kramer, S. 77 f.; Werner Siemens an Wilhelm Siemens, 26.9.1848, SAA W1168.
71 Werner Siemens an Wilhelm Siemens, 27.12.1848, SAA W1170. Zum Bau der Telegrafenlinie zwischen Berlin und Frankfurt vgl. Katrin Petersen, Die elektrische Telegrafenlinie zwischen Berlin und Frankfurt am Main, in: Das Archiv. Magazin für Post- und Telekommunikationsgeschichte, 57. Jg. 2009, H. 3, S. 78 ff. Aus Werners Briefen ergibt sich, dass die oberirdische Streckenführung erst ab Eisenach erfolgte. Werner Siemens an Wilhelm Siemens, 26.9.1848, SAA W1168. Vgl. hierzu auch Wandrey, Siemens, S. 248 f.
72 Werner Siemens an Wilhelm Siemens, 27.12.1848, SAA W1170.
73 Ebd.
74 Werner Siemens an Carl Siemens, 21.1.1849, SAA W1079.
75 Ueber die in Deutschland angestellten Versuche, den unter der Erde fortzuführenden Draht elektrischer Telegraphen mittelst Guttapercha zu isoliren, in: Polytechnisches Journal Bd. 112 (1849), Miszelle 2, S. 72 ff.; Werner Siemens an Wilhelm Siemens, 27.12.1848, SAA W1170; Siemens, Lebenserinnerungen, S. 68.
76 Werner Siemens an Wilhelm Siemens, 5.3.1849, SAA W1172; Siemens, Lebenserinnerungen, S. 91.
77 Steinheil, Beschreibung, S. 800. Zu mutwilligen Beschädigungen des Drahtes in Merseburg und bei Apolda vgl. Wandrey, Siemens, S. 249.
78 Erst eine Anordnung des von der Nationalversammlung gewählten Reichsverwesers Erzherzog Johann von Österreich ermöglichte es, die Arbeiten an der Telegrafenlinie bis Frankfurt am Main weiterzuführen. Siemens, Lebenserinnerungen, S. 90.
79 Werner Siemens an Carl Siemens, 21.1.1849 (aus Gießen), SAA W1079; Werner Siemens an Wilhelm Siemens, 5.3.1849, SAA W1172 («Die Linie ist es jetzt schon seit 14 Tagen bis Frankfurt in Betrieb.»).

80 Wichert, Kramer, S. 86.
81 Waller, Finanzgeschichte, T. 1, S. 6.
82 Werner Siemens an Wilhelm Siemens, 9.6.1849, SAA W1173.
83 Werner Siemens an Wilhelm Siemens, 5.7.1847, SAA W1069; Ehrenberg, Unternehmungen, S. 45.
84 Ueber die in Deutschland angestellten Versuche, den unter der Erde fortzuführenden Draht elektrischer Telegraphen mittelst Guttapercha zu isoliren, in: Polytechnisches Journal Bd. 112 (1849), Miszelle 2, S. 72 ff. Als Verfasser wurde lediglich ein «Correspondent in Birmingham» – wo Wilhelm inzwischen lebte – genannt. Entsprechende Angaben hatte Wilhelm vier Wochen zuvor von Werner erhalten. Werner Siemens an Wilhelm Siemens, 27.12.1848, SAA W1170.
85 Werner Siemens an Wilhelm Siemens, 9.6.1849, SAA W1173.
86 Siemens, Lebenserinnerungen, S. 91.
87 Friehe, «National-Zeitung», S. 18. Für das Publikum wurden die preußischen Staatstelegrafenlinien erst Ende August 1849 geöffnet. Feyerabend, Telegraphie, S. 155.
88 Friedrich Wilhelm IV. an den preußischen Gesandten in Bern, Christian Freiherr von Bunsen, 13.12.1848, zitiert nach: Hagen Schulze, Der Weg zum Nationalstaat. Die deutsche Nationalbewegung vom 18. Jahrhundert bis zur Reichsgründung, München 1985, S. 163 f.
89 Werner Siemens an Wilhelm Siemens, 25.7.1848, SAA W1165.
90 In Werners Briefen finden sich wahre Hasstiraden gegen Edgar Bauer, einen Berliner Schriftsteller, der dem Demokratischen Club angehörte und anarchistische Prinzipien vertrat. So z. B. in: Werner Siemens an Wilhelm Siemens, 26.9.1848, SAA W1168.
91 Werner Siemens an Wilhelm Siemens, 7.11.1848, SAA W1169.
92 Wehler, Gesellschaftsgeschichte, Bd. 2, S. 763.
93 Hachtmann, Berlin 1848, S. 764–769; Ribbe, Geschichte, S. 636 ff.
94 Werner Siemens an Wilhelm Siemens, 27.12.1848, SAA W1170.
95 Heinrich Schellen, Der elektromagnetische Telegraph, in den einzelnen Stadien seiner Entwicklung und in seiner gegenwärtigen Ausbildung und Anwendung nebst einer Einleitung über die optische und akustische Telegraphie und einem Anhange über die elektrischen Uhren, Braunschweig 1850, S. 326 f.
96 Werner Siemens an Wilhelm und Friedrich Siemens, 4.8.1849, SAA W1174.
97 Bericht Nottebohms an das Preußische Ministerium für Handel, Gewerbe und öffentliche Arbeiten, 28.10.1850, auszugsweise abgedruckt in: Wichert, Kramer, S. 77 f.
98 Siemens, Lebenserinnerungen, S. 93.
99 Werner Siemens an Wilhelm und Friedrich Siemens, 4.8.1849, SAA W1174.
100 August Kramer an Brand-Director Scabell, 13.5.1851, abgedruckt in: Wichert, Kramer, S. 188 (Dok. Nr. 21).
101 Wie aus einer Übersicht von Carl August von Steinheil hervorgeht, waren im April 1849 insgesamt 53 Siemens-Telegrafen im Einsatz, davon 16 bei der preu-

ßischen Staatstelegrafie, 29 bei den Staatsbahnen von Hannover und Braunschweig und nur acht bei privaten Eisenbahngesellschaften. Steinheil, Beschreibung, S. 801.

102 Wichert, Kramer, S. 88.
103 Emil Stöhrer (1813–1890) absolvierte nach dem Abitur auf dem Eliteinternat Schulpforta eine Mechanikerlehre bei dem Leipziger Instrumentenbauer Wießner. Später heiratete er die Tochter Wießners und übernahm dessen Geschäft. Die Universität Jena verlieh ihm 1859 die Ehrendoktorwürde.
104 Werner Siemens an Wilhelm Siemens, 5.3.1849, SAA W1172.
105 Steinheil, Beschreibung, S. 806; Wandrey, Siemens, S. 258.
106 Ebd.; Werner Siemens an Wilhelm Siemens, 9.6.1849, SAA W1173.
107 Vgl. Kenneth Silverman, Lightning Man. The Accursed Life of Samuel F. B. Morse, New York 2003. Zehn Staaten, darunter Frankreich, Österreich und Russland, zahlten 1858 Morse als Ausgleich einen Betrag in Höhe von insgesamt 400 000 US-Dollar.
108 Johann Georg Siemens an Wilhelm Siemens, 8.2.1852, SAA F1951.
109 Siemens, Lebenserinnerungen, S. 94; Friehe, «National-Zeitung», S. 199.
110 Werner Siemens an Wilhelm Siemens, 5.3.1849, SAA W1172.
111 Lutz, Carl von Siemens, S. 62.
112 Militärische Laufbahn Werner von Siemens, SAA Z75, Bl. 76.
113 Siemens, Lebenserinnerungen, S. 94 ff.; Ehrenberg, Unternehmungen, S. 47; Wandrey, Siemens, S. 255.
114 Werner Siemens an Wilhelm Siemens, 19.11.1846, SAA W1592.
115 Wilhelm hatte Werner darin bestärkt, große Hoffnungen auf den britischen Markt zu setzen. Im Herbst 1846 schrieb er ihm aus London, dass sich hier mit einem neuen, leistungsfähigeren Telegrafen schnell Geld verdienen lasse. Dies geht aus der Antwort Werners vom 19.11.1846 hervor. Ebd.
116 Ebd.; Werner Siemens an Wilhelm Siemens, 11.12.1846, SAA W1593.
117 Erinnerungen von Friedrich Siemens, S. 3, FA 0091.
118 Werner Siemens an Wilhelm Siemens, 26.9.1848, SAA W1168.
119 Erinnerungen von Friedrich Siemens, S. 3, FA 0091. Die Electric Telegraph Company war 1845 von Cooke und dem Finanzier John Lewis Ricardo gegründet worden.
120 Werner Siemens an Wilhelm Siemens, 27.12.1848, SAA W1170.
121 Erinnerungen von Friedrich Siemens, S. 3, FA 0091.
122 Schellen, Telegraph, S. 292.
123 Werner Siemens an Wilhelm und Friedrich Siemens, 4.8.1849, SAA W1174. Vgl. auch Werner Siemens an Wilhelm Siemens, 9.6.1849, SAA W1173 («In Breslau ist garstig Cholera.»). Zwischen April und November 1850 starben in Breslau, damals die zweitgrößte Stadt Preußens mit rund 114 000 Einwohnern, 1684 Menschen an dieser Krankheit. Barbara Dettke, Die asiatische Hydra: Die Cholera von 1830/31 in Berlin und den preußischen Provinzen Posen, Preußen und Schlesien (Veröffentlichungen der historischen Kommission zu Berlin, 89), Berlin/New York 1995, S. 213, Tabelle 3b.

124 Werner Siemens an Wilhelm Siemens, 27.8.1849, SAA W1175.
125 Werner Siemens an Wilhelm Siemens, 9.6.1849, SAA W1173.
126 Werner Siemens an Wilhelm Siemens, 5.3.1849, SAA W1172; Siemens, Lebenserinnerungen, S. 117; Wandrey, Siemens, S. 273. Der deutsch-baltische Offizier Karl Otto (Karlovitch) von Lüders (auch «von Lüder» oder «von Lueder» geschrieben) war seit 1842 der russischen Hauptdirektion der Verkehrswege zugeteilt. Er wurde 1866 Generaldirektor der russischen Staatstelegrafie. Zu seiner Biografie siehe die Angaben im Baltischen Biographischen Lexikon digital. URL: http://www.bbl-digital.de/seite/477/ [letzter Zugriff am 9.5.2016]. In der Literatur wird er häufig mit dem russischen General Alexander Nikolajewitsch von Lüders verwechselt.
127 Ehrenberg, Unternehmungen, S. 48.
128 Siehe S. 149. Vgl. hierzu auch Frithjof Benjamin Schenk, Russlands Fahrt in die Moderne. Mobilität und sozialer Raum im Eisenbahnzeitalter (Quellen und Studien zur Geschichte des östlichen Europa, 82), Stuttgart 2014, S. 49 f.
129 Werner Siemens an Wilhelm Siemens, 11.11.1849, SAA W1176.
130 Werner Siemens an Wilhelm Siemens, 2.4.1850, SAA W1147; Ehrenberg, Unternehmungen, S. 50. Werner konnte sich in Brüssel nicht gegen den einflussreichen Astronomen Adolphe Quetelet durchsetzen, der mit Wheatstone zusammenarbeitete. Zur Zusammenarbeit zwischen Quetelet und Wheatstone vgl. Bart van der Herten, De verre voorlopers van Belgacom. Van optische naar elektrische telegrafie in België, 1803–1850, in: Journal of Belgian History/Revue belge d'Histoire contemporaine/Belgisch Tijdschrift voor Nieuwste Geschiedenis Jg. 1996, H. 3/4, S. 5–28, v. a. 17–21.
131 Zitiert nach: Pole, Wilhelm Siemens, S. 90. In diesem Vertrag wurde ferner vereinbart, dass Wilhelm ein Drittel des Nettogewinns aus allen in Großbritannien abgeschlossenen Geschäften erhielt, was der bisherigen Regelung entsprach, und für den Siemens-Telegrafen ein britisches Patent beantragte. Ebd.
132 Werner Siemens an Wilhelm Siemens, 5.3.1849, SAA W1172; Schellen, Telegraph, S. 333–338.
133 Bréguet hatte einen Nadeltelegrafen in Anlehnung an den Apparat Wheatstones konstruiert und den Bau der ersten Versuchsstrecke an der Bahnlinie zwischen Paris und Lille geleitet. Vgl. Huurdeman, History, S. 73.
134 Werner Siemens an Wilhelm Siemens, 2.4.1850, SAA W1147.
135 Gabriel Finkelstein, Emil du Bois-Reymond. Neuroscience, Self, and Society in Nineteenth-Century Germany, Cambridge/Mass. 2013, S. 103.
136 Siemens, Lebenserinnerungen, S. 101; Werner Siemens, Mémoire sur la télégraphie électrique, Berlin 1851.
137 Siemens, Lebenserinnerungen, S. 94. Vgl. hierzu Marie-Theres Federhofer, Kein «Kontorheld». Werner Siemens' Lebenserinnerungen als Gelehrtenautobiographie, in: Christian von Zimmermann (Hg.), (Auto-)Biographik in der Wissenschafts- und Technikgeschichte (Cardanus Jahrbuch für Wissenschaftsgeschichte, 4), Heidelberg 2005, S. 91–107.
138 Werner Siemens, Mémoire. Zum Besuch Humboldts: Alexander von Hum-

boldt an Werner Siemens, 11.8.1851, SAA A172; Siemens, Lebenserinnerungen, S. 105. Humboldt hatte Werners Abhandlung von du Bois-Reymond erhalten.
139 Werner Siemens an Wilhelm Siemens, 4.5.1851, SAA W12.
140 Ebd. Um diesen Auftrag hatte sich auch Werners Konkurrent August Kramer beworben. Vgl. Wichert, Kramer, S. 102.
141 Werner Siemens, Kurze Darstellung, S. 8 u. 10.
142 Wandrey, Siemens, S. 129.
143 Selbst Wilhelm wurde von Werner offenbar nur spärlich informiert: Am 28.8.1851 schrieb er an Werner: «Du hast nicht geschrieben wie die Verwaltungscrisis in Berlin ausgeschlagen ist!?», SAA W1285.
144 Siehe S. 127 u. 129.
145 Oberst du Vignau hatte die Staatstelegrafie verlassen, um wieder ein militärisches Kommando zu übernehmen. Vgl. Werner Siemens an Wilhelm Siemens, 24.7.1850, SAA W1154. Zum Konflikt zwischen dem Handels- und dem Kriegsministerium um die Nachfolge du Vignaus vgl. Wessel, Entwicklung, S. 164.
146 Werner Siemens an Wilhelm Siemens, 5.4.1851, SAA W10.
147 Siemens, Darstellung (Zitat auf S. 4).
148 Telegraphenwesen. Kurze Darstellung der an den preußischen Telegraphenlinien mit unterirdischen Leitungen bis jetzt gemachten Erfahrungen; von Werner Siemens. Berlin 1851, in: Eisenbahn-Zeitung 9. Jg. 1851, Nr. 39, 28.9.1851, S. 155 [Besprechung der Denkschrift von Werner von Siemens] (abgedruckt in: Polytechnisches Journal Jg. 1851, Bd. 122, Miszelle 2, S. 78).
149 Vgl. Wandrey, Siemens, S. 267; Wessel, Entwicklung, S. 165.
150 Siehe Anm. 148 auf dieser Seite.
151 Werner Siemens an Wilhelm Siemens, 18.9.1851, SAA W16.
152 Ebd.
153 Feyerabend, Telegraph, S. 140.
154 Das Londoner Nachrichtenbüro Reuters hat erst im November 1851 offiziell den Depeschendienst aufgenommen, es nutzte hierfür das wenige Monate zuvor verlegte Seekabel zwischen Dover und Calais. In den *Lebenserinnerungen* schrieb Werner, dass Reuter das Nachrichtenbüro auf seinen Rat hin nach dem Vorbild von Wolffs Telegraphischem Bureau gegründet habe. Vermutlich handelt es sich dabei um eine Legende, da Reuter eines derartigen Rats nicht bedurfte. Er hatte 1849 zusammen mit Bernhard Wolff, dem Gründer von Wolffs Telegraphischem Bureau, bei der Pariser Nachrichtenagentur Havas gearbeitet. Paul Julius Reuter (bis 1845: Israel Beer Josaphat, ab 1871: Freiherr von Reuter) war zunächst Verlagsbuchhändler in Berlin gewesen. Er emigrierte im November 1848 nach Paris. Im April 1850 richtete er einen Brieftaubendienst zwischen Aachen und Brüssel ein, da zwischen den beiden Städten noch keine Telegrafenlinie bestand. So konnte er schneller als andere Börsennachrichten zwischen Berlin und Paris übermitteln. Nachdem diese Lücke im Telegrafennetz im Herbst 1850 geschlossen worden war, ging Reuter nach London und gründete dort die Nachrichtenagentur Reuters. Er war mit einer Schwester des Berliner Bankiers Friedrich Martin Magnus verheiratet. Vgl.

Donald Read, The Power of News. The History of Reuters, 2. ed., Oxford 1999, S. 9–13; Siemens, Lebenserinnerungen, S. 94.

155 Zitiert nach: Feyerabend, Telegraph, S. 140. Zur Datierung: ebd., S. 155. Feyerabend gibt hierzu keine Quelle an. Auch die Beschwerde Reuters ist nur aus seiner Darstellung bekannt. Wandrey, Siemens, S. 263 f., dürfte sich darauf gestützt haben. Feyerabend, der von 1926 bis 1933 Staatssekretär im Reichspostministerium war und sich anschließend intensiv mit der Geschichte der Telegrafie beschäftigte, kann als glaubwürdiger Chronist gelten. Es ist davon auszugehen, dass er auch Quellen auswerten konnte, die heute nicht mehr existieren.

156 Friedrich Siemens an Wilhelm Siemens, 2.2.1852 [in der Abschrift fälschlicherweise auf den 2.2.1851 datiert], SAA W1256.

157 Technische Deputation für Gewerbe an das Königliche Ministerium für Handel, Gewerbe und öffentliche Arbeiten, 22.3.1852, GStA PK Rep. 120 TD Technische Deputation für Gewerbe, Patente Akten T Nr. 575, Bd. 1, Bl. 66. Nottebohm war der Referent der Technischen Deputation zu diesem Patentgesuch.

158 Arthur Wilke, Die Elektrizität, ihre Erzeugung und ihre Anwendung in Industrie und Gewerbe, Berlin/Heidelberg 1893, Leipzig 1893, S. 406.

159 Werner Siemens an Wilhelm Siemens, 11.10.1851, SAA W17.

160 Lutz, Carl von Siemens, S. 65 f.

161 Werner Siemens an Wilhelm Siemens, 18.9.1851, SAA W16; Wilhelm Siemens an Werner Siemens, 10.8.1851, SAA W1284; Wilhelm Siemens an Werner Siemens, 8.9.1851, SAA W1286; Lutz, Carl von Siemens, S. 66.

162 Lutz, Carl von Siemens, S. 67 f.

163 Wilhelm Siemens an Werner Siemens, 11.12.1851, SAA W1292; Lutz, Carl von Siemens, S. 67 f.

164 Schon am 18.9.1851 schrieb Werner an Wilhelm aus Berlin: «Ich muss nach Riega und Petersburg und habe mit der hiesigen Stadtanlage noch viel zu schaffen», SAA W16.

165 Werner Siemens an Wilhelm Siemens, 5.4.1851, SAA W10.

166 Werner Siemens an Wilhelm Drumann, 12.9.1849, SAA F505.

167 Wandrey, Siemens, S. 274. Ort und Datum sind durch eine Beschwerde Werners bei der preußischen Grenzstation Laugszargen wegen einer Verspätung dokumentiert.

Kapitel 6

«Familiengenius»

1 Wilhelm Siemens an Carl Siemens, 2.1.1852, SAA W1218.

2 Vgl. hierzu auch Max Gedig, Familie als Erfolgsgarant. Siemens in der frühen Unternehmensentwicklung, Bachelorarbeit Ludwig-Maximilians-Universität München, Ms. München 2013, S. 32 ff.

3 Werner Siemens an Mathilde Drumann, 22.6.1852, SAA F1156.

4 Werner Siemens an Carl Siemens, 22.11.1870, in: Ehrenberg, Unternehmungen, S. 358.

5   Vgl. z. B. V. Generalversammlung der Mitglieder der Familie «Siemens» in Hasserode i. Harz am 28.9.1890, FA 0443. Zu Werners Einstellung gegenüber diesen Familienversammlungen siehe S. 327 ff.
6   Wilhelm Siemens an Carl Siemens, 2.1.1852, SAA W1218.
7   Du Bois-Reymond zählte später die jahrzehntelange Freundschaft mit Werner zu den «größten Segnungen» seines Lebens. Emil du Bois-Reymond, Erwiderung auf die Antrittsrede von Werner von Siemens, URL http://leibnizsozietaet. de/wp-content/uploads/2012/11/08_du_bois_reymond.pdf [letzter Zugriff am 6.5.2016].
8   Vgl. Werner Siemens an Johann Georg Halske, 30.10.1848, SAA A57.
9   Siemens, Elektrotechnik, S. 48.
10 Johann Georg Halske an Werner Siemens, 5.1.1862, SAA A54.
11 Werner Siemens an Mathilde Siemens, 5.7.1860, SAA F1398 («nicht einmal (horibile dictu!) eine Zigarre rauchen zu können, ist schrecklich!»); Werner Siemens an Antonie Siemens, 8.8.1871, SAA F713.
12 Mathilde Siemens an Wilhelm Siemens, März 1875, SAA 3.Li 509.
13 Käthe Pietschker, Aus meinem Leben, Hamburg o. J., S. 14. Siehe hierzu S. 300 f. u. 419 f.
14 Werner Siemens an Wilhelm Siemens, 13.12.1849, SAA 2.Li 512.
15 Werner Siemens an Carl Siemens, 21.1.1849, SAA W1979.
16 Wilhelm sah dies damals ähnlich. Am 5. November 1851 schrieb er an Werner: «Es scheint mir überhaupt vortheilhaft dass wir uns alle so viel wie möglich auf dieselben Industriezweige verwenden denn ‹Vereinigung ist Stärke› u. wozu sollten wir uns von fremden Leuten das Fett abfüllen lassen?», SAA W1288.
17 Wandrey, Siemens, S. 359; Ekengreen an Werner Siemens, 13.1.1850, SAA A133; Nachtrag zu: Werner Siemens an Carl Siemens, 18.9.1851, SAA W16 («Walter ist jetzt ehrsamer Schlossergeselle»).
18 Wandrey, Siemens, S. 361.
19 Werner Siemens an Carl Siemens, April 1853, SAA W1713.
20 Siemens, Lebenserinnerungen, S. 118.
21 Stammbaum Familie Siemens, S. 136.
22 In den *Lebenserinnerungen* heißt es dazu: «Ich machte mich den Damen als Cicerone nützlich und verlebte mit ihnen angenehme, anregende Tage.» Siemens, Lebenserinnerungen, S. 117.
23 Tagebuch von Mathilde Emma Wilhelmine Siemens, geb. Drumann, Auszug aus dem Eintrag des 23. Juni 1845, SAA 2.Li 617.
24 Siemens, Lebenserinnerungen, S. 117 f.
25 Werner Siemens an Wilhelm Siemens, 25.9.1845, SAA W8539. In einem Brief vom 21.9.1845 hatte Werner an Mathilde Drumann geschrieben: «Du namentlich, liebe Mathilde, bist mir in jener trüben Zeit eine liebe Schwester geworden …». SAA F1132.
26 Wilhelm Siemens an Werner Siemens, 2.10.1845, SAA W1875.
27 Werner Siemens an Mathilde Drumann, 13.3.1852, SAA F1143.
28 Werner Siemens an Mathilde Drumann, 12.1.1847, SAA F1135.

29 Wilhelm Drumann (1786–1861) hatte sich 1812 an der Universität Halle/Saale für Alte Geschichte habilitiert und war seit 1821 ord. Professor an der Universität Königsberg. Peter Robert Franke, Drumann, Wilhelm Carl August, in: Neue Deutsche Biographie Bd. 4, Berlin 1959, S. 140 [Onlinefassung], URL: http://www.deutsche-biographie.de/pnd100113842.html [letzter Zugriff am 10.5.2016]. Vgl. Wilhelm Drumann, Geschichte Roms in seinem Uebergange von der republicanischen zur monarchischen Verfassung oder Pompejus, Cäsar, Cicero und ihre Zeitgenossen. Nach Geschlechtern und mit genealogischen Tabellen, 6 Bde., 2. Aufl., hg. von Paul Groebe, Berlin 1899–1929.

30 Werner Siemens an Wilhelm Drumann, 20.9.1845, SAA F505.

31 Wilhelm Drumann an Werner Siemens, 14.9.1845, SAA F1991. Wilhelm Drumann war in Danstedt bei Halberstadt, etwa zehn Kilometer von Wasserleben entfernt, als Sohn eines Pfarrers aufgewachsen. Er war ein Jahr älter als Christian Ferdinand, dessen Vater die Domäne Wasserleben gepachtet hatte.

32 Werner Siemens an Wilhelm Siemens, 25.9.1845, SAA W8539.

33 Werner Siemens an Wilhelm Drumann, 12.1.1847, SAA F505 («Ich habe ohne Ihre Erlaubnis das mir anvertraute Geld verbraucht und bin auch noch nicht imstande, es der Bestimmung gemäß zu verwenden!»).

34 Werner Siemens an Wilhelm Drumann, 25.1.1847, ebd.

35 Werner Siemens an Wilhelm Drumann, 12.9.1849, ebd. Mathilde wollte damals zur Kur nach Bad Salzbrunn in Schlesien fahren, Werner verlegte zu dieser Zeit die Staatstelegrafenlinie durch Schlesien. Wegen der damaligen Cholera-Epidemie kam das Treffen nicht zustande.

36 Zitiert nach: ebd.

37 Ferdinand Siemens an Werner Siemens, 15.1.1849 [im Original fälschlicherweise auf 15.1.1848 datiert], SAA W1073.

38 Ferdinand Siemens an Werner Siemens, 18.12.1849, SAA W1048.

39 Werner Siemens an Ferdinand Siemens, 12.10.1869, SAA W4868.

40 Ferdinand Siemens an Werner Siemens, 3.8.1850, SAA W1082.

41 Werner Siemens an Wilhelm Drumann, 15.3.1851 F 505; Mathilde Drumann an Frau Oberamtmann Siemens, 3.7.1851, SAA A1086.

42 Mathilde Drumann an Frau Oberamtmann Siemens, 3.7.1851, SAA A1086.

43 Dies geht aus einem Brief von Mathilde Himly an Wilhelm vom 7.12.1849 hervor («soviel ich weiss, haben Drumann's weiter kein Vermögen, als ein paar tausend Thaler vom alten Grossvater Melis»). SAA F2410.

44 Siehe hierzu S. 87 f.

45 Werner Siemens an Mathilde Drumann, 13.3.1852, SAA F1143.

46 «Hüte Dich überhaupt vor allen Gemütsbewegungen», schrieb Werner seiner Braut, wenig romantisch, eine Woche vor der Hochzeit. Werner Siemens an Mathilde Drumann, 22.9.1852, SAA F1169.

47 Vgl. David Warren Sabean, Kinship and Class Dynamics in Nineteenth-Century Europe, in: ders./Simon Teuscher/Jon Mathieu (Eds.), Kinship in Europe. Approaches to Long-Term Development (1300–1900), New York/Oxford 2007, S. 310 ff.

48 Sabean, Kinship, S. 310 ff.; Sabean, Families, v. a. S. 245 ff.
49 Mathildes Großvater mütterlicherseits, der Clausthaler Mediziner Georg Mehliß, hatte 1794 Werners Tante Sophie Agnese Siemens geheiratet, ihr Onkel Eduard Mehliß Johann Georgs Schwester Auguste (Psyche) Siemens und dessen Cousin Ernst Mehliß eine Frau aus einem anderen Zweig der Familie Siemens (Sabine Siemens, Weddinger Linie). Stammbuch der Familie Siemens, S. 136. Zur Familie Mehliß als *allied family* der Familie Siemens vgl. Gedig, Familie, S. 35 ff.
50 Mathilde Himly behauptete später, Werners Verlobung mit Mathilde eingefädelt zu haben. Einen Hinweis darauf gibt es nicht. Es dürfte sich um eine der zahlreichen Phantasien gehandelt haben, die Werners ältere Schwester in ihrer Verzweiflung nach dem Tod mehrerer Kinder entwickelte. Werner Siemens an Wilhelm Siemens, 11.8.1866, SAA W888. Zu Mathilde Himlys damaliger Verfassung siehe auch S. 229.
51 Siehe S. 26, 31, 91 u. 159 f.
52 Siemens, Lebenserinnerungen, S. 118.
53 Werner Siemens an Wilhelm Siemens, 1.4.1852, SAA W1343.
54 Werner Siemens an Mathilde Drumann, 20.6.1852, SAA F1155 (erstes Zitat); Werner Siemens an Mathilde Drumann, 8.8.1852, SAA F1163 (zweites Zitat).
55 Werner Siemens an Mathilde Drumann, 22.1.1852, SAA F1138.
56 Werner Siemens an Mathilde Drumann, 14.2.1852, SAA F1140.
57 Werner Siemens an Mathilde Drumann, 30.8.1852, SAA F1166.
58 Werner Siemens an Mathilde Drumann, 14.8.1852, SAA F1164. Diese Deutung ging dann auch in die Lebenserinnerungen ein. Werner schrieb hier, er habe am 11.1.1852 «die so lange verhaltene Frage an Mathilde Drumann» gerichtet. Siemens, Lebenserinnerungen, S. 118.
59 William Meyer an Werner Siemens, 23.1.1852, SAA A282.
60 Ebd.
61 Werner Siemens an Wilhelm Siemens, 8.12.1851, SAA W18.
62 Marie Siemens an Mathilde Drumann, 26.5.1852, SAA F1711; Friedrich Siemens an Werner Siemens, 20.5.1852, SAA W1325; Werner Siemens an Mathilde Drumann, 28.5.1852, SAA F1151.
63 Friedrich Crome (1821–1883) war seit 1845 Rechtsanwalt in Lübeck. Er wurde 1856 Ober-Appellations-Gerichts-Procurator am Oberappellationsgericht der vier Freien Städte und war später am Reichsgericht in Leipzig tätig. 1872 gründete er die *Lübecker Zeitung*.
64 Dies belegt ein Brief, den Sophie unmittelbar nach ihrer Verlobung an Werners Braut schrieb: «O' könntest Du ihn sehen, wie reizend er ist, er ist so groß u. schlank, ganz schwarzes Haar u. Bart, wirklich ein reizender Mensch u. ich werde von sehr vielen jungen Mädchen beneidet.» Sophie Deichmann an Mathilde Drumann, 3.6.1852, SAA F1718.
65 Friedrich Crome an Werner Siemens, 12.6.1852, SAA F1963.
66 Werner Siemens an Mathilde Drumann, 20.6.1852, SAA F1155. Ferdinand und Auguste Deichmann lebten später in Parkersburg, West Virginia. Auguste Deichmann starb dort schon 1874, im Alter von 56 Jahren, Ferdinand Deich-

mann erst 1893. Im Alter wurde er von Werner finanziell unterstützt. Friedrich Crome an Werner Siemens, 12.6.1852, SAA F1963. Ferdinand Deichmann an Werner Siemens, 15.7.1884, SAA 2.Li 544; Stammbaum der Familie Deichmann, SAA 1.Lc 195; URL: http://www.findagrave.com/cgi-bin/fg.cgi?page=gsr&GSln =Deichmann&GSiman=1&&df=np [letzter Zugriff am 10.5.2016].

67 Stammbaum Familie Siemens, S. 170. Werner und Friedrich Crome starben im Alter von 17 bzw. 18 Jahren.

68 Werner Siemens an Mathilde Drumann, 20.6.1852, SAA F1155. Wie der Bekanntmachung des Aufgebots in den *Lübecker Nachrichten* vom 9.6.1852 zu entnehmen ist, erfolgte die Trauung nach dem Gesetz über Zivilehen vom 26.4.1852. FA 0094.

69 Werner Siemens an Mathilde Drumann, 1.8.1852, SAA F1161; Werner Siemens an Mathilde Drumann, 22.9.1852, SAA F1169.

70 Trauschein von Werner Siemens, 1.10.1852, SAA 2.Lh 619.

71 Werner Siemens an Mathilde Drumann, 20.6.1852, SAA F1155.

72 Werner von Siemens, Wohnorte/Reise-Aufenthalte Zeittafel 1816–1892, SAA 2.Li 772. Später berief sich Werner darauf, dass seine Hochzeitsreise «mehr einen geschäftlichen oder wenigstens nützlichen Zweck» gehabt habe. Werner Siemens an Carl Siemens, 30.9.1855, SAA W2146.

73 Waller, Finanzgeschichte, T. 1, S. 14.

74 Marie Siemens an Werner Siemens, 13.2.1852, F 1954.

75 Friedrich Siemens an Carl Siemens, 14.3.1852, SAA 3.Li 516; Waller, Finanzgeschichte, T. 1, S. 14 f.

76 Waller, Finanzgeschichte, T. 1, S. 14 f. Zu Friedrich Martin Magnus vgl. Carsten Lüders, Magnus, Friedrich Martin Freiherr von, in: Neue Deutsche Biographie, Bd. 15, Berlin 1987, S. 672. Das Bankhaus Magnus zählte zur Berliner Hochfinanz. Es gehörte ab 1859 dem Konsortium an, das Anleihen des preußischen Staates am Kapitalmarkt platzierte. Friedrich Martin Magnus war an der Gründung der Berliner Handels-Gesellschaft (1856) beteiligt, sein Sohn Victor an der Gründung der Deutschen Bank (1870). 1875 musste das Bankhaus die Geschäfte einstellen. Morten Reitmayer, Bankiers im Kaiserreich. Sozialprofil und Habitus der deutschen Hochfinanz (Kritische Studien zur Geschichtswissenschaft, 136), Göttingen 1999, S. 86; Lothar Gall, Die Deutsche Bank von ihrer Gründung bis zum Ersten Weltkrieg 1870–1914, in: ders./Gerald D. Feldman/Harold James/Carl-Ludwig Holtfrerich/Hans E. Büschgen, Die Deutsche Bank 1870–1995, München 1995, S. 6.

77 Die Bareinzahlung beim Kauf betrug 20 000 Taler. Die Zwischenfinanzierung von Magnus belief sich auf zunächst 17 500 Taler. Von der Königlichen Fideikommissverwaltung erhielt Siemens & Halske 17 000 Taler in Form einer vierprozentigen Hypothek. Waller, Finanzgeschichte, T. 1, S. 14 f. Halske hatte zunächst keine Hypothekenkredite aufnehmen wollen. Johann Georg Halske an Werner Siemens, 17.3.1852, SAA A50.

78 Werner Siemens an Mathilde Drumann, 4.8.1852, SAA F1162; Meldekarten Werner Siemens, SAA 2.Lh 619.

79 Werner Siemens an Mathilde Drumann, 28.5.1852, SAA F1151.
80 Marie Siemens an Mathilde Drumann, 22.8.1852, SAA F1713.
81 Kuno Frankenstein, Materialien zur Beurteilung der Eisenbahnpolitik und des Eisenbahntarifwesens in Russland, Berlin 1894, S. 7; Johann Pechar, Kohle und Eisen in allen Ländern der Erde, Berlin 1878, S. 26.
82 Vgl. hierzu u. a. Manfred Hildermeier, Geschichte Russlands. Vom Mittelalter bis zur Oktoberrevolution, 2. Aufl., München 2013, v. a. S. 750–827; Nikolaus Katzer, Nikolaus I., in: Hans-Joachim Torke (Hg.), Die russischen Zaren 1547–1917, 2. Aufl., München 1999, S. 288–314.
83 Werner Siemens an Mathilde Drumann, 4.2.1852, SAA F1139.
84 In der Generalverwaltung der Verkehrswege waren zu dieser Zeit über 60 Prozent der leitenden Positionen mit Deutschen besetzt, im Kriegsministerium fast 50 Prozent. Wolfgang Geier, Russische Kulturgeschichte in diplomatischen Reiseberichten aus vier Jahrhunderten. Sigmund von Herberstein, Adam Olearius, Friedrich Christian Weber, August von Haxthausen, Wiesbaden 2005, S. 139.
85 Siemens, Lebenserinnerungen, S. 130.
86 William L. Blackwell, Beginnings of Russian Industrialization, 1800–1860, Princeton 1968, S. 400. Der deutsch-russische Physiker Moritz Hermann von Jacobi hatte schon Anfang der 1840er Jahre einige kleinere elektrische Telegrafenlinien im Raum St. Petersburg mit eigenen Apparaten verlegt. Diese Ansätze waren nicht weiterentwickelt worden.
87 «Der gefürchtete Graf Kleinmichel war die Liebenswürdigkeit selbst», schrieb Werner danach an seine Braut. Werner Siemens an Mathilde Drumann, 4.2.1852, SAA F1139.
88 Wandrey, Siemens, S. 284. In den *Lebenserinnerungen* gab Werner an, schon damals den Auftrag für den Bau einer Telegrafenlinie nach Kronstadt erhalten zu haben. Tatsächlich war dies erst ein Jahr später der Fall. Siemens, Lebenserinnerungen, S. 124. Den Auftrag für die Telegrafenlinie zwischen Riga und dem vorgelagerten Seehafen Bolderaja hatte Werner im Januar 1852 auf dem Weg nach St. Petersburg erhalten. Es handelte sich um ein privatwirtschaftliches Projekt des Rigaer Börsen-Komitees. Johann Georg Siemens an Wilhelm Siemens, 8.2.1852, SAA 2.Li 544; B. Becker, Telegraphie und Telephonie, in: Paul Kerkovius, Riga und seine Bauten, Riga 1903, S. 83.
89 Werner Siemens an Wilhelm Siemens, 1.4.1852, SAA W1343.
90 Werner Siemens an Wilhelm Siemens, 18.9.1851, SAA W16.
91 Siemens, Lebenserinnerungen, S. 118; Wandrey, Siemens, S. 285. Zur Telegrafenlinie Riga–Bolderaja siehe Anm. 88 auf dieser Seite.
92 Hermann Christian von Kap-herr (1801–1877) war in Rostock geboren. Er hatte sich als Bankier und Kaufmann in St. Petersburg niedergelassen, da ein Onkel von ihm hier schon länger als russischer Staatsrat tätig war. 1868 wurde er in den erblichen Freiherrenstand erhoben.
93 Werner Siemens an Mathilde Drumann, 8.8.1852, SAA F1163; Wandrey, Siemens, S. 285 f. Zu Aureggio siehe Siemens, Lebenserinnerungen, S. 128.

94 Werner Siemens an Johann Georg Halske, 11.11.1852, SAA A60; Werner Siemens an Wilhelm Siemens, 21.11.1852, SAA W1347.
95 Werner Siemens an Johann Georg Halske, 8.11.1852, SAA A59; Wandrey, Siemens, S. 286 (mit Zitat).
96 Werner Siemens an Wilhelm Siemens, 21.11.1852, SAA W1347.
97 Samuel Anton Fraenkel, der Gründer des Warschauer Bankhauses, hatte in die Familie Magnus eingeheiratet, sein Sohn Anton Fraenkel war eine Kusinen-Ehe mit Fanny Magnus, einer Schwester von Friedrich Martin Magnus, eingegangen. Hugo Rachel/Johannes Papritz/Paul Wallich, Berliner Großkaufleute und Kapitalisten, Bd. 3: Übergangszeit zum Hochkapitalismus 1806–1856, Berlin 1934, S. 121; Stefan L. Wolff, Gustav Magnus – ein Chemiker prägt die Berliner Physik, in: Hoffmann (Hg.), Gustav Magnus, S. 16 (Stammbaum der Familie Magnus).
98 Werner Siemens an Johann Georg Halske, 11.11.1852, SAA A60.
99 Lutz, Carl von Siemens, S. 69.
100 Werner Siemens an Wilhelm Siemens, 11.12.1851, SAA W1292.
101 Johann Georg Halske an Werner Siemens, 17.3.1852, SAA A50.
102 Wilhelm Siemens an Friedrich Siemens, 11.3.1852, SAA W1248.
103 Lutz, Carl von Siemens, S. 70.
104 Ebd., S. 70 ff.
105 Werner Siemens an Carl Siemens, 24.7.1852, SAA W1316.
106 Carl Siemens an Wilhelm Siemens, 28.9.1852, SAA W1335.
107 Werner Siemens an Carl Siemens, 30.9.1852, SAA W1317.
108 Lutz, Carl von Siemens, S. 74.
109 Johann Georg Siemens an Wilhelm Siemens, 8.2.1852, SAA F1951.
110 Werner Siemens an Carl Siemens, 16.12.1852, SAA W1320.
111 Werner Siemens an Carl Siemens, 21.11.1852, in: Ehrenberg, Unternehmungen, S. 66.
112 Carl Siemens an Werner Siemens, 27.1.1853, SAA W1688.
113 Lutz, Carl von Siemens, S. 81. Zu Johann Löffler vgl. Sigfrid von Weiher, Die englischen Siemens-Werke und das Siemens-Überseegeschäft in der zweiten Hälfte des 19. Jahrhunderts, Berlin 1990, S. 34.
114 Werner Siemens an Carl Siemens, 24.6.1853, zitiert nach: Matschoss (Hg.), Werner Siemens, Briefteil, S. 96. Siehe hierzu Lutz, Carl von Siemens, S. 82.
115 Werner Siemens an Carl Siemens, 24.6.1853, zitiert nach: Matschoss (Hg.), Werner Siemens, Briefteil, S. 96.
116 Werner Siemens an Wilhelm Siemens, 4.8.1853, SAA W1751; Kap-herr & Cop. an Siemens & Halske, 17.8.1853, SAA WP Kap-herr.
117 Lutz, Carl von Siemens, S. 82 f.
118 Olivia Griese, Der Weg in die Ostsee. Die Stadt und ihr Hafen, in: Karl Schlögel/Frithjof Benjamin Schenk/Markus Ackeret u. a. (Hg.), Sankt Petersburg. Schauplätze einer Stadtgeschichte, Frankfurt am Main/New York 2007, S. 130 f.
119 Vgl. Werner Siemens an Wilhelm Siemens, 21.11.1852, SAA W1347.
120 Werner Siemens an Wilhelm Siemens, 21.11.1852, SAA W1347; Lutz, Carl von Siemens, S. 83.

121 Werner Siemens an Wilhelm Siemens, 21.11.1852, SAA W1347; Lutz, Carl von Siemens, S. 85. Die Angabe in Siemens, Lebenserinnerungen, S. 132, wonach Carl die Kronstädter Linie bereits im Herbst 1853 fertiggestellt habe, ist unzutreffend.
122 Vgl. hierzu u. a. Trevor Royle, Crimea. The Great Crimean War 1854–1856, London 1999; Clive Ponting, The Crimean War. The Truth behind the Myth, London 2004; Winfried Baumgart, Der Krimkrieg 1853–1856: Ein historischer Überblick, in: Georg Maag/Wolfram Pyta/Martin Windisch (Hg.), Der Krimkrieg als erster europäischer Medienkrieg (Kultur und Technik, 14), Berlin 2010, S. 209–220.
123 Carl schrieb am 16.1.1854 an Werner: «In allem, was Telegraphie anbelangt, tut der Graf nichts ohne den ‹Prussky Ingener› Siemens.» Zitiert nach: Lutz, Carl von Siemens, S. 85.
124 Lutz, Carl von Siemens, S. 86.
125 Schenk, Russlands Fahrt in die Moderne, S. 50.
126 Ehrenberg, Unternehmungen, S. 76 ff.; Lutz, Carl von Siemens, S. 86 ff. Nach Siemens, Lebenserinnerungen, S. 132, hatte die Linie zwischen St. Petersburg und Warschau eine Länge von rund 1100 Werst. Ein Werst entsprach 1,0688 Kilometern.
127 Werner Siemens an Wilhelm Siemens, 23.7.1854, SAA W32. Zur Datierung: Werner von Siemens, Wohnorte/Reise-Aufenthalte Zeittafel 1816–1892, SAA 2.Li 772.
128 Der Vertrag wurde am 27.9.1854, knapp zwei Wochen nach der Landung der Alliierten auf der Krim, abgeschlossen. Lutz, Carl von Siemens, S. 88.
129 Carl Siemens an Werner Siemens, 3.9.1854, SAA W1843; Ehrenberg, Unternehmungen, S. 79.
130 Carl Siemens an Werner Siemens, 8.11.1854, in: Ehrenberg, Unternehmungen, S. 81 f. Siehe hierzu ebd., S. 81 ff.; Siemens, Lebenserinnerungen, S. 134; Lutz, Carl von Siemens, S. 88 ff.
131 Aus einem Brief Carls an Werner vom 26. November 1854 geht lediglich hervor, dass Arbeiter an einem Streckenabschnitt von Polizisten an die Arbeit geprügelt wurden. SAA W1851. Zum Einsatz von Leibeigenen beim Eisenbahnbau vgl. Katzer, Nikolaus I., S. 299.
132 Siemens, Lebenserinnerungen, S. 134.
133 Werner Siemens an Carl Siemens, 22.11.1854, SAA W1865.
134 Lutz, Carl von Siemens, S. 94 ff.; Waller, Finanzgeschichte, T. 1, S. 16 f.; Ehrenberg, Unternehmungen, S. 91 f. Zur Konstruktion des Kontrol-Galvanoskops, das Werner später als «Tartaren-Galvanoskop» bezeichnete, siehe Werner Siemens, Das Kontrol-Galvanoskop von Siemens & Halske (1855 und 1865), in: ders., Wissenschaftliche und Technische Arbeiten, Bd. 2, S. 92 ff.
135 Lutz, Carl von Siemens, S. 95.
136 Werner Siemens an Carl Siemens, 16.2.1857, SAA W1994.
137 So zahlte Kleinmichel z. B. den vereinbarten Preis für die Linie von Petersburg nach Warschau erst zwei Monate nach deren Fertigstellung. Werner Siemens an Wilhelm Siemens, 27.9.1854, SAA W33.
138 Werner Siemens an Wilhelm Siemens, 20.4.1854, SAA W29.

139 Werner Siemens an Wilhelm Siemens, 4.5.1854, SAA W30.
140 Werner Siemens an Carl Siemens, 22.11.1854, SAA W1865; William Meyer an Werner Siemens, 5.5.1855, SAA A291.
141 Werner Siemens an Wilhelm Siemens, 5.12.1854, in: Matschoss (Hg.), Werner Siemens, Briefteil, S. 109.
142 Weiher, Siemens-Werke, S. 26.
143 Royle, Crimea, S. 256 u. 350; Ehrenberg, Unternehmungen, S. 128. In der deutschen Presse wurde der Vorgang so dargestellt, dass R. S. Newall & Co. eine Lieferung von Siemens & Halske nach Chile in London auf Weisung der britischen Behörden umgeleitet habe. Vgl. die Meldung in der Ostsee-Zeitung, Stettin, vom 22.1.1855, SAA 2.Lh 380, abgedruckt in: Weiher, Siemens-Werke, S. 28. Da Siemens & Halske im November 1854 einen Kooperationsvertrag mit R. S. Newall & Co. geschlossen hatte, ist davon auszugehen, dass die Lieferung für die Linie Varna–Balaklava zwischen beiden Unternehmen abgestimmt worden war.
144 Siemens, Lebenserinnerungen, S. 134 f.
145 Ebd., S. 136.
146 Lutz, Carl von Siemens, S. 91; Wilfried Feldenkirchen, Die Firma Siemens im Russischen Reich vor 1914, in: Dittmar Dahlmann/Carmen Scheide (Hg.), «… das einzige Land in Europa, das eine große Zukunft vor sich hat.» Deutsche Unternehmen und Unternehmer im Russischen Reich im 19. und frühen 20. Jahrhundert, Essen 1998, S. 174. Zum Umsatzanteil des Russlandgeschäfts in den Jahren 1851 bis 1854 siehe die Grafik auf S. 183.
147 Waller, Finanzgeschichte, T. 1, S. 12. Waller schätzt den Gewinn für 1854 auf rund 97 000 Taler (19 Prozent des Umsatzes von 509 000 Talern). Ebd., S. 18. Zu hoch sind demnach die Angaben bei Ehrenberg, Unternehmungen, S. 92 u. 506 (209 869 Rubel Gewinn im Jahr 1855 bzw. 2,25 Mio. Rubel in den Jahren 1853–1855). Ein Rubel entsprach umgerechnet in etwa einem Taler.
148 Ehrenberg, Unternehmungen, S. 91.
149 Belegschaft und Umsatz des Hauses Siemens, 25.5.1966, SAA 27455.
150 Waller, Finanzgeschichte, T. 1, S. 12.
151 Belegschaft und Umsatz des Hauses Siemens, 25.5.1966, SAA 27455.
152 So anlässlich der Taufe seines Patenkinds und Neffen Carl Bonaventura Crome im Jahr 1856. Auszug aus dem Taufbuch der evangelisch-lutherischen St. Petri-Kirche zu Lübeck, Jg. 1856, S. 193, Nr. 46, FA 0094. Die offizielle Bezeichnung der St. Petersburger Filiale lautete «Contrahenten für den Bau und die Remonte der Telegraphenlinien im Kaiserreiche Siemens & Halske». Lutz, Carl von Siemens, S. 97.
153 Hermann Kap-herr an Werner Siemens, 28.1.1855, SAA 3.Li 621; Lutz, Carl von Siemens, S. 106.
154 Werner Siemens an Carl Siemens, 25.9.1856, SAA W2229; Ehrenberg, Unternehmungen, S. 89 f.
155 Kocka, Unternehmensverwaltung, S. 77 f.; Ehrenberg, Unternehmungen, S. 87; Werner Siemens an Carl Siemens, 9.3.1855, SAA W2133.

156 Carl Haase (1831–1901) trat zum 5. Januar 1855 als Oberbuchhalter und kaufmännischer Korrespondent bei Siemens & Halske ein, wurde 1866 Prokurist und war von 1882 bis 1892 Generalbevollmächtigter Werners. Zu seinem Eintritt in das Unternehmen vgl. Ehrenberg, Unternehmungen, S. 87; Waller, Finanzgeschichte, T. 1, S. 20.
157 Siehe S. 167.
158 So die Vermutung von Ernst Waller. Vgl. Waller, Finanzgeschichte, T. 1, S. 23.
159 Werner Siemens an Mathilde Drumann, 8.8.1853, SAA F1163.
160 Waller, Finanzgeschichte, T. 1, S. 23 f. Johann Georg erhielt als Auszahlung einen seiner Gewinnbeteiligung von 20 Prozent entsprechenden Anteil am Gesellschaftskapital (50 000 Taler) zuzüglich seiner 1847 vereinbarten, aber nie voll eingezahlten Kapitaleinlage in Höhe von 10 000 Talern.
161 Ahlsdorf ist heute ein Ortsteil von Schöneweide im brandenburgischen Landkreis Elbe-Elster. Johann Georg erwarb das dortige Rittergut im Oktober 1858 für 83 000 Taler. Helfferich, Georg von Siemens, Bd. 1, S. 27. In den 1870er Jahren erwarb er zusätzlich das etwas nördlicher gelegene Rittergut Nonnendorf.
162 Werner Siemens an Mathilde Siemens, 31.7.1855, SAA F1241.

Kapitel 7
Im Schatten

1 Werner Siemens an Wilhelm Siemens, 21.11.1852, SAA W1347.
2 Werner von Siemens, Wohnorte/Reise-Aufenthalte Zeittafel 1816–1892, SAA 2.Li 772.
3 Mathilde Siemens an Werner Siemens, 27.6.1853, SAA F883.
4 Werner Siemens an Wilhelm Drumann, 20.3.1853, SAA F505.
5 Mathilde Siemens an Werner Siemens, 27.6.1853, SAA F883; Werner von Siemens, Wohnorte/Reise-Aufenthalte Zeittafel 1816–1892, SAA 2.Li 772. Befreundet war Mathilde u. a. mit Anna Kossobutzki geb. Gregor und Anna Marie Storch geb. Janson, deren Mann Pfarrer in Juditten bei Königsberg war. Ihre beste Freundin war wohl die aus Königsberg stammende, aber in London lebende Pädagogin Agnes von Bohlen.
6 Werner von Siemens, Wohnorte/Reise-Aufenthalte Zeittafel 1816–1892, SAA 2.Li 772.
7 Mathilde Siemens an Werner Siemens, 27.6.1853, SAA F883 («Um keinen Preis darfst Du diesen Sommer wieder ungenützt verstreichen lassen, um Deiner Gesundheit willen …»).
8 Nach der Verlegung der Telegrafenlinie zwischen St. Petersburg und Warschau ging Werner im Sommer für drei Wochen nach Marienbad. Werner von Siemens, Wohnorte/Reise-Aufenthalte Zeittafel 1816–1892, SAA 2.Li 772.
9 An seiner Stelle musste Halske nach Warschau fahren. Werner Siemens an Johann Georg Halske, 30.9.1853, SAA A61.
10 Werner Siemens an Wilhelm Drumann, 14.11.1853, SAA F505; Werner Siemens an Wilhelm Drumann, 16.11.1853, ebd. (mit Zitat).

11 1852 wurde Max Himly, das jüngste Kind von Mathilde und Carl Himly, geboren. Seine Geschwister Leopold und Eleonore (Elly) Himly starben 1853 im Alter von acht bzw. sieben Jahren. Mathilde Himly an Werner und Mathilde Siemens, 15.11.1853, SAA 2.Li 500; Stammbaum Familie Siemens, S. 155.
12 Werner Siemens an Carl Siemens, 1.2.1854, SAA W1629; Werner Siemens an Wilhelm Siemens, 6.2.1854, SAA W28.
13 Werner Siemens an Wilhelm Drumann, 20.12.1854, SAA F505.
14 Werner Siemens an Mathilde Siemens, 31.7.1855, SAA F1241; Siemens, Lebenserinnerungen, S. 136 f.
15 Werner Siemens an Carl Siemens 30.9.1855, SAA W2146.
16 Werner Siemens an Carl Siemens, 10.11.1856, SAA W2253.
17 W. Löffler, Chronologie der Erkenntnisse über die Tuberkulose, S. 454 ff., in: Handbuch der Inneren Medizin, hg. von G. Bergmann u. a., Bd. IV/3, redigiert von W. Löffler, 4. Aufl., Berlin/Heidelberg 1956, S. 454 ff.
18 Siehe hierzu S. 160.
19 Werner Siemens an Wilhelm Drumann, 7.6.1856, SAA F505; Werner Siemens an Johann Georg Halske, 12.8.1856, SAA A64.
20 Werner Siemens an Wilhelm Drumann, 9.7.1856, SAA F505.
21 URL: http://www.meran.eu/kultur-tradition/denkmaeler/dr-franz-tappeiner [letzter Zugriff am 13.5.2016].
22 Werner Siemens an Mathilde Siemens, 14.8.1856, SAA F1255.
23 Werner von Siemens, Wohnorte/Reise-Aufenthalte Zeittafel 1816–1892, SAA 2.Li 772.
24 William Meyer an Werner Siemens, 12.9.1856, SAA 2.Li 557.
25 Werner Siemens an Mathilde Siemens, 26.2.1857, in: Heintzenberg (Hg.), Leben, S. 140 f.; Werner Siemens an Mathilde Siemens, 8.3.1857, in: ebd., S. 141 f.
26 Dies ergibt sich aus den Anschriften der Briefe Werners an Mathilde und aus dem Itinerar seiner Reisen. Werner von Siemens, Wohnorte/Reise-Aufenthalte Zeittafel 1816–1892, SAA 2.Li 772.
27 Werner Siemens an Wilhelm Drumann, 22.8.1859, SAA 2.Li 535–2 («Dorette, ihre Privatsekretärin und Kammermädchen»).
28 Werner Siemens an Wilhelm Drumann, 26.12.1856, SAA F505.
29 William Meyer an Werner Siemens 12.9.1856, SAA 2.Li 557.
30 Werner Siemens an Wilhelm Siemens, 29.5.1856, SAA W2318.
31 Werner Siemens an Mathilde Siemens, 17.1.1857 u. 22.1.1857, SAA F1284 u. SAA F1285.
32 Bei Früchtenicht & Brock wurde die von Wilhelm erfundene Regenerativ-Dampfmaschine gebaut. Siehe hierzu S. 192. Zum Darlehen an die 1852 gegründete Berliner Eisengießerei und Maschinenfabrik L. Schwartzkopff siehe Beer, Schwartzkopff, S. 59. Schwartzkopff hatte zuvor bereits auch schon Aufträge von Siemens & Halske erhalten. Wilhelm war mit dem Unternehmer Louis Schwartzkopff seit der gemeinsamen Schulzeit in Magdeburg befreundet. Siehe S. 60.
33 Werner Siemens an Carl Siemens, 22.5.1857, SAA W2000.

34 Ehrenberg, Unternehmungen, S. 64. Wilhelm hatte diesen Apparat 1851 erfunden. Vgl. hierzu Pole, Wilhelm Siemens, S. 111 ff.
35 Ehrenberg, Unternehmungen, S. 122–128.
36 Werner Siemens an Wilhelm Siemens, 6.2.1858, SAA W42.
37 Ehrenberg, Unternehmungen, S. 125 (mit Zitat).
38 Ehrenberg, Unternehmungen, S. 308; Übersicht Lebensdaten Friedrich Siemens, SAA 3.Lr 505. Früchtenicht & Brock wurde 1851 von den Hamburger Ingenieuren Franz Friedrich Früchtenicht und Franz Wilhelm Brock für den Bau eiserner Schiffe gegründet.
39 Ehrenberg, Unternehmungen, S. 309; Matschoss (Hg.), Werner Siemens, S. 66. Zur Geschichte dieses Unternehmens vgl. Armin Wulle, Der Stettiner Vulcan. Ein Kapitel deutscher Schiffbaugeschichte. Herford 1989.
40 Ehrenberg, Unternehmungen, S. 309. Demnach beliefen sich diese Verluste von Siemens & Halske auf rund 35 000 Taler.
41 Ehrenberg, Unternehmungen, S. 309.
42 Ebd., S. 310 ff.; Übersicht Lebensdaten Friedrich Siemens, SAA 3. Lr 505.
43 Eigene Lebenserinnerungen von Friedrich Siemens, S. 4 (Anlage zu: Friedrich Heintzenberg, Friedrich August Siemens. Ein Lebensbild in Briefen, Ms. o. J.), SAA 46.Lk 450; Werner Siemens an Carl Siemens, Dezember 1870, in: Ehrenberg, Unternehmungen, S. 358 f.
44 Ehrenberg, Unternehmungen, S. 310 ff. u. 324 ff.
45 Ebd., S. 315; Werner Siemens an Mathilde Siemens, 26.11.1856, SAA F 1276; Werner Siemens an Carl Siemens, 15.11.1858, in: Matschoss (Hg.), Werner Siemens, Briefteil, S. 140.
46 Werner Siemens an Carl Siemens, 14.5.1858, SAA W1936.
47 Werner Siemens an Carl Siemens, 30.3.1858, SAA W1934.
48 Werner Siemens an Wilhelm Siemens, 19.1.1858, SAA W41; Mathilde Siemens an Wilhelm Drumann, 6.1.1858, SAA F1896.
49 Ehrenberg, Unternehmungen, S. 269 f.
50 Mathilde Siemens an Wilhelm Drumann, 6.1.1858, SAA F1896.
51 Werner Siemens an Wilhelm Siemens, 19.1.1858, SAA W41. Ob die Linie von Pula nach Ragusa an Land oder unterseeisch verlegt werden sollte, geht aus Werners Korrespondenz nicht hervor. Zum Ragusa-Alexandria-Projekt vgl. Jorma Ahvenainen, The History of the Near Eastern Telegraphs before the First World War, Helsinki 2011, S. 31 ff.
52 Werner Siemens an Carl Siemens, 30.3.1858, SAA W1934; Lutz, Carl von Siemens, S. 131.
53 Jutta Kleindienst, Siemens in Österreich. Der Zukunft auf der Spur. Eine Unternehmensbiografie, Wien 2004, S. 30.
54 Wichert, Kramer, S. 92.
55 August Kramer zog sich 1855/56 aus dem Telegrafenbau zurück. Ebd., S. 26 u. 90 f.
56 Werner Siemens an Mathilde Siemens, 12.11.1856, SAA F1272.
57 William Meyer an Werner Siemens, 21.1.1857, SAA 2.Li 557.

58 Siemens, Lebenserinnerungen, S. 185; Matschoss (Hg.), Werner Siemens, 50 f.; Biografie Carl Frischen, SAA WP Frischen; P. Wilhelm Brix, Das Telegraphiren auf demselben Drahte in entgegengesetzten Richtungen, in: Polytechnisches Journal Bd. 137, Nr. XLVII, April 1855, S. 172–179.

59 Werner Siemens, Elektromagnetische Maschinen zur Erzeugung kontinuirlicher Induktionsströme gleicher Richtung (1853 u. 1855), in: ders., Wissenschaftliche und Technische Arbeiten, Bd. 2, S. 97 ff.; Matschoss (Hg.), Werner Siemens, S. 51; Otto Mahr, Die Entstehung der Dynamomaschine (Geschichtliche Einzeldarstellungen aus der Elektrotechnik, Bd. 5), Berlin 1941, S. 113 f.

60 Mahr, Entstehung, S. 115 f.

61 Ebd., S. 116 ff.; 1856 Magnetinduktionstelegraph, in: Katalog Siemens-Museum, SAA; Doppel-T-Anker, in: ebd.

62 Werner Siemens an Wilhelm Siemens, 8.5.1856, SAA W2316; Werner Siemens an Wilhelm Siemens (13.–22.5.1856), SAA W2317.

63 Werner Siemens, Patentgesuch auf ein Verfahren, mit Morse'schen Schreibtelegraphen mittelst inducierter Ströme wechselnder Richtung zu telegraphieren (1856), in: ders., Wissenschaftliche und Technische Arbeiten, Bd. 2, S. 114–117; Veröffentlichungen, Patente und Vorträge von Werner von Siemens.

64 Vgl. Werner Siemens an Wilhelm Siemens, 21.11.1852, SAA W1347. Wilhelm erwähnte Gordon bereits in einem Brief an Werner vom 5.11.1851, SAA W1288.

65 Weiher, Siemens-Werke, S. 26. Wilhelm reichte das Patentgesuch für die Gegensprech-Apparate am 8. November 1854 in London ein. Veröffentlichungen, Patente und Vorträge von Werner von Siemens.

66 Werner Siemens an Carl Siemens, 22.11.1854, SAA W1865.

67 Siehe S. 181. Eine größere Bestellung von R. S. Newall & Co. folgte im Mai 1855. William Meyer an Werner Siemens, 5.5.1855, SAA A291.

68 Weiher, Siemens-Werke, S. 29.

69 Werner Siemens an Carl Siemens, 5.6.1856, zitiert nach: ebd., S. 31.

70 Werner Siemens an Wilhelm Siemens, 29.4.1856, SAA W2315.

71 William Meyer teilte dies verklausuliert in einem Schreiben an Newall vom 6.5.1855 mit. Weiher, Siemens-Werke, S. 29.

72 Werner Siemens an Wilhelm Siemens, 29.4.1856, SAA W2315.

73 Zu Bretts Indienprojekt und seiner Compagnie du télégraphe électrique sous-marin de la Méditerranée pour la correspondence avec l'Algerie et les Indes (englischer Name: The Mediterranean Electric Telegraph Company) vgl. Ahvenainen, History, S. 15 f.; Museum für Kommunikation (Hg.), 28 Minuten, S. 133 ff.

74 Werner Siemens an Carl Siemens, 26.7.1857, SAA W2001.

75 Werner Siemens an Mathilde Siemens, 1.9.1857, SAA F1336 (Zitat); ähnlich: Siemens, Lebenserinnerungen, S. 147. Zur Datierung: Werner von Siemens, Wohnorte/Reise-Aufenthalte Zeittafel 1816–1892, SAA 2.Li 772.

76 Siemens, Lebenserinnerungen, S. 145.

77 Ebd., S. 145 ff. (Zitat auf S. 147).

78 Dieser namentlich nicht gezeichnete Bericht mit dem Titel «Telegraph Cable laying in the Mediterranean» erschien in *Fraser's Journal* und wurde im Ok-

tober 1858 in der *Eclectic Review* nachgedruckt. Er findet sich in: History of the Atlantic Cable & Undersea Communications from the first submarine cable of 1850 to the worldwide fiber optic network, Mediterranean Cables, URL: http://atlantic-cable.com/Cables/1854–57Mediterranean [letzter Zugriff am 13.5.2016].

79   Werner Siemens an Mathilde Siemens, 13.9.1857, SAA F1337.
80   Siemens, Lebenserinnerungen, S. 146–152 (mit Abdruck des Briefes an Lewis Gordon vom 26./28.9.1857 auf S. 148–152).
81   Veröffentlichungen, Patente und Vorträge von Werner von Siemens. Im Juli 1860 hielt Werner darüber zusammen mit Wilhelm einen Vortrag vor der British Association Oxford. Vgl. ferner: Werner Siemens, Beiträge zur Theorie der Legung und Untersuchung submariner Telegraphenleitungen, in: Monatsberichte der königlich preußischen Akademie der Wissenschaften (17.12.1874), Berlin 1874, S. 795–825.
82   Ahvenainen, History, S. 16.
83   Wilhelm Siemens an Carl Siemens, 2.10.1857, SAA W2002; Ehrenberg, Unternehmungen, S. 131. Ludwig Löffler (1831–1906) hatte bei Bötticher & Halske gelernt und trat vermutlich im Februar 1857 bei Siemens & Halske ein. Weiher, Siemens-Werke, S. 33 ff.
84   Dazu gehörte die Verlegung eines Seekabels der Levant Company von den Dardanellen nach Chios und nach Kreta sowie eines Seekabels der griechischen Regierung von Syros nach Chios und eines weiteren Seekabels von Kreta nach Alexandria. Pole, Wilhelm Siemens, S. 124; Wolfram Eitel, Die historische Entwicklung des Übersee-Geschäfts des Hauses Siemens und seine Organisation (1957/58), S. 6, SAA 12.Lm 910.
85   Ehrenberg, Unternehmungen, S. 135 f.
86   John D. Scott, Siemens Brothers 1858–1958. An Essay in the History of Industry, London 1958, S. 31; Weiher, Siemens-Werke, S. 48 f. Demnach hatte Newall & Co. nur eine geringe Beteiligung an Gewinn und Kapital. Das Gründungsdokument von Siemens, Halske & Co. ist nicht mehr überliefert.
87   Weiher, Siemens-Werke, S. 51; Ehrenberg, Unternehmungen, S. 136. Zum Werdegang Ludwig Löfflers siehe Anm. 83 auf dieser Seite. Zu Johann Löffler siehe S. 174 u. Weiher, Siemens-Werke, S. 34.
88   Ahvenainen, History, S. 50–57. Vgl. hierzu auch URL: http://atlantic-cable.com/Cables/1859SuezKarachi/ [letzter Zugriff am 13.5.2016].
89   Werner Siemens an Mathilde Siemens, 5.9.1858, SAA F1365.
90   Siemens, Lebenserinnerungen, S. 155 f.; Ehrenberg, Unternehmungen, S. 138; Fürst, Siemens, S. 62.
91   Emil du Bois-Reymond an Theodor Bilharz, 16.3.1859, zitiert nach: Weiher, Siemens, S. 45.
92   In seinen *Lebenserinnerungen*, deren farbige Schilderungen nicht immer für bare Münze zu nehmen sind, schrieb Werner, er habe auf der Spitze der Cheops-Pyramide elektrische Eigenschaften des Wüstenwinds entdeckt und Experimente durchgeführt. Dabei sei es mit den erschrockenen ägyptischen Frem-

denführern, die ihn der Zauberei verdächtigten, fast zu Handgreiflichkeiten gekommen. Siemens, Lebenserinnerungen, S. 159 f.

93 Ebd., S. 163–168.
94 Ehrenberg, Unternehmungen, S. 138; Siemens, Lebenserinnerungen, S. 169.
95 Ahvenainen, History, S. 55 f.; Daniel R. Headrick, The Invisible Weapon. Telecommunications and International Politics 1851–1945, New York/Oxford 1991, S. 20; URL: http://atlantic-cable.com/Cables/1859SuezKarachi/ [letzter Zugriff am 13.5.2016].
96 Vgl. hierzu v. a. die Briefe von Lewis Gordon aus Südostasien in: Thomas Constable, Memoirs of Lewis B. D. Gordon, Edinburgh 1877. Auszüge aus diesen Briefen finden sich in: URL: http://atlantic-cable.com/Cables/1859Batavia-Singapore/index.htm [letzter Zugriff am 13.5.2016]. Vgl. ferner Charles Jeurgens, Networks of Information: The Dutch East Indies, in: Catia Antunes/Jos Gommans (Eds.), Exploring the Dutch Empire. Agents, Networks and Institutions, 1600–2000, London 2015, S. 106. Einen Bericht Walters von dieser Expedition enthält sein Brief an Werner vom 10.1.1860, SAA W9326.
97 Wilhelm Siemens an Werner Siemens, 15.3.1860, SAA W2393 (Zitat); Werner Siemens an Wilhelm Siemens, 28.3.1861, SAA W118; Ehrenberg, Unternehmungen, S. 146–150.
98 Scott, Siemens Brothers, S. 31.
99 Ehrenberg, Unternehmungen, S. 150; Weiher, Siemens-Werke, S. 54.
100 Werner Siemens an Wilhelm Siemens, 8.1.1860, in: Ehrenberg, Unternehmungen, S. 147.
101 Ehrenberg, Unternehmungen, S. 143 ff.
102 Ehrenberg, Unternehmungen, S. 152–159. Die Parallele zu den russischen *Remonte*-Verträgen zog auch Carl in einem Brief an Werner vom 24.4.1861, in: ebd., S. 158.
103 Wilhelm Siemens an Werner Siemens, 8.4.1861, SAA W2659.
104 Werner Siemens an Forde, 2.6.1861, in: Ehrenberg, Unternehmungen, S. 159; Werner Siemens an Carl Siemens, 8.5.1861, SAA W2692.
105 Werner Siemens an Carl Siemens, 8.5.1861, SAA W2692.
106 Ehrenberg, Unternehmungen, S. 160.
107 Nach Ehrenberg handelte es sich bei diesem Auftrag um eine Land-Telegrafenlinie zwischen Kapstadt und Delagoa-Bai im heutigen Mosambik, die im Frühjahr 1863 fertiggestellt wurde. Einer der beteiligten Ingenieure war Carl Höltzer. Ebd., S. 164; Dirk Schaal, Ernst Höltzer (Lebenswege, 3), München 2015, S. 13.
108 Ehrenberg, Unternehmungen, S. 307.
109 Ebd.
110 Werner Siemens an Carl Siemens, 12.11.1861, zitiert nach: ebd., S. 415, Carl Siemens an Werner Siemens, 14.11.1851, in: ebd.
111 Friedrich Crome an Wilhelm Siemens, 16.5.1863, SAA 3.Li 509.
112 Pole, Wilhelm Siemens, S. 130.
113 Werner Siemens an Wilhelm Siemens, 24.3.1859, zitiert nach: Pole, Wilhelm Siemens, S. 131.

114 Annes Bruder Lewis Gordon hatte 1849 Marie Heise geheiratet, eine Deutsche aus Hannover, deren Schwester mit dem dortigen Oberamtsrichter Gustav Siemens verheiratet war. Gustav Siemens (1806–1874) stammte aus einem anderen Zweig der Familie als Wilhelm und Werner («Weddinger Linie»). Gustav und Wilhelm bzw. Werner waren Vettern dritten Grades, der erste gemeinsame Vorfahre war ihr Ururgroßvater Hans Henning Siemens. Gustav Siemens war in Hannover zunächst Rechtsanwalt, dann Oberamtsrichter. Er gehörte 1848/49 der Deutschen Nationalversammlung in der Paulskirche an. Stammbuch Familie Siemens, S. 176.

115 Pole, Wilhelm Siemens, S. 130.

116 Hans hatte am 29.6.1855 Alma Müller geheiratet, Ferdinand am 1.9.1856 Eulalia Hertzog. Stammbuch der Familie Siemens, S. 161. Hans war zu diesem Zeitpunkt noch Besitzer einer Brennerei in Woldegk bei Neubrandenburg. Vorübergehend wohnte er bis zu seiner Heirat auch in Berlin. Meldekarten Hans Siemens, SAA 2.Lh 619. Werner schrieb am 30. September 1855 an Carl: «Hans hat, wie Du weisst, Glück gehabt. Sein Apparat bringt ihm reichliche Einnahmen, er ist ein sehr glücklicher Ehemann …» SAA W2146.

117 Ehrenberg, Unternehmungen, S. 325 f. Georg Mehlis (1829–1906) war ein Sohn von Mathildes Onkel Eduard Mehliß in Clausthal. Er war vor dem Wechsel nach Dresden Oberingenieur der Berliner Maschinenfabrik Wöhlert gewesen und wurde später Mitbesitzer der Maschinenfabrik Mehlis und Behrens «Cyklop» in Berlin. Warum er den Familiennamen anders schrieb als seine Vorfahren, lässt sich nicht feststellen. Stammbaum Familie Siemens, S. 136.

118 Zur Kapitaleinlage bei der Glasfabrik in Dresden: Ehrenberg, Unternehmungen, S. 325. Das Unternehmen sollte ursprünglich unter dem Namen «Siemens & Mehlis» in Berlin gegründet werden. Da Friedrich ein Patent für Sachsen hatte, entschied man sich dann für Dresden. Vgl. Werner Siemens an Carl Siemens, 10.1.1862, SAA W2859.

119 Davon entfielen 11 000 Taler auf Darlehen, die Ferdinand von Wilhelm Drumann erhalten hatte. Nach Drumanns Tod wurden sie im Hypothekenbuch Piontken auf Mathilde eingetragen. Von Werner hatte Ferdinand 1851 4000 Taler als Darlehen erhalten. 1861 kam ein Darlehen in Höhe von 2000 Talern hinzu. Ferdinand Siemens an Werner Siemens, 16.12.1863, SAA W4232. Zum Darlehen an Friedrich Crome: Werner Siemens an Carl Siemens, 6.1.1858, SAA W1930; Friedrich Crome an Wilhelm Siemens, 16.5.1863, SAA 3.Li 509.

120 Zum Angebot an Wilhelm: Ehrenberg, Unternehmungen, S. 415. Zum Darlehen an Friedrich Crome: Werner Siemens an Carl Siemens, 6.1.1858, SAA W1930; Friedrich Crome an Wilhelm Siemens, 16.5.1863, SAA 3.Li 509.

121 Werner Siemens an Wilhelm Siemens, 23.1.1860, SAA W120. Telegrafenapparate von Siemens & Halske waren bereits 1858 von einem Agenten in Melbourne auf dem australischen Markt eingeführt worden. Werner Siemens an Wilhelm Siemens, 2.12.1858, SAA W71.

122 Walter Siemens an Werner Siemens, 11.3.1860, SAA W2391; Werner Siemens

an Wilhelm Siemens, 14.3.1860, SAA W130. Zu den Geschäften im Kaukasus-Gebiet und Walters weiterer Tätigkeit in Tiflis siehe S. 245 f. u. 258.
123 Werner Siemens an Wilhelm Drumann, 13.11.1858, SAA F505.
124 Ebd.
125 Werner Siemens an Wilhelm Drumann, 14.1.1859, SAA F505.
126 Werner Siemens an Wilhelm Drumann, 18.8.1859, SAA 2.Li 535.
127 Mathilde Siemens an Wilhelm Drumann, 30.9.1860, SAA F377.
128 Werner Siemens an Mathilde Siemens, 28.8.1859, SAA F1388; Werner Siemens an Carl Siemens, 1.3. 1861, SAA F1404.
129 Werner Siemens an Wilhelm Drumann, 18.8.1859, SAA 2.Li 53; Werner Siemens an Mathilde Siemens, 28.8.1859, in: Heintzenberg (Hg.), Leben, S. 169 f.
130 Werner Siemens an Mathilde Siemens, 15.7.1861, SAA F1409; Werner Siemens an Mathilde Siemens, 24.7.1861, SAA F1410; P. O. Rave/J. Wirth, Die Bauwerke und Kunstdenkmäler von Berlin, Bd. 2: Charlottenburg, Berlin 1961, S. 374; Rudolf Danke, Das Siemens-Grundstück in Charlottenburg. Ein Beitrag zu seiner Geschichte, in: Der Bär von Berlin. Jahrbuch des Vereins für die Geschichte Berlins, 6. Folge, 1956, S. 111 f.
131 Werner Siemens an Mathilde Siemens, 15.7.1861, SAA F1409.
132 Werner Siemens an Anne Siemens, 23.8.1861, SAA F501.
133 Werner Siemens an Mathilde Siemens, 29.7.1861, SAA F1414.
134 Werner Siemens an Anne Siemens, 23.8.1861, SAA F501.
135 Werner Siemens an Wilhelm Siemens, 30.9.1861, SAA W158.
136 Ebd.; Danke, Siemens-Grundstück, S. 113.
137 Werner Siemens an Mathilde Siemens, 24.7.1861, SAA F1410.
138 Danke, Siemens-Grundstück, S. 114.
139 In einem Brief an Mathilde, die sich damals in Bad Soden befand, kündigte Werner den Umzug für den 21. Mai 1863 an. Werner Siemens an Mathilde Siemens, 20.5.1863, in: Heintzenberg (Hg.), Leben, S. 191. Nach einer Personalurkunde im Siemens-Archiv erfolgte der Umzug erst am 15. Juli 1863. Danke, Siemens-Grundstück, S. 114. Formaler Erstwohnsitz wurde das Haus in Charlottenburg erst am 15. Juli 1882. Meldekarten Werner Siemens, SAA 2.Lh 619.
140 Werner Siemens an Mathilde Siemens, 20.5.1863, in: Heintzenberg (Hg.), Leben, S. 191. Zur Einschulung der Söhne: Werner Siemens an Mathilde Siemens, 31.8.1861, SAA F1418. Das Friedrich-Gymnasium war als Friedrich-Wilhelm Städtisches Gymnasium gegründet und 1856 umbenannt worden. Das erste Gymnasium Charlottenburgs entstand 1869.
141 Pietschker, Leben, S. 7.
142 Werner Siemens an Mathilde Siemens, 8.3.1857, in: Heintzenberg (Hg.), Leben, S. 142.
143 Sophie Wolff (1838–?) war eine Tochter des Holzmindener Forstmeisters Franz Georg Ludwig Wolff und seiner Frau Lucie geb. Siemens. Ihre Mutter war eine Schwester von Johann Georg Siemens und somit eine Kusine von Werner. Werner Siemens an Carl Siemens, 28.2.1863, in: Heintzenberg, Leben, S. 190; Stamm-

baum Familie Siemens, S. 152; Kirchenbuch G III 1: 128/646 St. Magni, Verzeichnis der Geborenen und Getauften im Jahre 1838, Stadtarchiv Braunschweig.
144 Werner Siemens an Mathilde Siemens, 10.6.1863, SAA F1435. Entwurf eines Zeugnisses von Werner Siemens für Gustav Willert, 17.4.1874, SAA WP Willert.
145 John C. G. Röhl, Wilhelm II. Die Jugend des Kaisers 1859–1888, 2. Aufl., München 2001, S. 143.
146 Friedrich Crome an Werner Siemens, 25.5.1864, SAA F270.
147 Ende Januar 1865 beschrieb Werner den Zustand seiner Frau noch als «erträglich». Werner Siemens an Carl Siemens, 27.1.1865, SAA W4269.
148 Werner Siemens an Carl Siemens, 28.4.1865, SAA W4278.
149 Werner Siemens an Anna Kossobutzki geb. Gregor, 14.7.1861, SAA A1287.
150 Werner Siemens an Wilhelm Siemens, 3.7.1865, SAA W866.
151 Ebd. Agnes von Bohlen war ausgebildete Lehrerin. Sie arbeitete als Erzieherin und Kindermädchen in London. Dort lebte sie später zusammen mit ihrer Freundin Clementine Bargiel, einer Halbschwester von Clara Schumann, die bereits 1869 starb. Agnes von Bohlen war auch als Übersetzerin tätig und verfasste ein beliebtes Ratgeberbuch für Mütter. Agnes von Bohlen an Sophie Wolff, 15.1.1868, SAA A1036; Agnes von Bohlen an Werner Siemens, 15.12.1869, SAA A1043; Agnes von Bohlen, Das Buch der Mutter für Haus und Erziehung, Berlin 1866.

Kapitel 8
«Einer großen Zeit entgegen»

1 Werner Siemens an Carl Siemens, 19.10.1860, in: Heintzenberg (Hg.), Leben, S. 172.
2 Werner von Siemens, Wohnorte/Reise-Aufenthalte Zeittafel 1816–1892, SAA 2.Li 772; Siemens, Lebenserinnerungen, S. 194.
3 Siemens, Lebenserinnerungen, S. 194. Tatsächlich bezeichnete sich der Nationalverein schon vorher auch als «Nationale Fortschrittspartei». Alfred Heuss, Theodor Mommsen und das 19. Jahrhundert, Stuttgart 1996 (Reprint der ersten Ausgabe von 1956), S. 169.
4 Zur Deutschen Fortschrittspartei vgl. Heinrich August Winkler, Preußischer Liberalismus und deutscher Nationalstaat. Studien zur Geschichte der Deutschen Fortschrittspartei 1861–1866, Tübingen 1964; Andreas Biefang, Nationalpreußisch oder deutsch-national? Die Deutsche Fortschrittspartei in Preußen 1861–1867, in: Geschichte und Gesellschaft 23. Jg. 1997, H. 3, S. 360–383.
5 Werner Siemens an Carl Siemens, 1.2.1861, SAA W2597.
6 Werner Siemens an Carl Siemens, 10.9.1861, SAA W2787.
7 Hans-Ulrich Wehler, Deutsche Gesellschaftsgeschichte, Bd. 3: Von der «Deutschen Doppelrevolution» bis zum Beginn des Ersten Weltkrieges 1849–1914, München 1995, S. 271–280.
8 Werner Siemens an Carl Siemens, 25.4.1862, SAA W2942.
9 C. Fischer an Werner Siemens, 19.4.1862, SAA 2.Lh 602.

10 Abschrift eines Konzepts von Werner von Siemens (politisches Programm, 1862), ebd.
11 Bei der Wahl entfielen auf Werner 427 Stimmen, auf Justizrat Strohn 81. Werner Siemens an Carl Siemens, 16.5.1862, SAA W2957.
12 Zur Militairfrage. Ein Vorschlag, Berlin 1862; Siemens, Lebenserinnerungen, S. 195 f.; Heinz Sarkowski, Der Springer-Verlag. Stationen seiner Geschichte, Teil 1: 1842–1945, Berlin/Heidelberg 1992, S. 52 f.
13 Werner Siemens an Wilhelm Siemens, 7.3.1863, SAA W182 (Zitat); Werner Siemens an Wilhelm Siemens, 8.6.1863, SAA W189; Werner Siemens an Wilhelm Siemens, 21.9.1863, SAA W194. Vgl. Kocka, Unternehmensverwaltung, S. 52 f.
14 Werner Siemens an Wilhelm Siemens, 20./30.5.1862, in: Matschoss (Hg.), Werner Siemens, Briefteil, S. 195 f. Siehe hierzu S. 314 f.
15 Siemens, Lebenserinnerungen, S. 199 f.
16 Zugestimmt hatten dem Handelsvertrag bis dahin nur Sachsen, die Thüringischen Staaten und Oldenburg. Bayern, Württemberg und Hannover lehnten eine Ratifizierung ebenso ab wie Österreich. Vgl. Cornelius Torp, Die Herausforderung der Globalisierung. Wirtschaft und Politik in Deutschland 1860–1914 (Kritische Studien zur Geschichtswissenschaft, Bd. 168), Göttingen 2005, S. 130–133.
17 Christof Biggeleben, Das «Bollwerk des Bürgertums». Die Berliner Kaufmannschaft 1870–1920 (Schriftenreihe zur Zeitschrift für Unternehmensgeschichte, Bd. 17), München 2006, S. 88 f.
18 C. Fischer an Werner Siemens, 16.9.1863, SAA 2.Lh 602. Werner erhielt damals 457 von 510 Stimmen. Historische Notizen, Werner von Siemens im Preussischen Abgeordnetenhause 1862–1866, SAA 2.Lh 602.
19 1865 meldete er sich zwei Mal in den Sitzungen des Abgeordnetenhauses zu Wort, am 19.5.1865 bei den Beratungen über das Konsulatsgesetz und am 17.6.1865 bei den Beratungen über die Handelsverträge mit Belgien und Großbritannien. Ebd.
20 Zu dieser Einstellung preußischer Unternehmer vgl. Winkler, Geschichte, S. 761 f.
21 Otto Siemens an Werner Siemens, 25.4.1863, zitiert nach dem Auszug in: SAA 2.Lh 602.
22 Wilhelm Siemens an Werner Siemens, 2.3.1863, SAA 2.Lh 602.
23 Vgl. hierzu u. a. Wehler, Gesellschaftsgeschichte, Bd. 3, S. 283–287.
24 Werner Siemens an Carl Siemens, 3.12.1863, SAA W4224.
25 Werner Siemens an Carl Siemens, 19.4.1864, SAA W4252.
26 Mathilde Himly an Werner Siemens, 20.3.1865, SAA 2.Lh 602.
27 Werner Siemens an Wilhelm Siemens, 2.7.1866, SAA W885. Beispielsweise nahm auf preußischer Seite Werners Neffe Georg Siemens, der Sohn seines Vetters Johann Georg, an diesem Krieg teil, auf der Gegenseite sein Verwandter Adolf Siemens, ein Offizier der hannoverschen Armee.
28 Werner Siemens an Carl Siemens, 14.4.1866, SAA W6150.
29 Werner Siemens an Wilhelm Siemens, 11.6.1866, SAA W883.

30 Werner Siemens an Wilhelm Siemens, 25.9.1866, SAA W890.
31 Siemens, Lebenserinnerungen, S. 199.
32 Wehler, Gesellschaftsgeschichte, Bd. 3, S. 299 ff. u. 339 ff.; Winkler, Preußischer Liberalismus, S. 91–125.
33 Historische Notizen, Werner von Siemens im Preussischen Abgeordnetenhause 1862–1866, SAA 2.Lh 602.
34 Siemens, Lebenserinnerungen, S. 199.
35 Werner Siemens an Carl Siemens, 18.7.1870 u. 25.7.1870, SAA W5623 u. W467.
36 Werner Siemens an Wilhelm Siemens, 6.8.1870, SAA W925.
37 Emil du Bois-Reymond, Der deutsche Krieg. Rede am 3.8.1870 in der Aula der Königlichen Friedrich-Wilhelms-Universität zu Berlin, Berlin 1870, S. 45.
38 Werner Siemens, Zerstörung feindlicher Kriegsschiffe durch lenkbare Torpedos (Eingabe an das Kriegsministerium), 4.8.1870, in: ders., Wissenschaftliche und Technische Arbeiten, Bd. 2, S. 310–312.
39 Werner Siemens an Carl Siemens, 18.7.1870, SAA W5623.
40 Werner Siemens an Carl Siemens, 7.1.1871, SAA W5733.
41 Werner Siemens an Wilhelm Siemens, 28.4.1866, SAA W878. Um welche Krankheit es sich handelte, ist nicht bekannt. Vgl. Ehrenberg, Unternehmungen, S. 281.
42 Werner Siemens an Wilhelm Siemens, Nachtrag vom 15.1.1868 zum Brief vom 14.1.1868, SAA W635.
43 Nach Angaben Werners starb Hans durch «Gehirnkrämpfe» als Folge von «Formen des acuten Rheumatismus». Werner Siemens an Carl Siemens, 5.4.1867, SAA W4308.
44 Pietschker, Leben, S. 8.
45 Sophie Wolff an Werner Siemens, 3.11.1865, SAA F401.
46 Werner Siemens an Wilhelm Siemens, 21.3.1868, SAA W645.
47 Gustav Willert an Werner Siemens, 31.10.1871, SAA WP Willert.
48 Röhl, Wilhelm II., S. 146–149. Zum Erzieher Wilhelms II., Georg Ernst Hinzpeter, siehe ebd., S. 149–189.
49 Marie Siemens an Mathilde Siemens (vermutlich 1856), SAA F2139.
50 Biografische Daten Arnold von Siemens, SAA 4.Lr 549; Werner Siemens an Wilhelm Siemens, 21.3.1868, SAA W645; Gustav Willert an Werner Siemens, 17.10.1868, SAA A1257.
51 Daten aus dem beruflichen Leben von Wilhelm von Siemens, SAA 4.Lr 507.
52 Pietschker, Leben, S. 8.
53 Mathilde Himly an Werner Siemens, 14.9.1867, SAA 6.Ls 341.
54 Sophie Wolff an Werner Siemens, 30.6.1869, ebd.
55 Mathilde Himly an Werner Siemens, undatiert [vermutlich 14.8.1868], SAA 6.Ls 341.
56 Mathilde Himly an Werner Siemens, undatiert [1868], SAA 6.Ls 341.
57 Werner Siemens an Wilhelm Siemens, 11.8.1866, SAA W888.
58 Mathilde Himly an Werner Siemens, 14.9.1865, SAA F1523,
59 Werner Siemens an Wilhelm Siemens, 11.8.1866, SAA W888.

60 Ebd.
61 Wilhelm Siemens an Werner Siemens, 4.1.1867, SAA 2.Li 30. Den Besuch von Wilhelm, Anne, Carl, Marie und Walter in Berlin im Dezember 1866 belegen die Kalendernotizen von Gustav Willert, SAA WP Willert.
62 Mathilde Himly an Werner Siemens, 14.9.1867, SAA 6.Ls 341.
63 Werner Siemens an Sophie Wolff, 27.1.1869, SAA 2.Li 498.
64 Ebd. Wilhelm hatte Werner auf dieses Problem bereits hingewiesen, als er ihn zwei Jahre zuvor vor einer Heirat warnte. Wilhelm Siemens an Werner Siemens, 4.1.1867, SAA 2.Li 30.
65 Agnes von Bohlen und Auguste Weyrowitz hatten zusammen das Lehrerinnen-Seminar in Marienwerder besucht. Amts-Blatt für den Regierungsbezirk Marienwerder Bd. 40, 17.4.1850, S. 123.
66 Werner Siemens an Sophie Wolff, 27.1.1869, SAA 2.Li 498.
67 Sophie Wolff an Werner Siemens, 30.6.1869, ebd. Sophie Wolffs weiterer Werdegang ist nicht bekannt. Werners letzter Brief an sie datiert vom 5.8.1887. Damals lebte sie in Ilsenburg im Harz. SAA 2.Li 500.
68 Karl Siemens (ab 1873: von Siemens) (1809–1885) war seit 1839 Professor an der Königlichen Land- und Forstwirtschaftlichen Akademie Hohenheim. 1873 wurde er für seine wissenschaftlichen Verdienste vom württembergischen König in den persönlichen (nichterblichen) Adelsstand erhoben. Karl stammte aus einem anderen Zweig der Familie als Wilhelm und Werner («Weddinger Linie»). Karl und Wilhelm bzw. Werner waren Vettern dritten Grades, der erste gemeinsame Vorfahre war ihr Ururgroßvater.
69 Adolf Siemens (1811–1887) wurde später Vorsitzender der preußischen Artillerie-Prüfungskommission. 1872 wurde er als Generalmajor verabschiedet. Zu seinen frühen Erfindungen siehe S. 63.
70 Ottilie Siemens an Antonie Siemens, 26.3.1869, in: Material für eine Arbeit über Antonie Siemens, S. 3, SAA F2253.
71 Ebd.; Ottilie Siemens an Antonie Siemens, 27.3.1869, SAA F2253.
72 Ottilie Siemens an Antonie Siemens, 27.3.1869, SAA F2253.
73 Werner Siemens an Carl Siemens, 3.4.1869, SAA W5511.
74 Ottilie Siemens an Antonie Siemens, 22.4.1869, SAA F2261.
75 Annelise Franz, Hohenheimer Romanze, in: Mitteilungen des Hochschulbundes und der Landw. Hochschule Hohenheim Jg. 1964, S. 47 f.
76 Ottilie Siemens an Antonie Siemens (Frau von Adolf Siemens), 27.4.1869, SAA F2262. Werners Kinder wohnten seit Oktober 1869 mit ihren Erziehern wieder in der Markgrafenstraße. Gustav Willert, Kalendernotizen, SAA WP Willert.
77 Werner Siemens an Marie Siemens, 23.5.1869, in: SAA F2120.
78 Werner Siemens an Antonie Siemens, 31.5.1869, SAA F664.
79 Werner Siemens an Antonie Siemens, 5.6.1869, SAA F666.
80 Werner Siemens an Antonie Siemens, 18.6.1869, SAA F670.
81 Mathilde Himly an Werner Siemens, 25.5.1869, SAA 6.Ls 341.
82 Werner Siemens an Marie Siemens, 23.5.1869, in: SAA F2120.
83 Gustav Willert, Kalendernotizen, SAA WP Willert.

84 Erb-Vertrag des Dr. Ernst Werner Siemens zu Berlin und der Ehefrau desselben Antonie geb. Siemens, 10.7.1869, SAA 2. Lk 534.
85 Siemens, Lebenserinnerungen, S. 254; Pietschker, Leben, S. 9; Gustav Willert, Kalendernotizen, SAA WP Willert.
86 Siemens, Lebenserinnerungen, S. 250.
87 Ehrenberg, Seekabel-Unternehmungen, S. 288. Nach späteren Angaben von Carl Müller, einem Meister von Siemens & Halske, hat Werner ihn bereits zwischen dem 16. und 20.9.1866 beauftragt, eine magnetelektrische Maschine mit batterieerregten Magneten statt mit permanenten Magneten zu bauen. Mahr, Entstehung, S. 131.
88 http://www.deutsches-museum.de/sammlungen/meisterwerke/meisterwerke-iii/dynamomaschine [letzter Zugriff am 19.5.2016]; Sigurd Smith, Søren Hjorth. Inventor of the Dynamo-Electric Principle, Kopenhagen 1912, v. a. S. 16 ff.
89 Werner Siemens an Wilhelm Siemens, 4.12.1866, SAA W89.
90 Kant, Gesellschaft, S. 9, Anm. 38; Siemens, Lebenserinnerungen, S. 250.
91 Siemens, Lebenserinnerungen, S. 250.
92 Vgl. hierzu u. a.: Siemens, Lebenserinnerungen, S. 250 ff.; Mahr, Entstehung, S. 129–149; Carl Köttgen, 75 Jahre Dynamomaschine, Ms. Berlin 1942; Friedrich Heintzenberg, Werner Siemens und die Entstehung der Dynamomaschine, in: Deutsches Museum, Abhandlungen und Berichte Jg. 1941, H. 4, S. 103–124; Siemens, Elektrotechnik, S. 89–95; Ferdinand Trendelenburg, Aus der Geschichte der Forschung im Hause Siemens (Technikgeschichte in Einzeldarstellungen, 31), Düsseldorf 1975, S. 11; Helmut Lindner, Strom. Erzeugung, Verteilung und Anwendung der Elektrizität, Reinbek 1985, S. 117–122; Wengenroth, Elektroenergie, S. 325 ff.; Franz Pichler, Werner von Siemens. 150 Jahre Magnet-Dynamo, in: Plus Lucis 1–2/2006, S. 57–61; http://www.deutsches-museum.de/sammlungen/meisterwerke/meisterwerke-iii/dynamomaschine [letzter Zugriff am 19.5.2016].
93 Werner Siemens, Ueber die Umwandlung von Arbeitskraft in elektrischen Strom ohne Anwendung permanenter Magnete, in: ders., Wissenschaftliche und Technische Arbeiten, Bd. 2, S. 234–236 (Zitat auf S. 236). Diese Abhandlung wurde zuerst veröffentlicht in: Monatsberichte der Königlich Preußischen Akademie der Wissenschaften zu Berlin, Januar 1867, Berlin 1867, S. 55–58.
94 Werner Siemens an Wilhelm Siemens, 15.1.1867, SAA W5916.; Werner Siemens an Wilhelm Siemens, 28.5.1867, SAA W894.
95 Werner Siemens an Wilhelm Siemens, 4.12.1866, in: Matschoss (Hg.), Werner Siemens, Briefteil, S. 260. Zu Wildes elektromagnetischen Maschinen vgl. Mahr, Entstehung, S. 123–129.
96 Mahr, Entstehung, S. 141. Zu den verschiedenen Entdeckungen des dynamoelektrischen Prinzips in den Jahren 1866/67 vgl. auch William J. Hausman/Peter Hertner/Mira Wilkins, Global Electrification. Multinational Enterprise and International Finance in the History of Light and Power 1878–2007, Cambridge 2008, S. 9.
97 Mahr, Entstehung, S. 142 f.

98 Werner Siemens, Zur Geschichte der dynamo-elektrischen Maschine (1882), in: ders., Wissenschaftliche und Technische Arbeiten, Bd. 2, S. 476–478.
99 Vgl. hierzu Mahr, Entstehung, S. 131 f., 137 u. 140 ff.; Pole, Wilhelm Siemens, S. 247 f. Ein preußisches Patent hat Werner für die Dynamomaschine nicht beantragt. Aus Verdruss über das geltende Patentrecht reichte er in Preußen schon seit über einem Jahrzehnt keine Patentgesuche mehr ein. Siehe hierzu S. 316.
100 Werner Siemens an Carl Siemens, 27.1.1865, SAA W 4269 («Der Werth einer Erfindung liegt in ihrer practischen Durchführung»).
101 Werner Siemens an Wilhelm Siemens, 4.12.1866, SAA W 894. Vgl. hierzu Wengenroth, Elektroenergie, S. 325.
102 Siemens, Lebenserinnerungen, S. 252.
103 Werner Siemens an Carl Siemens, SAA W 4307.
104 Heintzenberg, Dynamomaschine, S. 116 ff.
105 Friedrich von Hefner-Alteneck (1845–1904) war in München aufgewachsen, hatte dort die Polytechnische Hochschule besucht und in einer Mechanikerwerkstatt gearbeitet. Sein Vater war Professor für Zeichnungskunde und wurde später Direktor des Bayerischen Nationalmuseums. Zur Biografie Hefner-Altenecks vgl. Friedrich Heintzenberg, Friedrich von Hefner-Alteneck (Deutsches Museum, Abhandlungen und Berichte 19, H. 2), München 1951; Lothar Schoen, Friedrich von Hefner-Alteneck, in: Wilhelm Treue/ Wolfgang König (Hg.), Berlinische Lebensbilder Techniker, Berlin 1990, S. 227–247.
106 Kocka, Unternehmensverwaltung, S. 137 f.
107 Ebd., S. 138.
108 Georg von Chauvin (1846–1927) war ein Sohn des preußischen Telegrafendirektors Franz von Chauvin. Er wurde zum 1. April 1868 eingestellt, arbeitete ab 1869 bei Siemens Brothers und wurde dort 1887 Direktor. SAA 13.Lt 123.
109 Werner Siemens an Carl Siemens, 8.11.1872, SAA W 1464. Vgl. hierzu Kocka, Unternehmensverwaltung, S. 140.
110 Oskar Frölich (1843–1909) studierte Physik, Chemie und Mathematik in Bern und Königsberg, wurde 1868 promoviert, leitete anschließend die eidgenössische Eichstätte in Bern und vertrat 1869 die Professur für Physik und Meteorologie an der Land- und Forstwirtschaftlichen Akademie Hohenheim. Von 1873 bis 1902 leitete er bei Siemens & Halske das Physikalisch-chemische Laboratorium. Dabei arbeitete er auf fast allen Gebieten der Elektrotechnik.
111 Werner Siemens an Oskar Frölich, 8.11.1872, SAA A 355.
112 Vgl. Paul Erker, Die Verwissenschaftlichung der Industrie. Zur Geschichte der Industrieforschung in den europäischen und amerikanischen Elektrokonzernen 1890–1930, in: Zeitschrift für Unternehmensgeschichte 35. Jg. 1990, S. 73; Kocka, Unternehmer, S. 106 f.
113 Werner Siemens an Wilhelm Siemens, 10.8.1868, SAA W 670; Köttgen, 75 Jahre, S. 4.
114 Heintzenberg, Hefner-Alteneck, S. 11 ff.; Schoen, Hefner-Alteneck, S. 239 ff.

115 Werner Siemens an Carl Siemens, 19.4.1861, SAA W2671.
116 Werner Siemens an Carl Siemens, 12.4.1861, SAA W2663; Werner Siemens an Carl Siemens, 19.4.1861, SAA W2671.
117 Carl Siemens an Werner Siemens, 13.4.1861, SAA W2647. Siehe auch Weiher, Siemens-Werke, S. 55 f.
118 Werner Siemens an Carl Siemens, 19.4.1861, SAA W2671.
119 Wilhelm Siemens an Carl Siemens, 16.4.1861, SAA W2666.
120 Werner Siemens an Carl Siemens, 19.4.1861, SAA W2671.
121 Ebd.
122 Werner Siemens an Carl Siemens, 1.5.1861, zitiert nach: Ehrenberg, Unternehmungen, S. 159.
123 Vgl. Ehrenberg, Unternehmungen, S. 418.
124 Werner Siemens an Carl Siemens, 31.8.1863, SAA W4173.
125 Vgl. Ehrenberg, Unternehmungen, S. 159.
126 Werner Siemens an Carl Siemens, 19.4.1861, SAA W2671.
127 Vgl. hierzu zusammenfassend Roland Wenzlhuemer, Connecting the Nineteenth-Century World: The Telegraph and Globalization, Cambridge 2013.
128 Werner Siemens an Carl Siemens, 4.11.1863, SAA W4208.
129 Lutz, Carl von Siemens, S. 124–128.
130 Ebd., S. 135 f.
131 Ehrenberg, Unternehmungen, S. 369–374; Lutz, Carl von Siemens, S. 155 f.; Werner Siemens an Carl Siemens, 4.11.1863, SAA W4208.
132 Ehrenberg, Unternehmungen, S. 377 f. Zur weiteren Entwicklung des Kupferbergwerks Kedabeg und des Firmenbesitzes der Siemens-Brüder im Kaukasus siehe S. 258, 275 f. u. 421.
133 Weiher, Siemens-Werke, S. 58.
134 Ebd.
135 Werner Siemens an Wilhelm Siemens, 13.5.1863, SAA W4088.
136 Weiher, Siemens-Werke, S. 59. Nach Feldenkirchen, Werner von Siemens, S. 35, soll Halske dem Bau der Kabelfabrik zugestimmt haben, um das Berliner Werk von Zulieferern unabhängiger zu machen.
137 Ehrenberg, Unternehmungen, S. 419 ff.
138 Werner Siemens an Wilhelm Siemens, 8.7.1863, SAA W190; Werner Siemens an Johann Georg Halske, 18.7.1863, SAA A73.
139 Werner Siemens an Carl Siemens, 31.8.1863, SAA W4173.
140 Siemens, Elektrotechnik, S. 46.
141 Siemens, Lebenserinnerungen, S. 173–178.
142 Vgl. hierzu die ausführliche Beschreibung der Kabelexpeditionen zwischen Oran und Cartagena bzw. Almeria, in: Siemens, Lebenserinnerungen, S. 173–178. Vgl. ferner Ehrenberg, Unternehmungen, S. 164–171.
143 Siemens, Lebenserinnerungen, S. 178; Weiher, Siemens-Werke, S. 61.
144 Johann Georg Halske an Werner Siemens, 15.2.1864, SAA A56; Siemens, Lebenserinnerungen, S. 180.
145 Werner Siemens an Carl Siemens, 10.2.1864, SAA W4241.

146 Weiher, Siemens-Werke, S. 62.
147 Werner Siemens an Wilhelm Siemens, 16.3.1864, SAA W8604; Carl Siemens an Werner Siemens, 27.2.1866, SAA W 6028; Ehrenberg, Unternehmungen, S. 440; Siemens, Elektrotechnik, S. 48.
148 Carl Siemens an Werner Siemens, 27.2.1866, SAA W6028.
149 Werner Siemens an Wilhelm Siemens, 16.3.1864, SAA W8604.
150 Werner Siemens an Wilhelm Siemens, 21.9.1863, SAA W194.
151 Werner Siemens an Wilhelm Siemens, 16.3.1864, SAA W8604.
152 Die Gegensätze ergaben sich nicht primär daraus, dass Halske kein Verwandter war, wie Sabean annimmt. Vgl. Sabean, Families, S. 238 f.
153 Carl Siemens an Werner Siemens, 27.2.1866, SAA W6028.
154 Wilhelm Siemens an Werner Siemens, 17.2.1864, SAA W4522.
155 Carl Siemens an Werner Siemens, 27.2.1866, SAA W6028.
156 Mathilde Siemens an Wilhelm Drumann, 7.12.1857, SAA 2.Li 537.
157 Ausführlich hierzu: Kocka, Unternehmensverwaltung, u. a. S. 76 ff.
158 Werner Siemens an Carl Siemens, 7.12.1869, SAA W5502.
159 Werner Siemens an Wilhelm Siemens, 12.11.1860, SAA W141. Zu Werners Furcht vor den Kriegsrisiken im Russlandgeschäft während der Jahre 1854/55 siehe S. 179 ff.
160 Siemens, Lebenserinnerungen, S. 253.
161 Ehrenberg, Unternehmungen, S. 158.
162 Werner Siemens an Carl Siemens, 19.4.1861, SAA W2671.
163 Belegschaft und Umsatz des Hauses Siemens, 25.5.1966, SAA 27455.
164 Werner Siemens an Carl Siemens, 4.11.1863, SAA W4208.
165 Vgl. Niall Ferguson, The House of Rothschild. Vol. 1: Money's Prophets, 1798–1848, New York 1999.
166 Lutz, Carl von Siemens, S. 146 f.
167 Ebd., S. 148 f.
168 Zu den verschiedenen Vorschlägen siehe Ehrenberg, Unternehmungen, S. 448 ff.
169 Lutz, Carl von Siemens, S. 150.
170 Gesellschaftsvertrag vom 24.8.1867, SAA 21.Li 53; Ehrenberg, Unternehmungen, S. 454 ff.
171 Ehrenberg, Unternehmungen, S. 455.
172 Carl beanstandete dies in einem Brief an Werner vom 26.7.1877, SAA W4975. Vgl. Lutz, Carl von Siemens, S. 237.
173 Werner Siemens an Carl Siemens, 23.3.1860, SAA W2398.
174 Lutz, Carl von Siemens, S. 231.
175 Weiher, Siemens-Werke, S. 77.
176 Blocher, Halske, S. 45–51. Halske gehörte von 1859 bis 1875 für die Deutsche Fortschrittspartei der Berliner Stadtverordnetenversammlung an. Ebd., S. 50.
177 Der Name «Siemens & Halske» verschwand erst mit Gründung der Siemens AG im Jahr 1966.

Kapitel 9
Megaprojekte

1 Ahvenainen, History, S. 15 f.
2 Werner Siemens an Wilhelm Siemens, 29.4.1856, SAA W 2315.
3 Weiher, Siemens-Werke, S. 64; Ahvenainen, History, S. 109; Christina Lubinski, A Family Multinationals's Quest for Unity. Siemens's Early Business in India, 1847–1914, in: Christina Lubinski/Geoffrey Fear/Paloma Fernández Pérez (Eds.), Family Multinationals. Entrepreneurship, Governance and Pathways to Internationalization, New York 2013, S. 42.
4 Werner Siemens an Carl Siemens, 24.5.1861, in: Matschoss (Hg.), Werner Siemens, Briefteil, S. 180. Vgl. auch Ehrenberg, Seekabel-Unternehmungen, S. 95.
5 Ahvenainen, History, S. 59–88. Zwischen Konstantinopel und London bestand seit 1855 eine Telegrafenverbindung über Budapest. Für dieses Projekt waren Gutachten britischer und deutscher Kabelexperten, darunter auch von Werner und Wilhelm, eingeholt worden; Mitarbeiter von Siemens Brothers wurden mit der Prüfung des Kabels beauftragt. Ebd., S. 71 f.; Museum für Kommunikation (Hg.), 28 Minuten, S. 154 ff.
6 Ahvenainen, History, S. 59–70; Headrick, Invisible Weapon, S. 21.
7 Andre Karbelaschwili, Die Brüder Siemens unter Georgiens Himmel, in: Georgica Jg. 1990/91, H. 13, S. 106; Simon Gelaschwili, Finanzkapital der Firma Siemens und Halske in Georgien im 19. Jahrhundert (Universität Potsdam, Finanzwissenschaftliche Diskussionsbeiträge, Special Series, No, G-12/Arbeitspapiere des Deutsch-Georgischen Arbeitskreises für Finanz- und Sozialpolitik), Potsdam 2010, S. 5 f.
8 Carl Siemens an Werner Siemens, 29.2.1860, SAA W 2364.
9 Gelaschwili, Finanzkapital, S. 18 ff.
10 Ehrenberg, Unternehmungen, S. 165; Headrick, Invisible Weapon, S. 21.
11 Headrick, Invisible Weapon, S. 21.
12 Ahvenainen, History, S. 109; Ehrenberg, Unternehmungen, S. 177 f.
13 Wilhelm Siemens an Carl Siemens, 4.9.1865, SAA W 6042.
14 Ehrenberg, Unternehmungen, S. 179–189. Zu Karl von Lüders siehe Kapitel 5, S. 139 u. 168.
15 Ahvenainen, History, S. 111 f., 122 ff., 134.
16 Ebd., S. 113–118.
17 Ebd., S. 121–129; Ehrenberg, Unternehmungen, S. 179–189.
18 Ahvenainen, History, S. 140 (Zitat); Ehrenberg, Unternehmungen, S. 189–194.
19 Werner Siemens an Wilhelm Siemens, 14.1.1868, SAA W 635.
20 Werner Siemens an Wilhelm Siemens, 23.1.1867, SAA W 5920.
21 Werner Siemens an Carl Siemens, 5.4.1867, SAA W 4308.
22 Werner Siemens an Carl Siemens, 16.7.1867, SAA W 4314.
23 Ahvenainen, History, S. 134.
24 Wilhelm Siemens an Werner Siemens, 30.9.1867, SAA W 4621. Die 1867 in London gegründete Anglo-Indian Telegraph Company wollte einen neuen Anlauf zur Verlegung eines Seekabels nach Indien unternehmen, brachte aber nicht das

erforderliche Kapital zusammen. Edward Brailsford Bright/Charles Bright, The Life Story of the Late Sir Charles Tilston Bright, Civil Engineer, Vol. 2, Cambridge 2012, S. 155. Vgl. hierzu ferner www.atlantic-cable.com/1870BritishIndian [letzter Zugriff am 19.5.2016].

25 Georg Siemens an Johann Georg Siemens, 26.3.1867, FA 0066.
26 Georg Siemens an Johann Georg Siemens, 15.2.1868, in: Helfferich, Georg von Siemens, Bd. 1, S. 94 («Ich bin im Besitz der ganzen deutschen Korrespondenz dieses Unternehmens, die nur durch mich vermittelt wird. Ich bin im Besitz der Gesichtspunkte, die Werner als leitend hierfür angenommen hat ...»).
27 Werner Siemens an Carl Siemens (vermutlich März 1868), SAA W5430. Hauptberuflich vertrat Georg damals seinen Vater als Notar und Anwalt am Obertribunal. Ebd.
28 Weiher, Siemens-Werke, S. 71; Scott, Siemens Brothers, S. 53.
29 Ahvenainen, History, S. 136–139. In England wurde das Bankhaus Barclay, Bewan, Tritton, Twells & Co. damit beauftragt, im Norddeutschen Bund konnten die Aktien in Berlin, Hamburg und Bremen bei den Bankhäusern Delbrück, Leo & Co. (Berlin), Joh. Berenberg Gossler & Co. (Hamburg) und H. H. Meyer & Co. (Bremen) gezeichnet werden. Prospect Indo-Europäische Telegraphen-Actien-Gesellschaft/Indo-European Telegraph Company (Limited.), in: Weiher, Siemens-Werke, S. 188 ff. (Anlage Nr. 5).
30 Ahvenainen, History, S. 137; Liste der eingegangenen Proxies, SAA 8845.
31 Ahvenainen, History, S. 135 f.
32 Ernst Waller, Studien zur Finanzgeschichte des Hauses Siemens, Teil 2: 1861–1880, Ms. o. J., S. 24.
33 Sophie Wolff an Gustav Willert, 27.4.1868, SAA 2.Li 498.
34 Schaal, Ernst Höltzer, S. 26 ff. u. 38.
35 Ebd., S. 38. Alexander Siemens (1847–1928), allgemein «Ali» genannt, wurde später von Wilhelm adoptiert und Managing Director von Siemens Brothers. Zur Verbindung zwischen seinem Vater und der Familie Gordon siehe S. 499, Anm. 114.
36 Otto Siemens an Werner Siemens, 15.6.1868, SAA W 4427.
37 Lutz, Carl von Siemens, S. 165 f.
38 Bei dieser Gelegenheit unternahm Werner gleich noch zwei Touren in unwegsame Gebiete des Kaukasus und ließ sich auch von Fieberanfällen nicht abhalten, durch einsame Bergpfade zu reiten. Vgl. hierzu die eingehende Schilderung in: Siemens, Lebenserinnerungen, S. 225–236.
39 Lutz, Carl von Siemens, S. 167.
40 Otto Siemens, Ueber die Amoxacetsäure und einige ihrer Verbindungen, Diss. Göttingen 1861.
41 Werner Siemens an Wilhelm Siemens, 2.3.1864, SAA W8601; Werner Siemens an Wilhelm Siemens, 4.7.1864, in: Matschoss (Hg.), Werner Siemens, Briefteil, S. 228; Otto Siemens an Werner Siemens, 18.7.1864, SAA W 4711; Werner Siemens an Wilhelm Siemens, 30.8.1865, SAA W870; Otto Siemens an Wilhelm Siemens, 15.2.1866, SAA 3.Li 594.

42 Lutz, Carl von Siemens, S. 163 f.
43 Weiher, Siemens-Werke, S. 73.
44 Ehrenberg, Unternehmungen, S. 224 f.
45 Helfferich, Georg von Siemens, Bd. 1, S. 113–160; Elise von Siemens (Hg.), Georg von Siemens. Jugend, Lehr- und Wanderjahre, Berlin/Heidelberg 1920.
46 Der Herrscher des Landes, Naṣer-al-Din Shah, hatte seinen Onkel Ali Kuli Mirza zum Telegrafenminister ernannt und ihm alle Telegrafenlinien des Landes geschenkt. Ehrenberg, Unternehmungen, S. 189; Elise von Siemens (Hg.), Georg von Siemens, S. 153.
47 Schaal, Ernst Hölzer, S. 42 ff.
48 Ahvenainen, History, S. 150–157; Museum für Kommunikation (Hg.), 28 Minuten, S. 220–225.
49 Georg Siemens an Gebr. Siemens, 8.3.1869, in: Ehrenberg, Unternehmungen, S. 235 (auch in: Helfferich, Georg von Siemens, Bd. 1, S. 149).
50 Ehrenberg, Unternehmungen, S. 237 ff.; Helfferich, Georg von Siemens, S. 158–161.
51 Werner Siemens an Carl Siemens, 12.4.1870, SAA W457.
52 Ahvenainen, History, S. 157.
53 Werner Siemens an Carl Siemens, 12.4.1870, SAA W457.
54 Ahvenainen, History, S. 157; Ken Beauchamps, History of Telegraphy, London 2001, S. 168. Vgl. auch: A Telegraphic Evening Party, in: Illustrated London News, 2.7.1870, http://atlantic-cable.com//Cables/1870BritishIndian [letzter Zugriff am 19.5.2016].
55 Eric J. Hobsbawm, Die Blütezeit des Kapitals. Eine Kulturgeschichte der Jahre 1848–1875, München 1977 [engl. Orig.: The Age of Capital, 1848–1875, London 1975], S. 79.
56 Werner Siemens an Carl Siemens, 10.2.1870, SAA W5528.
57 Beauchamps, History, S. 167–171.
58 Ehrenberg, Unternehmungen, S. 263 f.
59 Museum für Kommunikation (Hg.), 28 Minuten, S. 233.
60 Ebd., S. 234.
61 Ebd.; Carl Siemens an den Generaldirektor der Kaiserlich Deutschen Reichstelegraphie, 8.5.1882, SAA 25.Lm 775; Bewilligung des Stellvertreters des Reichskanzlers, 9.2.1888, ebd.; Weiher, Siemens-Werke, S. 76.
62 Jürgen Osterhammel, Die Verwandlung der Welt. Eine Geschichte des 19. Jahrhunderts, 5. Aufl., München 2010, S. 1023.
63 Hobsbawm, Blütezeit, S. 79.
64 Headrick, Invisible Weapon, S. 40.
65 Ebd., S. 43 f.; Kurt Jacobsen, The Great Northern Telegraph Company and the British Empire 1865–1945, in: Jørgen Sevaldsen (Ed.), Britain and Denmark. Political, Economic and Cultural Relations in the 19th and 20th Centuries, Aarhus 2003, S. 202–208.
66 Werner Siemens an Wilhelm Siemens, 1.1.1872, SAA W422.
67 Headrick, Invisible Weapon, S. 22.
68 Osterhammel, Verwandlung, S. 1026; Hobsbawm, Blütezeit, S. 80.

69 Zu diesem «nordchinesischen Kabel» siehe S. 293.
70 Carl Siemens an Werner Siemens, 17.12.1872, SAA W1517.
71 Lutz, Carl von Siemens, S. 166–169.
72 Ebd., S. 177 u. 192.
73 Otto Siemens an Werner Siemens, 16.6./28.6.1870, SAA W4444. Annette war eine Tochter des St. Petersburger Bankiers Henrich von Krehmer. Ihr erster Ehemann war ein Fürst Swjatopolk-Mirski. Stammbaum Familie Siemens, S. 170; Lutz, Carl von Siemens, S. 183.
74 Wilhelm Siemens an Werner Siemens, 11.7.1871, SAA W399. Vor dem Besuch in London war das Ehepaar bereits zwei Wochen bei Werner und Antonie in Charlottenburg. Gustav Willert, Kalendernotizen, SAA WP Willert.
75 Werner Siemens an Otto Siemens, 24.10.1870, SAA W5828.
76 Otto Siemens an Werner Siemens, 14.8.1871, SAA W389.
77 Carl Siemens an Werner Siemens, 11.10.1871, SAA W337.
78 Werner Siemens an Karl Siemens, 14.10.1871, FA 0116.
79 Carl Siemens an Werner Siemens, 16.11.1871, SAA W340.
80 Werner Siemens an Wilhelm Siemens, 31.10.1871, SAA W416.
81 Stammbaum Familie Siemens, S. 170; Carl Siemens an Werner Siemens, 11.10.1871, SAA W337.
82 Werner Siemens an Otto Siemens, 2.9.1871, SAA W392.
83 Kedabeg blieb bis 1917 im Besitz der Familie Siemens. Zur Entwicklung des Kupferbergwerks in dieser Zeit vgl. Gustav Kölle, Aus der Geschichte eines deutschen Berg- und Hüttenunternehmens in Rußland: Das Kupferbergwerk Kedabeg des Hauses Siemens 1900–1906, in: Tradition 10 (1965), S. 213–224.
84 Werner Siemens an Carl Siemens, 30.1.1871, SAA W232.
85 Siemens, Lebenserinnerungen, S. 252 u. 310; Stammbaum Familie Siemens, S. 153.
86 Werner Siemens an Karl Siemens, 14.10.1871, FA 0116.
87 Vgl. hierzu Ehrenberg, Unternehmungen, S. 342–346.
88 Vgl. ebd., S. 346–364.
89 Werner Siemens an Carl Siemens, 1.3.1872, SAA W5593.
90 Werner Siemens an Wilhelm Siemens, 4.3.1872, SAA 423-1 (erstes Zitat); Werner Siemens an Wilhelm Siemens, 9.3.1872, SAA 424 (zweites Zitat). Zu Kalkulation und Finanzierung: ebd.
91 Werner Siemens an Wilhelm Siemens, 9.3.1872, SAA W424.
92 Werner Siemens an Carl Siemens, 15.4.1872, SAA W496.
93 Werner Siemens an Carl Siemens, 22.5.1872, SAA W5054. Demnach soll Krupp für den Grubenkomplex bis zu fünf Mio. Taler geboten haben. Um welche Gruben es sich handelte, ist nicht ersichtlich. Krupp erwarb 1872 in dieser Region lediglich die Grube Laubach (später Friedrich-Alfred-Stollen).
94 Carl Siemens an Wilhelm Siemens, 14.10.1869, in: Helfferich, Georg von Siemens, Bd. 1, S. 164.
95 Zitiert nach: ebd. Vgl. Sabean, Families, S. 242 (dort wird das Zitat irrtümlich Werner zugeschrieben).
96 Georg Siemens an Carl Siemens, 26.1.1870, SAA F137.

97 Zu den Zeichnern des auf zunächst fünf Mio. Taler angesetzten Gründungskapitals der Deutschen Bank siehe Manfred Pohl, Ausgewählte Dokumente zur Geschichte der Deutschen Bank, in: Beiträge zu Wirtschafts- und Währungsfragen und zur Bankgeschichte, 22 (1987), S. 35–55; Gall, Deutsche Bank, S. 12.
98 So die Darstellung in: Helfferich, Georg von Siemens, Bd. 1, S. 222.
99 Georg Siemens an Adelbert Delbrück, 22.3.1870, Historisches Archiv der Deutschen Bank, P51, Bl. 24.
100 Gall, Deutsche Bank, S. 13 ff.; Helfferich, Georg von Siemens, Bd. 1, S. 220–225; Reitmayer, Bankiers, S. 96.
101 Gall, Deutsche Bank, S. 15.
102 Werner Siemens an Carl Siemens, 7.3.1871, SAA W239.
103 Eine entsprechende Meldung aus der Berliner Zeitung *Tribüne* vom 12.8.1871 findet sich in: SAA 8.Lg 828.
104 Weiher, Siemens-Werke, S. 84.
105 Ebd., S. 86 f.
106 Carl Siemens an Werner Siemens, 17.12.1872, SAA W1517.
107 Richard Ehrenberg, Seekabel-Unternehmungen [Kapitel aus dem Manuskript des unveröffentlichten zweiten Bandes von Richard Ehrenberg, Die Unternehmungen der Brüder Siemens], Ms. o. J., S. 71 (SAA 38/8/2).
108 Carl Siemens an Werner Siemens, 19.8.1872, SAA W1495.
109 Werner Siemens an Wilhelm Siemens, 21.9.1872, SAA W1524.
110 Helfferich, Georg von Siemens, Bd. 2, S. 18.
111 Ehrenberg, Seekabel-Unternehmungen, S. 75 f.
112 Ebd., S. 78 u. 86.
113 Ebd., S. 76; Weiher, Siemens-Werke, S. 89.
114 Weiher, Siemens-Werke, S. 89.
115 Ebd., S. 91.
116 Helfferich, Georg von Siemens, Bd. 2, S. 19.
117 Ebd. Helfferich zitiert hier aus Hermann Wallichs «Erinnerungen an Dr. Georg von Siemens». Ein Exemplar dieser Erinnerungen Wallichs befindet sich im Archiv der Siemens-Familienstiftung.
118 Zitiert nach: ebd.
119 Werner Siemens an Georg Siemens, 27.11.1873, SAA 2.Li 522.
120 Vgl. hierzu u. a. Werner Plumpe, Wirtschaftskrisen, Geschichte und Gegenwart, München 2010, S. 64 f.; Carsten Burhop, Die Kreditbanken in der Gründerzeit (Schriftenreihe des Instituts für bankhistorische Forschung, 21), Stuttgart 2004, S. 28.
121 Georg Siemens an Werner Siemens, 2.8.1873, SAA F148.
122 Werner Siemens an Georg Siemens, 1.12.1873, SAA 2.Li 522.
123 Zitiert nach: Helfferich, Georg von Siemens, Bd. 2, S. 20.
124 Werner Siemens an Georg Siemens, 9.7.1878, SAA 2.Li 522.
125 Weiher, Siemens-Werke, S. 94.
126 Ebd., S. 95.
127 Ebd., S. 95 f. In den Lebenserinnerungen schrieb Werner, er habe schon den

Beginn dieser Kabelexpedition von der Landstation Ballinskelligs Bay an der irischen Westküste aus begleitet. Aus seinen Briefen geht dies nicht hervor. Erst für Juli 1874 ist eine Reise nach London belegt. Siemens, Lebenserinnerungen, S. 260; Werner von Siemens, Wohnorte/Reise-Aufenthalte Zeittafel 1816–1892, SAA 2.Li 772.

128 Werner Siemens an Antonie Siemens, 30.6.1874, SAA F742.
129 Die Wahl erfolgte in der Sitzung der physikalisch-mathematischen Klasse vom 17. November 1873. Am 27. November folgte eine ebenfalls einstimmige Wahl im Plenum der Akademie. Ein derart einstimmiges Votum des Plenums hatte es zuvor angeblich noch nicht gegeben. Du Bois-Reymond erklärte dies Werner damit, dass er keine Feinde habe, schließlich sei er fast allen Akademiemitgliedern nicht persönlich bekannt. Werner Siemens an Wilhelm Siemens, 3.12.1873, in: Matschoss (Hg.), Werner Siemens, Briefteil, S. 430. Vgl. hierzu Horst Kant, Werner Siemens und sein Wirken im Berliner Elektrotechnischen Verein sowie in der Preußischen Akademie der Wissenschaften, in: Hoffmann/Schreier (Hg.), Werner von Siemens, S. 119. Vgl. ferner Ruth Federspiel, Der Weg zur Deutschen Akademie der Technikwissenschaften, Berlin/Heidelberg 2011, S. 28 f. (mit Abbildung des Sitzungsprotokolls aus dem Archiv der Berlin-Brandenburgischen Akademie der Wissenschaften, Best. PAW 1812–1945; II-V, 118, Bl. 248).
130 Siemens, Lebenserinnerungen, S. 262; Weiher, Siemens-Werke, S. 96; Werner Siemens, Rede beim Eintritt in die Preussische Akademie, URL http://leibniz-sozietaet.de/wp-content/uploads/2012/11/07_siemens.pdf [letzter Zugriff am 19.5.2016].
131 Werner Siemens an Emil du Bois-Reymond, 3.7.1874, SAA W674 (Zitat); Weiher, Siemens-Werke, S. 96; Ehrenberg, Seekabel-Unternehmungen, S. 87.
132 Werner Siemens an Antonie Siemens, 5.7.1874, SAA F744.
133 Zitiert nach: Ehrenberg, Seekabel-Unternehmungen, S. 93.
134 Wilhelm Siemens an Werner Siemens, 6.9.1874, SAA W5333.
135 Ehrenberg, Seekabel-Unternehmungen, S. 94–98.
136 Ebd., S. 100 f.; Carl Siemens an Wilhelm Siemens, 22.12.1874, in: ebd., S. 103 (Zitat).
137 Ehrenberg, Seekabel-Unternehmungen, S. 110 ff.
138 Ebd., S. 114 f.
139 Ebd., S. 115–119 (Zitat auf S. 119). Auszüge aus dem Prüfbericht sind abgedruckt in: ebd., S. 194 ff. (Anlage Nr. 7).
140 Ebd., S. 119 f.
141 Ebd., S. 120; Weiher, Siemens-Werke, S. 104.
142 Carl Siemens an Werner Siemens, 8.3.1880, SAA W6542.
143 Vgl. hierzu die ausführlichen Darstellungen in Pole, Wilhelm Siemens, S. 220–232, und Fürst, Siemens, S. 103–108. Vgl. ferner Weiher, Siemens-Werke, S. 99.
144 Siemens, Lebenserinnerungen, S. 264.
145 Jacobsen, Great Northern Telegraph, S. 200.
146 Weiher, Siemens-Werke, S. 105 ff.; Scott, Siemens Brothers, S. 40 ff.

147 Vgl. hierzu auch Siemens, Lebenserinnerungen, S. 264 f.
148 Cornelius Neutsch, Erste «Nervenstränge des Erdballs». Interkontinentale Seekabelverbindungen vor dem Ersten Weltkrieg, in: Hans-Jürgen Teuteberg/Cornelius Neutsch (Hg.), Vom Flügeltelegrafen zum Internet. Geschichte der modernen Telekommunikation (Vierteljahrschrift für Sozial- und Wirtschaftsgeschichte, Beihefte, 147), Stuttgart 1998, S. 51 f.
149 Werner Siemens an Wilhelm Siemens, 13.7.1881, SAA W7903.
150 Werner Siemens an Wilhelm Siemens, 29.2.1864, SAA W207.
151 Mira Wilkins, The History of Foreign Investment in the United States to 1914, Cambridge/Mass. 1989, S. 155 ff.
152 Werner Siemens an Wilhelm Siemens, 12.5.1880, SAA W7829.
153 Siehe hierzu S. 295 u. 376.
154 Kreutzer, Milliardengeschäft, S. 74 f. Zur Vernachlässigung des Nordamerikageschäfts durch Siemens Brothers vgl. auch Wolfram Eitel, Die historische Entwicklung des Übersee-Geschäfts des Hauses Siemens und seine Organisation (1957/58), S. 29, SAA 12.Lm 910.
155 Werner Siemens an Wilhelm Siemens, 13.5.1881, SAA W7897.
156 Nach Ehrenberg, Seekabel-Unternehmungen, S. 68, entfielen bei Siemens Brothers im Jahr 1870 von 70 000 Pfund Reinertrag 40 000 auf ein «nordchinesisches Kabel». Zu diesem Auftrag siehe S. 293.
157 Lutz, Carl von Siemens, S. 180.
158 Berechnet nach den Daten in: Ehrenberg, Unternehmungen, S. 508.
159 Belegschaft und Umsatz des Hauses Siemens, 25.5.1966, SAA 27455; Waller, Finanzgeschichte, Teil 2, S. 90.
160 Ebd.
161 Weiher, Siemens-Werke, S. 112.
162 Ebd.; Scott, Siemens Brothers, S. 62 f.
163 Carl Siemens an Werner Siemens, 24.2.1880, SAA W6538.
164 Lutz, Carl von Siemens, S. 202 ff.
165 Weiher, Siemens-Werke, S. 110 f.
166 Carl Siemens an Werner Siemens, 24.2.1880, SAA W6538.
167 Werner Siemens an Carl Siemens, 23.3.1880, SAA W6549.
168 Gesellschaftsvertrag vom 28.12.1880, SAA 21.Li 53. Der Vertrag ist abgedruckt in: Weiher, Siemens-Werke, S. 201–204 (Anlage Nr. 9); Lutz, Carl von Siemens, S. 235; Scott, Siemens Brothers, S. 63 f. Unklar ist, ob auch Carls Sohn Werner Hermann zu den Aktionären gehörte. Nach Weiher, Siemens-Werke, S. 111, wurde die Siemens Brothers & Co. Ltd. mit acht Shareholdern gegründet, zu denen auch Werner Hermann gehörte. Waller bestreitet dies. Ernst Waller, Studien zur Finanzgeschichte des Hauses Siemens, Teil 3: 1881–1897, Ms. o. J., S. 36.
169 Gesellschaftsvertrag vom 28.12.1880 (§ 7), SAA 21.Li 53; Weiher, Siemens-Werke, S. 112; Wolfram Eitel, Die historische Entwicklung des Übersee-Geschäfts des Hauses Siemens und seine Organisation (1957/58), S. 6, SAA 12.Lm 910.
170 Zur Gewinnverteilung nach dem Stand von 1869 siehe S. 254.

171 Auf die einzelnen Aktionäre verteilten sich die insgesamt 4000 Aktien wie folgt: Wilhelm 1740, Werner 1300, Carl 770, Ludwig Löffler 100, Arnold 33, Wilhelm (Sohn) 33, Alexander 24. Waller, Finanzgeschichte, T. 3, S. 36. Abweichend davon nach Weiher, Siemens-Werke, S. 111: Alexander 14, Werner Hermann 10.

172 Biografische Daten zu Arnold von Siemens, SAA 4.Lr 549.

173 Goetzeler, Wilhelm von Siemens, S. 17; Daten aus dem beruflichen Leben von Wilhelm von Siemens, SAA 4.Lr 507.

Kapitel 10
Im Zenit

1 Siemens, Lebenserinnerungen, S. 273; Werner Siemens an Carl Siemens, 2.2.1870, SAA W5526. Im Allgemeinen fragte der Hof vor der Verleihung des Titels «Kommerzienrat» bei der zuständigen Korporation der Kaufmannschaft an. Kaelble, Unternehmer, S. 83. Möglicherweise war Werner von der Berliner Kaufmannschaft nicht informiert worden, obwohl er ihrem Ältestenkollegium angehörte.

2 Siemens, Lebenserinnerungen, S. 273.

3 Vgl. hierzu Federhofer, Kein «Kontorheld».

4 So die Interpretation in: ebd., S. 103. Ähnliches gilt für die Annahme, Werner habe sich durch einen Gelehrten-Nimbus vom Tüftler-Image der Techniker abgrenzen wollen. Maria Osietzki, «… Unser Ohr dem Nichtgesagten öffnen …». Anmerkungen zu einer kulturhistorischen Ingenieurbiographik, in: Wilhelm Füßl/Stefan Ittner (Hg.), Biographien und Technikgeschichte, Opladen 1998, S. 114.

5 Hermann von Helmholtz (1821–1894) hatte Medizin studiert und wurde nach einer Tätigkeit als Militärarzt Professor für Physiologie, zunächst in Berlin, dann in Königsberg. Von 1858 bis 1870 lehrte er in Heidelberg.

6 Gustav Mie, Werner Siemens als Physiker, in: Die Naturwissenschaften 4. Jg., H. 50, 15.12.1916, S. 772.

7 Rudolf Virchow, Die Gründung der Berliner Universität und der Uebergang aus dem philosophischen in das naturwissenschaftliche Zeitalter, Rede am 3. August 1893 in der Aula der Königlichen Friedrich-Wilhelms-Universität zu Berlin, Berlin 1893, S. 27.

8 Emil du Bois-Reymond, Erwiderung auf die Antrittsrede von Werner von Siemens, URL: http://leibnizsozietaet.de/wp-content/uploads/2012/11/08_du_bois_reymond.pdf [letzter Zugriff am 6.5.2016]. Vgl. hierzu Siemens, Lebenserinnerungen, S. 266 («Wie mein Freund du Bois-Reymond, […] richtig hervorhob, gehörte ich nach Beanlagung und Neigung in weit höherem Maße der Wissenschaft als der Technik an»).

9 Siemens, Lebenserinnerungen, S. 289. Zu Schumpeters Unterscheidung zwischen Unternehmer und Erfinder: Joseph Alois Schumpeter, Theorie der wirtschaftlichen Entwicklung, Leipzig 1912, S. 178.

10 Siehe S. 51.

11 Werner Siemens an Wilhelm Siemens, 16.3.1883, SAA W8052.
12 Werner Siemens ab Carl Siemens, 16.7.1867, SAA W4314. Siehe hierzu S. 263.
13 Werner Siemens an Carl Siemens, 26.5.1865, SAA W4281.
14 Werner Siemens an Wilhelm Siemens, Frühjahr 1853, in: Matschoss (Hg.), Werner Siemens, Briefteil, S. 93 («… so könnte diese leidige Spekulation unser Ruin werden!»).
15 Vgl. hierzu auch Sabean, Families, S. 236 ff; Jürgen Kocka, Siemens und der aufhaltsame Aufstieg der AEG, in: Tradition 17. Jg. (1972), H. 3/4, S. 132.
16 Werner Siemens an Wilhelm Siemens, 16.4.1863, SAA W185.
17 Gewinne der Berliner Firma 1850–1896, SAA 14.Lh 622.
18 Ebd. Umgerechnet im Verhältnis 1 Taler: 3 Mark und nach den Kaufkraftäquivalenten in: Deutsche Bundesbank, Kaufkraftvergleiche historischer Geldbeträge/Kaufkraftäquivalente historischer Beträge in deutschen Währungen, Stand 15.1.2015. URL: http://www.bundesbank.de/Redaktion/DE/Standardartikel/Statistiken/kaufkraftvergleiche_historischer_geldbetraege.html [letzter Zugriff am 14.3.2016].
19 Werner Siemens an Johann Georg Halske, 25.12.1874, SAA A74; Werner Siemens an Wilhelm Siemens, 3.3.1879, SAA W7772. Siehe hierzu S. 324 u. 339.
20 Werner Siemens an Wilhelm Siemens, 3.3.1879, SAA W7772.
21 Pole, Wilhelm Siemens, S. 288.
22 Kocka, Unternehmensverwaltung, S. 233.
23 Von Schumpeters Idealtypen des Unternehmers trifft am ehesten noch der «Fabrikherr» auf Werner zu. Schumpeter sah darin einen Eigentümerunternehmer, der sich durch Vor- und Fürsorge für Familie und Mitarbeiter sowie Liebe zum Unternehmen auszeichnet. Joseph A. Schumpeter, Unternehmer, in: Ludwig Elster/Adolf Weber/Friedrich Wieser (Hg.): Handwörterbuch der Staatswissenschaften, 4. Aufl., Jena 1928, Bd. 8, S. 484; Kocka, Siemens, S. 133. Andererseits entsprach Werner als Unternehmensgründer und Pionierunternehmer nicht dem gesetzten, eher auf Bewahrung bedachten Typ des «Fabrikherrn».
24 Dass technikbasierte Unternehmen auch später noch in ihren Anfangsjahren ohne kaufmännisches Personal auskamen, zeigt das Beispiel der Firma Robert Bosch, die 1886 gegründet wurde und erst 14 Jahre später eine kaufmännische Leitung erhielt, Johannes Bähr/Paul Erker, Bosch. Geschichte eines Weltunternehmens, München 2013, S. 64.
25 Carl Frischen (1830–1890) hatte 1856 fast zeitgleich mit Werner einen Gegensprechtelegrafen erfunden, damals noch als Ingenieur der hannoverschen Staatstelegraphie. Beide schlossen eine Patentvereinbarung. Frischen war mit William Meyer befreundet. Nach dessen Tod trat er Anfang 1870 als technischer Leiter bei Siemens & Halske ein.
26 Kocka, Unternehmensverwaltung, S. 65.
27 Ebd, S. 68 f. Demnach lag der Lohn qualifizierter Arbeiter von Siemens & Halske bei fünf Talern die Woche. Während des Booms Anfang der 1870er Jahre erreichten qualifizierte Akkordarbeiter hier einen Lohn von zehn Talern die Woche. Wolfgang Renzsch, Handwerker und Lohnarbeiter in der frühen

Arbeiterbewegung. Zur sozialen Basis von Gewerkschaften und Sozialdemokratie im Reichsgründungsjahrzehnt (Kritische Studien zur Geschichtswissenschaft, 43), Göttingen 1980, S. 167.

28 Kocka, Unternehmensverwaltung, S. 65. Die effektive Wochenarbeitszeit lag bis 1870 bei 58,5 Stunden. Ebd., S. 68 f.
29 Werner Siemens an Carl Siemens. 16.6.1868, SAA W5433.
30 Christoph Conrad, Erfolgsbeteiligung und Vermögensbildung der Arbeitnehmer bei Siemens (1847–1945) (Zeitschrift für Unternehmensgeschichte, Beiheft 36), Stuttgart 1986, S. 60 f.
31 Vgl. Renzsch, Handwerker, S. 21–34.
32 Werner Siemens an Carl Siemens, 30.8.1872, SAA W146; Karl Burhenne, Werner Siemens als Sozialpolitiker, München 1932, S. 28 ff.
33 Burhenne, Siemens, S. 31.
34 Vgl. hierzu u. a. Marie-Louise von Plessen, Die Wirksamkeit des Vereins für Socialpolitik von 1872–1890. Studien zum Katheder- und Staatssozialismus, Berlin 1975.
35 Werner Siemens an Wilhelm Siemens, 2.10.1872, SAA W1525.
36 Verhandlungen der Eisenacher Versammlung zur Besprechung der socialen Frage am 6. und 7. October 1872, Leipzig 1873.
37 Werner Siemens an Wilhelm Siemens, 2.10.1872, SAA W1525.
38 Vgl. Conrad, Erfolgsbeteiligung, S. 60.
39 Conrad, Erfolgsbeteiligung, S. 98 ff. Vgl. hierzu auch: Jacob Kastl/Lyndon Moore, Wily welfare capitalist: Werner von Siemens and the pension plan, in: Cliometrica 2010/4, pp. 321–348; Burhenne, Siemens, S. 71–86.
40 Conrad, Erfolgsbeteiligung, S. 99.
41 Ebd., S. 100.
42 Werner Siemens an Carl Siemens, 13.3.1872, SAA W5624.
43 Werner Siemens an Geh. Kommerzienrat Borsig, 20.10.1873, SAA 2.Li 546.
44 Werner Siemens an Major Adalbert von Stülpnagel, 19.11.1875, in: Matschoss (Hg.), Werner Siemens, Briefteil, S. 482.
45 Jürgen Kocka, Modernisierung im multinationalen Familienunternehmen, in: Rüdiger Hohls/Iris Schröder/Hannes Siegrist (Hg.), Europa und die Europäer. Quellen und Essays zur modernen europäischen Geschichte, Stuttgart 2005, S. 44 f.
46 Werner Siemens an Carl Siemens, 13.3.1872, SAA W5624.
47 Kocka, Modernisierung, S. 44 f.
48 Werner Siemens an Siemens Brothers, 1.12.1872, in: Heintzenberg (Hg.), Leben, S. 249 f.
49 Ebd., S. 249.
50 Kastl/Moore, Wily welfare capitalist, p. 334.
51 Werner Siemens an Wilhelm Siemens, 1.9.1845, SAA A540.
52 Das preußische Patentrecht beruhte auf einem Publicandum vom 14. Oktober 1815, dessen Regelungen in der Allgemeinen Gewerbordnung von 1845 kodifiziert wurden. Vgl. hierzu u. a. Alfred Heggen, Erfindungsschutz und In-

dustrialisierung in Preußen 1793–1877, Göttingen 1975, S. 31–41; Rudolf Boch, Das Patentgesetz von 1877. Entstehung und wirtschaftsgeschichtliche Bedeutung, in: ders. (Hg.), Patentschutz und Innovation in Geschichte und Gegenwart (Studien zur Technik-, Wirtschafts- und Sozialgeschichte, 11), Frankfurt am Main 1999, S. 74.

53 Fischer, Werner Siemens, S. 20.
54 Eduard Stolle, Die einheimische und ausländische Gesetzgebung zum Schutze gewerblicher Erfindungen, nachgelassenes Manuscript, hg. von Otto Hübner, Leipzig 1855, S. 2. Vgl. hierzu auch: Rebekka Übler, Die Schutzwürdigkeit von Erfindungen. Fortschritt und Erfindungshöhe in der Geschichte des Patent- und Gebrauchsmusterrechts, Tübingen 2014, S. 29 f.
55 Heggen, Erfindungsschutz, S. 40, 78 f. u. 82 ff.
56 Am 14. März 1875 schrieb Werner an die Redaktion der *National-Zeitung*, er habe «seit mehr wie 20 Jahren in Preußen nie ein Patent nachgesucht». Zitiert nach: Fischer, Werner Siemens, S. 14. Tatsächlich hat er seit Juni 1856 in Preußen keine Patentgesuche mehr eingereicht. Veröffentlichungen, Patente und Vorträge von Werner von Siemens.
57 Werner Siemens, Denkschrift, betreffend die Nothwendigkeit eines Patentgesetzes für das Deutsche Reich (1876), in: ders., Wissenschaftliche und Technische Arbeiten, Bd. 2, S. 561.
58 Werner Siemens an Wilhelm Siemens, 20.–30.5.1862, SAA W169.
59 Fischer, Werner Siemens, S. 22 ff. (Zitat auf S. 22). Vgl. ferner Heggen, Erfinderschutz, S. 91–95.
60 Werner Siemens (Hg.): Positive Vorschläge zu einem Patent-Gesetz. Denkschrift der Aeltesten der Kaufmannschaft zu Berlin an den Königlichen Staats- und Minister für Handel, Gewerbe und öffentliche Arbeiten, Herrn Grafen von Itzenplitz, Berlin 1869 (zuerst veröffentlicht in: Vierteljahrschrift für Volkswirtschaft und Culturgeschichte 4 (1864), S. 189–193.
61 Fischer, Werner Siemens, S. 31 f.
62 Heggen, Erfindungsschutz, S. 103 ff.
63 Ebd., S. 35–39; Werner Siemens an Wilhelm Siemens, 18.1.1869, SAA W5850.
64 Wilhelm beteiligte sich in England intensiv an dem auch dort aufkommenden Streit um das Patentrecht und behauptete später wider besseres Wissen, in England zu arbeiten, weil ihm in Deutschland kein ausreichender Patentschutz gewährt würde. Fischer, Werner Siemens, S. 46 ff.; Übler, Schutzwürdigkeit, S. 48, Anm. 161.
65 Heggen, Erfindungsschutz, S. 117 ff.; Boch, Patentgesetz, S. 76 f.; Margrit Seckelmann, Industrialisierung, Internationalisierung und Patentrecht im Deutschen Reich, 1891–1914, Frankfurt am Main 2006, S. 163–167; Karl Theodor Kraemer, Die Vergütung von (Arbeitnehmer-)Erfindungen am Beispiel von Arzneimitteln, historisch, de lege lata und de lege ferdenda. Jur. Diss., Frankfurt am Main 2011, S. 114 f.
66 In der Generalversammlung vom 23. März 1875 stellte Werner die Vertrauensfrage. Der Vorstand beteiligte sich an der Abstimmung, obwohl er dazu nicht

berechtigt war. Die Unternehmer im Vorstand verfügten durch «Kollektivstimmen» über eine Art Mehrfachstimmrecht. Heggen, Erfindungsschutz, S. 119.

67 Vgl. Heggen, Erfindungsschutz, S. 115–121; Seckelmann, Industrialisierung, S. 174.
68 Heggen, Erfindungsschutz, S. 118 f.
69 Werner Siemens an Wilhelm Siemens, 4.6.1874, SAA W5283.
70 Werner Siemens, Denkschrift, betreffend die Nothwendigkeit eines Patentgesetzes für das Deutsche Reich (1876), in: ders., Wissenschaftliche und Technische Arbeiten, Bd. 2, S. 561.
71 Ebd., S. 567. Vgl. hierzu und zur Ausarbeitung der Denkschrift: Fischer, Werner Siemens, S. 55–60.
72 Vgl. hierzu u. a. Wehler, Gesellschaftsgeschichte, Bd. 3, S. 552–567.
73 Christoph Nonn, Bismarck. Ein Preuße und sein Jahrhundert, München 2015, S. 240 f. Zum Zusammenhang zwischen Wirtschaftskrise und Propatentbewegung vgl. Heggen, Erfindungsschutz, S. 125–131, und die dort angegebene Literatur.
74 Patentgesetz. Vom 25. Mai 1877. Deutsches Reichsgesetzblatt 1877, Nr. 23, S. 501–510 (abgedruckt in Heggen, Erfindungsschutz, S. 147 f.), vgl. hierzu Heggen, Erfindungsschutz, S. 131–135; Seckelmann, Industrialisierung, S. 176 u. 177.
75 Heggen. Erfindungsschutz, S. 123.
76 Franz Reuleaux, Briefe aus Philadelphia, Braunschweig 1877, S. 5. Das Zitat stammt aus dem ersten Brief vom 2. Juni 1876. Da die Denkschrift bereits am 8. April 1876 eingereicht worden war, ist es ausgeschlossen, dass Werner die Formulierung von Reuleaux übernommen hat. Diese Annahme findet sich in: Joachim Radkau, Technik in Deutschland. Vom 18. Jahrhundert bis heute, Frankfurt am Main/New York 2008, S. 167 f. Zu Reuleaux' Briefen aus Philadelphia vgl. Sebastian Remberger, «Billig und schlecht». Franz Reuleaux zu den Weltausstellungen in Philadelphia und Chicago, in: Kultur & Technik 3/2000, S. 42–45; Hans Joachim Braun/Wolfhard Weber, Ingenieurwissenschaft und Gesellschaftspolitik. Das Wirken von Franz Reuleaux, in: Reinhard Rürup (Hg.), Wissenschaft und Gesellschaft, Beiträge zur Geschichte der Technischen Universität Berlin 1879–1979, Bd. 1, Berlin 1979, S. 292 ff.
77 Werner Siemens an Franz Reuleaux, 13.9.1876, SAA A799.
78 Boch, Patentgesetz, S. 81; Heggen, Erfindungsschutz, S. 137.
79 Kurt Busse, Werner Siemens als Politiker und Publizist, S. 4, SAA VVA Busse.
80 Siehe oben S. 221–224. Zur Zollgesetzgebung von 1879 und zu Bismarcks Schutzzollpolitik siehe Wehler, Gesellschaftsgeschichte, Bd. 3, S. 637–650.
81 Siemens, Lebenserinnerungen, S. 200.
82 Bericht der 7. Kommission des Deutschen Reichstags betr. den Entwurf eines Patentgesetzes. Berichterstatter Abg. Dr. Hammacher. Nebst einer Zusammenstellung des Entwurfes eines Patentgesetzes nach den Beschlüssen der Kommission, Berlin 1877. Zu Hammachers Unterstützung der Schutzzollpolitik siehe Wehler, Gesellschaftsgeschichte, Bd. 3, S. 648. Werner reiste 1890 gemeinsam mit Hammacher in den Kaukasus. Siehe S. 420 f.

83 Werner Siemens an Wilhelm Siemens, 28.6.1880, SAA 7832, S. 668 f. («Ich saß zwischen Bismarck und der Fürstin, die ich zu Tisch führte.»)
84 Pietschker, Leben, S. 14.
85 Ebd., S. 7.
86 *S. M. S. Hertha* war als Stationsschiff in Ostasien eingesetzt. Werner hatte angeblich gelobt, seiner Tochter diesen Namen zu geben, falls die Korvette der überlegenen französischen Marine entkam. Tatsächlich wurde *S. M. S. Hertha* seit Kriegsbeginn von der französischen Marine im Hafen von Yokohama blockiert. Nach der Taufe musste Werner erfahren, dass sich die Besatzung ergeben hatte. Siemens, Lebenserinnerungen, S. 254; Werner Siemens an Carl Siemens, 19.9.1870, SAA W5641. Zu *S. M. S. Hertha* vgl. Mirco Graetz, Prinz Adalberts vergessene Flotte. Die Norddeutsche Bundesmarine 1867–1871, Morrisville 2008, S. 36.
87 Auguste Weyrowitz leitete die von ihr begründete «Privattöchterschule» bis 1894. Nach Angaben von Werners Tochter Käthe hat auch Gustav Willert an dieser Schule unterrichtet. Geschichte der Stadt Charlottenburg, bearb. von Wilhelm Gundlach, Bd. 1: Darstellung, Berlin/Heidelberg 1905, S. 359 u. 526; Pietschker, Leben, S. 10 f. Vgl. ferner Marie-Elisabeth Lüders, Fürchte Dich nicht. Persönliches und Politisches aus mehr als 80 Jahren 1878–1962, Köln/Opladen 1963, S. 30; Dorothea Zöbl, Siemens in Berlin. Spaziergänge durch die Geschichte der Elektrifizierung, Berlin 2008, S. 70.
88 Werner Siemens an Wilhelm Siemens, 7.9.1872, SAA W1523. Carl sah dies ähnlich wie Werner. Nach der Geburt von Ferdinands zweiter Tochter Elly – die später Werners Schwiegertochter wurde – schrieb er an diesen: «Also Ferdinand fährt tapfer in Hans seinem Geleise und hat wieder ein Madchen! Nach diesem haben wir wohl der Frauenzimmer genug!» Carl Siemens an Werner Siemens, 2.10.1861, SAA W2801.
89 Werner Siemens an Carl Siemens, 23.7.1872, SAA W5656; Friedrich Heintzenberg, «Vier Brüder». Eine Archivstudie, Bd. 2 (November 1953), SAA 68, NL F. Heintzenberg. Vgl. hierzu Wilfried Feldenkirchen/Eberhard Posner, Die Siemens-Unternehmer. Kontinuität und Wandel 1847–2005. Zehn Portraits, München 2005, S. 87.
90 Werner Siemens an Johann Georg Halske, 25.12.1874, SAA A74 («Das Essen ist Lucae zu Ehren und soll dessen Esszimmer einweihen»). Einige Unterlagen zum Umbau des Charlottenburger Hauses finden sich in SAA 60.Lc 1.
91 Werner Siemens an Antonie Siemens, 8.8.1871, SAA F713.
92 Danke, Siemens-Grundstück, S. 123; Zöbl, Siemens, S. 69 f. Theodor Mommsen (1817–1903) hatte Rechtswissenschaft studiert, wurde 1848 als außerordentlicher Professor für Rechtswissenschaft an die Universität Leipzig berufen und dort drei Jahre später aus politischen Gründen entlassen. Nach Professuren in Zürich und Breslau erhielt er 1858 eine Forschungsprofessur für Römisches Recht an der Preußischen Akademie der Wissenschaften und 1861 einen Ruf auf eine Professur für Altertumskunde an der Berliner Universität. Für sein Hauptwerk, die «Römische Geschichte», wurde er 1902 mit dem Literaturnobelpreis ausgezeichnet.

93　Im Juli 1880 nahm Werner Mommsen vorübergehend in sein Haus auf, nachdem ein Brand im Haus des Historikers große Schäden angerichtet und dessen Bibliothek fast vollständig vernichtet hatte. Werner Siemens an Theodor Mommsen, 15.7.1880, SAA A775; Werner Siemens an Antonie Siemens, 2.7.1880, in: Heintzenberg (Hg.), Leben, S. 307.

94　Adelheid Mommsen, Theodor Mommsen im Kreise der Seinen, 2. Ausg., Berlin 1937, S. 70 f.

95　Ebd., S. 85. Theodor Mommsens Tochter Adelheid unterrichtete später selbst an dieser Schule. Ebd.

96　Werner von Siemens, Wohnorte/Reise-Aufenthalte Zeittafel 1816–1892, SAA 2.Li 772. Sommerurlaube in Westerland sind für die Jahre 1877, 1879, 1883, 1886 und 1887 belegt. Für 1876 wird hier als Urlaubsort Sylt genannt. Wahrscheinlich dürfte die Familie diesen Urlaub ebenfalls in Westerland verbracht haben.

97　Franz, Hohenheimer Romanze, S. 61; Annette Schmidt, Ludwig Eisenlohr. Ein architektonischer Weg vom Historismus zur Moderne. Stuttgarter Architektur um 1900, Stuttgart 2006, S. 241.

98　Werner Siemens an Wilhelm Siemens (Sohn), 28.7.1864, SAA F1722.

99　Vgl. hierzu Marina Moskvina, Söhne und Väter: Erziehung, Ausbildung und Handlungsspielräume in der Unternehmerfamilie Siemens im 19. Jahrhundert, Bachelorarbeit Ludwig-Maximilians-Universität München, Ms. München 2013, S. 28.

100　Tagebucheintrag Wilhelms aus dem Jahr 1873, zitiert nach: Goetzeler, Wilhelm von Siemens, S. 17.

101　Zitiert nach: Gustav Willert an Werner Siemens, 18.10.1871 (Herrn Dr. Siemens, Promemoria), SAA WP Willert.

102　Ebd.

103　Werner Siemens, Entwurf eines Zeugnisses für Gustav Willert, 17.4.1874, SAA WP Willert. Gustav Willert lebte zuletzt bei seiner Schwester Ottilie in Wernigerode. Er starb 1897. Ottilie Willert an Arnold und Wilhelm von Siemens, 3.11.1897, SAA F2273.

104　Herbert Goetzeler, Wilhelm von Siemens, in: ders./Lothar Schoen, Wilhelm und Carl Friedrich von Siemens. Die zweite Unternehmergeneration, Stuttgart 1986, S. 16 f.; Moskvina, Söhne, S. 32; August Rotth, Wilhelm von Siemens. Ein Lebensbild. Gedenkblätter zum 75jährigen Bestehen des Hauses Siemens & Halske, Berlin/Leipzig 1922, S. 6–15 u. 26–31; Daten aus dem beruflichen Leben von Wilhelm von Siemens, SAA 4.Lr 507.

105　Werner Siemens an Wilhelm Siemens (Sohn), 24.3.1873, SAA W8413 (Zitat); Werner Siemens an Wilhelm Siemens (Sohn), 23.1.1873, SAA F1731.

106　Wilhelm Siemens (Sohn) an Werner Siemens, 5.1.1873, SAA F2229. Ludwig Eisenlohr (1851–1931) hatte fünf ältere Geschwister. Nach dem Tod seiner Mutter hatte der Vater Mimi Denzel, die Schwester von Antonies Mutter Ottilie, geheiratet.

107　Biografische Daten Arnold von Siemens, SAA 4.Lr 549; Moskvina, Söhne, S. 34.

108　Antonie Siemens an Werner Siemens, 17.9.1874, SAA F633 (mit Zitat); Werner Siemens an Antonie Siemens, 23.9.1874, SAA F757.

109 Antonie Siemens an Werner Siemens, 17.9.1874, SAA F633; Werner von Siemens, Wohnorte/Reise-Aufenthalte Zeittafel 1816–1892, SAA 2.Li 772. Mitleiterin dieser Pension für junge Mädchen war Margarete Jacobi, eine Tochter des berühmten Mathematikers Carl Gustav Jacob Jacobi. Sophie Pataky, Lexikon deutscher Frauen der Feder. Vollständiger Neusatz beider Bände in einem Buch, Berlin 2014 (erste Aufl. Berlin 1898), S. 290. Werner hatte in seiner Zeit als Betriebsoffizier der Artilleriewerkstatt Jacobis Vorlesungen an der Berliner Universität besucht. Siemens, Lebenserinnerungen, S. 56.
110 Antonie Siemens an Werner Siemens, 20.7.1874, SAA F625.
111 Werner Siemens an Antonie Siemens, 25.7.1874, SAA F748.
112 Franz, Hohenheimer Romanze, S. 47 f.
113 Sabean, Families, S. 234.
114 Zu dieser ersten «Generalversammlung» trafen sich 56 Mitglieder der Familie Siemens am 27. Juli 1873 auf dem Burgberg bei Bad Harzburg. Stammbaum Familie Siemens, S. 31.
115 Leopold (Leo) Siemens (1847–1925) diente als Offizier zunächst im hannoverschen Heer, nach 1866 in der preußischen Armee. Er wurde 1905 als General der Infanterie verabschiedet. Fünf Jahre später erschien das Stammbaumbuch. Stammbaum Familie Siemens, S. 202; Siemens/Hölscher, Stammbaum.
116 Rundschreiben Leopold Siemens, 9.4.1873, FA 0442; Rundschreiben Leopold Siemens, 29.8.1873, ebd.; Stammbaum der Familie Siemens (November 1874), ebd.; Stammbaum Familie Siemens, S. 28.
117 Rundschreiben Leopold Siemens, 9.4.1873, FA 0442.
118 Ebd.
119 Werner Siemens an Carl Siemens, 7.9.1880, SAA W6634; Wilhelm Siemens an Werner Siemens, 3.10.1880, SAA W7859. Wilhelm schrieb in diesem Brief: «Auch unser Zusammentreffen in Harzburg war sehr interessant indem wir dort mal Alle zusammen waren mit Ausnahme von Sophie.» Nach dem Stammbaumbuch der Familie fand die dritte Familienversammlung am 20. September 1880 in Goslar statt, nicht in Bad Harzburg. Stammbaum Familie Siemens, S. 31.
120 Als im Juli 1873 die erste Familienversammlung stattfand, war Werner auf der Weltausstellung in Wien als Juror gefragt. Werner von Siemens, Wohnorte/Reise-Aufenthalte Zeittafel 1816–1892, SAA 2.Li 772. Vor der vierten Familienversammlung im Jahr 1875 schrieb er an seinen Sohn Wilhelm: «Wenn nur die dumme Familienversammlung nicht wäre.» Werner Siemens an Wilhelm Siemens (Sohn), 15.7.1885, SAA F1778.
121 Verzeichnis der Teilnehmer an der fünften Familienversammlung in Hasserode am 27.9.1890, FA 0443. Werner reiste am 22. September 1890 in den Kaukasus ab. Lebenserinnerungen von August Fiebig, S. 19, SAA 2.Le 169.
122 Übersichten über die Einnahmen und Ausgaben der Familienstiftung 1875–1885, FA 0590.
123 Werner Siemens an Adolf Schmidt, 29.3.1873, SAA 1.Lk 472 (mit Zitat); Adolf Schmidt an Werner Siemens, 17.3.1873, ebd.; Notiz Friedrich Frese, ebd.
124 Friedrich Latendorf, Ein denkwürdiger Besuch [.] Werner Siemens am Grabe

seiner Eltern. (1. November 1874), in: Landeszeitung, 4.6.1893, SAA 1. Lk 472; Zusicherung des Großherzogs Friedrich Franz II., 10.5.1873, ebd. Die Orgel wurde von dem bekannten Orgelbauer Friedrich Frese in Schwerin gefertigt. Die Einweihung fand am Reformationsfest statt, das in Preußen wie in Mecklenburg am ersten Sonntag nach dem 31. Oktober begangen wurde, da der Reformationstag damals kein gesetzlicher Feiertag war.

125 Werner Siemens an Heinrich Stephan, 5.2.1879, zitiert nach: Lindner, Strom, S. 168.
126 Ebd.
127 Lindner, Strom, S. 169; Kant, Siemens, S. 122.
128 Jan-Otmar Hesse, Im Netz der Kommunikation. Die Reichs-Post- und Telegraphenverwaltung 1876–1914 (Schriftenreihe der Zeitschrift für Unternehmensgeschichte, 8), München 2002, S. 54–73.
129 Peschke, Elektroindustrie, S. 53.
130 Ebd., S. 54 (mit Zitat aus der Rede Heinrich Stephans in der Sitzung des Reichstags vom 22. Oktober 1876).
131 Ebd., S. 55 f.
132 Ebd., S. 57 u. 59; Matschoss (Hg.), Werner Siemens, S. 148. Zu den Bleikabeln; ebd, S. 119 f.
133 Werner Siemens an Wilhelm Siemens, 19.11.1877, SAA W7664.
134 Wolfgang König, Massenproduktion und Technikkonsum. Entwicklungslinien und Triebkräfte der Technik zwischen 1880 und 1914, in: ders./Wolfhard Weber, Netzwerke, Stahl und Strom 1840 bis 1914 (Propyläen Technikgeschichte, Bd. 4), Berlin 1997, S. 492 ff.
135 Werner Siemens an Carl Siemens, 30.10.1877, SAA W6215.
136 Werner Siemens an Karl von Lüders, 15.11.1877, SAA A771; Oskar Grosse, 40 Jahre Fernsprecher. Stephan – Siemens – Rathenau, Berlin 1917, S. 17 f.; Ruth Glatzer (Hg.), Berlin wird Kaiserstadt. Panorama einer Metropole 1871–1890, Berlin 1993, S. 326 f.
137 Werner Siemens an Wilhelm Siemens, 19.11.1877, SAA W7664.
138 Werner Siemens an Carl Siemens, 26.11.1877, SAA W6220.
139 Ebd.
140 Werner Siemens an Carl Siemens, 7.12.1877, SAA W6223.
141 Werner Siemens an Carl Siemens, 6.11.1877, SAA W6216; Werner Siemens an A. Töpler, 5.12.1877, in: Matschoss (Hg.), Werner Siemens, Briefteil, S. 548; Telephone und Rufapparate mit magnetischer Gleichgewichtslage der schwingenden Teile, Deutsches Reichspatent Nr. 2355, 12.12.1877.
142 Eduard Zetzsche, Siemens und Halske's Telephon mit Hufeisenmagnet nebst telephonischem Rufapparate, in: Polytechnisches Journal, Bd. 231 (1879), S. 138–144.
143 Ebd., S. 138.
144 Horst A. Wessel, Die Verbreitung des Telephons bis zur Gegenwart, in: Hans-Jürgen Teuteberg/Cornelius Neutsch (Hg.), Vom Flügeltelegrafen zum Internet, S. 77 f.
145 Feldenkirchen, Werkstatt, S. 300; Peschke, Elektroindustrie, S. 58.

146 Vgl. Matschoss (Hg.), Werner Siemens, S. 86 ff.; König, Massenproduktion, S. 320.
147 Matschoss (Hg.), Werner Siemens, S. 89 ff.; König, Massenproduktion, S. 320 f.; Johannes Abele, Die Lichtbogenlampe (Technikgeschichte, Modelle, Rekonstruktionen), 2. Aufl., München 1997, S. 17.
148 Matschoss (Hg.), Werner Siemens, S. 90; Werner Siemens an Carl Siemens, 12.7.1878, SAA W6339; Werner Siemens an Robert Wedekind, 25.11.1878, SAA A1164.
149 Werner Siemens an Carl Siemens, 12.6.1879, SAA W6504.
150 Matschoss (Hg.), Werner Siemens, S. 90.
151 Siemens & Halske an Redaktion der Frankfurter Blätter, 27.2.1877, zitiert nach: 10 Jahre Starkstromtechnik 1875–1885, SAA 8.Lh 258.
152 Werner Siemens an Carl Siemens, 28.12.1878, SAA W6361.
153 Werner Siemens an Wilhelm Siemens, 9.12.1878, SAA W7724. Zur «Versuchskerzenbeleuchtung» im Reichstag: Werner Siemens an Carl Siemens, 28.12.1878, SAA W6361.
154 Werner Siemens an Heinrich Schellen, 26.11.1878, SAA A803.
155 Heintzenberg, Friedrich von Hefner-Alteneck, S. 21 f. Zur Differentialbogenlampe siehe Abele, Lichtbogenlampe, S. 18 f.
156 Im Einzelnen handelte es sich um die Patente DRP Nr. 8654 vom 14. April 1879 und DRP Nr. 8900 vom 14. August 1879.
157 Heggen, Erfindungsschutz, S. 123.
158 Werner Siemens an Carl Siemens, 29.4.1879, SAA W6501.
159 Werner Siemens an Carl Siemens, 1.7.1879, SAA W6508.
160 Matschoss (Hg.), Werner Siemens, S. 91.
161 Werner Siemens an Wilhelm Siemens, 3.3.1879, SAA W7772.
162 Ebd.
163 Werner Siemens an Carl Siemens, 4.3.1879, SAA W6466.
164 Pietschker, Leben, S. 15.
165 Werner Siemens an Wilhelm Siemens, 8.7.1879, SAA W8511.
166 Werner Siemens an Wilhelm Siemens, 27.5.1879, SAA W7776. Die damalige Berliner Gewerbeausstellung fand vom 1. Mai bis 1. Oktober 1879 statt.
167 Wilfried Feldenkirchen, Siemens. Von der Werkstatt zum Weltunternehmen, München 1997, S. 55; Pole, Wilhelm Siemens, S. 308 f.; Lutz, Carl von Siemens, S. 222; URL: https://www.hdbg.eu/koenigreich/web/index.php/objekte/index/id/1190 [Letzter Zugriff am 23.5.2016].
168 Werner Siemens an Carl Siemens, 19.3.1879, SAA W6439.
169 Werner Siemens an Wilhelm Siemens, 16.9.1882, SAA W7993; Werner Siemens an Friedrich Siemens, 29.9.1882, SAA W7969. Zu den Regenerativgaslampen und dem Probebetrieb auf der Leipziger Straße vgl. auch Pioniere des Gaslichts (3) – Friedrich Siemens, in: Der Zündfunke 7. Jg., Nr. 48, Ausgabe 1/2014.
170 Zu den Preisen vgl. u. a. Felix Pinner, Emil Rathenau und das elektrische Zeitalter, Leipzig 1918, S. 82.
171 Grundlegend hierzu: Thomas P. Hughes, Networks of Power. Electrification in Western Society 1880–1930, Baltimore 1983.

172 Matschoss (Hg.), Werner Siemens, S. 102.
173 Werner Siemens, Ueber die elektrische Eisenbahn der Berliner Gewerbeausstellung (1879), in: ders., Wissenschaftliche und Technische Arbeiten, Bd. 2, S. 366 f.; Ralf Roman Rossberg (Hg.), Deutsche Eisenbahnfahrzeuge von 1838 bis heute, Berlin/Heidelberg 1988, S. 148.
174 Vossische Zeitung, 31.5.1879, Abend-Ausgabe (Rubrik Lokales).
175 Rossberg (Hg.), Eisenbahnfahrzeuge, S. 148; Matschoss (Hg.), Werner Siemens, S. 107; Werner Siemens an Carl Siemens, 28.6.1879, SAA W6507.
176 Dircksen, Ueber Stadtbahnen, in: Polytechnisches Journal Jg. 1883, Bd. 247, Miszelle 3, S. 511.
177 Vgl. Elfi Bendikat, Öffentliche Nahverkehrspolitik in Berlin und Paris 1890–1914. Strukturbedingungen, politische Konzeptionen und Realisierungsprobleme (Veröffentlichungen der Historischen Kommission zu Berlin, 96), Berlin/New York 1999, S. 116.
178 Transmission of Power acta, SAA 12424; Daten zur Entstehungsgeschichte der Berliner Hochbahn, SAA 35–39.Lh 468; Werner Siemens, Ueber das Projekt einer elektrischen Eisenbahn (1880), in: ders., Wissenschaftliche und Technische Arbeiten, Bd. 2, S. 410–419.
179 Werner Siemens, Ueber die dynamo-elektrische Maschine und deren Verwendung zum Betriebe von elektrischen Eisenbahnen (Vortrag im elektrotechn. Verein am 27. Januar 1880), in: ders., Wissenschaftliche und Technische Arbeiten, Bd. 2, S. 392–409; ders., Ueber das Projekt einer elektrischen Eisenbahn (Vortrag in der Polytechnischen Gesellschaft am 11. März 1880), in: ebd., S. 410–419.
180 Berliner Tageblatt, 20.2.1880, S. 5, zitiert nach der Abschrift in: SAA 35–39.Lh 468. Albert Maybach war von 1879 bis 1891 Minister der öffentlichen Arbeiten. Er wurde 1888 in den Adelsstand erhoben.
181 Petition gegen das Projekt des Herrn Dr. W. Siemens betr.: Errichtung einer dynamo-elektrischen Pfeilerbahn durch die Friedrichstraße, 12.4.1880, SAA 35–39.Lh 468.
182 Daten zur Entstehungsgeschichte der Berliner Hochbahn, SAA 35–39.Lh 468.
183 Werner Siemens an Carl Siemens, 21.2.1881, SAA W6600.
184 Daten zur Entstehungsgeschichte der Berliner Hochbahn, SAA 35–39.Lh 468.
185 Werner Siemens an Wilhelm Siemens, 19.2.1883, SAA W8408.
186 Werner Siemens an Carl Siemens, 21.2.1881, SAA W6600.
187 Stellungnahme der Berliner Bevölkerung zum Hochbahnprojekt von S&H, SAA 35–39.Lh 468; Bendikat, Nahverkehrspolitik, S. 115 f; Claudia Hain, Elektrifizierter Nahverkehr, in: Thorsten Dame, Elektropolis. Architektur- und Denkmalführer, Berlin 2014, S. 284.
188 Werner Siemens an Wilhelm Siemens, 23.5.1881, SAA W7899.
189 Die elektrische Bahn zu Lichterfelde, in: Polytechnisches Journal Jg. 1881, Bd. 241, S. 368–375.
190 Werner Siemens an Gustav Wiedemann, 12.5.1881, SAA A825.
191 Werner Siemens an Wilhelm Siemens, 23.5.1881; SAA W7899; URL: http://

www.siemens.com/history/de/200_jahre_werner_von_siemens/meilensteine. htm [letzter Zugriff am 21.5.2016].

192 G. von Munden, Die Eröffnung der ersten elektrischen Straßenbahn, in: Daheim, Jg. 1881, Beilage zu Heft 36.
193 Paul Hirschfeld, Die erste elektrische Eisenbahn der Welt, in: Gartenlaube, Jg. 1881, S. 395.
194 Werner Siemens an Wilhelm Siemens, 23.5.1881, SAA W7899.
195 Rossberg (Hg.), Eisenbahnfahrzeuge, S. 149. Ursprünglich sollte diese Straßenbahnlinie im Sommer 1881 eröffnet werden. Werner Siemens an Wilhelm Siemens, 23.5.1881, SAA W7899.
196 Werner Siemens an Carl Siemens, 4.1.1882, SAA W6804.
197 Werner Siemens an Carl Siemens, 19.10.1881, SAA W6745.
198 Die elektrische Eisenbahn in Paris, in: Polytechnisches Journal, Jg. 1882, Bd. 244, S. 164–166.
199 Werner Siemens an Carl Siemens, 29.4.1883, SAA W6892. Heinrich Schwieger (1846–1911) hatte an der Berliner Bauakademie studiert und war 1870 als Regierungsbauführer in den Preußischen Staatsdienst eingetreten. Schwieger leitete dann u. a. das Konstruktionsbüro der Berliner Stadtbahn.
200 Neuere elektrische Eisenbahnen, in: Polytechnisches Journal, Jg. 1888, Bd. 250, Miszelle 6, S. 550–552.
201 Werner Siemens an Wilhelm Siemens (Sohn), 28.9.1883, in: Matschoss (Hg.), Werner Siemens, Briefteil, S. 803.
202 Werner Siemens an Carl Siemens, 29.4.1883 u. 4.5.1883, SAA W6892 u. W6983. Georg hatte den Eindruck, dass Werner ein Konsortium mit den Banken nur anstrebte, weil seine Söhne einem derartigen Projekt nicht gewachsen waren. Helfferich, Georg von Siemens, Bd. 2, S. 63.
203 Helfferich, Georg von Siemens, Bd. 2, S. 65.
204 «Mit der deutschen Bank war es nichts. Die Leute wollen immer in erster Linie gründen was uns nicht passen kann.» Werner Siemens an Wilhelm Siemens, 30.9.1883, SAA W8064.
205 Winterfeld, Entwicklung, S. 103.
206 Neuere elektrische Eisenbahnen, in: Polytechnisches Journal, Jg. 1888, Bd. 250, Miszelle 6, S. 550–552.
207 Winterfeld, Entwicklung, S. 105.
208 Werner Siemens an Heinrich Schwieger, 21.1.1887, SAA A528.
209 Winterfeld, Entwicklung, S. 103 ff.
210 Werner Siemens an Heinrich Schwieger, 12.10.1884, SAA A518.
211 Werner Siemens an Wilhelm Siemens, 23.5.1881, SAA W7899.
212 Werner Siemens an Heinrich Schwieger, 21.1.1887, SAA A528.
213 Werner Siemens an Prof. Rühlmann, 25.1.1884, SAA 2.Li 550.
214 Pole, Wilhelm Siemens, S. 256–263; Matschoss (Hg.), Werner Siemens, S. 101 f. u. 105 f.; Zur Vorgeschichte der elektrischen Kraftübertragung, SAA VVA Heintzenberg, Bd. 1.
215 Als weltweit erstes Elektrizitätswerk gilt das 1878 von Sigmund Schuckert auf

Schloss Linderhof für den bayerischen König Ludwig II. gebaute Kraftwerk. Schuckert nutzte dafür Dynamomaschinen von Siemens & Halske. http://www.siemens.com/press/pool/de/events/2011/corporate/2011-05-Linderhof/picturesheet_meilensteine.pdf [letzter Zugriff am 27.5.2016]. Unterlagen zur elektrischen Ausstattung dieser Kraftstation finden sich in SAA 11517.

Kapitel 11
«Die errungene Position behaupten»

1. Zur Biografie Thomas A. Edisons vgl. u. a. Neil Baldwin, Edison. Inventing the Century, New York 1995; Paul Israel, Edison: A Life of Invention, New York 1998; Fritz Vögtle, Edison, Hamburg 1982.
2. Carl Siemens an Werner Siemens, 2.2.1876, SAA W1431.
3. Lindner, Strom, S. 142 ff.
4. Werner Siemens an Carl Siemens, 9.4.1879, SAA W6495.
5. Werner Siemens an Heinrich Schellen, 26.11.1878, SAA A803.
6. Dr. Werner Siemens über die neue Edison'sche Lampe, in: Zeitschrift für Angewandte Elektricitätslehre, 2. Jg., Bd. 2, München/Leipzig 1880, S. 83. Diese Zuschrift war zunächst im *Deutschen Montagsblatt* erschienen, als Replik auf die zitierte Äußerung zur Beleuchtung der Kaisergalerie. Werner hatte mit ähnlichen Formulierungen bereits in einem Brief an J. Stein vom 21. Januar 1880 auf den Artikel im *Deutschen Montagsblatt* geantwortet. SAA A811. Der Empfänger war vermutlich der Verfasser dieses Artikels oder der Herausgeber des Deutschen Montagsblatts. Darin eine persönliche «Diffamierungskampagne» gegen Edison zu sehen (so: Osietzki, Anmerkungen, S. 114), geht an dem Sachverhalt vorbei.
7. Lindner, Strom, S. 143.
8. Vögtle, Edison, S. 50 f.
9. Werner Siemens an Wilhelm Siemens, 24.1.1882, SAA W7977; Baldwin, Edison, S. 119 ff; Vögtle, Edison, S. 55 f. Zu Henry Villard siehe S. 363 u. 530, Anm. 44.
10. Werner Siemens an Carl Siemens, 28.12.1878, SAA W6361.
11. Baldwin, Edison, S. 131 f.; Israel, Edison, S. 214 ff.
12. Werner Siemens an Wilhelm Siemens, 30.11.1881, SAA W7911.
13. Siemens, Elektrotechnik, Bd. 1, S. 112. Die Fertigung wurde später zu Gebr. Siemens nach Charlottenburg verlegt. Ebd.
14. Werner Siemens an Wilhelm Siemens, 9.6.1882, zitiert nach: Äußerungen über Edison in Briefen von Werner von Siemens, SAA WP Edison.
15. Werner Siemens an Wilhelm Siemens, 13.7.1881, SAA W7903.
16. Zur Biografie Rathenaus vgl. Pinner, Rathenau; Manfred Pohl, Emil Rathenau und die AEG, Berlin/Frankfurt am Main 1988.
17. Pohl, Rathenau, S. 30–33 (mit Abdruck der einschlägigen Briefe). Zum Vorschlag eines Beleuchtungsprojekts: Emil Rathenau an Werner Siemens, 6.7.1881, SAA A207; Kocka, Siemens, S. 129. In diesem Fall überließ Werner die Entscheidung Friedrich von Hefner-Alteneck, der Rathenaus Vorschlag ablehnte.

18 Pohl, Rathenau, S. 39 u. 218 (Dokument 3); Peter Strunk, AEG. Aufstieg und Niedergang einer Industrielegende, 2. Aufl., Berlin 2000, S. 21.
19 Wilhelm Füßl, Oskar von Miller 1855–1934. Eine Biographie, München 2005, S. 70.
20 Siemens, Elektrotechnik, Bd. 1, S. 112.
21 Werner Siemens an Wilhelm Siemens, 16.9.1882, SAA W7993.
22 Zitiert nach: Füßl, Oskar von Miller, S. 61.
23 Werner Siemens an Carl Siemens, 3.10.1882, SAA W6821. Vgl. hierzu Kocka, Siemens, S. 130. Zur elektrischen Beleuchtung des Residenztheaters: Füßl, Oskar von Miller, S. 61.
24 Werner Siemens an Carl Siemens, 3.10.1882, SAA W6821. Vgl. hierzu auch Lutz, Carl von Siemens, S. 248.
25 Werner Siemens an Anna und Käthe Siemens, 6.10.1882, SAA 2.Li 535.
26 Edison hatte für die Kohlefadenlampe das Patent Nr. 12 174 vom 27.11.1879 erhalten. Das Patent ist abgedruckt in: Pohl, Rathenau, S. 216 f. (Dokument 2).
27 Werner Siemens an Wilhelm Siemens, 24.11.1882, SAA W7998; Werner Siemens an Carl Siemens, 4.2.1883, SAA W6883; Werner Siemens an Carl Siemens, 8.3.1883, SAA W8050.
28 Werner Siemens an Carl Siemens, 8.3.1883, SAA W8050.
29 Werner Siemens an Wilhelm Siemens, 28.2.1883, SAA W8049. Vgl. hierzu Kocka, Siemens, S. 131 f.
30 Werner Siemens an Wilhelm Siemens, 16.3.1883, SAA W8052.
31 Werner Siemens an Wilhelm Siemens, 28.2.1883, SAA W8049.
32 Werner Siemens an Wilhelm Siemens, 16.3.1883, SAA W8052.
33 Pohl, Rathenau, S. 39 ff. u. S. 219–224 (mit Abdruck des Gründungsvertrags der Deutschen Edison-Gesellschaft), Vertrag vom 13. März 1883, SAA 23.Lh 747; Strunk, AEG, S. 22 f. Rund 86 Prozent des Aktienkapitals der DEG in Höhe von fünf Mio. Mark brachten zunächst die drei Banken auf, das Bankhaus Jakob Landau, das Bankhaus Gebrüder Sulzbach und die Nationalbank für Deutschland.
34 Pohl, Rathenau, S. 46; Georg Siemens an Henry Villard, 12.8.1886, in: Helfferich, Georg von Siemens, Bd. 2, S. 74.
35 Werner Siemens an Carl Siemens, 5.3.1883, SAA W6885. Eine ähnliche Formulierung findet sich in: Werner Siemens an Wilhelm Siemens, 19.2.1883, SAA W8048 («Wir werden mit Edison künftig die elektrische Großmacht bilden»).
36 Füßl, Oskar von Miller, S. 78.
37 Helfferich, Georg von Siemens, Bd. 2, S. 71; Siemens, Elektrotechnik, S. 120.
38 Helfferich, Georg von Siemens, Bd. 2, S. 71.
39 Siemens, Elektrotechnik, Bd. 1, S. 117. Im Februar 1886 schlug Werner in einem offiziellen Schreiben an die DEG eine Auflösung des Vertrags vor, um teuren und zeitraubenden Prozessen zu entgehen. Werner Siemens an die deutsche Edisongesellschaft für angewandte Elektrizität, Berlin, 5.2.1886, SAA 2.Li 547.
40 Helfferich, Georg von Siemens, Bd. 2, S. 71.
41 Ebd., S. 69; Pohl, Rathenau, S. 56.

42 Ebd., S. 70; Pohl, Rathenau, S. 56–63.
43 Siemens, Elektrotechnik, Bd. 1, S. 118.
44 Henry Villard (1835–1900) wuchs als Heinrich Hilgard auf, wanderte 1853 in die Vereinigten Staaten aus, arbeitete dort zunächst als Journalist und konnte dann mit Unterstützung des befreundeten Bankiers J. P. Morgan einen Eisenbahnkonzern im Nordwesten der USA aufbauen. Nachdem der Konzern Ende 1883 in eine schwere Krise geraten war, musste Villard alle Ämter aufgeben und persönlichen Konkurs anmelden. Er lebte anschließend einige Jahre in Berlin, kehrte 1886 in die USA zurück, als Vertreter der Deutschen Bank und von Siemens & Halske. Für die hohen Verluste der Deutschen Bank beim Zusammenbruch der Northern Pacific Railway 1893 war Villard maßgeblich verantwortlich. Zu Villards Beziehungen zur Deutschen Bank und zu seiner Freundschaft mit Georg Siemens siehe Christopher Kobrak, Die Deutsche Bank und die USA. Geschäft und Politik von 1870 bis heute, München 2008, S. 57–77.
45 Werner Siemens an Henry Villard, 28.6.1886, SAA 2.Li 552.
46 Werner Siemens an Carl Siemens, 24.6.1886, SAA W7144.
47 Werner Siemens an Johannes (von) Miquel, 15.9.1885, SAA 2.Li 549.
48 Werner Siemens an Carl Siemens, 29.10.1886, SAA W7150. Vgl. auch Kocka, Siemens, S. 137 f.
49 Werner Siemens an Carl Siemens, 5.12.1886, SAA W7153.
50 Ebd.
51 Karl Heim, Joseph Rosenthal. Dr. jur., Bürgermeister a. D., Geheimer Regierungsrat, Ms. 2005, SAA 17277.
52 Helfferich, Georg von Siemens, Bd. 2, S. 77; Werner Siemens an Henry Villard, 30.12.1886, SAA 2.Li 552.
53 Hughes, Networks, S. 75.
54 Werner Siemens an Carl Siemens, 6.11.1886, SAA W7151.
55 Kocka, Siemens, S. 138; Pinner, Rathenau, S. 116; Pohl, Rathenau, S. 56 (mit abweichender Darstellung).
56 Werner Siemens an Carl Siemens, 5.12.1886, SAA W7153.
57 Pinner, Rathenau, S. 151 f.
58 Pohl, Rathenau, S. 65–77; Strunk, AEG, S. 24 f.; Kocka, Siemens, S. 138 f.; Pinner, Rathenau, S. 151 f.
59 Pinner, Rathenau, S. 238; Pohl, Rathenau, S. 119.
60 Feldenkirchen, Werkstatt, S. 86 f.; Pinner, Rathenau, S. 230.
61 Zur Entwicklung des Umsatzes bei Siemens & Halske und der AEG siehe Feldenkirchen, Siemens, S. 307.
62 Zitat aus einem Brief von Hermann Görz an Elise Siemens vom Mai 1896, zitiert nach: Lutz, Carl von Siemens, S. 269. Görz leitete von 1893 bis 1914 die Filiale St. Petersburg. Zuvor war er stellvertretendes Vorstandsmitglied der AEG gewesen. Seine Schwester Elise, die Empfängerin dieses Briefs, war die Ehefrau Georgs.
63 Pinner, Rathenau, S. 116 u. 230. Vgl. hierzu Helfferich, Georg von Siemens, S. 56.
64 Kocka, Siemens, v. a. S. 131–135; ders., Industrial Culture and Bourgeois Society.

Business, Labour and Bureaucracy in Modern Germany, New York/Oxford 1999, pp. 51–69 (Managerial Blockade: Siemens and the Preventable Rise of AEG).
65 Kocka, Siemens, S. 138.
66 Helfferich, Georg von Siemens, Bd. 2, S. 101.
67 Georg Siemens an Kilian Steiner, 24.4.1883. Zitiert nach: Helfferich, Georg von Siemens, Bd. 2, S. 63. Zu Werners Verhandlungen mit Georg wegen der Gründung einer Gesellschaft für elektrische Bahnen in Deutschland und Österreich siehe S. 348.
68 Carl Siemens an Werner von Siemens, 20.1.1889, SAA W7368. Ähnlich argumentierte Carl bereits in einem Brief an Werner vom 26.12.1888, SAA W7322. Zu Carls Haltung in dieser Frage vgl. Lutz, Carl von Siemens, S. 270. Zitate aus den Briefen vom 26.12.1888 und 20.1.1889 finden sich in ebd., S. 270 u. 376, Anm. 87.
69 Für die Annahme Jürgen Kockas, der Aufstieg der AEG hätte Siemens & Halske «in ihrem wohl schwächsten Jahrzehnt zwischen Gründung und Weltkrieg» getroffen, gibt es keinen stichhaltigen Beleg. Kocka, Siemens, S. 140. Vgl. hierzu die Daten zur Umsatz- und Gewinnentwicklung des Unternehmens während der 1880er Jahre auf S. 390 u. 391.
70 Vgl. hierzu Siemens, Elektrotechnik, S. 120.
71 Werner Siemens an Thomas A. Edison, 11.6.1886, SAA 2.Li 547.
72 Kobrak, Deutsche Bank, S. 69 ff.
73 Vögtle, Edison, S. 80 f.
74 Werner Siemens an Emil du Bois-Reymond, 11.9.1889 u. 26.10.1889, SAA 2Li 546; Werner Siemens an Friedrich Siemens, 14.8.1889 u. 11.9.1889, SAA W8232 u. W8234; Israel, Edison, S. 371; Vögtle, Edison, S. 80 ff. Von Heidelberg aus reisten die Edisons nach Belgien und nach England weiter. Dort waren sie auch im Landhaus des Kabelkönigs John Pender zu Gast. Israel, Edison, S. 371.
75 Kobrak, Deutsche Bank, S. 84
76 Siemens & Halske erwarb im Februar 1890 für 1 064 692 Mark 2700 der insgesamt 30 000 Aktien der Edison General Electric Company. Siemens & Halske an Villard, 15.2.1890, SAA 23.Lk 677. Vgl. hierzu auch Kreutzer, Milliardengeschäft, S. 78. In der Literatur finden sich mitunter stark überhöhte Angaben, wonach sich Siemens & Halske mit vier Mio. US-Dollar beteiligt hätte. Wilkins, History, S. 434. Das Aktienkapital der Edison General Electric Company lag bei zwölf Mio. US-Dollar, davon wurden zunächst 3,63 Mio. US-Dollar einbezahlt.
77 Die Angaben über die Höhe der deutschen Beteiligung bei diesem Unternehmen schwanken zwischen drei und 8,3 Mio. US-Dollar. Vgl. hierzu Kobrak, Deutsche Bank, S. 84. Nach einer anderen Darstellung übernahm die Deutsche Bank zunächst 62,2 Prozent des Aktienkapitals. Vincent P. Carroso, The Morgans. Private International Bankers 1854–1913 (Harvard Studies in Business History, 38), Cambridge/Mass. 1987, S. 273. Zur deutschen Beteiligung an Edison General Electric vgl. auch Hughes, Networks. S. 77; Helfferich, Georg von Siemens, Bd. 2, S. 97; Israel, Edison, S. 321 f.
78 Siemens & Halske an Henry Villard, 21.1.1890, SAA 23.Lk 677; Kreutzer, Milliardengeschäft, S. 78.

79 Vögtle, Edison, S. 87–90.
80 Pole, Wilhelm Siemens, S. 377–393.
81 Werner Siemens an Wilhelm Siemens (Sohn), 22.12.1883, in: Heintzenberg (Hg.), Leben, S. 320.
82 Werner Siemens an Wilhelm Siemens, undatiert [1858], SAA W52.
83 Lutz, Carl von Siemens, S. 239.
84 Weiher, Siemens-Werke, S. 136; Waller, Finanzgeschichte, T. 3, S. 37.
85 Weiher, Siemens-Werke, S. 157.
86 Ebd., S. 143. Leiter der Vertretung in den USA wurde Georg von Chauvin.
87 Zitiert nach: ebd., S. 146.
88 Werner Siemens an Carl Siemens, 20.10.1884, SAA W7004.
89 Werner Siemens an Carl Siemens, 6.12.1887, SAA W7229.
90 Werner Siemens an Carl Siemens, 20.10.1884, SAA W7004. Zu den Anfängen der Starkstromtechnik bei Siemens Brothers & Co. siehe Weiher, Werke, S. 121–130.
91 Werner Siemens an Carl Siemens, 22.12.1884, W7008.
92 Carl Siemens an Werner Siemens, 26.12.1884, SAA W6980 (erstes Zitat), Carl Siemens an Werner Siemens, 30.12.1884 (zweites Zitat), SAA W6981. Beide Zitate finden sich auch in: Lutz, Carl von Siemens, S. 237.
93 Siehe S. 423 f.
94 Weiher, Siemens-Werke, S. 153–159.
95 Werner Siemens an Arnold und Wilhelm Siemens (Sohn), 28.7.1886, SAA F36.
96 Siehe S. 373.
97 Siemens & Halske und Siemens Brothers & Co. vereinbarten durch einen Vertrag vom 11. März 1889 die Aufhebung des Sonderabkommens vom Dezember 1880. Siemens & Halske war es jetzt nur noch innerhalb des Vereinigten Königreichs (ohne Kolonien) untersagt, mit Siemens Brothers & Co. zu konkurrieren. Weiher, Siemens-Werke, S. 168 f.
98 Weiher, Siemens-Werke, S. 162. Weiher zufolge hätte sich Löfflers Besitz an Siemens-Brothers-Aktien nach Wilhelms Tod «durch das Wohlwollen seiner Vorgesetzten» fast verzehnfacht. Ebd. Vgl. auch Lutz, Carl von Siemens, S. 252.
99 Weiher, Siemens-Werke, S. 162.
100 Ebd.
101 Waller, Finanzgeschichte, T. 3, S. 41. Nach Waller wurden 60 Aktien an Mitarbeiter abgegeben, der größte Teil davon sei an Löffler weiterverkauft worden. Weiher geht hingegen von insgesamt 65 Mitarbeiteraktien aus. Löffler habe 19 dieser Aktien von anderen Angestellten erworben. Weiher, Siemens-Werke, S. 162.
102 Weiher, Siemens-Werke, S. 162 f. Zur «Löffler-Krise» vgl. auch Scott, Siemens Brothers, S. 65 ff.
103 Werner Siemens an Ludwig Löffler, 13.12.1886, SAA A459.
104 Scott, Siemens Brothers, S. 67 f.
105 Weiher, Siemens-Werke, S. 167.
106 Ebd., S. 167 f.; Werner von Siemens an Ludwig Löffler, 25.8.1890, SAA A469.

107 Werner von Siemens an Ludwig Löffler, 25.8.1890, SA A 469; Werner von Siemens an Alexander Siemens, 18.9.1890, SAA 2.Li 536.
108 Werner von Siemens an Wilhelm von Siemens (Sohn), 19.8.1890, SAA F1815.
109 Werner von Siemens an Arnold von Siemens, 8.9.1890, SAA F66.
110 Scott, Siemens Brothers, S. 65.
111 Sabean, Families, S. 239.
112 So die Darstellung in ebd., S. 245; Waller, Finanzgeschichte, T. 3, S. 43.
113 Waller, Finanzgeschichte, T. 3, S. 114 f.; Werner Siemens an Carl Siemens, 17.5.1882, SAA W8492; Werner Siemens an Carl Siemens, 8.3.1886, SAA W7140.
114 Ehrenberg, Unternehmungen, S. 357 f.
115 Robert Protheroe-Jones, Welsh Steel, Cardiff 1995, S. 16.
116 Horst A. Wessel, Kontinuität im Wandel. 100 Jahre Mannesmann 1890–1990, Düsseldorf 1990, S. 22–34.
117 Ebd., S. 38 f.; Braun/Weber, Ingenieurwissenschaft, S. 294.
118 Gertrud Mannesmann an Max Mannesmann, 3.6.1887, zitiert nach: ebd., S. 41.
119 Werner Siemens an Reinhard Mannesmann (Vater), 9.6.1887, SAA 2.Li 549.
120 Wessel, Kontinuität, S. 44–49.
121 Ebd., S. 51 f.; Helfferich, Georg von Siemens, Bd 2, S. 143.
122 Wessel, Kontinuität, S. 53; Gall, Deutsche Bank, S. 40.
123 Wessel, Kontinuität, S. 81.
124 Werner von Siemens an Georg Siemens, 20.7.1890, SAA F2071.
125 Wessel, Kontinuität, S. 55 f.
126 Ebd., S. 60 f.; Werner von Siemens an Carl Siemens, 26.7.1890, SAA W/483.
127 Helfferich, Georg von Siemens, Bd. 2, S. 144; Wessel, Kontinuität, S. 66 f.
128 Belegschaft und Umsatz des Hauses Siemens, 25.5.1966, SAA 27455.
129 Waller, Finanzgeschichte, T. 3, S. 58.
130 Umsatz des Berliner und Charlottenburger Werkes nach Fabrikaten 1873 bis 1896/97, SAA 29.Lp 556; Waller, Finanzgeschichte, T. 3, S. 68 f.
131 Belegschaft und Umsatz des Hauses Siemens, 25.5.1966, SAA 27455.
132 Waller, Finanzgeschichte, T. 3, S. 62 f.
133 Wolfgang Ribbe/Wolfgang Schäche, Die Siemensstadt. Geschichte und Architektur eines Industriestandortes, Berlin 1985, S. 36 ff. Zöbl, Siemens, S. 86–90.
134 Werner Siemens an Wilhelm Siemens, 13.11.1886, SAA 2.Li 596.
135 Lutz, Carl von Siemens, S. 214–229.
136 Waller, Finanzgeschichte, T. 3, S. 69.
137 Belegschaft und Umsatz des Hauses Siemens, 25.5.1966, SAA 27455.
138 Ebd.
139 Kocka, Industrial Culture, S. 65.
140 Gewinne der Berliner Firma 1850–1896, SAA 14.Lh 622.
141 Vgl. hierzu die Daten zur Vermögens- und Einkommensentwicklung Berliner Unternehmer zwischen 1900 und 1911 in: Biggeleben, Bollwerk, S. 201.
142 Gewinne der Berliner Firma 1850–1896, SAA 14.Lh 622.

143 Umgerechnet nach den Kaufkraftäquivalenten in: Deutsche Bundesbank, Kaufkraftvergleiche historischer Geldbeträge/Kaufkraftäquivalente historischer Beträge in deutschen Währungen, Stand 15.1.2015. URL: http://www.bundesbank.de/Redaktion/DE/Standardartikel/Statistiken/kaufkraftvergleiche_historischer_geldbetraege.html [letzter Zugriff am 14.3.2016].

Kapitel 12
Das Vermächtnis

1 Carl Siemens an Werner Siemens, 13.5.1880, zitiert in: Lutz, Carl von Siemens, S. 255.
2 Werner Siemens an Carl Siemens, 6.2.1882; Lebenslauf Arnold von Siemens, SAA 4.Lr 549; Werner Siemens an Wilhelm Siemens (Sohn), 28.7.1883, SAA F1765; Daten aus dem Leben von Wilhelm von Siemens, SAA 4.Lr 507.
3 Lutz, Carl von Siemens, S. 264 f.
4 Wilhelm von Siemens, Daten über Krankheiten, SAA 4.Lr 507.
5 Pietschker, Leben, S. 28.
6 Anna von Helmholtz an Hermann von Helmholtz, 10.5.1884, in: Ellen von Siemens-Helmholtz (Hg.), Anna von Helmholtz. Ein Lebensbild, Bd. 1, Berlin 1929, S. 280.
7 Werner Siemens an Carl Siemens, 13.12.1884, in: Matschoss (Hg.), Werner Siemens, Briefteil, S. 831.
8 Werner Siemens an Wilhelm Siemens, 21.12.1881, SAA W7912.
9 Werner Siemens an Arnold und Wilhelm Siemens (Sohn), 7.4.1887, SAA W8408.
10 Daten aus dem beruflichen Leben von Wilhelm von Siemens, SAA 4.Lr 507; Goetzeler, Wilhelm von Siemens, S. 22 ff.
11 Pietschker, Leben, S. 25.
12 Ellen von Siemens-Helmholtz (Hg.), Anna von Helmholtz, Bd. 1, S. 280.
13 Petra Wilhelmy, Der Berliner Salon im 19. Jahrhundert (1780–1914) (Veröffentlichungen der Historischen Kommission zu Berlin, 73), Berlin/New York 1989, S. 659 f.; Günter Erbe, Das vornehme Berlin. Fürstin Marie Radziwill und die großen Damen der Gesellschaft 1871–1918, Köln/Weimar 2015, S. 144–147.
14 Rotth, Wilhelm von Siemens, S. 68–71; Stammbaum Familie Siemens, S. 181.
15 Im Jahr 1878 war Ferdinand bei Werner mit 30 000 Talern verschuldet. Werner Siemens an Ferdinand Siemens, 6.2.1878, SAA W7691.
16 Ebd.; Werner Siemens an Ferdinand Siemens, 18.4.1887, SAA W8156 (mit Zitat).
17 Pietschker, Leben, S. 25 ff. (Zitat auf S. 25).
18 Ebd., S. 25.
19 Werner Ferdinand wurde am 7. Februar 1885 geboren, Hermann Werner am 9. August 1885, Charlotte am 16. September 1885. Stammbaum Familie Siemens, S. 191, 229 u. 236.
20 Lothar Schoen, Carl Friedrich von Siemens, in: Goetzeler/Schoen, Wilhelm und Carl Friedrich von Siemens, S. 63.
21 Werner Siemens an Carl Siemens, 24.7.1887, zitiert in: ebd.

22 Carl Friedrich Siemens an Werner Siemens, 19.9.1892, SAA 4.Lh 991 NL Carl Friedrich von Siemens.
23 Rundschreiben von Leo Siemens, 19.6.1873, FA 0442.
24 Beurkundung des Kaufs durch das Herzogliche Landgericht Harzburg, 22.12.1881, SAA W169. An der Stelle dieser Villa steht heute das Ettershaus. Werners jüngste Tochter Hertha schenkte das Gebäude 1909 der von ihr gegründeten Hertha-von-Siemens-Stiftung, die dort ein Erholungsheim für Siemens-Angestellte, das Ettershaus, errichten ließ.
25 Werner Siemens an Friedrich Siemens, 24.5.1882, SAA W7964.
26 Stammbaum Familie Siemens, S. 31.
27 Schmidt, Eisenlohr, S. 241. Die Villa wurde 1889 errichtet. Ein Manuskript mit Erinnerungen von Sophie Eckener geb. Eisenlohr an die Villa Siemens in Degerloch und an Antonie befindet sich im Siemens Familienarchiv in Goslar, FA 0682.
28 Werner Siemens an Carl Siemens, 24.6.1886, SAA W7144.
29 Werner Siemens an Carl Siemens, 29.8.1886, SAA W7146.
30 Werner Siemens an Wilhelm Siemens (Sohn), 13.11.1886, SAA F1781.
31 Werner Siemens an Carl Siemens, 16.12.1886, SAA W7154.
32 Brigitte Gedon, Franz von Lenbach: die Suche nach dem Spiegel. Biographie, München 1999, S. 214 f.; Winfried Ranke, Franz von Lenbach. Der Münchner Malerfürst, Köln 1986, S. 233. Der Vater von Anna von Helmholtz, der Staatswissenschaftler Robert von Mohl, war von 1867 bis 1871 badischer Gesandter in München gewesen.
33 Kurt Busse, Werner Siemens-Bildnisse, in: Siemens-Mitteilungen Nr. 145, 12.10.1933, S. 21. Dass Werner im September 1884 zu Lenbach gereist war, geht aus den Erinnerungen seiner Tochter Käthe hervor. Pietschker, Leben, S. 28.
34 Werner Siemens an Wilhelm Siemens (Sohn), 13.11.1886, SAA F1781.
35 Ranke, Malerfürst, S. 287.
36 Günther von Bültzingslöwen war mit 19 Jahren nach Niederländisch-Ostindien ausgewandert. Er war dort auch deutscher Konsul, Delegierter des Roten Kreuzes und Kundschafter der niederländischen Armee gewesen.
37 Siehe S. 36 f.
38 Rittergut und Schloß Biesdorf. Eine historische Aufzeichnung des Dorfschullehrers Johannes Lehmann aus dem Jahre 1914, hg. von Oleg Peters und Waldemar Seifert, Berlin 2013, S. 15 (das ursprüngliche Manuskript findet sich auch in SAA 4.Lb 831).
39 Ebd.; Frank Wittendorfer, Wilhelm von Siemens und das Rittergut Biesdorf, in: Zur Geschichte des Denkmalensembles Schloss und Park Biesdorf – die wechselhafte Geschichte des Schlosses Biesdorf und seiner Bewohner, Berlin o. J. [2008], S. 7 f.
40 Werner Siemens an Annette Siemens, 19.2.1887, SAA F500.
41 Werner Siemens an Ferdinand Siemens, 18.4.1887, SAA W8156.
42 Wittendorfer, Wilhelm von Siemens, S. 10.
43 Rittergut Biesdorf 1887–1914, S. 10 ff., SAA 4.Lb 831; Wittendorfer, Wilhelm von Siemens, S. 10 f.

44 Wilhelm wohnte in der Tiergartenstraße 10, Arnold in der Tiergartenstraße 32. Wohnungen von Wilhelm von Siemens, SAA 4.Lr 507; Anschriften Arnold von Siemens, SAA 4.Lr 549. Georg Siemens zog 1880 in die Villa Tiergartenstraße 37.

45 Siemens-Helmholtz (Hg.), Anna von Helmholtz, Bd. 2, S. 10.

46 Unterstützungen Werner Siemens, SAA 2.Li 24; Geschenke und Unterstützungen 1865–1892, ebd.

47 Christiane Groeben (Hg.), Emil du Bois-Reymond (1818–1896) – Anton Dohrn (1840–1909). Briefwechsel. Berlin/Heidelberg 1985, S. 294, Anm. 187. Werners Bruder Wilhelm bemühte sich um eine ähnliche Eingabe an die Royal Society of Arts. Ebd., S. 184. Zur Petition für die Zoologische Station Neapel vgl. auch Hans-Reiner Simon, Anton Dohrn und die Zoologische Station Neapel, Frankfurt am Main 1980, S. 49 ff. Zur freundschaftlichen Verbindung zwischen Werner und Dohrn: Anton Dohrn an Werner Siemens, 29.7.1878, SAA A 117; Anton Dohrn an Werner Siemens, 22.1.1882, SAA A 124.

48 Werner Siemens an den Preußischen Kultusminister Robert Viktor von Puttkamer, 14.2.1881, SAA 2.Lk 519.

49 David Cahan, An Institute for an Empire. The Physikalisch-Technische Reichsanstalt 1871–1918, Cambridge 1989, S. 24 f.; Hoffmann, Werner Siemens, S. 36 f.; Rudolf P. Huebener/Heinz Lübbig, Die Physikalisch-Technische Reichsanstalt. Ihre Bedeutung beim Aufbau der modernen Physik, Wiesbaden 2011, S. 1 f. Aus der älteren Literatur vgl. Jonathan Zenneck, Werner von Siemens und die Gründung der Physikalisch-Technischen Reichsanstalt, Berlin 1931.

50 Cahan, Institute, S. 26 f.; Hoffmann, Reichsanstalt, S. 37 f.

51 Werner Siemens, Ueber die Bedeutung und die Ziele einer zu begründenden physikalisch-technischen Reichsanstalt (1884), in: ders., Wissenschaftliche und Technische Arbeiten, Bd. 2, S. 579; Denkschrift betreffend die Errichtung einer «physikalisch-technischen Reichsanstalt» für die experimentelle Förderung der exakten Naturforschung und der Präzisionstechnik, 20.3.1884, SAA 61.Lc 973.

52 Werner Siemens, Votum betreffend die Gründung eines Instituts für die experimentelle Förderung der exakten Naturforschung und der Präzisionstechnik, in: ders., Wissenschaftliche und Technische Arbeiten, Bd. 2, S. 569. Siehe hierzu Hoffmann, Reichsanstalt, S. 38; Huebener/Lübbig, Reichsanstalt, S. 10 f.

53 Cahan, Institute, S. 29–34 u. 44.

54 Werner Siemens an Gustav von Goßler, 7.7.1883, SAA 61.Lc 973. Vgl. Cahan, Institute, S. 39 f.

55 Werner Siemens an Wilhelm Siemens, 16.8.1881, SAA W 8431. Unterlagen zum Erwerb des Grundstücks im Jahr 1880 finden sich in SAA 34.Lc 542.

56 Gustav von Goßler an Werner Siemens, 13.7.1883, SAA 61.Lc 973. Vgl. Cahan, Institute, S. 40.

57 Werner Siemens an Gustav von Goßler, 12.1.1884, SAA 61.Lc 973. Vgl. Cahan, Institute, S. 40.

58 Denkschrift betreffend die Errichtung einer «physikalisch-technischen Reichs-

anstalt» für die experimentelle Förderung der exakten Naturforschung und der Präzisionstechnik, 20.3.1884, SAA 61.Lc 973.
59 Cahan, Institute, S. 47.
60 Werner von Siemens, Ueber die Bedeutung und die Ziele einer zu begründenden physikalisch-technischen Reichsanstalt (1884), in: ders., Wissenschaftliche und Technische Arbeiten, Bd. 2, S. 576–580.
61 Cahan, Institute, S. 49.
62 Ebd., S. 46; Werner Siemens an Alexander Siemens, 12.3.1886, SAA F2093.
63 Werner Siemens an Joseph Rosenthal, 17.9.1884, SAA A494.
64 Wilhelmy, Berliner Salon, S. 660. Helmholtz' Gattin leitete das Komitee für das Viktoria-Haus, eine Krankenpflegeschule, die das Kronprinzenpaar 1882 gestiftet hatte. Kronprinzessin Victoria war mit Florence Nightingale befreundet. Ebd.; Siemens-Helmholtz (Hg.), Anna von Helmholtz, Bd. 1, S. 282 f.; Meinolf Nitsch, Private Wohltätigkeitsvereine im Kaiserreich. Die praktische Umsetzung der bürgerlichen Sozialreform in Berlin (Veröffentlichungen der Historischen Kommission zu Berlin, 98), Berlin/New York 1999, S. 396.
65 Cahan, Institute, S. 49.
66 Ebd., S. 50 f.; Hoffmann, Reichsanstalt, S. 42 f.
67 Berliner Tageblatt, 8.5.1888, SAA 2.Lh 603.
68 Werner von Siemens an Carl Siemens, 8.5.1888, SAA W7343.
69 Friedrich Alfred Krupp lehnte die Nobilitierung am 22. April 1888 ab. Lebensstationen von Friedrich Alfred Krupp, in: Michael Epkenhans/Ralf Stremmel (Hg.), Friedrich Alfred Krupp. Ein Unternehmer im Kaiserreich, München 2010, S. 251. Zur Verleihung des Titels «Kommerzienrat»: Michael Epkenhans, Friedrich Alfred Krupp: Ein Großindustrieller im Spannungsfeld von Firmeninteresse und Politik, in: ebd., S. 94.
70 Jörg Lesczenski, «Im Reich der Industrie lebt ein Mann [...], der ein Unikum ist», in: Plumpe (Hg.), Unternehmer, S. 189.
71 Thomas Nipperdey, Deutsche Geschichte 1866–1918, Bd. 1: Arbeitswelt und Bürgergeist, München 1990, S. 392.
72 Werner von Siemens an Carl Siemens, 16.5.1888, SAA W7344.
73 Werner von Siemens an Anne Siemens, 11.5.1888, SAA F503.
74 Werner von Siemens an Carl Siemens, 16.5.1888, SAA W7344.
75 Werner von Siemens an Anne Siemens, 11.5.1888, SAA F503.
76 Carl Siemens an Werner von Siemens, 11.5.1888, SAA W7277.
77 Werner von Siemens an Carl Siemens, 8.5.1888, SAA W7343.
78 Werner von Siemens an Carl Siemens, 16.5.1888, SAA W7344.
79 Vgl. Frank Lorenz Müller, Der 99-Tage-Kaiser. Friedrich III. von Preußen – Prinz, Monarch, Mythos, München 2013.
80 Siemens, Lebenserinnerungen, S. 70.
81 Ebd., S. 273.
82 Ebd., S. 274. Als das Kronprinzenpaar ein Jahr nach Werners Wahl zum Abgeordneten die Fabrik besuchte, wurde im Landtag prompt von einem Kokettie-

ren des Kronprinzen mit der Fortschrittspartei gemunkelt. Ehrenberg, Unternehmungen, S. 278.
83 Lamar Cecil, The Creation of Nobles in Prussia, 1871–1918, in: American Historical Review Vol. 75, No. 3 (Feb. 1970), S. 761.
84 Thomas Nipperdey, Deutsche Geschichte 1866–1918, Bd. 2: Machtstaat vor der Demokratie, 3. Aufl., München 1995, S. 420.
85 Biggeleben, Bollwerk, S. 154 f.
86 Werner Siemens an Neuss, 22.7.1878, SAA A784.
87 Der «Berliner Antisemitismusstreit» 1879–1881. Eine Kontroverse um die Zugehörigkeit der deutschen Juden zur Nation. Kommentierte Quellenedition. Im Auftrag des Zentrums für Antisemitismusforschung bearbeitet von Karsten Krieger, Teil 1, München 2004, S. XVI.
88 Das Manifest findet sich abgedruckt in: ebd., S. 551–554. Zu Mommsens Rolle im Berliner Antisemitismusstreit vgl. Jürgen Malitz, «Auch ein Wort über unser Judentum». Theodor Mommsen und der Berliner Antisemitismusstreit, in: Josef Wiesehöfer (Hg.), Theodor Mommsen. Gelehrter, Politiker und Literat, Stuttgart 2005, S. 137–164.
89 Werner Siemens an Theodor Mommsen, 9.11.1880, SAA A776.
90 Werner von Siemens an Carl Siemens, 2.7.1890, SAA W7470.
91 Lutz, Carl von Siemens, S. 248 f.
92 Werner Siemens an Carl Siemens, 4.2.1883, zitiert nach: ebd., S. 248.
93 Werner Siemens an Johann Georg Halske, 20.11.1883, SAA A75.
94 Siehe S. 365 f.
95 Hermann Scholz war Pfarrer an St. Marien, einer der großen Kirchen der Berliner Innenstadt. Er stand mit dem Theologen Adolf von Harnack in enger Verbindung. Zu seiner Gemeinde gehörten der Nationalökonom Gustav von Schmoller und der Historiker Hans Delbrück. Hierzu und zum Kontakt zwischen Werner und Scholz vgl. Christian Nottmeier, Adolf von Harnack und die deutsche Politik 1890–1930. Eine biographische Studie zum Verhältnis von Protestantismus, Wissenschaft und Politik, Tübingen 2004, S. 126.
96 Societäts-Vertrag der Firma «Siemens & Halske», 16.1.1890, SAA 13085.
97 Ebd. Die Kapitalbeteiligung Carls belief sich nun auf drei Mio. Mark, die von Arnold und Wilhelm auf jeweils 2,4 Mio. Mark. Auch Carls Sohn Werner Hermann unterschrieb diesen Vertrag.
98 Werner von Siemens an Wilhelm von Siemens, 19.8.1890, SAA F1815.
99 Werner Siemens an Hermann von Helmholtz, 5.6.1886, SAA 2.Li 548.
100 Vgl. ebd.; Hermann von Hemholtz an Werner Siemens, 22.10.1887, SAA, 2.Li 563.
101 Siemens-Helmholtz (Hg.), Anna von Helmholtz, Bd. 2, S. 9 u. S. 12.
102 Anna von Helmholtz an ihre Schwester Ida Freifrau von Schmidt-Zabiérow, 31.1.1891, in: ebd., S. 35.
103 Werner von Siemens an Friedrich Siemens, 29.8.1892, SAA W7146.
104 Werner von Siemens an Wilhelm von Siemens, 19.8.1890, SAA F1815.
105 Testament des Geheimen Regierungsraths Dr. Ernst Werner von Siemens, 22.9.1890, publicirt den 20.12.1892, SAA 2.Lk 528.

106 Werner von Siemens an Carl Siemens, 21.8.1890, SAA W7485; Siemens, Lebenserinnerungen, S. 238 ff.; Lebenserinnerungen von August Fiebig, S. 19 ff., SAA 2.Le 169.
107 Werner von Siemens an Arnold, Wilhelm und Carl Friedrich von Siemens, 3.11.1890, SAA F101.
108 Siemens, Lebenserinnerungen, S. 241. Werner war lediglich mit einer «Doppel-Büchsflinte» bewaffnet, «von der ein Lauf mit Kugel und der andere mit Schrot geladen war». Ebd.
109 Ebd., S. 243 ff.
110 Werner von Siemens an Arnold von Siemens, 5.10.1891, SAA F84 (Abschrift in SAA 2.Li 596)
111 Vgl. Dieter Schott, Das Zeitalter der Elektrizität: Visionen – Potentiale – Realitäten, in: Jahrbuch für Wirtschaftsgeschichte 1992/2, S. 131–140; Füßl, Oskar von Miller, S. 105–140.
112 Werner von Siemens an Carl Siemens, 16.12.1891, SAA W7557.
113 Werner von Siemens an Carl Siemens, 11.2.1892, SAA W7611; Werner von Siemens an Ellen von Siemens, 18.3.1892, SAA F507; Werner von Siemens an Dr. Buttersack, 23.3.1892, SAA 2.Li 546; Werner von Siemens an Wilhelm von Siemens, 18.3.1892, SAA F1833.
114 Werner von Siemens, Wohnorte/Reise-Aufenthalte Zeittafel 1816–1892, SAA 2.Li 772; Siemens-Helmholtz, Anna von Helmholtz, Bd. 2, S. 35.
115 William Pole, The Life of William Siemens, London 1888. Eine deutsche Übersetzung dieser Biografie erschien 1890 im Verlag Julius Springer. Pole, Wilhelm Siemens.
116 Werner Siemens an Anne Siemens, 16.5.1884, SAA 2.Li 534.
117 Werner von Siemens an Carl Siemens, 26.7.1890, SAA W7483; Lutz, Carl von Siemens, S. 260. Friedrich hatte sich mit den Lebenserinnerungen nicht viel Mühe gemacht und ein knapp zehnseitiges Manuskript von einem seiner Direktoren redigieren lassen [Erinnerungen von Friedrich Siemens]. Nach handschriftlichen Notizen des Herrn Dr. Friedr. Siemens zusammengestellt von Direktor Max Herrmann, März 1886, SAA 46.Lk 450.
118 Carl Siemens an Werner von Siemens, 3.8.1890, SAA W7461. Ein ausführliches Zitat aus diesem Brief findet sich in: Lutz, Carl von Siemens, S. 260.
119 Werner Siemens an Carl Siemens, 25.12.1887, SAA W7236.
120 Ebd. Eine ausführliche Darstellung dieses Konflikts gibt Lutz, Carl von Siemens, S. 240–246.
121 Sarkowsky, Springer-Verlag, S. 106 f.; Willy Howe an Werner von Siemens, 12.8.1891, SAA A582.
122 Lebenslauf Dr. Willy Howe, SAA 13.Lt 704. Howe unterrichtete bis Juli 1890 an einem Pädagogium in Lichterfelde. Angeblich erteilte er auch Werners jüngsten Kindern Privatunterricht. SAA Mitarbeiterkartei Willy Howe. Howe konnte sich durch die Arbeiten an Werners letzten Veröffentlichungen eine feste Stelle bei Siemens & Halske sichern. Er war nach Werners Tod für Publikationen und den Aufbau einer historischen Sammlung zuständig. Spä-

ter wurde er stellvertretendes Vorstandsmitglied der Siemens-Schuckertwerke.

123 Werner von Siemens an Willy Howe, 22.8.1890, SAA A414–2; Werner von Siemens an Carl Siemens, 26.7.1890, SAA W7483. Ein Exemplar des von Howe erstellten Manuskripts der Lebenserinnerungen findet sich in SAA 2.Lk 526.

124 Werner von Siemens an Wilhelm von Siemens, 18.7.1890, SAA W8690.

125 Siemens, Lebenserinnerungen, S. 290.

126 Heintzenberg (Hg.), Leben, S. 351.

127 Ebd.; Werner von Siemens, Wohnorte/Reise-Aufenthalte Zeittafel 1816–1892, SAA 2.Li 772. Testament des Geheimen Regierungsraths Dr. Ernst Werner von Siemens, 22.9.1892, SAA 2.Lk 526–1. Das Testament enthielt keine von der gesetzlichen Erbregelung abweichenden Verfügungen.

128 Werner von Siemens an Friedrich Siemens, 13.11.1892, SAA W8333.

129 Lebenserinnerungen von August Fiebig, SAA 2.Le 169.

130 Der Hausdiener August Fiebig schrieb in seinen Erinnerungen: «Dienstag d. 6. Dzb. Nachmittag 5 ½ Uhr entschlief mein Herr sanft und ohne Leiden.» Ebd. Zum medizinischen Befund: Privatdozent Dr. Hansemann, Bericht über die Obduktion des Geheimen Regierungsrates Dr. Werner von Siemens, 9.12.1892, SAA 2.Lh 619.

131 Die Bestattung von Werner von Siemens, in: Vossische Zeitung, 10.12.1892 (Abendausgabe); National-Zeitung (Lokales), 10.12.1892, FA 0080. 1922 wurde Werner von Siemens in eine Familiengrabstätte auf dem Südwestfriedhof in Stahnsdorf umgebettet.

Zielstrebig in einer Zeit des Wandels – ein Fazit

1 Werner Siemens an Mathilde Siemens, 20.3.1854, SAA F1192.

2 Werner Siemens an Mathilde Siemens, 26.11.1856, SAA F1276.

3 Werner Siemens an Carl Siemens, 4.8.1868, SAA W5453.

4 Werner Siemens an Carl Siemens, 25.12.1887, SAA W7236.

5 Ebd.

6 Zur Entstehung deutscher multinationaler Unternehmen im 19. Jahrhundert vgl. Peter Hertner, German Multinational Enterprise before 1914. Some Case Studies, in: Geoffrey Jones (Ed.), Transnational Corporations. A Historical Perspective (The United Nations Library on Transnational Corporations, Bd. 2). London, New York 1993, S. 109–129.

7 Werner Siemens an Carl Siemens, 4.11.1863, SAA W4208.

8 Vgl. Sabean, Families.

9 Der Bruder Ferdinand Siemens wollte eine Verwandtschaftsehe mit Mathildes Schwester Sofie Drumann eingehen, doch starb die Braut vor der Hochzeit. Wilhelm Siemens und seine Frau Anne geb. Gordon waren nur sehr weitläufig miteinander verwandt. Die Brüder Hans, Carl, Friedrich und Otto heirateten Frauen, mit denen sie nicht verwandt waren. Zwei weitere Brüder, Ludwig und

Walter, blieben unverheiratet. Die Schwestern Mathilde und Sofie heirateten Männer, die nicht zu ihrer Verwandtschaft gehörten.

10   Werner Siemens, Das naturwissenschaftliche Zeitalter: Vortrag, gehalten in der 59. Versammlung Deutscher Naturforscher und Aerzte am 18. September 1886, Berlin 1886. In Anlehnung daran sprach Rudolf Virchow in einer Rektoratsrede vom 3. August 1893 vom «Uebergang aus dem philosophischen in das naturwissenschaftliche Zeitalter». Virchow, Gründung.

11   Vgl. Wolfgang Frühwald, Staatliche Forschung außerhalb der Universität – ein Problem und Varianten seiner Lösung, in: Jürgen Kocka (Hg.), Die Berliner Akademien der Wissenschaften im geteilten Deutschland 1945–1990 (Forschungsberichte/Interdisziplinäre Arbeitsgruppen, Berlin–Brandenburgische Akademie der Wissenschaften, 9), Berlin 2002, S. XVIII.

12   Lutz, Carl von Siemens, S. 264 f. u. 290.

13   Ebd., S. 272 u. 290.

14   Ebd., S. 272 f.; Maßnahmen zur Sicherung des aktienmäßigen Einflusses von Mitgliedern der Familie v. Siemens (einschließl. der Werner Siemens-Stiftung, Schaffhausen, sowie der Maria-Stiftung, Vaduz) auf S&H (1950), S. 2, SAA 4.Ld 604–28.

15   Lutz, Carl von Siemens, S. 303 u. 311.

16   Eine Biografie von Friedrich Siemens fehlt bislang. Biografische Angaben zu ihm finden sich in: Friedrich Siemens †, in: Stahl und Eisen, Jg. 1904 (FA 0091); Frank Wittendorfer, Siemens, Friedrich, in: Neue Deutsche Biographie 24 (2010), S. 374 f. [Onlinefassung], URL: https//www.deutsche-biographie.de/gnd117365882.html#ndbcontent [zuletzt abgerufen am 17.6.2016].

17   Stammbaum Familie Siemens, S. 156; Die Legate der verstorbenen Frau v. Siemens, SAA 2.Lk 534.

18   Die von Wilhelm Wandschneider geschaffene Bronzestatue, die Werner von Siemens mit einer Dynamomaschine darstellt, befindet sich heute vor dem Eingang des Instituts für Elektrotechnik der Technischen Universität Berlin an der Straße des 17. Juni.

19   Zitiert nach: Das Jubiläum der Technischen Hochschule, in: Berliner Tageblatt, 19.10.1899, Abendausgabe. Vgl. hierzu auch Heike Rausch, Kultfigur und Nation. Öffentliche Denkmäler in Paris, Berlin und London 1848–1914, München 2006, S. 595 ff. u. 606; Kurt Busse, Werner Siemens-Bildnisse, in: Siemens-Mitteilungen Nr. 145, 12.10.1933, S. 20.

20   Noch bei einem seiner letzten öffentlichen Auftritte wies Werner von Siemens darauf hin, dass die Elektrotechnik «international geboren» war und den «trennenden Raum zwischen den Völkern überbrückte». Zitate aus dem Trinkspruch von Werner von Siemens auf dem Internationalen Kongress der Elektrotechniker in Frankfurt am Main am 9. September 1891, zitiert nach: Schott, Zeitalter, S. 39 f.

Quellen- und Literaturverzeichnis

Unveröffentlichte Quellen

Archiv der Siemens-Familienstiftung, Goslar (FA)

FA 0043, FA 0044, FA 0066, FA 0076, FA 0078, FA 0080, FA 0091, FA 0094, FA 0116, FA 0442, FA 0443, FA 0590, FA 0682

Geheimes Staatsarchiv Preußischer Kulturbesitz, Berlin (GStA PK)

I. HA Rep. 16	Preußische Armee, Militärvorschriften, Nr. 317
I. HA Rep. 89	Geheimes Zivilkabinett, jüngere Periode, Nr. 29917
I. HA Rep. 120	Preußisches Ministerium für Handel, Gewerbe und öffentliche Arbeiten D XIV Fach 2, Nr. 16 Bd. 1
I. HA Rep. 120	TD Technische Deputation für Gewerbe, Patente Akten T Nr. 575, Bd. 1

Historisches Archiv der Deutschen Bank, Frankfurt am Main

P51

Siemens Corporate Archives, Berlin (SAA)

Briefe

A   Briefe von Personen, die nicht der Familie Siemens angehörten
F   Briefe zwischen Mitgliedern der Familie Siemens (ohne Werner von Siemens)
W   Briefe von und an Werner von Siemens

Alphanumerische Signaturen

SAA 1.Lc 195, SAA 1.Ld 807-1, SAA 1.Ld 807-2, SAA 1.Ld 807-3, SAA 1.Ld 951, SAA 1.Li 524, SAA 1.Li 544, SAA 1.Li 590, SAA 1.Li 793, SAA 1.Lk 472, SAA 1.Lk 474-1, SAA 1.Lk 474-2, SAA 1.Lk 474-3, SAA 1.Ls 969, SAA 2.Le 169, SAA 2.Lh 602, SAA 2.Lh 603, SAA 2.Lh 619, SAA 2.Lh 620, SAA 2.Li 24, SAA 2.Li 30, SAA 2.Li 498, SAA 2.Li 500, 2.Li 510, SAA 2.Li 512, SAA 2.Li 522, SAA 2.Li 534, SAA 2.Li 535-2, SAA 2.Li 537, SAA 2.Li 544, SAA 2.Li 546, SAA 2.Li 547, SAA 2.Li 548,

SAA 2.Li 549, SAA 2.Li 552, SAA 2.Li 577, SAA 2.Li 596, SAA 2.Li 772, SAA 2.Lk 519, SAA 2.Lk 522, SAA, 2.Lk 526, 2.Lk 528; 2.Lk 534; SAA 2.Lr 3, SAA 2.Ls 535–2, SAA 2.Ls 903, SAA 3.Li 509, SAA 3.Li 516, SAA 3.Li 594, SAA 3.Li 621, SAA 3.Li 1000, SAA 3.Li 1003, SAA 3.Lr 505, SAA 4.Lb 831, SAA 4.Lr 549, SAA 6.Ls 341, SAA 8.Lg 828, SAA 8.Lh 258, SAA 12.Lm 910, SAA 13.Lt 123, SAA 14.Lh 622, SAA 20.Ld 366, SAA 21.Li 53, SAA 23.Lh 747, SAA 23.Lk 677, SAA 29.Lp 556, SAA 34.Lc 542, SAA 35–39.Lh 468, SAA 38/8/2, SAA 46.Lk 450, SAA 46.Lk 741, SAA 48.Lh 286, SAA 61.Lc 973, SAA Z06, SAA Z75

Numerische Signaturen
SAA 8642–1, SAA 12424, SAA 13085, SAA 27455

Nachlässe
SAA 68, NL Friedrich Heintzenberg; NL Carl Friedrich von Siemens (SAA 4.Lh 991); NL Hermann von Siemens (4.Ld 604–28); NL Wilhelm von Siemens (SAA 4.Lr 507)

Veröffentlichungen von Angestellten
SAA VVA Busse, SAA VVA Heintzenberg

Wichtige Personen
SAA WP Edison, SAA WP Frischen, SAA WP Halske, SAA WP Kap-herr, SAA WP Willert

Andere Quellen
Mitarbeiterkartei

Stadtarchiv Braunschweig

Kirchenbuch G III 1: 128/646 St. Magni

Veröffentlichte Quellen

Briefeditionen

Bialas, Stephan (Hg.): Briefwechsel der Brüder Jacob und Wilhelm Grimm mit Gustav Hugo (Briefwechsel der Brüder Jacob und Wilhelm Grimm. Kritische Ausgabe in Einzelbänden, Band 3), Stuttgart 2004.
Goeben, Christiane (Hg.): Emil du Bois-Reymond (1818–1896) Anton Dohrn (1840–1909). Briefwechsel, Berlin/Heidelberg 1985.
Heintzenberg, Friedrich (Hg.): Aus einem reichen Leben. Werner von Siemens in Briefen an seine Familie und an Freunde, 2. Aufl., Stuttgart 1953.
Matschoss, Conrad (Hg.): Werner Siemens. Ein kurzgefaßtes Lebensbild nebst einer Auswahl seiner Briefe. Aus Anlaß der 100. Wiederkehr seines Geburtstages, Berlin 1916.

Reuleaux, Franz: Briefe aus Philadelphia, Braunschweig 1877.
Siemens-Helmholtz (Hg.): Ellen von: Anna von Helmholtz. Ein Lebensbild, 2 Bde., Berlin 1929.

Berichte, Denkschriften, Editionen, Protokolle

Bericht der 7. Kommission des Deutschen Reichstags betr. Den Entwurf eines Patentgesetzes. Berichterstatter Abg. Dr. Hammacher. Nebst einer Zusammenstellung des Entwurfes eines Patentgesetzes nach den Beschlüssen der Kommission, Berlin 1877.
Der «Berliner Antisemitismusstreit» 1879–1881. Eine Kontroverse um die Zugehörigkeit der deutschen Juden zur Nation. Kommentierte Quellenedition. Im Auftrag des Zentrums für Antisemitismusforschung bearbeitet von Karsten Krieger, Teil 1, München 2004.
Die Protokolle des Preußischen Staatsministeriums 1817–1934/38, 1. Reihe, hg. von der Berlin-Brandenburgischen Akademie der Wissenschaften unter der Leitung von Jürgen Kocka und Wolfgang Neugebauer, Hildesheim/Zürich 2003.
Verhandlungen der Eisenacher Versammlung zur Besprechung der socialen Frage am 6. und 7. October 1872, Leipzig 1873.
Verhandlungen der Physikalischen Gesellschaft zu Berlin, 9. Jg. (1890).

Zeitgenössische Mitteilungsblätter, Zeitschriften und Zeitungen

Allgemeiner Wohnungsanzeiger für Berlin, Charlottenburg und Umgebungen auf das Jahr 1848, 27, Jg., redigiert von dem Königl. Polizei-Rath Winkler, Berlin 1848.
Berliner Tageblatt, Jg. 1880, 1888, 1899
Daheim, Jg. 1881
Der Sammler (Beilage zur Augsburger Abendzeitung), Jg. 1843
Deutsche Jahrbücher für Wissenschaft und Kunst, Jg. 1841
Deutsches Reichsgesetzblatt 1877
Didaskalia. Blätter für Geist, Gemüth und Publizithät, Jg. 1839
Eisenbahn-Zeitung, Jg. 1851
Gartenlaube, Jg. 1881
National-Zeitung, Jg. 1848, 1892
Polytechnisches Journal, Jg. 1840–1885
Stahl und Eisen, Jg. 1904
Vossische Zeitung, Jg. 1879, 1892
Zeitschrift für Angewandte Elektricitätslehre, Jg. 1880

Lexika und Nachschlagewerke

Allgemeine Deutsche Biographie, Bd. 12, Leipzig 1880.
Grewolls, Grete: Wer war wer in Mecklenburg-Vorpommern? Ein Personenlexikon, Rostock 1995.

Hagemann, Theodor (Hg.): Sammlung der Hannöverschen Landesverordnungen und Ausschreiben des Jahres 1813, Hannover 1814.
Lübeckisches Adreß-Buch 1837, Lübeck 1837; 1840, Lübeck 1840.
Neue Deutsche Biographie, Bd. 4, Berlin 1959; Bd. 8, Berlin 1969; Bd. 15, Berlin 1987.
Neuer Nekrolog der Deutschen, 5. Jg., Teil 2, Ilmenau 1829.
Neues preussisches Adels-Lexicon oder genealogische und diplomatische Nachrichten, bearb. von Leopold Freiherr von Zedlitz-Neukirch, Leipzig 1836.
Pataky, Sophie: Lexikon deutscher Frauen der Feder. Vollständiger Neusatz beider Bände in einem Buch, Berlin 2014 (erste Aufl., Berlin 1898).
Poten, Bernhard von: Handwörterbuch der gesamten Militärwissenschaften, Bd. 8, Paderborn 2015 (Nachdruck des Originals von 1880).
Staats- und Adress-Kalender für das Königreich Hannover auf das Jahr 1836, Hannover 1835.
Stammbaum der Familie Siemens. Aus Anlaß der 600jährigen Wiederkehr des ersten urkundlichen Nachweises des Namens Siemens in Goslar, 1384 neu bearbeitet von Sigfrid von Weiher, München 1985.

Veröffentlichungen von Werner von Siemens

Siemens, Werner: Beschreibung des Differenzregulators der Gebrüder Werner und Wilhelm Siemens (1845), in: ders.: Wissenschaftliche und Technische Arbeiten, Bd. 2, S. 2–12 (zuerst veröffentlicht in: Polytechnisches Journal 98 (1845), S. 81–89).
Siemens, Werner: Über die Anwendung der erhitzten Luft als Triebkraft, in: ders.: Gesammelte Abhandlungen, S. 1–8 (zuerst veröffentlicht in: Polytechnisches Journal 97 (1845), S. 324–329).
Siemens, Werner: Anwendung des elektrischen Funkens zur Geschwindigkeitsmessung, in: ders.: Gesammelte Abhandlungen, S. 23–31 (zuerst veröffentlicht in: Poggendorffs Annalen der Physik und Chemie 66 (1845), S. 435–445).
Siemens, Werner/Siemens, Wilhelm: Verfahren Kieselerde zu lösen und ihre Auflösung zur Erzeugung künstlicher Steine zu benutzen, in: Polytechnisches Journal 106 (1847), Miszelle 2, S. 448–451.
Siemens, Werner: Ueber telegraphische Leitungen und Apparate (1850), in: ders.: Gesammelte Abhandlungen, S. 33–50.
Siemens, Werner: Mémoire sur la télégraphie électrique, Berlin 1851.
Siemens, Werner: Kurze Darstellung der an den preussischen Telegraphen-Linien mit unterirdischen Leitungen bis jetzt gemachten Erfahrungen, Berlin 1851.
Siemens, Werner: Elektromagnetische Maschinen zur Erzeugung kontinuirlicher Induktionsströme gleicher Richtung (1853 u. 1855), in: ders.: Wissenschaftliche und Technische Arbeiten, Bd. 2, S. 97–103.
Siemens, Werner: Das Kontrol-Galvanoskop von Siemens & Halske (1855 u. 1865), in: ders.: Wissenschaftliche und Technische Arbeiten, Bd. 2, S. 92–96.
Siemens, Werner: Patentgesuch auf ein Verfahren, mit Morse'schen Schreibtelegraphen mittelst inducierter Ströme wechselnder Richtung zu telegraphieren (1856), in: ders.: Wissenschaftliche und Technische Arbeiten, Bd. 2, S. 114–117.
[Anonym] Zur Militairfrage. Ein Vorschlag, Berlin 1862.

Siemens, Werner: Die elektrische Telegraphie (1866), in: ders., Wissenschaftliche und Technische Arbeiten, Bd. 2, S. 189–212.

Siemens, Werner: Über die Umwandlung von Arbeitskraft in elektrischen Strom ohne Anwendung permanenter Magnete (17. Januar 1867), in: ders.: Wissenschaftliche und Technische Arbeiten, Bd. 2, S. 234–236 (zuerst veröffentlicht in: Monatsbericht der Königlich Preußischen Akademie der Wissenschaften zu Berlin, Januar 1867, Berlin 1867, S. 55–58).

Siemens, Werner (Hg.): Positive Vorschläge zu einem Patent-Gesetz. Denkschrift der Aeltesten der Kaufmannnschaft zu Berlin an den Königlichen Staats- und Minister für Handel, Gewerbe und öffentliche Arbeiten, Herrn Grafen von Itzenplitz, Berlin 1869 (zuerst veröffentlicht in: Vierteljahrschrift für Volkswirtschaft und Culturgeschichte 4 (1864), S. 189–193).

Siemens, Werner: Zerstörung feindlicher Kriegsschiffe durch lenkbare Torpedos (August 1870), in: ders.: Wissenschaftliche und Technische Arbeiten, Bd. 2, S. 310–312.

Siemens, Werner: Rede beim Eintritt in die Preussische Akademie, URL: http://leibnizsozietaet.de/wp-content/uploads/2012/11/07_siemens.pdf.

Siemens, Werner: Beiträge zur Theorie der Legung und Untersuchung submariner Telegraphenleitungen, in: Monatsberichte der königlich preußischen Akademie der Wissenschaften (Dezember 1874), Berlin 1874, S. 795–825.

Siemens, Werner: Denkschrift, betreffend die Nothwendigkeit eines Patentgesetzes für das Deutsche Reich (1876), in: ders.: Wissenschaftliche und Technische Arbeiten, Bd. 2, S. 561–567.

Siemens, Werner: Ueber die elektrische Eisenbahn der Berliner Gewerbeausstellung (1879), in: ders.: Wissenschaftliche und Technische Arbeiten, Bd. 2, S. 366–369.

Siemens, Werner: Ueber die dynamo-elektrische Maschine und deren Verwendung zum Betriebe von elektrischen Eisenbahnen (1880), in: ders.: Wissenschaftliche und Technische Arbeiten, Bd. 2, S. 392–409.

Siemens, Werner: Ueber das Projekt einer elektrischen Eisenbahn (Vortrag in der polytechnischen Gesellschaft am 11. März 1880), in: ders.: Wissenschaftliche und Technische Arbeiten, Bd. 2, S. 410–419.

Siemens, Werner: Gesammelte Abhandlungen und Vorträge, Berlin 1881.

Siemens, Werner: Zur Geschichte der dynamo-elektrischen Maschine (1882), in: ders.: Wissenschaftliche und technische Arbeiten, Bd. 2, S. 476–478.

Siemens, Werner: Votum betreffend die Gründung eines Instituts für die experimentelle Förderung der exakten Naturforschung und der Präzisionstechnik (1883), in: ders.: Wissenschaftliche und Technische Arbeiten, Bd. 2, S. 568–575.

Siemens, Werner: Ueber die Bedeutung und die Ziele einer zu begründenden physikalisch-technischen Reichsanstalt (1884), in: ders.: Wissenschaftliche und Technische Arbeiten, Bd. 2, S. 576–580.

Siemens, Werner: Das naturwissenschaftliche Zeitalter: Vortrag, gehalten in der 59. Versammlung Deutscher Naturforscher und Aerzte am 18. September 1886, Berlin 1886.

Siemens, Werner von: Wissenschaftliche und Technische Arbeiten, Bd. 1: Wissenschaftliche Arbeiten; Bd. 2: Technische Arbeiten, 2. Aufl., Berlin 1891.

Siemens, Werner von: Lebenserinnerungen, 19. Aufl., hg. von Wilfried Feldenkirchen, München 2004 (erste Auflage: Lebenserinnerungen, Berlin 1892).

Literatur

Abel, Wilhelm: Massenarmut und Hungerkrisen im vorindustriellen Deutschland, 2. Aufl., Göttingen 1977.

Abele, Johannes: Die Lichtbogenlampe (Technikgeschichte, Modelle, Rekonstruktionen), 2. Aufl., München 1997.

Ahvenainen, Jorma: The History of the Near Eastern Telegraphs before the First World War, Helsinki 2011.

Aschoff, Volker: Geschichte der Nachrichtentechnik, Bd. 2: Nachrichtentechnische Entwicklungen in der ersten Hälfte des 19. Jahrhunderts, Berlin/Heidelberg 1987.

Baar, Lothar: Die Berliner Industrie in der industriellen Revolution, Berlin (O) 1966.

Bähr, Johannes/Erker, Paul: Bosch. Geschichte eines Weltunternehmens, München 2013.

Baldwin, Neil: Edison. Inventing the Century, New York 1995.

Baumgart, Winfried: Der Krimkrieg 1853–1856: Ein historischer Überblick, in: Georg Maag/Wolfram Pyta/Martin Windisch (Hg.): Der Krimkrieg als erster europäischer Medienkrieg (Kultur und Technik, 14), Berlin 2010, S. 209–220.

Beauchamps, Ken: History of Telegraphy, London 2001.

Becker, B.: Telegraphie und Telephonie, in: Paul Kerkovius, Riga und seine Bauten, Riga 1903, S. 83–85.

Becker, Christine: Zur Geschichte des Magnus-Hauses, in: Hoffmann (Hg.): Gustav Magnus, S. 99–121.

Beer, Brigitte: Louis Schwartzkopff. Lebensbild eines «patriotischen Bürgers und werkthätigen Industriellen», Leipzig 1943.

Bendikat, Elfi: Öffentliche Nahverkehrspolitik in Berlin und Paris 1890–1914. Strukturbedingungen, politische Konzeptionen und Realisierungsprobleme (Veröffentlichungen der Historischen Kommission zu Berlin, 96), Berlin/New York 1999.

Bezold, Andreas von: Die schleswig-holsteinische Erhebung 1848–1851. Im Spannungsfeld zwischen Deutschland und Dänemark, Hamburg 2014.

Biefang, Andreas: National-preußisch oder deutsch-national? Die Deutsche Fortschrittspartei in Preußen 1861–1867, in: Geschichte und Gesellschaft 23. Jg. (1997), H. 3, S. 360–383.

Biggeleben, Christoph: Das «Bollwerk des Bürgertums». Die Berliner Kaufmannschaft 1870–1920 (Schriftenreihe zur Zeitschrift für Unternehmensgeschichte, Bd. 17), München 2006.

Black, Robert Monroe: The History of Electric Wire and Cables, London 1983.

Blackwell, William L.: Beginnings of Russian Industrialization, 1800–1860, Princeton 1968.

Blocher, Ewald: Johann Georg Halske (Lebenswege, 1), München 2014.

Blos, Wilhelm: Die Deutsche Revolution. Geschichte der deutschen Bewegung von 1848 und 1849, Stuttgart 1893.

Boch, Rudolf: Das Patentgesetz von 1877. Entstehung und wirtschaftsgeschichtliche Bedeutung, in: ders. (Hg.): Patentschutz und Innovation in Geschichte und Gegenwart (Studien zur Technik-, Wirtschafts- und Sozialgeschichte, 11), Frankfurt am Main 1999, S. 71–84.

Bodenschatz, Harald: «Der Rote Kasten». Zu Bedeutung, Wirkung und Zukunft von Schinkels Bauakademie, Berlin 1996.

Bohlen, Agnes von: Das Buch der Mutter für Haus und Erziehung, Berlin 1866.

Bölling, Rainer: Das Tor zur Universität – Abitur im Wandel, in: Aus Politik und Zeitgeschichte 49/2008, 21.11.2008, S. 33–38.

Braun, Hans Joachim/Weber, Wolfhard: Ingenieurwissenschaft und Gesellschaftspolitik. Das Wirken von Franz Reuleaux, in: Reinhard Rürup (Hg.): Wissenschaft und Gesellschaft, Beiträge zur Geschichte der Technischen Universität Berlin 1879–1979, Bd. 1, Berlin 1979, S. 285–300.

Braune, Julius: Das Katharineum in den Jahren 1801 bis 1834: Werner von Siemens, in: Katharineum zu Lübeck, Bericht über das 435. Schuljahr 1. April bis 30. November 1966, Lübeck 1967, S. 5–11.

Brederlow, Jörn: «Lichtfreunde» und «freie Gemeinden». Religiöser Protest und Freiheitsbewegung im Vormärz und in der Revolution von 1848/49, München/Wien 1976.

Bright, Edward Brailsford/Bright, Charles: The Life Story of the Late Sir Charles Tilston Bright, Civil Engineer, Vol. 2, Cambridge 2012.

Buchsteiner, Ilona: Aspekte von Gesellschaft, Wirtschaft und Politik in Mecklenburg in der ersten Hälfte des 19. Jahrhunderts, in: Dies. (Hg.): Die mecklenburgischen Großherzogtümer im deutschen und europäischen Zusammenhang 1815 bis 1871 (Rostocker Beiträge zur Deutschen und Europäischen Geschichte 11). Rostock 2002, S. 63–73.

Burg, Meno: Geschichte meines Dienstlebens. Erinnerungen eines jüdischen Majors der preußischen Armee, Neudruck, Teetz 1998 (urspr. 1854 erschienen).

Burhenne, Karl: Werner Siemens als Sozialpolitiker, München 1932.

Burhop, Carsten: Die Kreditbanken in der Gründerzeit (Schriftenreihe des Instituts für bankhistorische Forschung, 21), Stuttgart 2004.

Busse, Kurt: Werner Siemens-Bildnisse, in: Siemens-Mitteilungen Nr. 145, 12.10.1933, S. 20–23.

Cahan, David: An Institute for an Empire. The Physikalisch-Technische Reichsanstalt 1871–1918, Cambridge 1989.

Carroso, Vincent P.: The Morgans. Private International Bankers 1854–1913 (Harvard Studies in Business History, 38), Cambridge/Mass. 1987.

Cecil, Lamar: The Creation of Nobles in Prussia, 1871–1918, in: American Historical Review Vol. 75, No. 3 (Feb. 1970), pp. 757–795.

Cohen, Lita Solis: The Anastatic Copy of the Declaration of Independence, in: Maine Antique Digest, Vol. 36, Issue 9, Sept. 2008, p. 1.

Conrad, Christoph: Erfolgsbeteiligung und Vermögensbildung der Arbeitnehmer bei Siemens (1847–1945) (Zeitschrift für Unternehmensgeschichte, Beiheft 36), Stuttgart 1986.

Constable, Thomas: Memoirs of Lewis B. D. Gordon, Edinburgh 1877.
Danke, Rudolf: Das Siemens-Grundstück in Charlottenburg. Ein Beitrag zu seiner Geschichte, in: Der Bär von Berlin. Jahrbuch des Vereins für die Geschichte Berlins, 6. Folge, 1956, S. 108–134.
Darmstaedter, Ludwig (Hg.): Handbuch zur Geschichte der Naturwissenschaften und der Technik, Berlin/Heidelberg 1908.
Denzel, Markus A.: Handbook of World Exchange Rates, 1590–1914, Farnham 2010.
Dettke, Barbara: Die asiatische Hydra: Die Cholera von 1830/31 in Berlin und den preußischen Provinzen Posen, Preußen und Schlesien (Veröffentlichungen der historischen Kommission zu Berlin, 89), Berlin/New York 1995.
Deutsche Bundesbank: Kaufkraftvergleiche historischer Geldbeträge/Kaufkraftäquivalente historischer Beträge in deutschen Währungen, Stand 15.1.2015, URL: http://www.bundesbank.de/Redaktion/DE/Standardartikel/ Statistiken/kaufkraftvergleiche_historischer_geldbetraege.html
Dierig, Sven: Wissenschaft in der Maschinenstadt. Emil du Bois-Reymond und seine Laboratorien in Berlin, Göttingen 2006.
Drumann, Wilhelm: Geschichte Roms in seinem Uebergange von der republicanischen zur monarchischen Verfassung oder Pompejus, Cäsar, Cicero und ihre Zeitgenossen. Nach Geschlechtern und mit genealogischen Tabellen», 6 Bde., 2. Aufl., hg. von Paul Groebe, Berlin 1899–1929.
Du Bois-Reymond, Emil: Erwiderung auf die Antrittsrede von Werner von Siemens, URL: http://leibnizsozietaet.de/wp-content/uploads/2012/11/08_du_bois_reymond.pdf.
Du Bois-Reymond, Emil: Der deutsche Krieg. Rede am 3.8.1870 in der Aula der Königlichen Friedrich-Wilhelms-Universität zu Berlin, Berlin 1870.
Edert, Otto: Der Dorfschulmeister und seine Familie, o.O. 2013.
Ehrenberg, Richard: Die Unternehmungen der Brüder Siemens, Bd. 1: Bis zum Jahre 1870, Jena 1906 [Bd. 2 ist nicht erschienen, J.B.].
Ehrenberg, Richard: Seekabel-Unternehmungen [Kapitel aus dem Manuskript des unveröffentlichten zweiten Bandes von Richard Ehrenberg, Die Unternehmungen der Brüder Siemens], Ms. o. J. (SAA 38/8/2).
Ehrhard, Anne-Françoise: Die Grammatik von Johann Christian Heyse. Kontinuität und Wandel von allgemeiner Grammatik und Schulgrammatik (1814–1914) (Studia linguistica Germanica, 45), Berlin/New York 1998.
Erbe, Günter: Das vornehme Berlin. Fürstin Marie Radziwill und die großen Damen der Gesellschaft 1871–1918, Köln/Weimar 2015.
Epkenhans, Michael: Friedrich Alfred Krupp: Ein Großindustrieller im Spannungsfeld von Firmeninteresse und Politik, in: ders./Stremmel (Hg.): Friedrich Alfred Krupp, S. 77–107.
Epkenhans, Michael/Stremmel, Ralf (Hg.): Friedrich Alfred Krupp. Ein Unternehmer im Kaiserreich, München 2010.
Erker, Paul: Die Verwissenschaftlichung der Industrie. Zur Geschichte der Industrieforschung in den europäischen und amerikanischen Elektrokonzernen 1890–1930, in: Zeitschrift für Unternehmensgeschichte 35. Jg. (1990), S. 73–94.

Federhofer, Marie-Theres: Kein «Kontorheld». Werner Siemens' Lebenserinnerungen als Gelehrtenautobiographie, in: Christian von Zimmermann (Hg.): (Auto-)Biographik in der Wissenschafts- und Technikgeschichte (Cardanus Jahrbuch für Wissenschaftsgeschichte, 4), Heidelberg 2005, S. 91–107.

Federspiel, Ruth: Der Weg zur Deutschen Akademie der Technikwissenschaften, Berlin/Heidelberg 2011

Feldenkirchen, Wilfried: Werner von Siemens. Erfinder und internationaler Unternehmer, 2. erweiterte und veränderte Ausgabe, München 1996.

Feldenkirchen, Wilfried: Siemens. Von der Werkstatt zum Weltunternehmen, München 1997.

Feldenkirchen, Wilfried: Die Firma Siemens im Russischen Reich vor 1914, in: Dittmar Dahlmann/Carmen Scheide (Hg.): «…das einzige Land in Europa, das eine große Zukunft vor sich hat.» Deutsche Unternehmen und Unternehmer im Russischen Reich im 19. und frühen 20. Jahrhundert, Essen 1998, S. 167–188.

Feldenkirchen, Wilfried/Posner, Eberhard: Die Siemens-Unternehmer. Kontinuität und Wandel 1847–2005. Zehn Portraits, München 2005.

Ferguson, Niall: The House of Rothschild. Vol. 1: Money's Prophets, 1798–1848, New York 1999.

Feyerabend, Ernst: An der Wiege des elektrischen Telegraphen, in: Deutsches Museum, Abhandlungen und Berichte 5. Jg. 1933, H. 5, S. 143–174.

Feyerabend, Ernst: Der Telegraph von Gauß und Weber im Werden der elektrischen Telegraphie, Berlin 1933.

Finkelstein, Gabriel: Emil du Bois-Reymond. Neuroscience, Self and Society in Nineteen-Century Germany, Cambridge/Mass. 2013.

Fischer, Ludwig: Werner Siemens und der Schutz der Erfindungen, Berlin 1922.

Frankenstein, Kuno: Materialien zur Beurteilung der Eisenbahnpolitik und des Eisenbahntarifwesens in Russland, Berlin 1894.

Franz, Annelise: Hohenheimer Romanze, in: Mitteilungen des Hochschulbundes und der Landw. Hochschule Hohenheim Jg. 1964, S. 45–64.

Frevert, Ute: Ehrenmänner. Das Duell in der bürgerlichen Gesellschaft, München 1991.

Friehe, Ernst Gerhard: Geschichte der «National-Zeitung» 1848 bis 1878, Leipzig 1933.

Frimodig, Heidemarie: Schönberg im Ratzeburger Land. Ein Lesebuch, Rehna 2003.

Frühwald, Wolfgang: Staatliche Forschung außerhalb der Universität – ein Problem und Varianten seiner Lösung, in: Jürgen Kocka (Hg.): Die Berliner Akademien der Wissenschaften im geteilten Deutschland 1945–1990 (Forschungsberichte/Interdisziplinäre Arbeitsgruppen, Berlin-Brandenburgische Akademie der Wissenschaften, 9), Berlin 2002, S. XIII–XXXII.

Fürst, Artur: Werner von Siemens, Stuttgart/Berlin 1916.

Füßl, Wilhelm: Oskar von Miller 1855–1934. Eine Biographie, München 2005.

Gall, Lothar: Die Deutsche Bank von ihrer Gründung bis zum Ersten Weltkrieg 1870–1914, in: ders./ Gerald D. Feldman/Harold James/Carl-Ludwig Holtfrerich/Hans E. Büschgen: Die Deutsche Bank 1870–1995, München 1995, S. 1–135.

Gedig, Max: Familie als Erfolgsgarant. Siemens in der frühen Unternehmensentwicklung, Bachelorarbeit Ludwig-Maximilians-Universität München, Ms. München 2013.

Gedon, Brigitte: Franz von Lenbach: die Suche nach dem Spiegel. Biographie, München 1999.

Geier, Wolfgang: Russische Kulturgeschichte in diplomatischen Reiseberichten aus vier Jahrhunderten. Sigmund von Herberstein, Adam Olearius, Friedrich Christian Weber, August von Haxthausen, Wiesbaden 2005.

Gelaschwili, Simon: Finanzkapital der Firma Siemens und Halske in Georgien im 19. Jahrhundert (Universität Potsdam, Finanzwissenschaftliche Diskussionsbeiträge, Special Series, No, G-12/Arbeitspapiere des Deutsch-Georgischen Arbeitskreises für Finanz- und Sozialpolitik), Potsdam 2010.

Genzken, Hermann: Die Abiturienten des Katharineums zu Lübeck (Gymnasium und Realgymnasium) von Ostern 1807 bis 1907 (Beilage zum Jahresbericht 1907), Lübeck 1907.

Geschichte der brandenburgisch-preußischen Artillerie, bearb. von Louis von Malinowsky u. Robert von Bonin, 2. Teil, Berlin 1841.

Geschichte der Stadt Charlottenburg, bearb. von Wilhelm Gundlach, Bd. 1: Darstellung, Berlin/Heidelberg 1905.

Glatzer, Ruth (Hg.): Berlin wird Kaiserstadt. Panorama einer Metropole 1871–1890, Berlin 1993.

Goetzeler, Herbert: Wilhelm von Siemens, in: ders./Lothar Schoen: Wilhelm und Carl Friedrich von Siemens. Die zweite Unternehmergeneration, Stuttgart 1986, S. 13–58.

Graetz, Mirco: Prinz Adalberts vergessene Flotte. Die Norddeutsche Bundesmarine 1867–1871, Morrisville 2008.

Griese, Olivia: Der Weg in die Ostsee. Die Stadt und ihr Hafen, in: Karl Schlögel/ Frithjof Benjamin Schenk/Markus Ackeret u.a. (Hg.): Sankt Petersburg. Schauplätze einer Stadtgeschichte, Frankfurt am Main/New York 2007, S. 125–138.

Gut Ohlhof. Vom Versorgungswerk für das Kloster Neuburg zur Wohnsiedlung, hg. von der Fördergemeinschaft Gut Ohlhof e.V., vertreten durch Ralf Bogisch, Goslar 2012.

Hachtmann, Rüdiger: Berlin 1848. Eine Politik- und Gesellschaftsgeschichte der Revolution, Bonn 1997.

Hahn, Hans-Werner: Geschichte des Deutschen Zollvereins, Göttingen 1984.

Hahn, Hans-Werner/Hein, Dieter (Hg.): Bürgerliche Werte um 1800. Entwurf, Vermittlung, Rezeption, Köln 2005.

Hain, Claudia: Elektrifizierter Nahverkehr, in: Thorsten Dame: Elektropolis. Architektur- und Denkmalführer, Berlin 2014, S. 281–375.

Hausman, William J./Hertner, Peter/Wilkins, Mira: Global Electrification. Multinational Enterprise and International Finance in the History of Light and Power 1878–2007, Cambridge 2008.

Headrick, Daniel R.: The Invisible Weapon. Telecommunications and International Politics 1851–1945, New York/Oxford 1991.

Heggen, Alfred: Erfindungsschutz und Industrialisierung in Preußen 1793–1877, Göttingen 1975.

Heilmann, Josua: Über den Regulator von Dampfmaschinen, in: Polytechnisches Journal, 71. Bd. (1840), S. 257–261.

Hein, Dieter: Die Revolution von 1848/49, 3. Aufl., München 2004.

Heintzenberg, Friedrich: Werner Siemens und die Entstehung der Dynamomaschine, in: Deutsches Museum, Abhandlungen und Berichte Jg. 1941, H. 4, S. 103–124.

Heintzenberg, Friedrich: Friedrich von Hefner-Alteneck (Deutsches Museum, Abhandlungen und Berichte 19, H. 2), München 1951.

Helfferich, Karl: Georg von Siemens. Ein Lebensbild aus Deutschlands großer Zeit, 2 Bde., Berlin 1921.

Henning, Friedrich-Wilhelm: Die Industrialisierung in Deutschland 1800 bis 1914, 4. Aufl., Paderborn 1978.

Herbarth, Dieter: Die Entwicklung der optischen Telegrafie in Preußen. Köln 1978.

Herten, Bart van der: De verre voorlopers van Belgacom. Van optische naar elektrische telegrafie in België, 1803–1850, in: Journal of Belgian History/Revue belge d'Histoire contemporaine/Belgisch Tijdschrift voor Nieuwste Geschiedenis Jg. 1996, H. 3/4, S. 5–28.

Hertner, Peter: German Multinational Enterprise before 1914. Some Case Studies, in: Geoffrey Jones (Ed.), Transnational Corporations. A Historical Perspective (The United Nations Library on Transnational Corporations, Bd. 2). London, New York 1993, S. 109–129.

Hesse, Jan-Otmar: Im Netz der Kommunikation. Die Reichs-Post- und Telegraphenverwaltung 1876–1914 (Schriftenreihe der Zeitschrift für Unternehmensgeschichte, 8), München 2002.

Heuss, Alfred: Theodor Mommsen und das 19. Jahrhundert, Stuttgart 1996 (Reprint der ersten Ausgabe von 1956).

Hildebrandt, Siegfried: Halske, Leezen 2014.

Hildermeier, Manfred: Geschichte Russlands. Vom Mittelalter bis zur Oktoberrevolution, 2. Aufl., München 2013.

Hobsbawm, Eric J.: Die Blütezeit des Kapitals. Eine Kulturgeschichte der Jahre 1848–1875, München 1977 [engl. Orig.: The Age of Capital, 1848–1875, London 1975].

Hoffmann, Dieter (Hg.): Gustav Magnus und sein Haus, hg. im Auftrag der Deutschen Physikalischen Gesellschaft, Stuttgart 1995.

Hoffmann, Dieter: Werner Siemens und die Physikalisch-Technische Reichsanstalt, in: ders./Schreier, Wolfgang (Hg.): Werner von Siemens, S. 35–47.

Hoffmann, Dieter/Schreier, Wolfgang (Hg.): Werner von Siemens (1816–1892). Studien zu Leben und Werk (PTB-Texte Bd. 2), Braunschweig 1995.

Hubbard, Geoffrey: Cooke and Wheatstone and the Invention of the Electric Telegraph, London 1965.

Huebener, Rudolf P./Lübbig, Heinz: Die Physikalisch-Technische Reichsanstalt. Ihre Bedeutung beim Aufbau der modernen Physik, Wiesbaden 2011.

Hughes, Thomas P.: Networks of Power. Electrification in Western Society 1880–1930, Baltimore 1983.

Huurdeman, Anton A.: The Worldwide History of Telecommunications, Hoboken, New Jersey 2003.

Israel, Paul: Edison: A Life of Invention, New York 1998.

Jacobsen, Kurt: The Great Northern Telegraph Company and the British Empire 1865–1945, in: Jørgen Sevaldsen (Ed.): Britain and Denmark. Political, Economic and Cultural Relations in the 19th and 20th Centuries, Aarhus 2003, 199–230.

Jansen, Christian/Mergel, Thomas (Hg.): Die Revolutionen von 1848/49. Erfahrung – Verarbeitung – Deutung, Göttingen 1998.

Jeurgens, Charles: Networks of Information: The Dutch East Indies, in: Catia Antunes/Jos Gommans (Eds.): Exploring the Dutch Empire. Agents, Networks and Institutions, 1600–2000, London 2015, S. 95–130.

Kaelble, Hartmut: Berliner Unternehmer während der frühen Industrialisierung. Herkunft, sozialer Status und politischer Einfluß (Veröffentlichungen der Historischen Kommission zu Berlin, Bd. 40), Berlin 1972.

Kaiser, Stephan: Wie eine feste Burg. Die Kasernen am Kupfergraben, in: Museums Journal Bd. 8 (1994), S. 17–19.

Kant, Horst: Ein «mächtig anregender Kreis» – die Anfänge der Physikalischen Gesellschaft zu Berlin (Max-Planck-Institut für Wissenschaftsgeschichte, Preprint 202), Berlin 2002.

Kant, Horst: Werner Siemens und sein Wirken im Berliner Elektrotechnischen Verein sowie in der Preußischen Akademie der Wissenschaften, in: Hoffmann/Schreier (Hg.): Werner von Siemens, S. 117–134.

Karbelaschwili, Andre: Die Brüder Siemens unter Georgiens Himmel, in: Georgica Jg. 1990/91, H. 13, S. 106–115.

Kastl, Jacob/Moore, Lyndon: Wily welfare capitalist: Werner von Siemens and the pension plan, in: Cliometrica 2010/4, pp. 321–348.

Katzer, Nikolaus: Nikolaus I., in: Hans-Joachim Torke (Hg.): Die russischen Zaren 1547–1917, 2. Aufl., München 1999, S. 288–314.

Kleindienst, Jutta: Siemens in Österreich. Der Zukunft auf der Spur. Eine Unternehmensbiografie, Wien 2004.

Kobrak, Christopher: Die Deutsche Bank und die USA. Geschäft und Politik von 1870 bis heute, München 2008.

Kocka, Jürgen: Unternehmensverwaltung und Angestelltenschaft am Beispiel Siemens 1847–1914. Zum Verhältnis von Kapitalismus und Bürokratie in der deutschen Industrialisierung, Stuttgart 1969.

Kocka, Jürgen: Siemens und der aufhaltsame Aufstieg der AEG, in: Tradition 17. Jg. (1972), H. 3/4, S. 125–142.

Kocka, Jürgen: Unternehmer in der deutschen Industrialisierung, Göttingen 1975.

Kocka, Jürgen: Industrial Culture and Bourgeois Society. Business, Labour and Bureaucracy in Modern Germany, New York/Oxford 1999.

Kocka, Jürgen: Modernisierung im multinationalen Familienunternehmen, in: Rüdiger Hohls/Iris Schröder/Hannes Siegrist (Hg.): Europa und die Europäer. Quellen und Essays zur modernen europäischen Geschichte, Stuttgart 2005, S. 44–46.

Köhler, Ingo: Wirtschaftsbürger und Unternehmer. Zum Heiratsverhalten deutscher Privatbankiers im Übergang zum 20. Jahrhundert, in: Dieter Ziegler (Hg.): Großbürger und Unternehmer. Die deutsche Wirtschaftselite im 20. Jahrhundert, Göttingen 2000, S. 116–143.

Kölle, Gustav: Aus der Geschichte eines deutschen Berg- und Hüttenunternehmens in Rußland: Das Kupferbergwerk Kedabeg des Hauses Siemens 1900–1906, in: Tradition 10 (1965), S. 213–224.

König, Wolfgang: Massenproduktion und Technikkonsum. Entwicklungslinien und Triebkräfte der Technik zwischen 1880 und 1914, in: ders./Wolfhard Weber: Netzwerke, Stahl und Strom 1840 bis 1914 (Propyläen Technikgeschichte, Bd. 4), Berlin 1997, S. 263–552.

König, Wolfgang: Werner von Siemens und die Institutionalisierung der Elektrotechnik, in: Dieter Hoffmann/Wolfgang Schreier (Hg.): Werner von Siemens, S. 19–33.

Köttgen, Carl: 75 Jahre Dynamomaschine, Ms. Berlin 1942.

Kopp, Marina: Irreführung durch Personenmarken und Personenfirmen, Frankfurt am Main 2010.

Kopsidis, Michael: Agrarentwicklung: Historische Agrarrevolutionen und Entwicklungsökonomie, Stuttgart 2006.

Kraemer, Karl Theodor: Die Vergütung von (Arbeitnehmer-)Erfindungen am Beispiel von Arzneimitteln, historisch, de lege lata und de lege ferenda. Jur. Diss., Frankfurt am Main 2011.

Kreutzer, Ulrich: Von den Anfängen zum Milliardengeschäft. Die Unternehmensentwicklung von Siemens in den USA zwischen 1845 und 2001 (Beiträge zur Unternehmensgeschichte, 33), Stuttgart 2013.

Kux, J. P.: Organismus und vollständige Statistik des preußischen Staats aus zuverlässigen Quellen, Leipzig 1842.

Lampe, Jörg H.: Politische Entwicklungen in Göttingen vom Beginn des 19. Jahrhunderts bis zum Vormärz, in: Dietrich Denecke/Helga-Maria Kühn (Hg.): Göttingen. Geschichte einer Universitätsstadt, Bd. 2: Vom Dreißigjährigen Krieg bis zum Anschluss an Preußen – Der Wiederaufstieg als Universitätsstadt (1648–1866), Göttingen 2002, S. 45–102.

Langewiesche, Dieter (Hg.): Die Revolutionen von 1848 in der europäischen Geschichte. Ergebnisse und Nachwirkungen, München 2000.

Law, Edward J.: The Introduction of Anastatic Printing to America, in: Journal of the Printing History Society, New Series, No 4, 2009, pp. 41–55.

Lesczenski, Jörg: «Im Reich der Industrie lebt ein Mann […], der ein Unikum ist», in: Werner Plumpe (Hg.), Unternehmer – Fakten und Fiktionen. Historisch-biografische Studien, München 2014, S. 169–195.

Lindner, Helmut: Strom. Erzeugung, Verteilung und Anwendung der Elektrizität, Reinbek 1985.

Löffler, W.: Chronologie der Erkenntnisse über die Tuberkulose, in: Handbuch der Inneren Medizin, hg. von G. Bergmann u. a., Bd. IV/3, redigiert von W. Löffler, 4. Aufl., Berlin/Heidelberg 1956, S. 447–463.

Lorck, Carl B.: Handbuch der Geschichte der Buchdruckerkunst, Teil 2, Leipzig 1883.
Lubinski, Axel: Gutswirtschaft und Gutsherrschaft in Mecklenburg-Strelitz im 18. und 19. Jahrhundert - Chancen und Hemmnisse einer ländlichen Sozialordnung, in: Landesheimatverband Mecklenburg-Vorpommern (Hg.): Vom Anfang und Ende Mecklenburg-Strelitzer Geschichte. Friedland 2001, S. 197–216.
Lubinski, Christina: A Family Multinationals's Quest for Unity. Siemens's Early Business in India, 1847–1914, in: Christina Lubinski/Geoffrey Fear/Paloma Fernández Pérez (Eds.): Family Multinationals. Entrepreneurship, Governance and Pathways to Internationalization, New York 2013, S. 38–54.
Lüders, Marie-Elisabeth: Fürchte Dich nicht. Persönliches und Politisches aus mehr als 80 Jahren 1878–1962, Köln/Opladen 1963.
Lundeberg, Philip K.: Sea Mines in the Defense of Kiel, 1848–1849, in: Deutsches Marine-Institut (Hg.): Seemacht und Geschichte. Festschrift zum 80. Geburtstag von Friedrich Runge, Bonn 1975, S. 187–198.
Lutz, Martin: Carl von Siemens 1829–1906. Ein Leben zwischen Familie und Weltfirma, München 2013.
Mahr, Otto: Die Entstehung der Dynamomaschine (Geschichtliche Einzeldarstellungen aus der Elektrotechnik, Bd. 5), Berlin 1941.
Malitz, Jürgen: «Auch ein Wort über unser Judentum». Theodor Mommsen und der Berliner Antisemitismusstreit, in: Josef Wiesehöfer (Hg.): Theodor Mommsen. Gekehrter, Politiker und Literat, Stuttgart 2005, S. 137–164.
Matschoss, Conrad: Die Geschichte der Dampfmaschine. Ihre kulturelle Bedeutung, technische Entwicklung und ihre großen Männer, Nachdruck Hamburg 2013 (Orig. Berlin 1901).
Matschoss, Conrad (Hg.): Werner Siemens. Ein kurzgefaßtes Lebensbild nebst einer Auswahl seiner Briefe. Aus Anlaß der 100. Wiederkehr seines Geburtstages, Berlin 1916.
Maurer, Michael: Die Biographie des Bürgers. Lebensformen und Denkweisen in der formativen Phase des Bürgertums (1650–1815), Göttingen 1996.
Mie, Gustav: Werner Siemens als Physiker, in: Die Naturwissenschaften 4. Jg., H. 50, 15.12.1916, S. 771–777.
Mieck, Ilja: Preußische Gewerbepolitik in Berlin 1806–1844, Berlin 1965.
Mommsen, Adelheid: Theodor Mommsen im Kreise der Seinen, 2. Ausg., Berlin 1937.
Mommsen, Wolfgang J.: 1848. Die ungewollte Revolution. Die revolutionären Bewegungen in Europa 1830–1849, Frankfurt am Main 2000.
Moskvina, Marina: Söhne und Väter: Erziehung, Ausbildung und Handlungsspielräume in der Unternehmerfamilie Siemens im 19. Jahrhundert, Bachelorarbeit Ludwig-Maximilians-Universität München, Ms. München 2013.
Müller, Frank Lorenz: Der 99-Tage-Kaiser. Friedrich III. von Preußen - Prinz, Monarch, Mythos, München 2013.
Müller, Hans-Heinrich: Domänen und Domänenpächter in Brandenburg-Preußen im 18. Jahrhundert, in: Jahrbuch für Wirtschaftsgeschichte 1965/4, S. 152–192

(Neudruck in: Otto Büsch/Wolfgang Neugebauer (Hg.): Moderne preußische Geschichte, Bd. 1, Berlin 1981, S. 316–359).

Museum für Kommunikation (Hg.): In 28 Minuten von London nach Kalkutta. Aufsätze zur Telegraphiegeschichte aus der Sammlung Dr. Hans Pieper im Museum für Kommunikation, Bern, Bern 2000.

Nalli-Ruthenberg, Agathe: Das alte Berlin, Berlin 1907.

Neugebauer, Werner: Die Geschwister Siemens und ihre Beziehungen zu Lübeck, in: Der Wagen. Ein Lübeckisches Jahrbuch, Jg. 1976, S. 25–44.

Neumann, Hans: Heinrich Wilhelm Dove. Eine Biographie, Liegnitz 1925.

Neutsch, Cornelius: Erste «Nervenstränge des Erdballs»; Interkontinentale Seekabelverbindungen vor dem Ersten Weltkrieg, in: Teuteberg/Neutsch (Hg.): Vom Flügeltelegrafen zum Internet, S. 47–66.

Nipperdey, Thomas: Deutsche Geschichte 1800–1866. Bürgerwelt und starker Staat, München 1983.

Nipperdey, Thomas: Deutsche Geschichte 1866–1918, Bd. 1: Arbeitswelt und Bürgergeist, München 1990; Bd. 2: Machtstaat vor der Demokratie, 3. Aufl., München 1995.

Nitsch, Meinolf: Private Wohltätigkeitsvereine im Kaiserreich. Die praktische Umsetzung der bürgerlichen Sozialreform in Berlin (Veröffentlichungen der Historischen Kommission zu Berlin, 98), Berlin/New York 1999.

Noebels, Johann: Die Entwicklung des Deutsch-Österreichischen Telegraphenvereins und der internationalen Telegraphenbeziehungen, in: Archiv für Post und Telegraphie (Beihefte zum Amtsblatt des Reichs-Postamts) 33. Jg. (1905), S. 46–63.

Nonn, Christoph: Bismarck. Ein Preuße und sein Jahrhundert, München 2015.

Nottmeier, Christian: Adolf von Harnack und die deutsche Politik 1890–1930. Eine biographische Studie zum Verhältnis von Protestantismus, Wissenschaft und Politik, Tübingen 2004.

Osietzki, Maria: «… Unser Ohr dem Nichtgesagten öffnen…». Anmerkungen zu einer kulturhistorischen Ingenieurbiographik, in: Wilhelm Füßl/Stefan Ittner (Hg.): Biographien und Technikgeschichte, Opladen 1998, S. 112–126.

Osterhammel, Jürgen: Die Verwandlung der Welt. Eine Geschichte des 19. Jahrhunderts, 5. Aufl., München 2010.

Pechar, Johann: Kohle und Eisen in allen Ländern der Erde, Berlin 1878.

Peschke, Hans-Peter von: Elektroindustrie und Staatsverwaltung am Beispiel Siemens 1847–1914, Frankfurt am Main/Bern 1981.

Petersen, Katrin: Die elektrische Telegrafenlinie zwischen Berlin und Frankfurt am Main, in: Das Archiv. Magazin für Post- und Telekommunikationsgeschichte, 57. Jg. 2009, H. 3, S. 78–82.

Pichler, Franz: Die Einführung der Morse-Telegraphie in Deutschland und Österreich. Die konstruktive Entwicklung der Apparate, in: e&i Elektrotechnik und Informationstechnik Heft 9, 2006, S. 402–408.

Pichler, Franz: Werner von Siemens. 150 Jahre Magnet-Dynamo, in: Plus Lucis 1–2/2006, S. 57–61.

Pietschker, Käthe: Aus meinem Leben, Hamburg o.J.

Pinkard, Terry: Hegel. A Biography, Cambridge 2000.
Pinner, Felix: Emil Rathenau und das elektrische Zeitalter, Leipzig 1918.
Plessen, Marie-Louise von: Die Wirksamkeit des Vereins für Socialpolitik von 1872–1890. Studien zum Katheder- und Staatssozialismus, Berlin 1975.
Plumpe, Werner: Wirtschaftskrisen, Geschichte und Gegenwart, München 2010.
Pohl, Manfred: Emil Rathenau und die AEG, Berlin/Frankfurt am Main 1988.
Pole, Willliam: Wilhelm Siemens, Berlin 1890 (engl. Orig.: The Life of William Siemens, London 1888).
Ponting, Clive: The Crimean War. The Truth behind the Myth, London 2004.
Protheroe-Jones, Robert: Welsh Steel, Cardiff 1995.
Rachel, Hugo/Papritz, Johannes/Wallich, Paul: Berliner Großkaufleute und Kapitalisten, Bd. 3: Übergangszeit zum Hochkapitalismus 1806–1856, Berlin 1934.
Rackwitz, Martin: Märzrevolution in Kiel 1848. Erhebung gegen Dänemark und Aufbruch zur Demokratie, Heide 2011.
Radkau, Joachim: Technik in Deutschland. Vom 18. Jahrhundert bis heute, Frankfurt am Main/New York 2008.
Radtke, Wolfgang: Die Preußische Seehandlung zwischen Staat und Wirtschaft in der Frühphase der Industrialisierung (Einzelveröffentlichungen der Historischen Kommission zu Berlin, 30), Berlin 1981.
Ranke, Winfried: Franz von Lenbach. Der Münchner Malerfürst, Köln 1986.
Rausch, Heike: Kultfigur und Nation. Öffentliche Denkmäler in Paris, Berlin und London 1848–1914, München 2006.
Rave, P. O./Wirth, J.: Die Bauwerke und Kunstdenkmäler von Berlin, Bd. 2: Charlottenburg, Berlin 1961.
Read, Donald: The Power of News. The History of Reuters, 2. ed., Oxford 1999.
Reinecke, Albert: Geschichte der Freien Reichsherrschaft Schauen eines der allerkleinsten Gebiete im alten deutschen Reich, Osterwieck 1889.
Reitmayer, Morten: Bankiers im Kaiserreich. Sozialprofil und Habitus der deutschen Hochfinanz (Kritische Studien zur Geschichtswissenschaft, 136), Göttingen 1999.
Remberger, Sebastian: «Billig und schlecht». Franz Reuleaux zu den Weltausstellungen in Philadelphia und Chicago, in: Kultur & Technik 3/2000, S. 42–45.
Renzsch, Wolfgang: Handwerker und Lohnarbeiter in der frühen Arbeiterbewegung. Zur sozialen Basis von Gewerkschaften und Sozialdemokratie im Reichsgründungsjahrzehnt (Kritische Studien zur Geschichtswissenschaft, 43), Göttingen 1980.
Ribbe, Wolfgang: Geschichte Berlins, Bd. 2, 2. Aufl., München 1988.
Riotte, Torsten: Hannover in der Britischen Politik (1792–1815). Dynastische Verbindung als Element außenpolitischer Entscheidungsprozesse, Münster 2005.
Rittergut und Schloß Biesdorf. Eine historische Aufzeichnung des Dorfschullehrers Johannes Lehmann aus dem Jahre 1914, hg. von Oleg Peters und Waldemar Seifert, Berlin 2013.
Röhl, John C. G.: Wilhelm II. Die Jugend des Kaisers 1859–1888, 2. Aufl. München 2001.

Rossberg, Ralf Roman: Deutsche Eisenbahnfahrzeuge von 1838 bis heute, Berlin/Heidelberg 1988.

Rotth, August: Wilhelm von Siemens. Ein Lebensbild. Gedenkblätter zum 75jährigen Bestehen des Hauses Siemens & Halske, Berlin/Leipzig 1922.

Royle, Trevor: Crimea. The Great Crimean War 1854–1856, London 1999.

Sabean, David Warren: German International Families in the Nineteenth Century. The Siemens Family as a Thought Experiment, in: Christopher H. Johnson/David Warren Sabean/Simon Teuscher/Francesca Trivellato (Eds.): Transregional and Transnational Families in Europe and Beyond. Experiences Since the Middle Ages, New York/Oxford 2011, S. 229–252.

Sabean, David Warren: Kinship and Class Dynamics in Nineteenth-Century Europe, in: ders. /Simon Teuscher/Jon Mathieu (Eds.): Kinship in Europe. Approaches to Long-Term Development (1300–1900), New York/Oxford 2007, S. 301–313.

Sarkowski, Heinz: Der Springer-Verlag. Stationen seiner Geschichte, Teil 1: 1842–1945, Berlin/Heidelberg 1992.

Schaal, Dirk: Ernst Höltzer (Lebenswege, 3), München 2015.

Schellen, Heinrich: Der elektromagnetische Telegraph, in den einzelnen Stadien seiner Entwicklung und in seiner gegenwärtigen Ausbildung und Anwendung nebst einer Einleitung über die optische und akustische Telegraphie und einem Anhange über die elektrischen Uhren, Braunschweig 1850.

Schenk, Frithjof Benjamin: Russlands Fahrt in die Moderne. Mobilität und sozialer Raum im Eisenbahnzeitalter (Quellen und Studien zur Geschichte des östlichen Europa, 82), Stuttgart 2014.

Schmidt, Annette: Ludwig Eisenlohr. Ein architektonischer Weg vom Historismus zur Moderne. Stuttgarter Architektur um 1900, Stuttgart 2006.

Schmoller, Gustav von: Die Epochen der preußischen Finanzpolitik bis zur Gründung des Deutschen Reiches, in: ders.: Umrisse und Untersuchungen zur Verfassungs-, Verwaltungs- und Wirtschaftsgeschichte besonders des Preußischen Staates im 17. und 18. Jahrhundert, Leipzig 1898, S. 104–264.

Schoen, Lothar: Carl Friedrich von Siemens, in: Goetzeler/Schoen, Wilhelm und Carl Friedrich von Siemens, S. 61–100.

Schoen, Lothar: Friedrich von Hefner-Alteneck, in: Wilhelm Treue/Wolfgang König (Hg.): Berlinische Lebensbilder Techniker, Berlin 1990, S. 227–247.

Schreier, Wolfgang: Werner von Siemens und die Physikalische Gesellschaft, in: Hoffmann/Schreier (Hg.): Werner von Siemens, S. 103–115.

Schreier, Wolfgang: Gustav Magnus und die Physikalische Gesellschaft zu Berlin – ein ambivalentes Verhältnis?, in: Hoffmann (Hg.): Gustav Magnus, S. 55–64.

Schulze, Hagen: Der Weg zum Nationalstaat. Die deutsche Nationalbewegung vom 18. Jahrhundert bis zur Reichsgründung, München 1985.

Schumpeter, Joseph A.: Theorie der wirtschaftlichen Entwicklung, Leipzig 1912.

Schumpeter, Joseph A.: Unternehmer, in: Ludwig Elster/Adolf Weber/Friedrich Wieser (Hg.): Handwörterbuch der Staatswissenschaften, 4. Aufl., Jena 1928, Bd. 8, S. 476–487.

Scott, J. D.: Siemens Brothers 1858–1958. An Essay in the History of Industry, London

1958 Schott, Dieter: Das Zeitalter der Elektrizität: Visionen – Potentiale - Realitäten, in: Jahrbuch für Wirtschaftsgeschichte 1999/2, S. 131–140.
Seckelmann, Margrit: Industrialisierung, Internationalisierung und Patentrecht im Deutschen Reich, 1891–1914, Frankfurt am Main 2006.
Seidel, Rita: Verkehrsmittel Telegraph. Zur Geschichte der Telegraphie im 19. Jahrhundert bis 1866 unter besonderer Berücksichtigung des Raumes Hannover – Bremen, Phil. Diss. Universität Hannover 1980.
Siegel, Stefan (Hg.): Daguerre, Talbot und die Veröffentlichung der Fotografie im Jahr 1839, München 2004.
Siemens, Elise von (Hg.): Georg von Siemens. Jugend, Lehr- und Wanderjahre, Berlin/Heidelberg 1920.
Siemens, Georg: Der Weg der Elektrotechnik. Geschichte des Hauses Siemens, Bd. 1: Die Zeit der freien Unternehmung 1847–1910, Freiburg i. Br./München 1961.
Siemens. Leo/Hölscher, Uvo: Stammbaum der Familie Siemens, Goslar 1910.
Siemens, Otto: Ueber die Amoxacetsäure und einige ihrer Verbindungen, Diss. Göttingen 1861.
Silverman, Kenneth: Lightning Man. The Accursed Life of Samuel F. B. Morse, New York 2003.
Simon, Hans-Reiner: Anton Dohrn und die Zoologische Station Neapel, Frankfurt am Main 1980.
Smith, Sigurd: Søren Hjorth. Inventor of the Dynamo-Electric Principle, Kopenhagen 1912.
Steinheil, Carl August: Beschreibung und Vergleichung der galvanischen Telegraphen Deutschlands nach Besichtigung im April 1849. Feststellung der vortheilhaftesten Systeme. Angabe einer Verbesserung des Morse'schen Apparates, in: Abhandlungen der Mathem.-Physikalischen Klasse der Königlich-Bayerischen Akademie der Wissenschaften, Bd. 5, München 1850, S. 777–840 (auch in: Polytechnisches Journal Band 115 (1850), Nr. XXXVI, S. 181–194, u. Nr. LIV, S. 253–270).
Stolle, Eduard: Die einheimische und ausländische Gesetzgebung zum Schutze gewerblicher Erfindungen, nachgelassenes Manuscript, hg. von Otto Hübner, Leipzig 1855.
Strunk, Peter: AEG. Aufstieg und Niedergang einer Industrielegende, 2. Aufl., Berlin 2000.
Teuteberg, Hans-Jürgen/Neutsch, Conelius (Hg.): Vom Flügeltelegrafen zum Internet. Geschichte der modernen Telekommunikation (Vierteljahrschrift für Sozial- und Wirtschaftsgeschichte, Beihefte, 147), Stuttgart 1998.
Torp, Cornelius: Die Herausforderung der Globalisierung. Wirtschaft und Politik in Deutschland 1860–1914 (Kritische Studien zur Geschichtswissenschaft, Bd. 168), Göttingen 2005.
Trendelenburg, Ferdinand: Aus der Geschichte der Forschung im Hause Siemens (Technikgeschichte in Einzeldarstellungen, 31), Düsseldorf 1975.
Übler, Rebekka: Die Schutzwürdigkeit von Erfindungen. Fortschritt und Erfindungshöhe in der Geschichte des Patent- und Gebrauchsmusterrechts, Tübingen 2014.

Veröffentlichungen, Patente und Vorträge von Werner von Siemens. Zusammengestellt anläßlich der 150. Wiederkehr seines Geburtstages von der Schriftleitung der «Entwicklungsberichte der Siemens-Halske-Werke», Berlin/München 1966.

Virchow, Rudolf: Die Gründung der Berliner Universität und der Uebergang aus dem philosophischen in das naturwissenschaftliche Zeitalter, Rede am 3. August 1893 in der Aula der Königlichen Friedrich-Wilhelms-Universität zu Berlin, Berlin 1893.

Vögtle, Fritz: Edison, Hamburg 1982.

Wagner, Volker: Die Dorotheenstadt im 19. Jahrhundert. Vom vorstädtischen Wohnviertel barocker Prägung zu einem Teil der modernen Berliner City (Veröffentlichungen der Historischen Kommission zu Berlin, Bd. 94), Berlin 1998.

Waller, Ernst: Studien zur Finanzgeschichte des Hauses Siemens, 1. Teil: 1840–1860; 2. Teil: 1861–1880; 3. Teil: 1881–1897, Ms. o. J. (SAA 20.Ld 366).

Wandrey, Conrad: Werner Siemens. Geschichte seines Lebens und Wirkens, Bd. 1 [*Bd. 2 ist nicht erschienen, J. B.*], München 1942.

Wefeld, Hans Joachim: Ingenieure aus Berlin. 500 Jahre technisches Schulwesen, Berlin 1988.

Wehler, Hans-Ulrich: Deutsche Gesellschaftsgeschichte, Bd. 1: Vom Feudalismus des Alten Reiches bis zur Defensiven Modernisierung der Reformära 1700–1815, München 1987.

Wehler, Hans-Ulrich: Deutsche Gesellschaftsgeschichte, Bd. 2: Von der Reformära bis zur industriellen und politischen «Deutschen Doppelrevolution» 1815–1845/49, München 1987.

Wehler, Hans-Ulrich: Deutsche Gesellschaftsgeschichte, Bd. 3: Von der «Deutschen Doppelrevolution» bis zum Beginn des Ersten Weltkrieges 1849–1914, München 1995.

Weiher, Sigfrid von: Die englischen Siemens-Werke und das Siemens-Überseegeschäft in der zweiten Hälfte des 19. Jahrhunderts, Berlin 1990.

Weiher, Sigfrid von: Werner von Siemens. Ein Leben für Wissenschaft, Technik und Wirtschaft, 2. Aufl. Göttingen/Zürich 1974.

Wengenroth, Ulrich: Elektroenergie, in: ders. (Hg.): Technik und Wirtschaft (Technik und Kultur, Bd. 8), Düsseldorf 1993, S. 325–345.

Wenzlhuemer, Roland: Connecting the Nineteenth-Century World: The Telegraph and Globalization, Cambridge 2013.

Werner, Gabriele u. a.: Paula Modersohn-Becker von Dresden her, Dresden 2003.

Wessel, Horst A.: Die Entwicklung des elektrischen Nachrichtenwesens in Deutschland und die rheinische Industrie. Von den Anfängen bis zum Ausbruch des Ersten Weltkrieges (Zeitschrift für Unternehmensgeschichte, Beiheft 25), Wiesbaden 1983.

Wessel, Horst A.: Kontinuität im Wandel. 100 Jahre Mannesmann 1890–1990, Düsseldorf 1990.

Wessel, Horst A.: Die Verbreitung des Telephons bis zur Gegenwart, in: Teuteberg/Neutsch (Hg.): Vom Flügeltelegraphen zum Internet, S. 67–112.

Wichert, Hans Walter: Dr. August Kramer. Leben und Werk (Schriftenreihe des Wissenschaftlichen Vereins zu Nordhausen gegründet 1855 e.V., 1), Nordhausen 1997.

Wilhelmy, Petra: Der Berliner Salon im 19. Jahrhundert (1780–1914) (Veröffentlichungen der Historischen Kommission zu Berlin, 73), Berlin/New York 1989.

Wilke, Arthur: Die Elektrizität, ihre Erzeugung und ihre Anwendung in Industrie und Gewerbe, Berlin/Heidelberg 1893, Leipzig 1893.

Wilkins, Mira: The History of Foreign Investment in the United States to 1914, Cambridge/Mass. 1989.

Winkler, Heinrich August: Geschichte des Westens. Bd. 1: Von den Anfängen in der Antike bis zum 20. Jahrhundert, 2. Aufl., München 2010.

Winkler, Heinrich August: Preußischer Liberalismus und deutscher Nationalstaat. Studien zur Geschichte der Deutschen Fortschrittspartei 1861–1866, Tübingen 1964.

Winterfeld, Ludwig von: Entwicklung und Tätigkeit der Firma Siemens & Halske in den Jahren 1847–1897, Leipzig 1913.

Wittendorfer, Frank: Wilhelm von Siemens und das Rittergut Biesdorf, in: Zur Geschichte des Denkmalensembles Schloss und Park Biesdorf – die wechselhafte Geschichte des Schlosses Biesdorf und seiner Bewohner, Berlin o. J. [2008], S. 5–38.

Witzlau, Reinhard: Der Zeigertelegraf von Werner Siemens und Johann Georg Halske aus den Jahren 1846/47 (Schriftenreihe der Werner-von-Siemens-Schule Gransee, 1), Gransee 2012.

Wolff, Stefan L.: Gustav Magnus – ein Chemiker prägt die Berliner Physik, in: Hoffmann (Hg.): Gustav Magnus, S. 11–31.

Wulle, Armin: Der Stettiner Vulcan. Ein Kapitel deutscher Schiffbaugeschichte. Herford 1989.

Zenneck, Jonathan: Werner von Siemens und die Gründung der Physikalisch-Technischen Reichsanstalt, Berlin 1931.

Zöbl, Dorothea: Siemens in Berlin. Spaziergänge durch die Geschichte der Elektrifizierung, Berlin 2008.

Internetquellen

http://atlantic-cable.com/Cables/1859Batavia-Singapore/index.htm
http://atlantic-cable.com/1870BritishIndian
http://atlantic-cable.com/Cables/1854–57/Mediterranean
http://atlantic-cable.com/Cables/1859SuezKarachi/
http://patft.uspto.gov
http://www.bbl-digital.de/seite/477/
https://www.deutsche-biographie.de/gnd117365882.html#ndbcontent
http://www.deutsche-biographie.de/pnd100113842.html
http://www.deutsche-biographie.de/sfz72543.html
http://www.deutsches-museum.de/sammlungen/meisterwerke/meisterwerke-iii/dynamomaschine

http://www.pfhl.de/Kirchspiele/luebeck/i58.htm#i946
http://www.siemenshaus.de
http://www.siemens.com/history/de/200_jahre_werner_von_siemens/meilensteine.htm
http://www.siemens.com/press/pool/de/events/2011/corporate/2011-05-Linderhof/picturesheet_meilensteine.pdf
wafr.lbmv.de/show.php?action=1860-03-09&marker=on

Abbildungsnachweis

akg-images, Berlin   S. 41, 45, 62, 94, 130, 181, 330, 332, 340, 355, 408, 417
Alamy   S. 175
Birmingham Museums and Art Gallery   S. 74
bpk, Berlin   S. 81, 96, 99, 119, 158, 197, 225, 226, 358, 359
Common Film, Helmut Wietz   S. 269
Deutsches Technik Museum, Berlin   S. 369
Geheimes Staatsarchiv Preußischer Kulturbesitz, Berlin   S. 108, 414
Interfoto, München   S. 132
Porthcurno Telegraph Museum   S. 273
United States Patent and Trademark Office, Alexandria/VA   S. 78
entnommen aus: Archiv für Post und Telegraphie, Jg. 1905   S. 114
entnommen aus: E.R. Forester-Walker, A History of the Wire Rope Industry of Great Britain, Newport 1952   S. 201
entnommen aus: The Illustrated London News, 12 December 1874   S. 289
entnommen aus: Leipziger Zeitung, Band 1, 1849   S. 125
entnommen aus: Once a week, London 1859   S. 205
entnommen aus: Polytechnisches Journal, 1845, Band 97, Nr. LXXXVII   S. 82

Die übrigen Bilder stammen aus den Beständen des Siemens Historical Institute, Berlin, und des Archivs der Siemens-Familienstiftung, Goslar.

Personenregister

Die Verweise auf Abbildungen sind kursiv gesetzt.
Nobilitierte Personen werden durchgehend mit Adelstitel genannt.

Alexander II., Zar (1818–1881) 179 f., 188, 262
André, Wilhelm (Oberbürgermeister von Chemnitz, 1827–1903) 316
Augusta, Deutsche Kaiserin/Königin von Preußen, geb. Prinzessin von Sachsen-Weimar-Eisenach (1811–1890) 415
Aureggio (General, Eisenbahndirektor) 170
Bailey, Joshua F. (Generalbevollmächtigter, 1831–1907) 360–362
Baldamus, Carl Friedrich (Erfinder) 76–78
Bamberger, Ludwig (Bankier, 1823–1899) 279 f.
Bateman-Champain, John Underwood (brit. Offizier und Ingenieur, 1835–1887) 261
Bell, Alexander Graham (Unternehmer, 1847–1922) 331–333, *332*, 353, 357, 360
Bennewitz, Gustav (Bankier) 399
Bessemer, Henry (Ingenieur, 1813–1898) 313
Bismarck, Otto Fürst von (Staatsmann, 1815–1898) 222, 224 f., *225*, 315, 317–319, 321, 330, 332, 401, 411 f., 415 f., 418, 438
Bleichröder, Gerson von (Bankier, 1822–1893) 299

Bötticher, Friedrich M. (Mechaniker) 99–101, 110
Boetticher, Karl Heinrich von (Staatssekretär im Reichsamt des Innern, 1833–1907) 409
Bohlen, Agnes von (Lehrerin und Schriftstellerin) 189, 215, 230
Boistel, Georges (Ingenieur, Leiter von Siemens Frères, Paris) 356
Bolton, William (Bergwerksdirektor, 1831–1900) 276, 420
Bonelli (sardin.-piemont. Telegrafendirektor) 200
Borsig, Albert (Unternehmer, 1829–1878) 299
Borsig, August (Unternehmer, 1804–1854) 45
Boyen, Hermann von (preuß. Kriegsminister, 1771–1848) 79
Bréguet, Louis (Telegrafeningenieur, 1804–1883) 140 f., 147, 172
Brentano, Lujo (Nationalökonom, 1844–1931) 309
Brett, Jacob (Telegrafenpionier, 1808–1898) 118, 140, 196 f., 257
Brett, John Watkins (Ingenieur und Telegrafenpionier, 1805–1863) 140, 169 f., 175, 194, 196 f., 199, 257

Brisbart-Gobert, Edouard-Antoine (Mechaniker) 172
Brunner, Karl Friedrich (österr. Telegrafendirektor, 1823–1914) 194
Brush, Charles Francis (Unternehmer, 1849–1929) 335, 357
Bucher, Lothar (Journalist und Politiker, 1817–1892) 321
Bültzingslöwen, Ferdinand Freiherr von (Feldmesser, 1808–1882) 35–37, 402
Bültzingslöwen, Günther Freiherr von (Kaufmann, 1839–1889) 402 f.
Burg, Meno (preuß. Offizier, 1789–1853) 44
Caesar, Gaius Iulius (röm. Staatsmann und Feldherr, 100 v. Chr.–44 v. Chr.) 159
Camphausen, Otto von (preuß. Finanzminister, 1812–1896) 330
Caprivi, Georg Leo Graf von (Reichskanzler, 1831–1899) 427
Chauvin, Franz von (preuß. Telegrafendirektor, 1812–1898) 195, 226, 261, 266
Chauvin, Georg von (Techniker) 240
Cicero, Marcus Tullius (röm. Philosoph, 106 v. Chr.–43 v. Chr.) 159

Cobden, Richard (Unternehmer, 1804–1865) 220
Cooke, William Fothergill (Telegrafenpionier, 1806–1879) 94, 96, 137, 140
Corliss, George Henry (Ingenieur, 1817–1888) 76
Crome, Friedrich (Rechtsanwalt und Justizrat, Schwager von Werner, 1821–1883) 165 f., 209 f., 215, 266
Crome, Friedrich (1859–1877) 165
Crome, Karl Bonaventura (1856–1917) 165, 400
Crome, Margarethe Elisabeth, geb. von Kutschenbach (1866–1955) 400
Crome, Sophie Auguste Caroline, geb. Siemens (Schwester von Werner, 1834–1922) 29, 48, 55, 58, 61, 150, 151, 165 f., 212, 374, 400
Crome, Werner (1854–1871) 165
Curtius, Ernst (Archäologe, 1814–1896) 34
Cusani, Marchese (Unternehmer) 208 f.
Daguerre, Louis (Maler und Fotopionier 1787–1851) 66
Dargent, Jean Edouard (Maler, 1824–1899) 62
Darwin, Charles (Naturforscher, 1809–1882) 405
Deichmann, Adolf (Gutspächter) 89
Deichmann, Auguste (Ehefrau von Ferdinand Deichmann) 50, 55, 58, 61, 165
Deichmann, Eduard (Gutsbesitzer) 57 f., 60 f., 88
Deichmann, Eleonore «Helene», geb. Scheiter (Großmutter von Werner, 1765–1857) 31 f., 55–58, 59, 60 f., 84, 87
Deichmann, Ferdinand (Onkel von Werner) 50, 55, 57 f., 61, 73, 165

Deichmann, Karl 89
Deichmann, Ludwig August (Großvater von Werner, 1768–1819) 21–23, 25, 39, 57
Deichmann, Wilhelm Ludwig (Bankier, 1798–1876) 50, 279
Delamarche (Ingenieur) 200
Delbrück, Adelbert (Bankier, 1822–1890) 279 f., 315, 348, 365, 367, 417
Delbrück, Rudolph von (Politiker, 1817–1903) 314 f., 317 f.
Detouche, Constantin Louis (Uhrenfabrikant, 1810–1889) 172
Dettweiler, Peter (Arzt, 1837–1904) 394
Dillwyn, Lewis Llewelyn (Unternehmer, 1814–1892) 382
Dilthey, Wilhelm (Philosoph, 1833–1911) 420
Dohrn, Anton (Zoologe, 1840–1909) 405, 408, 422
Dove, Heinrich Wilhelm (Physiker, 1803–1879) 81, 235
Drumann, Heinrich Philipp (Pfarrer, 1747–1826) 159
Drumann, Sophie, geb. Mehliß (Schwiegermutter von Werner, 1797–1845) 157 f., 159–162
Drumann, Sophie (Schwester von Mathilde/Verlobte von Ferdinand Siemens) 159 f., 162, 189
Drumann, Wilhelm (Schwiegervater von Werner, 1786–1861) 91, 106, 120, 122, 149, 157–162, 161, 166, 188, 211–213, 250
Du Bois-Reymond, Emil (Physiologe, 1818–1896) 80, 81, 99 f., 99, 141, 155, 204, 212, 225 f., 235, 300–302, 325, 373, 405 f., 437
Du Vignau, Albert (preuß. Offizier, 1795–1885) 135, 143

Duesberg, Franz von (preuß. Finanzminister, 1793–1872) 107 f.
Edert, Iwar Peterson (Lehrer, 1824–nach 1890) 123 f.
Edison, Madeleine (1888–1979) 372
Edison, Mina, geb. Miller (1865–1947) 372 f.
Edison, Thomas Alva (Erfinder und Unternehmer, 1847–1931) 241, 336, 353–358, 355, 360–366, 368, 372 f., 393, 400, 418, 427, 436
Egells, Franz Anton (Unternehmer, 1788–1854) 45
Ehrenberg, Richard (Nationalökonom, 1857–1921) 10, 72, 129, 180
Eisenlohr, Ferdinand (1839–1895) 326
Eisenlohr, Ludwig (Architekt, 1851–1931) 325 f., 399
Eisenlohr, Wilhelmine «Mimi», geb. Denzel (Tante von Antonie) 324, 326, 398
Ekengreen, Johann Gustav (Domänenpächter, gest. 1873) 57 f., 60 f., 84, 91
Elkington, George Richards (Ingenieur und Unternehmer, 1801–1865) 73 f., 74, 76, 86, 137
Erdmann, Gottlieb (Pharmazeut und Chemiker, 1798–1876) 44
Etzel, Franz August von (bis 1846: O'Etzel, preuß. Telegraphendirektor, 1784–1850) 96 f., 102, 105 f., 127
Faraday, Michael (Physiker, 1791–1867) 300
Fardely, William (Telegrafenpionier, 1810–1869) 117 f.
Feldenkirchen, Wilfried (Wirtschaftshistoriker, 1947–2010) 13
Feldhaus, Franz Maria (Technikhistoriker, 1874–1957) 12

Personenregister **565**

Fiebig, August (Hausdiener) 420
Field, Cyrus West (Unternehmer, 1819–1892) 205 f., 243, 269, 282–285, 287
Foerster, Wilhelm (Astronom, 1832–1921) 406, 417
Fontane, Theodor (Schriftsteller, 1819–1898) 87
Forckenbeck, Max von (Oberbürgermeister von Berlin, 1821–1892) 306, 338, 415, 417 f.
Fraenkel, Anton (Bankier) 171
Friedrich III., Deutscher Kaiser/König von Preußen (Kronprinz Friedrich Wilhelm, 1831–1888) 227, 342, 397, 411 f., 415 f.
Friedrich II. der Große, König von Preußen (1712–1786) 71
Friedrich VII., König von Dänemark (1808–1863) 121, 125, 223
Friedrich Franz II., Großherzog von Mecklenburg-Schwerin (1823–1883) 328
Friedrich Wilhelm II., Großherzog von Mecklenburg-Strelitz (1819–1904) 328
Friedrich Wilhelm IV., König von Preußen (1795–1861) 68, 119 f., 125 f., 130 f., 133 f., 217
Frischen, Carl Ludwig (Ingenieur, leitender Mitarbeiter von Siemens & Halske, 1830–1890) 195, 307, *307*, 341
Frölich, Oskar (Physiker, Leiter des Laboratoriums von Siemens & Halske, 1843–1909) 240
Gaertner, Eduard (Maler, 1801–1877) 43
Gauß, Carl Friedrich (Mathematiker und Physiker, 1777–1855) 96
Georg III., König des Vereinigten Königreichs Großbritannien und Irland, König von Hannover (1738–1820) 25
Georg V., König von Hannover (1819–1878) 224
Georg, Großherzog von Mecklenburg-Strelitz (1779–1860) 40
Gernet, Katharina von, geb. von Krehmer (1829–1896) 276
Gisborne, Lionel (Ingenieur, 1823–1861) 203 f., 207
Goethe, Johann Wolfgang von (Dichter, 1749–1832) 344
Goltermann, Auguste (Tante von Werner) 51
Gordon, Donald (Manager) 278, 382
Gordon, Joseph G. (Manager) 384
Gordon, Lewis (Ingenieur, 1815–1876) 196 f., *201*, 202, 204, 206, 209 f.
Gordon, Marie (Schwägerin von Anne Siemens) 267
Goßler, Gustav von (preuß. Kultusminister, 1838–1902) 407, 409
Graefe, Friedrich Albrecht von (Augenarzt, 1828–1870) 227
Gramme, Zénobe Théophile (Konstrukteur, 1826–1901) 335
Grote, Ferdinand Reichsfreiherr von 19 f.
Grote, Sabine Reichsfreifrau von (Tante von Werner) 20, 26, 31, 107
Haase, Carl (leitender Mitarbeiter von Siemens & Halske) 183, 279, 306–308
Haccius (Oberkommissär) 22 f.
Hagemann (Oberverwalter) 25 f., 28
Halske, Henriette, geb. Schmidt (1819–1884) 112, 167 f., *250*
Halske, Johann Georg (Feinmechaniker und Unternehmer, 1814–1890) 11, 99–103, *100*, 106, 108–113, *112*, 115, 126 f., 129, 133–135, 138–140, 146, 149, 155, 166–168, 170 f., 173–175, 184 f., 191 f., 194, 242–255, *250*, 276 f., 296, 304, 306, 310, 381 f., 430–432, 434
Halske, Johann Heinrich (Zuckermakler, gest. 1829) 111
Halske, Johanna Catharina (1788–1876) 112
Hammacher, Friedrich (Jurist und Politiker, 1824–1904) 321, 410, 420, *421*
Hansemann, David (Bankier, 1790–1864) 221
Hansemann, Gustav (Unternehmer) 155
Harries, Hertha, geb. von Siemens (Tochter von Werner, 1870–1939) 321, 324, *325*, 398, *398*, 420–422, *424*, 436
Hausmann, Karl von (Freund von Werner, 1816–1879) 41
Hebeler, Bernhard (preuß. Generalkonsul in London) 83
Hefner-Alteneck, Friedrich von (Ingenieur und Werkleiter, 1845–1904) 238, 240 f., *241*, 336–338, *337*, 353, 387, 436
Hegel, Georg Wilhelm Friedrich (Philosoph, 1770–1831) 71
Heine, Gustav (Maler, 1855–1944) 359
Heintzenberg, Friedrich (Leiter des Siemens-Archivs, 1879–1955) 12 f.
Helfferich, Karl (Ökonom, 1872–1924) 284
Helmholtz, Anna von, geb. von Mohl (1834–1899) 394, 396, 401, 419 f.
Helmholtz, Hermann von (Physiker, 1821–1894) 155, 300 f., 304, 325, 372 f., 394–396, 401, 404–406, 408 f., 408, 411 f., 416, 419 f., 422, 437 f.

Helmholtz, Robert von (1862–1889) 394, 420, 422
Hemp, Daniel (Ingenieur) 174, 176, 266
Heydt, August Freiherr von der (Bankier und preuß. Handels-/Finanzminister, 1801–1874) 144–146, 195, 313–315
Heyse, Henriette (1791–1850) 64 f., 87
Heyse, Johann Christian (Schuldirektor, 1764–1829) 64 f.
Hildebrand, Adolf von (Bildhauer, 1847–1921) 422, 426 f., *426*
Himly, Carl (Chemiker, Schwager von Werner, 1811–1885) 52, *52*, 60 f., 66–68, 72, 79, 101 f., 122–124, 165, 188, 212, 223
Himly, Carl Gustav (Arzt, 1772–1837) 52
Himly, Mathilde Georgine, geb. Siemens (Schwester von Werner, 1814–1878) 23, 28, 49, 51 f., *52*, 54, 56 f., 60 f., 64, 66 f., 70, 72, 74, 83, 87 f., 101, 122, 152, *153*, 155, 163, 165, 188, 212, 223, 228 f., 231, 234, 374
Hirschmann, Wilhelm (Mechaniker) 99, 111
Hjorth, Søren (Ingenieur, 1801–1870) 235
Hölscher, Uvo (Lehrer und Archivar, 1847–1914) 327
Höltzer, Carl (Telegrafeningenieur) 266
Höltzer, Ernst (Telegrafeningenieur, 1835–1911) 266, 269, *269*
Hofmann, Karl von (Leiter Reichskanzleramt, 1827–1910) 318
Howe, Willy (Lehrer) 425 f.
Huet, Georg von (preuß. Oberst) 39
Humboldt, Alexander von (Naturforscher, 1769–1859) 101, 141, *142*
Itzenplitz, Heinrich Friedrich von (preuß. Handelsminister, 1799–1883) 314 f.
Jablochkoff, Pavel (Ingenieur und Erfinder, 1847–1894) 335 f., 338 f., 341, 356 f.
Jacobi, Karl von (Präsident Reichspatentamt, 1828–1903) 319
Jacobi, Moritz Hermann von (Physiker und Ingenieur, 1801–1874) 62, 66
Jedlick, Anianus (Ingenieur, 1800–1895) 235
Johannes, Johann Gustav Albert (Ratsherr) 212
Kaiser, Eduard (Ingenieur) 379
Kap-herr, Hermann Freiherr von (Bankier, 1801–1877) 170 f., 174, 183, 185
Karsten, Gustav (Physiker, 1820–1900) 81
Kirchhoff, Gustav Robert (Physiker, 1824–1887) 155, 417
Kleinmichel, Pjotr Andrejewitsch (Leiter der russ. Telegrafenverwaltung, 1789–1869) 168–171, *169*, 174–179, 187 f.
Klostermann, Rudolf (Jurist, 1828–1886) 316
Kocka, Jürgen (Historiker) 11, 306, 368
Kramer, August (Lehrer und Telegrafenpionier, 1817–1885) 98, 117, 120, 126–128, 132 f., 195
Krimping (Ingenieur) 277 f.
Krüger, Franz (Maler, 1797–1857) 45
Krupp, Alfred (Unternehmer, 1812–1887) 241, 412, 440
Krupp, Friedrich Alfred (Unternehmer, 1854–1902) 279, 412
Langen, Eugen (Ingenieur und Unternehmer, 1833–1895) 383 f.
Lenbach, Franz von (Maler, 1836–1904) 401 f., *403*, 427
Lenthe, Ernst Ludwig Julius von (hannov. Diplomat, Staats- und Kabinettsminister, 1744–1814) 23–25
Lenthe, Friedrich Ernst Otto von (Kammerrat, 1773–1840) 25 f., 27
Leonhard, Ferdinand (Uhrmacher) 75–77, 92–94, 97–99, 101, 103, 118
Leopold I., König der Belgier (1790–1865) 140
Liddell, Charles (Ingenieur, 1813–1894) 197, 200, 202
Löffler, Johann (Mitarbeiter von Siemens & Halske) 174, 176, 203
Löffler, Ludwig (Mitarbeiter und Managing Director bei Siemens Brothers, 1831–1906) 202–204, 206, 246, 285–287, 292, 294–296, 375–382, *380*, 422
Loewe, Ludwig (Unternehmer, 1837–1886) 311
Louis Philippe I., König der Franzosen (1773–1850) 118
Lucae, Richard (Architekt, 1829–1877) 322
Lüders, Karl von (russ. Telegrafendirektor) 139, 168, 174, 261, 332
Lutz, Martin (Historiker) 10, 13
Lynker, Grete (Kusine von Antonie Siemens) 422
Magnus, Friedrich Martin (Bankier, 1796–1869) 167, 171, 279
Magnus, Gustav (Physiker, 1802–1870) 44, 71, 80 f., *81*, 167, 235–237, 300
Mann, Heinrich (Schriftsteller, 1871–1950) 34
Mann, Thomas (Schriftsteller, 1875–1955) 34
Mannesmann, Carl (Ingenieur und Unternehmer, 1861–1950) 384
Mannesmann, Max (Erfinder und Unternehmer, 1857–1915) 383–385, 393
Mannesmann, Reinhard (Erfinder und Unter-

Personenregister **567**

nehmer, 1856–1922) 383–385, 393
Mannesmann, Reinhard (Werkzeugfabrikant, 1814–1894) 384
March, Trude 398
Martin, Emile (Techniker und Erfinder, 1794–1871) 278
Martin, Pierre (Techniker und Erfinder, 1824–1915) 278
Mason, Josiah (Unternehmer, 1795–1881) 74
Matschoss, Conrad (Technikhistoriker, 1871–1942) 12 f., 75
Maybach, Albert von (preuß. Handelsminister und Minister der öffentlichen Arbeiten, 1822–1904) 343–346
Mehlis, Georg (Ingenieur) 210
Mehliß, Georg (Arzt, Großvater von Mathilde) 26, 162
Mehliß, Sophie, geb. Siemens (Tante von Werner und Großmutter von Mathilde) 157
Mendelssohn sen., Franz von (Bankier, 1829–1889) 416
Metternich, Klemens Wenzel Lothar von (österr. Staatsmann, 1773–1859) 118
Meyer, Agnes 155
Meyer, Andreas (Domänenpächter) 26, 49
Meyer, Laura 155
Meyer, Adolph Wilhelm «William» (Offizier, leitender Mitarbeiter von Siemens & Halske, 1816–1868) 41–47, 42, 63–66, 72, 91 f., 128, 132 f., 135, 145 f., 153, 155, 164, 183, 189 f., 195, 204, 206, 226 f., 243, 248, 250 f., 306–308
Michon de Vougy, Henri (frz. Telegrafendirektor, 1807–1891) 246

Mie, Gustav (Physiker, 1868–1957) 301
Miller, Oskar von (Ingenieur, 1855–1934) 358, 361–363
Miquel, Johannes von (Oberbürgermeister von Frankfurt, 1828–1901) 365
Mittelhausen (Mechaniker) 203
Moltke, Helmuth von (preuß. Generalstabschef, 1800–1891) 407
Moltrecht, Hannibal (Mechaniker, 1812–1882) 97, 117
Mommsen, Theodor (Historiker, 1817–1903) 217, 222, 322, 401, 404, 417 f., 417, 420
Morse, Samuel Finley Breese (Telegrafenpionier, 1791–1872) 96, 126, 132, 134, 146, 173, 195 f., 291, 302, 357, 434 f.
Napoleon I. Bonaparte, Kaiser der Franzosen (1769–1821) 15, 21, 24, 95, 118, 122, 147, 176, 344
Napoleon III., Kaiser der Franzosen (1808–1873) 147, 225
Naser ad-Din, Schah von Persien (1831–1896) 262
Newall, Robert Stirling (Ingenieur und Unternehmer, 1812–1889) 196–200, 202–204, 206, 209, 211, 243, 266
Nikolaus I., Zar (1796–1855) 168 f., 173, 175 f., 179
Nikolaus II., Zar (1868–1918) 413
Nottebohm, Friedrich (preuß.Regierungsrat, 1808–1875) 103, 106, 127–129, 132–135, 138, 143–146, 145, 149, 164, 166, 168, 183, 195
O'Etzel, Franz August – siehe Etzel, Franz August von
Ohm, Martin (Mathematiker, 1792–1872) 44
O'Shaughnessy, William (ind.

Telegrafendirektor, 1809–1889) 257
Pender, John (Unternehmer, 1816–1896) 269–273, 273, 282 f., 287–291, 294
Peter I. der Große, Zar (1672–1725) 174
Pieper, Carl (Ingenieur, 1842–1901) 316
Pietschker, Charlotte (Enkeltochter von Werner, 1885–1970) 398
Pietschker, Käthe (Tochter von Werner, 1861–1949) 213 f., 213, 227–231, 230, 234, 321, 323, 324, 326, 338 f., 360, 396–398, 398
Pietschker, Karl August (Pfarrer, 1846–1906) 397 f., 398
Pinner, Felix (Wirtschaftsjournalist, 1880–1942) 368
Platenius, Wilhelm August (Bankier, 1822–1902) 280
Poggendorff, Johann Christian (Physiker, 1796–1877) 80
Pole, William (Schriftsteller, 1814–1900) 76, 422
Pompeius, Gnaeus (röm. Politiker und Feldherr, 106 v. Chr.–48 v. Chr.) 159
Poten, Ernst von (hannov. Offizier, Patenonkel von Werner) 15, 51
Poten, Friederike von (Tante von Werner) 51
Pouyer-Quertier, Augustin (Unternehmer und Politiker, 1820–1891) 290 f.
Pruckner (Unternehmer) 107, 139
Puttkamer, Robert Viktor von (preuß. Kultusminister, 1828–1900) 406
Rathenau, Emil (Unternehmer, 1838–1915) 357 f., 358, 360–363, 366–368, 370
Rauch, Gustav von (preuß. General und Kriegsminister, 1774–1841) 39
Reis, Philipp (Physiker, 1834–1874) 331

Reuleaux, Franz (Ingenieur, 1829–1905) 315, 318 f., 382 f.
Reuter, Paul Julius Freiherr von (bis 1845 Israel Beer Josaphat, Unternehmer, 1816–1899) 145, 261, 286
Ricketts, Frederick Henry (Mitarbeiter von Siemens Brothers, 1837–1874) 288
Rieß, Peter Theophil (Physiker, 1804–1883) 81, 235
Robinson, Charles (Ingenieur) 134
Rönne, Friedrich von (Jurist, 1798–1865) 219
Roloff (Leutnant) 86
Roon, Albrecht von (preuß. Kriegsminister, 1803–1879) 222
Rosenthal, Joseph (Beigeordneter der Stadt Köln, Syndikus von Siemens & Halske, 1848–1920) 316, 365 f., 411, 418
Rothschild, Mayer Amschel (Bankier, 1744–1812) 253
Sabean, David Warren (Historiker) 10, 162, 381
Sabine, Robert (Ingenieur, 1837–1884) 237 f.
Scharnhorst, Wilhelm von (preuß. General, 1786–1854) 39
Schellen, Heinrich (Publizist und Lehrer, 1818–1884) 353
Scheuritzel, Anton (Maler, 1874–1954) *35*
Schilling von Cannstatt, Paul (Telegrafenpionier, 1786–1837) 96
Schinkel, Karl Friedrich (Architekt, 1781–1841) 36, 43
Schmoller, Gustav von (Nationalökonom, 1838–1917) 18, 49, 309
Scholz, Hermann (Pastor, 1853–1929) 418, 427
Schulze-Gävernitz, Hermann von (Jurist, 1824–1888) 416

Schumpeter, Joseph (Nationalökonom, 1883–1950) 302
Schwartzkopff, Louis (Unternehmer, 1825–1892) 59, 191
Schwieger, Heinrich (Bauingenieur, leitender Mitarbeiter von Siemens & Halske, 1846–1911) 348 f.
Scott, John D. (Publizist) 381
Siemens, Adolf (hannov./preuß. Offizier, Onkel von Antonie, 1811–1887) 63, 231 f., 327
Siemens, Alexander «Ali» (Managing Director von Siemens Brothers, 1847–1928) 267, 279, 295 f., 327, 375, 377–379, 381 f., *383*, 436
Siemens, Alma, geb. Müller (Schwägerin von Werner, 1831–1914) 227, 327
Siemens, Ananias (Ahnherr, ca. 1538–1591) 16 f.
Siemens, Anna von (Tochter von Werner) – siehe Zanders, Anna
Siemens, Anne, geb. Gordon (Schwägerin von Werner, 1821–1901) 209 f., 247, 253, 267, 285, 375, 378, 413, 422
Siemens, Annette, geb. von Krehmer (vor 1870 von Swjatopolk-Mirski, Schwägerin von Werner) 274–276, 403
Siemens, Antonie von, geb. Siemens (2. Ehefrau von Werner, 1840–1900) 231–234, 233, 286, 321 f., 323, 324–327, 329, *398*, 399, 404, 419–422, *424*, 426, 435, 439
Siemens, Antonie (Tante von Antonie) 231 f.
Siemens, Arnold von (Sohn von Werner, 1853–1919) 188–190, *190*, 211, 211 f., 213, 214 f., 227, *228*, 295–297, 324–327, 371, 375, 378, 381,

387, 390, 393–399, *395*, 404, 419–421, 426, 438 f.
Siemens, August (Onkel von Werner) 26, 57
Siemens, Carl Friedrich von (Sohn von Werner, 1872–1941) 322, *325*, 398 f., *398*, 404, 420, *424*, 436
Siemens, Carl Heinrich von (Bruder von Werner, 1829–1906) 10 f., 29, 33, 55, 58, 61, 83 f., *85*, 86, 102 f., 105, 120, 122, 124, 128, 135, 146 f., 149, 151–154, 156, 166, 170–177, *173*, 179, 181, 183, 185, 187 f., 191, 194, 197–199, 209 f., *215*, 219, 229, 238, 240, 242–246, 248 f., 251–254, 257–262, 267 f., 270–272, 274–277, 279–282, 285–289, 293–296, 304 f., 307, 311 f., 322, 327 f., 333, 338–341, 347, 353, 356, 360, 362, 365, 371, 374–379, 382, 389, 393 f., 398, 400, 412 f., 418–424, *421*, 426 f., 430–439, *433*
Siemens, Charlotte von (Tochter von Carl, 1858–1926) 274
Siemens, Christian Ferdinand (Vater von Werner, 1787–1840) 15 f., 20–28, *21*, *27*, 30–37, 39 f., 42, 45 f., 48–58, *56*, 60, 64, 88 f., 122, 157, 159, 162, 324, 328, 402, 430, 434
Siemens, Eleonore, geb. Deichmann (Mutter von Werner, 1792–1839) 15 f., 21 f., 22, 25, 28, 31, 33, 36, 50–58, *56*, 61, 88, 159, 162, 190, 328, 429 f.
Siemens, Ellen von, geb. von Helmholtz (Schwiegertochter von Werner, 1864–1941) 395–398, *395*, 419, 426
Siemens, Eleonore «Elly» (Tochter von Hans, 1858–1912) 227, 321
Siemens, Eleonore von «Elly» (Schwiegertochter von

Personenregister **569**

Werner, 1860–1919) 327, 396–398, *397*, 404
Siemens, Ernst (Hilfsförster) 327
Siemens, Eulalia, geb. Hertzog (Schwägerin von Werner, 1835–1916) 210, 212
Siemens, Ferdinand Julius (Bruder von Werner, 1821–1893) 23, 29, 33, 50, 52, 55 f., 58, 60 f., 88, 103, 152, 154, 160–163, 210, 212 f., 374, 396, *433*
Siemens, Franz Ernst (Bruder von Werner, 1831–1840) 29, 33, 56, 58
Siemens, Friedrich August (Bruder von Werner, 1826–1904) 29, 33, 55, 58, 61, 84, *85*, 86, 101, 120, 122, 124, 137 f., 145, 147, *150*, 151–154, *153*, 156, 172, 192–194, *193*, 210, 227, 278, 297, 322, 327 f., 340, 374, 383 f., 399, 422 f., 430, *433*, *433*, 439
Siemens, Georg von (Bankier, Neffe zweiten Grades von Werner, 1839–1901) 154, 263 f., *263*, 268–270, 279–284, 348, 363, 365–367, 370–373, *372*, 384 f., 417, 436, 438 f.
Siemens, Gerda Ellen von (Enkeltochter von Werner, 1892–1909) 426
Siemens, Gertrud (Tochter von Hans, 1861–1950) 227, 321
Siemens, Gottlieb (Rittergutsbesitzer, Onkel von Werner, 1776–1854) 40, 57, 91
Siemens, Gustav (Oberamtsrichter, 1806–1874) 267
Siemens, Hans Dietrich (Bruder von Werner, 1818–1867) 23, 29, 33–36, 50, 52 f., 55 f., 58, 60 f., 88, 91, 103, *150*, 151–154, *153*, 194, 210, 227, 327 f.
Siemens, Hans Jürgen (Kaufmann und Stadthauptmann, 1628–1694) 16
Siemens, Hermann Werner (Enkelsohn von Werner, 1885–1986) 398
Siemens, Hertha von (Tochter von Werner) – siehe Harries, Hertha
Siemens, Johann Georg (Gutspächter, Onkel von Werner, 1764–1827) 26
Siemens, Johann Georg (Justizrat, Vetter von Werner, 1805–1879) 91, 107, *107*, 109 f., 113, 117, 121, 134 f., 154 f., 164, 166 f., 183–185, 214, 233, 263, 284, 432
Siemens, Johann Georg Heinrich (Großvater von Werner, 1735–1805) 18 f., 20
Siemens, Käthe von (Tochter von Werner) – siehe Pietschker, Käthe
Siemens, Karl von (Schwiegervater von Werner, 1809–1885) 231–234, *232*, 240, 277 f., 326, 399
Siemens, Leopold «Leo» (hannov. Offizier/preuß. General, 1847–1925) 327
Siemens, Ludwig «Louis» (Unternehmer, Vetter von Werner, 1819–1892) 40, 87 f., 91, 103, 154, 157, 162, 277 f., *277*, 327, 338, 382
Siemens, Ludwig Georg (Bruder von Werner, 1812–1871) 21 f., 24, 28, 33 f., 52–54, 57, 61, 88 f., 153, 157, 434
Siemens, Marie, geb. von Sperl (Ehefrau von Werners Vetter Johann Georg, 1819–1902) 154 f., 164, 167 f., 233, 263
Siemens, Marie von (Tochter von Carl, 1860–1939) 274
Siemens, Marie (Tochter von Hans, 1859–1916) 227, 321
Siemens, Marie, geb. Kap-herr (Schwägerin von Werner, 1835–1869) 185, 210, 253 f., 268, 274
Siemens, Mathilde (Schwester von Werner) – siehe Himly, Mathilde
Siemens, Mathilde Emma Wilhelmine, geb. Drumann (1. Ehefrau von Werner, 1824–1865) 31, 157–168, *163*, *167*, 172, 185, *186*, 187–191, *190*, 195, 200 f., 204, 210–215, *211*, 222, 227 f., 230, 233, 250, 253, 394, 419, 430, *433*, 435
Siemens, Ottilie von, geb. Denzel (Schwiegermutter von Werner, 1812–1882) 231–234, *232*, 326, 399
Siemens, Otto (Bruder von Werner, 1836–1871) 29, 50, 54, 56, 58, 61, 87 f., 122, *150*, 151, 154, 156 f., 209, 222, 232, 267 f., 274–276, *275*, 279, 328, 403, 421, 433
Siemens, Sophie Auguste Caroline, Schwester von Werner) – siehe Crome, Sophie
Siemens, Sophie Elisabeth, geb. Huet (Großmutter von Werner, 1740–1799) 20
Siemens, Sophie Henriette (Schwester von Werner, 1821–1821) 29
Siemens, Walter (Bruder von Werner, 1833–1868) 29, 58, 61, 84, *85*, 87 f., 102, *150*, 151, *153*, 154, 156 f., 194, 206, 209, 210 f., 243, 245, 258, *260*, 262, 267 f., 279, 421, 430, 433
Siemens, Werner (Bruder von Werner, 1815–1815) 23, 29
Siemens, Werner Ferdinand von (Enkelsohn von Werner, 1885–1937) 398, 404
Siemens, Werner Hermann von (Sohn von Carl, 1856–1900) 274, 279
Siemens, Wilhelm «William»

(Bruder von Werner, 1823–1883) 10 f., 21, 29, 50–52, 54, 58–61, 63–66, 68, 72–79, 82 f., 86–88, 92, 100, 102–104, 107 f., 110, 113, 115, 117–120, 122, 124, 127–129, 131, 137 f., 140, *141*, 144–147, 150, 151–154, 156, 158 f., 163, 169–172, 175 f., 179, 187 f., 191–194, 196 f., 200, 202 f., 206–210, 209, 213, 215, 217, 220, 222, 224, 227, 229, 231, 235, 237 f., 242–244, 246–249, 252–254, 257, 259–263, 267, 270–276, 278 f., 282, 284–289, 292, 294–296, 304–306, 309, 313, 315, 317, 322, 327 f., 333, 336, 338 f., 345, 350, 360 f., 373–376, 374, 378 f., 382 f., 389 f., 393, 409, 418, 422 f., 430–436, 439

Siemens, Wilhelm von (Sohn von Werner, 1855–1919) 188, 190, 190, 211, 211, 213, 214 f., 227 f., 228, 295–297, 324 f., 327, 348, 371, 374 f., 378, 381, 387, 390, 393–399, 397, 404, 409, 419 f., 425, 438

Simson, Eduard von (Jurist, 1810–1899) 416

Smith (Verleger) 77

Solms-Braunfels, Ernst zu (1835–1880) 278

Soltmann, Carl (Freund von Werner, gest. 1846) 41

Soltmann, Conrad Heinrich (Unternehmer, 1782–1859) 93, *93*

Spehr (Hotelbesitzer) 33

Sponholz, Christoph (Hauslehrer) 33, 423

Springer, Ferdinand (Verleger, 1846–1906) 424 f.

Springer, Julius (Verleger, 1817–1877) 141, 144, 220, 424, 426 f.

Steinheil, Carl August von (Telegrafenpionier, 1801–1870) 96

Stephan, Heinrich von (Generalpostdirektor, 1831–1897) 329–332, *330*, 334, 336, 346

Stöhrer, Emil (Mechaniker, 1813–1890) 133, 195 f.

Stolle, Eduard (Jurist) 313

Storm, Theodor (Schriftsteller, 1817–1888) 34

Stülpnagel, Adalbert von (Fabrikinspektor) 311

Swan, Joseph Wilson (Physiker und Chemiker, 1828–1914) 357

Symons, Catharina (Ehefrau von Henning Symons) 16

Symons, Henning (Ahnherr) 16

Tappeiner, Franz (Arzt, 1816–1902) 189

Thyssen, August (Unternehmer, 1842–1926) 412

Treitschke, Heinrich von (Historiker, 1834–1896) 417

Tscherkow, Graf (Leiter der russ. Telegrafenverwaltung) 179

Unruh, Hans Victor von (Unternehmer und Politiker, 1806–1886) 309

Varley, Samuel Alfred (Elektroingenieur, 1832–1921) 237 f.

Ventadour, Jean Nicolas (Maler, 1822–um 1880) *130*

Victoria, Königin des Vereinigten Königreichs Großbritannien und Irland, Kaiserin von Indien (1819–1901) 374, 415

Victoria «Kaiserin Friedrich», Deutsche Kaiserin/Königin von Preußen (1840–1901) 227, 342, 412, 415

Villard, Henry (vor 1853 Heinrich Hilgard, Eisenbahnmagnat, 1835–1900) 355, 363 f., 366, 372 f., 378

Virchow, Rudolf (Pathologe, 1821–1902) 217, 222, 266, 301, 405, 415, 417 f., 420, 427

Wagner, Cosima (1837–1930) 420

Wagner, Johann Philipp (Kaufmann, 1799–1879) 77

Wagner, Richard (Komponist, 1813–1883) 401

Wallich, Hermann (Bankier, 1833–1928) 280 f., 284

Wandrey, Conrad (Literaturwissenschaftler, 1887–1944) 13, 25, 53

Wandschneider, Wilhelm (Bildhauer, 1866–1942) *437*

Warschauer sen., Robert (Bankier, 1816–1884) 322

Watson, Thomas A. (Mechaniker, 1854–1934) 331

Weaper, Henry (Manager) 264

Weber, Wilhelm (Physiker, 1804–1891) 96

Weiher, Sigfrid von (Leiter des Siemens-Archivs, 1920–2007) 13

West, Samuel (Maler, 1810–nach 1881) *74*

Weyrowitz, Auguste (Lehrerin) 230 f., 321 f.

Wheatstone, Charles (Telegrafenpionier, 1802–1875) 93 f., *93 f.*, 96 f., 137, 140, 237 f.

Wiedemann, Gustav (Physiker, 1826–1899) 346

Wilde, Henry (Ingenieur, 1833–1919) 237

Wilhelm I., Deutscher Kaiser/König von Preußen (Prinz Wilhelm von Preußen, 1797–1888) 188, 217, 219, 299, 318, 330, 332, 343–345, 415

Wilhelm II., Deutscher Kaiser/König von Preußen (1859–1941) 227, 440

Willert, Gustav (Pädagoge, 1826–1897) 214 f., 227 f., *228*, 321, 324

Wolff, Bernhard (Journalist und Unternehmer, 1811–1879) 134 f.
Wolff, Sophie 214, 227–231, *230*, 233 f.
Woods, Joseph (Ingenieur) 75 f., 83
Wrangel, Friedrich von (preuß. General, 1784–1877) 122, 124 f., 131, *132*
Wurmb, Lothar von (Polizeipräsident von Berlin, 1824–1890) 299
Zanders, Anna (Tochter von Werner, 1858–1939) *211*, 212, *213*, 214, 227–231, *230*, 234, *321*, *323*, 324, 326, 360, *397*, *398*
Zanders, Richard (Papierfabrikant, 1860–1906) 397
Zeiß, Carl (Mechaniker und Unternehmer, 1816–1888) 241

Ortsregister

Die Verweise auf Abbildungen sind kursiv gesetzt.

Aachen 126–129, 132 f., 135, 138, 144, 180, 263f., 330
Aden 204, 206
Ägypten 204
Alexandria 77, 194, 204, 207 f., 242–244, 246 f., 251
Algerien 199, 247
Alvaneu 324
Amalfi 422
Angerburg 160
Archangelsk 198, 257
Aserbeidschan 245
Australien 179, 268, 273, 376
Bad Gastein 324
Bad Harzburg 327, 399, 400, 424f., *424*
Bad Kissingen 246
Bad Kösen 212
Bad Kreuznach 190
Bad Rehburg 189, 204, 212
Bad Reichenhall 189
Bad Soden 190
Baden 131
Baden-Baden 426
Bagdad 259
Baku 421
Balaklava 179
Ballinskelligs Bay 286
Barmen 350
Batavia (Djakarta) 206
Bayern 133f., 189, 195f.
Belgien 126, 140, 142, 145, 172f., 283, 313
Bender 270
Bergisch Gladbach 397
Berlin 29, 36f., 39, 43–47, *43*, *45*, 49, 51, 63, 65, 67, 70–72, *71*, 76f., 80, *81*, 83f., 86–89, 90, 91–93, 96–99, 103f., 106, 108–112, *111*, 117–122, *119*, 124, 126, 128–133, *132*, 135, 138–143, 145, 152, 155, 157–159, 164, 166, 168–172, 174, 176, 179–181, 183, 185, 187–189, 191, 194, 197, 211f., 214f., 217, 219, 221f., 225–229, 231f., 235f., 238, 242–246, 248, 252–255, 259–262, 264, 266, 274f., 277, 279f., 282, 284, 293f., 296, *299f*, 306–311, *308*, 313–316, *316*, 322, 325f., 329, 331, 333, 336, 338–345, *340*, *343f*, 348f., 354f., 357f., 362f., *364*, 365, 372, 375–378, 381, 385–387, 389–391, 394, 396, 400, 402–404, 406, 415–418, 420–424, 427, 431f., 435f., 438f.
Berlin-Moabit 83, 102
Birmingham 73f.
Biskaya 288
Blackpool 340
Bolderaja 170
Bombay (Mumbai) 77, 203, 257
Bône (Annaba) 199–202
Bordenau 21, 39
Bornstedt 397
Bous 384f.
Brasilien 194, 282, 293
Braunschweig 23, 132
Bredow 192
Bremen 264, 266
Breslau 138
Brest 290
Brüssel 76, 140f.
Budapest 349, *350*
Büsum 187
Bulgarien 179
Buschehr 259
Cagliari 199–202
Calais 140, 175
Cannstatt (Stuttgart-Bad Cannstatt) 326
Carlton 246
Cartagena 246–248, 251, 281
Celle 42
Charlottenburg (Berlin-Charlottenburg) 189, 212–215, 227f., 231, 233f., 277, 285f., 298, 306, 321f., 323, 338, 342, 345, 347, *352*, 372, 379, 382f., 386–389, *388*, 396–399, *398*, 404, 408f., 420, 427, 435, *437*, 440
Chile 179, 377
China 273, 293, 377
Chmelewo 245, 249, 251
Clausthal 26
Coburg 217
Cuxhaven 134, 197
Dänemark 121f., 218, 222–224, 438
Dahlem 96
Degerloch (Stuttgart-Deger-loch) 324, 327, 399, *401*, 426
Deutschland 24, 30, 60, 120f., 131, 177, 219, 223, 241, 277, 282f., 312, 314, 316f., 331, 333–335, 338, 348,

356–358, 360–363, 371, 376f., 390, 402, 406–408, 417, 439
Dover 140, 175
Dresden 29, 190, 210, 227, 249, 277f., 340f.
Dschulfa 266
Düsseldorf 133
Düsternbrook (Kiel-Düsternbrook) 123
Eisenach 128f., 309
Elberfeld 133, 144, 350
Elsass 325
Emden 266
England 73–77, 79, 91, 94, 96–98, 103f., 113, 131, 137, 140, 156, 173, 179, 192, 194, 197–200, 207, 223, 237, 244, 248, 251, 257, 260, 264, 266, 268, 271, 273, 283, 286, 303f., 313, 339, 356, 374, 376f., 398, 406, 415
Erfurt 76, 128
Estland 276
Falkenstein im Taunus 394
Fao 258
Finnland 177, 245
Flensburg 124
Flims 324
Florenz 422
Frankfurt am Main 121, 124, 126–135, 130, 144, 166, 174, 180, 224, 330, 349, 365, 373, 421f.
Frankreich 67, 75, 95, 118, 125, 140, 142, 147, 171–177, 193f., 198, 220f., 226, 283, 303, 362, 376, 440
Friedrichsdorf 331
Friedrichsort 123f., 131
Gateshead 196
Gehrden 23
Genua 200, 208
Gibraltar 207
Gizeh 204
Glasgow 374
Göttingen 20, 46, 51f., 57, 60f., 66, 96, 268
Goslar 16f., 19, 327
Granica 170f., 173
Griechenland 194
Großbeeren 115, 117f., 128
Großbritannien 67, 73, 104, 125, 137, 140–142, 168, 175–177, 193, 198, 203, 206, 220, 257, 260f., 271, 440
Grunewald (Berlin-Grunewald) 349
Halberstadt 40, 157
Halifax 285f., 288
Halle an der Saale 102, 128, 156
Hamburg 61, 73, 97, 111, 117, 133f., 143, 165, 191, 197, 264, 266, 331
Hanisch-Inseln 204
Hannover 15, 20, 23, 25f., 28, 42, 117f., 189, 195, 224, 231, 307
Hapsal (Haapsalu) 276
Harz 18f., 26, 40, 157f., 327, 399
Hasserode 327, 328
Heidelberg 166, 263, 325, 373
Heringsdorf 324
Hessen 129, 224
Hinterbrühl 349
Hohenheim (Stuttgart-Hohenheim) 231f., 234, 240, 277, 325, 399
Holland 73, siehe auch Niederlande
Holstein 26, 121f., 125, 131, 222–224
Hongkong 293
Hosterwitz 190
Hull 197
Ilfeld 20, 34
Indien 198f., 203, 257–259, 259, 261–264, 268–273, 280, 282, 376f.
Indochina 273
Indonesien 206, 402
Interlaken 324
Irak 258
Irland 205, 283
Istrien 194
Italien 224, 324f.
Japan 273, 293
Java 403
Jemen 204
Kairo 204
Kalakent 420
Kalifornien 156
Kalkutta 77, 257, 270f.
Karatschi 204, 206, 258f.
Karlsruhe 268
Kastel (Mainz-Kastel) 117
Kaukasus 229, 232, 245, 254, 257f., 267f., 270, 274–277, 327, 400, 420f., 421, 425
Kedabeg 245f., 245, 249, 254, 268, 274–276, 400, 420f., 423
Kent 29
Kertsch 266
Kiel 28, 101, 122–124, 137, 165, 212, 223
Kiew 176
Kingston upon Hull 73
Koblenz 96
Kodjori 258
Kölleda 26, 57, 87
Köln 50f., 96, 126f., 132f., 331, 366
Königs Wusterhausen 387
Königsberg 157–160, 158, 164, 166, 171, 187, 213f., 230
Köthen 103
Komotau 384f.
Konstantinopel (Istanbul) 258f.
Korfu 202, 422
Kotlin 174
Krakau 138f., 197
Krim 171, 176, 179f., 191, 197, 200, 257, 266, 304, 420, 431
Kronstadt 170, 174f., 175, 179, 197
Landore 278, 382, 384, 415
Langenreichenbach 103, 277
Lauenburg 121, 223
Leipzig 24, 325
Lenthe 15, 16f., 22–26, 28f., 31, 49, 70
Lichterfelde (Berlin-Lichterfelde) 345–347, 346, 349
Liverpool 142
London 11, 23, 25, 67f., 73, 75–77, 83, 87, 92, 104, 140f., 143–148, 148, 151, 156, 160, 171, 198–200, 202f., 206–208, 211, 213, 215, 222, 225, 237, 242–244, 246, 247, 248, 252–254, 258–264, 266, 270–272, 274–276, 279–284, 286–290, 292–294, 296, 310, 312, 327, 332, 335, 340,

342, 374–378, 381, 389f., 418, 420, 422, 427, 431f.
Lübeck 26, 29, 34–36, 40, 50, 55, 57f., 61, 73, 83f., 122, 151, 165f., 402
Lübsee 34, 55f., *56*, 328
Lüneburg 23
Luisenstadt (Berlin-Kreuzberg) 146, 345
Madras 77
Magdeburg 40f., *41*, 47, 51f., 54, 57, 59f., 63 f., 68–75, 79, 87, 124, 157, 278, 399
Malaysia 104
Malmö 124
Malta 202, 207f., 242–244, 246, 251, 269–272
Manchester 142
Mannheim 341, 350
Marienbad 174
Massachusetts 290
Mecklenburg 26, 28f., 31, 40, 50, 52, 57, 61
Melbourne 211
Menlo Park 241, 353, 355
Menton 29
Menzendorf 26, *27*, 29–31, 30, 33f., 36, 42, 46–53, 55–61, 83, 328
Meran 189–191
Mexiko 77
Mödling 349
Moskau 139, 149, 169, 176, 198, 258f.
Mühlhausen 98
München 221, 336, 339, *339*, 357f., *359*, 360, 400, 426
Neapel 253, 405, 408, 422
Neubrandenburg 103
Neufundland 205, 283, 287
Neumark 88
Neuschottland 285
Neuseeland 73
Neustadt am Rübenberge 21
Neustrelitz 29f., 48
New Hampshire 285
New York 241, 290, 294, 342, 345, 356, 374
Newcastle 196, 285
Niederlande 206
Niederösterreich 349
Niederschönhausen 212

Nikolajew 179
Nikolsburg 224
Nordafrika 202
Norddeutschland 14f., 18, 29, 34, 133
Norderney 261, 266, 324
Nürnberg 367, 439
Oberitalien 121
Oberlausitz 400
Oberschlesien 170
Oderberg (Bohumín) 138
Odessa 176, 197, 261, 420
Österreich 98, 130, 134, 138, 170, 193f., 220f., 223f., 274, 348f., 364f., 371, 376
Offenbach 349
Ohrdruf 246
Oran 246–248, 251, 281
Osmanisches Reich 170, 175, 258, 272
Ostasien 273f.
Osterwieck 40
Osteuropa 170, 193
Ostfriesland 24
Ostpreußen 24, 152, 157, 160, 396
Oxford 374
Paddington (London) 210
Paris 36, 76, 118f., 135, 140f., 142, 147, 151, 156, 160, 166, 171–173, 183, 188, 195, *197*, 199, 202, 238, 240, 253, 259, 282, 290, 294, 335f., 347f., 356f., 361f., 364–366, 368, 372
Perleberg 89
Persien 257, 262, 266–268, 270f.
Pfalz 131
Philadelphia 318f.
Piemont 194, 200
Pillnitz 190
Poggenhagen 21f., 39, 190
Polen 138f., 169, 171f., 174, 176f., 187
Portsmouth 285
Posen 121
Poti 258, 266
Potsdam 45, 92, 97, 103, 117, 212, 397
Preußen 11, 36f., 40, 43, 67, 75–77, 86, 91, 95–98, 101, 106, 117–119, 121, 124–135,

137f., 142–146, 170, 176, 181, 183, 192–195, 203, 217, 219–226, 223, 226, 235f., 260f., 266, 286, 300f., 303, 313–315, 322, 329f., 390, 406f., 409, 431, 435, 437, 440
Probstdeuben 29
Pula 194
Ragusa (Dubrovnik) 194
Ratzeburg 2f.9, 58
Remscheid 383–385
Rheinland 50, 118, 166
Rhoden 40, 57, 88
Riga 164, 168–170
Rio de Janeiro 288
Rixdorf (Berlin-Neukölln) 344
Rom 159, 306, 401
Russland 125, 138f., 147, 149, 157, 162, 164–170, 175–181, 183–185, 187, 191, 195, 203, 211, 223, 243, 245, 249, 252, 257–261, 264, 266, 272, 274, 292, 294, 305, 362, 365, 376, 389, 421, 423, 431f., 435
Rye Beach 285
Sachsen 131, 133f., 194, 210, 278
Sardinien 194, 199–201
Schenkendorf 387, 389
Schlesien 138, 160
Schleswig 26, 121f., 125, 131, 222–224
Schönberg 29, 32f., *32*, 55, 57f., 123f.
Schönebeck 65
Schöneberg 115
Schottland 210, 271
Schweiz 324
Schwerin 29, 39, 50, 328
Sedan 321
Sewastopol 176, 1879, *181*, 188
Shanghai 280, 293
Sherwood 29
Shirah Abbas 270
Sibirien 273
Singapur 206, 211, 273
Solingen 219f.
Solnhofen 406
Sorrent 422

Ortsregister 575

Sosnowiec 170
Spandau (Berlin-Spandau) 70, 79, 350
Spanien 147, 170
Speyer 363
St. Petersburg 11, 139, 149, 156f., 164, 168–171, 174–176, 179, 181, 183, 185, 187f., 194, 198, 242–245, 252, 254, 257–261, 266, 268, 274, 294, 296, 310f., 365, 375, 377, 389f., 418, 420f., 427, 432, 436, 438
Stettin 133, 192, 249
Stolberg 26
Straßburg 324f.
Stuttgart 231, 324–326, 399
Südafrika 208, 292, 376
Südamerika 292
Süddeutschland 118, 166, 194f.
Südostasien 206, 292
Suez 199, 203f., 269f.
Swansea 278, 382
Sylt 324, 397
Tapiau 160
Tarasp 324
Teheran 258–262, 266–270, 269, 273, 279
Texas 77
Thale 327
Thüringen 98, 128
Tiflis 29, 198, 211, 232, 242, 245, 257–259, 261f., 266–268, 274–276, 420f., 433
Torbay 285, 287
Torgau 103, 277
Transkaukasien 262
Triest 191
Tripolis 207
Turin 199, 202
Tschechien 138
Turku (Åbo) 176
Ungarn 121
Uruguay 288
USA 77, 78, 96, 98, 193, 270, 281–284, 291f., 311, 319, 331f., 334, 336, 350, 355, 357, 362f., 372f., 376–379, 440
Varna 179, 197
Venedig 191
Verviers 132
Vorderasien 263
Wales 278, 382
Warschau 139, 170f., 173f., 176, 211, 261
Wasserleben 19f., 159
Wennigsen 25
Wernigerode 19
Westend (Berlin-Westend) 347
Westerland 324
Westeuropa 139, 431
Westminster (London) 203, 244
Westphalen 24
Westpreußen 91
Wetzlar 278
Wien 25, 67, 118f., 138, 170, 194f., 242, 253, 268, 274, 284, 297, 315, 317, 348f., 398, 427
Wiesbaden 117, 343
Wilmersdorf (Berlin-Wilmersdorf) 344
Wittenberg 65–68, 70
Woldegk 103
Woldenberg 88f.
Woolwich (London) 224, 246f., 247, 274, 281, 285–287, 293f., 330, 389
Wunstorf 21

				Johann Georg Heinrich		
				*1735		
				†1805		
				⚭ 1764		
				Sophie Elisabeth Huet		
				*1740		
				†1799		

Johann Georg	Henriette Agnese	Sabine	[...]	Christian Ferdinand		
*1764	*1766	*1767		*1787		
†1827	†1832	†1855		†1840		
1. ⚭ 1801	⚭ 1794	⚭ 1792		⚭ 1812		
Sophie Barkhausen	Georg Mehliss	Ferdinand v. Grote		Eleonore Deichmann		
*1776	*1764	*1761		*1792		
†1808	†1833	†1805		†1839		

Johann Georg	Ludwig	Mathilde	Werner	Ernst Werner	Hans	Ferdinand
*1805	*1812	*1814	*1815	*1816	*1818	*1820
†1879	†1871	†1878	†1815	†1892	†1867	†1893
⚭ 1837		⚭ 1838		1. ⚭ 1852	⚭ 1855	⚭ 1856
Marie v. Sperl		Carl Himly		Mathilde Drumann	Alma Müller	Eulalia Hertzog
*1819		*1811		*1824	*1831	*1835
†1902		†1885		†1865	†1914	†1916
				2. ⚭ 1869		
Georg				Antonie geb. Siemens		
*1839				*1840		
†1901				†1900		
⚭ 1872						
Elise Görz		Arnold	Wilhelm	Anna	Käthe	
*1850		*1853	*1855	*1858	*1861	
†1938		†1918	†1919	†1939	†1949	
		⚭ 1884	⚭ 1882	⚭ 1887	⚭ 1884	
		Ellen v. Helmholtz	Elly geb. Siemens	Richard Zanders	Karl August Pietschker	
		*1864	*1860	*1860	*1846	
		†1941	†1919	†1906	†1906	